한말 외국인 기록 02

대한제국의 비극 / 한국의 독립운동

이 책의 맞춤법과 띄어쓰기는 역주자의 의견을 기준으로 했습니다.

개정판
한말 외국인 기록 02
대한제국의 비극 / 한국의 독립운동
1999년 10월 20일 초판 1판 1쇄
2019년 11월 1일 개정판 1판 1쇄
2022년 2월 20일 개정판 1판 2쇄

저자 | F. A. 매켄지 / F. A. 매켄지
역주자 | 신복룡 / 신복룡
발행인 | 임동규
발행처 | **(주)집문당**
등록 | 1971. 3. 23. 제2012-000069호
주소 | 03134 서울시 종로구 돈화문로 82, 5층
전화 | +82-1811-7567
이메일 | sale@jipmoon.com
홈페이지 | www.jipmoon.com

편 집 | 장이지
디자인 | 임용우

ISBN 978-89-303-1833-4 04900
978-89-303-1831-0(세트)

가격 28,000원

(주)집문당 이순신돋움체B (저작권자 아산시, 무료글꼴)

대한제국의 비극

The Tragedy of Korea

F. A. 매켄지 지음/신복룡 역주

집문당

The Tragedy of Korea

by

F. A. McKenzie

E. P. Dutton & Co., New York
1908

원저자 매켄지(Frederick Arthur McKenzie, 1869~1931)

역주자 3판 서문

번역판을 내면서 세 번째의 서문을 쓴다는 것이 자랑인지 흉인지는 모르겠으나, 이 책의 출판에 우여곡절이 많았음을 의미하는 것임에는 틀림없다. 젊었을 적, 내 손으로 한말 선교사의 한국 관계 자료들을 주석하겠다고 다짐한 지 벌써 30년의 세월이 흘렀으니 세월의 무상함과 더불어 만감이 교차한다. 그 동안 활판에서 컴퓨터로 바뀌는 인쇄 혁명과 출판계의 불황 등으로 중도에서 포기했던 『한말 외국인 기록』을 이제 집문당 임경환(林京煥) 사장님의 호의로 번역과 주석 작업을 재개하게 된 것이 한없이 기쁘고 감사하다.

전집 21권을 출판하겠다는 임경환 사장님의 제의를 들었을 때 기쁘기도 했지만 너무도 엄청난 일이라 엄두를 낼 수가 없었다. 그러던 차에 이러한 고충을 들은 1998학년도 건국대학교 정치외교학 과목의 나의 수강생들 300명이 한 장씩 컴퓨터에 입력해 주겠다고 나섰을 때 나는 한없이 고마웠고 크게 용기를 얻었다. 나는 그 300명의 이름을 여기에 일일이 적을 수 없는 것이 미안하고 유감스럽다. 모두가 고생했고 고맙지만, 특히 이형구(李衡求) 군과 김한길 군이 많은 몫을 타이핑했으며, 변영욱(邊泳旭) 군은 교정 작업을 하느라고 많은 고생을 했다. 사내답지 않게 수줍음이 많은 조교 박성진(朴城進) 군은 마음이 넉넉치 못한 나의 방에서 마음고생이 많았으리라고 생각되며, 주석을 찾기 위해 각국의 대사관과 문화원을 찾아다니면서 싫은 내색 한 번 하지 않았다. 건국대학교 대학원 박사 과정의 고경민(高敬旼) 군과 석사 과정의 형은숙(邢恩淑) 양은 컴퓨터 작업을 하느라고 많은 고생을 했다. 그들의 고생이 단순한 고생으로 그치지 않고 앞날의 그들의 학문생활에 좋은 경험이 될 수 있다면 나로서는 미안함을 덜 수 있을 것이다.

영어로 씌어진 동양사를 번역하는 과정에서 가장 어려운 작업은 영문으로 표기된 인명이나 지명을 어떻게 한자로 복원하느냐의 문제이다. 특히 원칙이 없이 쓰이는 일본의 인명 표기는 참으로 어려웠다. 그런 중에도 일본의 데쓰카야마 대학(帝塚山學院大學)의 가미가이토 겐이치(上垣外憲一) 교수가 많은 어려움을 풀어 주었고, 시도 때도 없는 부탁에 늘 마음써 준 오랜 친구 다키자와 마코도(瀧澤盛) 선생의 도움을 많이 받았으며, 고베대학(神戶大學)에서 박사 논문을 준비하는 장희순(張喜淳) 군도 고생을 많이 했다. 구미 인물의 행적에 대해서는 건국대학교 독어독문학과의 김건환(金建煥) 교수님께서 많이 도와주셨다.

끝으로 편집 교정과 출판 과정에서 고생하신 집문당의 우진주(禹軫柱) 상무님과 편집부 직원 여러분, 그리고 신세진 모든 분들에게 깊이 감사한다.

1998년 9월 10일

역주자 신복룡 씀

역주자 재판 서문

이 번역본은 본시 탐구신서로 1974년에 초판된 바 있었으나 읽기가 불편하고 수정, 보완할 부분이 있어서 이번 평민사(平民社) 이갑섭(李甲燮) 사장의 호의로 『한말 외국인 기록』 제2권으로 출판하게 되었다. 질식할 것만 같은 출판계의 불황에도 불구하고 이 나라의 문화 창달을 위해 구한말 외국인 기록을 전집물로 기획 · 출판하고 있는 평민사의 이갑섭 사장과 염천중에도 편집과 교정에 수고를 해 주신 평민사의 여러분에게 깊은 감사를 드리는 바이다.

1985년 4월 9일
워싱턴에서 역주자 씀

역주자 초판 서문

한국의 역사를 적어도 동북 아시아라는 무대에서 살펴볼 때, 그것은 국가 사이기에 앞서 민족사였다는 이론은 깊은 사려에서 얻어진 결론인 듯이 보인다. 한반도 내부의 역사를 보면 그것은 동족 내의 국가 형성의 역사였을지는 몰라도 대외 관계의 역사에서 볼 때 한국의 역사는 정녕 민족이 그 주축을 이루고 있었다. 그런 만큼 우리에게 있어서 민족이라 함은 국가에 우선하는 것으로 인식되어 왔다. 멀리는 한사군(漢四郡)의 설치에서부터 비롯된 외세의 진입은 그 후 몽고족의 침입과 삼별초의 항쟁, 묘청의 칭제건원(稱帝建元), 중국의 종주국적인 태도에 대한 항변으로 이어지고 있으며 가까이는 갑오농민혁명과 일제 치하의 광복 운동에 이르기까지 그 숱한 시련은 우리의 역사를 곤욕의 역사로 점철시켜 왔다.

우리는 이러한 과정에서 때로는 복속당하고 때로는 의연히 투쟁하였으며 때로는 비굴하게 순종했다. 그 역사 속에는 후세에 회자(膾炙)될 만한 것이 있는가 하면 기록하기조차도 부끄러운 일들도 많이 있었다. 그러나 그러한 것들은 그 가치의 호오(好惡)나 수열(秀劣)을 가릴 것 없이 모두가 우리에게 좋은 교훈을 남겨 주고 있다. 왜냐하면 우리는 우리의 지난날 중에서 반드시 위대했던 것만을 읽고 회고하는 것은 아니기 때문이다. 치욕의 역사와 비분의 역사도 그 나름대로 후손에게 전하여질 가치를 가지고 있는 것이다.

이 책은 최근 100년 동안 우리 민족이 어떻게 몰락했으며 또 그 결과는 어떠했던가를 벽안의 창을 통해 조감할 수 있는 기회를 제공해 준다. 한국이 문호를 개방한 1860년대에서부터 을사보호조약을 기점으로 하여 우리가 음울한 식민지 지배로 들어가기까지의 과정을 다루고 있는 이 책은 금석의 시차를 떠나서 현대를 살고 있는 우리에게 민족의 영욕을 드라마틱하게 보여 주고 있다. 그것은 비단 시대로 따져 30~40년을 넘지 못하지만 그 교훈은 영원히 우리 민족과 함께 존속될 것이다.

많은 제국주의적 사가들은 인류의 병폐를 민족주의적 편견에서 찾으려고 애를 썼다. 그러기에 제국주의적 수법으로 약소 민족을 착취함으로써 강대국의 대오에 오른 세계 열강들의 역사는 세계 평화를 위한 끝없는 노력의 점철이라고 기록되어 있으며, 아일랜드나 푸에르토 리코, 세르비아의 역사는 세계사에서 잊혀져 가고 있다. 이러한 사실들은 결코 남의 이야기가 아니다. 그것은 곧 우리에게 직결되는 깊은 교훈을 안고 있다. 이러한 역사의 추이 속에서 우리는 자강(自强)의 길을 찾아야 한다. 그 길은 우리가 노출했던 쓰라린 실패의 역사를 되풀이하지 않아야 한다는 사실로 향하고 있다.

민족이 병들어 쓰러지면 그 회복기는 적어도 1세기 이상이 걸린다. 1880년대에 독수(毒獸)에 물려 쓰러진 이 민족은 1세기가 지난 지금까지도 그 아픈 상처는 채 아물지 못했으며, 이제 겨우 일어서 걸으려 하나 아직도 그 발걸음은 비척거리고 있다. 혼신의 힘을 쏟아 지난날의 환각에서 깨어남으로써 다시는 이 민족이 수렁에 빠지는 일이 없도록 우리 모두가 노력해야 할 때이다. 위로는 지식인으로부터 아래로는 초부필부(樵夫匹婦)에 이르기까지 그 어느 누구에게나 민족을 위해서 봉사할 수 있는 기회는 공평하게 주어지고 있다. 다만 그 크고 작음에 다소의 차이가 있을 따름이다.

◆ ◆ ◆ ◆ ◆

이 책의 필자인 매켄지(Frederick Arthur McKenzie)는 1869년 3월에 캐나다의 퀘벡에서 태어났다. 그는 본시 스코틀랜드계의 영국인으로서 장성하여서는 영국에 건너가서 언론계에 종사하면서 해외 특파원으로서 문명을 날렸다. 그는 특히 1904년에는 런던의 『데일리 메일』(*Daily Mail*)의 극동 특파원으로 파견되어 러일전쟁을 종군한 때로부터 본격적으로 한국에 관한 글을 쓰기 시작하였다. 그는 러일전쟁의 종식과 더불어 일시 귀국하였으나 한국에 관한 관심을 떨쳐 버릴 수가 없어 다시 한국을 방문하기에 이르렀다. 그의 2차 방문의 시기에 관해서는, 1906년 여름에 입국하여 그 해 말에 귀국하였다는 것이 지배적이지만 그것은 잘못된 것이다. 그의 2차 방한은 1906년 여름부터 1907년 말까지의 2년간이었다. 이를 뒷받침하는 것으로서는 첫째로 그는 순종황제의 즉위식에 참석한 목격담을 본서에 기록하고 있는데, 그 즉위식은 정확히 1907년 8월에 거행되었다고 하는 점, 둘째로 필자는 제천(堤川) 일대의 의병 종군기를 여기에 수록하고 있는데, 제천에서 의병이 일어난 것은 1907년 정미 7조약이 체결된 이후라는 점, 그리고 셋째로 그가 직접 목격하고 취재하지 않았다면 1907년에 일어난 베델(裵說)의 필화 사건을 그토록 소상하게 기술할 수 없다는 점 등을 들 수가 있다.

이 책은 원저자가 1차 방한 때 얻은 자료와 함께 2차 방한 때에 얻은 자료를 기초로 하여 쓴 것으로서, 원저자가 그의 서문에서 자부하고 있는 바와 같이, 의병 종군기로서는 벽안(碧眼)의 제3국인이 쓴 유일한 기록이라는 점에서 그 가치가 높이 평가되고 있다. 그는 이 책을 쓰는 데에 만족하지 않고 그 후 한국이 일본에 병탄된 이후의 시기에 관한 자료를 수집하여 본서의 속편이라고 할 수 있는 『한국의 독립운동』(*Korea's Fight for Freedom*, Fleming H. Revell Co., New Jersey, 1920)을 저술하는 등, 한국의 입장을 세계에 알리는 그의 노력을 멈추지 않았다. 그는 기자로서의 문필 생활을 본격적으로 시작한 1905년부터 캐나다에서 이 세상을 마친 1931년에 이르기까지 무려 17권의 저술을 남길 만큼 정력적인 사람이기도 했다.

◆◆◆◆◆

나는 이 책이 출판되기까지 많은 분들에게 빚을 지게 되었다. 특히 이 부족한 번역이 세상의 빛을 보게 된 것은 탐구당의 여운학(呂運鶴) 부사장님의 호의로 이루어진 것임을 잊을 수가 없다. 서강대학교 이광린(李光麟) 교수는 『한국의 독립운동』을 번역하는 동안에 모은 자료들을 나에게 들려줌으로써 원저자의 약전을 소개하는 데에 많은 도움을 주었음을 감사하며, 또한 자료 이용에 편의를 제공해 준 한국연구원과 사진 복사의 어려움을 맡아 준 문예진흥원의 임성규 선생에게 감사한다. 그 밖에도 많은 분들로부터 주석의 도움을 받았으나, 만약 본 역서에 오류가 있다면 그것은 전적으로 나 자신이 천학비재(淺學菲才)한 탓일 뿐이다.

1974년 7월 9일
역주자 신복룡 씀

원저자 서문

나는 한 민족의 개명과 종말에 관한 이야기를 하지 않을 수 없다. 서론에 해당되는 몇 페이지를 제외한다면 내가 언급한 범위는 3년을 넘지 못하며, 그 대부분은 에드워드 왕[1](King Edward)이 등극한 이후에 발생된 사건들에 관한 것이다. 대한제국의 짧고도 비극적인 역사는 커다란 국제적인 사건의 전개와 관련되어 있다. 그와 같은 한국의 역사는 20세기의 큼직한 세계 분쟁, 즉 발흥하는 청국과 야심에 찬 일본의 투쟁을 예약하는 서막에 대한 구실을 주었다. 이는 또한 러시아에 대한 미카도(帝 : 天皇)의 선전 포고의 근거를 제공하여 주었다. 한국의 역사는 정의와 평화와 정당한 국제 활동에 대한 일본의 주장이 어느 정도 성실한가를 보여줄 수도 있는 하나의 시금석을 우리에게 제공하고 있는 것이다.

아무런 편견이 없는 관찰자라면 오늘날 한국이 그 자신의 독립을 상실한 것은 대체로 구왕조의 부패와 취약성에 그 원인이 있다는 사실을 부인할 수가 없다. 구왕조의 음모와 고집으로 인하여 한반도에 대한 일본의 정책이 난처하였다는 것도 또한 사실이다. 그러나 일본의 정책에 대한 그와 같은 모든 장애물이 사라진 지금에 와서도 일본의 한반도 점령에 따른 여러 가지 사태를 목격한 우리들은 슬픈 실망감을 가지게 된다. 지금 사태는 한민족의 운명에 대한 영국민의 의무는 과연 어떤 것인가 하는 의문을 자아낼 지경에까지 이르게 되었다.

영국인의 한 사람으로서 나는 확신하건대, 약소 민족에 대한 신성한 조약 의무를 파기하거나 두 번 다시 있을 수 없는 잔인성과 불필요한 살육과 무기력하고 의지할 곳 없는 농민들의 사유재산권을 전면적으로 도적질함으로

1) 영국의 왕 에드워드 7세(Edward Ⅶ : 1841~1910, 재위 1901~1910)를 의미함.

써만이 달성될 수 있는 제국주의적 팽창 정책은 우리의 생리에 맞지 않는 것이다. 뿐만 아니라 그러한 정책은 또한 그 국가로 하여금 우리 모두가 최근까지 한 국가의 특징으로 생각해 온 조약 의무의 존엄성과 인접 국가에 대한 선린 정책을 수행할 수 없도록 만든다는 점을 우리들 자신과 우리의 맹방인 일본은 입증하고 있는 셈이다.

이 책에 기록된 여러 가지 사건들의 대부분은 나 자신이 본 바에 의한 것이며 몇몇 장, 특히 1907년의 의병 운동에 관한 기록은 직접 사건에 관련되었던 사람들의 진술에 의한 것이다. 나는 가능한 한 어느 곳에서나 여러 목격자들의 증언에 따라 나 자신의 기술이나 결론을 보충할 만한 것들을 수집하였다. 내가 여행을 하던 당시에 백인으로서 전장을 돌아본 사람은 오직 나 한 사람밖에는 없기 때문에 최근의 의병 운동에 관하여 독자들은 주로 나의 개인적인 관찰을 신뢰할 수밖에 없다. 나는 이 책에 기록된 여러 가지 사건들에서 중요한 역할을 하였던 많은 사람들이 친절하고도 너그러운 조력과 조언을 보내준 데에 대하여 큰 빚을 지고 있다.

F. A. 매켄지

차　례

부록

정장한 한국인의 모습(필자 촬영)

제 1 장 은둔의 왕국

1870년대 말, 북경이 아직 신비에 싸여 있을 때 이곳에서는 유럽인의 주의를 끄는 한 연례 행사가 예외 없이 벌어졌다. 겨울이 되면 괴상한 옷을 입고 알아들을 수도 없는 말을 지껄이는 이방인들이 도착하곤 한다. 중국인들의 의상처럼 단추라고는 하나도 없다. 길고도 두툼한 외투는 짧은 끈으로 앞을 여미고 있는데 이 겉옷은 중국인들과는 달리 앞자락이 바른 쪽으로 여며 있다.

그들의 의상은 몇 세기 전 타타르인들이 쳐들어오기에 앞서 북경인들의 그것과 닮았으며 방에 들어갈 때에는 일본인들처럼 신발을 벗는다. 그들은 별난 모자를 쓰는데 이는 말총이나 대나무로 만든 것으로서 어떤 것은 엄청나게 크다. 그들의 머리칼은 머리의 꼭대기 위에 매어 있다. 그들의 살갗은 검고 코는 펑퍼짐하며 눈은 검어, 그들의 몽골형의 용모에서 코카서스인을 연상케 하는 이상한 암시를 받게 된다.

숫적으로 200명을 넘지 않는 이 방문객들은 은둔의 왕국인 조선으로부터 오는 사신과 공물을 나르는 짐꾼과 장사꾼들이다. 3명의 우두머리들은 각자 하인 한 명씩을 거느리고 그 "금지된 도시"의 한복판으로 들어와 황제에게 공물을 바치고 머리를 조아리는 고두의 예를 마친 다음 공식적인 만찬회에 초대되어 실컷 먹는다. 장사꾼들은 동양의 발한약 가운데 가장 인기 있는 인삼과 유기와 두루마리로 된 유지를 판다. 유럽인들은 흔히 그들과 흥정하여 보려고 노력하지만 이렇다 할 만한 성공을 거두지 못한다.

40일이 지나면 사신과 그를 따라온 무리들은 북경로를 따라 귀국하게 되는데 이곳에는 그들의 연례적인 통행을 표시하는 으리으리한 탑이 서 있다. 온 천하가 발아래 굽어보이는 마천령산[1]을 넘어 한만 국경에 세워진 목책을 지난 다음, 오늘날 기울게 된 음산한 피난민 촌을 거쳐 소름이 끼치는 마적 떼가 들끓는 압록강변을 지나면 그들은 또 다시 어둡고 신비에 싸인 그들의 나라에로 빨려 들어간다.

지금으로부터 30년도 못 되는 그 무렵, 오늘날에 한국이라고 알려진 조선은 외계와 인연을 끊고 지내는 철저한 쇄국주의 국가였다. 북부의 변경 지대는 몇 세기 동안 무법 지대여서 도적 떼들이 아무 거리낌 없이 횡행했기 때문에 일반 여행자들은 이곳을 통과할 수가 없었다. 더욱이 압록강을 건너는 중국인들까지도 한국 측에 살고 있는 완고한 양반들의 손에 곧 목이 달아났다.

대부분의 외인 선박들은 길고도 바위투성이인 압록강의 금지된 연안의 항해를 조심스럽게 피했다. 요즈음에도 측량을 하려는 탐험선이 연안의 어느 지점에 머무르다가 정중한 퇴짜를 맞을 뿐이다. 17세기에는 2~30명의 네덜란드 선원들이 여러 차례에 걸쳐 한국의 해안에 표류한 적이 있었다. 그들 가운데 몇 사람은 여생을 그 곳에서 보내지 않을 수가 없었다. 어떤 사람들은 억류 생활에서의 탈출에 성공했는데 그들 가운데는 하멜[2]이 있다.

---

1) 마천령산(摩天嶺山) : 함경남북도 경계에 있는 것과 동명의 지명으로서, 만주 봉천의 남방 요동 반도에 있는 해발 500m의 산이다.

2) 하멜(Hendrick Hamel : ?~1692) : 네덜란드 동인도회사 소속의 선원으로 1653년에 스파르웨르호(Sparwer)를 타고 나가사키로 향하다가 난파되어 제주도에 표착하여 16년간 억류되었다가 1668년에 탈출함. 『하멜표류기』(*An Account of the Shipwreck of a Dutch Vessel on the Coast of the Isle of Quelpart, Together with the Description of the Kingdom of Corea*, London : Luke Hansard & Sons, 1813)를 남김. 본 한말 외국인 기록(18) : 『하멜표류기』 참조.

그는 그 뒤에 세상에 거의 알려지지 않은 한국에 관한 책을 썼다. 18세기의 유명한 지리학자인 뒤 알드[3]는 한국인을 다음과 같이 설명하고 있다.

> 한국인은 일반적으로 모나지 않고 상냥하며 남에게 순종을 잘하는 성품을 가지고 있다. 그들은 중국어를 이해하며 학문을 좋아하고 음악과 춤에 천품을 가지고 있다. 그들의 생활 규범은 너무도 엄격하여 그들도 모르는 사이에 도적질과 간통을 죄악시하고 있으며 따라서 밤에도 문을 잠그는 일이 없다. 오늘날 세계 곳곳에서 어쩔 수 없이 일어나고 있는 혁명이 이곳에서도 일어나 지난날의 순박성을 변질시켰을지라도 그들의 고운 마음씨는 예나 다름이 없어 다른 민족의 모범이 되기에 넉넉하다.

18세기 후반에 이르러 한국의 몇몇 지식인과 관리들은 북경에 있는 가톨릭 선교사의 감화를 받아 한국인에 대한 포교를 시작했다. 그들은 괄목할 만한 성공을 거두었으나 곧 정부의 혹독한 반대와 박해를 받았다. 개종자들 대부분은 고문을 당하거나 참형을 당했으나 포교는 비밀리에 계속되었다.

어느 한 프랑스 선교사[4]는 용기를 내어 한국에 잠입하려 시도했다. 그는 한겨울에 조선의 북변에 있는 마적굴을 지나 압록강의 얼음 위를 건너서 성벽의 하수구를 통해 의주에 잠입하여 말을 타고 서울에 도착했다. 그 밖의 몇몇 사람들이 그를 수행했는데 그들이 겪은 위험과 모험에 관한 이야기는 여행기 가운데 서 가장 낭만적인 것 가운데 하나이다. 선교사들은 어느 때

---

3) 뒤 알드(Du Halde : 1674~1743) : 파리 출생. 예수회 신부. 예수회에서 각국의 문서를 수집하는 역할을 함. 『중국사』(*The General History of China*, London : J. Watts, 1741)를 썼는데 그 가운데 제4권에 『조선전』이 수록되어 있다. 이 책은 서양인이 쓴 최초의 한국사로서, 한국을 이해하려는 독자들의 가장 중요한 자료가 되었다. 본 『한말 외국인 기록』(19) : 『조선전』 참조.

4) 모방(Pierre-Philibert Maubant : 1803~1839) 신부를 뜻한다. 그는 1836년에 입경하여 포교에 힘쓰다가 홍성에서 체포되어 참형되었으며, 1925년에 복자위를 받고 1984년에 성인이 되었다.

는 작은 배로, 어느 때는 육로로 중국으로부터 잠입했다. 한 신부가 이곳저곳에서 여러 개의 가명을 사용하는 수도 있었다. 그는 낮에는 자고 밤에만 걷기도 했으며 거지나 도붓장수 노릇도 하고 어떤 때는 상복을 입고 고관 노릇도 했다.

프랑스 신부들과 그의 개종자들은 백척간두에 선 바나 다름이 없었다. 일단 관가에서 신도들을 박해하고 참형에 처하자 프랑스 주교 앵베르[5]와 그의 두 동료 신부[6]는 더 이상의 유혈을 막고자 스스로 나타나서 체포당했다. 그들은 투옥되어 가장 잔인한 방법으로 고문을 겪었다. 먼저 그들은 곤장 66도를 맞았는데 이 형은 곤장 하나만으로도 여러 사람을 죽일 수 있는 것이다. 처형이 되는 날 그들은 새남터로 끌려가 공개리에 죽을 때까지 악형을 당했다.

앵베르가 1839년에 죽자 페레올[7]이 1843년에 그의 후임으로 임명되었다. 그는 모든 것을 각오하고 한국에 잠입했다. 그 때 다른 사람들도[8] 그를 수행했다. 1860년까지 신도의 수는 거의 2만 명에 이르렀다. 그렇게 되자 처음보다 더 끔찍스러운 박해가 시작되었다. 교회는 여지없이 짓밟히고 오직 3명의 선교사만 도피했을 뿐 14명이 살해되었는데 그중 대부분이 프랑스인이었다.

이 마지막 박해는 정치적인 문제로 비화되었다. 북경 주차 프랑스 대리공사 벨로네(M. de Bellonet)는 매우 강력하고도 오만한 투로, 프랑스 황제는

---

5) 앵베르(Laurent-Marius-Joseph Imbert : 1797~1839) : 파리외방전교회 소속 신부. 마카오와 월남에서 포교하다가 제2대 조선교구장으로 임명되어 1837년 육로로 조선에 입국했다. 정하상의 집에 숨어 포교하다가 수원에서 체포되어 기해사옥 때 한강변에서 순교했다.

6) 샤스탕(Jacques Honor Chastan : 1803~1839)과 모방을 뜻하며 이를 기해사옥이라 한다.

7) 페레올(Jean-Joseph-Baptise Ferréol : 1808~1853) : 파리외방전교회 소속 신부. 제3대 조선교구장. 1840년 마카오에 도착하여 주교로 임명된 뒤 김대건을 신부로 서품하고 1845년 그의 안내로 다블뤼와 함께 강경 연안에 상륙하여 포교하다가 병사함.

8) 다블뤼(Antonie Daveluy : 1818~1866)와 김대건 두 신부를 뜻한다. 이들은 1845년 9월에 강경을 통하여 입국했다.

선교사들을 박해하고 살해한 한국의 왕을 문책하리라고 청국 정부에 통고했다. 벨로네는 쿵 공[9]에게 다음과 같을 글을 보냈다.

> 폐하의 정부[프랑스]는 그토록 지나친 유혈 사태를 빚어낸 범법자를 처벌하지 않고 그대로 둘 수는 없다. 한국의 왕이 프랑스의 국민들을 불행하게 박해하는 날이 곧 그의 통치가 끝장나는 날이 될 것이다. 바꾸어 말해서 한국의 왕은 스스로 자신의 운명을 재촉하고 있다는 사실을 본인은 엄숙하게 선언하는 바이다. 머지않아 프랑스 군대는 한국을 정복하고자 출병할 것이며, 오로지 존엄한 프랑스의 황제만이 그의 의사에 따라 한국과 한국의 허수아비 왕권을 처리할 권한과 능력을 가지고 있다.

7척의 프랑스 함대는 1천 명의 군대를 태우고 한강에 도착하여 강화도의 요새를 공격했다(병인양요, 1866). 그런 다음 그들은 해안에 상륙하여 강화성으로 진격했다. 그들이 접근하자 이곳의 수병들은 성 뒤에 숨어 저들을 향하여 소총과 화살과 투박하게 생긴 대포와 옛날의 화승총을 발사했다. 프랑스 군대는 성 안으로 몰려 들어가 주민들을 모조리 죽이는 한편 가옥을 불태웠다. 그리고도 그들은 자기들의 승리를 더욱 굳게 하고 싶었다.

한국인들은 계략과 지연술로써 그들을 대적했다. 더 멀리 떨어져 있는 요새를 공격하고자 함대로부터 몰려나온 160명의 프랑스 원정군은 갑작스러운 기습을 받고 대패했다. 프랑스 군대는 계속하여 증가하는 한국군에 고전했다. 한국의 군대는 프랑스 군대가 움직일 때마다 주위에 출몰하여 그들을 괴롭혔다. 며칠이 지나 프랑스 함대 사령관 로즈 제독[10]은 후퇴를 명령했으며 원정군은 중국으로 돌아갔다.

---

9) 쿵 공(Prince Kung) : 청조 함풍제의 아우인 공친왕(1832~1898)을 뜻함. 이 무렵 그는 서태후의 신임을 받아 의정왕대신으로 재직하고 있었다.

10) 로즈(Pierr G. Roze : ?~?) : 프랑스 극동함대 사령관. 병인박해(1866)의 보복으로 병인양요를 일으킨 장본인임.

이를 계기로 그토록 알려지지 않았던 한 왕국에 많은 이목이 집중되었다. 기록에 따르면 한국에는 키가 3피트밖에 안 되는 말이 있으며, 꼬리가 3피트나 되는 새들이 있으며, 왕릉은 금과 은으로 만들어져 있고, 시체는 값비싼 돌로 장식되어 있으며, 은과 상상할 수도 없을 만큼 비싼 광물질이 노다지로 쏟아지는 언덕이 많다고 한다.

이와 같은 이야기들이 상해에서 떠돌고 있는 세계 각지의 엉큼한 모험가들의 탐심을 자극했다는 것은 너무도 당연하다. 적어도 해적질만을 일삼던 두 함대가 한국의 원정군 후보로 등장했는데 그 가운데 하나는 비극적인 종말을 보았다.

1866년, 미국의 범선 제너럴 셔먼호는 한국을 향하여 천진항을 떠났는데 이 배에는 선장인 프리스턴, 3명의 미국인, 1명의 영국인, 19명의 말레이와 중국의 선원이 타고 있었다. 이 배에는 대포, 화약 및 밀수품들이 들어있었다. 들리는 말에 따르면 이 배의 출항 목적은 평양에 있는 왕릉을 도굴하기 위한 것이었다고 한다.

이 배는 대동강으로 들어오다가 거기에서 관헌의 정선 명령을 받았다. 당시의 한국인들은 이 배의 내항이 관가로부터 그토록 심하게 박해를 받아온 프랑스 선교사들과 관련이 있는 것이라고 믿었기 때문에 평양 주민들은 그들의 내항으로 크게 흥분했다. 한국의 섭정인 대원군은 외국인의 상륙이 허락되지 않으며 그들이 상륙할 경우에는 격퇴되든가 아니면 살해되리라는 포고령을 내렸다.

평양의 주민들은 전쟁을 준비했다. 그들의 무기란 원시적인 것들이었다. 그들은 사정거리가 800피트이며 강력한 파괴력을 가진 화전을 가지고 있었다. 군대는 용의 무늬로 얼룩지고 여러 겹으로 된 갑옷을 입고 있었는데, 들리는 말에 따르면 이 갑옷은 총알로도 뚫을 수 없다고 한다. 궁수들이 열을 지어 서고 몇 개의 구식 대포가 진열되었다.

강 양쪽 제방에 배치된 한국 군대가 선원들을 향하여 발포했으며 4일 동안 간헐적인 전투가 계속되었다. 배에서 발사하는 대포의 위력도 상당했지만 한국군 측에서는 한 명이 죽으면 이를 보충할 수 있는 사람이 열 명도 넘었다. 강 위에서의 선박 운행에 관하여 무지했던 프리스턴 선장은 배를 모래밭에 좌초시켰기 때문에 다시는 부상할 수가 없었다.

싸움이 며칠간 계속되었으나 한국인들은 아무런 전과를 올리지 못했다. 궁수와 군대는 제너럴 셔먼호에 치명적인 타격을 줄 수 있을 만큼 가깝게 접근하기를 꺼렸으며 함포사격에 따른 희생자를 더 이상 내고 싶지 않았다. 그리하여 옛날에 사용하던 소위 거북선이라고 하는 철갑선이 등장하게 되었는데 이는 대포가 설치되어 있고 철갑과 황소의 가죽으로 덮은 평저선이었다. 이 배는 포를 발사할 때마다 앞부분이 열렸다가 곧 닫히었다. 그러나 이 거북선도 외국 선박을 격파하지 못했다.

이 때 박규수라고 하는 훈련 교관[11]이 또 다른 계획을 제안함으로써 일약 유명하게 되었다. 그는 세 척의 평저선을 한데 묶어 나뭇가지를 싣고 그 위에 유황과 초석을 뿌렸다. 끈으로 한데 묶인 이 화선은 불이 붙은 채로 제너럴 셔먼호를 향하여 떠내려갔다. 처음 것은 실패했다. 두 번째 화선을 떠내려 보냈으나 겁에 질린 제너럴 셔먼호의 선원들은 그것이 접근하여 오자 밀어제쳐서 위험을 면했다. 세 번째의 화선이 제너럴 셔먼호에 불을 붙였다.

선원들의 대부분은 유황과 초석에서 나오는 악취와 수증기로 질식했다. 그들은 불을 끄고자 했으나 헛수고였으며 연기가 더욱 심하게 되어 타오르자 그들은 하나씩 하나씩 물속으로 뛰어 들었다. 그들은 한국 군대에 잡혀 배 위로 끌려 올라갔다. 어떤 사람들은 흰 기를 힘껏 휘둘렀으나 모두가 허사였다. 그들의 대부분은 배가 강변에 닿기에 앞서 난도질을 당했다.

어떤 사람들은 뭍에까지 끌려와서는 미소를 지으며 부드러운 말씨로 한국인들의 호감을 사려고 애썼으나 그들의 목숨은 몇 분 더 연장되지도 못했

11) 박규수(朴珪壽 : 1807～1876)는 훈련 교관이 아니라 평안 감사였다.

다. 그들은 손발이 묶인 채 목이 달아나고 끔찍스러운 방법으로 손발이 잘리고 몸은 갈기갈기 찢기었다. 시체의 어느 부분은 약으로 쓰려고 뜯어내고 나머지는 불태웠다.

제너럴 셔먼호는 강변에서 불타 없어졌다. 닻줄을 강에서 끌어내어 승리의 상징으로 평양 남문에 높이 걸어 놓고 "조용한 아침의 나라"의 평화를 감히 깨려고 하는 외국인들을 기다리는 모든 사람들에게 파멸을 경고했다. 내가 평양을 방문했을 때까지도 그것들이 걸려 있었다.

페롱[12]이라고 하는 프랑스 신부는 대학살(병인사옥, 1866) 때 한국으로부터 추방되었다가 함부르크 태생의 유태인인 오페르트[13]와 함께 또 다른 원정을 계획했다. 국태공은 옛날의 보물들을 많이 가지고 있었는데 그는 이것들을 오랜 동안 그의 집에 보관해 오다가 요즈음에는 어느 왕릉에 묻어 두었다는 사실을 페롱은 알고 있었다.

만약 그 보물들을 탈취한다면 국태공은 그것을 도로 찾으려고 천주교도의 박해를 포기하는 데에 동의할는지도 모른다고 페롱은 생각했다. 아마도 왕릉 속에 보물이 들어 있다는 말에 마음이 움직인 듯이 보이는 오페르트는 페롱의 계획의 동조했다. 젱킨스라고 하는 미국인과 중국인 그리고 말레이인으로 구성된 120명의 전투 수병과 유럽의 건달 몇 명이 그를 수행했다.

1867년 4월 30일 그들은 차이나호를 타고 상해를 떠나 서울 가까운 곳에 상륙하여 왕릉을 향하여 출발했다. 한국인들은 그들을 보자 도망쳤다. 그들은 석실 위의 흙을 파헤쳤으나 관은 강한 화강암으로 덮여 있어 도저히 움

---

12) 페롱(S. Féron : 1827~1903) : 프랑스 파리외방전교회 소속 신부. 세즈 출신. 1850년에 서품을 받은 뒤 1857년에 조선에 입국하여 경상도 서북지방에서 포교하다가 1970년에 인도로 전임됨.

13) 오페르트(Ernest J. Oppert : 1832~?) : 프러시아의 상인. 1866년에 로나호를 타고 충남 해미에 도착하여 개항을 요구했으나 당시 쇄국정책을 쓰던 우리 나라와 통상이 거절되자 1868년에 대원군의 아버지인 남연군의 묘를 발굴하려다가 실패한 사람임. 저서로는 『금단의 나라 조선』(*The Forbidden Land, Voyage to the Korea*, New York : G. P. Putnam's Sons, 1880)이 있음. 본 「한말 외국인 기록」(20) 참조.

직일 수 없음을 알았다. 다행히도 안개가 짙어서 그들은 발각되지 않고 오랫동안 작업을 할 수가 있었지만 얼마 지나지 않아 군중들이 그들을 포위하고 돌을 던지기 시작했다. 수병들은 물러가라고 위협하다가 자기들의 인솔자들을 한국인의 처분에 맡기고 그곳을 떠났다. 오페르트와 그의 일파는 가까스로 목숨을 건져 배로 돌아왔다.[14)]

그 뒤 얼마 지나 미국인 젱킨스는 상해의 영사 재판소에서 증거가 불충분하다는 이유로 방면되었다. 오페르트는 자기가 원정했던 전모를 상세하게 기록한 책 『금단의 나라 조선』을 출판했다. 그는 자신의 행동이 약탈 행위였음을 시인했으나 왕릉에 들어 있는 보물을 가져옴으로써 자기와 자기의 동료들은 한국에 있는 천주교도들을 안전하게 할 수 있었을 것이라고 변명함으로써 자신의 행동을 합리화했다.

제너럴 셔먼호가 격침되었다는 소식이 상해에 전달되자 그곳에 있던 미국의 함대 사령관 벨 제독[15)]은 와추세트호의 선장인 슈펠트 제독[16)]에게 한국으로 항해하여 손해를 구제하도록 명령했다. 슈펠트는 이곳을 항해하여 본 경험이 없기 때문에 항로를 잘못 잡아 서울에서 흘러 내려오는 강인 한강 입구에서 북쪽으로 30마일 떨어져 있는 작은 어구에 정박했다. 그 일이 있은 지 얼마 뒤에 슈펠트는 당시의 일을 다음과 같이 말했다.

---

14) 오페르트의 남연군묘 굴총 사건에 관해서는 다음의 글을 참고할 것. 이중국, 「오페르트 굴총사건의 진입로 연구」, 『논문집』(17)(서울 : 건국대학교대학원, 1983), pp. 121~144.

15) 벨 제독(Henry H. Bell : 1808~1898) : 미국의 해군. 미국 동인도함대 사령관(1865)으로서 1867년에는 대만해협에 좌초하여 수병 7명이 본토인에 의해 피살되자 이에 대한 보복으로 대만을 공격했다가 고산족(高山族)의 공격을 받고 퇴각한 일이 있다. 이후 그의 대극동 인식은 매우 공격적이어서 조선에 신미양요를 일으켰다.(1871) 그는 뒷날 동해안에서 익사했다.

16) 슈펠트(R. W. Shufeldt : 1822~1895) : 한국명 설비이. 미국의 해군 제독. 뉴욕 출신. 1839년에 해군에 입대하여 브라질 · 아프리카 · 지중해에서 활약하다가 퇴역. 남북전쟁 당시에는 쿠바총영사(1861~1863)를 지냈으며 그 뒤 다시 해군에 복귀하여 국무장관(J. G. Brain)을 설득하여 조선 개국의 임무를 맡고 출항(1878), 일본에 도착(1880), 한국의 연안을 왕래하면서 끝내 한미수호통상조약을 체결함(1872). 그 뒤 해군자문국의장(1882~1884)을 지냈으며, 묘소는 알링턴 국립묘지에 있음.

이곳에서 나는 한국의 왕에게 글을 보내어 제너럴 셔먼호를 격침시킨 이유와 선원들을 살해한 이유가 무엇인가를 묻고, 특히 지난날 미국의 선박이 난파되었을 때에는 한국의 왕이 온갖 정성을 기울여 그들을 중국의 국경까지 데려다 주어서 그곳에서 선원들은 자신의 본국으로 무사히 돌아갈 수 있었던 사실[17]을 잘 알고 있는 나로서는 이번의 야만적인 처사에 대하여 놀라움을 금할 수 없노라고 전했다. 며칠이 지나 우리는 위에서 말한 그 고을의 관리를 만나는 데에 성공했고 그 자리에서 이 편지를 도 관찰사에 전달할 수가 있었다.

…… 급사가 임무를 띠고 파견된 지 10일인가 15일인가 지나도록 닻을 내리고 머무르다가 바닷물이 점차로 얼기 시작함에 따라 더 이상 지체하다가는 내년 봄까지는 돌아갈 수 없을 것 같고 더구나 그때까지 견딜 만한 준비도 되어 있지 않음을 알고 있는 나는 뒷날에 다시 준비를 하여 한 번 더 오리라는 생각에서 회답을 더 이상 기다리지 않고 그 곳을 떠나기로 결심했다.

사세가 어쩔 수 없이 되자 슈펠트 제독은 애당초 마음먹은 바를 이루지 못하고 물러났지만 얼마 뒤에 받은 그의 편지에 대한 회답은 미국인들로 하여금 제너럴 셔먼호 사건이 강력한 도발 행동에 의한 것이었다는 점을 확신케 했다. 그리하여 1871년 북경 주차 미국 공사 로우[18]는 로저스 사령관[19]에게 프리스턴 선장의 살해에 대한 보복으로 한국으로 항해하여 한강 어구에 있는 요새를 공격하라고 명령했다. 이러한 처사는 프랑스의 처사보다 더 명예로운 것은 못 된다. 미국인들은 그들의 우세한 무기로써 한국인을 무수히 살해할 수 있었다. 한국인들은 침략자들이 시인한 바 있듯이 용맹스럽게

17) 같은 해의 평북 철산에 표박했던 미국 상선 서프라이스호의 구조를 뜻함.

18) 로우(Frederick F. Low : 1828～1894) : 미국의 은행가이며 외교관. 파나마광산에서 거부가 되어 캘리포니아 주지사(1863～1867)를 역임한 뒤 북경 주차 미국 공사(1869～1874)를 지냈다.

19) 로저스(John Rodgers : 1812～1882) : 미국의 해군 소장. 북태평양을 탐험하고(1852), 남북전쟁에 참전했으며, 1870년 이래 아시아 함대 사령관이 되었다. 신미양요의 장본인.

싸웠다. 아무런 목적도 없고 아무런 필요도 없는 파괴 행위를 한바탕 치른 뒤에 침략자들은 물러갔다(신미양요, 1871).

이 무렵 한국의 문호를 개방하려는 큰 세력이 형성되고 있었다. 북쪽에서 러시아가 접근하여 오고 이그나티에프[20]가 탁월한 정치적 역량을 발휘하여 우수리 지방을 장악하게 되자 한국의 위정자들은 크게 놀라게 되었다. 한국의 집권층은 친왕파와 국태공파로 나누어 주도권을 잡으려 싸우고 있었는데 이는 일본에서 천황의 추종자들이 막부가 투쟁하기 직전의 상태와 흡사했다.

세월이 흐를수록 더욱 강력한 권력을 행사하게 된 왕은 외국인의 입국을 환영하는 쪽으로 기울어지고 있었으며 국태공은 그 반대였다. 청국은 오랫동안 자신이 어느 모로 보나 한국을 지배하고 있다는 사실을 시인하지 않았으나, 여러 가지 이유로 상황이 달라진 오늘날에 와서도 이홍장은 청국과 한국과의 사이에 가로놓인 장벽을 무너뜨리려고 자신의 권한을 유감없이 행사하기 시작했다. 무엇보다도 중요한 것은 극동의 새로운 강대국이 발흥하여 자기의 비위를 건드릴 경우, 이를 참을 수 없게 될는지도 모른다는 점이었다.

새로 등장한 일본은 자신이 강대하고 근대적이며 단호한 국가임을 과시하고 있었다. 일본의 위정자들은 아직도 중세기적 사상과 국내 반동으로 골치를 앓고 있으면서도 서울에 자기들의 공작원을 파견할 기회를 엿보고 있었다. 이 공작원들은 유럽인들이 얻을 수 없는 입국 허가를 얻었다. 그들은 자신을 한국인들에게 이해시킬 수가 있고, 동양인들의 권모술수를 익히 알고, 중국의 예법을 배운 그들이 퇴짜를 맞을 리가 없었다. 그들은 군함의 지

20) 이그나티에프(Nicholas P. Ignatiev : 1832~1908) : 백작, 러시아의 외교관, 크리미아전쟁 직후의 파리 강화 회의에서부터 외교관으로 활약하기 시작했다. 1860년대에는 북경 주재 러시아 공사를 역임했으며 알렉산더 3세(Alexandre III) 밑에서 내상(1881~1882)을 역임한 바 있다.

장승(필자 촬영)

기생(필자 촬영)

원을 받으면서 왔다.

1876년 구로다 기요다카[21]와 이노우에 가오루(지금은 백작)[22]는 2척의 전함과 3척의 수송선을 이끌고 서울 앞바다에 나타나, 자기들은 한국과 조약을 체결하거나 아니면 개전하고자 왔노라고 선언했다. 3일도 못되어 병자수호조약(강화도 조약)이 체결되었다. 이 조약에서 일본은 한국이 자신과 동등한 주권을 행사하는 독립국임을 인정했다. 그 뒤 "서로 의심을 품는다든가 오만한 행동을 취함으로써 결례되는 일이 생기지 않도록 하면서 평등과 호의에 따른" 교제가 이루어졌다. 일본은 부산에 공사관을 개설할 권리를 얻었다. 그 밖에도 여러 곳의 항구가 대일 무역을 위하여 개방되었으며, 일본의 거류민을 보호하고자 각 개항지에는 일본의 관리가 거주하게 되었다.

---

21) 구로다 기요다카(黑田淸隆 : 1840~1900) : 일본의 군인. 1874년 육군 중장으로 승진하여 홋카이도 개발장관이 되었으며 1875년에 운요호 사건의 문책을 통하여 한일수호통상조약을 체결함.

22) 이노우에 가오루(井上馨 : 1835~1915) : 일본 메이지시대 정치가. 백작. 이토 히로부미와 함께 영국에 유학한 뒤 외무성에 들어가 활약하다가 한일수호조약을 체결하고 그 뒤 외무대신, 대장대신에 올랐다.

제 2 장 민비와 대원군의 싸움

일본은 신속하게 한국의 전역에 전초 기지를 만들었다. 일본 대표인 하나부사 요시타다[1]는 서울의 서대문 밖에 공사관을 설립했다. 인천과 부산에 거류지가 확정됨에 따라 많은 일본 상인들이 이곳에 정착하게 되었으며 100명이 넘는 한국인들이 외교 실무를 배우려고 청국과 일본으로 파견되었다.

이 무렵 한국의 왕실은 날카로운 알력으로 사분오열되어 있었다. 1873년까지 섭정인 대원군은 그의 아들인 왕을 추종하는 소수의 왕당파를 지배하여 왔다. 왕은 선왕에게 발탁되어 그를 계승한 사람이었다. 대원군은 당시 극동에서 가장 주목할 만한 인물이었다는 것은 의심할 나위도 없다.

약 5피트 6인치의 짤막한 키에 꼿꼿하고 정력적인 체구, 희끗희끗한 머리에 유난히도 빛나는 명민한 눈을 가진 대원군은 집권 초기에 양반들의 세력을 누르고 왕권을 유지하고자 강력한 지도 체계를 확립했다. 그는 외국인들을 단호하게 적대시했으며, 가톨릭 신자들에 대한 가혹한 박해도 그의 치하에서 이루어졌다. 1871년 그는 백성들에게 외국인의 추방을 요구하는 서판을 서울에 세웠는데 그 내용은 다음과 같다.

---

1) 하나부사 요시타다(花房義質 : 1842~1917) : 일본 메이지 시대의 외교관. 프랑스 · 영국 · 미국(1867~1968)을 견문하고 외교계에 투신하여 한국(1871~1882), 러시아(1883~1887)에서 근무한 후, 말년에는 자작의 작위를 받고 적십자사 사장이 되었다.

바다 건너의 야만인들은 우리의 바다를 유린하고 뭍에 침략했다. 만약 우리가 그들과 싸우지 않는다면 그들과 조약을 맺어야 한다. 조약의 체결을 찬성하는 사람들은 그들의 나라를 팔아먹을 사람들이다. 천추만대에 이를 경고하노라.[2)]

국태공은 자신의 방법이 결국에는 성공하리라는 점에 대하여 추호도 의심치 않고 외국인과 유생들에 대한 투쟁을 여러 해 동안 성공적으로 수행했다. 그는 장차 상륙할지도 모르는 외세를 무찌르려고 군대를 조직하여 72호 선 무명으로 만든 두꺼운 방탄복을 입히고 무시무시한 무기로 무장시켰으며, 그들을 무장시키려고 종을 녹여 대포를 만들었다.

대원군은 또한 유생들을 거세하고자 그들의 복식의 특전을 대부분 파기하고 면세권을 철회했다. 일반 상인들도 검은 신발을 신도록 허락함으로써 이때부터 양반과 같은 특권을 누리게 되었다. 엄청나게 넓은 옛날 갓의 폭도 좁혀졌으며 빈부를 막론하고 도포 자락을 줄이도록 했다. 반상을 가리지 않고 능력만 있으면 높은 벼슬을 할 수 있게 되었다. 국태공은 여기저기에 엄청난 궁궐을 지었으며, 이러한 미치광이와 같은 공사는 그의 아들인 왕의 대에까지 계속되었다. 왜냐하면 한국에는 한 왕이 왕궁의 축조를 중지한다면 왕통이 끊어진다고 믿는 풍습이 있기 때문이다.

왕이 성장한 뒤에도 국태공은 자신의 실권을 놓으려 하지 않았다. 그는 "대원군"이라는 칭호를 받았고, 처음에는 왕의 배후에서 실권을 휘둘렀다. 그러나 이러한 처지가 오래 계속될 수 없었다. 왜냐하면 한국에는 새로운 세력이 등장하고 있었기 때문이었다. 나약하고 온화하고 양순하기만 한 왕이 민(閔)씨 가문의 딸에게 장가를 들었다. 민비는 아들을 낳은 뒤로 그 권한이 날로 강해졌다.

---

2) 척화비의 원문은 다음과 같다. "洋夷侵犯 非戰則和 主和賣國 戒吾萬年子孫 丙寅年作 申未年立"

민비는 그 성품이 대원군에 못지않게 억센 여자였기 때문에 두 사람 사이에는 곧 격렬한 싸움이 불붙기 시작했다. 민비의 오라버니인 민승호가 영의정[3]이 되면서부터 대원군은 점차 밀려나게 되었다. 그러나 그도 그렇게 쉽사리 물러날 만큼 녹록한 인물은 아니었다. 그는 온갖 지혜를 짜내어 책동을 부리기 시작했다. 각처에서 민요가 일어나고 실정에 대한 오랜 불만이 위정자들에게 폭발하기 시작했다.

어느 날 왕비의 침소 한 모퉁이가 폭파되었는데 대원군의 한 심복이 그곳에 폭약을 장치했다는 풍문이 이 입에서 저 입으로 나돌았다. 또 어느 날 민승호는 조상에게 제사를 드리고 있을 때 궁중에서 보낸 듯한 한 상자를 받았다. 그의 가족들은 대궐로부터 이런 선물을 받은 영광에서 어리둥절한 채로 무엇이 들어 있나 보려고 상자의 모서리를 눌렀다. 그 상자는 열리면서 폭발했다. 그것은 폭약이었으며 이 사고로 민승호의 어머니와 그의 아들이 죽었다. 그 상자는 대원군이 보낸 것이었다.

일본과 조약을 체결한 것은 자신의 뜻에 거슬리는 것이었기 때문에 그는 민비를 공격하기 위한 무기로 폭약을 사용했었다. 병자수호조약을 계기로 한국에 입국한 외국인들이 이 땅에서 틀림없이 야기하게 될 피해에 관하여 주의를 환기시키려고 공부 좀 한 사람들이 지방으로 파견되었다. 그들은 만나는 사람에게 "우리가 만약 일본인들을 받아들인다면 우리는 백인들을 받아들이지 않을 수 없게 되고, 백인들을 받아들이게 되면 그들의 악의에 찬 속셈에 걸려들지 않을 수가 없다"고 말했다.

1882년까지 대원군은 결정적인 기회를 잡지 못했다. 이 무렵 구미 열강과 한국 사이에는 수교를 위한 협상이 급속히 진행되고 있었으며, 5월에는 제물포에서 한미수호통상조약이 체결됨으로써 한국은 미국에게 문호를 개방했다.

---

3) 민승호(閔升鎬 : 1830~1874)는 영의정이 아니라 병조판서에 임명되었다. 그는 대원군의 몰락 이후 민비를 배경 삼아 세도가 등등하다가 대원군이 보낸 폭약으로 폭사했다.

그 해 여름, 전국에서 심한 가뭄이 들었다. 농사는 흉작이 되었고 국고는 고갈되었으며, 군대와 관리들에게는 봉급이 지불되지 못했고 기근이 들었다. 국민들은 "하늘이 진노했다"고 수군거렸다. "양이가 들어 온 탓"이라고 말하는 사람도 있었다. 대원군의 심복들은 곳곳에서 일을 꾸미기에 바빴다.

7월 23일 밤, 대원군의 심복들이 이끄는 폭도들은 각료들의 집을 습격하여 그들을 난도질하여 죽였다. 그런 다음 그들은 왕궁으로 몰려갔다. 군대와 폭도들은 한 덩어리가 되어 왕을 타도하라고 외쳤다. 왕은 기적적으로 몸을 피했으며, 폭도들은 사태를 주시하고 있었다. 그들이 바라는 것은 왕비의 싸늘한 시체였다. 모든 사람들은 왕비가 대원군의 명령에 따라 이미 독살되었으리라고 믿고 있었지만 그 여인은 이미 사태를 예측하고 이에 대비하고 있었다. 다른 한 시녀가 왕비를 대신해 독살되었으며, 왕비는 그의 침소를 벗어나 한 노복[4]의 등에 업혀 분노한 군중의 틈을 벗어나 안전한 곳으로 몸을 피했다.

폭도들은 그 노복을 붙잡고 당신은 누구이냐, 등에 업힌 사람은 누구이며, 어디로 가느냐고 물었다. 그는 대답하기를 자기는 변변치 않은 하급 관리이며 자기의 누이를 피신시키는 중이라고 말했다. 왕비는 궁궐을 벗어나 사가(私家)에서 일단 몸을 피했다가 다시 가마를 타고 시골[5]로 피신했다. 그 때 가마꾼 가운데 한 사람은 이용익이라는 비천한 물장수로서 왕비를 탈출시키는 데 매우 용기 있게 행동했다. 그 날이야말로 그에게는 운수 대통한 날이었다. 그 뒤 20년이 못 되어 이용익은 왕과 조정을 위하여 총리대신[6]으로 활약하고 있었다.

---

4) 무예별감 홍재희(洪在羲 : ?~1895). 뒤의 홍계훈을 뜻한다. 그의 신분은 노복이 아니었다. 그는 갑오혁명 당시 양호초토사로 전주성을 수복한 공으로 훈련대장으로 승진했으나 을미사변 당시 일본의 낭인들에게 참살되었다.

5) 처음에는 그의 고향인 여주로 갔다가 다시 장호원으로 피했다.

6) 이용익(李容翊 : 1854~1907)은 심상훈 내각에서 군부대신, 탁지부대신과 내장원경을 역임한 바 있으나 총리대신에는 이르지 못했다.

일당의 폭도들이 살기등등하여 궁궐로 달려가고 있을 무렵 다른 무리들은 일본인들을 습격했다. 거리에 나타난 외톨박이 일본인들은 그 자리에서 맞아죽었다. 많은 무리들이 일본 공사관으로 달려갔으나 일본 공사와 그의 부하 직원들의 완강한 발포로 격퇴되었다. 사태가 이렇게 되자 몇몇 한국인들은 공사관에 불을 질렀으며 일본인들은 불길을 피해 탈출하지 않을 수가 없었다.

일본인들은 함께 뭉쳐 거리를 뚫고 대궐에 도착하여 피신할 곳을 요구했다. 그러나 수문장은 문을 굳게 닫고 그들의 퇴각을 명령했다. 이때 천행으로 어둠이 깃들자 일본인들은 강을 따라 서울을 벗어나 제물포로 향했다. 그들은 도중에서 다시 습격을 받아 5명이 살해되었다. 그들은 제물포에서 고깃배를 타고 육지를 벗어나, 그 다음날 영국의 관측선 플라잉 피시호에 구조되어 본국으로 돌아갔다(임오군란).

일본에서는 한국인에게 즉시 보복 조치를 취하라고 아우성이 일어났다. 이 야만인들과 싸우려고 조선에 가겠다는 지원병이 각지에서 일어났으며 거리에는 이에 동조하는 서명 운동이 일어나고 외국 상인들도 이 섬 민족에 호응했다. 그러나 일본 정부는 이들에 대하여 좀 더 회유적인 노선을 취했다.

하나부사 요시타다는 8월에 엄중한 무장 호위를 받으며 서울에 도착하여 피해 보상을 요구했다. 이때 청국은 지금 자신이 어떠한 조처를 취하지 않는다면 조선에 대한 종주권을 언제인가는 포기해야 한다는 사실을 절감하게 되자 폭동을 진압하고자 4천 병력을 파견했다.

민비는 그의 시골 피신처에서 북경에 든든한 밀사를 보내어 보호를 요청하는 한편 이번 사건은 국태공에게 그 죄가 있음을 지적했다. 국태공은 이번 일이 잘못되었음을 알게 되자 이에 대하여 제일 앞장을 서서 변명해야 한다고 생각했다. 그는 하나부사를 만나 이번 사건은 자기가 애쓴 보람도 없이 폭발한 것이며, 무지한 군중과 사실을 잘못 알고 있는 농부와 군인들의 행동에 지나지 않는 것이라고 힘주어 말했다.

청국의 지휘관들[7]은 서울을 장악했다. 일본인들은 막대한 보상금과, 새로운 공사관의 신축과, 무역과 여행에의 최대한의 편의를 약속받았다. 청국군은 100여 명의 한국인을 체포했다. 주모자들은 모조리 삭탈관직되고 온갖 수모를 겪은 다음 처형되었으며, 잘린 머리는 관문 효수하고 찢겨진 시신은 개가 먹도록 똥 더미 위에 버려졌다.

국태공은 자유로운 행동이 금지되었다. 어느 날 그는 청국군의 막사에서 벌어진 연회에 초대를 받았다. 그러나 그는 도착하자마자 체포되어 해안으로 연행되었으며 거기서 정박 중인 청국 함선에 인도되었다. 그를 기다리던 심복들과 무장 군인들이 하품을 하면서 연회가 끝나기만을 고대하는 동안 그는 이미 청국으로 향하는 뱃길에 올라 있었다. 청국에 도착하자 이홍장은 그를 마치 죄수처럼 보정부로 보냈다. 대원군은 그곳에서 여러 해를 보냈는데, 그는 그곳에서도 권좌에 되돌아가기 위한 계교를 여러 모로 짜내고 있었다.

일본 공사관의 습격과 청국군의 개입은 청·일 간에 하나의 문제점을 일으켰는데, 이는 그 뒤 청일전쟁을 겪은 뒤에야 비로소 해결되었다. 이 사건이 있기 1세기 앞서 청국과 일본은 서로 조선에 대한 종주권을 주장했다. 그 무렵 일본은 그의 강력한 적대국에 눌려 자신의 주장을 부득이 철회하지 않을 수 없었다. 그러나 현재 일본 정부로서는 조선의 조정에서 청국의 세력이 증대되는 것을 도저히 묵과할 수가 없었다. 한때 두 강대국 사이에는 전운이 감돌 때도 있었지만 일본 정부는 예정된 정책대로 그 순간을 피했으며 머지않은 장래에 치명타를 입히려고 힘을 모으고 있었다.

민비는 환궁했으며, 그의 권한은 과거 어느 때보다도 더욱 튼튼하게 되었다. 왕은 그의 선조들의 유습에 따라 칙령을 발표했다. 이 칙령은 아직도 민족 감정의 변화하는 모습을 탐구하는 사람들에게는 커다란 관심사가 되고

---

7) 북양함대의 후선도인 마건충과 수사 제독 정여창을 뜻함.

있다.

과거 500년 동안 우리는 외국인들과의 교섭을 금지하고자 우리의 연안을 조심스럽게 경계해 왔으며, 그 결과 우리는 외국에 대한 견문이 좁다. 유럽과 미주에서는 신기한 물건들이 많이 발명되었다. 그들은 부강한 국가들이며 그들의 철도와 기선이 온 세계를 누비고 있다. 그들은 자신의 군사력을 강화하고자 서로 다투고 있으며 상대국을 요리하는 데 온갖 지혜를 다 짜내고 있다. 옛날에는 청국이 천하의 으뜸 되는 나라였으나, 지금은 세계 각국들이 모두 그와 동등하며, 청국은 그들과 우호조약을 맺었다. 심지어는 저 멀리 바다 끝에 위치한 일본까지도 서양의 여러 나라와 통상 관계를 맺고 있다.

병자년(1876)에 우리 조선은 일본과 조약을 체결했고 이를 계기로 세 항구를 개항했으며, 지금에 와서는 우리의 옛 풍습과는 어긋나지만 영국, 미국과 독일과 수교를 맺으려 한다. 이러한 변화의 시기에 개국이란 조금도 부끄러워할 것이 아니라는 사실을 잘 알고 있는 과인으로서는 그러한 모든 비난을 꾹 참으며 감수하고 있다. 외국과의 교섭은 평등한 조건에서 이루어질 것이며, 따라서 우리가 외국인들로 하여금 우리나라에 살도록 허락한다는 점에 대하여 백성들은 한심스럽게 생각할 필요가 없다.

예로부터 모든 나라는 다른 나라와 교역을 하는 것이 관례로 되어 있음은 역사가 증명하는 바이지만 아직도 그대 유생들은 이를 악습이라 여기고 과인으로 하여금 다른 나라들과 절연하도록 바라고 있다. 만약 외국인들이 올 때마다 군대를 모집하여 그들을 몰아낸다면 우리는 천하 만민의 공적이 된다는 사실을 그대들은 왜 생각하지 못하는가? 다른 나라들은 서로 뭉쳐서 일하는 동안 우리는 우방도 없는 외톨이가 될 것이며, 만약 그들이 우리를 치려 파병한다면 우리는 분명히 멸망하리라는 것을 왜 모르는가?

만약 우리가 외국인들을 이 땅에 불러들인다면 우리는 필연적으로 그들의 사교(서학)도 또한 받아들이지 않을 수 없으리라고 그대들은 말하지만,

우리는 그들의 종교를 받아들이지 않고서도 그들과 친교를 맺을 수가 있다. 우리는 국제법에 따라서 그들과 수교할 수 있었지만 그들로 하여금 자기들의 교의를 선교하도록 허락해서는 안 된다.

이제까지 그대들은 오로지 공자 · 맹자의 경서만을 읽었으며 그들의 사상에 너무도 심취했기 때문에 설사 외국인들이 그들의 종교를 퍼뜨리려 하더라도 그대들의 마음을 돌려놓는다는 것은 불가능하다. 만약 우둔하고 어리석은 몇몇 사람들이 외국의 종교를 배우고 믿는다면 우리에게는 엄정한 법이 있어 추호의 용서도 없이 그들을 죽이기 때문에 외국의 종교를 몰아낸다는 것은 쉬운 일이다.

비록 외국의 종교는 사악하고 파급 효과가 크다고 할지라도 그들의 기술과 공법을 배우는 것이 얼마나 유익한 것인가를 생각해 보라. 그들의 영농방법, 약품, 의술, 운송 도구, 기관술, 총포술과 그 밖의 여러 가지가 모두 우수한데 왜 우리가 그들의 기술을 배우지 않겠는가? 그들의 생활 방법을 배우는 것과 그들의 종교를 배우는 것은 별개의 문제이다.

외국은 강하고 우리는 약하다. 따라서 우리가 그들의 기술을 배우지 않는다면 우리는 무슨 수로 그들과 맞서서 싸울 수 있겠는가? 만약 우리가 내정을 개혁하고 더 나아가서 외국과 우호적인 조건에서 친교할 수만 있다면 우리도 곧 그들과 마찬가지로 부강하게 될 수가 있다. 과인은 그대들과 마찬가지로 이 나라가 풍요해지기를 원하지만 지난 음력 6월에 있었던 일본인 학살 사건[임오군란]은 과인의 입장을 바꾸어 놓았다. 그러한 처사는 배신적인 조약 위반이며, 이로 말미암아 세계 열강으로부터 비난을 받았다.

우리 왕국은 지금 국난에 빠져 있으며 평화는 흔들리고, 더구나 우리는 무거운 배상금을 지불해야 한다. 지난번의 사건은 아직은 미결 상태이며 우리는 지금 미국, 영국, 그리고 독일과 조약을 체결하려 한다. 이러한 일은 예로부터 내려오는 방법을 따른 것이며 큰 변혁이나 되는 것처럼 의아한 눈길로 볼 것이 아니다. 따라서 그대들은 마음을 편안히 하고 자기와 직결되는 이 문제에 참여해야 할 것이다. 외국인들이 들어오면 그들을 따뜻하게 대하여 주라. 만약 저들이 그대들을 핍박한다면 과인은 사태를 예의 주시할 것이다. 왜냐하면 과인은 그들보다는 나의 백성들을 더 사랑하기 때문이다.

만약 일반 백성들이 그들의 비행을 관가에 고발한다면 그들은 법에 따라 처단될 것이다. 그러나 만약 과인이 일차 경고도 없이 그대들을 처음부터 엄하게만 다스린다면 과인의 처사는 옳은 것이라고 볼 수가 없다. 이제 우리는 서양 여러 나라들과 수교를 맺었으며 외국인의 접근을 금하는 서울 밖의 비석은 제거되어야만 한다.

이에 조선 국왕은 온 백성에게 명하노라.

민중이 폭동을 일으켰을지라도 외국과의 수교를 막을 수는 없었다. 청국과 조선은 이미 일본의 활동이 거침없이 성장하는 데 대하여 두려움을 갖고 있었다. 이홍장은 이 문제에 관하여 조선의 관리들에게 매우 괄목할 만한 경고를 보내었다. 이 경고는 그 후의 사태에 미친 영향으로 보아 특별한 의의를 갖는 것이었다.

최근 몇 년 동안 일본은 서양의 풍습을 받아들이고 있다. 일본은 국제적으로 입장이 날이 갈수록 불리하게 되자 자신의 이러한 입장을 보장해 줄 수 있는 편법을 찾으려고 혈안이 되어 있다. 유구의 운명은 지금 이 순간에도 하나의 적신호가 되고 있으며 이에 대하여 청국과 조선은 함께 후회하고 있다. …… 조선에 대한 일본의 침략적 야욕을 가장 잘 막아낼 수 있는 방법은 조선이 서양 여러 나라와 수교를 맺는 것이다.

1882년 5월 22일에 슈펠트 제독(Commodore Shufeldt)과 조선의 두 각료인 신헌과 김굉집 사이에 체결된 한미수호통상조약을 통하여 양국 간에는 국교가 이루어졌고, 외교 사절과 영사가 임명되었으며, 미국 시민의 치외법권이 인정되고, 일상 용품에는 거래액의 10%를 넘지 않는 관세를 지불하고, 그리고 사치품에 대해서는 30%를 넘지 않는 관세를 지불하도록 되었다. 미국인은 개항장에서 거주할 수 있는 권리가 허락되었다. 다음에서 볼 수 있는 바와 같이, 이 조약에는 조선 사람으로서는 중요한 의의를 갖는 한 구절이 있다. 곧 조선은 적대국으로부터 보호를 받도록 되어 있다. 그 조문(제1조)은 다음과 같다.

> 만약 제3국이 조선이나 미국 중 어느 한 정부에 대하여 부당하게 또는 억압적으로 행동할 때, 다른 한 정부는 그 사건의 통지를 받는 즉시 원만한 타결을 가져오도록 주선을 다함으로써 그 우의를 보여야 한다.

이 조문은 하나의 서면상의 약속이었다. 그러나 미국 측에서만 생각해 본다면 이는 단순한 한 장의 종이쪽지에 지나지 않는 것이었다. 이러한 사실은 그 뒤에 증명되었다.

같은 해에 윌레스 제독[8]과 애스톤[9]이 한영수호통상조약의 초안을 마련했으나 본국 정부에서는 몇 조항에 결함이 있다 하여 그 비준을 거부했다. 몇 달이 지나서 파크스 경[10]은 중무장을 하고 애스톤, 힐리어(지금은 Walter 경)[11] 및 모드(C. T. Maude)를 대동한 채 조선에 파견되었다. 파크스 경의

---

8) 윌레스(George O. Willes : 1823~1901) : 영국의 해군 제독. 왕립해군대학을 졸업하고 해군에 임관되어(1837) 제독(1885)에 이르렀다. 크리미아전쟁(1854~1855)과 대청전쟁(1859~1860)에 참전하여 공을 세웠고, 여왕 시종장(ADC, 1870~1874), 해군참모장(1869~1872), 중국함대 사령관을 거쳐 1885년에 퇴역했다.

9) 애스톤(William G. Aston : 1841~1911) : 영국의 외교관이며 언어학자. 퀸스대학에서 석사 학위를 받고 35년 동안(1864~1889) 일본과 한국의 공사관과 영사관에서 근무했다.

10) 파크스(Harry S. Parkes : 1828~1885) : 영국의 동방 전문 외교관. 샴(1855)에 진출한 뒤 광동(1850)과 상해를 거쳐 일본 주차 공사(1865~1884), 중국 공사(1883~1885)를 지냈으며 이때 한영조약을 체결했다.

11) 힐리어(Walter C. Hillier, : 1849~1927) : 영국의 외교관. 홍콩 출생. 1867년부터 북경 주차 영국 공사관에서 근무하여 서기관(1885~1889)을 거쳐 1889년 이래 한성(漢城) 주재 총영사 대리를 역임하고 총영사가 됨(1889~1896). 외교관으로 은퇴한 뒤에는 런던 킹스칼리지의 중국학 교수로 재직(1904~1908)하면서 『중국어문법』(*The Chinese*

표현을 빈다면 “상당한 노력을 기울이고, 침착과 인내의 시련을 겪은 다음”[12] 만족할 만한 한영수호통상조약이 체결되었는데, 이 조약에 따르면 영국인의 무역권과 영사재판권이 특별히 취급되어 있다. 이 조약은 사리가 분명한 기초자의 의중이 가장 잘 표현된 조약의 한 예가 되고 있으며, 파크스 경은 대일본 교섭과 대청 교섭에서 얻은 경험을 이곳에서 십분 살릴 수가 있었다. 그 밖의 유럽 열강들도 조선과 조약을 맺었다.

Language and How to Learn It, 1907)과 『영국사전』(*English–Chinese Dictionary*, 1910)을 저술함.

12) (필자 주) *Life of Sir Harry Parkes*, Vol. II, p. 205.

제 3 장 외국인의 입국

개항 초기에 조선에서 살던 한 외국인은 나에게 이렇게 말한 적이 있다.

> 내가 처음으로 조선에 발을 들여놓았을 때 나는 마치 『이상한 나라의 앨리스』[1]의 주인공처럼 느꼈다. 모든 것이 너무도 환상적이고, 너무도 불합리하고, 너무도 정떨어지고, 너무도 기괴해, 나는 몇 번이고 내가 지금 꿈을 꾸고 있는 것이나 아닌가를 스스로에게 물어보았다.

서구인들이 조선에 처음으로 입국하여 느끼는 것처럼, 조선의 제도는 여러 가지 점에서 500~600년 전의 중국과 매우 비슷하다. 왕은 3정승과 이·호·예·병·형·공의 6조 판서가 보좌하는 절대 군주 체제이다. 전국은 관찰사가 통괄하는 8도로 나뉘어 있으며, 관찰사 밑에는 수령이 다스리는 지방 행정 구역이 있다. 관기를 엄정히 하고자 왕은 각 지방을 은밀히 돌아보며 암행어사를 거느리고 있는데 이들은 왕을 대신하여 모든 정사를 감독하고 왕에게 직접 이를 보고하는데, 미국에서 볼 수 있는 백만장자 기업가들의 "개인 감사반"에 해당되는 것이다.

---

1) 『이상한 나라의 앨리스』(*Alice's Adventures in Wonderland*) : 영국의 수학자이며 작가인 루이스 캐럴(Lewis Carroll : 1832~1898)이 1865년에 쓴 동화.

감옥이란 어처구니없을 정도이며, 고문을 거리낌없이 자행하고 십여 명씩 교수형에 처함으로써 감옥에는 정기적인 청소가 실시되며 재판정이란 돈 거래하는 저자와 같다.

정부가 하는 가장 못된 일은 세금을 거두어들이는 일과 백성을 희생하면서 몇몇 사람에게 특권을 허락하여 주는 일이다. 세금을 거두어들이면서 방백 수령들은 아무런 저지도 받지 않고 뜻대로 착취할 수 있는 자유가 있으며, 중앙정부가 요구하는 이상으로 백성들을 쥐어짬으로써 자신의 이익까지도 도모하고 있다. 아무리 생활이 넉넉한 사람일지라도 하루아침에 방백 수령의 제물이 되고 만다.

방백 수령은 특히 농사가 잘 되어 고생하는 농부를 찾아가 돈을 요구할 수도 있다. 만약 이러한 요구를 거절한다면 그는 곧 투옥되어 그의 요구에 동의할 때까지 허기진 몸으로 고문을 당할 것이다. 방백 수령 가운데 는 좋은 사람도 있고 나쁜 사람도 있지만 대체로 아문의 권한은 모든 노동자들의 두려움의 대상이 되었다. 어느 농부는 나에게 이렇게 말했다.

"난들 왜 더 많이 추수하고 더 많이 경작하기를 바라지 않겠소? 왜 그런줄 아시오? 풍년이 든다는 것은 결국 수령으로부터 더 많이 수탈당하는 것을 의미한다오."

방백 수령의 수탈 행위도 그 한계가 있어, 저항권이라는 불문율과 왕에게 직접 올리는 상소로 말미암아 제약을 받는다. 만약 수탈이 참을 수 없을 만큼 심하면 백성들은 봉기하여 수령을 죽일 수도 있으며, 이럴 경우에 중앙정부에서는 사필귀정이라고 생각한다. 이러한 체제 아래에서 개인의 모험심은 극히 제한된다는 것은 의심할 나위도 없다. 어느 누구도 특별한 일을 해 보려는 의욕을 가질 수가 없다.

양반에 대한 특혜는 상민들에게 또 다른 부담이 되고 있다. 양반은 자기가 노동자들과는 다른 생활을 할 수 있는 권리를 가지고 있다고 생각한다. 양반의 자제가 성장하면 그의 아버지는 왕에게 특혜를 요구할 수도 있다.

여기에서 특혜라 함은 상당한 액수의 도강세를 징수할 수 있는 권리라든가, 어느 특정한 지역에 대한 과세권 같은 것을 의미할 수도 있다. 특혜를 받는다고 해서 그 댓가로 국가에 대하여 실제로 어떤 봉사를 하지 않아도 좋다.

이러한 사실에 대하여 서양인들은 깜짝 놀랄 수도 있겠지만 화는 내지 않는 것이 좋을 것이다. 영국에서 장원 영주들에게 주는 특권을 생각해 보라. 그들은 도시가 건설되어 있는 공유지를 점거하고 있다. 평민들이 공유지에 배수로를 내고 싶다거나 아니면 공유지에 접하여 옥외로 새 길을 만들려면 상당한 액수의 세금을 즉시 납부해야 한다. 상당한 보상도 지불하지 않고 대중에게 세금을 부과할 수 있는 권리를 갖는다는 원칙은 영국의 경우나 조선의 경우나 마찬가지이다.

서울에 살고 있는 사람들은 다음과 같은『관보』를 읽음으로써 삶의 지루함을 잊는다.

> 전하께옵서는 권익상과 송정섭(이 두 사람은 모두가 저명한 애국자의 자제들이다)에게 각기 악기 한 벌씩을 하사하도록 명을 내리셨다. 이들은 곧 있을 과거에서 급제한 뒤 거리를 행진할 때 선두에 서서 그 악기를 연주하게 될 것이다.
>
> 전하께옵서 내리신 윤음에 따르면 대왕대비께서 연로하시고 머지않아 금혼식이 되는바 과인은 이에 대한 축하의 뜻으로 새해에 몇 벌의 옷을 내릴 것이다.

조선에 입국한 대부분의 외국인들은 처음에는 자기들의 거주지로 개항지인 부산과 제물포, 그리고 수도인 서울을 벗어나지 않았다. 이곳에 사는 동안 그들은 조선에 대하여 몹시 나쁜 인상을 받았다. 특히 서울에서 양반과 대궐을 찾아다니면서 식객 노릇을 하는 무리들은 게으르고, 치사하고, 쓸모없는 인간이라는 인상을 주었는데, 이러한 모습을 시골에서는 볼 수가 없다.

서울은 그 자체가 하나의 환상적인 그림과 같다. 왕과 왕비는 산 밑에 있는 대궐에서 나라를 다스린다. 넓은 뜰과 높은 담으로 둘러싸인 낮은 단층 집들의 곳곳에는 신하들이 가득 차 있다. 아름다운 호수 위에 많은 기둥을 세워 지은 휘황찬란한 무도장에서 왕은 기녀들의 가무를 즐긴다.

궁중에는 적어도 4,000명의 벼슬아치, 환관, 무당, 점쟁이 그리고 엽관 운동자들이 있다. 조선에서는 일종의 조합을 이루고 있는 무당들이 큰 세력을 이루고 있다. 그들은 강력한 패거리를 이루고 있으며, 그들이 먼눈으로 허공을 두리번거리면서 긴 지팡이를 두드리며 떼를 지어 거리를 지나갈 때면 사람들은 두려운 듯이 바라본다.

서울은 지리적으로 이상적인 곳에 위치하고 있으며 높은 산으로 둘러싸여 있고 기후가 좋은 곳으로서, 동양 여러 나라의 수도에는 종교적 의식을 가질 수 있는 절이 하나도 없다는 점에서 유명하다. 얼마 전까지만 해도 중들은 서울 도성 내에서 살 수가 없었다. 한국인들의 주된 교리는 귀신에 대한 두려움이지만 그들은 이상하게도 비종교적이다.

상류 사회의 여성들은 절대적으로 은둔된 생활을 하는데, 그들은 자기들의 철저한 은둔 생활이 마치 자기 남편의 품위를 입증하는 것처럼 생각한다. 하층 계급의 여성들은 여러 방면에서 가계를 도우려고 심한 일을 한다. 그들은 유방이 마구 드러나 보이고 오히려 가슴이 꽉 싸매진 이상한 옷을 입고 있다. 여성들은 비록 비굴하리만큼 갇혀 살지만, 전체적으로 볼 때 조선의 도덕관념은 일본에 견주어 보면 확실히 우월하다.

서울의 거리를 돌아보면 이곳 주민들의 괴상한 생활상을 보게 된다. 고관대작이 가마를 타고 거리에 나오면 거만스러운 그의 하인배들은 군중들을 향하여 길을 비키라고 소리친다.

어떤 사람은 엷은 황색의 도포를 입고, 시야를 거의 가리다시피 하는 큰 갓을 쓰고 커다란 부채로 앞가슴을 가리고 천천히 걸어간다. 그는 상주이다. 조선의 예법에 따르면 상주가 된다는 것은 가장 고통스러운 일이다. 가까운 친척이 죽게 되면 상주는 몇 달 또는 몇 년 동안 친구들과 절연하고 생업을 놓는다.

양반집 여인이 타고 있는 가마는 문이 꽉 닫힌 채로 거리에 줄을 잇는다. 일반 평민들이 외출할 때는 길고 흰 도포를 입고 상투를 튼다.

거리에는 보잘것없는 동기와 유지와 그 밖에 식료품들이 가득찬 가게들이 줄지어 있다. 조선에는 제조 공업이 사실상 없기 때문에 이 물건들은 보잘 것이 없다.

어떤 때는 창병이 무리지어 지나가는 것을 볼 수가 있는데 그들은 두툼한 전포를 입고 있으며, 자기들의 용맹을 뽐내려고 얼굴을 몹시 찡그리고 있다.

해가 지면 사대문이 닫히기 때문에 이 문을 출입하고 싶은 사람은 아무리 지체가 높은 사람일지라도 그 높은 도성을 기어 넘어가야 할 때가 있다. 어둠이 깃들면 남산을 비롯한 네 곳의 산등성이에서 봉화가 피어오르는데, 이는 지금 전국이 모두 평온함을 알려 주는 것이다.

해가 넘어간 지 1시간이 지나면 모든 사람들은 집안으로 들어가고 아낙네들이 밖으로 나온다. 이 시간은 그들의 시간으로서 하루 가운데 때가 되어야 그들은 비로소 자유롭게 거리를 활보할 수가 있다. 그때 이 여인들 사이에 끼게 되는 남자의 신세는 처량하기 짝이 없다. 여인들의 시간이 지나면 서울 한복판에 있는 큰 종이 네 번 울린다. 그것은 만종이어서 주민들은 불을 끄고 휴식에 들어간다.

조선 사람들의 생활상을 그리면서 그들의 그늘진 측면을 강조하지 않는다거나 그들의 곤궁한 생활을 과장하지 않기가 어렵다. 서울의 모습을 지나치게 나쁘게 말한다는 것은 거북스럽지만, 시골 사람들에 관한 한 대부분의 사람들은 유복한 생활을 한다. 서울 이외의 지방에 살고 있는 조선 사람들이 오늘날 런던 이외의 지방에 살고 있는 영국인들과 같이 어렵게 살고 있다고 믿기는 의심스럽다.

조선에는 거지가 거의 없다. 아니 전혀 없다. 따라서 세밀한 구빈 제도가 필요하지 않다. 시골사람들은 자기의 토지를 경작하기 때문에 특별히 기근이 심할 경우를 제외한다면, 가을에 넉넉한 곡식을 추수하여 1년 동안 가족을 먹여 살릴 수가 있다. 서울 사람들이 게으른 반면에 농부들은 부지런하며 충실한 가장들이다. 나는 조선의 대부분을 여행했는데, 그들의 생활은 유족하게 사는 유럽 지방의 생활에 못지않았다.

짧은 기간 동안에 조선을 돌아본 관광객들은 이곳의 생활에서 흔히 눈에 띄는 오리의 학정과 사회적 모순만을 보게 될 때 전체적인 모습을 그리면서 관점을 상실하기 쉽다. 이를테면 세 사람이 지레의 원리를 응용하여 작업하는 가래질이 실상은 한 사람의 몫도 하지 못하는 모습을 보게 될 것이다.

또 죄수를 능지처참하여 새나 개가 그 고기를 먹도록 거리에 내버려두는 모습을 보면 기절할 것이다. 수없이 고문을 당한 죄수의 모습을 보면서 관광객들은 고개를 돌리게 된다. 외국인들이 조선에서 보내는 처음의 몇 주는 반감과 공포로 가득 차게 된다. 그러나 그들을 좀 더 알게 되면 그들이야말로 친절하고 악의를 모르며, 천진스러우리만큼 단순하고, 진리를 깨닫고 싶어 하고, 또 매우 사랑스럽고도 정을 느끼는 성품을 가지고 있다는 사실을 깨닫게 된다. 이것은 나의 생생한 경험담이다.

나보다도 조선 사람을 더 잘 아는 사람들과 함께 이들의 생활상을 얘기하다 보면 내가 알고 있는 그들에 대한 지식이 조금도 틀림이 없음을 알게 된다. 조선 사람들은 충실한 벗이며, 신의 있는 인종으로서, 기회만 주어진다면 무엇이든지 할 수 있는 사람들이라는 것을 나는 발견했다.

오리의 부패와 가혹한 형제가 어느 정도는 조선 사람의 용기를 움츠러들게 했고 또 그들의 결심을 무디게 한 것은 사실이지만 그들에게는 매우 작은 자극으로써도 위험한 모험을 감행할 만한 용기가 아직도 남아 있다. 내가 한·만 일대를 여행하는 동안에 본 바에 따르면 동행했던 조선의 소년들은 영국의 무학자들도 곧 잘 머뭇거리는 모험을 과감하게 처리했다. 그들은 성실하고 충직하고 훌륭하게 나를 도와주었다. 그들의 민족성에는 무서운 잠재력이 있다.

1883년부터 1884년까지는 외국인들이 물밀 듯이 들어왔다. 청국에서 해관리로 일하던 묄렌도르프[2)]가 청국의 방법을 좇아 해관을 조직하는 직책에 임명되었다. 영어 학교가 창설되었으며, 후장총, 그리고 외국의 가축, 종자, 식량들을 해외로 발주했으며 전등 공장의 건설을 의뢰했다. 자르딘-매티슨 상사는 상해와 조선 사이의 기선 항로를 개설했으며, 독일과 미국은 합작 투자로써 한강변에 유리 공장을 착공했다. 외국인에 의한 금광 채굴이 시작되었으며 외국 상사들이 상륙했다.

여러 분야에 걸친 외국인 관리, 군인, 민간인들이 고용 계약을 맺고 이곳에 종사했다. 한 외국인 고문은 월봉 1천 달러를 받고 외부에서 일하도록 되어 있다. 미국인과 프랑스인, 그리고 그 밖의 외국인들이 사업을 시작할 수 있도록 허락을 받았다.

이러한 사업들은 거의 대부분이 흐지부지되었다. 조선의 정부에서는 계획을 세워 적임자를 찾은 다음에는 몇 주일도 못 되어 권태를 느꼈다. 어떤 사람들은 왕을 찾아가 그 새로운 제안은 위험스럽다고 귓전에 속살거리곤 했으며, 큰일을 해 보겠다고 꿈이 부풀어 이곳에 입국한 외국인들은 자신들의 앞에 절망적인 장애물이 놓여 있음을 알았다.

언제인가 4명의 관리와 3명의 미국인과 1명의 일본인이 처음에는 사관생들을 훈련시키고, 그 다음에는 4천 명의 군대를 훈련시키려고 계약이 이루어진 적이 있었다. 이 일을 위하여 자금도 승인을 받았지만 그 돈은 궁내의 수많은 측근자들의 주머니 속에서 녹아 없어졌다. 교관들은 자신들의 봉급을 받는다는 것이 매우 희망 없는 일임을 알았으며 이 계획은 사관생들과

2) 묄렌도르프(Paul G. von Moellendorff : 1848~1901) : 독일의 외교관 겸 동양학자. 중국 주재 독일영사관에 근무하다가 청국 관리가 되었으며(1860), 이홍장의 추천으로 조선에 진출해(1882~1885) 주로 해관 업무를 보면서 개화파를 견제하고 친러시아 노선을 걸었다. 그 뒤 이홍장에게 해임되어 중국 영파에서 죽었다.

군인들에게 제복 한 벌씩을 배급한 것으로 그쳤다.

제분 공장이 돌아가는데 가루는 나오지 않았다. 어느 한 고관은 군량미를 착복하고자 군인들의 봉급에 모래를 섞어 주었다가 서울에서 커다란 난동이 일어났었다. 외국을 상대하는 부서로서 제대로 운영되는 것은 세관이다. 진심으로 일을 잘해 보려는 조선의 관리들은 외국의 농간에 빠져 좌절했다. 그리하여 어느 한 고위 군관은 자기 부대를 감사하는 자리에 유럽의 한 외교 사절을 데리고 왔다. 그 군관은 이렇게 말했다.

> 자! 이 총을 보시오. 모두가 외국제입니다. 총은 모두 여섯 가지나 되지만 쓸 만한 것은 하나도 없습니다. 이 총에는 이 화약을 쓸 수가 없습니다. 이래 가지고서야 어떻게 군대를 훈련시킬 수 있겠소? 나는 그들을 훌륭한 군대로 만들고 싶소. 만약 당신의 경우라면 이러한 무기를 가지고 무슨 일을 할 수 있겠소?

1884년 중반에 새로운 집단이 영향력을 미치기 시작했다. 일본에 유학했던 몇몇 젊은이들은 철저한 개혁론자가 되어 돌아왔다. 일본의 변모하는 과정을 목격한 그들은 일본처럼, 아니 일본보다 더 철저히 개혁할 것을 바랐다. 그들은 가능하다면 한 자루의 필봉으로써 그들의 조국을 서구화하고 싶어 했다. 그들은 일본 관료의 품에 몸을 던져 혁명적 변혁을 위한 만반의 기틀을 마련했다.

조선의 조정에 대한 영향력이 날이 갈수록 강대해지고 있던 청국 세력은 이들에 반대하는 입장을 취했다. 청국은 1882년 여름에 조선에 군대를 파병한 이래 이에 대한 종주권을 계속적이고도 성공적으로 행사하게 되었다. 상당수의 청국 군대가 서울 주변에 주둔했다. 청국 군관 가운데 하나는 그 유명한 원세개로서, 당시 조선 주둔군을 통솔하고 있었다. 그는 뒤에 중국의 새로운 지배자가 되었다.

개화파(開化派)들은 살인에 의해 정치 제도를 변혁시키던 조선의 옛 방법을 잘 알고 있었기 때문에, 그들이 개혁하고자 선택한 방법도 그 이상의 수준을 벗어나지 못했다는 것은 놀랄 것이 없다.

1884년 12월 4일에 새로운 우정국이 낙성되고 큰 연회가 열렸다. 고위 관리들과 외교 사절들이 연회에 참석했는데 그 중에는 영의정[3]인 민영익도 있었다. 연회가 진행되는 도중에 밖에서 민영익을 찾는 사람이 있었다.

밖으로 나갔던 그는 그곳에서 자객의 습격을 받았는데 그 자객은 개화파에서 보냈을 수도 있고 그렇지 않을 수도 있다. 연회는 삽시간에 수라장이 되었다. 이러한 사태를 위해 치밀하게 준비를 하고 있던 개화파들은 대궐로 들어가 왕의 신병을 확보한 다음 반동 세력의 지도자들을 어전으로 불렀다. 그들은 어전에 도착하자마자 피살되었으며, 이렇게 죽은 사람이 8명에 이르렀다.[4] 그 당시 개화파들은 분명히 일본과 손을 잡고 있었으며 왕으로 하여금 일본군을 호위병으로 부르도록 했다.

비록 짧은 시간이었지만 일본 세력과 개화파는 승리한 듯이 보였다. 그러나 청국의 군관들은 그제야 이번 사건에 손을 대기 시작했다. 원세개가 이끄는 2~3천 명의 청국 군대가 조선 사람 3천 명의 호응을 받으면서 대궐로 쳐들어왔다. 대궐은 140명의 일본군이 긴 담을 지키려고 필사적으로 싸웠다.

일본군이 그토록 많은 무리를 격퇴시킬 수 없었다는 것은 너무도 당연한 일이었다. 드디어 일본군은 적을 향하여 발포했으나 끝내는 개화파를 옹위하고 활로를 찾아 바다 쪽으로 도망했다. 모든 사건의 발상지가 된 우정국은 단 1건의 우편물이 접수된 다음 건물은 불타고, 우편 행정은 몇 년 간 중단되었다[갑신정변].

흥분한 군대와 시민들은 일본인을 축출한 것에 만족하지 않고 다른 외국인들을 습격했다. 집이 몇 채가 불타고 일본 공사관은 파괴되었으며, 얼마

3) 당시 민영익은 영의정이 아니라 우영사였다.
4) 윤태준 · 한규직 · 이조연 · 민영직 · 조영하 · 민태호 · 유재현 등 7인이 이때 피살되었다.

동안 외국인들은 모두 맞아죽을 것만 같았다. 미국 공사와 영국·독일의 총영사는 제물포로 피신했으며 몇 주 동안 전국이 소란했다. 일본은 바로 군대 2,500명과 함께 이노우에 가오루를 문책사로 제물포에 파견했다. 청국 공사도 군대 3,000명을 이끌고 황해를 건너왔다. 또 다시 한반도는 청국과 일본의 전쟁의 도가니가 되는 듯했으나 곧 승부가 났다. 이번 게임에도 청국이 우승하고 일본이 준우승을 차지했다.

이번의 소란은 개화파의 조급하고도 분별없는 행동에 그 원인이 있다는 점에 대해서는 의심할 나위도 없다. 그들은 너무 짧은 기간 동안에 너무도 많은 일을 하려고 노력했으며, 그들과 마찬가지로 아무런 경험도 없는 그들의 일본인 동지들도 개화파의 행동을 제어하기는커녕 그들을 충동질했다. 결과는 모두가 나쁜 것뿐이었다. 이 사건은 청국과 일본 간의 불화를 조장했으며, 친청파의 완력을 더욱 강하게 만들어 주었다. 그 무렵 청국은 매사에 반동적이었으며, 진정한 개혁을 먼 뒷일로 지연시켜 주었을 뿐이다.

1885년 4월에 일본은 청국과 하나의 합의[5]를 봄으로써 청일간의 게임에서 1점을 얻었다. 이 합의에 따르면 청일 양국은 조선으로부터 철군해야 하며, 사전에 통지하지 않고서는 파병할 수 없도록 되어 있다. 파병을 하더라도 단순히 일시적인 둔병에 그쳐야 하는 것이다. 이제 조선은 자신의 안전을 도모하려면 충분한 무력을 길러야만 했으며, 그 군대는 제3국의 교관에 의해서 훈련을 받아야만 하는 것이다.

5) 천진조약(天津條約)을 뜻함. 본서 부록 참조.

제 4 장 청일전쟁

일격을 당한 일본은 뒤로 물러나 힘을 길렀다. 일본은 무력에 의해 자신의 지위를 굳히려고 오랜 동안 준비해 왔으며 이제 그 노력은 두 배로 커졌다. 군사 전략을 읽히려고 장교들을 독일로 파견하고, 외국인 교관을 초빙하는 등 전력을 기울였다. 군인과 그 밖의 사람이 간첩 노릇을 하고자 청국에 밀파되었다. 새로운 전함을 만들고, 일본 어부들의 해병 기질은 장갑함과 대포를 다루도록 전향되었다.

사태의 추이를 미심쩍게 생각하고 있던 청국은 어찌할까 몰라 이러 저리 방황만 했다. 이홍장은 몇 가지 준비를 했다. 그러나 황제와 수구적인 고위 관리들은 그의 노력을 헛되게 만들었다. 중국인들은 모두가 자기 민족의 우월성과 작은 도시 민족에 대한 경멸의 미몽에 젖어 있었다. 청국인들이 생각하기에 왜인이 자기들을 무찌른다는 것은 믿을 수 없는 일이었는데, 이는 마치 몇 년 뒤 일본이 강대한 제정러시아에 감히 맞서려는 것이 러시아인들에게 매우 어리석게 보였던 것과 같다.

조선에서는 이제 20세기의 세계적 결전의 첫 장면을 보여 주게 되었다. 그러나 보라! 조선은 깊이 잠들어 있다. 몇 가지의 개혁이 이루어졌다. 그것은 사실이다. 아니 좀 더 정확하게 표현한다면, 개혁을 위한 나약한 시도가 있었다. 외국인 고문들이 계속 초빙되었지만 그들의 조언이 채택되는 경우란 거의 없었다.

선교사들은 날이 갈수록 그들의 영향을 증대시켰으며, 개종자들도 증가하고 훌륭한 일도 많이 했다. 미국의 선교사인 알렌 박사[1]는 관립 병원[2]을 개설했으며, 그 뒤에는 조선 주차 미국 공사가 되었다. 몇 개의 학교가 창설되었고 상업이 증대되었다. 서울에서는 한 외국인의 모임[3]이 발족되어 앞으로 해야 할 보람찬 일에 관하여 좋은 의견을 나누었다.

그러나 조선은 내정 개혁을 한 번도 심각하게 다루어 본 적이 없다. 개혁을 위한 노력은 조정 대신들의 부패와 나약과 무능으로 말미암아 번번이 좌절되었다. 청국 정부는 원세개를 조선주차관에 임명했는데 그는 여러 가지 특권을 요구했으며 자기 스스로가 서양의 외교 사절보다 훨씬 더 높은 지위에 있는 것처럼 행세했다.

1893년까지 일본은 조선에 어떤 사태가 발발하면 곧바로 진군하여 무력을 행사할 준비가 되어 있었다. 대원군은 1885년에 유폐 생활에서 풀려 귀국했으며, 그와 일본 세력은 친밀한 관계를 맺게 되었다. 늙은 국태공은 이제 지난날의 영화도 사라졌으며 자기의 사랑하는 조카가 투옥되는 것을 막을 만한 힘도 없었다.[4] 그러나 그는 아직 많은 심복들의 충성을 받을 수 있었으며, 이들을 통하여 천천히 일을 꾸미기 시작했다.

이 무렵 동학이라 불리는 무리들이 남부 지방에서 봉기하여 심각한 반란으로 확대되기 시작했다. 3만 명이 넘는 교도들이 서울로 진군하다가 서울

---

1) 알렌(H. N. Allen : 1858~1932) : 미국의 의사이자 선교사. 웨슬리언대학 신학과와 마이애미 의과대학을 마치고 상해를 거쳐 조선에 입국(1884)하여 을사조약(1905)이 체결될 때까지 공사로 있다가 귀국함.

2) 1885년에 세운 광혜원을 뜻함. 이 병원은 그 뒤 제중원으로 개명되었고 알렌은 당상관 통정대부에 올랐다.

3) 정동구락부를 뜻함. 이는 정동에 있던 구미인들의 사교장으로서 고종과 민비는 이곳을 통하여 일본의 세력을 견제하려고 노력했다.

4) 대원군의 조카가 아니라 손자인 이준용을 뜻함. 그는 1894년에 김학우 피살 사건에 연루되어 투옥된 바 있다.

남방 100마일 지점에 도착했다. 그들이 표방한 내용은 일본인과 양인을 조선으로부터 추방하고 권력층의 횡포를 줄이자는 것이었다. 그러나 서울에 있는 외국인들의 공통된 견해에 따르면, 동학도들의 봉기는 청국과 문제를 야기하려는 일본인들에 의해 조장된 것이었다.

1894년 봄, 이상한 옷차림을 한 동학도들은 많은 무기를 구입하여 각 도시를 함락하면서 서울로 진군했다. 4월 하순에 이르러 40명의 청군으로부터 지원을 받은 800명의 정부군이 반도들을 진압하고자 출병했으나 패배했다.

청군의 원세개는 반도들이 곧 수도를 위협하게 될 것이며, 그렇게 되면 일본으로 하여금 이번 사태에 적극적으로 개입하여 질서가 회복되도록 하는 구실을 주게 된다는 점을 재빨리 간파했다. 그는 청군에게 도움을 청하면 즉시 출병하여 반도들을 진압시키겠으니 그리하라고 왕에게 충고했다.

왕은 마음이 내키지는 않았지만 청국에 청병했으며, 6월 5일 청군 1,500명이 서울 남방 50마일 지점에 있는 아산에 상륙하기 시작했다. 그 뒤로도 청군은 계속 상륙하여 도합 4천 명에 이르렀다. 아울러 1885년 4월의 조약[5]에 따라 일본 정부에 이 사실을 통고했다. 그러나 일본 정부는 청국이 조선을 마치 "종속국"처럼 여기고 있다는 이유로 이 통고문의 수리를 거부했으며, 그러면서도 조선에 즉시 출병한다는 문제에 대하여 는 누구도 반대하지 않았다.

청국 군대가 아산에 상륙한 지 4일이 지나 일본 공사 오토리 게이스케[6]는 수병 300명을 이끌고 제물포에 도착했다. 그가 순사 30명을 이끌고 입국한다는 것이 사전에 발표되었으며, 일본군의 숫자를 본 조선 정부는 그 수

---

5) 천진조약 제3조 : 장래 조선에 만일 변이나 중대한 사건이 있어 청 · 일 양국 혹은 1국이 파병을 요할 때에는 마땅히 우선 상호 행문을 지조할 것이다. 그 일을 정함에서는 즉시 철회하여 다시 유방하지 않는다.

6) 오토리 게이스케(大鳥圭介 : 1832~1911) : 효고 출신의 무사. 1872년에 공부에 들어가 서기관, 공부대학장, 학원원장을 지냄. 주청국공사(1889)를 거쳐 조선 공사(1893)를 지내는 동안 청일전쟁을 치렀으며, 추밀원 고문을 거쳐 남작이 됨.

병들을 되돌려 보내도록 오토리를 설득시키려 갖은 노력을 다 기울였으나 실패했다. 원세개가 일본 공사에게 그토록 많은 병력을 상륙시킨 이유를 묻자 오토리는 이렇게 대답했다.

"이번의 출병은 서울에 있는 일본인들을 동학도의 침해로부터 보호하고자 함이며, 상주할 것은 아니고 장차 소수 병력으로 대체할 수도 있다."

6월 13일에 그 수병들은 물러갔지만 그 대신 1,200명의 육군이 상륙하여 서울에 있는 공관에 800명, 서울과 제물포 사이에 200명, 그리고 제물포에 200명이 배치되었다. 원세개는 이에 대하여 다시 이의를 제기했으며, 그렇게 많은 병력을 출병시킨 것은 잘못이라는 점을 지적했다.

그러나 그 뒤를 이어 일본군 3,000명이 더 파병되었다. 이 일로 말미암아 원세개는 또 다시 항의를 제기했으며, 오토리는 이번의 출병이 오해에서 빚어진 일이었기 때문에 이들이 철병하도록 본국에 타전하겠노라고 공언했다. 그러나 그렇게 많은 군인들을 배 위에 가두어 두는 것은 분명히 좋은 일이 아니었기 때문에 오토리는 훈련 삼아 무기를 갖지 않은 채 그들을 상륙시키고 싶어 했다.

원세개도 이에 동의했으며, 이에 따라 일본군 3,000명이 상륙했는데, 그들은 약속과는 달리 완전 무장을 했으며 한달음에 서울을 향하여 진군했다. 그러나 이 무렵 서울에는 청군이 없었으며 아산에 얼마간의 병력이 있었을 뿐이었다. 이제 일본은 청·일 양국이 마련한 내정개혁안을 조선이 수락하도록 만드는 데 청국도 일본에 협조하도록 설득시키려 노력하고 있었다.

이때 조선 정부는 양국에게 철군해 줄 것을 간청했으며 서울에 있는 각국 외교관들에게도 양국에게 철군을 설득해 주도록 애걸하고 있었다. 각국의 외교관들은 이미 원세개와 오토리에게 이런 방향으로 조처를 취해줄 것을 요구했으며, 6월 25일에는 두 사람에게 같은 뜻의 공한을 발송했다.

원세개는 공한을 접수했음을 즉시 회답하고, 북경의 통리아문에 타전하여 훈령을 요청했다. 그 날 밤 통리아문은 청·일 양군이 동시에 철군토록 하라고 훈령을 보내었다. 이러한 사실은 다음 날 아침 서울에 있는 각국 외교관들에게 알려졌다. 일본 공사도 외교 사절들의 공한을 받았음을 회신했다.

그러는 동안 오토리는 왕을 알현하려 애쓰고 있었지만, 왕은 온갖 구실을 내세워 그를 피해 왔다. 일본군은 계속 상륙하여 그 수는 1만 명에 이르렀다. 6월 26일에야 오토리는 왕을 알현했다. 그는 단호한 태도로 여러 가지 특별한 요구 조건을 제시했다. 그 가운데 서도 가장 중요한 것은 조선 정부가 지금 당장, 그리고 앞으로도 영원히 청국의 종주권을 명백히 부인하라는 것이었다.

왕도 일본 공사의 위협적인 언성에 놀라움을 금치 못했다. 그러는 동안에도 오토리는 일본으로부터 계속 군대를 불러들이고 있었다. 왕은 이렇게 말했다.

"우리 이 문제를 우호적인 태도로 상의합시다. 그러나 지금 일본군이 이토록 우리를 위협하고 있는데 어떻게 우리가 우방이 될 수 있겠소? 군대를 물리시오. 그런 다음에 얘기합시다."

이에 대하여 오토리는 자기의 요구 사항이 관철되지 않는 한 철군하지 않으리라고 퉁명스럽게 대답했다.

그 뒤 2~3일이 지난 일본 공사관의 1등 서기관인 스기무라 후카시[7]는 아침 일찍 조선의 외부를 방문하고, 조선이 청국의 종속국이 아님을 즉각 선언하라고 요구했다. 만약 그렇지 않으면 일본군은 곧 청국군을 조선으로부터 격퇴시키고 모든 실권을 장악하리라고 그는 협박했다. 외부대신은 일본의 요구를 들어주겠노라고 약속했으며, 자기에게는 청국 정부의 태도에 대한 책임이 없다는 점과, 앞으로 조선은 내정과 외교에서 독립국임을 선언하

---

7) 스기무라 후카시(衫村濬 : 1851~1906) : 1874년 사이고 쓰구미쓰의 대만 정벌에 참전. 요코하마 『마이니치신문』 기자로 활약하다가 외무성에 들어가 서울 주재 일본공사관에서 근무. 임오군란 때 잠시 귀국했다가 다시 내한하여 청일전쟁 당시에 중요한 정보원으로 활약함. 을미사변의 주모자였으나 무죄 판결을 받고 외무성 통상국장(1899)을 거쳐 프러시아 공사(1904)로 부임하여 현지에서 풍토병으로 사망함.

는 문안을 보여 주었다. 이를 보자 그는 잠시나마 만족하는 듯한 표정을 지었다.

일본인들은 이제 매사를 자의대로 처리할 수 있다는 확신이 서자 애당초에 작정한 대로 일을 밀고 나갔다. 7월 3일에 오토리는 일련의 또 다른 요구를 제시했다. 이 무렵 그는 자기가 구성하고 일본 공사관에서 개최하는 한 비밀 회의를 가질 것을 요청했다. 그는 또한 일본에게 배타적인 특권을 부여하도록 하는 또 다른 요구 사항을 제시했다. 그 가운데 서울과 제물포 사이의 철도 부설권과 경부선 부설권, 금광의 독점 채굴권, 반도 서남쪽의 개항, 그리고 수많은 재정적인 특혜가 포함되어 있었다. 그는 또한 내정 개혁을 요구했다.

외부대신은 서구인들에게 조언을 부탁했으며, 이에 대하여 그들은 현안 문제를 외국 대표들이 합동으로 토의할 수 있는 모임을 마련하라고 권고했다. 이러한 모임은 마련되지 않았지만. 만약 청국과 일본 사이에 전쟁이 일어날 경우 조선의 어느 지역을 중립화하는 문제를 토의하기 위한 모임이 열렸다. 원세개와 오토리도 다른 외교 사절과 동석했다.

이 자리에서 모든 참석자들은 만약 한반도에서 청일 사이에 전쟁이 일어나면 제물포, 서울, 그리고 그 밖의 모든 개항장은 중립화해야 한다고 주장했지만 일본은 이에 동의하지 않았다. 오토리는 제물포의 중립화 이외의 문제에 대한 논의를 거부했으며, 그 문제에 관해서도 자신이 본국의 훈령을 받지 않고서는 언약할 수 없을 뿐만 아니라 훈령을 받기까지는 3주가 걸릴 것이라고 말했다.

일본은 분명히 전쟁을 결심했으며, 7월 19일 일본군이 아산으로 진군하고 오토리가 조선 정부에 최후통첩을 전달했을 때 아무도 놀라는 사람이 없었다. 이 통첩에는 조선이 3일 안에 일본의 내정 개혁안을 무조건 수락할 것과 청군이 철군할 것을 요구하고 있었다. 만약 이것이 이루어지지 않는다면 강경한 조치를 취하게 될는지도 모른다. 그 때까지 일본이 청국을 감히 어쩌지 못하리라고 믿고 있던 조선 정부는, 서울이 일본군으로부터 위협을 받는 한 내정 개혁안을 따를 수 없노라고 회답했다.

여기에서는 청일 사이에 일어난 전쟁을 기술하지는 않는다. 그 뒤에 일어난 사건들은 극동에 있는 대부분의 백인들을 포함한 온 세계 사람들의 놀라움을 샀다. 대다수의 청국인은 2개월 이내에 그 "해 뜨는 나라"(일본)가 영원한 암흑의 나라로 변할 것이며 모든 왜인은 죽으리라고 확실히 믿었다. 4천만으로써 어떻게 4억이 넘는 민족을 당할 것인가?

7월 25일, 일본은 1,200명을 태우고 조선으로 접근하고 있던 중국 수송선 고승호를 공격함으로써 적대 행위를 개시했다. 그리고 일본군은 즉각적으로 공격했으며 초반전에서는 일시적이나마 청군의 승리로 돌아갔다. 그러나 그 뒤에 일어난 일을 살펴보면 청국군은 평양 전투에서 패배하고 압록강 어구의 해전에서 함대가 격침되었으며, 여순이 함락되어 그곳 주민들이 끔찍하게 학살되었다. 만주가 침략을 받고 위해위가 함락되었으며 끝내는 1895년 4월 17일에 시모노세키조약을 체결했다.

전쟁이 일어나기 며칠 앞서 일본군은 서울의 관할권을 장악했다. 7월 22일, 많은 일본군이 서울에 입성했으며, 마치 일본군과 조선군 사이에 전쟁이라도 일어나려는 듯이 보였지만 일본군은 저녁이 되어 그들의 숙영지로 돌아가자 조선군도 해산했다. 그 다음 날 새벽 일본군은 조용히 대궐로 향했다. 그들은 사다리로 담을 넘어 들어가 궁중 수비대와 약간의 교전을 벌인 다음 왕의 신병을 확보했다.

일본군은 즉시 사람을 보내어 그때까지 자기들에게 협조해 온 대원군을 불러와 다시 섭정케 했다. 그러나 그는 일본군의 태도에 놀란 나머지 자기에게 부여된 새로운 권력을 버리고 며칠 만에 그 자리를 물러났다. 대궐을 장악하던 것과 때를 같이 하여 일본군 가운데 다른 한 부대는 전신국을 점령하여 전선을 끊고 4대문과 조선군의 숙영지를 점령함으로써 대권을 잡았다.

일본 공사는 곧 외국 사절단에게 공문을 보내어, 자기들이 대궐을 장악했다는 사실과 일이 이렇게 되기까지의 연유를 설명했다. 이 공문에 따르면 대궐의 건너편 언덕에 숙영지를 정하고자 일본군들이 대궐 담을 돌아 행군하고 있는 동안에 조선군의 사격을 받았다고 한다. 일본군은 이에 대하여 자위적으로 응사했으며 계속되는 조선군의 적대 행위로 말미암아 대궐로 들어가 왕을 옹위했다. 오토리는 자기들이 취한 조처에 대하여 일본 정부는 "조선에 대하여 침략적인 의욕이 없다"고 상투적인 설명을 했으며, 이러한 설명을 들은 세계 각국들은 일본과 더욱 친밀하게 되었다.

그 날 저녁 청국과 일본을 제외한 각국 외교 사절들은 왕의 요청으로 대궐을 방문했다. 그들이 대궐을 방문했을 때 왕과 세자는 좁고도 초라한 방에 머무르고 있었으며 좋은 방은 모두 일본군이 점령하고 있었음을 보았다. 왕은 겁에 질려 있었으며, 자신이 분명히 살해되리라고 두려워하고 있었기 때문에, 외국 공사들을 붙잡고 그날 밤을 당신과 함께 지내자고 부탁했다. 공사들은 조금 뒤에 대원군을 만났다. 그는 매우 신랄하게 일본의 처사를 악평했지만, 그의 비난은 다소 의심스럽게 느껴졌다.

청일 간에 사실상 전쟁이 발발한 날, 왕은 일본의 무력에 굴복했다. 그는 오토리에게 청군을 조선으로부터 몰아낼 수 있는 권한을 부여했다. 일본과 조선 사이에 한 조약의 초안이 마련되어, 그 다음 달에 체결되었다. 그 내용은 다음과 같은 3개 조항으로 되어 있다.

한일공수동맹[8)]

조선 개국 503년[1894] 7월 26일 경성에서 조인

대조선 · 대일본 양국 정부는 조선 역(曆) 개국 503년 6월 23일, 일본 역(曆) 메이지 27년 7월 25일에 조선국 정부로부터 청국병력 철퇴의 일을 조선국 경성 주재 일본 특명 전권 공사에게 위탁하여 출력 대변시킨 이래 양국 정부는

8) 국회도서관 입법조사국 편, 『구한말조약휘찬』(상)(서울 : 국회도서관 입법조사국, 1964), pp. 62~64 참조. 원서에는 조약 3조만 번역되어 있으나, 여기에서는 전문을 수록한다.

청국 정부에 대하여 이미 공수 상조의 지위에 서게 된 것이다. 이에 그 사실을 명확히 하며 아울러 양국이 공동 제사(濟事)하는 목적을 달성하고자 아래에 기명하는 양국 대신은 각각 전권 위임을 받아 체약한 조항을 아래와 같이 개열(開列)한다.

제1조 : 이 맹약(盟約)은 청국병력을 조선국의 국경 밖에 철퇴시켜 조선국의 자주 독립을 공고히 하고 조일 양국의 이익을 증진함을 목적으로 한다.

제2조 : 일본국은 청국에 대하여 공수의 전쟁을 담당하고 조선국은 일본군의 진퇴와 그 식량 준비 등의 사항을 위하여 반드시 협조하며 편의를 제공할 것이다.

제3조 : 이 맹약은 청국과 더불어 화약이 성립되는 날은 기다려 파약할 것이다.

이를 위하여 양국 전권대신은 기명 · 조인으로써 빙신(憑信)을 명백히 한다.

대조선국 개국 503년 7월 26일
외부대신 김윤식(金允植) ㊞
대일본국 메이지 27년 8월 26일
특명전권공사 오토리 게이스케(大鳥圭介) ㊞

일본은 조선의 국내에서 발생하는 모든 크고 작은 일을 논의하려고, 왕명으로 한 회의체[9]를 즉시 구성했다. 이 회의체는 처음에는 매일 소집되었으나 그 뒤에는 휴회 기간이 길었다. 이와 때를 같이 하여 서울에는 50명 정도의 일본인이 고문으로 활동하게 되었다. 그들은 경험도 없고, 맡은 바 임무에 대하여 책임도 없는 사람으로서, 조선의 내정을 일조일석에 개혁하려고 생각하고 있음이 명백했다.

9) 군국기무처를 뜻하는데, 총리대신이 그 총재를 겸임했으며, 갑오경장의 업무를 처리했다.

끝없는 법령이 공포되었으며, 새로운 율령이 발표되지 않는 날이 하루도 없었다. 그중 어느 것은 조선에서 예로부터 전해 내려오던 소중한 제도에 대하여 파격적인 것도 있었고, 시시한 것도 있었다. 절대 왕정이 개혁되고, 왕은 각료들의 조언에 따라 통치하게 되었다. 지방 감사(관찰사) 이하의 신분에 속하는 사람들은 왕에게 직접 상소하는 권한이 없게 되었다. 정부의 조직에 관한 법령이 공포되었으며 비빈과 궁녀의 직위에 관한 법령도 발표되었다.

한 시간 만에 단발령이 작성되어 발표되었으며, 이 작업을 마치고 피곤한 몸으로 귀가하던 관리들은 관용어를 바꾼다는 새로운 칙령을 전달하고자 숨 돌릴 틈도 없이 소집되었다. 어느 것이 중요한 것인지, 어느 것이 중요하지 않은 것인지 갈피를 잡을 수가 없었으며, 이 법령제조업자들이 만들지 못하는 것이라고는 없었다. 이곳에 있는 외국인들이 보기에는 그들이 하는 처사가 어이없고 놀랍기만 했다.

위계를 좋아하는 일본인들의 본을 받아 관리들의 부인들에게는 경칭이 주어졌는데, 그 서열은 정경부인, 정부인, 숙부인, 숙인, 영인, 공인, 의인, 안인, 단인의 9가지이다. 동시에 왕의 비빈들도 위계가 나뉘어졌는데, 그것은 빈, 귀인, 소의, 숙의, 소용, 숙용, 소원, 숙원의 8가지로 충분했다.[10)]

일본인 고문들은 장죽의 길이, 복식, 머리 모양에 관계되는 허례금법을 수없이 제정함으로써 전국을 들끓게 했다. 조선 사람들이 좋아하는 장죽은 짧아지고, 소맷자락도 오므려졌으며 모든 남자들이 애용하던 상투도 잘렸다. 4대문의 포졸들은 이 단발령을 엄격하게 시행했다.

일본인은 조선 사람들의 의식 구조를 바꾸려고 정말로 필요하다고 생각되는 것은 아무것도 할 수가 없었다. 조선 사람들이 상투를 튼다는 것은 소

10) 이 부인의 경칭은 마치 일본의 제도를 본받은 듯이 되어 있으나 실은 조선에도 고래의 경칭이 있었으며 종류도 9가지가 아니고 유인을 추가한 10가지였다. 그 뒤 개국 503년에 유인은 삭제되었다.(개국 503년 8월 9일자 『관보』 참조) 원서에 실린 것은 여기에 번역된 것과는 약간 다르다. 여기에서는 「조선왕조품계표」 『한국학대백과사전』(3)(서울 : 을유문화사, 1972, p. 57)에 의거하여 원문을 싣는다.

출전하는 일본 보병

년 시절을 지나 이제 어른이 된다는 것을 뜻하기 때문에 소년들에게 상투란 매우 자랑스러운 것이다. 어른의 상징이 되고 있는 이 상투를 틀 수 있는 사람은 예나 지금이나 그 수효가 그리 많지는 않았으며, 상투를 틀 나이가 되었음에도 불구하고 상투를 틀지 못한 사람은 그 사회에서 버림받은 사람처럼 대우를 받았다. 단발령에 따라 상투가 잘리는 사람들은 슬피 울었으며, 이 법령을 강행하는 사람들은 민중들로부터 큰 원망을 들었다.

만약 일본인들이 조선에서 이러한 개혁을 천천히 진행하는 것으로 만족했더라면 그들은 조선의 토착적 풍속을 개혁하는 데 만족할 만한 결과를 얻었을는지도 모른다. 상투를 잘라야만 한다는 일본인들의 생각은 옳은 것이었지만 민중들이 개화 사조를 통하여 천천히 처리해야 할 문제들을 법으로 다스리려 했다는 점에 과오가 있었다.

예를 들면 한인들이 많이 살고 있는 노령 만주에서는 그들의 습속을 고치는 데 아무런 압력도 가하지 않았지만 머리를 자르고 도포 자락을 오므리는 것이 편리하다는 것을 알게 된 그들은 단 몇 년 동안에 그들의 폐습을 버렸음을 볼 수 있다. 내가 데리고 있는 한인 비서는 유럽 사람들과 접촉하는 동안 상투나 도포나 갓이 비실용적이고 무익하다는 것을 알게 되자 끝내는 스스로 그러한 구습을 버렸다. 이것이야말로 자연스럽고도 옳은 진보이다. 일본인들의 조급한 처사는 오히려 상투의 수명을 연장시켜 주었다. 왜냐하면 한인들에게는 상투가 그들의 전통과 충성의 상징으로 되어 있기 때문이다.

일본군은 1개월 동안이나 대궐에 머물렀으며, 그 동안 왕은 갖은 핍박을 받았다. 그 당시의 여건으로 볼 때, 조선의 오랜 통치 형태를 파괴시킨 것은 일본 정부의 본래의 목적에 부합되지 않는 것이었다. 유럽의 열강들이 일본으로 하여금 자신의 영토를 확장시키고 조선을 단순히 이름만의 독립국으로 만들도록 방관하리라는 것은 전혀 생각할 수도 없는 것이었다.

왕과 대신들은 일본군이 어전으로부터 물러가도록 오토리에게 간청했다. 그는 한 가지 요구를 수락하는 조건으로 이에 동의했는데, 그 요구란 조선의 모든 산업의 독점권을 일본에게 양도하는 수많은 특권들을 왕이 동의하라는 것이었다. 8월 25일이 되어 일본군 수비대는 대궐을 물러났으며 방망이를 든 조선군이 그 자리에 들어섰다. 그 뒤 조선군에게는 황송하게도 소총이 지급되었지만, 화약을 휴대하지 못하게 되었다. 일본군은 아직도 대궐문과 그 부근 건물들을 장악하고 있었다.

이 무렵 일본군이 전권을 휘두른 결과로 또 다른 움직임이 나타났다. 왕비의 친정인 민 씨 일파가 권좌에서 물러난 것이다. 민 씨 일파는 몇 개월 전까지만 해도 궐내의 모든 요직을 장악하고 있었지만 이제 모두 거세되고 새로이 개편된 정부에는 단 한 사람의 민 씨도 없었다.

일본인들의 처사는 전국적으로 큰 분노를 샀다. 특히 국왕을 모욕했다는 사실은 이제까지 대중적인 문제에 공동 보조를 취하기 어려웠던 민중들로부터 무서운 반감을 샀다. 그 당시 일본의 동지로서는 새로운 관직에 임명됨으로써 재정적으로나 개인적으로 덕을 보는 사람들뿐이었다. 서울에 있는 외국의 대표들은 한인들만큼이나 일본을 싫어하고 있었다.

충주 성문

제 5 장 을미사변

1895년 봄에는 극심한 흥분과 소란이 전국적으로 일어났다. 청일전쟁에서 승리한 일본은 분명히 조선에서의 상권을 휘어잡을 것을 목적으로 정책을 추진하기 시작했다. 5월에 이르러 각국의 외교관들은 일본 세력의 독점적 태도와 상업상의 기회로부터 자신들이 배제되는 문제에 관하여 심각히 반발했다. 일본의 하층민들이 모든 분야에서 자리를 잡았으며 일본군은 과거 어느 때보다도 더 침략적이고 또 지배자인 척했다. 분별이 있는 일본인들은 사태가 심상치 않음을 알았다.

오토리 게이스케의 후임으로 조선 주차 일본 공사로 부임해 온 이노우에 가오루는 이러한 사태가 야기할 수 있는 위험성에 대하여 경계심을 게을리하지 않았다. 그는 일본인 거류민들의 파괴적 행동과 비행에 관한 공식적인 의견을 자기 나라의 정부에 전달했다. 그가 지적한 바에 따르면 일본인들은 한인들을 기만함으로써 결과적으로 일본의 명예를 더럽히고 있었다. 이노우에는 이렇게 말했다.

"만약 그들을 제어하고자 어떠한 조처가 취해지지 않는다면 일본에 대한 자그마한 존경심마저도 조선에서는 산산이 부서질지도 모른다. 조선에 있는 일본인들은 자세를 바꾸어야 한다."

이노우에는 조선에 있는 자기의 동포들에게는 협동심이 없고, 거만하며,

방종하다고 비난하고 이 세 가지 사실에 대하여 중요한 예증을 제시했다. 그는 보고서의 제2부에서 다음과 같이 지적했다.

> 일본인은 무례할 뿐만 아니라 자주 한인들에게 모욕을 준다. 그들은 한인 고객들을 대하면서 천박하게 행동하며, 한인들과의 사이에 조그마한 오해라도 생기면 서슴지 않고 주먹을 휘두르며, 심지어는 한인들을 강물에 처박거나 아니면 무기를 사용한다. 이리하여 일본의 상인들은 흔히 불량자가 되며, 그 결과 그들 가운데 대부분은 현재 전과자가 되었다. 상인이 아닌 일본인들은 더욱 난폭하고 공격적이다. 그들은 자기들이 조선을 독립시켜 주었으며, 동학란을 평정했다고 말하고, 일본인들을 반대하거나 불순종하는 한인들은 은혜를 모르는 자들이라고 말한다.
>
> 일본인들의 만행으로 그토록 기가 질려 있는 한인들이 어떻게 일본인을 도울 수 있을까? 놀라면 도망하게 마련이고 싫어하면 미워하게 마련이다. 그러므로 한인들이 다른 나라들과의 우호를 모색하는 것은 너무도 당연하다. 청일전쟁의 강화로 말미암아 많은 청국인들이 조선에 들어오고 있다. 따라서 만약 일본인들이 한인들에게 오만하고 난폭한 행위를 계속한다면, 일본에 대한 존경심과 우의는 상실될 것이며 증오와 적의만이 남게 될 것이다.

이노우에는 서울에 있는 서구인들에게도 그와 같은 말을 했다. 그는 어느 미국인에게 이렇게 말했다.

> 일본군이 동학란을 평정하고자 조선에 들어왔을 때 그들은 자그마한 군수품도 모두 자기의 돈으로 사서 썼다. 그들은 분별 있고 친절하여 한인들로부터 대접도 잘 받았다. 그러나 청일전쟁 이후 그들은 정복자들보다도 더 오만하게 행세했다. 이에 한인들은 일본인에 대하여 다소 분노를 느끼기 시작했으며, 일본인들에게 저항하는 한인들을 해치려는 몇몇 모사들이 출현함으로써 사태는 더욱더 자극을 받아 악화되었다.

서울에서 발간되는 영자지인 『코리언 리포지터리』[1])도 다음과 같이 이노우에의 불평을 뒷받침하고 있다.

> 전쟁이 일어나기 이전에는 서울의 일본인들로부터 이러한 오만한 태도를 그다지 심하게 느끼지는 않았다. 그러나 일본이 조선에서 주도권을 잡은 이래로 그들의 근성이 나타나기 시작했다. 서울 이외의 지방이나 도시에서 활약하는 상인들은 한인들을 상대하면서 지나치게 거칠고 공격적이라고 믿을 만한 충분한 증거를 우리는 가지고 있다. 매일같이 아무런 죄도 없는 한인들이 재산을 빼앗기고 모욕을 당하고 있다.
>
> 바다를 건너온 야만족(우리는 일본인들과 같이 행동하는 사람이라면 설사 우리 동족일지라도 이와 같이 표현하지 않을 수 없다) 이 무력과 기술에서 자신들을 능가하고 있을 뿐만 아니라 필요할 경우에는 언제든지 이 두 가지를 사용한다는 사실을 잘 알고 있는 한인들은 때로는 간언하고 때로는 저항하기도 한다. 이러한 모험객들이 법에 따라 행동하는 방법을 모를 리가 있겠는가?
>
> 그러나 법에 따를 경우 매사에는 돈이 앞장을 서며, 한인들의 권리는 배려되지도 않는다. 이노우에가 이와 같은 일본인들의 비행을 잘 알고 있다는 사실은 일본인들로서는 다행한 일이다. '만약 일본인들이 자신의 자세를 바로잡지 않는다면' 일본 정부가 이를 위하여 적절한 조치를 취해야만 한다고 우리는 확신하고 있다.

조선의 조정은 아직도 개혁안을 외면함으로써 일본군으로부터 압력을 받았다. 개혁안 가운데 어느 것은 훌륭한 것도 있었다. 만약 법만으로써 민중에게 생기를 불어넣어 줄 수만 있었다면 한인들은 기꺼이 그 개혁을 단행했

1) 「코리아 리포지터리」*(Korean Repository)*는 알렌(H. N. Allen) 박사가 1892년부터 발행한 책이다.

으리라는 점에 대하여 는 의심할 나위도 없다. 이번 개혁에 앞장을 서고 있는 사람 중에는 1882년의 정변에 참여하여 일본으로부터 지원을 받고 있는 사람들도 있었다.[2)]

그 무렵 주도적 인물이었던 박영효는 선왕인 철종의 부마로서 총리대신 겸 내부대신이 되었다.[3)] 수구파를 암살하려 기도했던 무렵에 그의 나이는 23세였다. 그는 그때 일본으로 망명하여 그곳에서 많은 지식을 쌓았다. 일본인들은 그가 자신들의 업무를 수행하면서 한 팔이 될 수도 있다고 생각했던 것은 의심할 나위도 없다.

그러나 박영효는 자기 동포를 위하는 일 이외에는 자기의 몸을 바칠 뜻이 없었다. 그는 새로운 조선을 세울 것을 결심하고 일에 착수했다. 그는 여러 가지 개혁을 제의했다. 그는 신식 훈련을 받은 정규군을 원했다. 그는 법에 분명히 명시되고 인정된, 그리고 제약된 왕정을 모색했다. 그는 국민 교육에 심혈을 기울였으며, 선교사들의 사업에 깊은 호감을 가졌다. 그는 특히 미국이야말로 조선을 도와줄 수 있는 나라라고 믿었다. 그는 한 미국인에게 이렇게 말했다.

> 미국인들은 우리를 위하여 훌륭한 일을 얼마든지 할 수가 있습니다. 당신들은 지리적으로 조선과 너무 멀리 떨어져 있기 때문에 당신들이 이곳에서 어떤 탐욕을 부리리라고 생각되지는 않습니다. 우리에게 필요한 것은 교육과 기독교화입니다. 당신들의 선교 활동과 기독교계 학교를 통하여 당신들은 조선 민족을 교화시킬 수 있고, 그들의 생활을 향상시킬 수 있습니다. 그러한 일이란 매우 훌륭한 일이면서도 매우 고달픈 과업입니다. 그러나 당신들의 위대한 공화국은 이 일을 감당할 수 있었습니다.

---

2) 이 점에 대해서는 필자가 오해하고 있는 듯하다. 1882년의 폭동이라면 임오군란을 뜻하는데, 내용상으로 볼 때는 1884년의 갑신정변을 뜻하고 있다.

3) 이 점은 사실과 다르다. 박영효는 갑오경장 직후 수립된 김홍집 내각의 내부대신으로 임명되었으며, 총리대신을 역임한 바는 없다.

귀국의 선교사들은 이미 조선에서 많은 일을 했습니다. 우리의 미신은 쉽게 누그러지고 있으며 기독교화에로의 길은 활짝 열렸습니다. 일군의 기독교 교육자들과 사업가들이 우리 나라의 모든 분야에서 활약해 주기를 바랍니다. 우리 민족은 어떤 제도적인 개혁을 단행하기에 앞서 먼저 교육 수준을 높여야 하고 기독교화되어야 합니다. 그 다음에 우리는 헌정을 이룩할 수 있을 것이며, 먼 훗날 아마 미국과 같은 자유롭고도 개명된 국가가 될 수 있을 것입니다.

그러나 일본인들이 박영효를 방문하여 내부대신의 직권으로 이권과 특권을 베풀어 줄 것을 요구했을 때, 그들은 박영효가 자기 나라의 권익을 추호도 양보할 의사가 없음을 알았다. 그러나 그는 자기 동포들로부터 불신을 받았다. 민중들은 그가 단순한 일본 정부의 밀정이라고 믿고 있었다. 더구나 그는 일본인들의 강요에 굴복하지 않음으로써 그들로부터도 미움을 받았다.

이 무렵 몇 달 동안에 한 새로운 열강이 차츰차츰 왕에게 접근하고 있었다. 러시아가 동진하고 있었던 것이다. 시베리아 횡단 철도 공사는 태평양을 향하여 급속도로 진척되고 있었으며, 아세아 각국 정부 내에서는 그들의 정보원이 맹렬히 활약하고 있었다. 특히 그들은 서울에서 과감하고도 침략주의 정책을 수행했다.

대원군의 일시적인 승리는 오래 지속되지 못했다. 작은 체구에 얼굴은 창백하고 깡마른 한 여인이 왕비로 등장했다. 그는 동료들에게는 친절했지만 정적에 대해서는 표독스러운 여인이었다. 그는 자기의 친정 식구들을 차츰차츰 왕권에 접근시켰다. 왕비는 처음에는 일본인들과 손을 잡고 일을 꾸미더니 요즈음에는 정적이 되었다. 그의 권력은 날이 갈수록 강력해졌다.

1885년 여름까지 대원군은 최악의 비운을 겪고 있었으며, 왕비는 드디어 박영효를 타도하는 데 성공했다. 한 일본인 노동자는 내부대신이 왕과 왕비를 거세할 음모를 꾸미고 있다는 헛소문을 퍼뜨리기 시작했다. 왕권을 제한하고자 박영효가 취했던 입장은 이러한 뜬소문을 어느 정도 신빙성 있는 것으로 만들었다. 그는 사람이 너무 좋아 따르는 사람이 많았다. 왕이 그의 관직을 삭탈했다는 사실과, 적어도 이 사실은 그의 투옥을 의미한다는 전갈이 그에게 들어왔다.

박영효는 서둘러 관복 위에 헌 옷을 걸쳐 입고 말을 몰아 일본 공사관으로 달려가 신변을 보호해 줄 것을 요청했다. 그 다음날 그는 양복으로 갈아입고 달아나 일본 기선에 몸을 실음으로써 가까스로 체포를 면했다. 그는 망명길에 오르면서 다음과 같이 말했다.

> 내가 화를 당한 것은 순전히 민비 때문이었다. 그는 대단히 잔소리가 심하고 야심이 있는 여자였다. 그가 추구하는 단 하나의 목적은 그의 친정 식구들이 권좌에 앉도록 하는 것이다. 민 씨 일파가 집권하는 한, 조선에는 변화가 있을 수 없다. 오늘날 조선 사람들은 세상사를 자기 마음대로 처리하는 한 왕비의 신민이 되어 있다. 그들의 생명과 재산은 왕실에 매어 있다.

이노우에 가오루는 박영효가 대신으로 봉직하도록 조정에 간청하고 싶었다고 믿어지지만 그는 결국 그렇게 하지 않았다. 만약 조선이 정신을 차리지 않으면 장차 일본이 한민족을 멸망시킬지도 모른다는 사실을 동족에게 엄숙하게 경고하고 박영효는 조선을 떠났다. 그는 이렇게 말했다.

> 만약 일본이 조선을 보호령으로 만든다면 일본은 결국 조선을 병탄하게 될 것이다. 일본은 이제까지 우리의 독립을 보장해 왔으며, 나는 조선의 독립이 그렇게 보장되는 것을 보고 싶다.

여름이 되자 민비는 일본에게 직접적으로 적대적인 입장을 취하고 있다는 것이 더욱더 명백하게 되었다. 이노우에는 도쿄로 떠나기 바로 앞서 오랜 시간 민비와 면담했다. 그는 본국 정부에 보내는 중요한 공한에서 그 당시의 사태를 다음과 같이 설명했다.

> 언제인가 민비는 나에게 이렇게 말했다.
>
> '지난 해 대궐에 큰 소란(임오군란)이 일어났을 때, 애당초에서부터 나에게 적대적인 태도를 취했던 대원군을 일본군이 대궐로 호위해 모셔 왔던 것은 참으로 의외였습니다. 그는 다시 집권하게 되었고 왕은 허명만 남은 군주가 되었습니다. 그러나 얼마 지나지 않아 대원군은 귀하의 압력으로 통치권을 왕에게 양보하지 않으면 안 되었으며 모든 것은 옛날의 상태로 되돌아가게 되었습니다.'
>
> '새로이 조직된 내각은 계속하여 법령을 제정함으로써 자신의 권력을 독재적인 것으로 만들었습니다. 왕은 단순한 도구에 불과했으며, 내각에서 제시하는 모든 문제들을 승인하지 않을 수 없었습니다. 나로서는 내가 일본에게 제의했던 의견이 일본으로부터 거절된 것은 극히 유감스러운 일입니다.'
>
> 그와는 달리 (일본에게 비우호적인 태도를 보였던) 대원군은 일본 공사의 도움을 받아 권좌에 올랐다. 나[이노우에]는 내 성의를 다하여 민비에게 전후의 사실을 설명했으며 그의 의심이 가라앉은 뒤에, 일본의 황제와 정부는 조선이 굳건한 반석 위에 독립할 것과 그러는 동안에 조선의 황실이 튼튼해지기를 진정으로 바라고 있다고 진지하게 설명했다.
>
> 따라서 종친이나 한인 가운데 어느 사람이 왕실에 모반할 경우, 일본 정부는 무력을 쓰는 한이 있더라도 한사코 왕실을 보호할 것이며, 그렇게 함으로써 조선국의 안전을 도모하겠노라고 나는 힘주어 말했다. 이와 같은 나의 주장은 왕과 왕비의 마음을 움직인 듯이 보였으며 조선의 장래에 관하여 두 분의 걱정도 많이 누그러지는 듯이 보였다.

이노우에는 민비의 기민한 재치와 정치적인 능력에 대하여 공개적인 경의를 표시했다. 그는 민비에 관하여 다음과 같이 말했다.

> 민비는 적이 많았지만 비상한 능력을 가진 여자였다. 흠이 있다면 미신을 좋아한다는 것이다. 그는 세자의 신변을 걱정하여 늘 부처님에게 그의 안전을 빌고 있다. 세자는 매우 명민하고 장래가 촉망되는 소년이다.

9월 초순이 되어 이노우에가 공사직을 물러나고 군인 출신인 미우라 고로[4]가 그의 후임으로 조선에 왔다. 그는 노병으로 1877년의 사쓰마 반란[5] 때에는 혁혁한 공훈을 세운 사람이었다. 그는 예절이 매우 엄격하며, 철저한 신앙 생활을 하고 있는 것으로 이름이 높다. 그는 선원의 불도로서 자신의 교파에서 준행하는 금욕적 생활을 철저하게 지키고 있다고 한다.

미우라는 자신이 민비로부터 끈질긴 반대에 부딪치고 있음을 알고 있었다. 그는 사사건건 민비로부터 방해를 받았다. 나약하고 결단력이 없으며 자신의 목적을 쉽사리 바꾸는 왕은 양측으로부터 보잘것없는 사람으로 취급되었다. 민비는 일본이 두려워하지 않을 수 없는 사람이었으며 미우라도 이 사실을 잘 알고 있었다. 그는 어떠한 방법으로 민비를 넘어뜨렸던가? 일본 공사관의 일등 서기관인 스기무라 후카시는 극단적인 행동을 매우 좋아하는 사람이었다.

---

4) 미우라 고로(三浦梧樓 : 1846~1926) : 일본의 군인. 야마구치현 출신. 18세에 기병대에 투신하여 사쓰마반란(1877)의 진압에 큰 공을 세우고 1878년에 중장, 1882년에 육사 교장을 지냄. 구미를 시찰한 다음(1884), 귀족원의원(1890)이 되었고, 온건파 이노우에가 한국에서 물러간 뒤에 강경파의 지지를 얻어 조선 주차 일본 공사(1895)로 부임하여 을미사변을 일으킴. 추밀원 고문(1911)을 지냄.

5) 사쓰마 반란(薩摩叛亂) : 가고시마의 다이묘이며 메이지 공신인 사이고 다카모리(西鄕隆盛 : 1827~1877)가 대륙 정복(정한론)을 주장하다가 뜻대로 되지 않자 고향에 돌아가 사설 사관학교를 설립하고 생도들과 함께 1874년에 일으킨 반란[서남역]을 뜻함. 사이고는 이에 실패하고 자살함.

대원군과 신임 일본 공사는 이제 손을 잡게 되었다. 일본 측의 설명에 따르면 대원군이 미우라에게 접근했다고 하지만 아마도 스기무라가 그 중간에서 다리를 놓고 사태의 진행을 요리했을 것 같다. 대원군은 실권을 회복하고 싶었고 일본 공사는 기울어 가는 일본의 영향력을 강화하고 싶었다. 오직 한 작은 여인이 이 두 사람의 희구하는 바를 가로막고 있는 것이다. 민비만 일단 제거된다면 매사는 잘 되어 갈 것임이 틀림없다. 이들은 자신들의 행동 노선에 관하여 의견을 나누려고 몇 차례의 모임을 가졌으며, 모든 일은 사업적인 형식에 따라 이루어졌다.

10월 3일 미우라, 스기무라, 그리고 군부 및 내부의 일본인 고문인 오카모도 류노스케[6]가 공사관에 모여 그들의 계획을 숙의했다. 이번 일에 대원군이 조성의 실제적인 정사에 개입하지 않겠다고 분명히 언약하지 않는 한, 그리고 일본인들에게 그들이 원하는 상업적·정치적 특권을 허락하지 않는 한 일에 착수하지 않기로 되었다.

이러한 요구 조건이 문서로 초안이 작성되었다. 만약 대원군이 이러한 요구 조건에 동의한다면 일본군과, 일본 경찰과, 일본군이 훈련한 훈련대가 대궐을 쳐들어가 왕을 유폐하고 왕비를 죽인 다음 대원군이 집권할 것을 선언한다. 이에 관하여 일본인이 작성한 공식 보고서를 인용하면, "이번의 기회는 조정에서 지나치게 영향력을 미치고 있는 민비를 죽이려고 이용되어야 한다는 것이 재삼 굳게 결의되었다."

오카모도는 시골집에 머무르고 있는 대원군을 방문하여 문빙을 보여 준 다음 자기들의 거사에 가담해 줄 것을 강조했다. 금년 나이 80세[7]인 그 노

---

6) 오카모도 류노스케(岡本柳之助 : 1853~1912) : 에도 출신. 막부 포술연습소에서 수련함. 1877년의 사쓰마 반란 당시에는 진압군으로 참전하여 공을 세우고 소좌로 승진함. 한일 수호조약 담판 당시에는 대표단을 수행하여 내한한 뒤 조선 문제에 깊이 관여함. 일본에 유학 중인 개화파 청년들과 제휴했고, 을미사변(1895)의 주모자였으나 무죄 판결을 받았으며, 그 뒤 대륙 진출에 일생을 마침.

7) 당시 대원군의 나이는 76세였다.

인과 그의 아들 이재면과 그의 손자 이준용이 이에 동의하고, 일본과 손을 잡을 것을 약속하는 문서를 만들어 주었다. 이번의 음모를 은폐하고 이번의 방문에서 일어날는지도 모르는 의혹을 없애려고, 오카모도는 본국으로 돌아가고 있는 중이며 작별 인사를 하려고 대원군을 방문한 적이 있다고 발표되었다. 근왕파가 이에 참여하자 사태는 의외로 급속히 진전되었다.

이와 같은 음모가 진행되기 몇 주 앞서 일본 장교들이 교육하고 있는 훈련대와 경무청의 순검들 사이에 싸움이 벌어져 순검 몇 명이 살해되었다. 대신들은 이를 기화로 하여 훈련대를 해산할 것을 제의했다. 군부대신 안경수[8]는 일본 공사관을 방문하여 이와 같은 계획을 얼떨결에 누설했다. 이에 따라서 그날 밤 왕비를 죽이기로 결정되었다. 이 무렵 서울에 주둔하고 있는 일본군의 지휘관인 쿠스노세 소좌는 본국으로 돌아가려고 제물포에 가 있었는데, 즉시 전문을 보내어 곧 귀경토록 했다.

쿠스노세는 야음을 이용하여 궁중으로 들어가, 일본군이 대궐로 쳐들어간 뒤 궐문을 지키되 남녀를 불문하고 들여보내지 말라는 명령을 받았다. 미우라는 직업적인 불량배인 일본의 소시[9] 몇 사람을 불러 자신의 계획을 설명한 다음, 그들에게 그들의 동료들을 모아 자신의 과업을 도와달라고 부탁했다.

위에서 말한 일본의 보고서에 따르면, "미우라는 소시들에게 과거 20년 동안 조선에서 그토록 많은 과오를 저지른 악을 제거하는 문제는 이번 일의 성패에 걸려 있음을 말하고, 대궐에 들어가는 즉시 민비를 죽이라고 충동질했다."

---

8) 안경수(安駉壽 : ?~1900) : 안국선의 아버지. 전환국 방판으로 도일하여 서양의 화폐 제도를 도입하고, 갑오경장 무렵에는 우포도대장을 지냈다. 그 뒤 군국기무처 의원, 탁지부 협판, 3차 김홍집 내각의 군부대신, 독립협회 초대 회장을 지냄. 고종 양위 음모(1898)로 일본에 망명하였다가 귀국하여 처형됨.

9) 소시라 함은 한국어의 장사와는 그 의미가 전혀 달라, 남의 청탁을 받아 행악하는 낭인을 뜻한다.

일본 순검들도 이번 일에 협조하라는 지시를 받았으며, 대원군의 측근들도 소집되어 이들에 협조하라는 명령을 받았다. 일본 순검들은 평복을 입고 착검하도록 명령을 받았다고 말할 수도 있다. 아다치 겐조와 구니토모 시게아키[10] 등 2명의 소시는 자기와 마음이 맞는 24명의 불량배를 모았다. 그 가운데 약 절반은 궐내에서 활약하기로 된 사람들로서, 왕비를 찾아 죽이라는 특명을 받았다. 민비를 죽인 다음에 발표할 포고문도 마련되었다.

10월 8일 새벽 3시경이 되자 대원군은 오카모도가 이끄는 일본인 무리와 함께 그의 시골집(공덕동)을 출발했다. 오카모도는 세자궁 문 밖에 있는 부하들을 모아 놓고 기회가 오는 대로 그 "여우"[민비]를 처치하라고 말했다. 모든 대원들은 서대문을 통과하여 훈련대와 합세한 다음 일본군이 도착하기를 기다렸다. 일행이 모두 모이자 훈련대를 앞세우고 전진했다. 훈련대를 맡고 있는 일본군 장교들, 순검, 그리고 낭인들이 중심 세력을 이루었다.

그들이 대궐에 도착했을 때 일본군이 문을 지키고 있었기 때문에 궐내에 들어가기란 어렵지 않았다. 대부분의 정규군들은 명령에 따라 문 밖에 도열했다. 낭인 가운데 몇 사람은 덩달아 날뛰는 사람들의 뒤를 따라 궐내 안으로 들어갔으며, 그 밖의 무리들은 대궐 양쪽 옆을 포위하여 도망하는 사람이 없도록 했다. 일군의 낭인들은 더욱더 쳐들어가 왕의 침소 가까이에 있는 담을 넘어 들어갔다.

어떤 모반이 있다는 소식이 대궐에 전달되었지만 특별 경계를 하면서 그 어려운 일을 맡으려는 사람이 있는 것 같지는 않았다. 궁내의 수비는 러시아 사람인 사바틴[11]과 미국 사람인 다이 장군[12]의 책임이었다. 이들 가운

---

10) 구니토모 시게아키(國友重章)는 당시 한성신보사 주필이었음.

11) 사바틴(A. S. Sabatine) : 당시 조선에서 활약하던 러시아의 건축 기술자였음. 그는 을미사변 당시에 현장에 있던 중요 목격자로서 수기 『나는 명성황후 시해 사건의 목격자였다』라는 수기를 남겼다. 월간 *Classe*, 1996년 2월호, pp. 404~411 참조.

12) 다이 장군(William M. Dye) : 그의 인적 사항에 대해서는 잘 알려져 있지 않다. 다만 그가 남북전쟁의 영웅이었다는 것과 알렌(H. N. Allen)의 추천으로 왕실에 고빙되어 훈련대의 신식 훈련을 맡았고 부분적으로 왕실의 근위대의 책임을 맡고 있었다고 한다.

데 어느 누구도 그들의 높은 평판만큼 이번 사건에 높이 부각되지 않았다.

다이 장군은 대단히 매력이 있는 노신사로서 사과를 재배하는 기술을 가지고 있었다. 그의 과수원에서 나오는 과실들은 이웃들에게 평판이 좋았으나, 그는 이번 사건에서 자신을 고용한 왕실의 고용주들을 보호하는 데 별로 소용이 없었다. 이번 사태에서 그가 어떻게 처신했는지를 나로서는 정확히 알 수가 없지만, 아마 어느 방에 들어앉아 아무 일도 하지 않은 것처럼 보인다.

사바틴은 모반자들에게 한 구석으로 끌려가 만약 이번 사건을 방해한다면 죽이겠다고 위협을 받았다. 이들 두 사람이 무엇이라고 변명하든지 간에, 어쨌든 그들은 작은 상처 하나도 입지 않았을 뿐만 아니라 자기들에게 보호의 의무가 있는 그 여인을 위해 주먹 한 번 휘두르지 않고 그 저주스러운 사건이 진행되었다.

군대가 담을 넘어 궐문 안으로 들어가자 첫 반응으로 대궐이 온통 소란하게 되었다. 약간의 조선 사람 수비대가 저항하려 했지만 몇 사람이 사살되자 다른 사람들은 모두 물러갔다. 왕의 침소는 일반적으로 단층이며, 몇 개의 돌계단이 있고, 문은 목각으로 되어 있으며 창호지는 기름 먹인 종이이다. 일본인들은 곧장 침소로 달려갔다. 그들이 침소 앞의 작은 정원에 도착했을 때 다른 군대는 그 입구에 도열했으며, 그러는 동안 소시들은 문을 부수고 방안으로 들어갔다.

몇몇 소시들은 왕을 잡고서, 장차 왕비와 이혼하고 인연을 끊겠다고 약속하는 문서를 왕에게 내주었다. 온갖 위협에도 불구하고 왕은 그 문서에 서명하지 않았다. 다른 무리들은 왕비의 침소로 들어가고 있었다. 궁내부 대신 이경직[13]이 그들을 저지하려다가 그 자리에서 살해되었다. 소시들은 도

13) 이경직(李耕稙 : 1841～1895) : 청주 출신. 동학교도의 신원 운동 무렵 전라관찰사로 있다가 탄핵을 받아 파면됨. 을미사변 무렵에는 궁내부대신으로 재직하다가 현장에서 피살됨.

망치는 궁녀를 잡았다. 그들은 겁에 질린 궁녀들의 머리채를 휘어잡고 두드리면서 왕비가 어디에 있는지를 말하라고 했다. 그들은 울면서 모르겠노라고 맹세조로 말했다.

이제 소시들은 궁녀들의 머리채를 잡아끌면서 옆방으로 몰려갔다. 앞장을 서 가던 오카모도는 방 모퉁이에 몸을 숨기고 있는 한 작은 여인을 발견하자 머리를 뒤로 젖히면서 왕비가 아니냐고 물었다. 그 여인은 이를 부인하고 몸을 홱 뿌리치고 낭하로 도망치면서 비명을 질렀다. 그 자리에 있던 세자는 세 번이나 자기의 이름을 부르는 모후의 목소리를 들었으나 더 이상 소리치기에 앞서 일본인들은 그를 덮쳐 척살했다. 몇 사람의 시녀들이 끌려와 시체를 보고 왕비임을 확인하자 그들 가운데 세 사람도 살해되었다.

모반자들은 석유를 나르고, 아직 죽지 않았을지도 모르는 왕비를 이불보에 싸서 그곳으로부터 얼마 멀지 않은 녹원의 숲속으로 운반했다. 그들은 그곳에서 시신에 기름을 붓고 그 주위에 나뭇단을 쌓은 다음 모두 불을 질렀다. 그들은 타오르는 불길에 계속 석유를 부었으며 모든 것이 다 타고, 몇 조각의 뼈만이 남았다.

왕비의 시신이 불타기에 앞서 대원군은 의기양양한 일본군의 호위를 받으면서 대궐로 들어가고 있었다. 그는 곧 바로 정권을 잡았다. 왕은 궐내에서 한 수인의 신세가 되었다. 대원군의 측근들이 내각을 구성하고자 소집되었으며, 민비파로 알려진 모든 관리들을 체포한다는 영이 내렸다.

조선 시위대의 영관인 현흥택[14]의 보고서에는 이 날의 일이 소상하게 기

14) 현흥택(玄興澤) : 생몰년 미상. 1890년(고종 27) 광무국감리로 있다가 1894년 친군통위영 우부령, 1895년 내장원장원사장 · 시위대부령을 역임하였다. 을미사변이 일어나자 그는 이재순 · 임최수 · 이도철 · 이민굉 · 이충구 · 안경수 · 김재풍 · 이세진 등과 민비의 죽음에 복수하고 김홍집을 타도하여 시국을 수습하자는 뜻으로 병력을 모아 궁궐을 공격한 춘생문사건에 가담했다. 그 뒤 1896년 독립협회 발기인으로 많은 활동을 했다. 1903년에 육군부령으로서 친위제1연대장을, 1906년 육군정령을 역임했으며, 1908년에는 태극장을 받았다.

록되어 있다. 현흥택은 사건이 있은 지 며칠이 지나 이 문서를 미국 대리공사인 알렌 박사에게 전달했다. 그 보고서는 다음과 같다.

> 개국 504년 음력 8월 20일 오전 2시 대궐 담을 순시하고자 파견된 2명의 시위대 병사는 200명의 일본군이 방금 대궐 앞 삼군부로 들어갔다고 나에게 말했다. 나는 이를 확인하고자 병사들을 보냈던바, 그의 말이 사실임을 알았다. 4시가 되어 일본군이 서북문을 포위했으며, 그들이 대궐의 정원으로 향하는 북쪽 언덕바지의 중앙 지점을 기어오르고 있었다.
>
> 조선의 군대들은 대궐의 앞문을 부수고 있다는 보고를 들은 나는 이들을 저지하고자 대궐 내의 전역에 시위대를 배치했다. 그런 다음 일본군이 서북문의 벽을 넘고 있다는 보고를 듣고 나는 그리로 가 보았더니 약 100명의 일본군이 이미 대궐 후원에 들어와 있었다. 나는 후원으로 들어오는 문을 닫고 시위대와 함께 일본군을 막을 태세를 취하고 있었지만 일본군은 열려 있던 앞문으로부터 총을 쏘면서 짓쳐 들어 왔다.
>
> 시위대들도 이들에게 응사했으나 그들은 끝내 패주했다. 이제 일본군들은 왕가의 내실로 몰려가 이를 포위했다. 양복을 입고 착검한 일본인 약 20명, 일본인 복장을 입고 착검한 몇 사람, 그리고 어깨에 총을 멘 일본인 정규군 몇 사람이 들어왔다. 그들은 나를 잡아 팔을 뒤로 결박시키고 계속 때리면서 왕비는 어디에 있는가를 내게 물었다. 나는 모르겠다고 대답했다. 그들은 나의 이름을 물었으며, 나는 이름을 가르쳐 주었다.
>
> 그 뒤 그들은 나를 왕의 처소로 끌고 가면서도 계속하여 왕비가 어디에 있느냐고 내게 물었다. 나는 "당신들이 나를 죽인다고 할지라도 왕비가 계신 곳을 모르겠다."고 대답했다. 그들은 나를 어전에 끌로 가 누가 왕비인지 지적하라고 윽박질렀지만 나는 그 때도 그가 있는 곳을 모르겠노라고 대답했다. 그들은 나를 "각금정"이라 불리는 건물로 데리고 가서 사뭇 두들겨 팼다. 그 때 갑자기 왕의 처소에 있던 일본인들이 함성을 지르는 소리가 들렸으며, 나를 잡고 있던 무리들은 그 소리를 듣자 나를 놓아주고 그쪽으로 달

려갔다.

나도 그리로 달려가서 보니 왕이 밖으로 끌려나오고 있었다. 나는 예측했던 대로 왕비가 작은 방에 시체로 누워 있는 것을 보았다. 그 때 일본인들은 나를 밖으로 몰아냈다. 얼마나 지나 살해된 왕비의 시체를 동편 정원 가까이에서 태우고 있다는 소리를 듣고 그리로 달려간 나는 타고 있는 시체의 옷이 한 여인의 것이었음을 분명히 보았다.

제 6 장 을미사변의 뒤처리

서울에 있는 외국인들은 민비가 시해되었다는 소식을 듣고 처음에는 믿지 않았으나 그것이 사실임을 안 뒤에는 몸서리를 쳤다. 일본인들은 사건의 내막이 해외에로 퍼지지 않도록 하려 애썼다. 코커릴(Colonel Cockerill)은 그 당시 서울에 주재하고 있던『뉴욕 헤럴드』의 민완 기자로서 사건이 일어나자 곧 본사에 원고를 타전했지만 송고되지 않고 전신료는 반송되었다. 그 뒤 일본 정부는 이번의 방해 사건을 교묘하게 변명했다.

사건의 내막이 유럽과 미주에 알려졌을 때 일본은 한 대전에서 패배한 것 이상의 상처를 입었다. 미우라 고로는 사건의 책임을 회피했으며, 이번의 범행은 순전히 한인들이 저지른 것이라고 주장했다. 이러한 주장이 분명히 불가능하다는 점이 세상에 드러나자 이번의 흉행은 무책임한 몇몇 소시들의 도움을 받아 한인들이 저지른 것이라고 주장했다. 시해가 있었던 다음 날 그는 외부대신에게 다음과 같은 글을 보냈다.

> 내가 생각하기로는 이번의 폭동은 대궐에 불만을 털어놓고 싶어 하던 훈련대 병사들과 이들의 입궐을 저지하려던 수비대 및 순검들 사이의 알력에서 발생된 것으로 보인다.

미우라는 또 다른 글에서, 이번의 시해에 일본인이 관련되어 있다는 주장은 "풍문에 의한 사건의 날조이며, 믿을 만한 가치가 없는 것"이라고 공언했다. 그는 사건이 있은 지 하루 이틀 뒤에 있었던 한 면담에서 이번 음모는 한인들에 의해 계획되었고 또 자행된 것이라고 말했다. 그는 이렇게 말했다.

> 만약 이번 일에 일본인이 가담했다면 그들은 아마 아무에게나 고용되는 범행 청부업자인 소시이거나 부랑자이거나, 아무 일에나 뛰어들어 사건을 훼방하기를 좋아하는 사람들일 것이다. 일본은 조선을 위해 성의껏 일했다. 일본은 조선의 독립을 보장하고자 전쟁을 했고, 차관을 제공했으며, 조선을 개혁하고 발전시키려고 여러 해 동안 이곳에 고문단을 파견했다.

그러나 사건의 진상은 도저히 은폐할 수 없다는 것이 곧 드러났다. 일본 정부는 즉시 이번 사건에 관하여 아는 바가 없다고 선언한 다음, 사건을 철저히 조사하여 관련자들을 처벌할 것을 약속했다. 내각총리대신 이토 히로부미(당시는 후작이었음)는 특히 다음과 같이 강조했다.

> 만약 가능하다면 이번 범행에 관련된 가치 없는 일본인들은 모두 적발하여 처벌하는 것이 의미 있다고 나는 믿는다. 그렇게 하지 않는다면 세계의 모든 사람들은 비난하는 듯한 눈길로 일본을 노려볼 것이다. 만약 일본이 이번 사건에서 대원군의 편을 들어 난동한 무리들을 처단하지 않는다면 일본은 지구상의 모든 문명국들로부터 신의를 상실할 것임에 틀림이 없다. 민비가 죽게 되면 일본으로서는 노골적이고도 앙심이 깊은 한 정적이 제거되는 것이다.
>
> 그러나 그러한 사건이 조선 내에서는 아무리 중대한 문제일지라도 일본은 악명 높은 대원군과 그를 둘러싸고 있는 도적 떼들을 지지할 수 없다. 만약 이노우에 가오루가 계속하여 조선 주차 공사로 남아 있었더라면 그는 점차적으로 민비를 제압하여, 일본의 굳건한 동지로 만들 수 있었으리라고 나

는 확신한다. 그의 사임은 일본으로서는 불행한 일이었다.

미우라는 곧 본국으로 송환되어 직위와 작위가 박탈되었으며, 그와 그의 고위 보좌관들은 구속되어 재판에 회부되었다. 그러나 이때에도 일본 정부는 개전의 정을 보이지 않았으며, 주모자들을 체포한 것도 우스꽝스러운 짓이었음이 명백하다.

그 뒤 이토가 조선을 요리하면서 보여준 바와 같이, 그의 의도가 아무리 호의적인 것이었고 그가 한인들에게 인간적으로 아무리 친절했다손 치더라도, 그는 애당초에서부터 자기의 부하들이 일본의 국력을 증대시키는 데 앞장을 서고 있는 한 그들의 범행을 용서할 의사가 있음을 드러냈다.

일본인들은 왕비의 시해에 그치지 않고 한 걸음 더 나아가, 그들의 입인 대원군을 통하여 피살된 왕비의 명예를 깎고 그에 대한 민중의 기억을 잊도록 하고자 갖은 수단을 다 부렸다. 10월 11일에 왕명으로 발표된 칙령에 따르면 왕비를 폐서인하고, 그는 죽은 것이 아니라 도망친 것이기 때문에 다시 나타날지도 모른다고 추정한 다음, 다음과 같이 부언했다.

> 우리는 그가 극악한 여인임을 알고 있었지만 그가 거느리고 있는 당파에 대하여 무기력했고 또 두려움을 가지고 있었기 때문에 그를 처벌할 수가 없었다. 이제 우리는 그가 왕비로서 부적격하고 무자격할 뿐만 아니라, 그의 죄가 막중함을 확신한다. 그와 더불어 종묘 사직의 영광을 계승시킬 수가 없었기 때문에 이에 우리는 그를 서인으로 폐출하는 바이다.

이러한 과정에는 미우라 고로의 협잡이 개재하고 있었다. 그는 일본 공사의 입장에서, 이번에 그의 입인 대원군을 통하여 공포되도록 위의 칙령을 정당한 것으로 받아들였다. 그는 "이번의 현명한 조처에 대하여 깊은 감명을 받았다"고 페크스니프[1)]처럼 열렬하게 지지했다.

그러나 그 이외의 외교 사절들이 이제 이에 개입하기 시작했다. 러시아 공사 웨베르[2]는 즉각적이고도 강력하게 칙령을 부인했다. 한 사람을 제외한 모든 공사들이 그의 의견에 따랐다. 10일이 지나 미우라는 일본으로 소환되었다.

왕은 대궐에 유폐되어 대원군 일파의 감시를 받았다. 왕비가 살해되던 날 러시아 공사와 알렌 박사가 왕을 알현했을 때 그는 몹시 쇠약해 있었다. 대궐 안에 있는 모든 관리들과 군인들은 침몰하는 뱃속의 쥐새끼들처럼 잽싸게 도망쳤으며, 자신이 대궐 안에 있었다는 것을 남에게 보여 주는 모든 표지들을 없애 버렸다. 외교 사절들은 이구동성으로 대원군의 집권을 인정하지 않았으며, 왕을 알현할 것을 요구했다.

왕은 자신이 독살되지나 않을까 두려워하고 있었기 때문에 캔으로 된 연유와 내실에서 만든 달걀 이외에는 아무 것도 먹지 않았다. 왕이 살해되는 것을 막으려고 조선에서 커다란 공헌을 하고 있는 의사인 에비슨 박사[3]와 미국의 선교사들이 교대로 왕의 침전을 지키고 있었다.

외국인들이 시립하고 있는 한 모반자들도 감히 흉행하지 못하리라고 그들은 생각하고 있었다. 이와 동시에, 왕이 식사로 고생한다는 소식을 들은 각국 공사관의 직원과 부인들은 특별히 음식을 만들어 단단한 통에 넣어, 예일사[4] 제품의 자물쇠로 채워서 정기적으로 대궐로 보내었다.

그 때까지도 다이 장군은 왕의 시위 대장으로 있었으나 일본인들은 그를

---

1) 페크스니프(Pecksniff) : 디킨스의 소설인 『마틴 처즐위트』(*Martin Chuzzlewit*)의 등장 인물로서, 일반적으로 선행을 자랑하는 위선자를 뜻함.

2) 웨베르(Karl I. Waeber) : 제정러시아의 외교관, 북경과 천진에서 외교관으로 있다가 멕시코 공사로 전임될 때까지 14년 동안(1884~1897) 주한 공사, 총영사로 부임하여 러시아 남진에 기여했다.

3) 에비슨(O. R. Avision) : 캐나다의 의사, 토론토대학교 의과대학을 졸업한 뒤 1893년에 한국에 들어와서 제중원의학교를 설립(1898)했는데 이것이 훗날 세브란스의과대학이 되었다. 원서에는 그의 이름이 Aveson으로 오기되어 있다.

4) 예일사(Yale Co.) : 세계적으로 저명한 미국의 열쇠 제작 회사.

몰아내고 일본인으로 교체하려고 심한 압력을 가했다. 민비가 살해된 뒤 이틀 만에 왕을 알현한 코커릴 기자는 그 당시의 광경을 다음과 같이 생생하게 기록하고 있다.

> 계단을 몇 발자국 올라가 낭하를 건너 작은 방으로 들어가 다시 왼편으로 돌아갔다. 방문을 여니 한식으로 볼품없이 꾸며진 더 작은 방이 그 안에 있었다. 방안에는 안짱다리의 왕이 창백한 얼굴로 초라하니 서 있었으며 그 옆에는 명색이 세자라는 그의 아들이 무기력하게 서 있었다. 왕은 체구가 작고 야위었으며 혈색이 없어 보였다.
>
> 최근 며칠 동안에 있었던 일들은 왕을 더욱 창백하게 만들었으며, 신경쇠약이 된 그의 모습은 보기에도 딱할 지경이었다. 그는 통역을 맡고 있는 존스[5]을 바라보며 우리와 악수를 해도 좋은지를 물었다. 그는 매우 반갑게 우리와 악수한 다음, 그의 옆에서 이를 내놓고 히죽거리며 웃고 있는 저능아인 그의 아들에게 방문객들의 손을 넘겨주었다.
>
> 이 때 러시아 공사가 크고 두툼한 통을 왕에게 전해 주면서 과일과 음식이 약간 들어 있다고 설명했다. 시간마다 독살의 공포 속에 살아온 왕은 그 통을 받았다. 열쇠도 전달되었다. …… 새로 임명된 군부대신[6]의 우측에서 있었던 왕은 저 믿음직한 다이 장군이 자기의 곁을 떠나지 않도록 해 달라는 듯한 몸짓을 하면서 무엇인가를 갈망하는 눈길로 웨베르를 바라보았다. 그는 무도병으로 고통을 받고 있는 사람처럼 몸에 경련을 일으키고 있었으며, 슬픈 눈길로 무엇인가를 애원하고 있었다.[7]

5) 존스(George H. Jones, 조원시(趙元時) : 1867~1919) : 미국인 선교사. 아메리칸대학을 졸업(1887)함과 동시에 내한하여 주로 인천 지방에서 선교했으며 배재학당 실장(1892~1893)을 역임했다.

6) 조희연(趙羲淵 : 1856~1925)을 뜻함. 아관파천 이후에는 한때 일본에 망명했으나 귀국했으며 합방 이후 남작의 칭호를 받았다.

7) (필자 주) *New York Herald*, October 12, 1895.

그 다음 해 연초에 미우라, 그의 두 고위 보좌관인 스기무라 후카시와 오카모도 류노스케, 그리고 그 밖의 45명은 히로시마 지방재판소에 기소되었다. 증거야 어찌 되었든 간에 피고들은 무죄 방면되리라는 것이 당시 일본인들의 공통된 견해였으며, 재판부가 깜짝 놀랄 만한 새로운 사실을 밝혀내리라고 생각하는 사람은 아무도 없었다. 그들이 밝혀 낸 사실이 공판 기록에 그대로 기록되었을 리는 없다.

예심결정서에 따르면, 미우라와 그의 부하들은 대원군과 협조하여 왕비를 살해할 계획을 세웠다. 또 그들은 이를 위해 군대와 경찰을 이용했으며 많은 사람의 힘을 빌었을 뿐만 아니라 민비를 죽이도록 그들을 선동했다. 곧 이들은 이번 일을 수행하고자 대궐로 인도되었다는 것이다. 그 예심결정서에는 이렇게 기록되어 있다.

> 새벽녘이 되어 모든 무리들은 광화문을 거쳐 대궐로 들어가는 즉시 내전으로 향했다. 그렇다고는 하지만 피고들의 어느 누구도 그들이 애당초에 모의한 범행을 실제로 저질렀다고 믿기에는 증거가 불충분하다. …… 이러한 이유에서 피고 전원을 방면한다.[8]

일본 국민들은 이 재판에 깊은 관심을 보였으며, 미우라는 곧 민족적 영웅으로 등장했다. 오래지 않아 그의 모든 명예와 작위가 회복되어 오늘에 이르고 있다. 이러한 조처는 이 공판에서 그의 변호를 맡았던 마쓰시마의 뜻대로 된 것이었다. 마쓰시마는 공판 직후 일본의 어느 잡지에 이번 사건을 자기의 입장에서 기고한 바 있다. 정치적 지배권을 장악하고자 살인이 자행되었을 경우, 양심 있는 변호사로서 마쓰시마보다 더 "살인이 아닌 살인"의 원칙을 공공연하게 주장한 사람은 아마 없을 것이다. 그는 다음과 같

8) 「미우라 고로 예심결정서」 본서 부록 I 참조.

이 주장하고 있다.

> 마음이 약한 사람들은 무엇이라고 생각할는지 모르지만, 이번 사건의 결과는 세계의 평화와 발전을 위해 매우 다행한 일이었다. 만약 민비의 계략이 성공했더라면 조선을 소생시키려는 일본의 노력은 모두가 물거품이 되었을는지도 모른다. 조선을 개혁하고 그렇게 함으로써 조선의 독립을 유지시킬 수 있었던 정당들은 예외 없이 제거되었다. 민비는 철저한 조선 사람으로서, 폭력적이고도 배신적인 수완에 능한 사람이었다. 정책을 수행하면서 한 외국의 지원을 받았던 그는 그의 계획을 수행하려고 수단과 방법을 가리지 않을 여자였다.
>
> 민비를 밀어 주겠다던 외국의 약속은 모두가 자극적이고도 위험스러운 것이었다. 그와 같은 외교 노선은 지양되어야 한다. 이번의 사건은 과오를 광정(匡正)한 것이다. 민비의 술수는 범죄적이었으며, 그와 같은 범죄 음모의 실현을 저지시킨 일본 공사의 행동은 정당한 것이었다. 그는 조선의 평화와 질서를 유지하고자 그에게 부과된 의무를 충실히 이행했을 뿐이다. 오랜 동안 계속되어 온 정치적 분란의 뿌리는 이제 발본색원되었다. 조선에서 유행하고 있는 외교의 수준을 생각할 때 미우라는 하나의 승리를 이룩했다.[9]

일본인들이 그토록 용이하게 무죄가 된다면, 다른 어떤 사람도 죽어서는 안 된다. 그런데 이번의 흉행에 아무런 관련도 없는 3명[10]의 조선 사람은 대원군에게 체포되어 즉시 재판을 받고 처형되었다. 그 가운데 하나[11]는 가난한 군인으로서 우연히 민비의 시체가 타고 있는 곳을 지나다가 사건을 목

---

9) (필자 주) *The Far East*, February, 1896, Vol. I, p. 20.

10) 일본이 고용한 박선, 전 군부협변 이주회, 전 친위대 참위 윤석우를 가리킴(개국 504년 11월 13일자 『고등재판선고서』 : 국사편찬위원회 소장 영인본).

11) 윤석우를 가리킴.

을미사변 이후 잡초만 무성한 궁정 뜰(필자 촬영)

격했을 뿐이다. 다른 두 사람도 그와 마찬가지로 아무런 혐의가 없음이 명백했다. 이들은 10월 8일의 범행에 대원군이 아무런 관련이 없음을 보여 주려고 애꿎게 처형된 것이다.

외국 사절들은 무고한 처형을 막으려고 그들이 할 수 있는 모든 일을 했으며, 이에 이번 사건에 관한 장문의 보고서를 자신의 본국 정부에 보냈다. 그들 가운데 어떤 사람은 본국 정부가 이번 사건에 개입해 줄 것을 요청했지만 아무런 소용이 없었다. 영국 총영사인 월터 힐리어 경은 이번 사건에서 정의와 평화를 구현하고자 훌륭한 일을 했다. 코커릴은 극동에 있는 유럽인들의 느낌을 다음과 같이 표현하고 있다.

> 도쿄에 있는 정치인들은 이번의 처사를 통하여 일본이 국제 무대에서 대체로 호평을 받았을 것이라고 믿고 있는지 나는 의심스럽다. 오늘날 저토록 자랑스럽고도 급속하게 발전하고 있는 문명국으로서의 일본제국이 외교

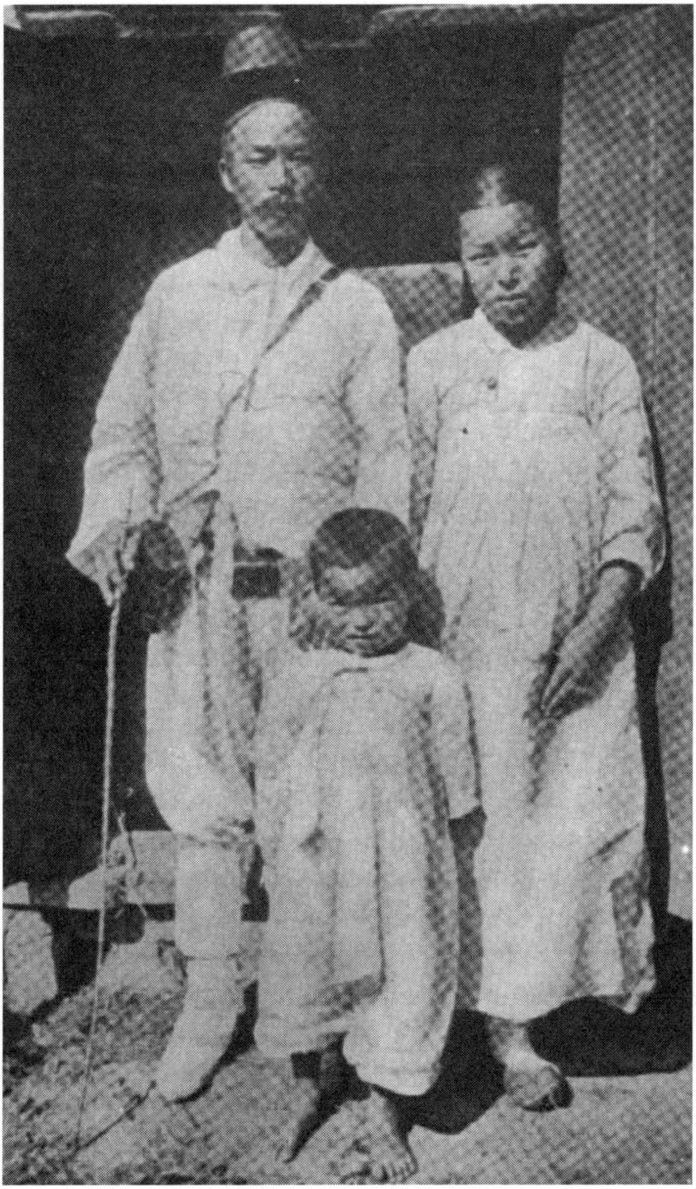

필자의 친구였던 어느 한 가족(필자 촬영)

활동을 수행하면서 이번 사건을 통하여 4반세기를 뒤떨어졌다는 사실을 이토는 모르고 있을까?

만약 일본의 정치인들이 이러한 사실을 모르고 있다면 나는 그들을 일본 민족의 영도자라고 볼 수 없다. 미개한 처지에 놓여 있는 조선은 그의 호전적인 이웃에게 쉽게 있을 수 없는 잔혹한 교훈을 제공했음을 나는 두려워한다. 일본이 발전되기를 진심으로 원하는 한 사람으로서 나는, 일본의 잔인성뿐만 아니라 그들의 불의와 무분별을 역사에 기록하게 된 것을 서글프게 생각한다.

미우라가 그의 정부로부터 승진의 영예를 받고 위대한 외교적 영단을 수행했다 하여 포상을 받는다는 것은 바람직한 일이 아니다. 그가 한 일은 성 발돌로매의 학살[12]을 계획한 사람[13]이나 스코틀랜드 왕녀의 배우자를 처단한 악한의 소행[14]과 같은 것이었다. 내가 알기로는 미우라는 히로시마에서 그 무렵에 우상적인 인물이 되었다. 그는 저명한 관리로 불렸으며 그가 출감하던 날 어마어마한 잔치가 벌어졌다. 그의 동지인 대원군은 아마 축전이라도 보냈을는지 모른다.

---

12) 성 발돌로매(St. Bartholomew)의 학살 : 1572년, 성 발돌로매의 축일(8월 24일)에 파리의 구교도들이 2,000명의 위그노(Huguenots)파를 학살한 사건을 뜻한다. 이 사건을 계기로 하여 그 해 10월 3일까지 25,000명이 학살되었다.

13) 당시 프랑스 샤를르 9세(Charles IX)의 어머니인 카타린(Catherine : 1519~1589)을 뜻함.

14) 스코틀랜드왕 말콤 3세(Malcolm III, 재위 : 1059~1093)의 왕녀 성 마가레트(St. Magaret : 1045~1093)의 일화를 뜻함. 말콤 3세는 노덤버랜드(Northumberland)의 침략을 받아 루푸스(William Rufus) 일당에게 그의 아들과 함께 학살되었으며, 왕녀도 4일 뒤에 죽음.

제 7 장 아관파천

미우라 고로가 일본으로 소환된 뒤 서울은 몹시 혼란스러운 상황에 빠졌다. 왕은 그때까지는 명목상의 지배자였을 뿐 정권은 완전히 대원군파의 손아귀에 잡혀 있었다. 일본은 이노우에 가오루를 특사로 파견하여 여러 문제를 원만하게 해결할 수 있는 방법을 모색했다. 그는 조선의 덜미를 놓지 않은 채 대원군파의 그릇된 정사를 수정했다. 죽은 민비의 추종자들은 대부분이 외국 공사관이나 외국인의 집으로 도망쳐 치외법권하의 보호를 받았다.

11월 말이 되자 궁중 수비대로 있다 물러나와 불운 속에 생활하고 있는 몇몇 조선 사람들은 새로운 반격을 시도했다. 그러나 대궐을 지키던 군대들이 이를 미리 알고 사전에 대치하고 있었기 때문에 그들의 계획은 완전히 실패하게 되었다.[1] 그러나 이를 계기로 하여 이번 사건과는 아무런 관련도 없는 구미인들에게 일본인들의 비행이 시작됐다.

서울에서 발간되고 있는 한 일본인 신문[2]은 이번 사건에서 러시아 공사관원과 미국 공사관원, 그리고 많은 미국인 선교사들이 그 모의에 참여했을 뿐만 아니라, 그들 가운데 몇몇 사람들은 실제로 대궐 침입 사건에 개입했음을 크게 문제 삼음으로써 10월 8일의 민비 시해 사건을 은폐시키려고 노

1) 10월 12일에 있었던 춘생문사건을 뜻함.
2) 「한성신보」를 뜻함.

력했다. 이러한 처사는 코커릴의 강력한 항의를 받았다. 그는 다음과 같이 지적했다.

> 나는 조선에 주재하는 일본 신문 특파원들의 그와 같은 기사를 믿지 않는다. 나는 이제까지 그들보다 더 극악무도하고 비양심적인 인간들을 보지 못했다. 일본 정부는 일본의 국내 신문들을 철저하게 검열하고 있는 것과 마찬가지로 서울에서 발간되는 일본 신문인 『한성신보』를 압박하려 했을 것이다. 이 신문은 현재 조선에 있는 외국인들이 조선 사람에 의해 피살되는 불상사가 일어나도록 일을 꾸미느라고 고심하고 있는 것처럼 보인다.

이노우에의 유화 정책의 일환으로 11월 하순에는 죽은 민비의 시호를 회복하는 칙령이 발표되었다. 그에게는 명성황후라는 시호를 내리고, 덕성사[3]라는 절을 지어 그를 추모했다. 22명의 고위 관리들에게 그의 전기를 편찬하도록 했다. 그러나 왕은 그 때까지도 수인의 몸이었다.

러시아 공사 웨베르가 이에 다시 개입했다. 1896년 2월 9일, 러시아 공사관의 수비대는 160명으로 증원되었다. 이틀이 지나자 왕은 감옥과 같은 대궐을 벗어나 러시아 공사관으로 도피했다는 소식으로 서울에 있는 유럽인들은 들끓었다. 그 날 아침 7시 조금 전에 왕과 세자는 궁녀들의 교자를 타고 문을 닫은 채 대궐을 빠져나갔다. 그들의 탈출은 은밀하게 계획된 것이었다.

1주일 이전부터 궁녀들은 각 대궐문을 빈번하게 드나들음으로써 수병들로 하여금 궁녀들이 자주 드나든다는 것을 이상스럽게 생각하지 않도록 사전 공작을 취했다. 따라서 새벽녘에 두 대의 교자가 대궐문을 빠져나갈 때에도 수비병들은 특별히 검문하지 않았다. 왕과 세자는 러시아 공사관에 도착한 뒤에도 매우 떨고 있었다. 기다리고 있던 직원들이 즉시 영접했다. 조

---

3) 본문에는 Virtuous Accomplishment Temple로 되어 있음.

선에서는 왕이 밤에 일하고 아침에 잠을 자는 것이 습관으로 되어 있기 때문에 동료들도 왕이 안전하게 새로운 동지들의 보호를 받고 있다는 소식을 듣기 전까지는 몇 시간 동안 왕의 탈출을 전혀 모르고 있었다.

소식이 전해지자 서울은 곧 소란스러워졌다. 많은 사람들이 모여들었으며, 그들 가운데 어떤 사람은 몽둥이를, 어떤 사람은 돌멩이를, 그리고 어떤 사람은 얻을 수 있는 무기로 무장하고 있었다. 많은 원로대신들이 급히 공사관으로 달려갔으며 한두 시간도 못되어 새로운 내각이 조직되고 구내각은 해산되었다. 아침이 되어 다음과 같은 칙령이 공포되었다.

> 슬프고 슬프도다. 우리의 못난 태도와 실정으로 간악한 무리는 일어서고 지혜로운 무리는 물러나고 있다. 과거 10년 동안 하루도 영일이 없었다. 어떤 사람들은 내각의 각료라고 믿어온 사람들에 의해 끌려 왔고 다른 사람들은 우리들 자신의 혈육에 의해 끌려 왔다. 그 때문에 우리의 500년 왕조는 자주 그 사직이 위태로웠고 무수한 백성들은 점차로 시들어 가고 있다. 이를 생각할 때마다 우리는 부끄러움이 앞서 얼굴이 붉어지고 이마에 땀이 맺힌다. 그러나 이러한 모든 환난은 우리들의 당파심과 이기심 때문이다. 이들은 우리를 파멸로 이끄는 악의와 어이없는 실수를 저지르게 만들고 있다.
>
> 그러나 다행히도 충성스럽고도 믿음직한 신민들이 그와 같은 악행을 몰아내려고 꾸준히 노력한 덕분에 이제는 우리도 지난날의 한탄을 물리치고 국가를 생동하게 만들 수 있게 되었고 폭풍은 지나 잔잔한 바다를 볼 수가 있게 되었다. 이러한 사실은 오랜 압력을 겪은 뒤에야 자유의 달콤함을 아는 인간성의 원칙과, 고진감래의 천리에 부합되는 것이다.
>
> 우리는 자비를 베풀고자 노력해야겠지만, 1894년 7월에 일어난 사건[4]이나 1895년 10월에 일어난 사건[을미사변]의 주범들에게는 추호의 용서도 있을 수 없다. 그들을 극형에 처함으로써 인신의 분노를 풀어 주어야 한다.

---

4) 일본과 공수동맹을 체결한 사실을 뜻함.

그러나 이제까지 체포된 사람들은 관리이든, 군인이든, 노동자든, 그들의 죄질에 관계없이 대사령을 내려 모두 방면한다. 그대들의 마음을 개혁하라. 그대들의 마음을 편히 하라. 그리고 공사직을 불문하고 각기 생업으로 돌아가 옛날처럼 종사할지어다.

단발령은 어찌할 것인가? 상투를 자르는 것이 그토록 긴요한 일이란 말인가? 반역자들은 폭력과 강제로써 파란을 일으켰다. 이러한 조치란 우리의 의사에 배치되는 것은 의심할 나위도 없이 우리 모두가 잘 알고 있다. 정부군이 무력으로써 지방의 소요를 진압하고자 파견되기도 전에 보수적인 백성들이 의분을 못 이겨 봉기하여 마치 자신이 직접 겪은 것처럼 헛소문을 퍼뜨리고, 서로 살생하는 것은 우리가 원하는 바가 아니다.

반역자들은 매사에 독기를 부리고 있다. 그들의 손에 희생된 무리의 수는 이루 헤아릴 수가 없다. 군대는 우리의 자손들이다. 각지에서 일어나는 폭도들도 마찬가지이다. 열 손가락 가운데 깨물어서 아프지 않은 것이 없다. 오랜 싸움은 시산혈해를 이루고 모든 통신과 교통이 마비될 뿐이다.

슬프다! 이러한 불행이 계속되면 백성은 모두 죽을 것이다. 이러한 정경을 보노라면 눈물이 옷깃을 적시고 가슴은 찢어지듯 아프도다. 명령이 이르는 곳마다 군대는 서울로 돌아오고 폭도들은 자기 고향으로 돌아가 생업에 종사해 주기를 바랄 뿐이다.

단발령에 관해서는 누구도 강요를 받지 않을 것이다. 도포와 갓에 관해서는 그대들이 좋을 대로 할 것이며, 정부는 지금 백성들을 괴롭히고 있는 사회악에 관한 의견을 경청할 것이다. 이것은 우리의 영예로운 언약이니 모두 함께 이해하자.

어명에 따라

내부대신 서리 겸 총리대신[5)]

5) 박정양(朴定陽)의 직함은 오기되어 있다. 당시 박정양은 내부대신으로서 총리대신서리를 겸무하고 있었다. 총리대신에는 김병시가 발령을 받았으나 취임을 하지 않고 있었다.

박정양

건양 1년[1906] 2월 11일[6)]

각국의 총영사와 공사들은 왕을 방문하고 경의를 표시했지만 일본 공사는 끝내 그들과 행동을 같이하지 않았다. 일본 공사로서 그렇게 하는 것은 결정적인 패배를 뜻하는 것이었다. 그 날 늦게 제2의 칙령이 반포되었는데, 왕을 호위하고자 군대를 소집하고, 우두머리 반역도들을 참수하여 대령토록 하는 것을 내용으로 하고 있었다.

이를 계기로 하여 군중들은 열화같이 날뛰기 시작했다. 수많은 군중들이 지난날의 대신들을 찾아내어 살해했다. 내각총리대신 김홍집과 농상공부대신 정병하는 거리로 끌려나와 처참하게 타살되었다. 그 가운데 하나는 칼에 맞아 목뒤로부터 귀까지 찢어지는 큰 상처를 입고 쓰러졌으며, 그가 쓰러지는 모습을 본 군중들은 짐승처럼 환호했다. 군중들은 시체에 돌을 던졌다. 어떤 사람은 발로 짓밟고, 어떤 사람은 침을 뱉고, 어떤 사람은 사지를 갈기갈기 찢었다. 어떤 사람은 칼을 뽑아 시체의 넓적다리의 살을 오려 내었다. 그는 살을 입으로 가져가면서 소리쳤다.

"이 놈들을 뜯어먹자."

그러나 이러한 행동은 광란한 군중들에게도 지나친 것처럼 보여 모두들 치를 떨었다. 2월 19일에는 고향으로 내려간 또 다른 대신인 어윤중이 살해되었다. 그러나 이러한 폭동은 어느 면에서는 평화를 가져왔다. 모든 한인들에게 적으로 여기던 일본인들에게 대항하여 전 국민들이 봉기하고 있었으나, 그들의 국왕이 다시 집권하게 되자 모두 평화롭게 가라앉았기 때문이다.

일본인들은 이제 치명상을 입고 모든 실권을 잃었다. 그들은 우선은 복종하고, 참을성 있게 외교를 수행하고 또 전국의 소란을 은밀하게 조장하여

---

6) 일자는 음력임.

계속시킴으로써 자신의 세력을 되찾으려고 곧 일에 착수했다. 그 당시의 모든 권한은 러시아인들의 손에 쥐어 있었다. 러시아로서는 웨베르 만한 외교관이 없다는 것은 세상이 다 아는 사실이었다.

웨베르는 현실적이라기보다는 오히려 낭만적이어서 갈피를 잡기 어려운 러시아의 외교관들과는 매우 다른 타입의 인물이었다. 친절하고, 단순하고, 솔직한 그의 외교 정책은 청천백일처럼 밝은 것이어서 심지어 다른 나라의 외교관들까지도 그의 사심 없이 공정한 태도에 대하여 놀랄 때가 많았다. 그는 왕을 귀빈으로 대우했으며 그렇게 큰 러시아 공사관을 왕이 아무런 댓가도 없이 임의로 쓸 수 있도록 빌려주었다.

웨베르는 다른 외교관이라면 그러한 상황 속에서 얼마든지 요구할 수 있는 권리를 얻으려고 노력하지도 않았다. 왕은 공사관의 본관에서 조신 회의를 열었으며 대신들은 왕의 주위에 머물음으로써 안신할 수가 있었다. 이 당시에 있었던 왕의 생활에는 그의 괴벽으로 말미암아 일어난 우스운 이야기들이 많이 있지만, 여기에서 그 이야기들을 되풀이한다는 것은 악의에 찬 행동이 되는 것이다. 왕은 외국인들과 사귀고 싶어 했으며, 공사관에 인접하고 있는 정동구락부에 한두 번 행차하여 당구를 즐겼다고 한다.

조선 사람들은 최근 몇 개월 동안에 있었던 사건들로 말미암아 갈피를 잡지 못하고 있었지만 이제는 새로운 개혁을 위하여 매진할 준비가 되어 있었다. 그러나 불행히도 왕은 과거보다 더 나약하게 되었다. 왕비의 죽음을 겪고 그로 말미암아 그의 뇌리 속에는 공포감이 가시지 않게 되자 자그마한 모험을 하게 되는 경우일지라도 왕은 남의 눈치를 보게 되고, 결심을 바꾸고, 정책을 변경하게 되었다.

이 무렵 조선 젊은이들 사이에는 괄목할 만한 움직임이 나타났다. 1882년의 거사[7]에서 개화파로서 중요한 역할을 맡았던 사람으로서 서재필이라는

7) 1882년의 거사인 임오군란이 아니라 1884년의 거사인 갑신정변이 맞다.

인물이 있었는데, 지금은 필립 제이슨 박사라는 미국명으로 개명했다. 그때 그는 다른 동지들과 더불어 망명하지 않을 수 없었기 때문에 일본으로 갔다가 곧 샌프란시스코로 건너갔다.

서재필은 영어를 거의 몰랐으며 외국의 생활 습속에도 매우 생소했기 때문에 처음에는 끼니조차 때우기가 어려웠다. 민중들이 그가 할 수 있는 일이 무엇인가를 알고 싶어 하자 그는 양손을 번쩍 들면서 "나에게는 이 두 손이 있습니다. 나는 이것으로서 여러분들이 나에게 맡기는 어떠한 일도 기꺼이 할 작정입니다"라고 말했다.

서재필은 얼마 지나지 않아 급속히 발전했으며, 조지 워싱턴 대학에 들어가 우수한 성적으로 졸업하게 되었다. 그는 미국 시민권을 얻어 공직 생활을 했으며, 그러는 동안에 존스 홉킨스 대학에서 의학박사의 학위를 받았다. 그는 워싱턴에서 병원을 개업하고 2개 대학에서 강의를 맡았다. 민비가 시해된 뒤 그는 미국에서의 생활을 청산한 다음 조선 정부와의 10년 계약으로 외부 고문이 되어 귀국했다.

서재필은 열렬하고도 비타협적인 개화파였다. 그의 머릿속은 개혁안으로 가득 차 있었다. 단발령과 같이 일본의 지배 아래에서 이루어진 개혁은 일본 세력이 몰락하게 되자 곧 민중의 머릿속에서 사라졌다. 모든 것은 옛날의 방식으로 돌아가고 있었다. 서재필은 다른 방법을 선택하려고 노력했다. 그는 대중 강연, 학교 건설, 그리고 조선의 보편적인 미국화를 제창했다.

서재필은 과수, 초목, 관목을 시험 재배하려고 시외에 공단을 만들었다. 이 공단의 일부분은 옥외 운동을 위하여 남겨 두었다. 그는 1896년 4월에 『독립신문』을 창간했는데, 이 신문은 4면짜리로 1면은 영문으로, 나머지 3면은 국문으로 편집되었다. 처음에는 1주에 3회가 발행되었지만 곧 국문판이 일간으로 발행되었다. 그가 이끄는 수많은 관리들이 모여 독립협회를 결성했고 조선 독립의 실현을 위한 기념탑으로 시외에 커다란 아치를 세웠다. 그는 독립협회의 주요한 목표를 다음과 같이 설명했다.

> 독립협회의 목적은 관제 개선, 풍습, 법률, 종교에 관한 문제와 이와 관련된 외국인들의 풍물을 논의하려는 것이다. 독립협회의 주요 목적은 아직도 조선에서 전혀 알려지지 않은 여론을 창달하는 것이다.

얼마 동안은 개화파들이 매사를 좌우하게 되는 것처럼 보였다. 학교가 창설되었다. 선교사들은 일본의 지배 아래에서 조선 사람의 권익을 옹호하고자 그들이 선택한 방법이 대중의 깊은 감명을 자아냄으로써 그 세력이 날로 성장하고 있었다.

왕은 백성들의 간절한 소망에 따라 러시아 공사관을 나와 도심지에 있는 대궐[경운궁, 지금의 덕수궁]로 돌아왔다. 그는 왕의 칭호를 버리고 황제의 즉위식을 가진 다음 국호를 조선에서 대한으로 고쳤다. 그러나 옛 관료의 무리들이 점차로 정권을 다시 잡기 시작했다. 이 개화파들의 뜻을 좌절시키려고 어느 정도의 외세가 이용되었음은 의심할 나위도 없다. 왜냐하면 조선이 실제로 독립 국가가 되어 영향력을 미치게 된다면 적어도 어느 한 "열강"에게는 불리하게 되기 때문이었다.

커다란 홍분 속에 착공된 독립문은 보아 주는 사람도 별로 없이 준공되었다. 1898년 5월, 정부는 서재필 박사에게 계약된 액수의 봉급을 지불하고 해고시켰다. 남대문 밖에서 큰 군중 집회가 일어나 정부로 하여금 서재필의 해임 결정을 철회하도록 탄원했지만 아무 소용이 없었다. 그가 만약 계속해서 이 나라에 살기를 바란다면 생활비를 마련하여 주겠노라고 외국 상인들이 제의했지만 그는 미국으로 돌아가기로 결심했다. 그는 지금 필라델피아에서 의사로 일하고 있다.

서재필 박사가 떠나기에 앞서 얼마 동안 독립협회는 정부에 대하여 날이 갈수록 비판적이었다. 그 한 사례로 1898년 초에 독립협회는 황제에게 다음과 같은 솔직한 건의서를 상주했다.

…… 만약 한국이 독립되기를 바란다면 다른 나라에 의존해서도 안 되며, 내정에서 다른 나라의 간섭을 용납해서도 안 됩니다. 우리 나라는 현명한 정책을 채택하고 전국적으로 사회 정의를 구현함으로써 자립될 수 있도록 힘써야 합니다. 심지어는 관리의 임명권마저도 우리의 권한에서 벗어나고 있는 실정입니다. 이러한 방법으로 관직에 등용된 부정하고 부패한 계급들은 이를 기화로 외세로 하여금 폐하에게 압력을 가하게 함으로써 가증스럽게도 자신의 본성을 만족시키고 있을 뿐만 아니라 더 나아가서는 자신의 사욕과 그들의 외국인 고용주의 이권을 위하여 폐하를 억압 · 협박하고 있습니다.

이러한 무리들이 불가능한 진언과 근거 없는 보고를 끊임없이 폐하에게 제출함으로써 폐하의 성의를 흐리게 하고 있습니다. 옛말에 이르기를, 서리가 다져지면 얼음이 된다고 했습니다. 이제까지 일어난 한심스러운 일들을 너무도 많이 목격한 저희들로서는, 몇 개월 안에 우리의 모든 자치권이 한낱 옛 얘기에 지나지 않는 것이 되리라고 결론을 내리는 것은 너무도 당연한 것입니다. 정권이란 한 번 잃으면 후회해도 미치지 못할 것입니다.

자주파들은 참된 개혁을 이룩할 것을 결심했으며, 민중들은 아직도 그들을 후원하고 있었다. 그들에 반대하는 수구파들은 사실상 모든 정사를 마음대로 휘두르고 있었다. 독립협회는 대중적인 선동을 시작했으며 몇 달 동안 서울은 큰 소란에 빠졌다. 대규모 군중 집회가 매일 열렸으며 이에 참석하고자 시장은 철시한 듯했다. 심지어는 부녀자들까지도 철시로 말미암아 동요하여 개혁을 요구하려고 독자적인 집회를 가졌다. 이러한 움직임에 반격을 가하고자 수구파들은 다시 힘을 뭉쳤다.

수구파들은 반격을 위한 방편으로 지난날의 한 비밀 결사체인 보부상을 불러들였다. 보부상들은 과거에도 반동적인 행동 대원으로는 유용하게 이용되었다. 내각에서는 몇 가지 훌륭한 과업을 약속했으며, 여러 가지 형식상의 개혁을 성안했다. 독립협회가 요구한 주요 내용은 외세의 배제, 외국

대한제국의 궁정 수비대(필자 촬영)

에게 이권을 주는 데 신중할 것, 중요 범법자들의 공개 재판, 국가 재정의 공평한 처리, 그리고 각 분야에서의 정의의 실현 등이었다. 끝으로 그들은 또 다른 요구로 하나의 인민 대표 회의가 선출되어야 한다고 부연했다.

보부상들이 대오를 정비하자 황제는 독립협회를 해산시키도록 명령했다. 독립협회 회원들은 떼를 지어 경무청으로 몰려가 모두 감옥에 가겠노라고 말함으로써 이에 대응했다. 1898년 11월 초 협회 지도자 17명이 투옥되었으며, 만약 군중들이 시위하지 않았더라면 그들은 죽었을는지도 모른다. 군중들이 들고일어나 분노하여 시위를 계속한 지 5일 만에 그들은 석방되었다.

이제 정부는 군중들을 무마하고자 참된 개혁이 실시될 것이라고 언약했다. 그러나 군중들이 해산되자 개혁 운동은 다시 시들어졌다. 어느 날 서울의 군중들이 그들의 요구를 새롭게 인식시키려고 대로에 모였을 때 정부에서는 경무청으로 하여금 그들을 무력으로 습격하도록 명령했다. 그들은 상부의 명령에 불복하고 뱃지를 떼어버리면서 군중들의 뜻이 곧 자기들의 뜻과 같다고 말했다.

그러나 외국인 교관들의 휘하에 있는 군인들은 어명을 수행하면서 주저하지 않았다. 몇 천 명의 군중들은 그 다음 단계로 옛날의 방법을 좇아 대궐로 몰려가 그 앞에서 14일 동안을 밤낮 가리지 않고 연좌했다. 한국에서는 이러한 방법이 국민의 분노를 표현하는 방법 가운데 서도 가장 강력한 것이며, 정부로서도 이럴 경우에 가장 골치가 아프다.

이때 보부상들도 독립협회에 대항하는 시위를 벌이려고 서울의 다른 장소에서 집회를 가졌다. 아침 일찍이 독립협회 회원들이 숫적으로 가장 적은 때를 틈타 보부상들은 그들을 습격하여 강제로 해산시켰다. 회원들은 돌아가려 했으나 경무청 포졸들이 길을 가로막고 있었다. 그 뒤 며칠 동안 회원과 수구파 사이에 싸움이 계속되자 황제는 이들을 무마하고자 대궐 앞에서 군중들을 접견하겠노라고 언약했다.

되도록 많은 사람들이 참석하여 모임을 엄숙하게 할 수 있는 곳에서 접견이 이루어졌다. 외교 사절들과 고위 관리들도 참석했다. 황제는 특별히 마련된 연단 위에 올라서서 독립협회의 지도자들을 접견하고 그들의 의견을 경청했다. 그들은 민족의 총화를 이루고 사회 정의를 실현하기 위해서라도 황제가 지난날의 언약을 지켜주기 바란다고 말했으며, 황제는 이에 대한 대답으로 그들의 요구에 동의하는 공한을 내렸다.

군중들은 승리의 기쁨에 넘치면서 해산했다. 이들은 승리감에 도취되어 마음이 해이하게 되었다. 그러자 이때를 노려 수구파들은 결정타를 가했다. 개화파들은 공화정을 요구함으로써 비난을 받았다. 더욱이 박영효를 귀국시키자는 이견이 나와 내부적으로도 알력이 발생했다. 어떤 극단적인 협회원은 과격한 발언을 함으로써 정부로부터의 탄압을 자초했다.

개화파의 수많은 지도자들이 온갖 구실로 체포되고 군중 집회가 총칼로 해산되자 개혁 운동도 좌절되었다. 황제가 개혁파들의 몰락을 만족스럽게 생각하던 그 시간, 비록 그는 느끼지 못한 사실이지만, 그는 사실상 자기의 국가와 자신의 제권의 종말을 선언하고 있었던 것이었다.

제 8 장 러시아의 체제

황제가 러시아 공사관으로 파천해 있는 동안에 웨베르 공사가 취한 행동은 극동에 대한 러시아의 새로운 침략 정책과 일련의 관계가 있는 것이었다. 시베리아횡단철도의 부설을 결정할 때부터 러시아의 위정자들은 태평양 연안에서의 영토적 우월성에 대한 거대한 야망에 불타고 있었다. 러시아는 만주의 지배자인 청국에 대해서는 정부처럼, 한국에 대해서는 독재자처럼, 그리고 일본에 대해서는 후원자처럼 행세했다.

청일전쟁의 결과에 대하여 러시아의 정객들은 매우 못마땅하게 생각했으며, 시모노세키조약에 따라 요동반도가 일본에 할양되었을 때 러시아는 자신의 동진정책에 큰 차질이 생겼음을 알았다. 그러나 이러한 사태에 대한 대책은 이미 마련되어 있었다. 러시아는 극동에 전함을 파견하고 있었으며, 프랑스 · 독일과 함께 유대를 맺고 있었다. 독일의 황제는 거대한 황색 인종의 등장에 대하여 위험을 예감하고 있었기 때문에 기꺼이 러시아를 지원했으며, 프랑스는 전통적으로 러시아의 맹방이었다.

그리하여 시모노세키조약이 비준되었다는 소식이 전해진 지 1주도 못 되어 러시아 · 독일 · 프랑스는 극동의 영원한 평화를 위해 일본에 할양된 청국의 본토를 일본이 영원히 점유할 수 없다는 각서를 전달했다. 일본은 이 3개국의 연합 세력에 대항하여 개전할 만한 입장이 못 되었으며, 그렇다고 해서 그들의 요구를 거절한다는 것은 곧 전쟁을 뜻하는 것이었기 때문에 일본은 영국의 눈치를 보게 되었다.

그러나 영국은 유럽 각국 대표와 아주 다른 입장에 놓여 있었기 때문에 일본에 대하여 비공식적으로 요동반도를 포기할 것을 권고했다. 일본 정부는 애써 얻은 전리품을 날치기 당한지라 분노가 치밀고 또 국민들 보기에 부끄럽기도 했지만 어쩔 수 없이 이를 포기했다. 그러면서 일본은 대형 전함을 건조하고, 그들의 성채를 튼튼히 하고 병력을 증강시키는 등 복수를 위한 준비를 시작했다.

이 기간 동안 러시아는 의기양양했으며 얼마 동안 극동에 있는 러시아의 외교관들은 지나치게 오만한 태도를 보임으로써 다른 나라를 괴롭혔다. 러시아는 아시아의 패자라는 말을 들었으며, 유럽에서 최강의 열강으로 군림했다. 온건한 영국인들까지도 러시아를 "청국과 조선의 종주국"이라고 평가했다. 이제 러시아의 외교는 필연적이고도, 자랑스러운 그들의 야심을 실현시키는 방향으로 기울어졌다.

유럽의 남쪽으로는 흑해가 닫혀 있고, 발틱해를 통하여 겨우 북쪽으로 숨이 트였으며, 태평양 제일의 항구라는 블라디보스토크는 연중 대부분이 얼음에 잠기자 러시아는 1년 내내 얼지 않고 시베리아 횡단 철도의 어귀가 될 수 있는 항구를 갖고 싶었다. 그러한 항구라면 훌륭한 항구가 많은 한국이나 아니면 요동반도에서 찾을 수도 있었다. 그 순간 러시아는 한국에 눈독을 들이게 되었다.

무력으로써는 적을 대항할 수 없게 된 일본은 새로운 외교 전략을 구상하게 되었다. 1896년 여름, 러 · 일 두 나라 사이에 두 개의 협정이 이루어졌는데 하나는 서울에서 교환된 고무라-웨베르 각서[1]이고 다른 하나는 모스크바에서 체결된 로바노프-야마카다 의정서[2]이다. 고무라-웨베르 각서에 따

1) 본서 부록(pp. 292) 참조.
2) 본서 부록(pp. 293) 참조.

르면 양국은 조선 황제의 환궁을 권고할 것에 상호 합의했으며, 일본은 조선에 머무르고 있는 낭인들을 규제하고자 효과적인 조처를 취하겠다고 조약했다.

러시아도 3개 중대의 일본군이 서울-부산 간의 전신선을 보호하고자 조선에 주둔할 것과 그들이 철수한 다음에는 서울-부산 간의 12개소에 헌병을 잠정적으로 주둔시킬 것에 동의했다. 헌병의 수는 200명을 초과할 수 없으며, 한국 정부가 평화와 질서를 회복하는 즉시 철수하도록 되어 있었다. 그 밖에 서울에 일본군 2개 중대를, 부산과 원산에 각각 1개 중대를 주둔시키되, 1중대의 수는 200명을 초과할 수 없도록 되어 있었다. 러시아 수비대의 수는 일본군보다 많지 않았다.

로마노프-야마카타 의정서에 따르면, 러 · 일 양국은 한국을 도울 것과, 필요한 경우에는 차관을 제공할 것을 상호 약속했다. 이밖에도 한국 정부로 하여금 국내의 안녕을 유지할 수 있는 군대와 경찰을 편성 · 유지할 수 있도록 할 것, 전신선은 일본이 관리할 것, 그리고 러시아는 서울에서 러시아 국경까지 전신선을 가설할 권한을 갖는다는 내용에 합의했다. 이상의 두 협약은 일본에 대해 러시아가 지난날보다 더 굴욕을 주었음을 보여 주는 것이라고 풀이되었으나, 설령 두 나라의 싸움이 비기더라도 일본 외교관들의 수완은 놀라운 것으로 평가될 것이다.

러시아 공사 웨베르의 신중하고도 정치가다운 정책이 본국의 위정자들에게 용납되지 않은 것은 러시아로서도 불행한 일이었다. 1897년 9월 스페이어[3]가 그의 뒤를 이어 대리 공사로 부임해 왔다. 한국에 있는 외교 사절들은 이번의 인사 교체에 대하여 매우 애석하게 생각했다. 웨베르는 매우 훌륭한 일들을 했다. 그는 조선의 전반적인 문제에 깊이 간여했으며, 배타적

---

3) 스페이어(Alexi de Speyer) : 제정러시아의 외교관. 일본 주차 러시아 공사관의 서기관으로 부임했다가 1885년 묄렌도르프의 요청으로 내한하여 1896년 이래 러시아 공사를 역임했다.

으로 러시아의 외교 노선을 지향하면서도 그의 조심스러운 정책은 다른 어느 방법보다도 더 러시아에 대한 신뢰와 영향력을 북돋아 주었다.

한국 정부는 러시아어 학교를 설립했으며, 광산권과 벌목권을 러시아인에게 허여했으며, 한국의 군대를 재편하고 훈련시키려고 포티아타 대령(Colonel Potiata)과 수많은 러시아 장교와 민간인들이 고용되었다. 러시아의 재정적 · 경제적 영향력은 대단한 것이었다.

알렉시에프 제독[4)]은 이토록 실권이 확대되었음에도 불구하고 이를 만족하게 여기지 않았다. 러시아 정부는 더욱 박차를 가하라고 스페이어에게 노골적으로 명령했으며, 그는 그 명령대로 행동했다. 그는 다른 외국인들에게 매우 도발적이고도 불유쾌한 태도를 보였으며, 이와 같은 그의 태도는 곧 심각한 문제를 일으켜 그를 몰락시킨 원인이 되었다.

한국의 해관은 가끔 매크레비 브라운(지금은 John 경)[5)]의 관리를 받았다. 브라운은 청국 세관에서 일한 경험이 있는 사람으로서 한국에 근무하도록 초빙되었다. 그는 해관을 총괄했으며, 그의 동의와 성명이 없이는 한 푼의 돈도 지출되지 않았다. 그는 절도 있고 엄격했으며, 재산도 넉넉했기 때문에 그가 하는 일이란 한국 관리들의 비위를 건드리는 것이 되었다.

브라운은 자기의 동의도 없이 해관의 자금이 유출되는 것을 여러 차례 거절했다. 그는 봉급에도 매우 엄격했으며 직원들로 하여금 봉급을 받은 만큼 일하도록 만들었다. 어느 고위 관리로부터 자기의 근친을 보수가 좋은 요직에 앉히고 일도 하지 않도록 해달라는 청탁이 들어왔을 때 그는 이를 저지

---

4) 알렉시에프(E. I. Alexieff : 1845~? 1917) : 러시아의 해군 제독. 청일전쟁(1894~1895) 무렵 극동함대에 배치되어 있었으며, 러일전쟁(1904) 무렵 극동함대사령관이었으나 패전의 책임을 지고 퇴역했다.

5) 브라운(John McLeavy Brown : 1842~1926) : 영국의 외교관이며, 법률학자, 법학박사. 중국에 진출하여 북경 주차 영국 공사관의 문부사(1864~1872), 참찬관(1871~1872), 해관(1872), 세무사(1877) 등을 지냄. 영국의 대한 진출의 일환으로 1893년 탁지부의 고문으로 부임했다가 러시아의 압력으로 1897년에 퇴진했다. 그 뒤 북경 주차 영국공사관 참찬관(1906)으로 봉직함.

했다. 한직의 직원이 죽자 그는 그 후임자의 임명을 금지시켰다. 그는 출금 도장을 쥐고 있었다.

1895년에 일본은 경제 침략의 일환으로 한국에게 3백만 엔을 강제로 대여해 주었는데 브라운은 그를 갚으려고 2백만 엔을 마련해 두었으며, 이미 오래 전에 75만 엔을 갚았다. 그는 한국의 재정이 균형을 잡도록 해주고 싶었지만, 일본은 그대로 두라고 요구했다. 그가 활약한 덕분에 서울에는 새 도로가 생기고, 옛길은 확장되고, 신식 위생법이 소개되고, 북경로도 개수하고, 황제를 위해 새로운 대궐이 착공되었으며, 해안선을 탐색하기 위한 계획이 수립되었다.

러시아의 요인들은 브라운의 지위와 세력이 커지자 놀라기 시작했다. 1897년 10월 5일에 러시아 재무성의 요원인 커 알렉시에프(Kerr Alexieff)가 탁지부의 고문으로 부임해 왔다. 10월에 외부는 그를 브라운의 후임으로 임명했다. 브라운은 이러한 인사 명령에 불복하고 그대로 집무를 계속했다. 그는 알렉시에프와 책임을 분담하거나 아니면 그의 조수로 일하라는 지시를 받자 배짱 좋게 사표를 썼다.

이제 해관에서 불법 수입을 얻을 수 있게 되었다고 생각한 한국의 관리들은 브라운이 이룩해 놓은 체제를 무너뜨리려 했으며, 러시아인들은 이들을 부추겼다. 알렉시에프는 직원들의 봉급을 두 배로 올려주었다. 수많은 은화가 탁지부에서 유출되어 궐내의 관리들에게 뿌려졌다. 이제까지 철저하게 브라운의 권한에 속해 있던 철도국은 앞뒤 생각도 없이 주조에 착수했다. 이 때 브라운은 수수방관만 하고 있었다.

그 무렵 어느 날 영국의 함대가 제물포에 나타났다. 영국 정부는 이번에는 진짜로 무엇인가를 결심하고 온 듯이 보였다. 극동 문제에 관해서라면 다우닝 가[6]가 갈피를 잡지 못하고 있다는 사실을 잘 알고 있는 사람들은 그

6) 영국의 수상 관저.

소문을 믿을 수가 없었다. 그러나 함대가 왔다는 것은 사실이었으며, 러시아인들은 사실을 확인하고 크게 낭패했다. 곧 스페이어는 불명예스럽게 서울을 떠났으며, 알렉시에프 씨와 그의 관리들도 철수했다. 브라운은 해관의 요직으로 복귀했으나 불행하게도 처음의 실권을 모두 차지하지는 못했다. 영국 함대는 자신들이 이룩할 수도 있을 만큼의 목표에 이르지 못했다. 만약 영국이 합리적으로 그 뒷일을 계속하여 수행했더라면 한국으로서는 좀 더 다행이었을지도 모른다.

1898년 러시아는 청국으로부터 요동반도를 조차한다는 소식이 세상에 퍼졌다. 이러한 조치로 말미암아 러일동맹은 더 이상 필요 없게 되었으며, 이로써 러시아는 한국에서 더 이상 머무를 필요가 없게 되었다. 러시아는 여순항을 획득함과 동시에 한국에 관하여 새로운 조약을 체결하게 되었다. 러시아는 한국에서의 일본의 입장에 대하여 관대할 수가 있었으며 또 그렇게 했다.

러시아와 영국은 한국의 완전한 독립을 인정한다는 점에 합의했을 뿐만 아니라, 서로 사전 동의가 없이는 군사 교관이나 재정 고문을 추천하지 않는다는 점에도 합의했다. 러시아는 한국에서 일본의 우월성을 분명히 시인했으며, 한국에서 일본의 상업상·공업상의 정책 수행을 방해하지 않겠다고 약속했다.

이상과 같은 합의 사항과, 러시아의 군사 교관과 재정 고문이 서울로부터 철수한다는 소식은 유럽을 매우 놀라게 만들었다. 런던의 유력지인 『타임즈』지는 "이번의 합의 사항은 청일전쟁이 종식된 이후 한국에 대한 러시아와 일본의 오랜 외교전에서 일본이 승리했음을 뜻하는 것"이라고 공언했다.

러시아의 『오피셜 메신저』는 이 문제에 관하여 자신의 체면을 세우려고 온갖 애를 쓰면서 선전했지만 크게 성공하지는 못했다. 그들은 다음과 같이 보도했다.

청일전쟁이 종결된 뒤 제국 정부[러시아]는 한국의 통일과 완전한 독립을 보장하고자 온갖 노력을 아끼지 않았다. 기틀이 잡히지 않은 나라를 재정적으로나 군사적으로 성숙시킨다는 문제를 생각할 때 처음부터 외국의 도움이 없이는 불가능하다는 것은 당연하다. 1896년에 한국의 지배자가 러시아 황제에게 군사 교관과 재정 고문을 간절히 요망하는 글을 보낸 것도 바로 이러한 이유 때문이다.

러시아는 필요한 경우마다 한국을 도와준 덕분에 이제 한국은 심지어 행정 문제에 이르기까지 자신의 문제를 처리할 수 있는 궤도에 도달하게 되었다. 이러한 상황이 조성되므로 말미암아 러시아와 일본은 한반도에서 발생되는 새로운 문제에 관하여 분명한 방법으로써 양국의 입장을 결정할 수 있도록 우의적인 의견을 교환할 수 있게 되었다.

문제점에 관한 예비 교섭을 통하여 보유적인 합의가 이루어졌는데, 이 사항의 목적은 모스크바의정서[7]를 완벽하게 하려는 것으로서, 러시아 황제의 칙명에 따라 도쿄 주차 러시아 공사 로바노프(Lobanow) 공작이 이 임무를 수행했다. 이 합의서의 본질적 내용을 본다면, 양국 정부는 대한제국의 주권과 완전한 독립을 분명히 확언하고, 아울러 그의 내정에 간섭하지 않을 것을 상호간에 공약하고 있다. 한국 정부가 두 체약국에게 도움을 요청하더라도, 양국 정부는 사전에 합의를 보기 전에는 한국 문제에 아무런 조치도 취하지 않을 것을 양국은 공약했다.

이 약정서는 다음과 같다.

극동에서 광범위하면서도 동시에 완전히 상호 조화를 이룰 수 있는 이해관계를 가지고 있는 두 우방 국가는 아직 성숙되지 못한 대한제국의 정치적

---

7) 로바노프-야마가타 의정서(Lobanow-Yamagata Protocol, 1896. 6)를 뜻하는 것으로서, 본서 부록(pp. 293) 참조.

> 독립과 국내적 질서를 보장함으로써 인접한 한반도를 완충 지대로 인정할 필요성이 당연히 있음을 증명하고 있다. 이러한 우호적인 합의가 이루어짐에 따라 러시아는 태평양 연안에서 자신에게 부과된 역사적이고도 본질적으로 평화를 위한 과업을 수행하고자 주의와 노력을 아껴서는 안 될 입장에 놓이게 될 것이다.[8]

그러나 러시아가 한국을 포기했다는 것은 다만 일시적인 것에 지나지 않는다는 점을 잊어서는 안 된다. 그로부터 몇 개월이 지나지도 않아 러시아의 외교관들은 자신의 우월한 입장을 되찾으려고 또다시 음모와 탐색을 시작하고 있었다.

8) (필자 주) *Times*에 역재되어 있음.

제 9 장 일본의 재등장

일본인들은 잃어버린 기반을 되찾으려고 조심스럽고도 사려 깊게 힘을 기울였다. 프랑스와 미국도 한국에 영향력을 심고 있었으며, 러시아도 곧 자신의 활동을 재개했다. 철로를 지배한다는 것은 어느 정도 그 나라의 주권에 직결되는 문제라는 것을 알고 있는 프랑스는 특별히 철도 부설권을 얻고 싶어 했다.

미국인 모르스[1]는 서울과 제물포 사이의 철도부설권을 획득했다. 일본인들은 자금을 제공함으로써 1898년에 획득했던 경부선 철도부설권을 되찾았다. 러시아의 뜻에 따라서 움직이고 있는 한 프랑스 회사는 경의선 부설권을 얻었다. 이것은 만약 여순항으로의 연결을 위한 계획이 실패할 경우, 봉천과 안동을 거쳐 시베리아 횡단 철도와 연결시키려는 의도가 포함된 듯이 보였다.

그러나 프랑스가 이러한 이권을 얻은 직후 여순항이 조차되자 경의선 부설 공사는 당분간 중단되었다. 일본인들은 경부선을 부설하고 있었으며, 이

---

1) 모르스(James R. Morse)는 그 무렵 아메리칸무역상사의 사장으로 알렌(H. N. Allen)과의 친분을 이용하여 많은 사업권을 땄다. 그는 운산의 채굴권(1895)과 경인선 철도부설권(1896)을 딴 이외에도 경복궁 전기 시설을 공급한 바도 있다. 그의 행정에 관해서는, 『한국전기100년사』(상)(서울 : 한국전력공사, 1989), pp. 100~101 참조.

로써 일본에서 서울을 24시간 안에 여행할 수도 있게 되었다.

많은 외국인들이 한국에서 사업을 하고 있었다. 영국과 미국, 그리고 유럽의 금융업자들이 채광권을 얻었다. 미국의 한 유력회사인 콜브란-보스트위크 회사가 서울에 지사를 개설하고 몇 가지 큰일에 착수했다. 틀림없이 발전하고 있다는 징조가 수많이 나타났다.

많은 학교들이 개교하고 관립 병원[2]이 문을 열었다. 해외에 주재하고 있는 한국의 공사들에게 봉급조차 제대로 지급되지 못했지만 얼마 동안에 여러 열강과 외교 관계가 수립되었다. 서울에는 전기가 들어오고 전차가 부설되었으며, 순검들에게는 신식 제복이 지급되었다. 군인들은 신식 무기를 지급받았으며, 신식 훈련을 받았다.

한국도 이제는 국제우편연맹(IPU)에 가입했으며, 전신 사업도 주로 일본인들의 관리를 받으면서 운영되었다. 서울의 아무 곳에서나 볼 수 있던 많은 구습들이 사라졌다. 산 위의 봉화도 없어졌고 일몰 이후에도 4대문이 닫히지 않았다. 서울에는 서구식의 커다란 공공건물이 높이 솟고 몇몇 국문 신문들이 크게 활약했다.

기독교 사업이 각지에서, 특히 북부 지방에서 크게 성공함으로써 국민들의 생활에 깊은 영향을 미쳤다. 평양이나 선천과 같은 도시는 근대 기독교 선교사에 기록될 수 있을 만큼 유명한 기독교 활동의 중심지였다.

그러나 매우 좋지 못한 유제가 아직도 많이 남아 있다는 점에 대해서는 의심할 나위가 없다. 을미사변 이래 황제는 굳은 의지를 잃었으며 궁정 관리와 야심 있는 대신들의 뜻을 거스르지 못했다.

1890년대 초에 황제는 이용익이라는 인물을 요직에 등용했다. 이용익은 노동자 출신으로서 1882년의 임오군란에 왕비의 도피를 도와 준 사람이었

---

2) 우리 나라에 세워진 최초의 근대식 병원인 광혜원을 뜻함. 갑신정변(1884) 때 알렌 박사(H. N. Allen)가 민영익을 치료해 준 것을 계기로 이듬해인 1885년 2월에 재동 홍영식의 집에 병원을 개설했다. 1886년 고종이 제중원이라 이름을 고쳐 주었다.

다. 그런 일이 있은 뒤로 그는 놀라운 속도로 승진하여 1902년에는 거의 절대적인 권력을 잡게 되었다. 훤칠한 키, 떡 벌어진 어깨, 잘 생긴 풍채를 가진 그는 자신의 속셈을 누구보다도 잘 아는 오만한 성격의 소유자로서, 권력을 잡게 되자 나약하고 빈들거리기만 하는 엽관운동자들을 제거했다.

가난하게 살아온 이용익은 가난한 사람들의 탈세 수단을 잘 알고 있었으며, 어느 정적보다도 더 많이 수탈하는 법을 알고 있었다. 그는 전보다 더 거칠게 민중을 다스렸으며, 나라의 재정은 과거 어느 때보다도 윤택하게 되었다. 그는 모든 사람들로부터 미움을 받았지만 그가 하는 일이 전적으로 나쁜 것만은 아니라는 사실을 누구도 부인하지 않았다. 그는 새로운 사업을 시작하고 산업 활동을 권장했으며, 이를 통하여 황실은 가외의 이득을 보게 되었다.

한국의 상류 사회 출신으로서 고등 교육을 받았거나 해외에서 수학한 대부분의 사람들은 날이 갈수록 개혁의 필요성을 느끼게 되었다. 어떤 사람들은 정부가 홀로 할 수 없는 개혁을 일본의 힘을 빌려 수행하고자 일본인들과 손을 잡았다. 그러나 우수한 관리들이 퇴조하고 주기적으로 큰 사건들이 터짐으로써 개혁은 좌절되었다. 겨울만 되면 지방에 있는 비밀 결사들이 간헐적으로 봉기했다.

일본과 러시아는 한국이 독립하여 스스로 국가를 이끌어 나갈 수 있게 되기를 바라지 않았기 때문에 참으로 양식이 있는 관리라 할지라도 오래 관직에 남아 있지 못했다. 지방에서 일어나고 있는 민요 가운데 적어도 몇몇은 한국인이 아닌 어떤 다른 인물들로부터 충동을 받고 또 간접적으로 유인을 받았다고 믿을 만한 충분한 자료를 나는 가지고 있다.

개혁을 하다 보면 우스운 일이 한두 가지가 아니다. 예를 들면, 한국의 해군에는 배가 단 1척이 있는데 그나마도 아무 쓸모가 없는 것이다. 그런데도, 내 기억이 정확하다면, 수군절도사가 39명이나 된다. 서울에 처음으로 전차가 개설되었을 때에도 노동자들이 철로를 베개 삼아 잠을 자는 바람에 운전사와 차장들은 큰 골탕을 먹었다. 얼마 뒤 차장들은 이들을 집어던지는 데에 상당한 전문가가 되었다.

나로서 자신 있게 말할 수는 없지만, 들리는 바에 따르면 많은 고관들이 전차의 운행을 반대하는 상소를 황제에게 올렸다고 한다. 그들이 반대한 이유는, 잠을 잔다는 것은 인간에게 자연스러운 현상이며 곤히 잠든 사람을 깨운다는 것은 건강에도 해롭기 때문이라는 것이었다. 그리하여 철로 위에서 사람이 잠을 잘 경우에는 일단 차를 멈추고 그가 잠에서 깰 때까지 기다리도록 하는 칙령을 공포해 줄 것을 황제에게 간청했다.

이처럼 철로 위에서 잠을 자다가 한두 사람이 차에 깔려 죽었다. 그러자 민중들이 폭동을 일으켜 전차를 때려 부수고 운전사는 반죽음을 당했다. 난동의 주모자는 다음과 같이 당당하게 말했다.

> 우리 조상들의 말씀에 따르면, 우리는 어떠한 이유로서도 성문 밖에서 잠자고 있는 돌 거북[3]의 잠을 방해해서는 안 된다고 한다. (이 돌 거북은 상징적인 것으로서 서울 근교에 있는 고대 유물이다.) 선조들의 말씀에 따르면, 일단 그가 잠을 깨기라도 하는 날이면 우리 나라에는 큰 난리가 일어난다고 한다. 이제 전차가 달리는 소리로 말미암아 그 거북은 잠을 깨게 될 것인데, 우리는 이러한 사태를 보고만 있을 수가 없다. 전차의 운행은 중지되어야 한다.[4]

1900년대 초가 되자 일본은 이제 서울, 제물포, 부산, 그리고 그 밖의 몇몇 도시에서 상당한 기반을 닦았다. 남달리 신중한 일본 공사 하야시 곤스케[5]도 이 이주자들의 행동 때문에 적지 않게 곤경을 치렀다. 1901년에 어느

---

3) 화마를 몰아내려고 남대문과 각 대궐 앞에 세워 둔 해태상을 뜻하는 것으로 보임.
4) 1889년 5월에 전차 소각 사건이 발생했다. 표면상의 이유로는 외국인이 경영하는 전차가 한인을 치어 죽였다는 것이었지만, 사실인즉 그들은 전차의 소음이 지신을 놀라게 하리라고 믿고 있었기 때문이었다.

우정 있는 비평자는 다음과 같은 글을 남겼다.

요즈음 하층 계급에 속하는 일본인들이 같은 계급의 한국인들을 어떻게 대해 주고 있는가 하는 점은 세상이 다 알고 있다. 모든 외국인은 그들의 행패를 똑똑히 보았으며, 이러한 사태야말로 어느 다른 요소보다도 진정한 한일 관계를 저해하고 있다는 사실을 절감하고 있다. 일본 정부는 한국에 오겠다는 모든 일본인들의 신원에 대하여 면밀하게 조사할 만큼 지혜롭게 조처를 취하고 있지만, 이러한 조사를 하지 않을 경우 한국의 양속은 심각한 타격을 받게 될 것이며, 양국의 우호 증진에 치명적인 장애가 될 것이다.

2년 전에 내가 송도에서 직접 목격한 일인데, 일본인들이 인삼밭에 뛰어들어가 그 값비싼 뿌리를 마음대로 뽑아 갔다. 더욱 어이없는 것은 이곳에 출동한 일본 경관들이 그들을 사실상 못 본 체하고 오히려 그 야만적인 약탈 행위를 한 일본인 도둑떼들을 두둔하는 것이었다. 절대로 그래서는 안 된다. 일본 정부는 그러한 무리들의 행동을 꼭 규제할 필요가 있으며, 만약 그렇지 않을 때 한국에 살고 있는 양국 국민에게 매우 불행한 결과가 발생할 것이다.

우리는 한국을 풍요롭게 하고자 노력하는 일본인에 대해서 전적으로 동정적이며, 또 일본인들만큼 한국을 위하여 보람 있는 일을 할 수 있는 민족이 없다는 것을 믿고 있다. 한 · 일 양국민의 악화된 감정을 해소할 수 있는 모든 법규에 대하여 우리가 적극적으로 찬사를 보내는 이유도 바로 여기에 있다.

한국을 둘러싼 이권 문제로 말미암아 러시아와 일본의 암투가 아직 끝나지 않았다는 사실이 날이 갈수록 더욱 명백해졌다. 파블로프(Pavloff)가 이

5) 하야시 곤스케(林權助 : 1860~1930) : 일본의 외교관. 도쿄제대를 졸업하고 1899년에 조선에 입국하여 7년 동안 근무하면서 한일합병의 기초를 닦았다. 그 뒤 그는 이탈리아 · 중국 · 영국 주차 대사와 각료를 역임했다.

사라져 가는 옛 성터 : 경상도 지방에서(필자 촬영)

끄는 러시아인들은 서울에서 어느 정도 도발적인 일들을 감행하면서 이용익의 도움을 입었다. 일본이 어떤 주장을 내세우면 러시아는 다른 주장을 내세웠다. 이리하여 1902년에 러시아 공사는, 일본이 한국의 해안에 전신선 가설을 할 수 있도록 이권을 준 것과 마찬가지로, 러시아도 함경도의 전신선과 블라디보스토크의 시베리아 전신선을 연결시킬 수 있는 허가를 받고 싶다고 외부에 요청했다.

러시아는 압록강 연안의 벌목권을 얻었으며, 이곳에 전신선을 가설했고 한국 쪽 강안에 있는 마삼포[6]에 숙영지를 설치했다. 이 숙영지는 사실상 러시아 기병대의 연대 본부로서 각국으로부터 항의를 받으면서도 끝내 러시아 군대를 주둔시켰다.

1903년이 되자 한국은 매우 흥미 있는 상황 속에 빠지게 되었다. 러시아는 극동에서 강경하고도 배타적인 정책을 수행함으로써 특히 영국인들과

6) 1903년 8월에 러시아군이 점령한 용암포를 오기하고 있음.

미국인들로부터 심각한 경계심을 불러일으켰다. 비록 러시아는 당지의 행정에까지 간여하려 했던 것은 아니었지만 어쨌든 요동반도를 제외한 만주 지방을 사실상 점령했다. 러시아의 세력은 누구도 막을 수 없을 만큼 강력하게 한국에 진출하고 있었다.

적어도 북한 지방이 러시아 영토화하는 것은 오직 시간 문제였다. 러시아 외교관들이 몽골에 있는 개신교도들을 박해하게 되자 영국의 신교도 세력은 러시아에 대항하여 결속하게 되었다. 극동에서 활약하고 있는 러시아 관리들의 상술에 대하여 영국과 미국의 상인들은 극심한 반감을 나타냈다. 러시아인들은 한반도에 진출하면서 외국인들의 이권을 희생시키면서까지 자신의 무역상의 이득을 얻으려 온갖 수단을 가리지 않았다.

만주에 있는 러시아인들이 적대적인 관세 정책을 취하지 않은 것은 사실이지만 그들이 동청철도의 운임을 조작함으로써 외국 상사에 타격을 준 것은 부인할 수가 없다. 여순항과 블라디보스토크에 근무하는 러시아 관리들의 주연, 그곳에 주둔하고 있는 수많은 병사들의 환락, 사업가들의 소행, 새로운 체제에 부화뇌동하는 군중들의 탐욕스럽고도 부도덕한 행위, 이 모든 것들이 서구인들에게 큰 심리적 충격을 주었다. 서구인들은 그들의 추악한 면을 샅샅이 목격했다. 러시아인들은 당장 뚜쟁이, 부패분자, 그리고 적으로 인식되었다.

러시아인들이 시베리아 횡단 철도를 부설하고 태평양 연안 지방을 개척할 때 보여준 저력과 탁월한 미래안에 대한 찬사는 곧 망각되었다. 러시아인들의 기질 가운데서도 훌륭한 측면, 곧 친근미, 유모, 굳센 의지, 그리고 강인성은 곧 그 빛을 잃었다. 러시아를 악평하는 얘기들만 계속해서 나돌았다.

사람들은 러시아인들의 상업 정책의 좋지 못한 측면을 보여 주는 사건들을 속속들이 떠들어댔다. 러시아로서는 불행한 일이지만, 이와 같은 악평에는 그들에 대한 비평자들이 쉽사리 얻을 수 있는 거짓말이 많이 포함되어 있다. 러시아는 자기 자신을 치는 회초리를 자기 적의 손에 쥐어 주고 있었다.

러시아가 극동에서 이처럼 세계 각국에게 두려움과 반감을 불러일으키게 행동을 취하고 있는 동안 일본은 자신들의 아름다운 측면만을 보여 주고 있었다. 1900년의 의화단사건에서 연합군으로 활약하던 때에 일본군이 보여 준 실력과 자제력은 세상을 놀라게 했다. 그들의 용기, 놀라운 조직, 그리고 그들의 군기는 군사전문가들과 각국으로부터 온 특파원들로부터 호평을 받았다.

1902년, 일본은 영국과 동맹을 맺음으로써 세계 열강의 대열에 서게 되었다.[7] 일본의 정치인들은 문호 개방과 한국의 독립을 보장하겠노라고 공언했다. 러시아는 배타적인 무역 특권을 요구했고 일본은 모든 민족의 동등한 기회를 요구했다. 러시아는 영국과 미국의 의견을 무시했지만 일본은 기회가 있을 때마다 직접적으로, 간접적으로 그들의 의견을 달랬다.

유급 요원들이 일본의 아름다움과 영광을 영국과 미국인들에게 강의했다. 신문을 통한 조심스럽고도 영리한 선전이 시작되었으며, 무게 있는 정치적 논문으로부터 간단한 연구 문제에 이르기까지 모두 일본의 영광을 찬미하는 책자와 글들이 쏟아져 나왔다. 일본은 이렇게 자신에게 유리하도록 국제적인 분위기를 조성하는 데 성공했다.

그러나 그 동안 일본이 자신의 국제적 신의를 높이려고 그토록 꾸준히 노력하지 않았던들 그들은 그렇게 국제적으로 비약할 수 없었다고 말하는 것이 옳다. 일본은 또한 매월 자신의 전투력을 기르고 있었다. 청국으로부터 받아낸 1천만 냥[8]은 군사력과 해군 장비를 갖추려고 모두 사용되었다. 러시아는 자신의 군사력을 허장성세함으로써 자신의 어처구니없는 허점을 은폐했다. 옛날 아시아에서 2류에 속하던 일본은 이제 태평양 연안의 어느 국가보다도 강력한 해군력과 지상군을 갖추고 있었다.

---

7) 이 해 일본은 영국과 제1차 영일동맹조약을 체결했다. 본서 부록(pp. 296) 참조.
8) 청일전쟁 뒤에 체결된 시모노세키조약에 따라 배상금조로 받아낸 3천만 냥을 잘못 기록한 것으로 보인다.

일본인들은 지금이야말로 일을 밀고 나가기에 충분한 힘을 갖추었다고 느꼈다. 복수의 시간이 가까워 오고 있는 것이다. 일본은 시비의 주요한 구실로 한국을 선택했다. 그리하여 1903년, 러시아가 용암포 일대를 점령했을 때 일본은 명백한 어조로 이에 항의했다.

1903년 8월 12일, 일본은 청국과 한국의 독립과 영토 보존을 존중하고, 이 두 나라에서 모든 국가들이 상업적으로나 산업적으로 균등한 기회를 갖도록 하는 원칙을 포함하는 상호 계약을 맺을 것을 러시아에 공식적으로 요청했다. 일본은 더 나아가, 러시아는 한반도에서 일본의 우월성을 인정하는 대신에 일본은 만주에서 러시아의 철도 산업을 상호 인정할 것, 그리고 한국의 내정을 개혁하는 문제에 일본은 한국에게 권고하고 원조할 수 있는 권리를 배타적으로 가지고 있다는 사실을 러시아가 시인할 것을 요구했다.

러시아는 이에 대한 응답에서, 일본은 한국을 전략적으로 이용하지 않겠다고 보장하라고 요구했다. 러시아인들은 특히 한국 연안에서의 자유로운 항해를 보장할 것과 일본은 한반도에 요새를 구축하지 않겠다고 분명히 언약할 것을 요구했다. 러시아인들은 일본이 만주의 이권 문제에 관하여 러시아를 방해하지 않는다면 군사적 목적 이외에 상업적 · 정치적 목적을 위해서는 기꺼이 한국을 일본에 양보할 용의가 있다는 것은 의심할 나위도 없었다.

세인트 페테르부르크[9]는 이 일을 서두를 필요가 없다고 생각했으며, 러시아의 관리들은 일본이 감히 대 슬라브 민족을 공격할지도 모른다는 생각에 대하여 비웃음을 참지 못했다. 한국은 각 열강에 대하여 중립을 선언했으며, 그렇게 함으로써 자신은 안전할 수 있으리라고 생각했다.

결과는 뻔한 일이었다. 1904년 2월 10일 "태곳적부터 동일 왕조의 왕통을 이어 온" 일본의 천황은 러시아에 공식적으로 선전 포고를 했다. 선전포고문에 명시되어 있는 바와 같이, 개전의 주요 이유는 러시아가 만주를 병탄

9) 제정 러시아의 수도로서, 러시아의 위정자들을 뜻함.

할 가능성이 있으며, 그 결과 한국의 영토 보존이 위태롭기 때문이었다. 일본 정부는 그 무렵 열강에게 보낸 공문에서 이번의 전쟁 목적은 한국의 독립과 영토의 존엄성을 보장하고 모든 국가에 대한 문호 개방 정책과 기회 균등을 보장하기 위한 것임을 엄숙하게 되풀이하여 설명했다.

개전이 선언되기에 앞서 2월 8일, 이미 일본 함대는 제물포에 접근하여 군대를 상륙시켰으며 그 다음 날에 전투가 벌어져 항구에 정박하고 있던 러시아 함선 2척[10]을 격침시켰다. 그토록 춥던 2월의 겨울밤에 우리들은 해변에 서서, 부두에서 피어오르는 석탄과 파라핀 불꽃에 비친 일본 보병의 정연한 대오를 바라보면서, 이제 한국의 옛 역사는 사라지고 새로운 시대가 시작되었음을 보았다.

10) 와리아크호(Variack)와 코리에츠호(Koryetz)를 뜻함. 신복룡 역주. 『대한제국멸망사』(서울 : 집문당, 2019) 참조(H. B. Hulbert, *The Passing of Korea*, London : William Heinemann Co., 1906), pp. 199~207 참조).

제 10 장 새로운 시대의 개막

일본과 러시아의 전함이 제물포에서 개전한 바로 그 날 일본군은 서울을 장악하고 대궐을 포위했다. 러시아 공사 파블로프는 그의 집에 구금되어 있다가 며칠이 지나 제물포 해안에 끌려 나와 온갖 예절을 차렸다. 아마도 미리 초안을 마련한 듯한 한일의정서가 체결되었는데 사실상 황제는 주저하거나 선택의 여지도 없이 이에 동의하도록 주문을 받았다.

이제 일본은 공공연하게 한국의 보호국으로 행세하기 시작했다. 이제 한국 정부는 일본을 확신하고 시정 개선에 관하여 그의 충고를 들을 것을 약속했으며, 일본은 한국의 황실을 "확실한 친의로써 안전 · 강녕케 하고" 한국의 독립과 영토 보전을 확실히 보장하겠노라고 공약했다.

또 한국에 전쟁이 일어날 경우에는 일본의 군사 활동이 용이하도록 십분 편의를 제공할 것을 약속했다. 황제를 둘러싸고 있는 친러파들이 몹시 놀란 것은 당연한 일이었다. 그들은 처음에 전쟁이 한국에서 일어났다는 사실과 일본이 러시아를 구축했다는 사실을 도저히 납득할 수가 없었다. 일본군이 상륙하기 하루 이틀 앞서 내각총리대신[1] 이용익 대감이 나와의 대담에서 한국은 러 · 일 사이의 분쟁에 결코 휘말려 들어갈 수 없다는 자기의 굳은

1) 이용익은 내각총리대신이 아니라 내장원경이었다. 내장원은 왕의 전세물이나 장원을 관리하는 부처로서 그 장을 경(卿)이라 했는데 왕의 총신이 아니고는 임명되지 않았다.

확신을 다음 같이 힘주어 피력했다.

> 러시아와 일본이 개전하더라도 한국은 그들의 싸움에 결코 가담하지 않을 것이다. 황제 폐하께서는 중립을 선언했으며 우리는 중립을 통하여 살아갈 것이다. 만약 러 · 일 양국 중 어느 쪽이 우리의 중립을 파기한다면 열강들은 더 이상 묻지 않고 이에 개입하여 우리를 보호해 줄 것이다.

일본인들도 처음에는 매우 점잖게 처신했다. 일본인에게 적대적인 태도를 취하던 한국의 관리들에게도 너그러웠으며 몇몇 사람들이 쉽사리 일본인 기업에 취직되었다. 북진하는 군인들의 군기는 엄정했으며 한인들을 잘 대해 주었다. 자신이 먹은 음식에 대해서는 후하게 식대를 지불했으며 군수품 수송에 투입된 노동자들에게는 넉넉한 보수를 지체 없이 지불함으로써 그들을 놀래게 만들었다. 그들의 노임은 높은 것이어서 노동 시장에 심각한 영향을 미쳤다.

하야시 곤스케는 황제를 안심시키려고 온갖 노력을 기울였으며, 일본은 한국의 번영과 한민족의 부강 이외에는 아무것도 바라지 않는다는 것을 거듭 약속했다. 미카도[帝]는 이토 히로부미[2]를 특사의 자격으로 한국에 파견했으며, 그는 변리공사보다도 더 열렬하게 한일 간의 우의와 협력을 되풀이하여 강조했다.

이러한 일들은 결국 한국인들의 마음을 움직이게 만들었다. 러시아인들은 군기가 문란하고 자제력이 부족했기 때문에 한국의 북방 사람들은 그들을 싫어하게 되었다. 더욱이 러시아군들이 한국의 부녀자들을 겁탈하는 일

---

2) 이토 히로부미(伊藤博文 : 1841～1909) : 일본 메이지유신의 정치가. 요시다 쇼인의 쇼카의숙에서 공부함. 공작. 메이지유신과 더불어 효고현 지사로 정계에 진출한 뒤 구미 시찰을 거쳐 초대～4대 내각 총리대신(1885～1901)을 역임. 그 뒤 조선 특파 전권 대사가 되어 을사조약을 체결하고 초대 한국 통감(1905～ 1909)을 지냄. 귀국한 뒤 추밀원 의장이 되어 만주 시찰 중 한국인 안중근에게 피격 · 절명함.

이 자주 발생하게 되자 그 사이는 더욱 악화되었다. 나는 전쟁 초기에 한국의 북부 지방을 거의 전부 여행했는데 처음 몇 주 동안에는 가는 곳마다 일본인들과의 우의를 귀가 아프게 들었다.

노동자와 농부들은 일본인이 관리들의 압제를 막아 주리라고 기대했기 때문에 일본인에 대하여 우호적이었다. 외국에서 교육을 받은 대부분의 상류 사회의 사람들은 일본의 약속을 믿었으며, 외국의 도움이 없이는 이 땅에 원대한 개혁이 이룩되지 못한다는 것을 이제까지의 경험으로 절감하고 있었기 때문에 일본에게 동조적이었다.

그러나 일본인들은 승전이 계속됨에 따라 그와 같은 친절을 버리기 시작했다. 많은 소상인들이 일본군을 뒤따라 다녔지만, 그들에게는 군대와 같은 기율이 보이지 않았다. 소상인들은 무기를 휴대하고 여행하면서 그들이 갖고 싶은 것을 얻고, 하고 싶은 일을 마음대로 했다.

그렇게 되자 일본군은 노동자의 임금을 낮췄으며, 임금을 넉넉히 지불하던 이제까지의 태도를 바꾸어, 한국의 노무자들에게 당초 노임의 반액만을 지불하고 혹사시켰다. 일본군들은 또한 점차로 지배자인 듯한 분위기를 조성하기 시작했다. 북부 지방에 살고 있는 사람들은 러시아인들과 관계를 맺고 있다고 의심을 받기에 충분했으며, 그런 사람들은 곧 시체로 발견되었다.

옛날 간첩 기술의 왕자였던 일본인들은 그들의 하는 일에 관련하여 첩보 행위를 하는 사람들에 대하여 는 가장 가혹하게 보복했다. 이러한 방법으로 수많은 사람들이 부당하게 처형되었으리라는 것은 의심할 나위도 없다. 러시아 화폐를 소지하고 있는 사람들은 곧 간첩으로 취급을 받았다. 그러나 이와 같은 일이란 전쟁의 긴장이 감도는 기간에나 예상되는 일이었다.

그 동안 서울에서는 모종의 정책이 추진되고 있었다. 한국 정부는 많은 외국인 고문들을 고용했었다. 그러나 이들은 철저하게 제거되었다. 이들은 중도에 해고되었지만 계약된 봉급의 전액을 받고 타의로 귀국했으며, 계약이 갱신되지 않으리라는 말을 들었다. 많은 일본인들이 고문으로 고용되었으며 정치제도는 점차로 일본화되었다.

이와 같은 진행은 8월에 체결된 "제1차 한일협약 : 한일 외국인 고문 용빙에 관한 협정서"에 따라 급진전되었는데, 이 속약에 따르면 한국의 황제는 행정권을 사실상 일본인에게 넘겨주었다. 한국의 황제는 탁지부에 일본인 고문을 고용하고, 통화 제도를 개혁하고, 군대를 감축하고, 일본의 군사·교육 제도를 채택하고, 사실상 외교 관계를 일본에게 양도한다는 데에 합의했다.

이 새 협약의 첫 결과로 메가다 다네타로(지금은 남작)[3]가 한국의 탁지부를 맡았다. 그는 곧 모든 사람으로부터 칭찬을 받을 만큼 한국의 통화 제도를 철저히 개혁했다. 한국의 화폐는 옛날 방법 그대로를 답습하고 있어 이 세상에서 가장 타락된 것 가운데 하나였다. 한국의 동전은 양화, 우량 위폐, 그리고 나쁜 위폐로 나눌 수가 있으며, 이 위폐들은 오직 야간에만 통용될 수 있을 만큼 조악하다는 영국 영사의 그 유명한 공문의 냉소는 어느 모로 보나 깊이 생각해 보지 않아도 얻을 수 있는 결론이다.

전쟁이 일어나기에 앞서 돈을 거래할 때면 전문가를 고용하여 돈을 세고 또 위폐를 가려낼 필요가 있었다. 옛날 엽전은 매우 거추장스러워 영국 화폐의 몇 파운드에 해당하는 엽전이면 노새 한 마리의 짐이 될 만큼 무거웠다. 메가다는 이러한 제도를 모두 개혁함으로써, 통화 제도를 굳은 기반 위에 올려놓았다. 이러한 처사가 어느 정도 일시적인 부작용을 일으킨 것은 어쩔 수 없는 일이었지만, 한국을 위해서는 영원히 이익을 주는 것이었음이 확실했다.

일본이 그들의 세력을 확대하고자 그 다음 단계로 취한 것은 한국의 우편·전신 제도를 장악하려는 것이었다. 일본은 한국인들의 격렬한 항의에

---

3) 메가다 다네타로(目賀田種太郎 : 1853~1926) : 일본의 외교관. 남작. 하버드대학을 졸업하고 법조계, 교육계, 재계에서 활약하다가 조선 탁지부의 고문(1904~1907)이 되어 조선 병탄에 기여한 공로로 남작이 됨.

도 불구하고 이와 같은 조처를 취했다. 날이 갈수록 더 많은 일본의 헌병들이 상륙했으며, 곳곳에 그들의 병영을 세웠다. 그들은 모든 정치 활동을 규제하기 시작했다. 일본의 처사에 항의하는 사람들은 구금되거나 아니면 해외로 추방되었다.

악명 높은 친일 단체인 일진회는 온갖 방법으로 일본의 지원을 받았으며, 들리는 말에 따르면 그 회원들은 얼마 동안 일본으로부터 직접 봉급을 받았다고 한다. 그들은 일당 50전을 받았다. 서울에서는 누구도 일본군 사령부의 동의가 없이는 정치 단체를 조직할 수 없으며, 일본 경찰의 허가와 입회가 없이는 정치 문제를 토의하고자 집회를 가질 수 없다는 포고문이 발표되었다.

정치 단체가 발송하는 모든 편지와 통지문은 우선 일본군 사령부의 검열을 거치도록 되어 있었다. 범인은 군법 회의에 회부되었다. 날이 갈수록 일본의 손길은 거칠어지기만 했다. 한국인들을 화나게 만드는 개혁이 몇 가지 이루어졌다. 일본군 당국은 모든 공적 활동에 일본 시간을 사용한다는 포고문을 발표했으며, 한국어로 된 도시 이름을 일본어로 바꾸었다. 이제 군법은 매우 엄혹하게 집행되었다.

몇 만 명의 일본인 노무자들이 물밀듯이 한국으로 밀려들었다가 다시 해외로 진출했는데 이들의 소행은 가장 악질적이었다. 이들은 일본에서는 엄하게 통제를 받았지만 한국에서는 마치 약자들의 주인인 양 행세했다. 한국의 관리들도 감히 그들을 처벌하지 못했으며 각 지방에 산재해 있는 몇몇 일본인 거류민들도 이들을 억제하려 하지 않았다. 노무자들은 가난하여 공부를 못했지만 육신만은 튼튼한 무리들이었다.

폭력을 가장 정당한 것으로 신봉하던 그들은 여러 세대에 걸쳐 선조들로부터 받은 야수적인 전통을 핏속에 간직하고 있었다. 그들은 전염병처럼 전국에 퍼져 나갔으며, 하고 싶은 일을 거리낌없이 저질렀다. 주택이 마음에 들면 그 안에 사는 사람을 몰아내고 자기가 들어가 살았다. 그들은 한국인들을 구타하고, 범법하고, 살인했는데 우리 서구인들로서는 그들의 소행의 전모를 한마디로 적절히 표현할 수가 없다.

한국인들은 6펜스의 벌금에 처할 죄를 지어도 물속에 잡아넣어 죽였으며, 단순히 거추장스럽다는 이유로 사살했다. 많은 사람들이 기만과 협잡으로 집을 빼앗겼다. 한국인들과 이곳에 살고 있는 서구인들로부터 지금 이 시간에도 그와 같은 사건이 전국의 곳곳에서 자행되고 있다는 것을 듣는 것이 나의 의무로 되어 있다. 범법자들이 처벌을 받지 않고 풀려 나와도 누구 하나 말하는 사람이 없다. 한국인들이 무엇인가 항의하려고 일본 공사관을 찾아갔다가는 말단 직원들에게 내동댕이 쳐지는 것이 일쑤이다.

일본인들을 가장 잘 아는 대부분의 사람들도 일본인의 처사에 놀라움을 금치 못한다. 일본에서는 아편 끽연을 중죄로 다스리고 있으며 이들의 밀수입을 막으려고 상당한 주의를 기울이고 있다. 한국에서도 옛날에는 아편금지법이 엄중히 시행되고 있었으나 오늘날 일본인들은 한국 내에서 토착민에게 모르핀을 판매하는 것을 허락하고 있다. 더욱이 서북 지방에서는 이로 말미암아 아편 중독의 물결이 일고 있다.

일본인들은 가능한 한 한국의 토지를 최대한도로 얻으려고 애쓰고 있음이 분명하다. 군 당국에서는 지방의 광대한 요지와 서울 부근의 강안 지대와, 평양 주변의 토지와 북으로 향하는 방대한 토지와 철도 연변의 대부분을 점유했다. 이와 같이 하여 일본은 몇 십만 에이커의 토지를 차지했다. 명목상 한국 정부에 상환금이 지불되었지만 그 액수는 실제 가격의 1/20을 초과하지 않았다. 대부분의 경우에는 한 푼도 보상을 받지 못했지만 어떤 사람들은 실제 가격의 1/10 또는 1/20을 받았다.

토지는 명목상 전쟁을 위하여 군대가 몰수했다. 몇 개월 안에 그 토지의 대부분은 일본인 건축업자와 상점 주인에게 다시 팔렸으며, 일본인 거주자의 수는 점차로 증가했다. 이와 같은 토지 수탈은 약소민족에게 자행할 수 있는 가장 범죄적인 포학이었다. 이로 말미암아 지난날에는 호강스럽게 살아 왔던 많은 사람들이 거지가 되었다.

전쟁 초기에 일본 공사는 한 토지 수용 계획을 추진했는데, 이 계획이 뜻대로만 된다면 한국 토지의 3분의 2가 일본인 양수자 나가모리 도키치로에게 넘어가도록 되어 있었다.[4] 이 계획에 따르면 휴광지를 포함하여 한국의 모든 유휴지가 형식상으로는 50년 동안 나가모리에게 넘어가도록 되어 있었는데 실상은 영구 조차하는 것으로 아무런 상환도 없이 당분간은 세금조차도 면제되는 것이었다. 이번 일에서 나가모리는 단순히 일본 정부의 꼭두각시에 지나지 않았다. 이와 같은 일본의 욕심은 서울에 있는 외교관들마저 술렁거리게 만들었다. 전국이 이에 대한 분노로 들끓게 되자 일본인들은 그 계획을 곧 철회했다.

그렇다면 한국인들은 왜 일본인들의 토지 수용에 아무런 항의도 하지 않았는가 하고 물을 수도 있다. 한국인들은 "오강 사건"의 경우에서 볼 수 있는 바와 같이 그들이 할 수 있는 모든 것을 했다. 일본인들은 한국 정부에 바라지도 않은 차관을 주려고 계획하고 있었다.

한때 일본은 한국에게 2백만 엔을 빌려주어야 한다고 제안한 적이 있었다. 이 때 서울 근교에 있는 부촌인 오강에 살고 있는 주민들은, 만약 황제가 돈이 필요하다면 자기들이 돈을 마련하겠노라는 뜻을 전했다. 즉시 이들은 돈을 갹출하는 문제에서 모두 손을 떼라는 경고를 받았다. 곧 일본군 당국이 그들의 토지를 요구했던 것이다.

이 지역에는 1만5천 세대가 살고 있었다고 한다. 주민들은 곧 일본의 처사에 항의했다. 그들은 결국 다수의 대표를 서울로 파견하여 내부대신을 만나고자 했다. 그들은 도중에 한 일본인 경찰을 만났으며 곧 20명 정도의 증원 부대가 왔다. 이들이 대표들의 앞길을 막자 삽시간에 두 파 사이에 격투가 벌어졌다. 많은 한국인들이 다쳤으며 그 가운데 몇 사람은 중상을 입었

---

4) 이 점에 관해서는 윤병석, 「일본의 황무지 개척권 요구에 대해 : 1904년 나가모리 명의의 위임 계약 기도를 중심으로」, 『역사학보』 22집(서울 : 역사학회, 1964), pp. 25~92) 참조.

다. 아무리 거세게 항의해 보았지만 그들은 끝내 물러났다. 그 뒤 일본 경찰과 군인의 혼합군이 그들의 마을로 따라가 공포를 쏘면서 그들을 마을로부터 몰아내었다.

이때부터 외국인들의 항의가 날이 갈수록 심화되었으며, 처음에는 일본에 대하여 매우 동조적이던 구미인들도 태도를 바꾸어 일본을 비판하고 반적대적인 태도를 보였다. 처음에는 일본에 대하여 숨김없이 우의를 보였던 『코리아 리뷰』 같은 잡지들도 회의를 품기 시작했다. 『코리아 리뷰』의 편집자[5]는 이렇게 기록하고 있다.

> 우리는 극동에서 러시아의 음모를 꺾으려고 노력한 일본을 변함없이 지지해 왔다. 일본은 이 지방에서 위대한 과업을 수행하고 있으며 더 훌륭한 과업을 이룩하고자 노력하고 있다. 일본은 아마도 극동에서 여론을 이끄는 지도자가 되고 또 몇 억 명의 중국인의 생활을 개혁하고자 청국에 영향을 미치고 싶어 할는지도 모른다. 이러한 과업은 한국과 같은 극동의 한 모퉁이에 집착하는 것보다 더 위태로운 것이다.
>
> 그러나 만약 일본이 한국에 대한 자신의 성스러운 공약을 파기하고 오늘날 그들이 하고 있는 것과 같이 한국인을 대한다면, 일본은 세계의 눈에 비친 자신의 좋은 인상을 더럽힐 것이 분명하다. 러시아가 만주에 관하여 언약한 바를 파기하자, 일본은 그들과 싸우고 있지만 만약 일본이 한국에 대한 자신의 약속을 파기한다면 청국을 재건하다는 위대한 과업을 계획하면서 어떻게 서구 열강으로부터 지지와 찬성을 얻을 수 있겠는가?
>
> 단순히 이기적인 견지에서 생각한다손 치더라도, 일본을 위하는 최선의 길은 한국을 이중적으로 취급하고 있다는 모든 의혹의 장막을 깨끗이 걷고,

5) 「코리아 리뷰」는 한말의 선교사이며 교육자인 헐버트(H. B. Hulbert)가 1901년부터 1909년까지 편집 · 출판한 감리교계의 월간지였다. 여기에서 편집자라 함은 헐버트를 의미함은 물론이다. 헐버트의 생애에 관해서는 이 전집의 첫 번째 책인 신복룡(역주), 「대한제국멸망사」(서울 : 집문당, 2019)의 역자 서문을 참조.

한국인들에게 공평한 정의를 실현하고, 자기 동족에게보다도 더 부당하게 한국인들을 대하고 있는 일본 신민들을 신속 · 엄정하게 차별하는 것이다.

일본인들은 많은 고문 가운데 미국인 스티븐스[6]를 자기편으로 끌어들였는데, 그는 일본 외무성에서 얼마 동안 근무한 적이 있는 사람이었다. 스티븐스는 명목상 한국 정부에 고용되었지만 사실상 그는 일본인보다도 더 철저한 일본의 노예였으며, 지금도 그렇다.

지위가 확고한 두 외국인이 새로운 지배자들에게 큰 장애물이 되고 있었다. 그 가운데 하나는 서울 주차 미국 공사인 알렌 박사였다. 알렌 박사는 한국에서 독자적이고도 불편부당한 외교관이었다. 그는 일본의 의도에 대하여 매우 호의적이었지만, 일본의 비정에 대하여 눈을 감을 필요는 없다고 생각했다.

알렌은 본국 정부에 대하여 다소 불쾌한 사실들을 직언할 기회가 있었다. 이에 교묘한 방법으로 그에 대한 압력이 제3자로부터 가해졌는데, 이는 그가 일본 당국에게는 전적으로 "마음에 드는 사람"(persona grata)[7]이 아니라는 것을 의미했다. 결과적으로 그는 당장에, 그리고 매우 불손한 방법으로 소환됨으로써 한국에 있는 미국인 사회의 놀라움과 분노를 샀다.

그 다음의 희생물은 해관총세무사인 브라운(McLeavy Brown)이었다. 애당초 브라운은 일본인과 더불어 할 수 있는 모든 일을 해 왔었지만 시간이 좀 지나자 그와 메가다 사이에 권한 문제로 분쟁이 일어났다. 영국 당국자들 사이에 여러 차례 숙의를 거쳐서, 끝내 그는 작별 인사를 받았다. 러시아

---

6) 스티븐스(D. W. Stevens : ?~1908) : 미국의 외교관. 일본 외무성에 고용되었다가(1904~1908) 일본의 추천으로 조선의 외교 고문으로 부임했으나 지나친 친일 노선으로 말미암아 전명운과 장인환의 손에 피격 · 절명했다.

7) "마음에 드는 사람"(*persona grata*) : 외교 용어로서 "기피 인물"(*persona non grata*)의 반대말. 대사를 파견하기에 앞서 아그레망(agrément)을 얻으려고 접수국에 의견을 타진했을 때 옳고 그름을 대답하는 데 쓰는 용어임.

인들이 그를 해고하고자 노력하다가 제물포항에 집결한 영국 함대의 저지를 받았다.

일본인들이 브라운을 해고하고자 노력했을 때는 영국과 친근한 사람들 이외에는 거의 아무도 일본의 처사를 논평하지 않았다. 브라운은 너무나 충직하고 또 자기희생적인 인물이었기 때문에 일본인들을 비난하지 않을 수가 없었으며 결국 그는 침묵하게 되었다.

나는 1906년 여름 한국의 내륙 지방을 재차 방문했을 때 놀라운 인물을 보았다. 나는 여기에서 그 당시에 기록된 대로 몇 가지 나의 개인적인 인상을 인용하고자 한다.

> 한국인들로부터 그와 같은 비난을 들었을 때 내가 그들의 말이 과장된 것이 아닌가? 의심했던 것은 당연하다. 내가 일본의 지도부를 만나 이에 관한 이야기를 했을 때 그들은 한국인의 불평을 일부 시인하면서도 그런 일들은 과거 전시에 불가피하게 있었던 일시적인 현상일 뿐이며 오늘날에는 모든 것이 다 정상적이라고 주장했다.
>
> 그러나 내가 지방에 내려가 보았을 때에는 너무도 새로운 일들이 많아서 일본인의 주장을 받아들일 수 없음을 알았다. 나는 한국에 거주하는 구미인들에게도 이 문제를 물어보았고 많은 사람들과 이 문제를 주의 깊게 비교해 보았다. 외교관, 선교사, 상인, 의사, 교육가들이 내게 들려준 것은 한결같이 같은 것이었으며 한국의 처지를 명확하게 확증해 주었다.
>
> 그러나 그들의 발언만으로는 정확하다고 말할 수 없다. 그래서 나는 일본의 정책을 두둔하는 네 명의 백인을 만나 보았다. 하나는 일본에 고용되어 있는 미국인 관리였고, 다른 세 사람은 일본 당국과 상당한 거래를 하고 있는 무역업자였다. 이 네 사람을 제외하고는 태도가 일방적으로 이러했다. 곧 이렇게 말할 수 있다.
>
> "우리는 지금 러시아에 대하여 과거보다 더 호의를 갖지 않는다. 일본이 만약 러시아에 대항하여 일어선다면 일본의 미래는 찬란히 빛날 것이라고

일제 치하의 죄수들 : 평양 감옥에서(필자 촬영)

일제 치하의 죄수들 : 선천 감옥에서(필자 촬영)

우리는 믿는다. 그러나 과거 2년 동안 한국에 대한 일본의 소행은 너무도 악랄하여 우리로서는 묵과할 수가 없다."

나는 일본의 정책을 옹호함직한 한 주체성 있는 서구인을 만나려고 무척 애를 썼다. 나는 드디어 지난날 한 번 본 적이 있는 한 미국인 의사를 만나 보리라고 생각했다. 그는 한국에 거주하고 있는 선교사로서 작년에 매우 강력하고도 웅변적으로 일본을 옹호하는 글을 쓴 사람이었다.

아! 그러나 나는 매우 불행한 순간에 그를 만났다. 얼마 전에 일본군 몇 사람이 그가 데리고 있는 한국인 수석 전도사의 집을 습격했다는 것이다. 전도사가 자기 아내의 방으로 들어가려는 일본군들을 막으려 하자 그들은 전도사를 몹시 두들겨 주었다. 또 얼마 전에는 일본군들이 그 의사의 늙은 하인의 집을 빼앗았다. 그 의사의 이웃에 살고 있는 한국인들은 토지를 빼앗기고 고통스럽게 지내고 있었다. 나는 그 의사로부터 일본을 두둔하는 소리를 한마디도 듣지 못했다.

한국의 관청과 감옥의 만행은 여전하다. 감옥의 환경을 개선해야 한다고 나는 생각했다. 나는 두 곳의 감옥을 돌아보았다. 처음 간 곳은 평양이었는데 그곳에서 나는 한 감방에 남자 18명과 여자 1명이 함께 수감되어 있는 것을 보았다. 남자 몇 사람은 나무 족쇄에 채워져 바닥에 고정되어 있었다. 죄수들은 몹시 여위었으며, 몸은 무서운 병에 걸려 있음을 역력히 볼 수가 있었다. 옷은 누더기였고 감방은 말할 수 없이 지저분했다. 죄수들은 그 안에서 운동이나 노역도 하지 않고 몇 년 동안 갇혀 있었다. 어느 죄수는 6년 동안이나 감옥에 갇혀 있었다.

내가 두 번째로 돌아본 감옥은 선천인데 이곳은 평양보다 더 조건이 나빴다. 내가 감옥 안으로 들어갔을 때 너무 어두워 처음 얼마 동안은 앞을 볼 수가 없었다. 그 안에 세 명의 죄수가 있었는데 바닥 위에 맥없이 묶여 있었다. 벽에 작은 구멍이 뚫려 있는 것 이외에는 공기나 빛이 들어올 수가 없었다.

등에는 매를 맞아 찢어진 흉터가 소름이 끼칠 정도였다. 밧줄로 너무 세게 묶어서 팔뚝의 살갗은 뼈까지 자국 나 있었고 그로 인한 상처는 너무 곪아 있었다. 팔·다리의 살갗은 부어 있었고 회초리 자국과 물집을 볼 수가 있었다. 어느 죄수는 두 눈을 감고 있었는데 이미 시력은 잃었고 눈꺼풀 사이로 심하게 고름이 흐르고 있었다. 아마도 그의 눈은 맞아서 실명된 것 같았다. 그 사람은 며칠 동안 움직이지도 않고 그렇게 감금되어 있었다.

나는 그들을 데리고 문 밖으로 나와 햇볕을 쏘이게 했다. 그 일은 참으로 어려운 일이었다. 한 사람은 병에 걸려 이미 거의 수족을 쓰지 못했다. 모두가 굶주리고 또 얼이 빠져 고통을 호소할 겨를도 없었다. 그곳은 이제까지 내가 본 곳 가운데 가장 혹독한 지옥이었다.

내가 이번에 한국을 방문하기에 앞서 일본에 머무르고 있는 동안에 조선통감 겸 일본 내각의 거물인 이토 히로부미와 몇 시간 면담할 기회가 있었다. 그는 세상이 다 아는 바와 같이 일본에서도 가장 위대하고도 유명한 원로 정치인이었다. 그가 한국에 부임했다는 사실은 그 자신으로 볼 때 빛나는 자기희생이었다.

이토 히로부미가 한국 개발을 위한 계획을 펼쳤을 때 나는 가슴이 뛰었다. 과거에 저질렀던 모든 잘못을 시정하도록 되어 있었다. 그는 이렇게 말했다.

"나는 지금 한일 양국에 함께 정의가 구현되기를 바라는 한국민과 나의 동족들의 중간에 서 있음을 느낀다."

선천 감옥에서 나는 그의 언약을 회상해 보았다. 그의 언약이 아무리 강경하고, 성실하고, 고매한 것일지라도 그것은 한낱 믿을 수 없는 헛소리로 밖에는 보이지 않았다.[8)]

나는 한국인에 대한 나의 개인적인 동정이 그들의 슬픈 사정으로 말미암아 달리 착색되었다고 독자들이 생각하지 않도록 하려고, 매우 초지일관하여 친일적인 태도를 취하고 있는 케난[9)]의 증언을 그 증거로 제시하고자 한

---

8) (필자 주) *Daily Mail*, London, September 8, 1906.

다. 일본 정가의 막후 실정을 어느 정도 알고 있는 모든 사람들이 시인하는 바와 같이, 일본 당국으로서는 케난보다 더 강력하게 미국의 언론계에 영향력을 미칠 만한 인물을 갖고 있지 않았다. 의심할 바 없는 그의 성실성과 미국에서 그가 행사하고 있는 영향력에 기초를 두고 있는 그의 위대한 저력은 앞서 집필된 시베리아에 관한 그의 몇 가지 저술에서 비롯되었다.

1905년 늦은 여름에 케난은 한국을 방문한 뒤 뉴욕에서 발행되는 『아우트루크』지에 한국 문제에 관한 몇 편의 글을 발표했다. 그는 "은자의 왕국"에 대한 일본의 동기를 강력히 지지하는 한편, 한국 정부의 부패와 한민족의 취약성을 신랄히 비난했다. 그러나 그는 실제 정치 문제의 세부 사항을 다루면서 한국의 현실을 외면할 수가 없었다. 그는, "일본은 러일전쟁에서 보여준 지적 선견지명이나 사전 준비를 위한 괄목할 만한 능력을 그 방면[한국]에서는 보여 주지 않았다"고 시인했다.

메가다 다네타로의 계획과, 한국의 옛날 관료들의 비정을 일본인들이 이용한 사실을 노골적으로 비난한 다음 케난은 다음과 같은 말을 계속하고 있다.

> 일본 당국은 한국의 내정 개혁에 실패함으로써 의기소침하게 되었고, 또 대한제국의 대부분의 산업을 외국 상사에 양도하도록 제안함으로써 한국인들을 화나게 만든 뒤에, 일본 이주민과 한국인들 사이에 발생되는 분쟁을 조정 · 해결하려는 법적 제도를 마련하지도 않고 몇 만 명의 일본인들을 한국에 몰아넣음으로써 세 번째의 실수를 저질렀다.
>
> 다른 나라에서도 마찬가지겠지만, 일본에는 능력 있고 정직한 사람도 있고 무모하고도 비양심적인 사람도 있다. 신생 후진국이 갑작스럽게 산업화

---

9) 케난(G. Kennan : 1845~1924) : 미국의 저널리스트. 러시아(1885~1886), 쿠바(1898), 마르티니크(Martinique)의 펠레이 활화산(Mt. Pelée), 러일전쟁(1905)에 종군한 바 있음. 한국의 해방 정국에서 중요한 역할을 담당했던 동명이인 케난(G. Kennan : 1904~1997)은 그의 종손임.

의 문을 열게 되면 제일 먼저 사기꾼, 투기업자, 모험가들이 침투하게 마련인데, 이들은 거친 바다에서 고기잡이를 기대하고 본토민의 무지와 경험 부족을 기화로 일확천금을 그리게 된다. 이러한 사실은 미국의 식민지나 한국의 경우나 모두 마찬가지이다.

한국에 최초로 건너간 일본인들은 대체로 일확천금을 꿈꾸던 사람들로서, 그 방법에 대해서는 아랑곳하지 않을 만큼 양심이 없는 무리들이었다. 한국의 복지나 정책에 대한 배려는 그들과 무관했으며 감옥에 들어갈 정도가 아니면 무슨 짓이든 저질렀다. 한국인의 권익에 대한 그들의 견해는 마치 인디언에 대한 미국인의 견해와 같았다. 한일 양 국민 사이에 분쟁이 발생되면 한결같이 한국인들이 졸경을 치르게 마련이었다.

일본인들은 기회만 있으면 한국인들을 기만했을 뿐만 아니라, 법의 헛점을 이용하여 한국인들을 괴롭히고 제물을 강제로 빼앗는 일이 많았다. 일본 당국이 그들의 행패를 허락한 것도 아니고, 그들을 제거하고자 당국이 할 수 있는 일을 한 것은 물론이지만, 인디아나주보다 2배 이상이 큰 땅에 알라스카처럼 교통 · 통신 시설이 미비한 곳에서 단 6명의 영사가 5~6만의 거류민을 통제할 수는 없었다. 부당한 대우를 받은 희생자들이 본국 관리로부터 보호받을 수도 없고, 자기 나라 법정에 호소하더라도 구제받을 수도 없었기 때문에 그들의 권익은 사실상 무방비 상태였다.

한국인들은 혈통으로 보나 후천적 환경으로 보나 지독한 허풍선이이며 뻔뻔스러운 거짓말쟁이이다. 일본인의 비행에 관한 그들의 진술은 주의 깊게 확인해 보기 전에는 믿을 수가 없다. 그러나 내가 조사한 것과 일본인 자신들이 증언한 바에 따르면 한국인들은 불평하기에 꼭 좋은 처지에 놓여 있다는 사실을 나는 시인한다. 그 몇 가지의 예를 들어보면 다음과 같다.

(1) 일본인 노무자 한 사람이 한국인 과일 장수의 모판에로 가서 복숭아와 포도를 50전어치 먹은 다음 5전이나 10전을 던져 놓고 그냥 가 버린다. 그러면 과일 장수는 그를 따라가서 과일 값을 제대로 달라고 주장하며 옥신

각신하게 된다. 결국 일본인은 한국인을 걷어차고 따귀를 갈긴 다음 가 버리면 뒤에 남은 한국인은 물건만 빼앗기고 욕을 하게 된다.

(2) 이곳에 있는 5~6명의 일본 투기꾼들이 물만 대면 옥토가 될 무적의 유휴지를 발견한다. 그는 한국인 농부의 논으로 들어가 작은 수로를 변경하면 그 유휴지에 물을 댈 수 있음을 알고 곧 그에 필요한 수로를 파기 시작한다. 논 주인이 이에 항의하면 그들은 그를 위협하면서 물을 독점할 정당한 특권이라도 가지고 있느냐고 묻는데, 이렇게 되면 논 주인은 일본 영사를 찾아가서 자기의 권리를 입증할 수도 있다.

(3) 한국 정부는 한 각료를 통해서 일본 회사로 하여금 한국의 어느 해안에서 어로를 하면서 한국인들과 동등한 권리를 갖도록 이권을 팔아 넘겼다. 그 일본인 회사는 곧 이 이권이 "배타적" 권리라고 생각했고 그 고용주들은 한국의 어부들을 몰아내기도 하고 그들이 이미 잡은 고기를 빼앗기도 했다. 1905년 6월에는 이 문제의 해결을 둘러싸고 마산포 가까이에서 싸움이 벌어졌는데 계속된 싸움으로 14명이 피살되었다고 한다.

(4) 한 한국인이 한화를 일화 400엔으로 바꾸려고 시골에서 올라와 서울에 사는 일본인 중개업자를 찾아간다. 한화는 엽전으로 부피가 크고 또 그 한국인도 당장 돈을 쓸 일이 없기 때문에 그 돈을 중개인에게 맡기고 영수증을 받는다. 며칠이 지나 그 시골 사람이 찾아가 돈을 요구하면 중개인은 깜짝 놀라는 시늉을 하면서 자기는 이미 돈을 지불했노라고 잡아뗀다. 그 한국인은 채권 증서로 영수증을 내어 보이면서 돈이 이미 지불되었으면 이 증서를 회수하지 않았겠느냐고 따진다. 그 중개인은 다만 돈을 지불했노라고 되풀이 말하면서 영수증을 회수하지 않은 것은 자기의 부주의 때문이었노라고 설명한다.

그 한국인은 불만을 말하고자 일본 영사관을 찾아가지만 문 밖으로 쫓겨난다. 그는 당시 미국인 선교사를 앞세우고서야 겨우 영사관에 들어가게 된다. 일본인 부영사는 그 선교사가 한국인을 이해하고 있는 것도 모르고 한국인 채권자가 이번 문제에 외국인을 끌어들인 것을 헐뜯기 시작한다. 선교사는 그의 말을 가로채어, 자기가 한국인을 동행한 것은 단순히 그 사람 혼자서는 출입이 허용되지 않았기 때문이었노라고 설명한다. 부영사는 사건을 조사하겠노라고 말하지만 그는 그 일에 실패하게 되고, 한국인은 돈을 잃는다.

(5) 한 한국인이 자기의 집을 일본인에게 1년 기한으로 빌려주고 계약 기간이 끝나기도 전에 그것을 다른 사람에게 매도한다. 그렇게 되면 세를 든 일본인은 집을 비워 주지 못하겠노라고 버티면서 오히려 매수자를 몰아내라고 싸움을 건다. 이때 일본 영사는 한국인의 불평을 들어주려고 아무런 법적 절차를 취하지 않는데, 그렇게 되면 그 한국인은 아무런 법적 절차를 밟지도 않고 자신의 재산을 빼앗기게 된다.

(6) 한 일본인 철도 회사는 한국인 노무자를 고용하고자 한국 측의 관리와 계약을 맺는데 임금은 일당 1엔 50전으로 한다. 회사 측에서는 임금을 노무자에게 직접 지불하지 않고 한국인 관리에게 넘겨주면 그는 임금의 2/3는 착복하고 나머지 1/3만 분배한다. 노무자들이 일당 50전으로는 더 이상 일을 하지 못하겠노라고 버티면 한국인 관리와 회사는 힘을 합쳐 노무자들을 구타한다.

앞에 든 것은 한일 양국인 사이의 모순되는 권익과 이해 관계가 법적 제도의 미흡으로 말미암아 그 해결을 보지 못한 수많은 사례 가운데 몇 가지에 지나지 않는다. 일본인 이주민들은 한국 법정의 관할을 받지 않으며, 한국인들은 주로 생업에 허덕이느라고 일본 영사 재판에서 권리를 구제할 수가 없다.

한국의 전역에서 매달마다 한일 양국인 사이에 일어나는 분쟁이나 싸움은 1천 건에 이르고 있다는 사실을 나는 의심치 않는다. 5~6명의 일본인 영사가 그와 같은 많은 사건을 일일이 조사한다거나 또는 피해자의 소청을 듣는다는 것은 전혀 불가능한 일이다. 그 결과도 오심이 보편화되고 반일 감정은 날이 갈수록 반도 전역에서 점증하고 있다.

그러나 한국인들이 불평하는 것은 일본인 거류민의 잘못만은 아니었다.

한국인들은 자기들이 일본 당국으로부터 부당한 대우를 받은 일이 허다하다고 주장하고 있으며 또 그렇게 확신하고 있다. 일본인에 의한 토지 점탈과 일본인 철도 회사에 고용된 한국인 노무자들 때문에 발생하는 분규와 한심스러운 일들을 그 예로 들어보자.

이들 회사나 고용주들은 토지나 노동의 댓가를 종종 지불했는데 그 돈을 지주나 노동자에게 지불한 것이 아니고 한국 정부나 그 관리에게 지불하고 그들로 하여금 관계자에게 공평히 지불하도록 위임했다. 전부가 그렇다고는 말할 수 없지만, 대부분의 경우, 그러한 금전의 분배는 타당하고도 양심적으로 이루어지지 않았으며, 결과적으로 많은 한국인들이 토지의 상환이나 계약된 임금을 받지 못했다. 그들은 이와 같은 사태에 관하여 자연히 일본 당국을 비난했다.

한국인들이 생각하기에는 일본 당국은 모름지기 한국 관리들의 소행을 감시하고 철도 회사를 강제함으로써 그들이 고용한 노무자와 토지를 징발당한 농부들에게 직접 임금이나 지대를 지불토록 했어야 한다고 생각하고 있다. 그 임금이나 지대가 공정했느냐 하는 문제는 제쳐두더라도 일본 당국으로서는 정책상 모든 경우에서 그 회사가 지불한 금액을 한국인들이 직접 수령할 수 있도록 모름지기 조치를 취했어야 한다는 점에 대해서는 의심할 나위도 없다고 나는 생각한다.

일본인들은 한국 정부의 무능과 부패를 잘 알고 있었을 터인데, 한국 관리들로 하여금 일본인 회사와 한국인 사이의 중개자로 일하도록 했다는 것은, 나쁘게 말하자면 그들의 실수였다. 일이 그렇게 되면 불평과 사고가 생기게 마련이었다.

서울 근교에 있는 토지로서 일본군 당국이 점령 개발한 넓은 지역으로부터 많은 사람들이 몰려난 경우를 예로 들어보자. 일본인은 그들의 우월한 지배권을 행사하면서 한국인에게 토지나 가옥에 적절한 보상도 하지 않고 토지를 점탈하고 지주를 몰아낸다고 한국인들은 생각하고 있으며, 그 부당성을 항의하고 있다.

나는 일본군들이 토지에 말뚝을 박고 깃발을 꽂아 놓은 것을 직접 목격했는데 그 토지는 사람이 살고 있는 몇 평방 마일의 주택지에까지 이르고 있는 것처럼 보였다. 그런데 이에 관하여 매우 정확한 정보를 알고 있는 사람이 내게 들려준 바에 따르면, 그 말뚝과 깃발은 계획적인 토지 점탈을 위해 획선하려는 의도에서 그렇게 한 것이 아니고 방위 전략 계획을 위해 작업하고 있는 일본 공병대가 설치해 놓은 것이라고 한다.

나는 그의 말이 사실이기를 바라고 또 그렇게 믿는다. 그러나 아무리 그의 말을 액면 그대로 받아들인다고 하더라도, 사전에 몇 마디 설명만 있었어도 괜찮았을 일을 가지고 경고 · 욕설 · 항의가 빗발치도록 만들었다는 것은 일본 측으로서도 얻을 것이 없다.

한국 내의 반일 선동은 이미 위협적이리만큼 심각하다. 서울 근교에 살고 있는 사람들은 1,100세대 이상이 살고 있는 3~4평방 마일의 토지를 사실상 일본인들에게 점탈되었다고 한국인들이 생각하도록 만듦으로써 그와 같은 분란을 일으킬 이유가 무엇인가?

사실과 달리 만약 일본군이 내가 본 그 말뚝과 깃발을 설치함으로써 실제로 그 토지를 점탈할 의사가 있었더라면, 바꾸어 말해서 일본군이 몇 백 세대의 주민들로부터 가옥과 토지를 빼앗은 다음 그들로 하여금 강도의 무리가 들끓는 한국의 정부로부터 보상을 받도록 만들 뜻이 있었더라면 그와 같은 처사는 지극히 무모할 뿐만 아니라 지극히 부당한 것이다.10)

---

10) (필자 주) 케난은 한국의 토착민들이 일본으로부터 완전히 추방된 지역에 관한 이야기를 여기에서 하고 있는 듯이 보인다.

제 11 장 조약의 체결과 위반

1905년이 저물어 갈 무렵 일본 정부는 숱한 대한 공약을 제시했음에도 불구하고, 오히려 한국의 독립을 완전히 파기할 의사가 있음이 날이 갈수록 명백해졌다. 드디어 조정 대신들까지도 사태의 추이에 대하여 적이 놀라게 되었으며 자신의 안신을 위한 길을 모색하기 시작했다. 황제는 한국의 독립이 열강과의 조약에 보장되어 있기 때문에 자신은 안전했다고 이제까지 생각해 왔다.

그러나 조약에 명시된 권리가 국력에 따라 보장되지 않는 한 그것은 한낱 종이쪽지에 불과하다는 것을 황제는 지금쯤은 알았어야만 했다. 그는 특히 미국 정부가 한국의 독립을 보장해 주리라고 철석같이 믿고 있었다. 1882년의 한미수호통상조약 제1조에 따르면 만약 제3국이 한국을 부당하고도 억압적으로 대한다면 미국은 이를 우호적으로 조정하고자 최선을 다하도록 되어 있다.

황제는 한국 정부에 봉직하고 있는 미국의 교육자인 헐버트 교수를 준외교관으로 워싱턴에 파견하여 미국 정부에 한 공한을 전달했는데, 그 공한에는 일본이 한국에서 저지르고 있는 극악무도한 소행과 미국의 도움을 청하는 내용이 실려 있었다. 일본인들은 헐버트 교수가 출국하는 것을 방해하지는 않았지만 그가 그 공한을 미국 국무성에 전달하기에 앞서 대한제국은 이미 멸망했다. 그 당시는 일본의 위신이 욱일승천하던 때여서 헐버트 교수는 워싱턴에서 매우 냉랭한 대접을 받았다.

헐버트가 한국의 사태를 설명했을 때 상원의원들은 이렇게 물었다.

"당신은 우리가 어떻게 하기를 기대하는가? 미국이 한국 문제로 말미암아 일본과 전쟁을 일으키는 것이 옳다고 당신은 믿는가?"

미국은 한국 문제를 일본에 호소하기는커녕 대한제국의 멸망을 공개적으로 승인한 최초의 국가가 되었다. 일본으로부터 첫 통고를 받은 미국은 그 내막을 알아보지도 않고 볼품사납게 머뭇거리다가 서울 주차 공사를 철수시키는 데에 동의했다.

11월 초에 이토 히로부미는 일본 천황의 특사 자격으로 친서를 휴대하고 서울에 도착했다. 그의 친서에 따르면 천황은 한국의 황제가 이토의 지시를 받고 제반 문제에 그의 동의를 받을 것을 바라고 있으며 그렇게 하는 것이 극동의 평화를 유지하는 데에 필요하다고 지적하고 있다.

11월 15일, 그는 황제를 공식적으로 알현한 자리에서 조약의 형식으로 된 일련의 요구 사항을 제시했다. 그 중요한 내용을 보면 한국의 외교권은 이제 전적으로 일본인에게 이양되고 그 대신 한국의 외교 업무는 종결되며, 외국에 주차하는 공사들을 철수시키는 것으로 되어 있다.

그렇게 되면 한국 주차 일본 공사는 황제 직속의 최고 관리가 되며 각지의 일본 영사는 최고 지방 장관의 권한을 갖는 변리 공사가 되는 것이었다. 바꾸어 말해서 한국은 국가로서의 독립권을 전적으로 포기하고 일본에게 내정권을 이양하는 것이었다. 황제는 이 요구를 전면적으로 거부했다. 그 당시에 기록된 두 사람 사이의 대화는 다음과 같다.

> **황제** : "나는 언론을 통하여 일본이 한국을 보호국으로 만들려 한다는 갖가지 소문을 들었지만 그들을 믿지 않았습니다. 왜냐하면 러일전쟁 초기에 일본의 천황이 약속하고 한일수호통상조약에서 구체적으로 명시된 한국의

독립을 보장하고자 일본이 노력하고 있다는 사실을 나는 신뢰하기 때문입니다. 당신이 한국에 온다는 소식을 들었을 때, 나는 당신의 임무가 양국의 우의를 증진시키려는 것이라고 믿었기 때문에 기뻤습니다. 그러나 이제 당신의 요구를 듣고 보니 오로지 놀라울 뿐입니다."

이토 : "이 요구들은 나의 뜻이 아닙니다. 나는 다만 본국 정부의 훈령에 따라 행동하고 있을 뿐입니다. 만약 폐하께서 나의 제안에 동의하신다면 양국이 모두 유익할 것이며 동양의 평화는 영원히 보장될 것입니다. 그러니 나의 의견에 조속히 동의하시기 바랍니다."

황제 : "우리 나라에서는 예로부터 이번과 같이 중대한 문제에 당면하게 되면 현직이나 전직의 대소 문무백관들과 상의하고 또 전국의 유생들과 백성들로부터 의견을 들어보지 않고서는 어떤 결정도 내리지 않는 것이 군왕의 도리입니다. 따라서 나는 이 문제를 단독으로 처리할 수가 없습니다."

이토 : "백성들의 의사란 쉽게 무시할 수도 있습니다. 양국의 우의를 위해서 폐하는 즉시 결단을 내리셔야 합니다."

황제 : "당신의 제안에 동의한다는 것은 곧 우리 나라의 멸망을 뜻하는 것입니다. 따라서 나로서는 당신의 요구에 따르느니 차라리 죽음을 택할 것입니다."

두 사람의 회담은 5시간 가까이 계속되었지만 이토는 아무런 소득이 없이 물러나야만 했다. 그는 곧 대신들을 개별적으로 또는 여럿을 함께 만나 일을 추진했다.

그 다음날 모든 대신들이 일본 공사관에 소집되어 격론이 벌어졌다. 이 논쟁은 오후 3시에 시작되어 밤늦게까지 계속되었다. 대신은 미리부터 굴복하지 않겠다는 맹세가 되어 있었다. 협박, 감언이설, 그리고 뇌물에도 불구하고 그들은 꿋꿋하게 버티었다. 이토와 하야시 곤스케(林權助)의 주장은 개인적인 견해를 떠난 것으로서 양면적인 것이었다. 첫째로 한일의 단합이 극동의 평화를 위해서 꼭 필요하다는 것과 둘째로 유색 인종의 야심에 호소하는 것이었다.

일본인들은 한국인들에게 동양이 통일된 지도를 그려보였다. 그리고 동양인들이 굳게 뭉쳐 능력만 허락하면 언제든지 자기들을 정복하려 했던 백인들에게 대항하는 몽골 민족들의 모습도 보여 주었다.[1)] 일본인들은 한국의 대신들이 힘을 합칠 수 있는 시간적인 여유를 갖지 못하도록 하기로 결심했다.

11월 17일 오후 2시에 일본 공사관에서 다시 모임을 가졌지만 역시 아무런 결말을 얻지 못했다. 그렇게 되자 하야시는 대신들에게 궁궐로 돌아가 어전 회의를 열도록 권했다. 일본의 뜻대로 어전 회의가 열렸고 일본인들도 이에 합석했다. 회의가 진행되는 동안 일본군은 대궐을 둘러싸는 시위를 보였다. 지방에 있는 일본군들도 며칠 동안 모두가 영사관 앞거리의 공터에서 시위를 벌였다.

야포를 밖으로 내걸고 모든 사람이 완전 무장을 했다. 그들은 앞뒤로 행진하면서 소리도 지르고, 가상 공격도 하고, 대궐문을 점령하고, 총을 내걸고 실제로 폭행을 가하기라고 하려는 듯이 날뛰었다. 그렇게 함으로써 그들은 그들의 요구를 강제로라도 관철시킬 수 있음을 한국인들에게 과시할 수가 있었다. 이와 같은 모든 행동은 대신들과 황제에게 불길하고도 무시무시한 의미를 주는 것이었다.

그들은 1895년 어느 날 밤, 일본군들이 대궐을 에워싸고, 선발된 소시들이 대궐로 몰려 들어가 왕비를 살해한 일을 잊을 수가 없었다. 그 때도 일본군들은 거사하기에 앞서 지금과 같이 행동했다. 이번에도 그때와 같이 흉측

---

1) (필자 주) 일본인들이 그와 같은 주장을 했는지 의심스럽다. 따라서 그들 사이의 회담에서 오고간 이야기의 내용은 그 자리에 참석했던 한국인 대신 가운데 한 사람에게 들은 것이며, 그는 그곳에서 제안된 친아세아 정책을 과장했다고 나는 말할 수 있다. 나는 그에게 왜 일본의 주장에 따르지 않았느냐고 물었더니 그는 그와 같은 일본의 주장의 참뜻이 무엇인지를 잘 알고 있었기 때문이라고 대답했다. 곧 일본인들이 말하는 아세아의 통합이라는 것은 곧 일본 민족의 독재를 의미한다는 것이었다.

한 일이 벌어지지 말라는 법이 어디 있겠는가? 이제 대일본의 뜻을 거역할 만한 사람은 아무도 없었으며 보이는 것은 총칼뿐이다. 하루 종일 일본군 총검의 덜거덕거리는 소리만이 귀에 쟁쟁했다.

그날 저녁, 일본군들은 무기를 휴대하고 대궐 뜰로 들어가 대전 가까이에 둘러섰다. 그제야 이토는 조선 주둔 일본군 사령관인 하세가와 요시미치[2]를 대동하고 이곳에 도착하여 새로이 대신들을 공격하기 시작했다. 후작은 황제의 알현을 요구했다. 그러나 황제는 심한 목감기로 불편하다는 이유로 이를 거절했다. 그러자 그는 황제의 처소로 들어가 개인의 자격으로 알현할 것을 요구했다. 그러나 이번에도 황제는 거절하며 말했다.

"나가 주시오. 그리고 그 문제는 대신들과 상의하시오."

그러나 이토는 대신들이 있는 밖으로 나와 말했다.

"황제께서는 이번 문제를 나와 상의하여 결정지으라고 당신들에게 명령했소."

주위를 둘러싸고 있는 군인들, 밖에서 번쩍거리는 총칼, 대궐 창문을 통해 들리는 거친 목소리의 명령에 그들은 마음이 흔들리지 않을 수 없었다. 대신들은 며칠 동안 외로운 처지에서 싸웠다. 그들을 도와주거나 조언을 해주는 외국 사절들이라고는 단 한 사람도 없었다. 그들은 이제 굴복하거나 아니면 스스로 종말을 취할 때가 되었음을 알았다. 어느 사람이 입을 열었다.

"우리가 이렇게까지 저항해서 무슨 소용이 있겠소? 일본인들은 마음먹은 바를 끝내 이룩하고 맙니다."

드디어 굴복하려는 듯한 징조가 나타나기 시작한 것이었다. 참정대신 한규설은 이 말을 듣자 자리를 박차고 일어나 외쳤다.

---

2) 하세가와 요시미치(長谷川好道 : 1850~1894) : 일본의 군인. 쏘오토 출신. 오사카병학료 졸업. 청일전쟁 당시에 공을 세워 남작이 되고, 러일전쟁의 전공으로 육군대장 겸 자작이 됨. 조선주둔군사령관(1905), 일본군참모총장(1912), 원수(1914), 백작(1915)이 되었고, 1915년 조선 총독으로 부임했으나 무단 정치로 3 · 1운동이 일어나자 퇴임함.

"나는 지금 폐하를 뵙고 지금 역신들이 한 말을 아뢰겠소."

한규설은 방을 나가는 것이 허락되었다. 그러나 밖으로 나오자 일본 공사관의 한 서기관에게 잡혀 옆방으로 끌려 들어가 죽인다는 위협을 받았다. 심지어는 이토까지 따라 나와서 그를 설득했다. 그는 물었다.

"폐하께서 당신에게 명령했는데도 당신은 불복할 참이요?"

한규설은 대답했다.

"안 합니다. 절대로 안합니다."

이것으로 대답은 충분했다. 후작은 곧 황제에게로 돌아와 이렇게 말했다.

"한규설은 역적입니다. 그는 폐하의 뜻을 거역했으며, 폐하의 명령에 따르지 않겠다고 선언했습니다."

그러는 동안 남아 있던 대신들은 참정대신이 들어오기만을 기다리고 있었다. 죽기를 무릅쓰고 버티자던 그는 도대체 어디로 간 것일까? 초조한 몇 분이 지나도 그는 돌아오지 않았다. 그러나 일본인들이 그를 죽였다고 수군거리는 소리가 들려왔다. 이제 대신으로서의 체통에서 자제력 같은 것을 볼 수가 없었다.

"우리에게 동조하면 부귀가 따를 것이며 우리에게 반대하면 몰락할 뿐이오."

한국의 정치인 가운데 가장 훌륭하고 능력 있는 사람인 외부대신 박제순은 절대로 굴복할 사람이 아니었으나 그도 끝내는 꺾이고 말았다. 그날 아침 일찍 국새를 외부대신의 사무실로부터 가져와 조약을 체결하라는 명령이 내려왔다.

그러나 여기에는 또 다른 어려움이 일어났다. 곧 그 국새를 맡고 있는 승지는 설사 윗사람으로부터 명령을 받았을지라도 그러한 목적을 위해서 그것을 내어 주어서는 안 된다는 명령을 사전에 받았던 것이다. 그에게 전화로 명령했을 때 그가 국새의 반출을 거부하게 되자 특별히 사람을 보내어 그것을 강제로 빼앗아 오게 했다. 황제는 오늘날까지도 자기는 국새를 사용하는 데에 동의하지 않았다고 주장한다.

조약이 체결되었다는 소식을 들은 국민들은 치를 떨며 격분했다. 감금에서 도망쳐 나온 한규설은 미친 사람처럼 동료 대신들이 있는 곳으로 돌아와 그들을 몹시 꾸짖었다. 그는 울부짖었다.

"왜 당신들은 약속을 어겼소? 왜 당신들은 약속을 어겼소?"

대신들은 자신이 저주스러운 죄인임을 알았다. 이제는 민중들이 그들을 습격하여 찢어 죽일는지도 모르는 위험이 남아 있었다. 박제순은 자기에게 쏟아지는 국민들의 빗발치는 원망을 듣고 움츠러들었다.

12월 6일, 그가 대궐로 들어가고 있을 때 한 군인이 총을 들어 그를 쏘려 했다. 이에 박제순은 일본 공사관으로 급히 몸을 피했다. 그는 가까스로 하야시가 있는 곳으로 가서 칼을 빼어 들고 이렇게 소리쳤다.

"나를 이 지경으로 만든 사람은 바로 당신이오. 당신은 나를 역적으로 만들었소."

그리고는 칼을 들어 스스로 목을 찌르려 했으나 하야시가 이를 제지하고 그를 병원으로 보내어 치료토록 했다. 그가 회복되었을 때 일본인들은 그를 신임 참정대신으로 발탁했으며 한규설을 삭탈관직했다. 그러나 박제순은 오랫동안 재임하지 않았으며 지나치게 독자적으로 행동함으로써 그의 새로운 상전들을 불쾌하게 만들었다.

그간에 일어난 여러 가지 소식들이 전국에 퍼지자 각지의 국민들은 회합을 가졌으며, 특히 북쪽에서는 회합한 군중들이 대궐 앞에서 항의 자살을 하고자 남쪽으로 향했다. 그들 가운데 대부분은 선교사들의 감화를 받아 그 일을 멈추었다. 선교사들은 이렇게 말했다.

"그런 식으로 죽는다고 해도 아무런 소용이 없습니다. 차라리 살아서 당신의 조국이 독립국이 될 수 있도록 하는 것이 더 훌륭합니다."

생존해 있는 전 참정대신들을 포함한 수많은 고위 관리들과 폐하를 모시고 지난날에 고관을 지낸 100명의 사람들이 대궐로 몰려가, 폐하가 이번에 체결된 조약을 무효로 선언하고 조약을 묵인한 대신들을 처단하라고 요구했다. 황제는 자신이 일본인에 대하여 지나치게 적대적인 태도를 취한다면 일본인들이 자기를 핍박하리라는 것을 두려워한 나머지 시위대들을 무마하기에 애를 썼다. 그들은 대궐 앞에 앉아 물러나지 않고 황제의 대답을 요구했다.

지도자 몇 사람이 일인 헌병에게 체포되었지만 오히려 더 많은 사람들이 그들의 자리를 지켰다. 시중의 상점들은 문을 닫고 국운을 슬퍼했다. 드디어 칙어가 내렸다.

"지금의 사태가 비록 국민들에게는 위험스럽게 보이지만 머지않아 국가에 유익한 결과를 가져올는지도 모른다."

헌병들은 시위대를 습격하고, 더 이상 대궐 앞에서 시위를 계속하면 모조리 체포하겠다고 위협했다. 그들은 한 상점으로 자리를 옮겨 모임을 갖고자 했으나 경찰이 해산시켰다. 그들의 지도자로서 전 군부대신이며 빅토리아 여왕 즉위 60년제에 한국 특사로 파견된 적이 있는 민영환은 집으로 돌아왔다. 그는 국운을 슬퍼하는 글을 동포들에게 남기고 자결했다.

많은 정치인들이 그의 뒤를 따랐으며, 그러는 동안 많은 사람들이 관직을 물러났다. 국내 신문인 『황성신문』은 감연히 당시에 일어난 사태를 정확하게 보도했다. 그 신문사 사장[3]은 곧 체포되어 투옥되었으며, 그 신문은 탄압을 받았다. 그는 민족의 슬픈 심정을 다음과 같이 대변했다.

---

3) 위암 장지연(張志淵 : 1864~1921)을 뜻함. 그는 그 뒤 1년 만에 출옥하여 대한자강회를 조직했으나 이것마저 해산되자 만주 · 시베리아로 망명. 1910년에 귀국, 실의의 생활 속에 타계함.

이 날을 목 놓아 통곡한다(是日也放聲大哭)[4]

지난날 이토 후작이 한국에 오매 어리석은 우리 인민은 독실한 마음으로 서로 바라보며 말하기를, 그는 평소에 동양 3국의 정족(鼎足)과 같은 안녕을 스스로 맡아 주선하던 사람이라. 오늘에 내한함이 반드시 우리 나라의 독립을 공고히 부식(扶植)할 방략(方略)을 권고하리라 하여 여염에서 서울에 이르기까지(自巷至京)에 관민(官民) 상하가 환영함을 이기지 못했더니 천하의 일이란 예측하기 어려운 일이 많도다.

천만 뜻밖에도 5조건이 어디에서 나왔는고. 이 조건은 다만 우리 나라와 동양 3국의 분열하는 조점(兆漸)을 낳은즉 이토 후작의 원초의 주의(主意)가 어디에 있는고. 더구나 우리 대황제 폐하께서 강경하신 성의(聖意)로 이를 거절하셨으니 이 조약의 불성(不成)함은 상상컨대 이토 후작이 스스로 알아 파기할 바이어늘, 슬프다(噫), 저 개돼지만도 못한 소위 우리 정부의 대신이라는 자가 영리를 바라 거짓된 위협(假嚇)에 겁을 먹고 멈칫거리며 두려워하더니(逡巡然 觳觫然) 매국의 도적질을 마음대로 저질러 4천 년 강토와 5백 년 종사를 남에게 봉헌(奉獻)하고 2천만 생령(生靈)을 남의 노예로 몰아갔다.

저 개돼지만도 못한 외무대신 박제순(朴齊純)과 각 대신은 족히 나무랄 것이 없거니와 명색이 참정대신이라는 자는 정부의 으뜸 되는 자(首揆)인데도 안 된다는 한 마디 말로써 책임을 면하여 명예를 지키려 했단 말인가! 김청음(金淸陰)[5]처럼 항복 문서를 찢으며 통곡하지도 못하고 정동계(鄭桐溪)[6]처럼 배를 가르지도 못한 채 지조 없이 살아남아 세상에 서 있으니 무

4) 이 글은 저 유명한 장지연의 "시일야방성대곡"의 원문이다. 영문은 원서에 수록된 내용과 약간 다르지만 여기에서는 원문을 현대 말로 번역하여 싣는다. 광무 9년(1905년) 11월 20일자의 『황성신문』과 장지연의 『위암문고』(서울 : 국사편찬위원회, 1971), p. 212 참조.
5) 병자호란 때 화의에 반대했다가 전후 3년 동안 심양에서 옥고를 치른 김상헌(金尙憲 : 1570~1652)을 뜻함.
6) 병자호란 때 화의에 반대했으나 결국 항복하게 되자 할복자결을 기도했던 정온(鄭蘊 : 1569~1642)을 뜻함.

슨 면목으로 강경하신 황제 폐하를 다시 대하며 무슨 면목으로 2천만 동포를 다시 대하리오.

슬프고 애닯도다. 노예가 된 우리 2천만 동포여, 그대는 살아 있는가, 살아 있는가! 단군과 기자 이래 4천 년 국민 정신이 하룻밤 사이에 돌연 멸망했단 말인가! 슬프고 슬프도다. 동포여. 동포여.

자살을 해도, 관직을 물러나도, 아무리 슬퍼해도 소용이 없었다. 일본 헌병대는 거리의 행인들을 호령했으며 그들의 뒤를 따르는 일본인들은 대답할 여지도 없는 방법, 곧 폭력으로써 그들의 뜻을 뒷받침할 준비를 하고 있었다. 일본인의 성격을 어느 정도 알고 있는 사람이면 누구나가 예측할 수 있었던 바와 같이 조약에 명시된 약속은 파기되지 않았다는 것을 보여주려고 모든 노력을 기울였음은 당연했다.

한국은 그때까지도 하나의 독립국이었으며, 황제의 존엄성은 손상되지 않았다. 일본은 다만 개화의 길을 걷고 있는 약한 형제를 돕고자 우정 어린 압력을 가했을 뿐이었다. 이와 같은 설명은 일본인들을 기쁘게 했으며 그들의 성스러운 약속과 그들의 행동 사이에서 나타나는 이율배반을 조화하는 데 도움이 되었다. 일본은 아무도 기만하지 않았다. 그러나 오늘날 일본의 신문들은 한국의 독립을 거의, 아니 전혀 거론하지 않고 있다. 그들은 이렇게 말하고 있다.

"한국의 독립은 우스꽝스러운 것이다."

그리고 당분간은 그들의 말이 옳았다.

제 12 장 이토 히로부미의 통치

이토 히로부미가 초대 조선 통감으로 부임했다. 한국인들은 그에 대하여 아무런 선택의 여지가 없었으며, 싫어도 싫은 내색을 보일 수가 없었다. 비록 그가 미카도(천황)를 대신하여 한국의 독립을 빼앗은 장본인이기는 하지만 그와 친근한 일본의 고위층들은 아무도 그를 충동질하지 않았다고 아직까지 생각하고 있다는 점은 주목할 만한 사실이다.

이토 히로부미와 접촉해 보면 그가 일본의 정책을 위해 택하지 않을 수 없었던 방법이 본질적으로 어떤 것이든지 간에 그는 아직 한국인에 대하여 진정으로 호의를 품고 있다고 느껴진다. 그에게 잘못이 있다면 일본 제국의 팽창에 동조하지 않을 수 없었던 그의 처지에 있지만, 그에게도 덕이 있었음은 사실이다. 이제 영광스러운 생애의 황혼 길에서 평안과 존엄을 눈앞에 바라보면서 누구인가 일본 외교가가 수행하지 않을 수 없었던 그 막중한 임무를 스스로 맡았다 하는 것은 가상한 일이다.

이토는 매우 유능한 고위 관리 몇 사람을 대동하고 부임했으며, 그들의 직책을 확정해주는 법령을 공포함으로써 그의 새로운 통치를 시작했다. 이와 같은 상황에서 통감은 원하는 바를 모두 할 수 있는 권한을 갖는, 사실상 한국의 최고 지배자가 되었다. 그는 공익을 해친다고 여겨지는 법령을 철폐할 수 있는 권한을 가졌으며 1년 이하의 징역과 200엔 이하의 벌금에 해당하는 형벌권도 가지고 있었다. 이와 같은 형벌권의 상한선은 순전히 명목적인 것이었다. 왜냐하면 한국은 군법에 지배되고 있었으며 군 법정은 사형권도 가지고 있었다.

일본인 영사와 부영사가 전국에 배치되어 사실상 지방 장관으로 행세하고 있었다. 일본인이 경찰관으로 배치되지 않은 곳의 한국인 경찰들도 일본의 사찰을 받았다. 농상공부는 일본인 감독관과 고문의 지배를 받았으며, 고위 관리를 제외한 모든 관리의 임명권은 종국적으로 통감의 손에 들어갔다. 여기에서도 고위 관리라는 상한선은 또한 무의미한 것이다. 통감은 사실상 한국의 지배자가 되었다. 그러나 그 지배자는 아직도 한국인 관리들을 통하여 지방 사무의 여러 가지를 처리했으며, 아직까지 제거되지 않은 근왕파의 음모를 주시해야만 했다.

일본의 입장에서 본다면 한국은 아세아 대륙에서의 군사 활동을 위한 전략 기지로서, 그리고 식민지로서 매우 중요한 지역이었다. 통감부가 해야 할 첫 사업은 군대를 신속·편리하게 이동시킬 수 있도록 전국의 교통 통신망을 완벽하게 갖추는 것이었다. 경부선을 이미 착공하고 경의선이 준공 단계에 들어감으로써 수많은 일본군을 일본 본토로부터 만주 국경까지 36시간 이내에 수송할 수 있는 간선 철도가 이루어지게 되었다.

한국 해관의 보증으로 1천만 엔의 차관이 제공되고 그 가운데 150만 엔은 대도시와 주요 항구 및 철도 중심지를 연결하는 4대 군사 철도를 부설하고자 사용되었다. 이 철도 부설 비용의 일부는 차관에서 유용된 것이며 일부는 지방세에서 충당되었다. 이 철도는 산업상의 목적을 위한 것이라기보다는 오히려 군사적인 것이라고 지적할 수도 있다.

국내 여행과 물자 수송은 말이나 노새를 이용하고 있다. 이러한 일들을 위해서 옛날에 만들어진 좁은 길로도 충분하다고 일반적으로 말하고 있다. 새로 생긴 도로들은 단계적으로 개조할 수 있도록 되어 있어 필요할 경우에는 쉽사리 그 위에 철로를 부설하여 대포와 화약차를 신속하게 운행할 수

이토 히로부미

있었다. 동해안 쪽에서는 경원선의 부설 작업이 급속히 진보되어 완공 단계에 들어갔다.

런던 경시청의 형사과에 해당하는 포도청이 폐지되고 지방 경찰서와 경찰 행정은 일본에서 건너온 특수 경관의 손으로 점차로 넘어갔다. 일본군 헌병대는 점차로 돌아가고 경찰로 대치되었다. 이와 같은 변화는 모두 먼 앞을 내다본 조치였다. 헌병대는 거칠고도 독단적인 행위로 말미암아 지방에서 악명이 높았다. 경찰들은 헌병보다는 사람이 좋았고 더 융화적이며 올바른 바가 있음이 증명되었다.

이와 같은 변화에 대하여 아직 멀었다고 불평할 수도 있다. 그러나 나는 새로운 경찰 제도를 논의하면서 서울에서 일어나고 있는 정치범의 처리에 관한 문제는 제외하고자 한다. 1907년 말까지도 정치범의 처리에 관한 놀랍고도 믿을 수 없는 이야기를 들었다. 나는 이 문제를 긍정하거나 부정할 수 있는 구체적 증거를 갖지 못하고 있기 때문에 결국 서울은 나의 논지에서 제외되어야 한다고 말할 수 있을 따름이다.

통감이 취임한 뒤 이룩한 뚜렷한 업적 가운데 하나는 일본인 이민들을 엄격히 규제했다는 사실이다. 수많은 악질 범법자들이 발목을 잡혀 본국으로 송환되었다. 통감부의 관리들은 숫적으로 증가했으며 적어도 어느 면에서는 일본인들에게 불평 있는 한국인들은 그에 대한 답변을 얻기가 수월하게 되었다. 통감은 항상 화의와 우의의 정책을 강조했으며, 얼마간의 시간이 흐른 다음 그는 외국인들의 협조를 얻는 데 성공했다.

그러나 일본인들의 목적은 한국을 통째로 병탄하고 한민족의 흔적을 말살하려는 것이었음이 점차 명백하게 드러났다. 한국에서 일하고 있는 가장 유력한 일본인 가운데 한 사람은 나에게 이렇게 말했다.

> 나의 발언은 전적으로 사견임을 미리 이해하십시오. 그러나 만약 당신이 일본 정책의 결과가 어찌될 것인가를 나에게 개인적으로 묻는다면 나는 당

신에게 한 가지 목적을 알려드릴 수는 있습니다. 그 목적을 이루는 데에는 몇 세대가 걸리겠지만 꼭 이루어질 것입니다. 한국인들은 일본인에게 병탄될 것입니다. 그들은 일본어를 사용할 것이고 일본의 생활 습속대로 생활할 것이고 우리의 일부분을 이룰 것입니다.

식민지 통치에는 오직 두 가지의 길이 있을 뿐입니다. 하나는 상대 민족을 외국인으로 그대로 인정한 채 통치하는 것입니다. 당신의 조국인 영국은 인도에서 이와 같은 방법으로 통치했으며 결국 이와 같은 제국은 오래 견딜 수가 없습니다. 인도는 당신들의 지배를 벗어날 것임에 틀림이 없습니다. 두 번째 방법은 상대 민족을 동화하는 것입니다. 우리는 이 방법을 취할 작정입니다. 우리는 한민족에게 일본어를 가르치고 우리의 제도를 이곳에 이식함으로써 그들을 우리와 일체가 되도록 만들 것입니다.

이것이 곧 일본의 자비심 많은 계획이다. 한국의 국토를 병탄하고, 모든 산업을 일본인들이 장악하고, 토착민들을 벌목꾼이나 물지게꾼으로 만들어 그 위대한 정복자들을 위해 봉사하도록 만들려는 것은 가장 일반적으로 취해지는, 그러나 유치하기 짝이 없는 생각이다. 한국인은 일본인과는 수준이 전적으로 다른 나약한 겁쟁이라고 그 일본인은 생각하고 있다. 그는 한국인을 형편없는 존재로 생각하고 있으며, 또 그러한 생각 속에서 한국인을 다루고 있다.

일본인 관리에 대한 한국인의 불만은 그들이 매사를 한국인의 입장이 아닌 일본인의 입장에서 바라보고 있다는 사실이다. 한국인들의 모든 생활 속에 일본인들의 착취의 손길이 뻗쳐 있지 않은 곳이 없다. 일본인에게 이권이 부여되고 계약 조건은 일본인들에게 가장 유리하게 설정되어 있으며, 이민법, 토지법, 그리고 일반적인 행정 수단이 오로지 일본인의 이해 관계에 입각하여 제정 · 운영되고 있다.

한국의 개발을 위해 1천만 원의 공채를 발행했을 때 일본흥업은행은 그것을 100엔당 매입률 90엔으로 사들이고 그 지분 이자는 65%로 했으며 해관이 그 보증을 섰다. 그러한 조건은 터무니없는 조치였다. 『제팬 타임즈』는 짤막하게 다음과 같이 보도했다.

"한국 정부는 그들의 내국세 징수 업무의 일부를 대행해 준 댓가로 일본 우정국에게 25만 엔을 지불해야 한다."

바꾸어 말하면 일본인들은 우선 한국의 우정국을 장악하여 기존의 한국인 종업원들을 해고시키고 이를 일본인으로 대체시킨 다음 지난날의 종업원들만도 못한 능률로써 봉사하면서 조그마한 사고라도 발생하면 한국인들에게 무거운 벌과금을 부과하고 있다.

제물포는 일본인의 거주자들로 거의 꽉 찼으며, 급수 문제가 어려운 실정에 놓여 있다. 통감은 이 지역의 급수 시설을 위하여 33만 엔의 국채 모집을 허락했다. 바꾸어 말해 전 한국인들은 일본인 수도의 급수를 위해 세금을 물어야 했다. 나는 이와 비슷한 크고 작은 사례들을 수없이 지적할 수 있다. 한국에는 지금 욕심에 찬 착취를 위하여 체계적인 계획이 마련되어 있다.

외국인들에 대한 통감부의 정책은 그들을 점진적으로 추방하려는 것이었음이 점차 분명했다. 무역에 대한 통감부의 정책이 어떠했는가에 관하여 는 제20장에서 다루기로 한다. 백인들이 아직까지 가지고 있는 명예를 박탈하고자 가능한 모든 방법이 동원되었다.

한국에서 가장 영향력을 미치는 백인들은 선교사들이다. 그들은 수가 많으며, 정열적이고도 혈기왕성한 신도들을 거느리고 있다. 일본인들은 영국과 미국의 교육자의 지도를 받고 있는 그 신도들을 전향시켜 일본인들과 손잡고 일할 수 있도록 유혹하고자 조심스럽고도 치밀한 계획을 추진해 왔다. 일본인들이 편집을 맡고 있는 한국 내의 신문[1]은 조직적으로 반서구적인 논조를 전개했다.

1) 쓰모토 모토사다가 주관한 『서울프레스』(*Seoul Press*)를 뜻함. 본서 제19장 참조.

한국인들과 자유롭게 어울리는 사람들이 수없이 들어온 바에 따르면, 일본인들은 한국인들이 요청하지도 않은 것들을 가르쳐 준다고 한다. 나는 전 대신들과 젊은 학생들과 심지어는 집안에 있는 한국인 하인들에게서도 그와 같은 이야기를 들었다.

어느 날 우리 집에 있는 한 일본 하인 소년은 나에게 그와 같은 사실을 간결하게 들려주었다. 그는 아시아의 장래에 관하여 문제를 제기한 다음 일본의 새로운 이념을 매우 간결하게 요약했다. 그는 더듬더듬 이렇게 말했다.

> 주인님, 일본인들은 모든 아시아가 하나로 되기를 바라고 있습니다. 일본인들이 그 우두머리가 되고 말입니다. 일본인들은 모두가 그걸 원합니다. 한국인들 가운데 몇몇 사람도 그렇게 되기를 바라고 있지만 대부분의 사람들은 그걸 원치 않습니다. 중국인들도 모두가 그걸 원치 않습니다.

일본은 1895년의 경험인 갑오경장을 통하여 한국인의 복식이나 개인적인 습관에 간섭하지 말아야 한다는 것을 배웠다고 생각할 수도 있다. 초기에 그들이 저질렀던 어처구니없는 실수 가운데 상투를 강제로 자르도록 규제했던 것보다 더 불행한 것은 없었다. 단발령은 민비를 살해한 것보다도 더 민중의 마음을 할퀴어 놓았다.

일본인은 어느 정도 자리가 잡히자 즉시 사치 단속령들을 다시 공포했다. 우선 겨울철에 흰 옷을 입지 못하도록 명령했다. 모든 사람들은 검은 도포 이외에는 입지 못하게 되었으며 이를 어기는 사람들은 온갖 강제를 받았다. 일본인들은 모든 사람들이 한꺼번에 상투를 자르도록 주장하지는 않았지만 그들의 권한이 미치는 한 모진 압력을 가했다. 대궐에 출입하는 관리나 공직자나 방백 수령 등은 모두가 머리를 자르도록 명령했다. 공직자들은 모두 자기 관할 아래에 있는 사람들이 상투를 자르도록 하라고 분명히 지시했다.

친일 단체인 일진회는 그 명령을 추종했다. 궁중에 드나드는 관리들은 서

경부선의 일본군 철도 수비대(필자 촬영)

양 복장을 입도록 강요를 당했다. 모국어와 마찬가지로 전통 의상을 가능한 한 말살하려 했다. 궁중의 여인들은 서양 복장을 입으라는 명령을 받았다. 가난한 여인들은 남의 웃음거리가 되지나 않을까 하여 결과적으로 공식 석상에 나갈 수 없게 되었다.

일본 민족은 재치가 있기 때문에 그런 일이야 없으리라고 생각할 수 있겠지만 그들은 단순한 익살꾼에 지나기 않는다. 지위가 높은 관리로서 도포를 입게 되면 신문 지상에 큰 웃음거리로 취급된다. 내가 알고 있는 일진회의 몇몇 간부들은 『펀치』[2]에 실린 가장 변덕스러운 의상 만화를 정신병자가 복사해서 입은 것처럼 보였다. 일본인들이 저지른 실수는 아마도 당연한 것이었는지 모른다. 그들은 자기 민족의 생활 습속을 급속히 바꾸는 데 성공했기 때문에 다른 민족들도 그렇게 해야 한다는 환상에 사로잡혀 있다.

한국에 있는 백인들의 지위가 하락되었다는 사실은 그들에 대한 많은 일본인들의 태도에서 명백히 찾아볼 수가 있다. 나는 한국에 살고 있는 조용하고도 순박한 친구로부터 이야기를 듣고 피가 끓어오름을 느낀 적이 있었다. 예를 들면 한 선교사 여인이 길을 가는데 일본 군인이 갑자기 닥치더니 고의적으로 젖가슴을 쳤다는 이야기를 듣고 분노를 참을 수가 없는 것이다. 어느 가톨릭 신부는 성당 안에서 일본군들에게 모욕을 겪고 매를 맞았지만 그 군인들은 아무 일도 없었다.

웨이걸 부부의 경우를 들어 보면 다른 일들도 가히 짐작할 수가 있다. 웨이걸은 오스트레일리아의 광산 기술자인데 1905년 12월 부인과 그의 조수인 테일러, 그리고 몇 사람의 한국인 고용인들과 함께 북부 지방을 여행하고 있었다. 그는 완전한 자격을 갖추었을 뿐만 아니라 여권도 가지고 합당한 절차에 따라 사업을 벌이고 있었다. 어느 곳을 지나던 그들은 일본군의 정지 명령을 받고 글로써는 표현할 수 없을 만큼 심한 모욕을 겪었다. 일본

2) 『펀치』(*Punch*) : 영국의 유명한 주간 잡지로서 주로 만화를 싣고 있다.

군들은 그들에게 모욕을 주었을 뿐만 아니라 총칼로 쿡쿡 찌르고 결국 체포했다.

어느 한 군인은 웨이걸 부인에게 가깝게 총을 겨누고 그가 움직이면 주먹으로 젖가슴을 쥐어박았다. 그 군인은 일행을 가장 모독적인 언사로 대했으며 부인에게는 기분 나쁜 말만 골라 썼다. 용인들은 발길로 채였다. 드디어 그들은 온갖 모욕을 당하고 추위에 오랫동안 고생하다가 겨우 풀려났다. 영국 당국자들은 이를 문제화했다. 이러한 사건에 대하여 증거는 충분했지만 얼버무리고 말았다. 그러나 웨이걸 일행은 형식적인 사과를 받은 것으로 만족할 수밖에 없었다.

북부 지방에 살던 캐나다 선교사 매크래이 목사[3]의 경우를 들어 보자. 그는 선교 사업을 위해 얼마간의 토지를 구입했는데 일본군 당국이 그것을 탐냈다. 일본군은 그 토지에 말뚝을 박았다. 이에 그 목사는 일본 관리에게 이 사실을 알리고 말뚝을 철거할 것을 두 번이나 요청한 다음에도 아무 반응이 없자 이들은 모두 뽑아 버렸다.

매크래이 목사와 함께 살고 있는 동료 선교사들이 다른 지방으로 포교를 나간 사이에 6명의 일본인들은 기다렸다는 듯이 그의 숙소를 몰려가 그를 습격했다. 매크래이 목사는 어느 한 일본인이 휘두르는 총대에 맞아 중상을 입었지만 결국 그들을 잘 막아내었다. 매크래이 목사는 해당 일본 관서의 책임자에게 항의했으며, 일본인들은 이번 경우에도 관계자를 처벌하겠다고 약속했다.

그러나 불평을 말하고자 일본 영사관을 찾아가는 사람들을 상대하는 영

---

3) 매크래이(D. M. McRae : 1868~1949) : 캐나다 장로교 한국 초대 선교사. 노바스코티아 케이프브레테에서 출생(1868). 달하우지 대학을 졸업한 뒤 장로교신학대학에 입학. 신학대학 재학 중에 매켄지(W. J. McKenzie) 목사 후임으로 내한(1898). 함경남도에서 선교 개시. 영생남학교 창설(1907). 함흥YMCA 창설(1918). 3 · 1운동 때 일제의 만행을 규탄하고 한국인의 인권을 옹호함. 이외 행적에 관해서는 독립운동사편찬위원회(편), 『독립 운동사(2) : 3 · 1운동사편』(상)(서울 : 1971), pp. 694~695 참조.

사관 직원의 태도를 보면 그 지위를 막론하고 서구인들을 백안시하는 예가 허다했다. 심지어 죄상이 명백하여 일본 측에서도 처벌을 약속한 경우라고 할지라도 그 피의자는 버젓이 밖에 나와 우쭐거리며 다니는 꼴을 보게 된다. 오늘날 일본인들이 한국에서 서구인들을 상대하는 정책은 대만에서와 마찬가지로 수단과 방법을 가리지 않고 그들에게 모욕을 주려는 것이다.

한국인의 이해 관계를 보호하고자 일본인이 분명하게 제정한 두 개의 법령이 있는데 이는 오히려 한국인의 권익에 치명적인 타격을 주고 있는 것이라고 많은 사람들이 해석하고 있다. 새로운 토지법이 성안되었는데, 이 법에 따르면 옛날에 사용하던 복잡한 문서 대신에 새로운 명의서가 교부된다. 그러나 한국인들이 지적하고 있는 바와 같이, 대부분의 지주들은 자기의 토지 소유권을 문서상으로 입증할 수 없다. 새로운 제도에 따르면 그러한 지주들은 소유권을 상실하게 될 위험성이 있다.

1905년 말까지 수많은 한국인들이 호놀룰루나 그 밖의 지역으로 품팔이를 떠났다. 그렇게 되자 통감은 명목상으로 한국인을 보호하고자 새로운 이민법을 제정했는데 이로 말미암아 옛날과 같은 질서 있는 이민이 불가능한 결과가 빚어졌다. 일본의 통치를 스스로 피해 타국에서 정착하기를 바라는 가족들이 도처에서 방해를 당하고 있다는 말을 나는 사방에서 듣고 있다.

적어도 북부 지방에서 살고 있는 사람들은 러시아령 우수리 지방[4]에 가면 살기 좋고 행정도 옳게 유지되고 있다는 사실을 잘 알고 있다. 동부 시베리아에서 풍족하고 평화롭게 만족하게 살아가는 한국인들의 생활 조건은 자기 나라에서 일본의 지배를 받으며 살아가는 본국인들의 그것과는 너무도 놀라운 대조를 이루고 있다.

일본인이 일본인을 어떻게 생각하고 있는가 하는 것이 낱낱이 드러났으며 한국 내의 모든 것들은 일본인에게 귀속되었다. 그들이 하고 싶어 하는

4) 우수리 지방 : 만주의 송강성(길림성과 흑룡강성의 옛 이름)과 소련의 연해 지방으로 흐르는 우수리강의 연안 일대를 뜻함.

일은 그대로 두어야 한다. 감히 그들의 행동을 저지하려다가는 슬픈 일만 당하게 된다. 이와 같은 소행은 일본의 황제가 한국의 황제에게 특사로 파견한 다나카 미쓰아키 자작[5]의 야만적인 행동에서 잘 나타났다.

1906년 말에 다나카가 서울에 있을 때 한 일본인 골동품 상인이 찾아와서, 송도에서 멀지 않은 풍덕[6] 지방에 매우 훌륭한 고탑이 있다고 알려주었다. 이 탑은 1천 년 전에 중국의 왕실이 한국에 선물한 것으로서, 거기에 사용된 석재는 병을 치료하는 데에 큰 효과가 있다고 한국인들은 믿었다. 따라서 그 이름도 약왕탑이라고 불렀으며 그 이름은 전국에 잘 알려져 있었다. 런던교의 탑이 영국인에게는 국가적인 기념물인 것과 마찬가지로 그 탑도 한국인에게는 국가적인 기념물이었다.

다나카는 유명한 골동품 수집가였기 때문에 이 탑에 관한 이야기를 듣자 욕심이 생겼다. 그는 한국의 궁내부대신을 찾아가 자기의 뜻을 말했더니 그 대신은 선뜻 응낙해 주었다. 며칠이 지나 다나카가 황제에게 작별 인사를 드릴 때 탑을 선물한 데에 대하여 감사한 뜻을 표시했다. 한국의 황제는 영문을 모르고 있던 터라 다나카 자작이 무슨 소리를 하는지 모르겠다고 말했다. 그는 그 탑에 관하여 전혀 들은 바가 없었던 것이다.

그러나 오래 전에 헌병을 포함한 80명의 일본인들이 주민의 항거에 대비하여 완전 무장하고 송도를 급습했다. 그들은 그 탑을 해체하여 여러 차에 실었다. 그러자 주민들이 그들을 둘러싸고 위협하면서 공격하려 했다. 그러나 그러기에는 일본인이 너무 강했다. 그 탑은 예정된 대로 도쿄로 운송되었다. 그와 같은 불법적인 처사는 그대로 보아 넘길 수가 없는 일이었다.

---

5) 다나카 미쓰아키(田中光顯 : 1843~1939) : 본문에는 그의 이름이 다나카로만 되어 있으나 전후의 사정으로 미루어 볼 때 그는 다나카 미쓰아키이다. 젊어서부터 근왕파에 가담하여 메이지유신 뒤에 효고현 판사를 시작으로 벼슬길에 올라 육군성 회계국장, 육군 소장, 은급 국장, 회계검사 원장, 경시총감(1889), 학습원장, 궁내대신(1898)을 지냈다.

6) 풍덕(豊德) : 지금의 개풍군의 일부. 순조 32년(1823)까지 부로 존속하다가 이후 개성과 합쳐 개풍군이 되었다.

이와 같은 문화재의 손실에 관한 소식이 전국에 퍼졌으며 외국의 신문사에도 이 소문이 들어갔다. 일본을 두둔하는 사람들은 처음에는 터무니없는 거짓말이라고 선언했다. 특히 『재팬 메일』지는 분통을 터뜨렸으며, 서울에서 발행되는 영문 일간지로서 이 문제를 다루었던 『코리아 데일리 뉴스』지의 편집자 배설(Ernest T. Bethell)에게 욕을 퍼부었다. 일본인들은 이렇게 말했다.

"그의 주장은 전혀 터무니없는 거짓말이며, 어느 정도 공부를 해서 상식을 갖춘 사람이라면 편견에 전혀 눈이 멀지 않고서야 그와 같이 명백한 거짓말을 믿을 만큼 어리석은 사람이 있다고는 상상할 수도 없다."

『재팬 메일』지는 『코리아 데일리 뉴스』 같이 심히 괘씸하고 고약한 이간쟁이를 탄압하기 위한 구실을 마련하고자 또 다른 명분을 발견한 것이었다.

> 일본인들은 이러한 사건을 흐지부지할 것인가를 심각하게 생각해야 한다. 『코리아 데일리 뉴스』지는 미카도[帝]의 특명 사절인 궁내대신을 면전에서 그렇게 비난을 함으로써 고의적으로 일본의 황실을 모독했다. 이처럼 방자한 논조를 그대로 간과할 수 없다는 것이 솔직한 의견이다. 왜냐하면, 그렇게 함으로써 필요한 경우라면 서울의 신문이 일본인을 중상하고자 조직한 거짓말들이 얼마나 어처구니없는 것인가를 보여줄 수 있기 때문이다.

『재팬 메일』지는 영국인이 편집하는 것이기는 하지만 대체로 일본 정부의 반관 기관지로 간주되고 있다. 일본으로서는 그와 같이 사악한 중상자의 논조를 즉시 부인하고, 이에 대한 반론을 제기하고 또 어떠한 조처를 취할 필요가 있었다. 그러다가 신문 기사가 사실임이 밝혀지자 일본의 관리들은 결국 이를 시인하지 않을 수가 없었다.

그러나 그에 대한 변명을 하려고, 통감은 그러한 절도 행위에 대하여 동의한 바 없으며, 다나카도 그것을 갖고 싶어서가 아니라 황실에 선사하기 위한 것이었다고 말했다. 통감부의 기관지인 『서울 프레스』는 이에 대하여 가장 납득할 만한 변명을 하고 있다.

> 다나카는 양심적인 관리이며, 외국인이든 일본인이든 그를 아는 사람은 모두가 그를 좋아하고 존경한다. 그러나 그는 열성적인 미술품 감정가인 동시에 골동품 수집가이다. 이러한 점에서 볼 때 골동품 수집가로서의 그의 열의가 진지한 판단력과 자제력을 압도한 것처럼 보인다.

그러나 아무리 변명하고 구실을 내세우고, 후회를 해도 그 탑은 돌아오지 않았다. 그 탑은 지금까지도 일본에 보존되어 있다.[7]

---

7) 이 탑은 풍덕 부소산 경천사 10층 석탑으로 알려져 있다. 다나카가 이 탑을 가져간 뒤 이를 안 하세가와 요시미치의 엄명으로 1915년에 되돌려 보내어 현재는 국보 86호로 지정되어 경복궁 안에 있다가 다시 국립중앙박물관으로 이전되었다. 이 사건의 자세한 전말은, 이구열, 『한국문화재 비화』(서울 : 한국미술출판사, 1973), pp. 77~82 참조.

제 13 장 고종의 퇴위[1)]

근왕파(勤王派)는 애당초부터 일본에 대하여 강력히 반대했다. 그들은 충의와 전통과 이기적인 관계로 얽혀 강력하게 저항할 수가 있었다. 어떤 사람들은 자신의 이권이 위협 당하게 되었음을 알고, 어떤 사람은 급여가 경감된 것을 애석하게 여겨, 그리고 어떤 사람은 일본인들에게 밀려 직장을 빼앗겨 함께 뭉쳤다.

그러나 그들 모두가 황제와 국가에 대하여 다른 민족이 범접하려는 것을 보고 당연히 분노를 느끼고 있었다. 황제는 이 반일파들을 영도했다. 지난날 수없이 많은 환난을 겪는 동안 그는 교활한 방법도 배우게 되었다. 그는 자신이 앞에 나서지 않고서도 불만에 찬 무리들을 이끄는 방법을 많이 알고 있었다.

그러나 불행하게도 그는 개성이 매우 나약하다는 결점을 안고 있었다. 그는 과감한 작업을 뒤에서 지지해 주고 싶었으며 그의 신하들이 그의 말대로 행동하려 하면 왕은 일본인들의 농간에 빠져 일을 중시시켰다. 그러나 그는 어느 시점에 이르면 결코 망설이는 법이 없다. 일본은 그로 하여금 1905년

---

1) 원서에는 "Yi Hyeung의 퇴위"라고 되어 있다. 본시 고종은 외국에 보내는 공한에는 자신의 이름을 Yi Hyeng이라고 표기하고 있다. 그의 이름은 희이다. 이선근, 『한국사 : 현대편』, 을유문화사, 서울, 1970, pp. 944~945 참조.

11월의 을사조약을 사후에 승인하도록 애를 써 보았지만 허사였다. 그는 이렇게 외쳤다.

"차라리 내가 먼저 죽는 것이 낫다. 차라리 독약이라도 먹으면 매사는 그만이다."

서울의 중심부에 자리 잡고 있는 대궐은 4천 명의 엽관운동자들이 들끓는 음모의 소굴이었다. 일본을 두둔하는 사람들은 이러한 대궐을 동양에서도 가장 타락된 곳이라고 묘사하는 습관이 있다. 그것은 잘못이다. 황제는 미국 공사관의 옆에 있는 작은 건물에서 살고 있다. 그 건물은 단조로운 한옥이지만 근대적인 접견실을 갖추고 있다. 대전 이외의 궁궐 안에는 수많은 벼슬아치들과 객식구들이 우글거리고 있는 것은 사실이다.

대전 내시들이 있게 마련이고, 출입자들 가운데는 무당도 많이 있다. 황제는 어느 면에서는 엄비[2]의 심한 제어를 받았는데, 일상생활에서 볼 수 있는 의기소침한 그의 성격은 다른 동양의 군주들에 견주어 매우 두드러지게 보인다. 한국의 황실을 헐뜯는 일본 추종자들에 항변하여 나는 이에 대한 명백한 반증을 남겨 놓을 것이다.

1906년 7월, 이토 히로부미는 황제의 사생활을 엄격히 규제하기 시작했다. 어느 날 저녁, 많은 일본군이 대궐로 파견되었다. 늙은 궁중수비대는 밀려나고 황제는 사실상 수인의 신세가 되었다. 경찰 간부들이 각 궐문에 배치되고 일본인이 임명한 관리의 허가 없이는 아무도 출입할 수가 없었다. 그와 아울러 대궐의 늙은 관리들도 깨끗이 제거되었다. 만약 황제의 동지들을 격리시키고 주위에서 열성적으로 일본을 두둔하게 되면 그도 결국은 항복하지 않을 수 없으리라고 통감은 생각했다.

---

2) 엄비(嚴妃 : 1854~1911) : 영월 엄 씨로서 엄진삼의 딸. 8세에 입궐하여 민비의 시위 상궁으로 있다가 을미사변 이후 아관파천 당시에 고종을 모시면서 왕자 이은을 낳았다. 그 뒤에 귀인 · 순비 · 귀비를 거쳐 순헌황귀비로 책봉되었다. 양정 · 진명 · 숙명이 설립될 때 많은 재원을 기부했다.

그러나 통감은 상상할 수도 없었던 고집과 결심에 봉착하여 장애를 받게 되었다. 황제는 기회가 있을 때마다 해외에 글을 보내어 을사조약이 무효임을 주장했다. 그는 쉬지 않고 지금까지도 그의 동지들과 의견 교환을 계속하고 있지만 일본인들은 역도들을 그에게 접근시켜 거짓된 충성을 큰소리로 맹세하도록 만드는 데 세심한 주의를 기울였다.

황제가 하는 일은 아무리 적은 일일지라도 그 주위의 밀정들에게 곧장 전달되었다. 1907년 초여름, 황제는 헤이그 만국 평화 회의를 통하면 한국민의 자유를 위해 일본에 일격을 가할 수 있다고 생각했다. 만약 한국으로부터 독립을 빼앗아 간 을사조약을 자신은 동의한 사실이 없다는 것을 열강에게 통지할 수만 있다면 그들은 다시 서울에 공사를 파견하게 될 것이고 일본도 잡은 손을 놓을 것이라고 그는 확신하고 있었다.

그러한 판단이 서자 극비리에 자금을 마련하여 3명의 고위 관리[3]들이 헐버트의 보살핌을 받으면서 헤이그에 파견되었다. 그들은 어느 모로 보나 외교 전문가가 아니었으며 그들을 안내해 주는 사람도 없었다. 그들이 유럽 정부의 흉계를 모두 터득했다손 치더라도 아무 소용이 없었을 것이다. 사정이 그 지경이 되었으니 그들은 헤이그에 도착해서도 방청조차 거절되었다. 평화 회의는 그들에게 아무 것도 말해 줄 것이 없었다.

황제의 이와 같은 조처는 일본인들에게 오랫동안 모색해 온 한 구실을 만들어 주었다. 그러한 사태를 예상해서 이미 몇 달 전에 한국의 내각은 개편되어 대신은 황제에 의해서가 아니라 통감에 의해 지명되었다. 이제 황제는 행정권마저도 박탈되었다. 이토는 모든 각료들이 완전히 자신의 도구가 되었음을 알았다. 그 도구들을 제거할 때가 왔다.

일본 정부는 천벌을 받을 짓을 꾸몄다. 일본을 지지하던 사람들도 그러한 범죄적 행위는 천벌을 받지 않을 수 없으리라고 말했지만 무슨 벌을 받으리

3) 이준 · 이상설 · 이위종을 뜻함.

라고는 말하지 않았다. 이번 일의 진행은 1905년 11월의 을사조약을 꾸밀 때보다 더 영리하게 연출되었다. 겉으로 볼 때 황제를 퇴위시키면서 일본은 아무 일도 하지 않았다.

사실상 각료들은 그들의 정책을 결정하고자 통감부에 집합하여 지시받은 대로 일을 처리했다. 그들은 황제를 찾아가 이 국가를 일본의 병탄으로부터 구출하고자 양위할 것을 요구했다. 처음에 황제는 이를 거절했지만 대신들은 더욱 완강하게 이를 요구했다. 외국으로서 그를 동정하거나 도와주겠다는 소식은 하나도 없었다.

위험이 닥친 것을 안 황제는 간단한 수를 써서 그들을 속이리라고 생각했다. 그는 자신의 모든 권한을 양도한다는 뜻과 거의 구별하기 어려운 새로운 명칭의 한자어를 사용하여 황태자를 임시 황제로 삼고자 했다. 그러나 그는 이미 선의를 저버림 받았기 때문에 자신의 꾀에 스스로 넘어지고 말았다.

7월 19일, 지난밤부터 계속된 회의를 마치고, 새벽 6시에 황제는 퇴위를 권고 받았다. 몇 시간이 지난 뒤 황제는 최후의 칙령을 발표했다. 거기에는 한 민족으로서의 비애가 없을 수 없었다.

> 슬프다(嗚呼), 짐(朕)이 열조(列祖)의 기업(基業)을 전수한 지 40여 년 동안에 어려움이 많았고 매사에 뜻대로 됨이 없었다. 생각건대 이제까지 짐은 민족의 앞날을 위해 필요한 적재(適才)의 인물을 만나지 못한 듯하다. 사회의 불안은 날이 갈수록 심각해졌으나 이를 바로 잡으려는 노력은 번번이 실패했다.
>
> 지금까지 어려움은 우리를 짓눌러 왔으나 백성의 곤궁함과 치자의 피곤함이 오늘과 같이 심한 적이 없었다. 짐의 마음은 두렵기가 마치 깊은 물위의 살얼음 위를 걷는 것과 같다. 짐의 신하들은 피곤함에 그 직무를 게을리 했고 이제 퇴위를 하기에 이르렀다. 이에 짐은 국가의 대사를 황태자로 하여금 대리케 하노니 궁내부(宮內府)의 장예원(掌禮院)은 이들을 세세히 처

리할 것을 명하노라.

새로이 등극한 황제[순종]는 지적으로 모자란 분으로서 그의 측신들의 손에 이용만 당하는 도구에 지나지 않았다. 그러나 그의 부왕은 그의 측근에 남아서 그를 통하여 계속 왕권을 행사하고 싶어 했다.

1주일도 못 되어 일본인들은 한국의 모든 정사를 전적으로 일본인들이 처리할 수 있도록 하는 새로운 조약[4]을 마련했다. 전문 6조의 매우 간략한 이 조약은 그럴 수 없이 엉뚱한 것이었다. 이 조약에 따르면 통감의 사전 동의가 없이는 한국 정부가 법률을 집행할 수도 없으며 중요한 문제를 처리할 수도 없도록 되어 있다. 모든 관리들은 통감의 마음에 들어야 그 자리를 지킬 수 있으며, 한국 정부는 통감이 천거한 일본인의 임용을 이의 없이 동의해야 한다.

드디어 한국 정부는 일본 고위층의 동의가 없이는 외국인과 거래를 할 수 없도록 되었다. 며칠이 지난 뒤 새로운 황제의 이름으로 군대의 해산을 명령하는 칙령이 내렸다. 이 칙령은 한국인을 매우 모욕하는 투로 작성되었다.

"우리의 군대는 용병으로 구성된 것으로서 국가 방위를 위하여 부적합하다."

이 칙령의 저의는 "유력한 군대를 점차적으로 조직하려는" 구실을 만들려는 것이었다. 이와 같은 모욕에 그치지 않았다. 일본은 군대가 해산된 다음 소요가 발생되면 이를 제지하고자 통감에게 일본군의 지원을 서면으로 요청하라고 총리대신 이완용에게 명령했다. 이와 같은 처사는 적의 목을 발뒤꿈치로 밟고 있는 것과 같은 일본인이 상대방을 모욕 주려고 자신의 뺨을 살짝 갈기는 것과 마찬가지의 소행이었다.

8월 1일 아침, 한국 군대의 몇몇 고위 장교들은 일본인 사령관인 하세가와의 숙소에 소집되어 군대해산령을 받았다. 명령에 따르면 그들은 다음날

---

4) 한일신협약 곧 정미 7조약을 뜻하는데 "전문 6조"라고 한 것은 필자의 착오이다. 전문은 7조이다. 본서 부록(pp. 270) 참조.

아침 군대를 비무장으로 소집하여 봉급을 지불하고, 그러는 동안에 그들의 무기를 압수하도록 하라는 것이었다. 한국 군대의 가장 탁월한 지휘관이었던 박 소령[5]은 실의에 빠져 숙소로 돌아와 자결했다.

대궐에서 무슨 일이 일어났는지를 알게 된 그의 부하들은 폭동을 일으켰다. 그들은 일본군 교관을 습격하여 거의 죽을 정도로 구타했다. 그런 다음 그들은 무기고를 강제로 열어 총과 실탄을 손에 넣자 숙소의 창문 옆에 숨어 일본인들에게 눈에 띄는 대로 발사했다.

이 소식은 곧 통감부에 전달되고 일본군 보병 몇 개 대대가 서둘러 출동하여 병사를 포위했다. 일본군은 2개조로 나뉘어 한편으로는 기관총으로 전면을 공격하고 다른 한편으로는 후면을 공격했다. 전투는 아침 8시 반에 시작하여 한국군은 정오까지 버틸 수 있었지만 후면 공격 부대에 의해 끝내는 진압되었다. 그들의 용전은 심지어 적군에게서도 높은 찬사를 받았다.

적어도 며칠 동안 일본인들은 과거 어느 때보다도 더 한국과 한국인을 칭송했다는 것은 주목할 만한 사실이다. 일련의 사건들이 그 날을 욕되게 만들었다. 일본군은 훌륭하게 처신했으며 부상병들을 정성껏 치료해 주었으나 그날 밤 일본인 하층 계급의 노동자들이 그들의 숙소를 나와 희생자들을 수색했다. 그들은 항병이라고 의심되는 사람이면 눈에 띄는 대로 구타하고 칼로 찌르고 살해했다.

몇십 명이 떼를 지어 다니면서 무기도 없는 부상병들을 공격하고 살해했다. 통감부는 이 사실을 알자 이를 즉시 중지시키고 많은 범법자들이 체포되었다. 이 일이 있은 지 몇 개월이 지나 이토는 한국에서 이룬 공적으로 천황으로부터 공작의 작위를 받았다.

---

5) 시위 제1연대 제1대 대장인 참령 박성환(1869~1907)을 뜻함.

제 14 장 꼭두각시 황제의 등극

8월 말, 분노한 민중들의 통명스러운 침묵 속에 새로운 황제[순종]가 등극했다.[1] 민중들에게는 감격의 빛을 찾아볼 수가 없었으며 경관의 압력에 못 이겨 몇 군데 국기가 게양되었다. 예전 같으면 몇 주 동안 큰 잔치가 계속되었겠지만 그 날 민중들의 표정은 침울하고 무관심하고 냉담할 뿐이었다.

지방에서는 민중 봉기와 살인이 일어나고 있다는 소식이 시간마다 들어왔다. 자칭 개혁파들이지만 민족 반역자로 낙인이 찍힌 일진회는 큰 잔치를 차릴 심산이었으나 민중들은 이를 외면했다. 민중들은 "오늘은 잔칫날이 아니라 상복을 입는 날"이라고 수군거렸다.

대관식을 주관했던 일본 당국은 의식을 간소화하고 한국의 독립이 대외에 공표되지 않도록 막으려고 애를 썼다. 황제가 식장으로 들어갈 때 양편에 부축을 받으면서 몸을 떨고 있던 모습이라든가, 입을 벌린 채 턱은 밑으로 처지고, 눈은 초점을 잃었으며 얼굴에는 지식인에게서 볼 수 있는 총명이 사라진 것을 본 사람들은 이번의 대관식을 경사스러운 일로 생각할 사람이 거의 없으리라는 것을 의심하지 않았다. 옛날과 같은 우아한 모습이 사

1) 순종의 등극을 뜻한다. 대개의 한국 문헌에는 고종의 양위식이 7월에 있었다고 기록되어 있는데 이는 음력과 양력의 차에서 오는 것이다. 양위식의 정확한 일자는 1907년 8월 28일(음력 7월 20일)이었다.

라진 대관식은 단조롭고 그림 같았다.

이 날 있었던 일 가운데 황제의 상투를 자르는 것은 대관식 못지않게 중요한 일이었다. 고종이 양위하자 단발을 적극 찬성하던 내각은 기회를 만난 셈이었다. 새로운 황제는 상투를 자르도록 권고를 받았지만 그는 단발을 좋아하지 않았다. 그는 단발을 매우 고통스럽게 생각했기 때문에 상투를 그대로 두고 싶었다. 그러자 내각에서는 금술이 달린 찬란한 복장을 보여 주었다.

황제는 대관식에서 한국식의 곤룡포를 입는 것이 아니라 이 새로운 복장을 입도록 되어 있었다. 상투를 자르지 않고서야 서구에서 원수들이 쓰는 금술이 달린 모자를 쓸 수 있겠는가? 내각은 황제의 단발을 결의했다. 몇 시간 뒤에는 황제가 상투를 자르기로 했으니 모든 사람은 그를 따르라는 포고문이 전국의 충순한 국민들에게 발표되었다.

황실 이발사가 새로이 임명되었다. 그는 제복을 으리으리하게 차려입고 대궐 부근의 거리를 활보했다. 그는 희고 짧은 바지에 큼직한 흰색 연미복을 입고, 흰 구두에 검은 실크 해트를 쓰고 남의 시선을 끌면서 의기양양하게 거리를 활보했다.

그 날 아침 대궐에서는 장관이 벌어졌다. 황실 이발사가 참석하고 원로 고관들이 황제의 주위에 시립하고 있었다. 그들은 창백한 얼굴에 떨리는 목소리로 선대의 유풍을 버리지 말라고 아뢰었다. 황제는 겁에 질려 망설이기만 했다. 무슨 수로 단발을 면할 수가 있겠는가? 그러나 이제는 더 이상 주저할 수도 없고 자기들의 임무가 무엇인지를 잘 알고 있는 사람들이 뒤에 버티고 서 있으니 말이다. 몇 분이 지나 황제의 상투는 날아갔다.[2)]

2) 이상의 글을 보면 필자는 순종이 그의 대관식 날 단발이 실시되었다고 기록하고 있으나 국내 기록은 이와 다르다. 순종은 이미 태자 시절 곧 을미사변(1895) 뒤에 고종과 함께 머리를 깎았다.(이선근, 『한국사 : 현대편』(서울 : 을유문화사, 1970), pp. 717~720. 및 이홍직, 『국사대사전』(서울 : 지문각, 1962), p. 370 : 「단발령조」). 이에 관한 F. A. McKenzie의 기록은 실제 목격담이기 때문에 무시할 수가 없다. 추측하건대, 고종은 단발령 당시(1895)에 삭발한 것이 사실이나 순종은 상중(喪中)이라는 당시의 주장이 관철되어 단발을

통감부에서는 대관식을 준비하면서 많은 일본인들이 참석할 수 있도록 하고 가능한 한 외국인들은 이에 참석할 수 없도록 식을 준비했다. 식장에는 일본 교민회장과 불교 승려들을 포함하여 거의 100명의 하객이 참석했다. 서구인으로서는 여섯 명의 총영사와 한국에 주재하던 영국 성교회의 터너 주교[3]만이 참석했다.

일본인들은 으리으리한 복장을 차려 입고 참석했다. 일본인들은 말직에 있는 사람일지라도 금술을 달고 많은 훈장을 패용한 궁중복을 입도록 한다는 것이 새로운 정책으로 되어 있다. 이렇게 함으로써 일본인들은 공식 석상에서 장관을 보일 수가 있는데, 동양의 조정에서는 이러한 방법이 전혀 소용없는 일만은 아니다.

10시가 조금 못 되어 하객들이 식장에 모여들었다. 식장은 현대식으로 꾸며 있는 방으로서 한 모퉁이에 단이 마련되어 있었다. 황제의 왼편에는 한국인이, 오른편에는 일본인이 시립했으며, 각료들과 통감부 관리들은 좌우의 전열에 각기 자리 잡았으며, 외국인들은 단 전면에 자리 잡았다.

새로운 황제는 시종무관장과 궁내부대신의 안내를 받으면서 단 위에 나타났다. 그는 자기 나라의 옛날 복식인 푸른 곤룡포를 발목까지 치렁치렁하게 입고 그 밑에는 엷은 크림색의 관복을 입고 있었다. 그의 머리에는 말총으로 만든 고풍의 둥그런 모자를 우아하게 쓰고 있었고 가슴에는 작은 장식을 달았다. 키는 크고 엉거주춤하니 거북스럽게 서서 시선은 초점을 잃고 있는 모습, 그것이 곧 황제의 모습이었다.

옛날 같으면 모든 사람들은 머리가 땅에 닿을 정도로 머리를 조아리게 마

미루어 오다가 즉위식 날에 단발한 것으로 보인다.

3) 터너 주교(Bishop Arthur B. Turner : 1862~1910) : 성공회 주교. 옥스퍼드(1885)와 커드스돈대학(1886)을 졸업하고, 성공회의 부제(1886)와 사제(1887)를 거쳐 내한(1896), 주교(1905)가 되어 포교 활동을 하다가 과로로 죽어 양화진 외국인 묘지에 묻혔다. YMCA의 헌장 기초 위원이자 2대 회장으로서 교회에 대한 국가의 책임과 선교 원칙을 강조했고, 한국에 축구를 처음으로 소개했다.

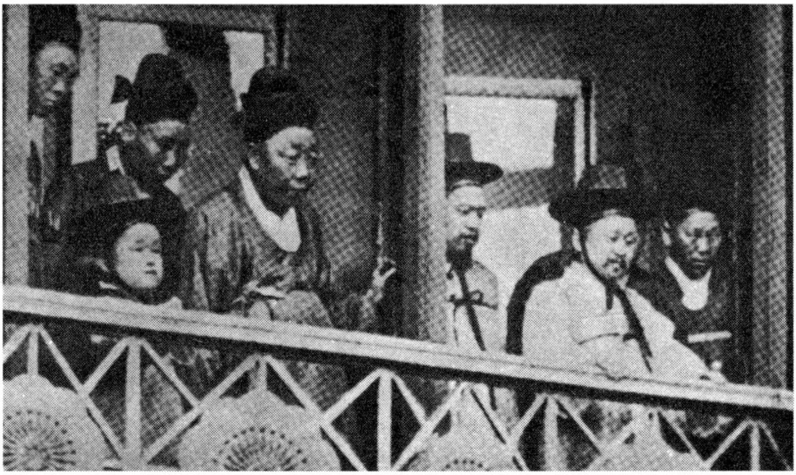

황태자 · 순종황제 · 고종황제의 모습

련이지만, 한 내시가 무릎을 꿇고 있는 것 이외에는 어느 누구도 허리 이상을 굽히지 않았다. 북과 구성진 관악기가 합주하는 괴상한 국악이 은은하게 들려왔다. 의장대가 영창을 시작하자 신기한 창이 계속되었다. 침묵이 흐르는 가운데 내각총리대신 이완용이 말쑥한 옷차림으로 앞으로 나와 환영사를 낭독했다. 황제는 남의 일처럼 아무런 관심도 보이지 않은 채 조용히 서 있었다. 그는 싫증을 느끼는 것처럼 보이지 않았으며, 오히려 무기력하게 서 있었다.

그런 뒤에 의식은 잠시 중단되었다. 황제가 물러가자 하객들은 곁방으로 들어갔다. 곧 모든 사람들이 호출되고 황제도 다시 나타났다. 잠시 동안에 그의 모습은 싹 변했다. 그는 한국 군대의 대장이 입는 것과 같은 새로운 신식 제복을 입고 나왔다. 그의 가슴에는 두 개의 훈장이 걸려 있었는데, 내가 잘못 본 것이 아니라면, 그 가운데 하나는 일본 천황이 보내 준 것이었다. 새 옷을 입은 그의 모습은 조금 전보다는 더 의젓해 보였다. 그 앞에는 훌륭한 깃이 꼿꼿하게 달린 새 모자가 놓여 있었다. 이제는 그 구성진 국악도 그치고 그 대신에 궁중에 소속되어 있는 훌륭한 서구 악대가 현대 음악을 연주했다. 옛날 복장을 입고 옛날식으로 연주하던 국악대는 구석방으로 밀려났다.

일본의 통감 대리이며 한국 주둔 일본군 사령관인 하세가와 요시미치가 위풍당당하게 앞으로 걸어 나와 천황의 환영사를 낭독했다. 그 뒤를 이어 한국 주차 외교사절단장인 뱅카르(M. Vincart)가 각국 대표를 대신하여 인사했다. 그의 인사말은 매우 조심스럽게 재편집되어 있었다. 그 내용을 들어보면 각 사절의 본국 정부가 이번 절차를 승인했다는 인상을 느낄 수가 없었다. 그런 다음 대관식은 모두 마쳤다.

이 대관식에는 두 사람의 모습이 보이지 않아 특히 주목을 끌었다. 상황이 이 자리에 불참했던 것이다. 공식적인 설명에 따르면, "그의 제복이 시간 내에 마련되지 않아" 참석할 수 없다는 것이다. 사실상 모든 사람들이 알고 있는 바와 같이, 그는 대관식장에서 20여 야드 떨어진 곳에서 치를 떨며 항변하고 있었다.

그곳에 나타나지 않은 또 다른 인물은 러시아 총영사인 플랑송(M. de Plançon)이었다. 그는 지각하여 참석할 수가 없다고 발표되었다. 그는 대궐에서 걸어서 10분이면 도착할 수 있는 곳에 살고 있었으며, 또 대관식은 예정 시간보다 늦어져 하객들은 거의 1시간이나 기다렸음을 생각할 때 그는 하필이면 그 중요한 날 아침에 그가 늦잠을 잔 것이 틀림없다. 그러나 이상한 말이지만, 그는 새벽잠이 없는 사람이었다.

제 15 장 의병을 찾아서

황제는 폐위되었고 군대는 해산되었다. 통명스럽고도 분노에 찬, 그러나 무기력한 서울의 민중들은 이제 폐하의 무관심과 자신의 나태와 무지에 희생된 채, 자신의 민족적 존립을 도적맞고도 감히 말 한 마디조차 할 수 없었다. 의기양양한 일본군들은 대궐문과 궁내에 버티고 있었다. 왕자들은 상투를 잘리고 일본 옷을 입는 등, 저들의 욕된 욕구에 복종하지 않을 수 없었다. 하세가와 요시미치 휘하의 군졸들은 거리를 누비며 호령했으며 백의민족들은 발걸음조차도 조심스러워야 했다.

그러나 수도 서울은 그토록 억압을 당했지만 몇몇 지방은 그렇지 않다는 것이 곧 명백해졌다. 먼 지방에서 쫓겨 온 패군들은 해가 진 뒤 성벽을 기어 넘어 들어와 각지에서 일어나고 있다는 놀라운 사실들을 서울 사람에게 전했다. 이곳저곳에서 일본에 대한 봉기가 일어났다.

"의병"이 편성되고 놀라운 일들을 감행했다. 일본 분견대는 전멸되고 그 밖의 무리들도 패주했다. 일부의 일본군이 승리한 것은 사실이지만, 그들은 온 마을을 유린하고 주민들을 대량 학살함으로써 가혹한 보복을 감행했다. 피난민들의 말이 그렇지만 어디까지가 사실이란 말인가?

나는 그들의 이야기를 크게 의심했다고 할 수밖에 없다. 한국에서 일본인들의 불법적인 행위를 저지르는 것을 여러 번 보아 온 나이지만, 일본군이 상관의 지휘를 받아 조직적으로 그러한 범행을 저질렀다고 보기는 어려웠다. 나도 러일전쟁 기간 동안 일본군과 함께 있었던 탓으로 일본군이 고하를 막론하고 군기가 엄정했음을 보았으며, 또 그러한 태도를 칭찬했다.

그때 일본군들은 약탈이나 범법 행위를 저지르지 않았다. 최근에 서울에서 폭동[1]이 일어났을 때에도 나는 일본군의 행동을 목격한 적이 있다. 어찌되었든 피난민들의 이야기가 사실이든 거짓이든, 다소 흥미 있는 전투가 계속되고 있었음은 부인할 수가 없었다.

9월 첫 주까지만 해도 부산 부근에서부터 서울의 북쪽에 이르기까지 분란이 일어나고 있음이 명백해졌다. 의병들은 대체로 해산된 구식 군대와 산간의 사냥꾼들로 구성되어 있음이 확실했다. 우리가 서울에서 들은 바에 따르면 구식 군대에서 훈련을 받은 장교들이 그들을 훈련·조직시켜 지원 부대를 구성하고 있다는 것이었다.

일본군은 의병의 본거지로 신식 군대를 집결시키고 있었지만 의병들은 봉화를 교묘하게 이용함으로써 정규전을 피하면서 적의 헛점을 찔렀다. 기록에 따르면 그들은 무기도 형편없었을 뿐만 아니라 화약도 부족했으며, 그들에게 외부에서 무기를 공급해 주는 유력한 조직도 없었던 것처럼 보인다.

불만에 찬 한국인들이 처음으로 집결한 곳은 서울에서 동쪽으로 80~90마일 떨어진 산간 지방이었다. 이곳에는 한국의 유명한 호랑이 사냥꾼들이 살고 있었다. 이들은 "의병"이라는 이름으로 함께 뭉쳤다. 그들은 일본군 소수 부대와 접전하여 작으나마 승리를 거두었다. 상당한 병력의 일본군이 도착하자 그들은 산 속 깊숙이 피신했다.

이 호랑이 사냥꾼들은 산악의 자손이라고 말할 만큼 산에 능숙했고 신체가 건강한데다가 자기들이 익숙한 고장을 무대로 활약했기 때문에 아무리 정예한 정규군이라고 할지라도 그들을 상대하기는 어려웠다. 그들은 아마

---

1) 을사조약이 체결되고 단발령이 실시된 이후 각지에서 일어난 저항을 뜻함.

이 세상에서 가장 씩씩한 운동선수일는지도 모른다. 그들은 의병 가운데 서도 가장 아름답고 낭만적인 부분을 이루었다.

의병들의 무기는 구형의 격발총으로 총신은 길고 방아쇠는 길이가 8인치 되는 놋쇠로 되어 있었다. 그들 가운데 대부분은 어깨에 총을 걸고 쏘는 것이 아니라 옆구리에 늘어뜨리고 쏘았지만 빗나가는 법이 없었다. 그들은 장탄을 하는 데 시간이 많이 걸리기 때문에 1회 공격에 1발밖에는 총을 쏠 수가 없다. 그들은 호랑이에 바짝 다가가서 쏘아 죽이는 법을 배우고 있다. 요즈음의 호랑이 사냥꾼들은 첫 발에 실수하면 그는 죽는다. 호랑이는 그것을 노리고 있는 것이다.

서울에서 들을 수 있는 얘기 가운데 한국인들이 승전했다는 소문은 아무래도 믿기가 어려운 것도 있었다. 그러나 내가 서울에서 들은 한 전투담은 너무나 여러 곳에서, 그리고 믿을 만한 곳에서 들었기 때문에 그 사실의 진부를 의심할 수가 없었다. 그 얘기를 듣노라면 나폴레옹에게 항쟁했던 티롤[2] 민족의 옛 일이 생각난다.

48명의 일본군이 다량의 군수 물자를 호송하고 있었다. 한국인들은 양편이 깎아지른 듯한 절벽이 겹쳐 있는 산골짜기에서 매복하고 있었다. 일본군들이 골짜기의 중앙에 이르렀을 때 그들은 절벽 위에서 굴러 떨어지는 큰 바위 덩어리로 압사했으며, 생존자들이 전열을 정비하기도 전에 한국군들의 무리가 그들에게 쇄도하여 몰살시켰다.

한국인들이 흔히 호언장담하는 문체의 격문들이 서울로 은밀히 전달되었다. 서울의 일본군 사령부인 진고개에 주둔하고 있던 일본군들은 계속하여 지방으로 파송되었다. 하세가와는 다음과 같은 성명을 발표하고 지방에서 일어나고 있는 사태에 대해 심심한 유감의 뜻을 표명했다.

---

2) 티롤(Tyrol) : 동알프스 지방 산악 지대로서 지금은 오스트리아와 이탈리아로 분할되어 있다. 나폴레옹 전쟁 시에 이들은 산악을 이용하여 침략군에 항전했다.

의병의 전초병(필자 촬영)

조선 주둔사령관 하세가와 요시미치는 전국 각지의 한국인 각자에게 다음과 같이 포고한다. 천하 대세의 필연적인 추세와 정치적 재활을 위한 민족적 요망에 따라 한국 정부는 폐하의 뜻을 받들어 이제 국가의 각 기관을 재편하는 과업에 착수하고 있다. 그러나 세계의 대세를 모르는 몰지각한 무리들은 충성과 반역을 구분하지 못하고 무례하고도 허무맹랑한 소문을 퍼뜨림으로써 백성들의 마음을 흔들어 놓고 여러 곳의 불량배들을 교사하여 폭동을 일으키도록 했다.

이 폭도들은 내 · 외의 양민을 살해하고, 그들의 재산을 약탈하고, 관청과 민가를 불태우고, 통신 수단을 태우는 등, 가공할 죄를 범하고 있다. 그들의 범죄 행위는 천인공노할 소행임에도 그들은 충성스럽고도 애국적인 체하며 스스로를 의병이라 일컫고 있다. 그러나 그들은 범법자임에 틀림없으며, 정치 제도를 부활시키려는 폐하의 뜻을 반대하고 자신의 국가와 민족에게 가장 해로운 일을 저지르고 있다.

저들을 조속히 소탕하지 않는다면 참으로 처참한 사태가 일어날는지도 모른다. 나는 저들의 폭동을 뿌리 뽑음으로써 백성들을 환난으로부터 구출하라는 명령을 대한제국의 황제 폐하로부터 받았다. 나는 법을 준수하는 한국의 전국민에게 명령하건대, 그대들은 각기 생업에 종사할 것이며 두려워하지 말라.

한때 실수로 폭도들에게 가담한 사람들일지라도 잘못을 뉘우치고 속히 항복하면 지난 과오를 용서할 것이다. 또한 그들을 체포하거나 그들에 관한 정보를 제공하는 사람에게는 상당한 상금을 줄 것이지만, 고의적으로 그들에 가담하거나 그들을 숨겨 주든가 무기를 은닉한 사람들은 중벌을 받을 것이다. 더 나아가서 폭동이 발생한 마을은 이에 집단 책임을 지고 가혹한 벌을 받을 것이다. 한국의 전국민들은 여기에 발표한 나의 말을 십분 이해하고 범법 행위를 하지 않도록 할 것을 엄중 경고하는 바이다.

미국에 살고 있는 한국인들은 『폭뢰』라는 인상적인 표제의 성명서를 돌려 일본과 손을 잡고 일하는 한국인들을 공격함으로써 동포들의 분노와 복수심을 불러일으켰다. 그들은 다음과 같이 선언했다.

우리 2천만 동포들은 분노에 치를 떨고 있다. 그들의 충의는 하늘을 찌를 듯하며, 충성심에 북받쳐 피는 분노한 파도처럼 드높이 들끓는다. 우리는 그대들의 집을 불태우고 그대들의 머리를 자를 것이다. 우리는 그대들의 몸을 2천만 가닥으로 찢어 우리 2천만 동포가 씹도록 할 것이며, 그대들의 피를 2천만 잔으로 나누어 우리 2천만 동포가 마시도록 할 것이다. 우리는 그대들의 살을 씹고 피를 마셔도 시원치 않을 것이다. 그대들은 범죄자이며 천한 비겁자이며 외국인의 집에 숨어 살며 출입할 때는 미국 군대의 보호를 받고 있다. 삼척동자들도 그대들의 매국적 외침을 듣고 있다.

지방에 살고 있는 한국인들은 다음과 같은 격문을 발표했는데 아름답지는 못하지만 상당히 격정적이었다.

우리 민족의 인구는 2천만 명이며 늙고 병든 무리나 어린아이를 제외하고도 1천만이 넘는다. 오늘날 한국에 주둔하고 있는 일본군은 8천 명을 넘지 못하고 각지에 있는 일본 상인도 몇 천 명을 넘지 못한다. 그들의 무기가 아무리 고성능이라 할지라도 1명의 일본인이 어찌 1천 명의 한국인을 죽일 수 있을 것인가? 우리는 우리의 형제들이 어리석은 행동을 하지 말며, 죄 없는 사람을 죽이지 말기 바란다.

우리들은 날짜를 정해 그대들을 공격할 것이다. 우리들 가운데 몇몇 사람은 거지나 상인으로 가장하여 서울로 들어갈 것이다. 우리는 철도를 폭파하고 항구를 불태울 것이며, 진고개를 쳐부수고 이토 히로부미와 모든 일본인들을 죽이고 이완용과 그 주구들을 몰살할 것이며, 폐하를 배신한 역도들을 단 1명도 살려 두지 않을 것이다. 일본은 우리를 무찌르려고 모든 군대를 진격시킬 것이다. 우리는 무기를 갖고 있지 않지만 우리의 충성심을 끝까지 버리지 않을 것이다.

우리는 일본군의 신식 무기에 대항할 수 없을 것이지만, 우리는 외국 영사들에게 파병을 요청할 것이며, 그들은 의로운 사람들을 도와 악한 무리들을 쳐부술 것이다. 그렇지 못할 바에야 차라리 함께 죽자. 일본을 쳐부수자. 그리고 어쩔 수 없다면 우리는 국가와 황제와 함께 죽자. 우리에게는 그 길밖에는 아무 것도 없다.

황제와 우리 형제들이 이토와 이완용과 그의 주구들의 그 지긋지긋한 정책에 따라 차례로 죽을 것이 확실한 바에야 슬픈 운명을 조금이라도 더 연장하기보다는 이제라도 죽는 것이 낫다. 망국의 유민으로 살기보다도 차라리 애국자로 죽는 것이 낫다.

이준 선생은 우리 국가를 옹호하고자 외국으로 나갔으나 그 뜻을 이루지 못함에 칼로 할복하고 외국인들에게 피를 뿌려 그 충의를 만방에 알렸다. 우리 2천만 동포가 뭉치지 않는다면 이는 선생의 뜻을 저버리는 것이다.

우리는 자멸하든가 아니면 이 민족을 지키든가 양자택일을 해야 한다. 우리가 죽고 사는 것은 작은 일이지만, 우리가 우리 민족을 위해 일할 것인가 아니면 배신할 것인가를 당장에 결심한다는 것은 중요한 문제이다.

남부 지방에 살고 있는 한국인들은 다음과 같이 솔직하게 통감 이토에게 호소했다.

> 당신은 한일 간의 우의를 강조했지만, 일본인의 손길이 닿는 곳이라면 남는 것이 없을 만큼 당신이 전국적으로 이익을 빼앗은 것이 사실이다. 한국은 이제 멸망의 구렁텅이에 빠졌지만 한국이 그 지경이 되면 일본도 쇠망할 것이다. 우리는 그대를 동정하노니, 이 민족이 멸망한다고 해서 당신에게 이로울 것이 없을 것이다. 일본과 한국이 함께 멸망한다면 이는 참으로 일본에게 불행한 일이 될 것이다.
>
> 만약 당신 스스로 안녕을 바란다면, 폐하에게 건의하여 역신을 탄핵토록 하고 그들에게 마땅한 벌을 받도록 하라. 그리하면 모든 한국인들은 호감을 가지고 당신을 바라볼 것이며 서구인들은 소리 높여 당신을 칭송할 것이다. 한국 정부로 하여금 각 분야에 걸쳐 개혁을 이룩하도록 충고해 주고, 학교를 증설하도록 도와주고, 유능한 인재를 뽑아 등용시킬 수 있도록 도와주라. 그러면 한 · 청 · 일 3국은 같은 반열에 서서 굳게 뭉치게 될 것이고 외국도 감히 능멸하지 못할 것이다. 만약 당신이 이렇게 하지 않고 우리의 국권을 계속 유린한다면 우리는 함께 멸망할 것이다. 이 점을 기억해 주기 바란다.
>
> 당신들은 한국에 인물이 없다고 생각하지만, 보라! 우리 한국인들은 당신들의 철로를 폭파하고, 당신들의 숙소와 관청을 파괴할 것을 결심했다. 우리는 날짜를 정하여 팔도의 충신들에게 글을 보내어 모두 함께 일어나 각 개항지의 일본인들을 몰아내도록 할 것이다.
>
> 일본군이 아무리 총검술에 능숙하다 할지라도 우리 2천만 민족을 대항하기는 참으로 어려울 것이다. 우리는 먼저 한국에 있는 일본인들을 쳐부술 것이지만, 이 과업이 끝나면 열강에 호소하여 한국의 독립과 자유를 승인토록 할 것이다. 우리가 8도의 동포들에게 글을 보내기에 앞서 미리 그대에게

충고하는 바이다.

각지에서는 다소 흥미 있는 전투가 계속되고 있음이 명백했다. 나는 그들을 직접 찾아보기로 결심했다. 그러나 이런 일이란 말이 쉽지 참으로 어렵다는 것을 나는 곧 알게 되었다. 제일 먼저 겪게 된 고충은 일본 당국의 방해 공작이었다. 곧 그들은 나에게 여권을 발급하여 주지 않았다. 이유는 곧 현지에는 분란이 일어나 나의 신변을 보장할 수 없다는 것이었다. 내가 만약 여권이 없이 여행을 한다면 국제 조약에 의거하여 "여행 중에 체포되어 처벌을 받을 것"이라고 통감은 나에게 정식으로 경고했다.

이 정도로 내 결심은 흔들리지 않았다. 내가 정말로 두려워한 것은 그들이 나의 여행을 동의해 놓고 신변 보호라는 명목으로 호위병을 딸려 보내겠다고 주장하지나 않을까 하는 점이었다. 지금과 같은 현실에서 일본이 외국인의 한국 내 여행을 저지할 권리가 있는가 하는 것이 더욱 의심스러웠다. 왜냐 하면 여권 규정은 이미 오래전부터 사실상 효력이 없었기 때문이었다. 내가 체포되어 영사관 감방에 구금될 경우에 항변할 수 있도록 마련된 구실이 바로 이 점이었다. 그리하여 나는 출발을 위해 준비를 서둘렀다.

한국에서 여행할 경우 기차를 이용하지 않는다면 음식물 이외의 모든 필수품을 말로 운반해야 한다. 따라서 적어도 세 마리의 말이나 노새가 필요하다. 하나는 여행자가 타야 하고, 하나는 짐을 실어야 하고 다른 하나는 침구와 사동을 태워야 한다. 노새에게는 각기 마부가 따라 다니면서 먹이를 주어야 하고 보살펴 줄 필요가 있다. 그러므로 나는 가벼운 여행 차림이긴 하지만 기동성 있게 차리려고 두 마리의 말과 한 마리의 노새, 그리고 4명의 수행원과 함께 떠나지 않을 수 없었다.

서울에 살고 있는 서구인 및 한국인 친구들은 내가 여행을 떠나면 살아서 돌아오지 못할 것이라고 생각했다. 지방에서 분란이 일어난 이후 현지를 가본 백인은 아직 아무도 없다. 한국의 호랑이 사냥꾼들과 강제 해산된 구식 군대들은 산간에 흩어져 있으면서 그곳을 통과하는 일본인들을 저격하고자 기다리고 있었다.

일본군이나 그 지휘관들은 모두가 양복을 입고 있기 때문에 어느 정도 먼 거리에서라면 나를 일본인으로 착각할 것이 틀림없으며, 그들은 자신의 실수를 알기 전에 이미 나를 사격할는지도 모른다. 어떻게 하면 이런 위험을 면할 수 있을까를 백방으로 궁리해 보았다.

우리 집의 한 늙은 하인은 나에게 한국의 양반들처럼 가마를 타고 가라고 권했다. 가마는 작은 상자처럼 되어 있으며 두 사람 또는 네 사람이 메도록 되어 있으며 여행자는 그 안에서 사뭇 웅크리고 앉아 있어야 한다. 가마는 평균 한 시간에 2마일도 못 간다. 나는 가마를 타느니 차라리 총알을 맞는 것을 선택했다. 한국의 관리들은 내가 도착하는 마을에 하루 전에 사람을 보내어 "영국대인"이 통과할 것이니 사격하지 말도록 미리 알리라고 나에게 권했다. 나는 그렇게 하기로 하고 길을 떠났다.

이번 여행을 참으로 모험적이라는 과장된 생각이 불행하게도 외부에 알려졌다. 마상들은 말을 빌리는 값을 더욱 올려 요구했다. 왜냐하면 그들은 다시 말을 찾지 못할는지도 모른다고 생각하고 있었기 때문이었다. 나는 사동이 하나 필요했다. 서울에는 사동들이 많았지만 구하기가 어려웠다.

나는 잘 생긴 한 한국인 청년을 하인으로 고용했다. 그의 성은 우씨였는데 사냥과 금광을 찾으려고 많이 돌아다녀 본 사람이었다. 그는 몹시 불안하게 생각하고 있는 듯이 보였다. 출발 3일 전에 그가 눈길을 떨어뜨리고 나를 찾아 왔을 때 나는 예상했던 일이기 때문에 놀라지 않았다.

"선생님, 저는 매우 무서워서 가슴이 마구 떨리고 있습니다."

"무어 놀랄 일이라도 있나요?"

"의병들은 선생님을 쏘아 죽일 것이고 그 다음에는 저를 쏘아 죽일 겁니다. 저는 상투를 잘랐기 때문이지요."

의병들은 상투가 없는 사람을 모조리 죽인다는 소문이 떠돌고 있었던 것이다. 우 씨를 해고하고 어떤 사람으로부터 한 씨를 소개받았다. 그는 사냥 경험이 많은 사람이었지만 행선지를 듣고는 기겁을 해서 달아났다. 신 씨라고 하는 훌륭한 청년이 실직해 있다는 말을 듣고 사람을 보냈지만 여러 가지 구실로 오지 않았다.

오직 한 사람만이 나를 따라가고 싶어 했다. 그는 내가 오래전 전시에 하인으로 데리고 있던 사람으로서 이름은 김민근이었다. 그러나 그는 그 무렵 다른 주인에게 고용되어 있었기 때문에 나를 따라나설 수가 없었다. 그는 내가 번번이 거절당했다는 말을 듣자 그가 모욕적으로 말했다.

"선생님, 그놈들은 모두가 겁보들입니다"

드디어 그의 주인은 매우 친절하게도 나를 따라가도 좋다고 허락함으로써 구인난은 해결되었다.

이제 준비는 거의 끝났다. 여행에 필요한 물품도 사고 말도 빌리고 안장 검사도 끝났다. 일본 당국에서는 허락하지 않았지만, 결과가 어떻게 되리라는 것을 알고 있었다. 그들은 내가 출발할 때 제지하려는 듯 보였다. 그러는 동안 절호의 기회가 왔다. 런던[3]으로부터 나에게 전보가 온 것이었다. 글은 짤막했지만 내용은 매우 강경한 것이었다.

"시베리아로 출발하라."

나는 종군을 취소했다. 말도 돌려보냈고 짐도 치워 버렸다. 나는 곧 귀국하겠노라고 본국에 타전했다. 나는 이 전보로 내 계획이 모두 틀어졌다고 호텔이 떠나갈 만큼 큰소리로 공사석에서 불평을 털어놓았다. 나는 블라디보스토크로 가는 기선을 알아보려고 선박 회사도 찾아보았다. 나는 남쪽으로 떠나기 몇 시간 전에 우연히 한 친구를 만났는데 그는 나에게 이렇게 말했다.

"당신이 떠나는 것은 사실이라고 생각합니다마는 이번 일은 어디까지나

---

3) 당시 필자가 소속해 있던 런던의 *Daily Mail*지의 본사를 뜻함.

당신 쪽에서 꾸며낸 속임수지요?"

그의 말은 나에게 부여된 천재일우의 기회를 너무도 아프게 폭로했기 때문에 나는 무거운 마음으로 그와 헤어졌다.

다음날 아침 일찍이 해도 뜨기 전에 노새를 불러들이고 사동들을 모으고 서둘러 안장을 꾸리고 짐을 챙기고 곧 산에라도 오를 수 있도록 단단하게 짐을 실었다. 많은 사람들이 아직도 내가 그때 전보로 지시 받은 업무는 내가 미리 술수를 쓴 것이라고 믿고 있는 점과 내가 아무리 변명을 해도 그들의 마음을 돌이킬 수 없었다는 점이 지금도 못내 아쉽다.

나는 내 의무를 지키려고 한국 주차 영국 총영사 대리에게 글을 보내어 나의 출발을 알렸다. 내가 출발하기 전까지 그 편지는 그에게 전달되지 않았다. 내가 종군을 마치고 돌아왔을 때 나는 나의 숙소에서 그의 편지가 기다리고 있음을 알았다. 그의 편지 내용은 다음과 같았다.

> 나는 귀하에게 다음의 사실을 알리는 것이 나의 직책이라고 생각합니다. 나는 이번 달 7일에 통감으로부터 공한을 받았습니다. 그 공한에서 통감은 지금 내륙 지방의 사태가 험악한 점에 비추어 볼 때 외국인이 그곳을 여행하도록 허락해 준 것은 바람직한 일이 되지 못함을 지적했습니다. 나는 또한 여권이 없이 한국의 내륙 지방을 여행하는 영국 신민들은 체포되어 벌을 받게 된다고 규정된 한영수호통상조약 제5조를 귀하에게 환기하고자 합니다.

서울에서는 어디를 가서 어떻게 해야 의병을 만날 수 있는지를 아는 사람은 아무도 없었다. 일본 당국이 제공한 정보는 단편적인 것이었고 또 지방의 의병 활동을 과소평가했고 대수롭지 않게 취급했음이 분명했고 또 그럴 수밖에 없었다. 의병들은 하루 이틀 전에 경부선의 어느 한 역을 폭파했음이 확인되었다. 소수 부대의 의병이 서울에서 20마일도 안 되는 곳에 있는 일본군 무기고의 수비병을 습격하고 그들을 몰아낸 다음 총과 화약을 탈취해 갔음을 알았다.

대부분의 전투는 서울에서 4일 정도면 걸어서 도착할 수 있는 충주 부근에서 일어나고 있음을 알 수가 있었다. 나는 그곳을 목표로 정하고 될 수 있으면 일본군을 피하려고 말이 다닐 수 있는 샛길을 따라 길을 떠났다. 충주는 내가 아직 한국의 어느 곳에서도 보지 못했던 부유한 마을이었음을 곧 알게 되었다.

우리는 다소 황폐한 산맥과 넓은 모래벌판 가운데 있는 살기 좋은 촌락에 이르렀다. 산꼭대기의 조그마한 땅까지도 조심스레 경작되어 있었다. 목화송이는 곧 딸 수 있을 만큼 탐스럽게 피어 있고 넓은 밭에는 흰 메밀꽃이 만발해 있었다. 가장 흔한 곡식은 벼와 보리인데 들판은 추수할 곡식으로 그득했다.

마을 가까이에는 고추와 콩과 깨가 줄지어 서 있고 키가 12~13피트나 되는 수수가 여기저기에 망울져 있음을 볼 수가 있었다. 들판 가운데 는 짚으로 덮인 2층의 원두막이 서 있고, 높다란 장대를 세워 그것을 중심으로 누더기가 달린 긴 줄이 사방으로 뻗쳐 있었다. 이 원두막의 윗 칸에는 두 소년이 앉아 줄을 잡아당겨 누더기를 너풀거리게 만듦으로써 거친 소리를 내어 곡식을 쪼아 먹는 새들을 쫓고 있었다.

동네는 그림처럼 아름답고 평화로웠다. 대부분의 집은 높은 울타리와 거적으로 둘러싸여 있었다. 요즈음에 와서 대부분이 철거되기는 했지만 아직도 동구에는 장승을 가끔 볼 수가 있었다. 이 장승은 키가 6~8피트인 투박한 나무로 만들었는데 머리 부분에는 몹시 흉측하게 생긴 얼굴이 거칠게 새겨져 있었으며 적청색으로 칠해져 있었다. 이는 아마 마을의 악신(惡神)을 몰아내려고 만들어진 듯이 보인다.

벽은 나지막하고, 진흙으로 발라 있고, 이엉으로 지붕을 입힌 농가는 이 계절에 가장 아름답게 보였다. 주위에는 아름답게 꽃이 피어 있고, 참외와

일본군에 의해 폐허가 된 주막집(필자 촬영)

호박 넝쿨이 기어오르고 있었다. 이제 방금 고추를 추수하여 지붕에 널어놓고 말리고 있기 때문에 지붕은 진홍색으로 물들어 있다. 집 앞에는 널빤지가 있고 그 위에는 겨울에 먹을 호박고지와 오이가 널려 있었다. 마당에는 장독이 줄지어 있는데 그 안에는 여러 가지 필수품, 그리고 다가오는 겨울을 위해 채소가 저장되어 있다.

나는 충청도가 한국의 이탈리아와 같은 곳이라는 말을 여러 번 들었지만 그 아름다움과 넉넉함을 보지 않고서는 믿을 수가 없었다. 서울이 지저분하고 주민들의 표정이 냉랭한 것과는 놀라울 정도로 대조적이었다. 이곳 주민들은 모두가 부지런했다. 들판에서는 젊은 아낙네들이 밭을 매고 곡식을 거두고 아버지는 새로 곡식을 뿌리려고 밭을 갈고 어린아이들까지도 새를 쫓고 있었다.

집에 있는 부인들은 아이들과 함께 약초를 마련하고 겨울을 지내려고 곡식을 간수하는 등 바쁘게 일하고 있었다. 심지어는 노인들까지도 자리를 짜는 것과 같은 가벼운 일을 하고 있었다. 모든 사람들이 유족하고 부지런하고 행복해 보였다. 가난한 티는 보이지 않았다. 이 지방에는 매우 우발적인 경우를 제외하고는 민중 봉기가 일어나지 않았다. 나는 어디를 가면 전투를 볼 수 있느냐고 물을 때마다 그들은 이렇게 대답했다.

"일본군들은 이천을 다녀왔는데 그곳에서 많은 부락을 태웠습니다."

그리하여 우리는 부지런히 이천을 향하여 말을 몰았다. 한국에서 철도를 이용하지 않고 모험을 하는 여행가들이 겪는 가장 큰 애로는 어떻게 하면 빨리 갈 수 있는가 하는 문제이다. "당신은 당신의 일행보다 더 빨리 갈 수는 없다"는 말이 있는데, 참을성이 없이 헛되게 짜증만 내는 사람들에 대하여 는 이 말이 자명한 진리이다. 짐을 실은 노새는 마부가 몰고 가는데 매사는 그의 손에 달려 있다.

만약 마부가 기분이라도 언짢아 늑장을 부린다면 일은 거기에서 끝장나고 만다. 만약 그가 서두르기라도 하는 날이면, 일행은 잽싸게 움직여야만 한다. 한국의 마부들은 70리를 하룻길로 잡는데 이는 약 21마일[4]가량 된다. 그는 하루 평균 60리를 가지만 만약 재촉하게 되면 80리도 갈 수 있다. 나는 그에게 하루 100리 또는 120리를 가야만 한다고 명령했다.

나는 때로는 꾸짖고 때로는 칭찬도 하면서 행하도 넉넉히 주었다. 나는 새벽 3시에 일어나 사동들에게 여물을 쑤도록 하고 어두워질 때까지 걸었다. 그러고서도 나는 만족할 수가 없었다. 한국에서는 말의 여물을 쑤고 또 이것을 먹이려고 하루에 적어도 6시간이 필요하다. 여행자라면 이 시간을 단축시키려고 하지 않는 것이 현명하다.

우리는 말을 먹이는 시간을 포함해서 하루에 16~18시간 동안 법석을 떨었다. 그렇게 하고서도 우리는 기껏 하루에 110리 밖에는 갈 수가 없었다. 그 뒤로도 사소한 장애물에 계속 봉착했다. 짐이 너무 무거웠던지 노새가 여물을 먹지 않았다.

---

4) 이 계산은 필자의 착오이다. 70리는 17.5마일에 해당한다.

일본군에 의해 폐허가 된 촌락(필자 촬영)

"짐을 나르려면 사동을 하나 더 고용해야 되겠군."

나는 혼자 중얼거렸다. 그 밖에도 막히는 일이 한두 가지가 아니었으며, 길은 더욱 더디기만 했다. 나는 달리 어떻게 방법을 강구할 수밖에 없었다. 나는 마부를 한쪽으로 불러냈다. 그는 얼굴도 잘생겼고 체격도 좋고, 전투가 일어나고 있는 지역을 여러 번 다녀본 적이 있는 사람이었다. 나는 그에게 이렇게 말했다.

"우리 둘은 서로를 잘 이해하고 있는 처지지요. 다른 사람들은 어린애들처럼 엄살만 피우고 있습니다. 그러니 우리 서로 약속을 합시다. 내일부터 당신은 계속 말을 급히 모십시오. 그러면 여행이 끝나는 대로 나는 당신에게 돈을 더 주겠소. (나는 여기에서 그의 귀에다가 돈 액수를 속삭여 주었더니 그의 얼굴에는 미소가 감돌았다.) 다른 사람에게는 말하지 마시오. 우리 둘만이 아는 일이니까요."

그는 그러마고 고개를 끄덕거렸다. 그 뒤로는 막히는 일이 없었다. 마부가 발병 나는 일도 없었고 말이 발을 절룩거리는 일도 없었고 주막집 주인이 투덜거리는 일도 없었다. 그의 태도가 갑작스럽게 변한 데에 대하여 영문도 모르는 다른 사람들이 소리쳤다.

"빨리 불을 피웁시다."

"빨리 말을 끌어내라."

그들은 마지못해 그의 뒤를 따라 부지런을 피웠다. 기록적으로 먼 길을 달려온 날이면 그는 어둠 속에 노새를 몰아넣으며, 자기는 지금 약속을 이행하고자 최선을 다하고 있다는 듯이 의미심장하게 웃음을 지었다.

제 16 장 일본의 만행

내가 서울을 떠나기에 바로 앞서, 이토 히로부미의 한 측근인 일본인은 나에게 이렇게 말했다.

"우리는 지금 그들[의병]에게 일본의 힘이 얼마나 막강한가를 보여줄 필요가 있습니다. 동부의 산악 지방에 살고 있는 사람들은 일본군을 거의 본 적이 없거나 전혀 본 적이 없기 때문에 우리의 힘을 잘 모르고 있습니다. 우리는 우리가 얼마나 강한가를 그들에게 확신시킬 필요가 있습니다."

나는 산마루에 서서 이천으로 향하는 골짜기를 내려다보고 있는 동안 그 친구의 말이 생각났다. 분명히 이곳에서는 일본이 "얼마나 막강한 것인가"를 분명히 볼 수가 있었다. 나는 앞에 펼쳐진 폐허의 마을을 볼 수가 있었다.

나는 폐허가 된 마을 가까이로 말을 몰아 내려갔다. 그곳은 대략 70~80호가 모여 사는 꽤 큰 마을이었다. 그 마을은 기둥 하나도 성한 것이 없을 만큼 황폐하게 되어 있었다. 성한 집이라고는 한 채도 없었으며, 벽은 흔적조차도 없었다. 장독마저도 모두 박살났다. 아궁이는 모두 망가져 있었다.

그러나 마을 사람들은 폐허가 된 그 옛집으로 다시 돌아와 새로 집을 지을 준비를 하고 있었다. 그들은 짚으로 이어 임시로나마 거처를 마련하고 있었다. 청년들은 산으로 가 나무를 베고, 남은 사람들은 집을 짓기에 바빴다. 곡식을 거두어들일 때가 되었지만 그럴 겨를이 없었다. 무엇보다도 그들은 추위를 피하고자 거처를 마련해야 했다.

그 뒤 며칠 동안 나는 그러한 끔찍스런 참상을 너무도 많이 보아 이제는 둔감해질 지경이었다. 그러나 나는 그 때마다 의지할 곳 없는 그들에게 깊은 동정을 금할 수가 없었다. 내가 본 바대로 표현한다면, 한국의 노인들이 대부분 그렇듯이, 의젓하고 기품이 있어 보이는 노인들, 가슴에 아기를 품고 있는 아낙네들, 씩씩하게 생긴 남자들, 이들 모두가 깔끔하고도 아늑한 집단을 이루고 살고 있었다.

나는 쉴 만한 집도 없어 나무 밑에 앉아 있었다. 김민근이 식사를 준비하고 있는 동안 마을의 노인들이 몰려와 여러 가지 이야기를 들려주었다. 그 가운데 한 이야기는 나의 폐부를 찌르는 것이었다.

대체로 한국의 아낙네들은 수줍음이 많아 뒤로 물러서 있기를 잘하며 낯선 사람이 있는 곳에서는 입을 열지 않는다. 그런데 나를 찾아온 한 아낙은 남자처럼 당당하게 하고 싶은 이야기를 모두 털어놓았다. 그들은 입을 다물고 있기에는 너무도 끔찍스러운 참변을 겪었던 것이었다. 그들은 이렇게 말했다.

"우리는 한 서양인이 우리의 참상을 보려고 이곳에 온 것을 기쁘게 생각합니다. 우리는 당신이 당신의 국민에게 이러한 참상을 전달하여 그들이 모두 한국의 현실을 알 수 있게 되기를 바랍니다."

그들은 1~2마일 떨어진 언덕을 가리키면서 이렇게 계속 말을 했다.

"의병들은 저쪽에 있었지요. 그들은 거기서 전신주를 뽑아 버렸습니다. 그들은 동쪽 언덕에서 내려왔습니다. 그들은 우리 마을 사람도 아니었으며, 우리와는 아무런 관련도 없었지요. 그 뒤를 따라 일본군이 들어오고 얼마간의 전투가 있은 다음 의병들은 물러갔습니다. 그런 뒤 일본군은 우리 마을을 지나서 일곱 개 부락을 거쳐 지나갔습니다. 저쪽을 보십시오. 모두 폐허가 되었습니다. 그들은 우리에게 온갖 욕설을 퍼부었습니다. 그들은 이렇게 말했습니다.

'의병들이 전신주를 뽑아 버리는 것을 보고도 너희들은 그들을 말리지 않았다. 그러니 너희들은 의병과 똑같은 놈들이다. 눈은 두었다가 무엇에 쓸려고 전신주도 감시하지 않았는가? 힘은 두었다가 무엇에 쓸려고 그들의 못된 짓을 막지 않았는가? 의병들이 너희 집에 오면 쫓아내기는커녕 밥을 해 먹였다. 의병들은 이제 물러갔지만 너희들은 그대로 내버려 둘 수가 없다.'

그리고서는 이 집 저 집을 돌아다니며 욕심나는 것을 모두 빼앗은 다음 불을 질러 버렸지요. 젖먹이 적부터 그 집에 살고 있던 한 노인은 일본군이 자기 집에 불을 지르는 것을 보자 무릎을 꿇고 그 일본군의 발에 매달렸습니다. 그는 울면서 애원했지요.

'잘못했습니다. 용서해 주십시오. 제 집을 태우지 마십시오. 그 곳에서 죽는 날까지 제가 살도록 해 주십시오. 저는 이제 늙어 죽을 날도 얼마 남지 않았습니다.'

일본군은 그 노인의 말을 귀담아 듣지도 않았습니다. 그 노인은 그럴수록 더욱 애절했습니다.

'잘못했습니다. 용서해 주십시오.'

그는 울면서 애원했습니다. 그러자 일본군은 총을 뽑아 노인을 쏘아 죽였습니다. 우리는 그를 묻어 주었지요.

어느 한 여인은 해산이 가까워 집에 누워 있다가 끔찍한 변을 당했습니다. 어느 한 젊은이는 들에서 풀을 베고 있었습니다. 그는 일에 바빠서 일본군들이 오는 것을 보지 못했습니다. 일본군은 칼을 빼어 햇빛에 번쩍거리면서 소리쳤습니다.

'여기에 의병이 있다.'

그리고서는 그 청년을 쏘아 죽였습니다. 어느 사람은 불길이 타오르는 것을 보고 자기 집의 모든 족보가 불타는 것을 알았습니다. 그는 불을 끄려고 집으로 달려 내려갔지요. 그러나 그가 달려 내려가자 일본군은 그에게 총을 쏘아 대었고 그 사람은 꼬꾸라졌습니다."

마을 사람들 가운데 남달리 지체가 높아 보이는 한 남자는 비통한 어조로 이렇게 말했다.

"우리는 다시 집을 짓고 있습니다. 그러나 그게 무슨 소용이 있겠소? 나는 명문의 후손이라오. 우리 선조들은 대대로 족보를 가지고 있었는데 이번 난리에 모두 타버렸다오. 이제 나는 이름도 성도 없는 상놈이 되었다오."

나는 지방으로 내려갈수록 이러한 관념이 더욱 보편화되어 있음을 알았다. 한국인들은 자기의 가통을 더욱 존중한다. 족보는 그들에게 더없이 중요한 존재이다. 족보가 없어지면 그 가문은 멸망하게 된다. 가족이 아무리 많이 살아남는다고 해도 그 가문은 더 이상 존재하지 않게 된다. 특히 충청도 사람들은 자기 가문의 명예를 중요하게 생각하고 있기 때문에 그들에게 타격을 주는 방법으로서는 족보를 없애는 것보다 더 효과적인 방법이 없다.

나는 무거운 마음으로 마을을 떠났다. 의병들을 처단하면서 내가 가장 가슴 아프게 생각했던 것은 마을 사람이 겪는 고통이 아니라 일본인들이 생각하고 있는 무모한 수습책이었다. 한 마을을 평정하고 나면 순진한 몇 백 가구가 의병에 투신했다. 그 뒤 단 며칠 동안에 적어도 한 도시와 몇 십 개의 부락이 그렇게 되면 어떻게 끝장이 날 것인가?

마을 사람들은 일본인에게 항전하고 있는 것이 아님이 분명했다. 그들이 바라고 있는 것은 자신의 생업을 조용히 누리는 것뿐이었다. 일본은 한국과 화해하고 한국민의 동정과 지지를 받으라고 고백하고 싶다. 적어도 어느 한 지방은 초토 작전으로 말미암아 그토록 유복하던 곳이 폐허가 되었고 의병의 숫자는 날이 갈수록 증가했는데, 이때 뿌려진 증오의 씨앗을 뿌리 뽑으려면 몇 세대가 지나야 할 것이다.

우리는 잿더미가 된 마을과 고을을 지났다. 이곳에서도 일본군은 온갖 만행을 저질렀음을 주민들의 태도에서 엿볼 수가 있었다. 우리는 나무 지게를 지고 오는 한 초동을 만났다. 우리는 그와 이야기를 나누고 싶었지만 그는 아무 것도 아는 것이 없다는 듯이 길가로 서둘러 피하려 했다.

우리가 어느 한 마을을 지나는데 집이라고는 몇 채 밖에 남지 않았다. 우리가 가까이 가면 아낙네들은 피난처로 도망했다. 그 뒤 몇 가지 이야기를 듣고서야 나는 그 이유를 알았다. 그들이 나를 일본인으로 생각하고 있었음은 물론이다.

가는 곳마다 일본인의 약탈 행위에 관한 이야기를 들었는데, 그런 곳은 가옥이 파괴되지 않았다. 그 곳의 마을 원로들은 약탈당하지 않으려고 저항하다가 심한 매를 맞은 한 노인에게로 나를 데리고 가고자 했다. 거기에서 나는 참으로 참담한 얘기를 이야기를 들었다. 서울에 있는 동안 한국인들이 일본인에게 희생을 당하고 있다는 이야기를 들을 때마다 나는 그들을 비웃었지만 막상 희생자들을 눈앞에 대하고 보니 더 이상 그들을 비웃을 수가 없었다.

그날 오후 우리는 이천에 도착했다. 이곳은 꽤 큰 도시였으며, 완전히 폐허가 되어 있었다. 대부분의 주민들은 일본군을 피해 산으로 도망쳤다. 나는 그날 밤 폐허가 되어 사용하지 않고 있는 학교 건물 속에서 잤다. 교실 안에는 초벌 그림과 동물 그림, 그리고 경구가 걸려 있었지만 아이들은 멀리 떠나고 없었다.

나는 장터를 돌아보았다. 평상시 같으면 사람이 붐비는 곳이지만 인적을 찾아볼 수가 없었다. 나는 한국인들을 찾아서 처자식은 모두 어디를 갔냐고 물어보았더니 그들은 나무도 없이 먼 하늘로 높이 솟은 산마루를 가리키면서 대답했다.

"그들은 저리로 갔습니다. 이곳에서 일본인에게 욕을 당하느니보다는 황량한 들판에서 눕는 것이 낫지요."

제 17 장 폐허가 된 제천

며칠 동안 우리는 불타 버린 마을, 황폐한 도시, 그리고 버려진 지방을 통과했다. 들판에는 약탈자도 어쩔 수 없었던지 오곡이 무르익어 추수를 기다리고 있었다. 그러나 대부분의 농부들은 산 속으로 숨어 들어가 감히 밖으로 나올 생각도 못하고 있었다. 더러는 용기를 내어 마을로 내려온 사람들은 겨울이 다가오기 전에 임시로나마 추위를 피할 수 있는 집을 마련하기에 바빴으며, 추수한 곡식을 저장해야만 했다.

충주[1]에 이르기까지 길가의 마을은 거의 반수가 일본인에 의해서 파괴되었다. 충주에서 나는 하룻길이 되는 제천을 향해 산길을 곧 바로 접어들었다. 충주와 제천 사이에 있는 부락의 4/5는 불타서 쓰러져 있었다. 폐허가 된 마을로 돌아온 몇몇 주민들은 의병들과 관련이 없노라고 한결같이 주장했다. 그들은 자기들이 대일 항전에 가담한 바가 없다고 말했다.

의병들은 산에서 내려와 일본군을 공격했으며 그런 다음에는 일본인들이 주민들에게 보복을 가했다. 주민들은 무기를 가지고 있지 않았으며 자기의 집에서 조용히 일하고 있었다는 그들의 말이 사실임을 보여 주는 것이었다.

---

1) 본문에는 Chong-ju로 되어 있다. 그가 본시 충주로 향했다는 점과 이천에서 제천으로 향하는 중간 지점이었다는 점, 그리고 제천까지 "하룻길"이었다는 점으로 보아 이를 청주로 볼 수는 없다.

의병을 진압하고자 출전하는 일본군

나는 의병들을 만나 본 이후에도 그들의 설명이 확실한 것임을 알았다. 의병들은 대부분 서울에서 내려간 도시민이지 그 지방의 주민들이 아니었다. 이곳은 작은 지방이었지만 가옥이 파괴되고 일본군의 폭행이 두려워 산으로 피난한 사람이 1~2만 명에 이르렀다.

이천을 떠난 직후 나는 적십자기가 지붕 위에서 휘날리는 한 마을에 이르렀다. 그곳은 한국인들이 다니는 성공회였다. 나는 그 뒤로도 지붕 위에서 적십자기가 나부끼고 있는 것을 많이 보았는데, 한국인들은 그리스도에게 가호를 빎으로써 기독교 국가들의 동정을 받으려는 생각에서 그렇게 하는 있었다.

저녁이 되어 시골의 주막집 뜰에 여장을 풀었을 때, 말씨도 점잖고 인품도 의젓해 보이는 두 명의 중년 신도가 찾아왔다. 그들은 어느 정도 풀이 죽어 있었으며, 일본군이 지나가면서 약탈과 폭행을 일삼았던 탓으로 상당히 고통을 받았노라고 말했다. 한 일본군은 채마전을 하는 어느 남자의 아내를 강간했으며, 그러는 동안 다른 한 일본군은 밖에서 총칼을 빼 들고 망을 보

일본의 만행으로부터 구원을 요청하고자 게양된 적십자기 : 양근에서
(필자 촬영)

고 있었다고 한다. 그 여자의 비명을 들은 한 소년은 급히 달려가 남편을 불러왔다. 그는 칼을 들고 달려왔다. 그 중년의 신도는 이렇게 말을 계속 했다.

"그러나 어쩌겠소? 문 밖에는 총칼을 빼어 든 일본군이 망을 보고 있었으니 말이요."

그 뒤 나는 이와 매우 비슷한 또 다른 이야기를 듣게 되었다. 이 이야기를 통하여 나는 한 가지 사실을 확신하게 되었다. 곧 그와 같은 불법 행위가 흔히 있었던 것은 아니고 일본군의 특수 부분에 국한되었다고 생각한다. 그러나 그들은 자신들이 저지른 비행 이상의 나쁜 영향을 미쳤다.

한국인들은 부녀자들의 순결을 매우 중요시하기 때문에, 비교적 작은 침해 행위를 당할 위험만 보여도 수많은 사람들이 떼를 지어 산으로 도망했다. 어떤 마을에서는 방화로 말미암아 부녀자들과 아이들이 얼마간 죽었으리라는 것은 의심할 나위도 없다.

일본군들이 의병들에게 포위를 당했을 경우, 그들은 방화를 하기 전에 부락으로 달려가 필요도 없이 함부로 총을 쏘아 대는 일이 한두 번이 아니었던 것처럼 보인다. 어느 마을에서는 전체 가옥 가운데 오직 두 채의 집이 불타지 않은 것을 보았다. 부락민의 말에 따르면 일본군은 그 집주인의 10살 된 딸을 쏘아 죽였기 때문에 집은 불태우지 않았다는 것이다.

"일본군들이 그 소녀를 쏘아 죽였을 때 우리는 그에게로 가서 이렇게 말했지요.

'잘못했습니다. 그러나 딸을 쏘아 죽였으니 집일랑은 태우지 마십시오.'

그러자 그 군인들은 우리의 청을 들어 주었답니다."

충주나 원주와 같은 도시에서는 사실상 모든 부인과 아이들과 상류 계급의 가족들이 피난했다. 상점의 주인들은 피난을 가기에 앞서 점포의 문을 닫고 못을 박아 두었지만 일본군들은 이를 강제로 열고 물건을 약탈했다. 제천이 폐허화된 것에 견주면 다른 도시의 피해는 비교도 되지 않을 정도였다. 제천은 멀쩡한 곳이 하나도 없을 만큼 완전하게 파괴되었다.

일본군에게 10세 된 딸을 학살당한 어느 어머니의 울부짖음
(필자 촬영)

금년(1907) 늦은 여름까지만 해도 제천은 중요한 지방 도시로서 인구가 2~3천 명에 이르렀으며, 높은 산으로 둘러싸인 아득한 평야에 그림처럼 자리 잡고 있었다. 이곳은 고관대작들이 즐겨 찾는 휴양지로서 배스[2]나 첼트넘[3]과 같은 곳이었다. 대부분의 가옥은 으리으리했으며 그 가운데 몇 채는 기와집이었는데 이는 이 고장이 부유한 고장임을 나타내는 것이었다.

의병이 작전을 시작했을 때 그들 가운데 일부는 제천의 건너편 산을 점령했다. 일본군은 마을로 소규모의 군대를 파견했다. 이들은 어느 날 밤, 3면으로 공격을 받아 몇 명은 죽고 나머지는 도망쳤다. 일본군들은 증원군을 보냈으며 몇 차례의 전투를 겪은 뒤에 잃어버린 땅을 되찾았다.

일본군들은 제천을 보복의 표본으로 삼기로 했다. 온 마을을 불태우기로 한 것이었다. 일본군들은 불길을 돋우어 가면서 모든 것을 태워 버렸다. 절과 관아 이외에는 아무도 남은 것이 없었다. 부락민들이 피난 갈 때 남자 5명, 부인 1명, 그리고 어린아이 1명은 몸을 다쳐 따라가지 못했는데 이들은 불길 속에 사라졌다.

내가 제천에 이르렀을 때는 햇살이 뜨거운 초여름이었다. 마을이 내려다 보이는 언덕 위에 일장기가 햇빛에 눈부시게 펄럭이고 있었으며 일본 위병의 총칼이 번쩍거리고 있었다. 나는 언덕에서 내려와 마을로 들어가 잿더미 위를 걸었다. 나는 이제까지 그토록 심한 참사를 본적이 결코 없었다. 한 달 전만 해도 사람들이 붐볐고 풍요했던 마을이 이제는 검은 잿더미밖에는 아무 것도 없었다.

벽, 기둥, 장독, 그 어느 것도 멀쩡한 것이 하나도 없었다. 여기저기에는 값나가는 물건을 찾으려고 잿더미를 뒤적이는 사람들이 있었지만 부질없는 일이었다. 이제 제천은 지도상에서 없는 마을이 되었다. 잿더미를 뒤적거리

---

3) 배스(Bath) : 영국의 서머싯셔에 있는 온천 도시.

4) 첼트넘(Cheltenham) : 영국의 글로체스터셔에 있는 도시로 관광과 스포츠의 중심지이며, 휴양지로 유명하다.

일본군에 의해 폐허가 된 제천(필자 촬영)

는 사람들에게 부락민들은 어디에 있느냐고 물어보았더니 그들은 이렇게 대답했다.

"그들은 지금 언덕 위에 누워 있습니다."

나는 이제까지 한 명의 의병도 만나 보지를 못했으며 일본군도 전혀 보지 못했다. 내가 일본군을 처음 만난 것은 제천으로 오기 하루 전날 충주에서였다. 내가 충주에 이르렀을 때 나는 고성이 무너져 있음을 보았다. 석조의 잔해만이 남아 있을 뿐 성문과 문루는 없었다. 일본군 위병과 헌병이 문에 서 있었으며, 내가 들어가자 그들은 나를 양옆에서 가로막았다. 이곳에는 소수의 일본군이 주둔하고 있었으며, 이 일대의 작전은 이곳으로부터 지시를 받고 있음이 명백했다.

나는 곧바로 관할 일본군 대좌를 방문했다. 당시 관청의 큼직한 방을 차지하고 있는 그의 사무실은 일본군이 현재 수행하고 있는 작전이 얼마나 용의주도한 것인가를 여러모로 잘 입증해 주고 있었다. 커다란 지도 위에는 빨간 표지가 되어 현재 점령된 전략적 기지를 보여 주고 있었으며, 지도가 첨부된 작은 유인물이 탁자 위에 놓여 있었는데 이는 장교들을 위해 마련된 것이 틀림없었다.

일본군 대좌는 나를 정중하게 맞아들였지만 내가 이런 곳에 온 데에 대하여 유감을 표시했다. 그가 상대하여 싸우고 있는 사람들은 단순히 도적들이기 때문에 나로서는 볼 것이 없다고 그는 말했다. 그는 나에게 앞으로 다가올 위험에 대하여 여러 모로 경고했다. 일본군은 현재 의병들을 포위할 예정인데, 그러려고 2개 분대가 작전 중이며 자기들이 그들의 소굴을 둘러싸고 있다고 그는 내게 매우 친절히 설명해 주었다.

이와 같은 작전은 의병들을 단합시켜 한곳으로 몰아넣을 수도 있었다. 대좌가 보여준 지도를 보고 나는 방향을 결정했다. 언뜻 보아도 일본군은 아직 제천과 원주 사이의 마을을 점령하지 못한 것이 분명했다. 내가 만약 의병들을 만나고자 한다면 이곳이야말로 내가 꼭 가야 할 곳이었다. 그리하여 나는 폐허가 된 제천을 돌아본 다음 이튿날 원주로 말머리를 돌렸다.

제 18 장 의병과 더불어

나는 한국 군대에 매우 가깝게 이르렀음이 곧 밝혀졌다. 제천에서 멀지 않은 곳에 내가 통과하기 이틀 전에 한 무리의 의병이 도착하여 무기를 요구했다는 것이다. 내가 도착하기 겨우 몇 시간 앞서 의병과 일본군이 그 마을의 거리에서 아슬아슬하게 접전을 모면했다. 내가 마을에 접근하면 주민들은 키가 큰 옥수수 밭으로 도망했기 때문에 한 사람도 찾아볼 수가 없었다. 사살과 방화에 놀란 그들은 나를 일본인으로 오해하고 있었다.

이제는 짐꾼을 얻기가 더욱 어렵게 되었다. 우리는 산골을 강행군했기 때문에 노새들도 피로한 기색을 보였다. 일본군이 모두 징발해 갔기 때문에 새 노새를 얻을 수도 없었다. 원주에 이르기까지 나는 짐꾼들에게 일상 노임의 2배를 지불해야만 했다. 원주에서부터는 아무리 노임을 많이 준다고 해도 짐꾼들은 더 이상 가지 않겠노라고 완강하게 거절했다. 그들은 내게 이렇게 말했다.

"이곳을 지나면 앞으로는 나쁜 사람들을 만날 것입니다. 그들은 지나는 사람들을 마구 쏘아 죽이지요. 우리는 죽으러 그곳에 가지는 않겠어요."

사동들도 다소 난처한 표정을 지었다. 다행히도 내가 데리고 간 사동인 김민근과 노새 몰이꾼은 내가 이제까지 만난 한국인 가운데 가장 충실한 사람들이었다. 원주를 지난 다음부터의 마을은, 그곳 사람들이 내게 미리 말한 것처럼, 매복하기에 매우 좋은 곳이었다.

길은 바위투성이어서 울퉁불퉁하고 대체로 좁았으며, 이리 저리로 구부러지는 골짜기의 양 옆은 깎아지른 듯한 절벽이었다. 이제 우리는 화산의 분지가 분명한 어느 협곡에 이르게 되었다. 이곳은 한국에서도 금이 많이 나는 곳으로 유명한 곳이었기 때문에 우리는 여기에서부터는 금이 섞인 석영 조각을 줍는 시늉을 하기로 했다. 주위 어느 곳에선가 의병이 은밀히 숨어 있을지도 모르기 때문이었다.

석양이 깃들 무렵 우리 일행은 밤을 지낼 작은 마을에 이르렀다. 주민들은 무뚝뚝하고 불친절하여 다른 곳에서 받은 인상과는 매우 대조적이었다. 다른 곳에서는 모두가 우리를 찾아와 환영해 주었으며 때로는 그들이 제공하는 필수품에 대한 값마저도 받지 않으려 하면서 말했다.

"백인을 만나게 되어 반갑습니다."

그러나 이 마을 주민들은 말먹이나 쌀이 한 톨도 없다고 퉁명스럽게 말했다. 그들은 우리에게 15리나 더 떨어진 다른 마을로 가보라고 권했다. 우리는 할 수 없이 다시 길을 떠났다.

그 마을을 떠나 조금 갔을 때 나는 우연히 옥수수 밭 주위에 있는 소나무를 돌아보았다. 그곳에서 어느 한 남자가 나무 뒤에 반쯤 숨어서 손에 무엇인가 만지작거리고 있다가 내가 돌아다보니 얼른 감추었다. 나는 그가 작은 낫을 다루고 있으려니 생각했지만 날씨가 어두워 자세히 볼 수 없었다. 그러나 잠시 뒤에 "핑" 하는 소리가 날카롭게 내 귓전을 스쳐 가더니 탄환이 금속에 박히는 소리가 들렸다.

나는 뒤를 돌아다보았지만, 그 사람은 이미 사라지고 없었다. 나로서는 100야드나 떨어진 곳을 향하여 38형 콜트식 권총으로 응사하는 것은 어리석은 일밖에는 안 되었으며, 또 그곳으로 달려가 볼 만한 시간도 없었으므로 우리는 다시 발걸음을 재촉했다. 원주에 도착하기에 앞서 주민들은 우리가 의병을 만났음이 틀림없으리라고 말했다. 원주 주민들은 15~20마일을

일본군의 만행이 스쳐간 잔해(필자 촬영)

더 가야 의병을 만날 수 있을 것이라고 말했다. 우리는 그 거리를 지나 다시 양근[1)]으로 가보라는 말을 들었다.

어느 날 오후 우리는 드디어 양근에 도착했지만 이곳에서도 다시 우리는 실망했다. 우리가 여기에서 들은 바에 따르면, 그 날 아침 서울에서 15마일 떨어진 한 부락에서 전투가 있었으며, 한국 군인들이 패퇴했다는 것이었다.

양근은 매우 괄목할 만한 곳이었다. 10여 개의 적십자기가 여기저기의 지붕 위에서 휘날리고 있었다. 중심가의 모든 상점들은 꽉 닫혀 있었으며 거의 모든 집 대문 위에는 십자기가 걸려 있었다. 이 적십자기들은 종이 위에 붉은 잉크로 서툴게 그려 넣은 것으로서 그곳 천주교의 회장에게서 얻은 것이었다.

1주일 앞서 소수의 일본군이 이곳에 도착하여 가옥 몇 채를 불태웠지만 적십자기가 휘날리고 있는 어느 집은 건드리지 않았다. 일본군이 떠나자마자 거의 모든 사람들은 그들의 대문 위에 적십자가를 그려 붙였다. 처음 보

1) 지금의 경기도 양평군의 일부이다. 본서 양평군은 양근군과 지평군으로 나뉘어져 있었으나 1914년에 양 군이 합쳤다.

의병(필자 촬영)

기에도 양근은 황량한 곳이었다. 주민들은 문 뒤에 숨어서 우리를 지켜보고 있었다. 그러나 남자들과 아이들은 살금살금 기어 나와 차츰차츰 접근해 왔다.

그 날 오후 나는 으리으리하게 생긴 한 한옥의 뜰에 숙소를 정했다. 사동은 마당에서 저녁을 짓다가 갑자기 집기를 떨어뜨리고는 내게 달려왔다. 그는 몹시 흥분하여 나에게 소리쳤다.

"선생님, 의병이 나타났습니다. 여기 군인들이 왔어요."

그 순간 5~6명의 의병들이 뜰에 들어서더니 내 앞에 열을 지어 서서 인사를 했다. 그들은 모두가 18세에서 26세 사이의 청년들이었다. 그 가운데 한 사람은 얼굴이 준수하고 훤칠한 청년이었는데 그 때까지도 구식 군대의 제복을 입고 있었으며, 다른 두 사람은 군복 바지를 입고 있었다. 두 사람은 초라한 누더기 한복을 입고 있었으며, 가죽 장화를 신은 사람은 아무도 없었다. 그들의 허리에는 집에서 만든 무명의 탄대가 매달려 있었고 탄환이 반쯤 채워져 있었다. 한 사람만이 챙 없는 모자를 쓰고 있었고 그 밖에는 누더기를 꼬아 만든 머리띠를 매고 있었다.

나는 그들이 휴대하고 있는 총을 살펴보았다. 6명이 가지고 있는 총 가운데 다섯 가지가 제각기 다른 종류였으며, 그 가운데 어느 하나도 멀쩡한 것이 없었다. 한 사람은 총구로 장탄하는 구형인 사냥총을 자랑스럽게 가지고 있었다. 그는 화약 대신으로 쓰는 가늘고 긴 끈을 팔에 감고 있었으며, 앞자락에 화약통과 탄창을 매달고 있었다.

그 뒤에 안 일이지만, 이 사냥총은 흔히 볼 수 있는 것이었다. 탄약을 밀어 넣는 꽂을대는 나무를 꺾어서 만든 수제품이었다. 총신은 녹슬어 있었고 무명 끈이 매어 있었다. 두 번째 사람은 구한국군의 낡은 총을 가지고 있었는데 그것은 그 당시로서도 매우 조악한 것이었다. 세 번째 사람도 그와 같은 총을 가지고 있었다.

또 한 사람은 작은 엽총을 가지고 있었다. 그것도 총은 총이었지만 총알이 나가지 않는 것으로서 아버지가 이제 열 살 된 사랑하는 아들에게 선물하는 그런 것이었다. 다른 한 사람은 탄창이 달린 권총을 가지고 있었다. 그들이 가지고 있는 총 가운데 3자루는 중국의 표지가 박혀 있었고 모두가 심하게 녹슬어 있었다.

이들이 몇 주일 동안 일본군에 항거해 온 바로 그 사람들임을 생각해 보라. 심지어는 지금 이 시간까지도 일본의 정규군은 이들과 그 동지들을 무찌르려 책동하고 있다. 내가 만난 무리 가운데 세 명은 노동자였다. 바른쪽에 서 있는 젊고 영리하게 생긴 군인은 군의처럼 천연스럽게 행동했으며, 그의 동지들로 하여금 군인다운 처신을 할 수 있도록 훈련시키려고 최선을 다했다.

일곱 번째 사람은 무장을 하고 있지 않았는데 그는 양반 계급 출신이었다. 그는 양반이 입는 긴 도포를 입고 있었지만 다른 사람들과 마찬가지로 몸은 쇠약해졌고 얼굴은 그을었으며 피로의 빛이 보였다. 그들은 매우 측은하게만 보였다. 그들은 전혀 희망 없는 전쟁에서 이미 죽음이 확실해진 사람들이었다.

그러나 바른쪽에 서 있는 군인의 영롱한 눈초리와 얼굴에 감도는 자신만만한 미소를 보았을 때 나는 확연히 깨달은 바가 있었다. 가엾게만 생각했던 나의 생각은 아마 잘못된 생각이었는지도 모른다. 그들이 보여 주고 있는 표현 방법이 잘못된 것이었다고 하더라도 적어도 그들은 자기의 동포들에게 애국심이 무엇인가를 보여 주고 있었다.

그들은 아침에 싸우다가도 일본군이 나타나면 물러난 데에 대하여 그들 나름의 할 말이 있었다. 일본군은 여러 모로 유리한 입장에 놓여 있었으며 40명의 군인으로서 200명의 의병을 공격하여 물리친 적도 있었다. 그러나 의병들은 4명의 일본 군인을 사살했지만 일본 군인은 2명의 의병을 사살했고 3명 이상에게 부상을 입혔다. 의병들은 그렇게 설명하고 있었다.

나는 그들이 두 배의 전과를 올리고서도 아직 왜 쫓기고만 있는가를 묻지 않았다. 그 뒤에 나는 의병의 전투에 관한 실감나는 이야기를 들을 수 있었다. 그들과 이야기를 나누고 있는 동안 다른 사람들이 찾아와 이들에게 합세했다. 그들은 두 노인이었는데 그 가운데 하나는 만 80세가 된 호랑이 사냥꾼으로서 등은 굽고 얼굴은 검었으며 흰 수염을 길게 늘이고 있었다.

그 두 의병은 구식 엽총을 가지고 있었다. 퇴각해 온 다른 의병들은 밖에 있었다. 거리에서는 소란이 점점 더 일고 있었다. 승리의 여세를 몰아 의기양양하게 마을을 쳐들어오는 일본군들에게 얼마나 오래 버틸 수가 있을까?

그날 밤 나는 마음 편히 잠을 잘 수가 없었다. 바깥 거리에서는 의병들과 주민들 사이에 소란이 벌어지고 있었다. 의병들은 잠자리를 요청했지만 일본군의 보복이 두려운 주민들은 그들을 재워 주려 하지 않았다. 의병들은 내가 묵은 방 옆의 빈 집으로 몰려 들어와서 서로 따지며 잘못을 뒤집어씌우느라고 떠들썩했다.

시간이 조금 지나자 그 날의 전투를 이끌었던 장교가 나를 찾아왔다. 그는 비교적 젊은 편이었으며 양반들의 긴 도포를 입고 있었다. 만약 일본군이 우리 일행의 도착을 알게 되면 그들은 분명히 이리로 오리라고 생각했기 때문에, 나는 그에게 야간 습격에 어떤 대비를 하고 있느냐고 물어 보았다. 주변에 초병을 세우는 것이 어떨까? 강변은 지키고 있는가? 그러나 그는 이렇게 대답했다.

"초병을 세울 필요는 없습니다. 주민들 모두가 우리를 감시하고 있으니까요."

나는 의병들의 조직을 물어 보았다. 그들은 어쩐 조직을 가지고 있을까? 그의 말에 따르면 그들은 사실상 아무런 조직을 갖추고 있지 않음이 분명하다. 의병의 각 부대들은 서로 매우 허술한 유대 관계를 맺고 있었다. 각지에 살고 있는 부호들은 돈을 마련하여 한두 의병대에게 은밀히 제공했으며, 이렇게 하여 자금이 마련되면 그들은 그 돈으로써 모병할 수가 있었다. 그는 자기들이 어떤 보람 있는 일을 하고 있음을 시인하면서 이렇게 말했다.

"우리는 어차피 죽게 되겠지요. 그러나 좋습니다. 일본의 노예가 되어 사느니보다는 자유민으로 죽는 것이 훨씬 낫습니다."

어느 중년의 한국인 신사가 나를 찾아오자 그는 자리를 떴다. 그 신사는 한 관리를 대동하고 왔는데 지위가 매우 높은 사람이었다. 나는 그가 이 지방의 의병 대장임을 곧 알 수가 있었다. 나는 입장이 다소 난처해졌다. 나는 먹을 것이 다 떨어졌기 때문에 그를 대접할 만한 담배나 술 한 잔도 없었다. 어둠에 싸인 주막집 마당의 관솔불이 그의 수척해진 얼굴을 비춰 주었다. 나는 우선 손님 접대를 소홀히 해서 미안하다고 사과했지만 그는 곧 나의 사과를 막아 버렸다.

그는 오히려 그 날 아침 자기가 시키지도 않았는데 그의 부하들이 외국인에 대한 약속을 어길 뻔했던 일을 심히 불평했다. 그는 집안 일로 하루 동안 자기 집에 가 있다가 사고가 일어났다는 소식을 듣고 즉시 달려온 것처럼 보였다. 그가 나에게 온 것은 한 가지 목적이 있었기 때문이었다. 그는 나에게 이렇게 말했다.

"우리 의병들은 무기가 없습니다. 그들은 말할 수 없이 용감하지만 당신이 알다시피 그들의 총은 쓸모가 없으며 화약도 이제는 거의 떨어졌습니다. 우리는 무기를 살 수가 없습니다만, 당신은 원하는 곳이라면 아무 곳이나 자유롭게 다닐 수가 있습니다. 그러니 당신은 우리의 요원으로 활약하여 주기를 바랍니다. 우리에게 무기를 좀 사다 주십시오. 돈은 필요한 대로 요구하십시오. 그것은 문제가 없습니다. 무기를 구할 수만 있다면 5천 달러든 1만 달러든 필요한 대로 드리겠습니다. 다만 무기만 구해 주십시오."

나는 그러한 일을 할 수 없노라고 대답했음은 더 말할 나위도 없다. 그가 나에게 일본군의 상황을 다그쳐 물었을 때 나는 대답을 회피할 수밖에 없었다. 내가 생각하기에, 나의 경우처럼 자료를 얻으려고 전지를 찾아온 언론인은 도의상 그가 아는 바를 상대방에게 알리지 않을 의무가 있다. 나는 내가 목격한 일본군 초소를 의병 대장에게 가르쳐 줌으로써 그의 군대를 파견하여 승리하게끔 할 수 없는 바와 마찬가지로 일본군에게 의병들의 전력을 알려줄 수가 없었다.

그 날, 그들은 밤이 새도록 수선을 떨었다. 전날 밤의 전투에서 도망해 온 부상병들은 동료들의 간호를 받았다. 그 다음 날 새벽이 되자 몇 명의 군인이 내게 찾아와서 그들을 치료해 줄 수 있는가를 물었다. 나는 밖으로 나와서 그들을 살펴보았다. 어느 한 사람은 다섯 군데 이상의 총상을 입었지만 아직도 매우 유쾌한 듯이 보였다. 다른 두 사람은 단 한 발의 총알을 맞았지만 오히려 더 중태였다.

나는 외과 의사도 아닌 주제에 당시로서는 탄알을 끄집어내려고 내 사냥칼로 그들의 상처를 찔러 댈 수도 없었다. 그러나 나는 내 약 가방에서 승홍제[2]를 찾아냈다. 나는 그것을 녹여서 상처가 곪지 않도록 닦아 주었다. 나는 가지고 있던 방부제로 그들의 누더기 옷을 빨았다. 나는 깨끗해진 누더

2) 승홍제(昇汞劑) : 소독용으로 쓰이는 염화제이수은의 주제 약품.

기로 상처를 매어 주었다. 나는 그들을 뉘어 안정토록 하고 음식을 조금 먹인 다음 자리에서 일어났다.

해가 뜨자마자 의병들은 거리로 열을 지어 나갔다. 그들은 지난밤에 나를 찾아왔을 때 몇몇 사람들이 보여 준 그 특징, 곧 보잘것없는 무기와 부족한 화약을 휴대한 초라한 모습들을 여실히 재현했다. 그 날 아침 내가 출발하기에 앞서 그들은 미리 사람을 각 초소에 보내어 나는 영국인이니 다쳐서도 안 된다고 경고했다.

나는 서로의 앞날을 축복해 주면서 그들과 헤어졌지만 출발에 앞서 우리의 무기 중에 없어진 것이 있지나 않은가를 자세히 살펴보았다. 내가 데리고 다니던 사동들은 그 의병들에게 우리의 총을 주어 그들로 하여금 일본인을 죽일 수 있도록 해 달라고 내게 간청하는 것이 아닌가!

우리는 멀리 가지 않아 바위와 모래가 깔린 강변에 이르렀다. 그때 갑자기 사동 하나가 목이 찢어질 듯이 나를 부르면서 자기가 들고 있던 무기를 내던졌다. 우리는 발걸음을 멈추었다. 다른 사람들은 그 비명의 뜻을 알았다.

"그게 무슨 뜻이요?"

내가 그들에게 물었더니 김민근은 이렇게 대답했다.

"의병들이 우리를 포위하고 있습니다. 그들은 우리를 쏠 작정입니다. 그들은 당신이 일본인인 줄로 생각하고 있습니다."

나는 지평선을 향해 서서, 그들이 잘못 알고 있음을 보여 주려고 용감하게 나를 가리켰다.

"영국 대인이요."

나는 사동들과 함께 소리쳤다. 이러한 일이란 점잖지 못한 방법이었지만 매우 필요한 조처였다. 그제야 우리는 바위 사이를 달리면서 누더기를 입고 우리에게 점차로 접근해 오는 무리들을 볼 수 있었다. 몇 사람이 우리에게 접근해 오고 있는 동안, 그들의 총은 우리를 겨누고 있었다.

그러자 20여 명의 군인들이 손이 닿을 듯이 가까운 곳에서 벌떡 일어섰다. 신식 군대의 제복을 입은 한 청년이 그들을 이끌고 있었다. 우리가 서서 기다리고 있는 동안 그들은 우리에게 뛰어왔다. 드디어 그들은 내가 누구인지를 알게 되자, 나에게 가까이 와 자기들의 실수를 정중하게 사과했다.

"당신이 소리친 것은 매우 다행한 일이었습니다. 나는 당신을 정조준해서 막 발사하려는 참이었지요."

얼굴이 아주 못생긴 한 청년이 탄창을 빼어 주머니에 넣으면서 말했다. 이 의병대의 몇 사람은 14~16세를 넘지 않았다. 나는 그들을 세워 놓고 사진을 찍었는데, 앞 페이지에서 볼 수 있는 사진이 그들의 모습인데, 백문이 불여일견이다.

정오가 되어 우리는 하루 전에 의병들이 퇴각한 어느 지방에 도착했다. 의병들은 이곳 주민들이 일본군과 결탁되어 있다고 생각하고 있었기 때문에 그들을 매우 불친절하게 대했다. 주민들의 말에 따르면 그 지방에서 전투가 있었음이 틀림없었다. 그 전날 아침 약 20명의 일본군이 이곳을 급습하여 200명의 의병을 공격했다는 것이다.

일본군 측에서는 한 명이 팔에 상처를 입었으며, 의병 측에서는 다섯 명이 부상을 당했다. 의병의 부상병 중 세 명은 도주했는데 그날 아침 내가 치료해 준 사람이 바로 그들이었다. 나머지 두 사람은 들판에 버려졌는데 한 사람은 왼쪽 볼에 심한 총상을 입었으며, 다른 한 사람은 오른쪽 어깨에 총상을 입었다. 그곳 주민들의 설명을 들어보면 당시의 상황은 이러했다.

"일본 군인들이 그 부상병들에게 접근해 왔을 때 그들은 상처의 고통이 심하여 말도 못하고 다만 짐승들처럼 "만세, 만세, 만세!" 하고 신음하듯 소리를 질렀답니다. 그들은 무기도 없었으며 피는 땅 위에 낭자하게 흐르고 있었습니다. 일본군들은 그들의 비명을 듣고 달려와서 그들이 죽을 때까지 찌르고, 찌르고, 또 찔렀답니다. 그들은 일본군의 칼 아래 갈기갈기 찢겼습니다. 우리는 그들의 시신을 거두어 묻어 주었습니다."

일본군의 만행이 얼마나 지긋지긋했던가를 설명하던 주민들의 진지한 표정은 어느 명문보다도 더 웅변적이었다. 이것이 단 한 번의 사례에 그쳤다면 여기에서 이토록 언급할 필요도 없었을 것이다. 그러나 내가 도처에서 들은 바에 따르면 일본군들은 지방의 수많은 전투에서 모든 부상병들과 그들을 포위한 의병들을 조직적으로 몰살했음을 알 수가 있었다.

모두가 그랬던 것은 아니지만 상당수를 그런 식으로 참살했음이 분명했다. 많은 전투를 겪는 동안 의병들의 전사자들은 많은데 부상병이나 포로에 관해서는 아무런 언급이 없는 일본 측의 통계가 이를 잘 증명해 주고 있다.

이외에도 지적할 만한 사실이 또 있다. 일본군들은 곳곳에서 민가를 방화하는 이외에도 의병에게 협조한 듯한 혐의를 받은 많은 민간인들을 살해했다. 한국인들은 학살 장면을 설명할 때면 일본군 사수들이 총살형을 집행한 다음 시체를 칼로 찌르고 난도질하더라고 설명함으로써 말끝을 맺었다.

내가 매사에 몹시 신뢰하는 어느 영국인도 이와 같은 이야기를 들었다고 한다. 그는 일본인 군사 기지 가까이에 살고 있었는데 그 주위에는 의병들이 진은 치고 있었다. 그는 일본인의 처형 장면이 과연 듣던 대로인지 보려고 형장에를 나가 보았다.

한 죄수가 밖으로 끌려 나오는데 손은 뒤로 묶여 있었고 일본군이 그의 목에 걸린 고삐로써 끌어내어 오고 있었다. 그들이 처형장으로 향해 가던 도중 그 일본군은 외국인이 자기를 주시하고 있음을 보았다. 그는 능숙한 솜씨로 고삐를 낚아채어 포로를 넘어지게 한 다음 그의 총검으로 포로의 배를 사정없이 찔렀다. 그러나 이번 경우에는 시체를 난도질하지는 않았다.

제 19 장 외국 언론인에 대한 탄압

한국에 살고 있는 유럽인과 미국인들이 왜 애당초에 일본 통치의 정체를 만천하에 폭로하지 않았느냐고 반문할 수도 있다. 몇몇 외국인들이 그와 같은 작업을 시도한 바 있었지만 일반적으로 서구 여러 나라들은 일본인에 대하여 호감을 갖는 경향이 강했기 때문에 일본에 대한 주한 외국인들의 불평은 쓸모없는 것이었다. 서구 여러 나라들이 이처럼 일본에 대하여 호감을 갖는 것은 러일전쟁 동안에 있었던 일본의 빛나는 업적 때문이었다.[1)]

한국 주재 미국 공사인 알렌 박사는 일본의 주장과 계획을 비판적인 안목으로 다루어야 한다고 본국 정부에 개진했다는 간접적인 이유로 말미암아 소환되었다. 한국에 살고 있는 많은 선교사들은 그들의 이웃에 살고 있는 한국인에 대한 일본의 침략 행위에 대하여 분노를 느끼면서도 한국인들에게는 참고 견디도록 충고하면서, 그와 같은 불법 행위는 일시적인 것으로 곧 종식되리라고 믿었다.

러일전쟁 동안 한국에 살던 외국인들은 소수의 친러파를 제외하고서는 모두가 일본에 동정적이었다는 점을 잊어서는 안 된다. 우리 외국인들은 모두가 러시아의 무모하고도 실수투성이의 극동 정책으로 말미암아 러시아에

---

1) 러일전쟁에서 일본은 음모와 침략적 야욕으로 극동에 진출하는 러시아를 패전시킴으로써 이곳에 이해 관계가 얽힌 서구 여러 나라의 찬사를 받았다.

대한 감정이 좋지 않았다. 우리는 일본을 매우 호의적으로 보았으며, 일본 민족은 이 나약한 한민족을 잘 우대하여 주리라고 믿었다.

우리의 이와 같은 호감은 일본군의 초기 활동에 따라 더욱 굳어졌으며, 일본군에 대한 좋지 않은 소문이 나돌고 반대파가 출현했을 때만 해도 우리는 그런 현상이 전후 경제 혼란의 부수물이라고 생각했었다. 우리에게 일본을 악의적으로 바라보려는 생각은 추호도 없었지만 일본은 때때로 우리의 호의적인 선입감을 깨뜨렸다. 내가 이렇게 말하는 것은 나 자신을 위해서뿐 아니라 그 무렵 한국에 살고 있는 많은 백인들을 위해서이다.

나는 여러 가지의 예증을 제시함으로써 이와 같은 사실을 입증할 수 있다. 이를테면 나는 『코리아 리뷰』의 편집장이며, 지금에는 일본의 정책에 대하여 가장 강력하게 비판적인 헐버트 교수의 주장을 인용하고자 한다. 러일전쟁 초기에 헐버트 교수는 일본을 몹시 두둔했다. 그는 이렇게 주장했다.

> 지금 한국에 필요한 것은 교육이다. 이 문제를 해결하는 방향으로 정책이 지향되지 않는다면 한국의 진정한 독립을 기대할 수 없다. 일본과 일본인의 활약은 한국의 교육과 개화를 목표로 하고 있으며, 다른 한 강대국의 활약이 어느 면에서는 한국민에 대한 불쾌한 동정에서 비롯된 것인 반면에, 일본의 활약은 러시아의 그것보다 훨씬 더 모독적이라는 사실을 한국의 최고 지식인들은 시인하고 있다고 우리는 믿는다.
>
> 러시아는 한국의 정치 제도가 타락한 점을 악용하여 그 우위를 차지했다. 일본은 무력에 따라 그 우위를 차지하고 있지만 일본은 한국에 무엇인가 도움이 되는 방향으로 그 우위를 이용했다. 러시아의 수평선 위에는 한국 민족의 복락이 나타나지 않았지만, 일본이 제시하는 비전에는 그것이 가득 차 있다. 일본이 그러한 입장을 취한 것은 전적으로 애타적인 동기에서 비롯된 것이 아니라 한국과 일본의 번영이 같은 운명 속에서 부침하기 때문이다.[2]

---

2) (필자 주) *Korea Review*, February 1904.

세월이 흐를수록 한국 내에서 한·일 사이의 분쟁에 관한 이야기가 나돌게 되자 『코리아 리뷰』는 그러한 사실을 되도록이면 좋게 설명하고 또 이를 대중들에게 알리려 노력했다. 헐버트가 그러한 태도를 지양한 것은 일본 정부의 계속적이고도 강압적인 학정이 시작된 이후였다.

영향력을 미칠 만한 외국인 방문객들은 한국인보다는 오히려 일본인에게 더 정을 쏟았던 것은 당연했다. 그들은 통감부를 방문하여, 유럽의 왕실을 잘 알고 또 세계 상정에 친숙하게 된 일본 관리를 만나는 가운데 그들이 정중하고도 명랑한 사람임을 알게 되었다. 그와는 달리 한국을 옹호하는 사람들은 그들의 입장을 설명하면서 유럽인들의 동정을 끌 만한 능력이나 기술을 갖지 못했다.

한국을 방문했다가 귀국하여, 일본인에 대한 칭찬과 한국인에 대한 경멸로 가득 찬 내용의 책을 저술한 바 있는 한 저명한 외국인[3]은 그의 한국 여행 중에, 일본인이 자기에게 소개하여 준 사람 이외에는 한국인을 전혀 접촉해 보지 못했다고 자인했다. 외국의 몇몇 언론인들도 처음에는 이와 같은 방법으로 그 총명을 잃었다.

한국 문제에 관한 그와 같은 상황은 분명히 오래 지속될 수가 없었다. 시간이 흐름에 따라 외국인 사회에서는 이에 대한 비난이 고조되었으며, 한국을 방문한 평론가들은 사태를 좀 더 날카롭게 주시하기 시작했다. 그러나 여기에 또 다른 난관이 나타났다. 본사의 편집자들은 현지 특파원들이 생각하고 있는 것과 같이 그렇게 반일적인 이야기를 믿으려 하지 않았으며, 내가 알고 있는 몇몇 경우에는, 현지 특파원들의 대일 비판이 본사의 편집자들에 의해 전적으로 삭제되었다.

이러한 일이 항상 일어난 것은 아니었다. 런던의 『트리뷴』지도 1906년 여

3) 초대 통감인 이토 히로부미의 정치고문인 미국인 래드(G. T. Ladd)를 뜻한다. 예일대학의 철학 교수였던 그는 『이토 히로부미와 함께 조선에서』(*In Korea with Marquis Ito* (New York : Charles Scribner's Sons, 1908)라는 친일적인 글을 남겼다.

름에는 한국의 황제에 관한 더글러스의 기고를 실었으며, 같은 해 여름 런던의 『데일리 메일』지도 일본의 정책을 소상하게 비판한 나의 몇 편의 글을 실었는데 이 글은 최근 한국의 전역을 돌아본 뒤에 얻은 자료에 근거를 두어 일본의 침탈 행위와 한국의 피해에 관한 숱한 예를 제시함으로써 그 내용을 뒷받침했다.

그 뒤로 한국의 내막을 세상에 알린다는 것은 어려운 일이 되었지만 그때부터 한국 문제를 양면적으로 바라보려는 생각이 점점 증가했다. 1905년 가을, 내가 새로운 문제점을 대대적으로 발표했을 때 나는 영국의 유력한 신문들로부터 호되게 욕을 먹은 적이 있었다. 그들은 이렇게 말했다.

"기사가 너무 늦었다. 이미 쓸모없는 것이 되고 말았다."

이제 그러한 일은 다시 일어나지 않게 되었다.

한국 민족을 누구보다도 감싸주었다는 칭송은 영국의 젊은 언론인이며 『코리아 데일리 뉴스』의 편집자인 베델[4]에게 돌아가야 마땅하다. 그는 1904년 여름, 런던에 있는 어느 일간지[5]의 임시 특파원으로 서울에 도착했다. 그는 일부는 영어로, 그리고 일부는 한국어로 된 *Korea Daily News*라고 하는 수수한 2개 국어 신문을 발행하기 시작했다.

창간호는 나가모리 도키치로의 토지 점유 사건[6]으로 한국이 떠들썩하게 되기 직전에 발간되었다.[7] 베델은 나가모리의 요구를 응낙하는 데에 대하여 날카로운 적의를 보였으며 결과적으로 그 사건은 베델의 주장대로 결말났다. 이런 일이 있은 뒤로 그는 일본 공사관과 정면으로 맞서게 되었으며,

---

4) 베델(E. T. Bethell : 1872~1909) : 영국 브리스톨 출신. 러일전쟁 당시에 런던 *Daily News*의 극동특파원으로 한국에 입국하여 『대한매일신보』와 *Korea Daily News*를 창간하여 한국의 독립 운동을 지원함. 일본의 음모에 빠져 허위 보도 및 선동의 죄목으로 영사 재판에 회부되어 유죄 판결을 받고 상해에서 3주간의 금고 생활을 함. 두 신문의 재기를 위해 노력하다가, 병사하여 양화진 외국인 묘지에 묻힘.

5) 런던의 *Daily News*지를 뜻한다.

6) 본서 제10장 참조.

7) 정확한 창간 일자는 1905년 7월 18일이었다.

일본 당국은 그를 꺾어 입을 다물게 하려고 여러 차례 시도해 보았으나 뜻대로 되지 않자 그를 탄압하기로 결심했다.

이렇게 되자 베델이 한국의 조정과 밀접한 관계를 맺게 된 것은 당연할 일이었다. 이제 *Korea Daily News*는 공공연하게 한국을 지지하는 입장에 서게 되었으며, 한 지면에 영어와 한국어로 인쇄하던 것을 체제를 바꾸어 한국어로 된 『대한매일신보』와 영문판을 분리하여 발간했는데, 영문판은 아직도 옛 이름을 그대로 쓰고 있다.

베델은 애당초 지나치게 강경한 어조와 불필요한 보복적 언사를 사용함으로써 자신의 입장을 위태롭게 했다고 우리들은 생각했다. 그러나 상식적으로 생각해 보더라도 그는 매우 어려운 일을 하고 있다는 점만은 잊어서 안 된다. 일본인들은 온갖 수단을 다 부려 그의 생활을 위협했으며, 그의 사업을 방해하고자 갖은 수작을 부렸다. 그의 우편물은 하나도 거르지 않고 검열을 받았으며, 그가 거느리고 있는 하인들은 여러 가지 구실로 위협을 받거나 체포되었으며, 그의 집 주위에는 첩자들이 그림자처럼 도사리고 있었다.

베델은 놀라운 끈기를 보여 주었으며 세월이 흘러도 굴복하는 기색을 보이지 않았다. 그러나 1907년 봄 이후부터는 그의 언론 활동이 지나치리만큼 혹독하게 비판적이었다고 주장할 수가 없었다. 그때부터 그는 조용하고도 명료한 어조를 택했다. 그는 몇몇 한국의 극단주의자들의 계획이 무모하다고 생각될 경우 그를 억제하고자 많은 애를 썼다. 그는 헤이그 만국 평화 회의에 대표를 파견하는 것을 반대했으며, 일본에 무력적인 항쟁을 전개하는 데 반대하는 여론을 전개하려고 최선을 다했다.

베델과의 타협이 실패로 돌아가자 일본인들은 그를 파멸시킬 수 있는 방법을 모색했다. 먼저 그의 근거를 뿌리째 뽑아 버리려고 일본인들은 영문으로 또 다른 한 신문[8]을 발간했다. 일본의 유능한 언론인인 쓰모토 모토사다

8) *Seoul Press*를 뜻함. 최준, 『한국신문사』(서울 : 일조각 : 1970), p. 162 참조.

가 편집인이 되었다. 그는, 근대 일본 문제를 연구한 사람들에게는, 이토 히로부미의 심복 언론인으로 알려진 인물이었다. 한 문관으로서, 그리고 야심 있는 한 외교관으로서 그는 내각 총리대신 시절의 이토의 상근 비서로 발탁되었다.

그 뒤 그는 일본의 반관지인 도쿄의 『재팬 타임즈』의 편집장으로 활약하기에 이르렀다. 이토가 통감으로 취임하게 되자 쓰모토는 그의 공식적인 참모로 그를 수행했다. 서울에서 일어나는 문제라면 누구도 쓰모토보다 더 능숙하게 처리할 수 없다는 사실을 여기에서 지적하지 않을 수가 없다. 마음이 너그럽고 호탕하며 해박한 지식을 가지고 있는 그는 그를 알고 있는 모든 사람들로부터 고루 인정을 받았다.

그러나 쓰모토의 개인적인 매력만으로는 그가 경영하는 『서울 프레스』지가 *Korea Daily News*지를 압도할 수 없었다. 서구인이라고는 1백 명도 넘지 않는 한 도시에서 두 가지의 영자 신문이 일간으로 발행되는 언론 사정에 대하여 우리는 놀라지 않을 수 없었으며 지금도 마찬가지 심정이다. 한 신문은 하루 발행 부수 5만 부가 가능할 만큼 훌륭한 건물과 금고와 타자기와 호사스러운 전기 시설을 갖추고 있었다.

『대한매일신보』에 대항하려고 일본인이 편집하는 한국어 신문[9]이 또 창간되었다. 그러나 이 경쟁에서도 베델은 일본인의 그것보다 더 굳은 기반을 장악하고 있었다. 왜냐하면 한국인들이 이구동성으로 내게 들려주고 있는 바와 같이 한국인들은 『대한매일신보』야말로 일본의 비행을 항변할 수 있는 유일한 대변지라고 생각하고 있었기 때문이었다. 그 한 사례로, 일본인이 서울에서 경영하고 있는 한국어 일간지인 『대한일보』의 1907년 9월 6일자 기사를 들어보자.

9) 「대한일보」를 뜻함.

베델(E. T. Bethell)(필자 촬영)

우리 민족이 *Korea Daily News*의 아첨하는 기사를 믿고서, 위험이 다가오고 있다는 사실을 알지 못한다면 이는 매우 어리석은 일이다. 그들은 마치 청국의 아편중독자들과 같다. *Korea Daily News*의 편집자는 눈이 깊고 코가 크며 얼굴이 흰 금발의 영국인이다. 그들과 우리의 인종적 차이도 심각하다. 오늘날 민족은 서로가 적대적이다. 한국인으로 태어나 이민족을 믿고 자기 민족을 경원하는 것이 과연 현명한 일일까?

*Korea Daily News*는 한국인의 무지를 이용하여 막대한 부수를 확보했다. 그 신문의 창간 동기가 위대했든, 그렇지 못했든 간에 우리는 그것을 왈가왈부한 의사도 없다. 그 신문의 논조는 우리 나라에 큰 해독을 끼치고 있다. 우리는 지금 민족의 존망에 관한 문제에 직면해 있다. 일본은 한국에 대하여 깊은 관심을 가지고 있기 때문에 만약 우리 민족이 그 정부를 신뢰한다면 그들은 우리를 원조할 것이다.

그러나 만약 우리 민족이 영국인 베델의 왜곡된 기사에 현혹된다면 우리에게 장차 어떠한 문제가 발생할 것인가를 예언할 수가 없다. 일본 정부로부터 이반되고 이웃 나라와 분쟁을 야기한다면 문제는 더욱 심각해질 것이다.

아시아인들을 위한 아시아, 유럽인을 위한 유럽을 건설하는 것은 자연의 법리이다. 우리 나라의 이익과 우리 민족의 복지는 교린과 우호에 달려 있다. 만약 우리가 이를 외면한다면 그 결과는 매우 유독할 것이다. 요컨대 우리 민족은 우리와 같은 유색인종을 신뢰하고 『황성신문』[10], 『제국신문』[11], 『국민신보』[12] 등 우리 민족 자신의 신문 이외의 것은 읽지 말도록 권하는 바이다.

---

10) 「황성신문」: 1898년에 장지연 · 남궁억 등이 국한문으로 발간한 일간 신문으로서 합병과 더불어 1910년에 폐간되었다.

11) 「제국신문」: 이종일 · 이종면 등이 1898년에 순국문판으로 발행한 신문으로서 중류 이하의 대중과 부녀자를 대상으로 하던 민족지였다. 1910년 합병과 더불어 폐간되었다.

12) 「국민신보」: 일진회의 이용구 · 송병준 등이 1906년에 발행한 친일 신문.

일본은 자신이 영향을 미칠 수 있는 극동의 영자 신문들로 하여금 서울에 있는 그 작은 일간지에 대하여 반대의 기사를 쓰도록 종용했다. 그 가운데서도 『재팬 데일리 메일』이 앞장섰다. 이 신문은 브링클리 선장(Brinkley)이 주관하는 것이었다. 그는 지난 날 일본 정무 기관에 근무한 적이 있는 저명한 아일랜드인으로서 오늘날에는 일본의 유수한 선박 회사인 일본우선회사의 고문으로 일하고 있다.

일본에 관한 브링클리의 해박한 지식과 유창한 일본어 실력은 모든 사람들로부터 인정과 칭찬을 받고 있다. 그러나 그는 일본 정부와 공적으로 밀착되어 있을 뿐만 아니라 일본 산업계와의 개인적인 이해 관계로 말미암아 그의 주관적인 판단은 왜곡되어 있다. 일반적으로 그의 신문은 일본 정부의 대변자로 취급받고 있으며, 일본인보다도 더 일본의 이권을 열렬히 옹호하는 데 성공했다. 일본과 영국 사이에 이해 관계가 엇갈리게 되면 브링클리 선장은 온갖 어려움을 무릅쓰고라도 일본의 이권을 옹호하리라고 말해도 무리가 아니다.

*Japan Daily News*는 *Korea Daily News*를 탄압하고자 여론을 조성하기 시작했다. 1906년 말 그 신문은 다음과 같이 주장했다.

> 이번과 같은 경우에 가장 극렬한 길만이 가장 편리하다고 우리는 믿는 바이다. *Korea Daily News*와 같은 신문을 형법상으로 즉각 조치할 수 있도록 언론 규제를 실시해야 한다. 그러한 신문이 도대체 무슨 소용이 있으며, 어떤 도덕적 원칙에 근거를 두고 그의 편집자는 매일 같이 악의에 찬 편견을 공공연히 발표할 수 있는가? 정당한 언론의 입장에서 볼 때 그러한 종류의 신문이 존립해야 할 여지는 없는 것이며, 우리의 동맹국에 대하여 저토록 완악한 적이 자취를 감춘다면 우리 영국인들은 마음이 기쁠 것이다.

그 무렵 *Korea Daily News*는 자신의 입장을 다음과 같이 천명했다.

우리는 앞으로도 우리 독자들이 행복해지기를 바란다. 우리는 이 기회를 이용하여 우리 자신과, 우리 이념과, 우리가 속하여 살고 있는 이 민족의 문제에 언급하고자 한다. 우리의 적대자들은 누차에 걸쳐서 *Korea Daily News*가 "버림받은" 신문이라고 다른 사람들에게 설득하려 애썼다. 곧 이 신문의 존속은 유해한 것이며, 이 신문 자체가 무책임하다는 것이다.

더 나아가서 이 신문이 애당초에 취했던 솔직한 논조가 이제는 편집자 자신의 신변을 위협하는 듯한 인상을 풍기고 있음을 우리는 목격했다. 세상사는 사필귀정인 법이다. 우리는 확신과 철저한 책임 의식을 가지고 글을 쓰고 있다는 사실을 한국 내의 모든 사람들이 인정해 주고 있다고 믿는다.

덧붙여 말하건대, 우리가 여러 차례에 걸쳐 그동안의 과정에 이의를 제기했던 일본인들은 우리 신문의 책임성을 우선 시인해야 한다. 그들은 우리를 매수하려고 노력해 왔으며, 자신들이 원하는 기사만을 우리에게 제공했던 것이 사실이다. 그러나 그들은 우리를 다루면서 매사에 상냥했다.

우리에게는 아직도 아픈 상처가 있다. 그것은 다름이 아니라, 우리에게 무책임하게 파견하는 한심스러운 첩자들이다. 이러한 처사는 머지않아 없어지기를 바랄 뿐이다.

우리 자신의 신상 문제와 우리의 이념에 대해서도 이에 못지않게 할 말이 많다. 이 신문이 창간될 때부터 우리는 한국 문제에 대한 일본의 간섭이 다만 불행을 초래할 뿐이라는 생각을 가지고 있었다. 우리의 생각은 아직도 변함없으며, 앞으로 언제인가는 우리의 견해가 옳게 받아들여지리라고 확신하고 있다.

러일전쟁 중에도 문제점이 어느 편에서 야기되고 있는가를 우리에게 보여 주는 많은 징조들이 나타났으며, 1905년 11월 17일에 조인된 터무니없는 을사조약도, 적어도 일본 정부 측에서 본다면, 거의 불가능한 상황 속에서 불가피하게 체결된 것임이 명백했다. 일본은 포츠머드조약을 통하여 한국을 얻게 되었으며, 따라서 합병과 유사한 어떤 의식이 거행되어야 한다고 일본인들은 설득을 당했다.

우리는 이와 같은 모든 사실들을 너무도 잘 알고 있다. 그러나 머지않아 일본인들의 생각과 일본 정부의 정책이 어쩔 수 없이 수정되어야 한다고 우리는 믿는다. 한국은 일본을 위하여 존재하는 민족이 아니다. 우리는 이 점을 확신하며 앞으로도 이러한 확신은 변하지 않을 것이다. 한국을 지배하려는 일본의 욕심은 다만 금전적인 낭비와, 이미 한민족 간에 확실히 존재하고 있는 나쁜 감정만을 증대시킬 뿐이다.

한국의 공사에 부패가 만연하고 있는 것은 사실이지만, 한국에서 기반을 닦고 있는 많은 일본인들도 가장 부패한 한국인 못지않게 부패했다는 점도 또한 사실이다.

이제 이 사건은 외교 문제로까지 번지게 되었다. 1906년 한여름 동안에 일본 당국은 『대한매일신보』에 발표한 여러 논설을 번역하여 영국 정부에 발송하고 베델의 신문을 억눌러 줄 것을 요청했다.

그러나 극동에 있는 그 영국 언론인은 영국 본토에 있는 언론인들과는 입장이 다르다는 것을 이해해야만 한다. 그는 영국 정부가 공포한 일련의 칙령에 따라 규제를 받으며 사실상 영국 공사의 뜻에 따라 제재를 받는다. 그 공사만이 외부로 나타난 결과에 따라 그 신문을 탄압할 수도 있고 그를 추방할 수 있다.

이와 같은 사건들이 몇 차례 발생한 적이 있었다. 곧 1876년 파크스 경(Sir Harry Parkes)은 요코하마에서 블랙(Black)이 창간한 일본어 신문인 『만국신문』을 탄압했다. 이 신문 내용이 전혀 새로운 바가 없었지만 일본 정부는 외국인들이 자기 나라 언론법의 규제를 받지 않는 한 그들이 일본어로 된 신문을 발행하는 것을 강력하게 반대했다. 이때 파크스 경은 영국인들이 일본어로 된 신문을 인쇄하거나 발행하는 일을 금지하는 엄중한 고시를 공포했다.

그 뒤 샴(Siam)[13]에서 발행되던 『프리 프레스』의 편집장인 릴리(Lillie)

는 샴 정부를 비난했다는 이유로 추방되었는데, 이때 영국 공사는 최초로 이를 허락했다. 그 밖에도 샴에서는 방콕에서 발행되는 신문의 경영주인 틸레크(Tilleke)가 유죄 판결을 받고 6개월 동안 금고형을 치른 적이 있었다.

틸레크가 경영하던 신문의 편집장은 이를 오심이라고 선언하고 유죄 판결을 강력히 비난했다. 결과적으로 영사재판소의 판사 대리는 그의 추방을 명령했으며 사과 명령만은 연기되었다. 그 뒤 최고재판소는 틸레크에 대한 유죄 판결을 만장일치로 철회했지만 편집장을 처벌할 수 있는 영사재판소의 권한에 대해서는 아무런 영향을 미치지 못했다.

중국 북부 지방에 살고 있는 영국인들은 이미 1904년에 『차이나 타임즈』의 편집장인 코웬(John Cowen)에 대한 압력으로 떠들썩했었다. 코웬은 러일전쟁 동안에 러시아의 활동에 관하여 자유롭게 기사를 발표하고 있었는데 천진의 총영사는 불법 행위를 되풀이하는 일이 없도록 하라고 명령하고 추방을 당할는지도 모른다고 위협했다. 코웬 씨는 그 총영사에게 도전하여 끝내 승리를 거두었다.

일본 정부가 *Korea Daily News*를 탄압하도록 영국 정부를 설득하려고 획책하고 있다는 소식이 해외에 알려지자 극동에 살고 있는 모든 외국인들이 상당한 관심을 보였음은 이해할 만하다. 영국 외무성은 현지에 파견되어 있는 관리들의 권한을 강화하고자 1907년 초에는 극동에서 영국인이 경영하는 언론 기관에 관한 일련의 새로운 사명을 공포했다.

일본의 이해 관계에 관하여 전적으로 동조적인(이것은 아마도 부자연스러운 일은 아니리라) 도쿄 주재 영국 공사관의 고위층들은 본국 정부의 용단에 대하여 매우 찬성했다. 1907년 9월, 서울 주차 영국 총영사인 코크번(Cockburn)이 도쿄를 방문했는데 그곳에서 그는 *Korea Daily News*의 그 고집쟁이 편집장을 앞으로 어떻게 조처할 것인가를 논의했다는 것이 당시

13) 지금의 Thailand.

신문 편집 광경(필자 촬영)

의 중론이었다.

코크번이 귀임한 직후 폭풍은 불어 닥쳤다. 10월 12일 토요일에 베델은 치안 문란 행위를 했다는 고발에 답변하도록 다음 월요일에 특실 영사재판소에 출두하라는 명령서를 받았다. 재판 절차가 진행되었는데 그 근거 조항은 엉뚱하게도 새로이 개정된 1907년의 칙령이 아니라 다음과 같은 1904년 청한규칙 제83조였다.

> 영국 신민이 공공의 안녕을 파괴하려고 했거나 또는 영국 신민의 활동이 공공의 안녕 파괴를 조장 · 자극하는 것이라고 이해할 만한 타당한 근거가 있다는 것이 입증될 경우, 재판소는 만약 필요하다고 생각된다면 경우에 따라 그를 법정에 출두시켜 재판소가 만족할 만큼 안녕을 유지하겠다는 보장을 요구하거나 또는 장차 선량하게 처신하겠다는 보장을 요구할 수 있다.

재판은 영사관에서 열렸으며, 코크번이 판사가 되었다. 서울에는 영국인 변호사가 없었고 영국인 변호사를 구하려면 상해나 고베로 사람을 보내야 했기 때문에 베델은 짧은 심문 동안에 자문이나 법적 충고를 들을 수 없었다. 이런 상황은 분명히 그에게 불리한 것이었다. 그는 사실상 아무런 준비도, 법적 지식도, 그리고 세련된 충고도 없이 자신의 입장을 변호해야만 했다.

나는 여기에서 이 사건에서의 코크번의 개인적인 처사를 비난하고 싶은 생각은 추호도 없다. 왜냐하면 그는 그가 거느리고 있는 모든 사람들로부터 호평과 신뢰를 받고 있기 때문이다. 그는 도쿄에 있는 그의 상사들의 입인 동시에 대리인으로 활약하고 있었다. 어쨌든 그를 무책임하다고 규정하는 것은 정당하다고 볼 수 없다.

베델에 대한 기소 이유로 8건의 기사가 재판소에 제출되었는데 그 가운데 일부는 *Korea Daily News*에, 일부는 『대한매일신보』에, 그리고 일부는 두 신문에 모두 게재되어 있다. 8종의 기사 가운데 6건은 국내에서 있었던 의병 항전에 관한 평론이거나 아니면 서술이었다. 그 가운데 하나는 일본 황태자 요시히토[14]의 한국 방문 예정을 다룬 것이다.

또 하나는 한국어로 된 것으로서 한국민에게 독립의 중요성을 알고 이를 갈구하라고 외치고 있다. 의병 항전에 관한 기사는 설령 강경한 것이었다손 치더라도, 내가 가을의 종군에 관해 기록한 제15, 16, 17, 18장의 내용보다 더 강경한 것은 아니었다. 독자들의 건전한 판단을 돕고자 나는 위의 8종의 기사를 이 장 말미에 요약해 실었다.

베델의 재판은, 어떤 사람들에게는 시시하게 보일지는 모르겠지만, 영국의 언론 자유에 대한 금세대 최악의 타격이었다. 그러나 재판 절차가 산만했던 탓으로 이 사건의 심각성을 느끼는 사람은 아무도 없었다. 베델은 변호사가 아니었던 탓으로 그에게 유리한 여러 가지 사실들의 잇점을 살리지 못했다.

---

14) 요시히토(嘉仁) : 당시 메이지 천황의 아들로서, 뒷날의 다이쇼 천황(재위 : 1912~1925)을 뜻함.

베델은 이번 사건의 실질적인 고발자가 누구인가를 알고 싶었다. 영국 영사관의 요원인 홈즈(Holmes)가 형식상으로 고발했지만 그는 막후에서 실제로 움직이는 사람들의 앞잡이의 지나지 않음이 분명했다. 누구의 요구에 따라 이번 재판이 벌어지게 되었는가를 피고가 물었을 때 판사는 이에 대한 대답을 거부했다.

통감부의 외무부장인 고마쓰 미도리가 출정하여 자기의 생각으로는 베델의 두 신문이 일본인과 한국인의 민족 감정을 유발했다고 증언했다. 한국인들이 일본인에 대하여 적대적이라는 사실을 증언하려고 터너 주교(Bishop Turner)가 증언대에 나왔다. 그의 증언은 일본인들에게 썩 기분 좋은 내용은 아니었다.

판사(문) : 서울에서 배일 감정을 가진 한국인들이 있는가? 바꾸어 말해서 한국인들은 한국 안에 있는 일본인들을 어떻게 생각하고 있는가?

터너(답) : 내가 한국인들과 이야기를 나누어 본 결과 그들은 일본인에 대하여 매우 나쁜 감정을 가지고 있음을 확실히 간파했다.

판사(문) : 당신은 당신의 상식으로 판단할 때 그러한 감정이 널리 퍼져 있다고 생각하는가?

터너(답) : 그렇다고 생각한다.

판사(문) : 널리 퍼져 있다고 생각하는가?

터너(답) : 그렇다. 매우 널리 퍼져 있다고 생각한다.

휴즈(Major Hughes) 소령이 또 다른 증인으로 출정했다. 그는 베델을 옹호한 유일한 인물로서, 자기가 생각하기에 베델의 논설은 공공의 안녕 질서의 파괴를 유발했다고 평가할 수는 없다고 공언했다.

판결은 예상했던 대로였다. 그는 베델에게 유죄를 선고하고 앞으로 6개월 간 근신하겠다는 보증금으로 300파운드를 지불하라고 명령했다. 이에 관해서 *Korea Daily News*는 "이 판결에 따라 본 신문은 향후 6개월 동안 입에 재갈을 물게 되었으며 따라서 일본의 비행의 관한 더 이상의 기사는 본란에 발표할 수 없게 되었다"고 논평했다.

이 사건의 마지막 이야기는 아직 끝나지 않았다. 이번 일에 실제적으로 책임져야 하는 영국 외무성은 한국에 있는 일본군의 소행을 묵인하는 입장을 취하는 무리들과 어울리게 되었다. 왜냐하면 베델이 기소된 중요한 이유는 일본군의 활약을 소상하게 공표했던 점이었다는 사실 때문이다. 영국 외무성은 무지했던 탓으로 그렇게 했으리라고 생각할 수 있다.

그러나 활동 양식에 실수가 있었고, 어떻게 생각하면 경험이 부족했다고는 하지만, 약소민족의 정의를 구현하려고 엄청나게 불리한 전쟁을 치르고 있는 사람들에 대하여 영국의 관리들이 수수방관하는 것을 영국의 여론이 장차 용납할 것인지를 생각해 보아야 한다.

베델의 기소 사유가 되었던 *Korea Daily News*의 기사는 다음과 같다.

*** 1907년 9월 2일자 *Korea Daily News* 기사**

일본이 한국을 정복하고자 취한 방법에 대하여 우리는 여러 차례에 걸쳐 논평한 바 있다. 지방에서 들어오는 보도에 따르면 일본이 쓰고 있는 방법이 얼마나 불쾌하고 불필요한 것인가를 잘 보여 주고 있다. 일본에 대한 한국인들의 무서운 민족적 증오심을 조장하는 것이 당국의 소망이라면 굳이 인도주의와 같은 거창한 문제를 공부하지 않더라도 그들의 소망은 쉽사리 이루어질 것이라고 말할 수 있다.

지난 주 토요일 오후, 지난 날 한국군으로 있었던 2명의 한국인이 수원의 서문 밖에서 일본 군인에 의해 사살되었다. 지휘 장교는 칼을 빼어 들고 죽어 가는 시체의 배를 가르고 내장을 거의 끄집어냈다. 이와 같은 처사는 수원 시민들의 큰 분노를 샀으며 그 결과로 다음날인 일요일에 4명의 사형수들이 형장으로 끌려 나왔을 때 모든 한국인들에게는 400미터 안의 접근이 금지되었다. 그러나 일본인들은 현장을 참관할 수가 있었다.

토요일 저녁 용산에서는 한 한국인이 아기를 업은 자기 아내와 함께 일본군 병사 가까이의 한길을 조용히 걷고 있을 때 일본군이 아무런 이유도 없이 그들에게 발포했다. 복부가 관통된 부인은 즉사했고 등에 업었던 아이의 손가락은 날아갔다. 너무도 억울한 그 남편은 병사로 달려 들어가 당직 장교에게 그 기막힌 사실을 털어놓았다.

이야기를 들은 그 장교는 보상금조로 몇 푼 안 되는 돈을 주었다. 그 돈을 거절한 남편은 길바닥으로 내동댕이쳐졌다. 그 살인자가 처벌을 받았는지 받지 않았는지는 확인할 수가 없지만 그의 행동에 대하여 아무런 조사조차도 하지 않았음은 능히 짐작할 수가 있다.

서울의 동대문에서 몇 마일 가면 "자마장"이라고 하는 평화로운 고을이 있는데 이천을 거쳐 청주[15]로 내려가던 일본군이 이 마을에 들려 큰 분란을 일으켰다. 그들은 그 마을 농부들에게 짐을 지고 가라고 강요했으나 이를 거절하자 일본군들은 농부들을 강제로 체포하여 끌고 갔다.

부녀자들도 또한 폭행을 당했으며 마을은 온통 수라장이 되었다. 농부들은 자기들에게 일본군의 짐꾼이 되기를 요구한다는 것이 부당하다는 점을 매우 조리 있게 설명했다. 한국의 애국자는 자기의 동포를 사살하고자 사용된 화약을 나르도록 기대하는 것은 있을 수 없는 일이라고 생각했다. 만약 그들이 화약을 운반해 준다면 그들은 다른 한국인들의 공격을 받아 사살될 것이다.

더구나 품값도 나오지 않을 것이고, 자기들은 지게꾼이 아니라 남부럽지 않은 농민인 데다가 농사일이 바쁘고 곡식을 소홀히 할 수 없는 터임에야, 누가 들어도 그들의 이유는 정당한 것이었지만 일본군들은 그들의 말에 귀를 기울이지 않았다.

---

15) 본문에는 Chang-Chu로 되어 있다. *Korea Daily News*의 한글판 자매지 『대한매일신보』의 당일자를 확인해 본 결과 이는 청주를 오기한 것이었다.

어느 일간 신문사의 조판실(필자 촬영)

황제의 대관식이 있던 날 몇몇 사람들은 강제로 끌려 나와 일본인의 총칼 앞에서 꼼짝없이 무거운 지게 짐을 날랐다. 사방에서 나귀가 징발되었지만 그에 대한 댓가는 하나도 지불되지 않았다. 대부분의 마을 사람들은 산으로 몸을 피했다. 이러한 사건들이 서울 근방 몇 마일 안에서 발생되고 있는 정도라면 서울 밖에서 무슨 일이 일어나고 있는가를 알고 싶을 것이다.

* 1907년 9월 10일자 *Korea Daily News* 기사

국내에서의 분규는 이제 너무도 심각하여 일본군 당국은 이를 해결하고자 극단적인 조치를 취하기로 결정했다. 통감 대리 겸 한국 주재 일본군 사령관인 육군 대장 하세가와 요시미치의 고시는 이러한 사실을 단적으로 표현한 것으로서, 비록 필요한 조처였다고는 하지만, 공포와 측은함을 자아내게 만들었다.

법령이 너무 가혹하기 때문에 공포가 조장되었고 한국인들 사이에 어쩔 수 없이 일어나고 있는 비극과 고통으로 말미암아 측은함이 일었다. 이제 한국인들은 자기의 조국을 위해 적에게 일격을 가하고 목숨을 버리기로 결심한 오도된 애국심을 찬양하지 않을 수가 없게 되었다. 애국심은 용기를 불러일으키는 지상 명령이지만 가장 서글픈 현실이기도 하다.

하세가와의 고시문은 폭동이 일어나는 곳의 온 마을을 파괴하라고 명령하고 있다. 이와 같은 명령은 최후의 보루였다. 왜냐하면 그것은 부녀자와 아이와 노인들에 대한 전쟁의 수행을 뜻하는 것이기 때문이다. 그것은 말로 표현할 수 없는 고통을 주는 것을 뜻하며, 양민의 학살을 뜻하는 것이다.

그러나 지금의 사태는 그와 같은 극단적인 수단을 쓸 만큼 사태가 악화되어 있지는 않다. 그보다 더 점잖은 방법으로써 사태를 수습할 수 있었으며, 그 방법이 오히려 더 효과적일 수도 있었다. 이제 더 혹독한 추위의 겨울이 다가올 것이며 온 마을과 도시를 태우는 일은 간단하게 변명할 수 없게 되었다. 최후의 수단으로 그러한 방법은 용서를 받을 수 있을지 모르지만, 그것은 야만적인 수법을 부활시킬 따름이다.

그렇다면 지금 한국의 실정은 어떠한가? 남부 지방에서는 약 2천 명의 의병이 봉기하여 일본군을 습격했다. 그들 가운데 대부분은 구식 무기로 무장되어 있다. 그들에게는 대포도 없다. 그들이 화약을 보유한다는 것은 매우 어려우며 그들의 조직도 틀이 잡혀 있지 않다. 증원군과 보급품에 관한 한, 일본은 한국의 의병들을 무찌르려고 최신 소총과 속사경기관총과 무한한 물자로써 일본군을 훈련시켜 왔다.

한국인에 대하여 그와 같은 잇점을 가지고 있으면서도 일본군이 몇 백 몇 천 채의 가옥을 불태우지 않고서도 민중 봉기를 억누를 수 없다면, 오늘날 한국에 있는 일본군은 만주에서 싸우고 있는 일본군에 견주어 볼 때 서글프게도 훨씬 저질이라고 말할 수밖에 없다.

옛말에 이르기를 "하늘이 어떤 사람을 멸망하고자 할 때에는 우선 그들을 미치게 만든다."고 한다. 일본의 비평가는 이 고언을 잘 기억할 것이다. 왜냐하면 만약 일본이 그와 같은 극단적인 방법을 수행하려고 고집한다면 마치 크롬웰[16]이 아일랜드 민족에게 저질렀던 바와 같이, 격렬하고도 무자비한 민족 감정만을 유발하게 될 것이다.

이토 히로부미는 외국의 인정을 받으려는 공공연한 속셈으로, 일본의 대한 정책은 부드러운 것이라는 점을 이해시킬 방법을 모색해 왔다. 하세가와는 이번의 고시를 통하여 이토의 그러한 항해에 순풍을 불어 넣어 주었다. 그러나 하세가와는 이토 후작의 완전한 승인을 거친 다음 그에게 전달된 본국 정부의 훈령을 이행하고 있는 것이라고 말할 수 있다. 그리하여 이토 후작은 공공연하게 유화의 복음을 설교하고 있는 동안에 통감 대리인 하세가와 장군은 불평의 혐의가 있는 한국인들을 모조리 처단하겠다고 말하고 있다.

지금 한국에는 2명의 웅변가와 2개의 정강이 있다. 이토 후작은 문명 국

16) 크롬웰(Oliver Cromwell : 1599~1658) : 영국 헌정사를 중단시킨 최초의 공화주의자. 케임브리지대학을 졸업한 지적 귀족으로 청교도적 금욕으로써 왕정을 개선시키려던 것이 결과적으로는 그에게 독재자의 오명을 씌웠다.

가에게 자신의 입장을 부드럽게 천명하고 있으며 장군은 무장한 일본군으로서 한국인을 위협하고 있다. 우리는 하세가와의 고시에 관하여 할 말이 없다. 그러나 서구 민족들은 한국인을 그 이웃이나 우방들과 이간시키려고 유인할 뜻은 없으며, 우리의 뜻은 일본이 산고를 참으면서 구미 여러 나라들의 백인들에게 열심히 설명하고 있는 것과도 동떨어질 것임은 사실이다.

*** 1907년 9월 12일자 *Korea Daily News* 기사**

남부 지방의 민중 봉기는 이제 전쟁을 방불할 만큼 악화되어 있다. 이 전쟁은 문명 국가에서는 볼 수 없는 것으로서 자비심이라고는 찾아볼 수 없다. 우리는 이번 전쟁에서 오직 일본인들만이 공격을 취하고 있다는 이야기를 은근히 꺼내려는 의사는 없다.

그와 반대로 우리는 한국의 의병들이 일본군의 선례를 따라 행동하고 있으며, 가옥을 태우고 살인하고 있다는 사실을 솔직히 시인하는 바이다. 우리는 다만 일본 당국이 그러한 방법을 시작했으며 한국인들이 그들의 수법을 따르고 있다는 사실을 지적하고 싶을 뿐이다. "한쪽에 들어맞는 것은 다른 쪽에도 들어맞는다."는 옛말을 그들은 잘 이해하고 있다.

우리는 내륙 지방으로부터 들어온 믿을 만한 소식을 여기에 논평 없이 싣고자 한다. 우리에게 소식을 전해 준 사람은 충청도 지방의 사태를 들려주었다. 그는 충주 가까이에 있는 그의 집으로부터 걸어서 평택을 거쳐 지난 화요일 오후 이곳에 도착했다. 그가 들려주는 바에 따르면 제천으로부터 나오는 국도에서 70리 떨어진 곳에서 일본군들은 온 마을의 집을 불태웠다고 한다. 그곳은 놀라울 정도로 폐허가 되어 있다. 남은 것이라고는 타 버린 집터와 연기 나는 초가지붕뿐이다.

지난 월요일에 진천 군수는 일본군 50명의 지원을 요청하고, 그곳의 주민들은 그 일본군이 필요로 하는 것들을 마련해 준 일이 있는데 의병들은 모임을 가진 다음 그와 같은 반민족적인 소행을 응징하기로 결의했다. 몇 시간이 지난 뒤 다수의 의병들이 모여 그 마을을 공격했다.

공격 신호가 오르자 의병들은 언덕으로 올라가 50명의 일본군 수비대를 습격했다. 그들은 일본군 8명을 사살하고 나머지를 안성 쪽으로 패주시키는 전과를 올렸다. 그런 다음 의병들은 온 마을을 불태웠다는데 이 마을은 어느 모로 보나 적다고 볼 수는 없는 곳이다. 그들은 구식 무기를 사용하고 있었고 화약도 부족했지만 이 전투에서 현대식 무기와 화약을 많이 노획했다. 그와 동시에 다른 의병들은 어느 산골짜기에 매복하여 소수의 일본군을 기다리다가 그들을 모두 사살했다.

충주에는 현재 1천여 명의 일본군이 주둔하고 있다. 일본군 장교들은 자기들이 포획한 것들을 실제로 어떻게 처리할 수 없기 때문에, 이곳에서도 전근대적인 전투 방법을 쓰고 있다. 확인되지 않은 보도에 따르면 일본군들은 아낙네와 아이들을 죽이고 있다고 한다. 몇 천의 양민들이 일본군들로부터 가산을 약탈당했으며, 이로 말미암아 결과적으로 의병의 병력을 증강시켰음은 당연하다.

*** 1907년 9월 21일자 *Korea Daily News* 기사**

오늘 아침 도쿄로부터 들어온 전문에 따르면, 일본의 황태자인 요시히토가 "시찰 여행" 차 10월 10일에 서울에 온다고 한다. 이번의 방문은 한일 양국이 수교한 이래 보여준 관례에 벗어난 것처럼 보인다. 한국의 황제에게 보내는 일본 천황의 공한을 휴대하고 일본으로부터 한국에 온 방문객들이 많았으며, 그들은 항상 동등한 조건에서 예우를 주고받았다.

그러나 이번의 경우처럼 초청되지도 않은 시찰은 일본이 오랫동안 한국에 시도해 온 의식의 면에서 볼 때 매우 현저하게 진척된 것이라고 확신하다. 분명히 오도된 것이기는 하지만 아직도 애국자임에는 틀림없는 한국의 의병들을 일본군이 학살하고 있는 지금, 그와 같은 새로운 조처가 양국 관계의 개선을 위하여 이바지하리라고는 볼 수 없으며, 따라서 우리는 일본 황실을 찬양해서도 안 된다.

그렇다면 지금 한국 황실의 실정은 어떠한가? 한국의 황제는 최근 몇 년

의병을 진압하고자 출전하는 일본군(필자 촬영)

동안 한국인들이 일본인으로 말미암아 고초를 겪고 있는 바와 똑같이 고의적인 일본인들로부터 고초를 겪고 있다. 지금 만신창이가 된 황제가 일본의 황태자를 자발적으로 초청했으리라고 생각할 사람은 아무도 없다. 나약한 한국의 황제가 극도의 공포심에 사로잡혀 그의 방한을 기다리고 있다는 것은 의심할 나위도 없다.

태황제와 황제가 각료들의 요구에 따라 각기 떨어져 생활한 것은 황태자 요시히토 공의 방한 예정일의 이틀 전이었다. 두 분이 떨어져 생활하게 되었다는 것은 근 30년 동안 변함없이 함께 지내던 그들의 정의를 무례하게 깨뜨려 놓았다. 황제는 그 때까지도 태황제와 같은 궐내에서 침식을 함께 했었다.

어느 면으로 보나 지금의 황제는 심신이 굳은 분이라고 말할 수는 없다. 태황제도 마음이 여린 분이었지만 그래도 자신이 할 수 있는 데까지는 품도를 지킬 수 있는 소양을 가지고 있었다. 만약 양국에서 발표된 바대로 황제께서 태황제와 침식을 나눌 수 없게 된다면 그는 아마 과거 어느 때보다도 더 고독하게 될 것이다.

두 분을 이렇게 떼어놓는 것이 강제적이었다는 것은 서울에 있는 사람이면 누구나가 알 수 있었으며 그러한 조치의 배후에는 한국의 독립, 순수성, 복지, 황실의 존엄 등에 대한 깊은 복선이 깔려 있는 것을 쉽사리 간파할 수가 있었다. 러일전쟁 기간 동안 일본인들이 한국인들을 비난하고자 가장 자주 썼던 용어는 "음모"라는 단어였다. 그러나 우리는 이제 우리의 험한 길 앞에 놓인 그 어휘를 그 본래의 주인에게로 돌려주고 있다.

*** 1907년 9월 24일자 *Korea Daily News* 기사**

국내의 분규에 관해서 믿을 만한 외신으로부터 장문의 소식이 들어왔다. 이 기사의 기고자는 최근 한국의 내륙을 목격하고 귀국한 사람으로서,[17] 자

17) 여러 가지 정황으로 볼 때 이 기자는 이 책의 필자인 맥켄지(F. A. McKenzie)이다.

신이 한국에 머물 당시 목격한 바를 기록하고 있다. 그 외신 기자는 한국과 일본의 어느 쪽에게도 악의를 갖지 않은 공정한 사람이었다. 그는 다음과 같이 보도하고 있다.

"이것은 참으로 큰 문제이다. 일본인들은 온갖 수법을 다 써서 고의적으로 또는 무지와 무능으로 말미암아 이 문제를 더욱 급속히 악화시키고 있다. 진천의 의병들은 한국인의 가옥을 강점하고 그들의 가산을 불태운 2명의 일본군을 몰아내었다. 그러자 27명의 일본군이 이 마을에 들어와 65채의 가옥을 불태웠다. 나는 그 모습을 직접 목격했으며 남은 것이라고는 잿더미뿐이었다."

"군청의 관사는 전파되고 이한응의 큰 집이 일부 파괴되었다. 그 뒤 일본군은 집 주인을 몰아낸 다음 그 집의 나머지 부분을 차지하고 기거했다. 며칠이 지나 그들은 집안을 지저분하게 만들어 놓은 채 떠났다. 그들은 대문과 방문의 돌쩌귀를 빼 버리고, 벽지를 찢어 버리고, 똥 · 오줌과, 담배 꽁초와 음식물과 깨어진 술병들로 그 깨끗하던 집안을 어지럽혀 놓았다. 돈이 많은 집주인은 이미 의병들에게 비협조적이었다는 이유로 그들로부터 매를 맞은 적이 있는 사람이라는 점을 생각할 때 일본군들의 야만적인 행동은 불필요하고도 비인도적인 것이었다."

"내가 그 마을에 머무르고 있던 날 저녁에 10명의 의병들이 그곳을 지나갔다. 바른쪽 어깨에는 구식 소총을 메고 왼손에는 도화선을 들고 일렬종대로 걸어가는 그 초라한 애국자들을 바라보니 마치 영화 장면을 보는 듯했다. 그들은 질서정연했고 조용했으며 마을에서도 아무런 말썽을 부리지 않았다. 내가 여행 도중 의병들이 내게 말을 걸어온 적이 두 번 있었으나 그들은 항상 정중했다. 그들은 일본인이 아닌 외국인을 이렇게 만나게 되어서 반갑다는 것과 외국인들로부터 기계 기술과 그 밖의 기술을 배우고 싶다는 점과 민족을 구하거나 아니면 중도에서 죽기를 결심했노라고 말했다."

"진천에서는 물론 내가 머물렀던 모든 마을에서 나는 한국인들에게 오늘날과 같은 투쟁 방법이 독립을 위해 소용없음을 충고하고, 몇 년 동안 더 곤욕을 참고 견디면서 서구의 기술과 지식을 습득하라고 당부했다. 나는 또한 그들이 러시아나 영국이나 청국이나 미국이나 또는 그 밖의 어느 나라만을 의지하려 하지 말고, 앞날을 내다보면서 기회가 오면 독립을 주장할 수 있도록 하라고 부탁했다. 그들은 나의 말에 지극히 공감하면서도 굳이 싸움을 계속하겠노라는 결심을 보였다."

"그러나 나는 나의 충고로 말미암아 그들이 더 이상 집결하지 않게 되기를 바란다. 나는, 자만하는 것은 아니지만, 한국에 있는 어느 일본인보다도 더 나는 한국을 평화롭게 했음을 확신한다. 어느 한 한국인은 폐허가 된 자기의 집을 가리키며 '우리의 종교에서는 원수를 사랑하라고 가르치고 있지만 저런 꼴을 보고도 일본인을 사랑한다는 것은 참으로 어렵습니다.'라고 나에게 말했다."

"나는 일본군이나 일본 민간인을 한 명도 보지 못했다. 나는 한두 명의 한국인들이 상투를 잘린 채 도망하는 것을 보았으며, 외제의 고무장화나 푸른 각반을 신은 사람을 하나도 보지 못했다. 이는 참으로 한심한 일이었다. 내가 들렀던 어느 마을에서는 의병들이 악명 높은 일진회 회원을 체포했다. 나는 그 귀추를 주의 깊게 탐문해 보았지만 의병들이 그에게 어떤 해를 끼쳤다는 말을 듣지 못했다."

"한국인들은 모두가 의병을 좋게 말한다. 그들은 엄격하게 훈련을 받았으며 잘 교련되어 있다는 것이다. 이제는 한국인들의 공적이 되었고 또 실제로 그렇게 악행을 저지르는 일본인들은 일진회원들을 앞세우고 떼를 지어 다니며 무자비한 도적의 생활을 하고 있다. 그들은 약탈과 도적질로 살아가고 있으며 닥치는 대로 파괴한다."

"아울러 일본인들은 한국 내의 분란을 진압하기에는 한심스러울 만큼 무능하다. 지금의 분란은 일본인들의 비인도적인 범법 행위로 말미암아 날이 갈수록 더욱 가열되고 있다. 이 해적단들은 장소를 가리지 않고 약탈하고 능욕하고 살인하고 있다. 내가 들렀던 어느 마을에서는 한 소년이 들에서 나무를 하다가 일본 사람에게 사살되어 주민들이 치를 떨고 있었다. 주민들의 말에 따르면, 그 소년은 매우 외로운 사람이었으며, 그 마을 주변의 여러 마을 내에는 의병도 없었다고 한다."

"일본인들은 외딴 마을을 약탈하고 말과 소를 잡아갔다. 그러면서도 그들은 동전 한 닢 갚지 않았으며, 그들로부터 폭행과 탐욕의 피해를 입지 않은 사람이 없었다. 어느 사람이 의병들을 만나 그들이 자기의 가정과 민족을 위하여 폭한들과 싸우는 것을 알았을지라도 그들을 불러들인다는 것은 어리석은 일이다."

"나는 일본군과 의병들의 교전을 네 차례 본 적이 있었다. 한번은 무승부로서 일본군은 4명의 시체를 두고 퇴각했다. 다른 세 번의 교전은 긴 총과 우수한 탄약을 가진 일본군의 승리였는데 그 가운데 한 번은 단 한 명의 피해도 없는 완승이었다. 일본군으로서는 들놀이 정도도 되지 않은 것으로 보였다."

"내가 방문한 곳마다 청국인을 흔히 볼 수 있었으며 일본인이나 일진회원들이 아니면 모두가 안전하다. 그렇다면 이 강도만도 못한 무리들을 책임지고 있는 사람이 누구냐를 묻지 않을 수가 없다. 그들의 전투 방법은 양민들을 못살게 굴려고 고의적으로 획책된 것처럼 보인다. 이것이 그들이 의도한 바인가? 만일 그렇지 않다면 그들은 왜 그렇게 악하고 미친 듯한 정책을 실시하는가?"

"당국자들은 불만에 찬 지역을 효과적이고도 적절하게 다스려 보라. 그렇지 않으면 한국을 다스리면서 자신들이 무능함을 솔직히 고백하여 보라. 이와 같은 비극과 파괴에도 불구하고 대부분의 지역에서 풍년이 약속되고 있다. 긴 가뭄에도 불구하고 벼는 전반적으로 풍작이다. 금년에도 세심한 주의와 현명한 수리 관리로써 2~3인치의 이삭이 물결치고 있다."

외신 기자는 위와 같이 전하고 있다. 우리는 여기에 대하여 아무런 논평을 하지 않으련다. 그것은 부질없는 일이기 때문이다.

*** 1907년 9월 26일자 Korea Daily News 기사**

들리는 바에 따르면 9월 12일 일요일에 수원(水原)으로부터 8마일 떨어진 곳에서 처참한 전쟁이 벌어졌다고 한다. 30명의 의병들이 일본군에 포위되어 별로 저항도 하지 않았는데 가장 잔인하게 피살되었다. 그러고도 만족하지 않은 정복자 가운데 한 장교는 다른 두 의병을 생포하여 목을 잘랐다. 이 소식은 한국인들이 전한 것이 아니라 서구인들이 전한 것임을 밝혀 두고 싶다.

*** 1907년 10월 1일자 *Korea Daily News* 기사**

남부 지방에서 들어온 믿을 만한 소식통에 따르면 지난 달 26일 몇 명의 일본군은 예산에 당도하여 그곳에서 고위 관리를 지낸 이남규[18] 선생을 체포했다고 한다. 그의 아들과 하인들은 그의 신변이 걱정이 되어 일본군을 쫓아가면서 잡아가는 이유가 무엇인가를 물었다. 이에 일본군들은 그들에게 발포하여 대부분이 사살되었다. 그런 다음 그들은 이남규 선생을 기둥에 매어 놓고 총살했다.

*** 1907년 10월 1일자 대한매일신보 사설[19]**

◎ 귀중한 줄을 알아야 보수할 줄을 알지

吁嗟乎 대한민국이여! 세계에서 제일 귀중한 자는 독립이 아닌가! 국가의 독립이 존재하면 인민의 권리가 존재하는 것이오, 독립이 완전하면 인민의 생활이 완전하는 것이어니와 독립이 타락하면 인민의 권리가 타락하는 것이오 독립이 유실되면 인민의 생활이 유실되는 것이니 독립자는 국민의 부모요 국민의 성명이오 국민의 수족이오 국민의 자본이니 이것이 있은즉

18) 이남규(李南珪 : 1855~1907) : 호는 수당, 목은의 후손으로 홍문관 교리와 형조 참의를 지내고, 갑오년의 일본인 범궐이 있자 이를 규탄하다가 영흥 부사로 내려가게 되었다. 그 뒤 관직을 내놓고 일본에 항전하다가 그의 아들 이충구와 하인 두 사람이 함께 피살되었다. 본문 가운데 당지에서 고위 관리를 지냈다는 것은 필자의 착오로 보인다. 문집인 『수당집』(서울 : 대동문화연구원, 1973)이 있다.

19) 원서에는 영문으로 수록되어 본문과는 다소 다르기에 여기에서는 당시의 기사를 그대로 옮겨 실었다. 문장은 현대문으로 다소 옮겼다.

살고 이것이 없은즉 죽는 것은 固然한 理勢라.

그러므로 독립 2字가 세계에 제일 높고 귀중한 底物事가 되야 그것을 획득하기란 매우 어렵고 그것을 保守하기가 또한 어려운지라. 隋侯之珠와 和氏之璧이 非可容易而得之者오 亦不可慢藏而守之者오. 황차 국가의 독립은 全邦 인민의 存亡生滅에 관계가 되는 자니 그것을 획득하고 保守하기가 尤當何如哉아.

보라! 미주의 합중국과 구주의 희랍과 의태리의 독립 역사가 어떠한가. 그 많은 지사의 참담한 경영과 곤난한 경우를 경과하엿스며 그 많은 인민의 산업을 波盪하고 생명을 희생하얏는가! 저들 23邦國이 오늘에 이르기까지 독립 聲輝와 轟震全球하고 흔耀四海者는 곧 그 祖先 시대에 腥風血雨中으로 湧出하야 만세자손이 무량한 복락을 향유하는 것이니 어찌 천하에서 가장 귀중한 것이 아니겠는가.

至若 대한이 독립하야는 寔出於 隣人之供獻者니 가히 하늘이 준 복이라 할 수 있다. 대한민국이 何嘗一 煩慮費一 力而得大者乎아. 不惟不煩不費라! 독립의 성질 如何와 자격 여하와 가치 여하를 처음부터 알지 못하고 다만 앉아서 어찌 받을 수 있겠는가. 옛 사람이 말하되, 이유 없이 千金을 받은 자는 복이 아니라 반드시 재앙이 있으리라 하얏스니 세계에 제일 귀중한 독립이 猝然히 우리에게 돌아 왔으니 이는 禍福之機關이라.

만일 한인이 조조히 이를 보수할 사상이 있어 정계와 사회가 일심 협력으로 유신 사업과 문명 제도를 亟亟然 着手做去하야 日 進一日하얏스면 10년 지간에 독립 기초를 가이 공고하야 무량한 복락을 향유하얏슬 터이나 이에 反하야 독립에 귀중한 것을 전연 알지 못하는지라. 自修自强을 도모하지 않고 優遊玩揭하야 허송세월하얏스니 이는 하늘이 준 복을 스스로 물리친 것이라.

烏得今日之慘境乎아. 비록 그렇다고 하나 독립은 천하에서 귀중한 것이라. 韓人의 所以得之者 — 如彼其甚易故로 그 失之也 — 亦在俄頃之間이라. 황차 趙孟之所貴를 趙孟이 賊之하나니 타인의 供獻한 독립이 필경 타인의

奪去가 됨은 역시 그 理勢라.

彼合衆國과 희랍과 의태리의 독립 역사를 보면 전국 인사가 喫盡無恨苦楚하며 過了無限困難하야 몇 년 세월을 허비하며 몇 십만 생명을 抛擲하고 완전한 독립을 성취하얏스니 이번의 대한의 독립도 필경 상당한 가치를 공급하고 상당한 행복을 얻을지라. 이왕에 실패는 依例之事라. 엇지 이로 인하야 남아의 志氣를 沮喪하며 인민의 志趣는 趑趄하리오.

반드시 대한의 독립은 대한인의 자력으로 획득하고 자력으로 보수해야 완전한 독립이 될 터이니 아무조록 독립으로써 부모를 삼으며 독립으로써 생명을 삼으며 독립으로써 수족을 삼으며 독립으로써 자본을 삼아 百難不屈하고 百折不撓하야 어대까지 타인의 압제 箝勒을 得脫하고 일개 독립국을 신건축하야 인류의 자격을 세계에 발표할지어다. 만약 그렇지 않으면 천지가 비록 크고 사해가 비록 넓으나 나라가 없는 백성은 다리 뻗을 땅이 없나니 깊이 생각하고 힘쓸지어다.

제 20 장 해외 무역의 전망

1904년까지만 해도 한국은 영국의 무역이 뻗칠 수 있고 영국이 영향력을 미칠 수 있는 지역임을 보여 주었다. 영국인이 세관을 운영했다.[1] 영국인 상사들은 제물포와 그 밖의 도시에 지점을 두었다. 영국의 물품, 특히 그 가운데 면화는 시장의 확대를 요구하고 있으며, 조약에 따라 문호개방권이 보장되어 있다.

영국인이었던 해관총세무사가 사임하고 요즘에는 일본인이 그 자리에 앉아 있다. 해관에 근무하던 많은 서구인들은 이제 모두 떠돌이가 되었고 그들의 자리는 엄청나게 증원된 일본인들이 차지하고 있다. 아직까지도 영국은 명목상으로 한국과 수교하고 있는 반면에 일본의 상인들은 영국인들보다 더 유리한 조건으로 그들의 물품을 한국에 들여오고 있다는 사실이 공공연히 지적되고 있다.

일본이 대만을 장악했을 때[2] 대만의 무역이 암담했던 것과 똑같이 이제 영국의 대한 무역은 암담한 것이 분명하다. 통감부가 표면상으로 외국인의 투자촉진책을 채택하고 있지만 실제로는 배타적 정책을 시행하고 있다. 투

1) 영국인 브라운(S. McLeavy Brown, C.M.G.)이 1893년 8월에 해관총세무사로 부임하여 세관을 운영했다.
2) 1874년에 메이지유신 직후의 무사 불만을 무마하고자 사이고 쓰쿠미치가 대만을 침공한 사건을 뜻한다.

자축진책이란 허명뿐이고, 실제로는 그 조건이 너무도 까다롭고 불명확하여 외국의 자본가들은 한국에 현찰을 가지고 들어올 수 없을 것이다.

일본이 한국을 장악했을 때 통감부의 당면 정책은 각처에 일본인을 고용하고, 능력만 있다면 일본인 상사에게 이권을 주어야 했다는 것은 조금도 이상할 것이 없다. 통감부로서는 이권을 주면서 종전과 같은 허술하고도 확실치 못한 방법을 개선할 수 있는 길을 모색해야만 했다는 것도 또한 당연한 일이다. 그러나 여러 가지 무역 장정들이 겉으로는 타당한 듯이 보이지만 일본인이 아닌 외국 상인들을 절망적으로 무기력하게 만드는 단서들이 거기에 삽입되어 있음이 곧 밝혀졌다.

이와 같은 사실은 광산법의 사례에서 잘 나타나고 있다. 1904년 일본인들이 한국에 왔을 때 그들은 한국에 있는 유수한 광업체에 대하여 훌륭한 약속을 한 바 있었다. 각국 대표들은 이미 광업권을 확보했으며 미국인 광산회사들은 상당한 이권을 포기했다. 런던, 파리, 그리고 뉴욕에 있는 대규모 금융업체들이 현지에 대표를 파견하여 새로운 광산을 채굴할 수 있는 이권을 모색했다.

일본인들은 처음에는 적당한 법이 제정될 때까지는 이권을 부여하는 일을 연기하겠다고 공언했다. 일본의 광업자들은 한국을 자유로이 여행할 수 있는 권리를 가졌지만 서구인들은 그럴 수가 없었다.

1906년에 새로운 광산법이 발표되었다. 여러 가지 면에서 볼 때 이 법은 타당하고도 관대한 것이었지만, 광업권자를 일본인이 임명한 농상공부대신의 직권 아래에 두는 조항들로 말미암아 그 법은 전적으로 유명무실한 것이 되고 말았다. 이 법의 제9조와 제10조에 따르면 광업권자는 농상공부대신의 허가를 얻지 않고서는 채광권을 합병하거나, 분리하거나, 매도하거나, 양도하거나, 저당을 설정할 수가 없다.

농상공부대신은 임의로 광산권자의 조업을 중지시킬 수 있는 권한을 가지고 있다. 규정에 따르면, "채광권자가 적절하게 조업하지 않거나, 또는 그의 채광 방법이 위험하거나 또는 공익에 유해하다고 여겨질 경우, 농상공부대신은 그에 필요한 개선을 명령하거나 주의 조처를 명령하거나 또는 채광을 중지시킬 수 있다."

제12조에는 "채광 작업이 공공에 유해하다고 여겨질 경우, 농상공부대신은 광업 허가권을 취소할 수도 있다"고 엄격한 벌칙 조항이 규정되어 있다. 그 결과는 예상했던 대로였다. 이제 대규모 금융가들은 한국에 투자할 것을 거부했다. 대기업체는 한국을 떠나고 있으며, 내가 런던에 있었을 무렵에 신문에 발표했던 바와 같이, 내가 보기에는 영국인 기사들도 한국에서의 조업이 불가능하게 되자 새로운 일자리를 모색하고 있는 것처럼 보인다.

관리 한 사람의 변덕만으로도 사업이 도산하기 십상인 지금 한국의 광산개발이나 공장을 세우려고 단돈 50만 냥을 투자할 사람도 없을 것이다. 영국인들이 채광권을 요구한다면 이를 거절하지 않겠다고 일본인들은 말하고 있다. 아니 일본인들은 오히려 채광권을 쓸모없는 것으로 만들었거나 아니면 사업을 제대로 하려고 필요한 막대한 양의 투자가 아무런 소용이 없도록 만들어 버렸다.

지난해에는 한·일 사이의 관세 동맹에 관해서 주목할 만한 이야기가 오고갔다. 이러한 이야기는 오쿠마 시게노부[3]와 같은 저명 인사들에 의해서 제기되었다. 그는 한국의 여러 가지 조약을 일체 폐기할 것을 끈질기게 주장하고 있는 사람이다. 한국에 있는 외국 상사들은, 이에 대하여 적극적인 조처를 취하지 않는 한 관세 동맹은 채결될 것이라고 믿고 있으며, 그렇게 될 경우 그들의 무역은 끝장날 것이라고 지적하고 있다.

외국 물품들이 한국에 수입될 경우 고율의 일화를 관세로 지불해야 하며,

3) 오쿠마 시게노부(大隈重臣 : 1838~1922) : 사가현 출신. 메이지유신 이후 대장성에 들어가 대만번지 사무국장(1874)을 지냈으며, 입헌개진당을 창당하고, 와세다대학을 설립함.(1882) 1888년 이후에는 외무대신, 추밀원 고문관, 상무대신을 거쳐 총리대신(1898)을 지냈으며, 정계에서 은퇴한 뒤에는 와세다대학 총장으로 여생을 보냄.

일본 물품들은 면세가 될 수도 있다. 통감부는 이와 같은 사태의 전개를 전적으로 부인하고 있다. 한 고위 관리가 나에게 확언한 바에 따르면, "일본에 있는 욕심 많은 상인배들만이 그렇게 되기를 바란다"는 것이다. 그와 같은 법안이 실시되기에는 어려움이 허다하다.

이 문제는 한국과 조약을 맺고 있는 열강들의 동의가 없이는 처리될 수 없었다. 물론 일본은 그러한 조약을 비난할 수도 있고, 그 조약의 효력을 더 이상 인정하지 않을 수도 있지만 그와 같은 사태의 추이는 일본에게 너무도 해로운 것이기 때문에 그러한 사태가 일어날 것 같지는 않다.

통감부의 입장에서 보더라도 그러한 조처는, 한국의 한 중요한 세입을 없애는 것이기 때문에 지금으로서는 바람직하지 않다. 지난 이야기이지만, 한국이 문호를 개방한 지 몇 년이 지나 영국의 어느 외상은 한국 문제에 답변하고자 의회에 출두한 적이 있었다. 그는 다음과 같이 증언했다.

> 존경하는 의원께서는 한국에서 영국의 무역을 보호하고자 어떠한 조치를 취하고 있는지의 여부에 관하여 물으셨습니다. 그러나 한국에는 영국의 무역과 같은 것이 없습니다. 한국에는 단 하나의 영국인 상사도 없으며 영국의 물품이 한국에 수출되고 있지도 않습니다.

그 무렵 제물포에는 극동에서 지도적인 위치에 있는 영국인 가족이 18개월 동안이나 정착하고 있으면서 상당한 재미를 보고 있었다. 그러나 이 회사에 관한 이야기는 다우닝가[4]에 전달되지 않았다.

오늘날 한국에서 영국의 무역 실정이 이렇다는 것은 아무도 부인할 수가 없다. 그러나 관리 층에서마저도 이를 무심하게 생각하고 흘려버릴 위험성이 아직도 있다. 영국 정부가 한국에서의 개항권을 포기할 가능성이 있다면

---

4) 다우닝가(Downing Street) : 영국의 수상 관저를 뜻함.

나는 이를 단호히 거부하고자 한다. 그러나 우리는 그와 같은 극단적인 조처는 아니지만 어쨌거나 영국에게 해로움밖에는 끼칠 것이 없는 조처를 허용하고 있다. 이미 세상에 잘 알려진 영국의 상품을 기만적으로 모방한 일본의 상품이 자유롭게 거래되고 있는데 이것이야말로 가장 성가시고도 위험한 것 가운데 하나이다.

이러한 현상은 한국에서 뿐만 아니라 만주와 일본에서도 영국의 무역에 영향을 미치고 있다. 얼마 전에 나는 현지 미국 영사와 함께 북부 아세아의 어느 도시를 산책하고 있었다. 나의 친구는 큰 상점에 있는 상품을 이것저것 보여 주었다. 거기에는 영국의 상표가 붙어 있었지만 오사카에서 만든 가짜였음을 곧 알 수가 있었다. 미국 영사는 나에게 이렇게 말했다.

> 당신네 영국인들은 훌륭한 민족입니다. 당신들은 훌륭한 상품을 만들어 평판이 매우 좋습니다. 그러나 당신들은 일본의 악덕 상인들이 만든 가짜 영국제 상품이 전 아세아에 범람하는 꼴을 보게 될 것입니다. 이와 같은 특수한 상품뿐만 아니라 그 밖의 여러 가지 상품들로 말미암아 영국의 평판은 하락하고 있습니다. 그러나 아직까지 영국은 이에 대하여 아무런 항변도 하지 않고 있으며 자신의 이권을 보호하고자 당지에 관리를 파견하지도 않고 있습니다.

작년 초, 영국의 상인들은 일본에서 일어난 놀라운 한 사건의 보도를 듣고 분개한 적이 있었다. 이 사건은 영국의 제조업자들이 당면하고 있는 난점을 잘 나타내 주는 것이었다. 영국산 위스키인 "Black and White"의 일본인 대리상은 그 상표를 모방하려고 니시카와라고 하는 사람을 초청했다. 그는 자기가 최선을 다하여 "Black and White"의 상표를 모조했다는 사실을 누설했다. 그는 법정에서 이렇게 답변했다.

"나는 그 가짜 위스키가 본토에서 수입된 것처럼 보일 수 있도록 흡사하게 만들고 싶었다. 내가 생각해 보아도 그 가짜 상표는 참으로 훌륭했다."

나도 진짜와 가짜의 두 가지 상표를 모두 본 적이 있는데 아무리 보아도 그 진위를 구별할 수가 없었다. 이 사실에 관련하여 아무런 문제가 일어나지 않았다. 소비 대중을 속인 것도 문제되지 않았다. 상표의 모조는 일본 법률상 범죄의 구성 요건이 되지 않는다는 이유에서 공소는 기각되었다. 이 판결은 불복 상고되었다. 위스키 모조 사건은 매우 악랄했던 한 예로서 현재에도 이러한 사건은 계속되고 있다.

한국에서의 영국인의 상거래는 이런 식으로 끝장나리라는 느낌이 든다. 서울에 있는 일본인 상가에서 영국제 상품을 살 때에는 그 상표를 주의 깊게 살펴보아야 한다. 일반적으로 단어의 철자가 틀렸거나 활자가 삐뚤어진 것은 모조품이다. 나의 한 친구는 자기 아들을 위해 이른바 크리스티제 모자를 하나 샀다. 그 소년이 그 모자를 쓰고 밖을 나갔더니 그 모자는 곧 뭉그러지고 안감이 보였다. 안감은 일본 신문지를 합지한 것이었다.

영국의 상인이나 제조업자들은 이와 같은 부당한 경쟁으로부터 자신을 보호해 주도록 본국 정부에 요청할 권리를 가지고 있다. 일본 정부에 우호 사절을 파견하여 그와 같은 처사를 저지시킬 수도 있다. 일본의 가짜 상품은 광동에서 하얼빈에 이르기까지 영국 제품의 평판을 망가뜨리고 있다. 한국에서의 직물 거래도 일본의 경쟁품에 점차로 밀리고 있다. 상해에 있는 노웰 뮤레이 상사의 보고서는 극동에서 직물업에 종사하는 유수한 영국인 상사의 태도를 다음과 같이 설명하고 있다.

> 여러 해 동안 대한 무역에 이해 관계를 맺고 있는 많은 영국인 상사들이 천천히, 그러나 확실히 점차로 파멸되어 가고 있음을 보노라면, 그들의 심정이 어떠하리라는 것은 기록된 것 이상으로 실감할 수 있다. 한국과 무역하고 있는 영국의 상사들이 상사쟁의조정위원회에 쇄도하지 않고 있는 탓인지, 영국 정부는 일본에 대한 조처를 대수롭지 않게 생각하고 있다. 그러

나 과거 여러 해 동안 맨체스터 제품의 빈번한 거래는 상해를 거쳐 이루어졌는데, 만약 일본이 관세 동맹을 결성하여(일본은 그렇게 하려고 노력하고 있음이 명백하다) 거래를 하도록 전적으로 허락된다면, 그나마도 암담하다.

미국은 한국과의 통상 관계가 보잘것없다고 생각하고 있으며, 이민 문제를 둘러싸고 일어났던 어색한 입장을 회복하기 위한 뇌물로서 미국이 일본의 그러한 처사를 기꺼이 동조하고 충동질하고 있다는 보고서는 매우 정확한 것이다. 그러나 지금이야말로 그러한 처사의 중지를 요구하고, 또 몇 년 전까지도 한국과 만주의 무역에 관하여 금과옥조로 여겨 온 원칙, 곧 "공정하게 거래하고 편파성을 배제하자"는 요구와 문호 개방의 요구를 재평가할 시기이다.

한국에서 일본의 상권이 팽창하는 것을 오로지 못마땅하게 생각하는 입장에서 설명하려 한다면 이는 큰 잘못이다. 일본의 무역상들은 여러 방면에서 큰 사업을 벌이고 있다. 그들은 한국과 일본의 두 정부로부터 부당하지 않게 보조금을 얻어내고 있다.

지난 7월 서울의 중심가에서 큰 박람회가 열렸을 때 그들의 성공적인 방법 가운데 하나가 노출되었다. 그 박람회는 한국 정부로부터 막대한 금전 보조를 받았으며 정부의 직접적인 후원을 받으며 진행되었다. 새로 등극한 황제가 몸소 개막식에 참석하도록 하려고 온갖 노력을 기울였다. 그러나 황제는 고집을 부려 끝내 참석을 거부했다.

게이샤[5]와 오이랑[6]의 무리들이 빨간 반바지와 괴상한 가운을 입고 쇼를 벌이면서 음악에 맞추어 거리를 행진했다. 회장 안에는 게이샤들이 상주하면서 흥을 돋우었고, 모든 것은 관객들의 마음을 끌도록 되어 있었다. 전시품은 거의가 다방면에 걸친 일본 제품이었으며 일반인들이 흔히 읽을 수 있

---

5) 게이샤(藝者) : 일본의 기생을 뜻함.
6) 오이랑(花魁) : 일본의 유각에서 일하는 고급 매춘부를 뜻함.

도록 세목이 적혀 있었다.

나는 전시품 가운데 한국이나 또는 외제 상품이 있나 유심히 살펴보았지만 일본 회사에서 출품된 이름 있는 프랑스 술뿐이었다. 이 박람회에는 많은 한국인들이 관람함으로써 결과적으로 한국 내에서의 일본 상품의 구매력을 크게 자극한 셈이었다.

일본 제조업자들을 비웃어 주고 싶어 하는 사람들이 볼 때, 진열된 상품들은 일본의 몰지각한 상도의를 폭로하는 것으로밖에는 보이지 않았다. 상품들의 거의 모두가 서구 제품의 모조품이었음이 사실이다. 가구에서도, 사기그릇에서도, 식료품에서도, 의약품에서도 최대한 서구 상품을 모방하려는 의도가 한결같이 보였다.

서구인들은 자기들의 제품과 모조품 사이에 약간의 차이가 있음을 발견하고 매우 재미있다고 생각했다. 그러나 한국의 소비자들은 그 차이를 구별하지 못한다. 그들이 보기에는 가짜도 진짜에 못지않게 훌륭한 것이었다. 더구나 가짜는 훨씬 더 값이 쌌다. 한국어를 알고 그들의 생활을 잘 아는 점원이 그들에게 물건을 강매하다시피 떠맡긴다. 서구의 사기그릇들이 엄연히 진열되어 있음에도 불구하고 가짜만이 팔린다는 것은 놀라운 일이 아니다.

제 21 장 긴 안목으로 보면

일본의 대한 정책은 단편적으로 발표된 성명서 따위로서는 이해될 수 없고 제국주의의 거대한 체제의 일부분으로 생각할 때만 그 전면적인 이해가 가능할 것이다. 오늘날 일본은 세계적인 열강으로 등장했으며 그의 야심이 급속히 표면화되고 있다. 지난날의 일본은 영토가 제약되었고 인민은 한심할 정도로 빈궁했으며, 육군과 해군은 무시할 만큼 미미한 것이었고, 그의 야심은 후진 민족의 몽상처럼 처량하게만 보인다.

그러나 오늘날 우리는 일본의 군사력과 국력을 과대평가할 위험에 빠져 있는데, 이는 지난날 우리의 선조들이 그들을 과소평가했던 것과 마찬가지로 심각한 문제이다. 제국주의란 값비싼 것이고 위험하며 짐스러운 정책임을 일본은 알았다. 일본의 해군과 육군은 세계 전사에 빛나는 승리를 거두었지만, 그의 능력으로서는 아직 지나치게 무거운 짐에 눌려 비틀거리고 있다.

일본의 정치인들은 자기네 국민들을 정착시킬 수 있는 새로운 영토를 가져야 하겠다고 생각했다. 그들의 영토만으로는 인구가 너무 조밀하다. 해마다 60~70만의 인구가 증가하고 있다. 1872년에는 3,300만이던 인구가 이제는 5,500만이 되었으며 증가율도 해마다 높아졌다. 이들의 대부분은 아직 매우 가난하다.

오늘날 일본은 서구 여러 나라와 경주라도 하듯 빈민굴, 미성년자 노동, 고한 노동, 기아 등의 문제를 안고 있다. 천연 자원도 넉넉지 못하고 축적 자본도 없는 일본 정부는 국민들의 애국심과 빛나는 민족 기상을 바탕으로 하여 어마어마하고도 값비싼 과업을 수행하려 노력하고 있다.

나는 한 언론인으로서의 나의 임무를 수행하면서 이와 같은 팽창의 위험한 측면을 비판하는 것이 필요하다고 생각해 오던 터였지만, 일본을 저토록 이끌어온 그들의 충성심과 드높은 민족적 야망에 대한 깊고도 순수한 존경을 느끼지 않을 수 없다. 오늘날 우연한 기회에 일본을 방문하는 사람들은 일본인들의 중대하고도 명백한 실수를 보았다. 그러나 우리들처럼 그들과 오랫동안 함께 살아 문제의 핵심을 잘 알고 있는 사람들은 그들의 실수에 대하여 놀라는 것이 아니라, 그토록 실수를 하면서도 저 정도의 발전을 이룩했다는 사실에 대하여 놀라고 있다.

며칠 전 나는 서울에서 부산으로 가려고 5시간 동안 기차를 탄 적이 있었다. 형편없이 불결하고, 정비되지 않은 기관차는 그 하중을 이겨낼 수가 없어짐을 덜어내려고 두 번이나 중도에 멈췄다. 눅눅하고, 을씨년스럽고, 초라한 한국의 기차역에서 시간을 기다리다 보면 일본인 기관사들이 기관차의 엔진을 망가뜨리고 잘못 운전하고 있다는 것을 절실히 느끼게 된다. 과묵한 한 스코틀랜드인은 다음과 같은 간단한 이야기를 우리에게 들려주었다.

> 당신은 그들이 본래의 기술자만큼 훌륭히 운전할 수 있다고 생각합니까? 생각해 보시오. 저 사람들은 2년까지만 해도 고향에서 농사짓느라고 엔진이라고는 구경도 못한 사람들입니다. 그는 기관차를 마구 다루고 있었지만 어쨌든 기차는 달리고 있는 게 사실이며, 1년 열두 달 그는 그 일을 잘 해낼 것입니다. 다른 나라 사람으로 그 정도 해낼 수 있는 사람이 어디 있으려구요?

그 과묵한 스코틀랜드인은 문제의 핵심을 정확히 찌르고 있었다. 일본이 봉건주의와 근대화의 틈바구니에서 고통을 겪기 시작한 지 이제 가까스로 30년이 된다. 오늘날 방직 공장을 경영하고 있는 사람들은 젊었을 적에는 양편에 칼을 차고 환상적인 갑옷을 입고 있던 사무라이들이었다. 지난날 기병대는 완전 무장을 하고 지방을 돌아다니면서 평화로운 농민들을 떨게 만들었다.

오늘날 사무라이들은 일당 15펜스를 받고 공장에서 10시간을 노동하고 있다. 옛날 같으면 알뜰한 그의 아내가 집안에서 단정히 앉아서 그의 주인어른이 정치적 논쟁을 마치고 귀가하기를 기다리고 있었겠지만 오늘날 그의 주인어른이 가게나 창고에서 일하고 있는 동안 아내는 공장에서 바삐 실을 짜고 있다. 이는 세계적인 기적으로서, 생각하면 할수록 그 기적은 심각하게만 여겨진다.

일본은 한국에 대한 신성한 약속을 파기했으며, 평등한 기회를 부여하는 정책을 유지하고자 필요하고도 명백한 의무를 교묘히 회피하고 있는바, 이는 일본이 중세와 대중의 빈곤과 새로운 시장 개척의 필요성과 국민을 정주시킬 새로운 영토를 얻어야 한다는 문제로 허덕이고 있기 때문이다.

다른 나라와 견주어 볼 때 일본 국민들은 수입에 견주어 몹시 무거운 세금을 부담하고 있다. 러일전쟁 초에 이와 같은 제국주의적 조세 제도가 시작되었는데 이는 총력전을 이겨내려고 이러한 극한적인 방법을 쓸 수밖에 없다고 생각했기 때문이었다. 전시에 긴급하게 부과된 세금은 평화가 돌아온 해의 연말에 철폐될 것이라고 생각되었기 때문에 1905년의 세금은 더욱 증가되었다.

전쟁 기간 동안에 토지세는 120~700%가, 사업세는 50%가, 소득세는 80~70%가, 설탕세는 100~195%가 상승되었다. 그 밖에도 여러 가지가 증세되었다. 담배와 철도 등 대기업을 국유화함으로써 일본은 총 세입을 2,500만 파운드에서 4,000만 파운드로 올리는 데 성공했다.

전쟁이 끝나자 일본 정부는, 당시와 같은 상황에서는 이미 약속한 전시 세금의 면제를 이행할 수 없다고 발표함으로써 국민들은 전시와 똑같은 세금을 전액 부담했다. 오늘날 일본 정부는 1908~1909년의 회계 연도를 맞이해서도 전시의 세액 이상 또는 그 정도의 세금을 부과시키지 않을 수 없게 되었으며 이와 같은 조치에도 불구하고 신년도 예산은 큰 결손이 날 위험에 직면하고 있다.

일본이 외채로써 그와 같은 결손을 감당할 수만 있었더라도 감세를 하고도 결손을 면한다는 문제는 쉽게 해결될 수도 있었다. 그러나 오늘날 극히 낙관적인 금융가들도 유럽이나 미국에서 차관을 얻는다는 문제에 대하여 주저하고 있다. 여러 달 동안 파리에서는 새로운 채권을 발행하려는 노력이 조심스럽게 전개되었지만 아무런 성공을 거두지 못했다.

만주철도 문제만 보더라도, 필요한 투자액의 절반만을 요청하기는 했었지만, 어쨌든 만인이 보는 앞에서 실수를 한 것이었다. 작년 여름, 유럽에 파견되었던 일본의 금융 사절단은 낙심한 채로 귀국했다. 유럽 금융 업계의 한 당국자는 그들에게 이렇게 말했다.

"유럽에는 일본이 무장할 수 있도록 차관을 제공할 국가라고는 없다는 사실을 당신들도 알 수가 있을 것이요."

1907년 여름, 수많은 은행과 회사들이 도산하게 되었을 때 상업 자본의 투기가 비극적인 결과를 가져오게 되자 금융업계의 타격은 더욱 증폭되었다. 그 당시의 상황은 오늘날과 같아서 일본 정부로서는 양자택일을 결정해야만 될 처지였다. 곧 경상비를 절감하고 이에 따라 그들의 숙원을 다소 누그러뜨리거나 아니면 그의 기름진 이웃인 중국을 침략할 구실을 찾아야만 했다.

이러한 사실은 일본이 문호 개방 정책을 파괴한 이유를 설명해 줄 수 있다. 일본 정부로서는 자신의 상권을 확장시키고 국가적 이익을 증대시킬 수 있는 일이라면 무엇이든지 잃어서는 안 된다고 느끼고 있음이 확실했다.

재정 문제는 설상가상으로 노동 문제를 유발했다. 고액의 세금은 불가피하게도 생계비의 상승을 초래했다. 줄잡아 보아도 일본에서의 생계비는 1년에 2배 상승했다. 생계비가 상승한 데에서 오는 결과로 일련의 무서운 파업이 발생했는데, 특히 광산 노동자들의 파업은 흔히 폭력을 수반함으로써 목숨을 잃는 때도 있었다.

지난 해 4월 호로나이 탄광[1]의 광부 몇 백 명은 광산 시설의 파괴를 기도했으며, 경찰과 충돌하여 5명의 부상자를 냈고 건물을 파괴하고자 다이너마이트를 사용함으로써 사무소와 창고가 소실되었다.

아시오 동광[2]에서는 광부들이 일어나 전신선을 자르고, 갱내의 전등을 모두 파괴하고, 다이너마이트로 초소를 날려 버린 다음 폭동을 시작했다. 초소에 폭탄이 투척되어 산산조각이 났다. 폭도들은 이미 주도면밀하게 계획했고, 그들의 활동을 위하여 석유와 폭약이 마련되어 있었다. 드디어 다수의 병력과 300명 이상의 경찰이 동원되어 이를 진압하지 않을 수가 없었다. 이 폭동에서 830채 이상의 가옥이 불타고 수많은 사람이 목숨을 잃었다.

베시 동광[3]에서는 6월에 심각한 소요가 발생하여 큰 격투가 일어남으로써 20만 파운드에 해당하는 재산상의 손실을 입었다. 관청은 불타고 그 밖의 피해가 컸는데 이를 복구하려면 1년이 걸릴 것이다. 9월에는 몇천 명의 염직공(들이 파업에 들어갔다. 파업은 유행병처럼 수많은 기업체에 파급되었다. 이와 같은 소란으로 노동자들의 임금이 크게 상승되었으며, 몇몇 경우에는 45%가 인상되었다. 파업 운동은 아직도 그치지 않고 있다. 솔직히 말해서 지금이 시작일는지도 모른다.

이와 같이 임금이 급격히 인상되자 일본의 신흥 기업들이 가장 중요한 시

---

1) 호로나이 탄광 : 1868년에 발견된 일본 최량의 광산으로 홋카이도 중부 미카사시에 위치하고 있다.
2) 아시오(蘆屋) : 일본 도치키현 와타라세가와 상류의 계곡에 있는 광산 도시.
3) 베시(別子) 동광(銅鑛) : 1690년에 발견된 일본 최대의 동광으로서 도쿠시마현에 위치함.

기에 타격을 입고 있다. 그렇게 되자 작년에는 기업들이 중국의 저임금 노동자들을 고용하려 했다. 일본 정부는 서둘러 이에 개입하여 노동자들을 추방했는데 그 후유증으로 일본은 상당한 창피와 피해를 입었다. 일본은 미국이 자기 국민의 이권을 보호하고자 실시하는 고임금 정책을 비난하면서도 자신의 고임금 정책에는 주저함이 없다.

이러한 노동 문제는 또 다른 문제를 야기하고 있다. 일본이 수공업 국가로 성공하게 된 원인은 주로 노동자들의 저임금 때문이었다. 일당 5펜스만 주어도 무한정 찾아 드는 부녀 노동자, 주급 몇 펜스의 미성년 노동자, 일당 60전(15펜스)의 숙련공들이 일하는 공장, 이런 것들로서 일본의 면직 공장은 저렴하게 제품을 생산할 수가 있었다.

권위 있는 많은 학자들의 의견에 따르면 일본의 노동자들은 유럽의 기술자들의 능력을 따라갈 수 없다고 한다. 일반적으로 말해서 기계 공업 면에서는 유럽인 기술자 1명의 업무량을 감당하려면 일본인 기술자 2명이 필요하다. 일본인의 솜씨는 주로 수공업 분야에서 나타나고 있다.

인력 자원이 저렴하다면 더 이상 문제될 것이 없었다. 그러나 오늘날 내가 알고 있는 몇몇 지방에서는 일당 2실링을 지불해야만 하는 상황에서도 노임이 상승하고 있다. 일본의 항구에 상품을 하륙시키는 상사들은 이미 하선 노임에 관한 불평으로 떠들썩하다.

그리하여 일본인 기업인들은 노임 요구액이 상승하고 있음을 알게 되었으며 그와는 달리 그들의 직접세는 옛날에 견주어 두세 곱으로 뛰고 있다. 아울러 새로운 상업적 라이벌이 등장하고 있다. 공장 시설이 중국의 몇몇 지역 특히 양자강 일대에 서고 있으며, 중국인들은 일본과 필적할 만한 물건들을 상당한 규모로 제작하기 시작했다.

중국에서는 아직도 최저 임금이 지불되고 있으며, 세금도 낮다. 중국인 노동자는 능력 면에서 적어도 일본인 노동자와 동등하다. 오늘에 이르기까지 중국이 결여하고 있는 것은, 값싼 노동력을 구매하고 고객들을 발견하여 거래를 지속시키면서 정부가 이들을 지도하고 재정상 능숙하게 이들을 지원하는 일이었다. 값비싼 노동력과 고액의 세금은 외국의 함대보다도 더 절박하고 더 심각하게 일본을 위협하고 있다.

그렇다면 이와 같은 중압적인 국민 부담의 주요 이유는 무엇인가? 그 중요한 이유는 육·해군을 위한 막대한 군비와 상업적 보조금 때문이었다는 것은 의심할 나위도 없다. 1908년 초, 일본 정부는 이듬해의 육·해군 군비를 수정하기로 결의했다고 발표함으로써 몇몇 병영에서 큰 시위를 벌였다. 이 소위 수정이라고 하는 것은 거창한 팽창 체제 속의 미미한 삭감에 불과했다는 사실을 불평자들은 아마 몰랐던 것 같다.

아직까지도 일본은 5년 전에 견주어 2배의 군비를 소모하고 있다. 포츠머스조약[4]이 체결된 뒤 국가 정책은, 그 이전과 마찬가지로, 전함과 육군의 신속하고도 상당한 팽창에 전적으로 찬동하는 입장이다. 일본 내각의 내외에는 방위비를 한도액 내로 고정시키고 싶어 하는 정당이 있음이 사실이다. 그러나 이 정당이 현재 미치고 있는 영향력은 보잘 것 없다.

전쟁 직전과 현재의 전투력을 비교하여 보면 이러한 사실이 가장 잘 입증될 것이다. 1903년 말, 일본이 가지고 있던 쓸 만한 전함은 6척이었는데 현재는 13척을 보유하고 있으며 3척이 건조 중이다. 이들 13척 가운데 사쓰마호와 아키호는 노급전함으로써, 배수량의 면에서는 오히려 후자를 능가하고 있다.

현재 건조 중인 3척의 전함을 톤수와 마력과 무장의 면에서 보면 다음에 보는 영국의 3대 전함인 벨레로폰호, 테메레어호 그리고 슈퍼브호를 능가할 것이다. 이들을 자세히 비교하면 다음과 같다.

러일전쟁 이전에 일본은 6척의 성능 좋은 순양함을 보유하고 있었으나, 현재는 13척을 보유하고 있으며, 그 밖에도 4척이 건조 중이며 1척은 거의

---

4) 1905년에 체결된 러일 간의 강화조약 : 본서 부록(pp. 292) 참조.

일본과 러시아의 해군력 비교

전투력 / 전함	배수량	실제 마력	무장
벨레로폰호 테메레어호 슈퍼브호	18,600	23,500	10.12인치 및 27인치 小속사포
일본 전함	22,000	26,500	12.12인치 속사포 10.80인치 속사포 12.47인치 속사포

완성되었다. 이 새 무장 순양함은 말이 순양함이지 실은 전함이다. 전쟁 전에는 허술한 순양함이 14척이던 것이 이제는 18척이 되었다. 구축함은 19척에서 54척으로, 어뢰정은 45척에서 85척으로 늘었다.

이 밖에도 일본은 상당수의 잠수함도 확보했다. 현재 7척이 취역 중이며 6척이 건조 중이다. 현재 일본의 해군력은 러일전쟁이 발발하기 3개월 전에 견주어 거의 2배 가까이 증가했다고 말해도 지나칠 것이 없다.

지상군의 증강도 상당했다. 러일전쟁이 끝날 무렵 군부대신 데라우치 마사타케[5]는 사임을 바랐지만, 군비 팽창을 위한 그의 계획이 가능한 것으로 받아들여질 수도 있다는 약속 때문에 유임되기에 이르렀다. 군벌들은 지상군을 13개 사단에서 25개 사단으로 증강시킬 것을 요구했지만 그 뒤 군부대신은 이를 21개 사단으로 감소시켰다.

대장성에서 국민의 능력으로 보아 그와 같은 계획이 불가능한 것이라고 선언하게 되자 그 절충안으로서 작년(1907) 초 지상군을 17개 사단으로 증가하고 한국과 만주에 각기 1개 사단을 주둔시키기를 결정했다. 그 밖에도

5) 데라우치 마사다케(寺内正毅 : 1852~1919) : 일본의 군인 · 정치가. 야마구치 출신으로 육군에 입대하여 육군사관학교 교장, 러일전쟁 무렵에 육군대신, 초대 조선총독(1910~1916), 내각총리대신(1916~1918)을 역임하고 "쌀 폭동"으로 정계에서 은퇴했다.

여러 분야에 군비가 증강되어 아직도 일본의 전투력을 더욱 튼튼하게 만들고 있다. 보병의 훈련 기간도 3년에서 2년으로 단축되었다. 현재로서는 그럴 필요성이 거의 나타나고 있지 않기 때문에 몇 년 내에 50% 정도의 예비역이 생길 것이다. 각 사단에는 1천 명이 증원되었다.

일본 군부는 러일전쟁 중에 나타났던 조직상의 여러 가지 취약점을 제거하고자 안간힘을 쓰고 있다. 영국에서는 "베레니깅의 화평"[6] 이후 수많은 추문들이 발생하여 지상군에 대폭적인 변화가 나타났다. 일본은 이럴 경우 일을 능숙하게 잘 처리해 냈다. 추문은 무마되고 창피스러운 일들은 밖으로 새어나가지 않았지만 매우 주의 깊고도 가차 없는 조사가 막후에서 이루어졌다.

기병대는 전쟁 기간 동안 눈에 띄게 그 취약점이 노출되었다. 오스트리아와 그 밖의 나라에서 전문가들이 초청되었으며, 새로운 말의 사육법이 도입되었다. 당국에서는 몇몇 일본인들을 능숙한 조마사로 만드는 그 어려운 과업을 이룩해 낼 것이다. 러시아인들이 판정한 바에 따르면 일본의 야포는 절망적이리만큼 뒤떨어진 것이었다. 그러나 오늘날 일본이 개전할 경우 그의 야전군은 다른 어느 나라에게도 손색이 없음이 드러날 것이다.

일본은 군비에 사용될 철강을 국내 어느 곳으로나 공급할 수도 있도록 하려고 국내에 제련소를 건설하는 데에 막대한 자금을 투입했다. 그 뒤 이와 같은 정책은 진일보하여 작년(1907) 말, 일본인들은 드디어 암스트롱상사,[7] 빅커스-맥심상사 등과 계약을 체결했는데, 이에 따라 일본인 회사들은 두 회사와 합작으로 일본 내에 제련소를 건설하기로 되어 있었다. 이와 같은 제련소를 건설함으로써 일본은 암스트롱상사나 빅커스상사의 비방과 기술을 배울 수 있는 잇점을 얻게 될 것이며, 거대한 조병창이 홋카이도에 세워

---

6) 베레니깅(Vereeniging)의 화평 : 영국과 트란스바알 공화국 및 오렌지 자유국과의 전쟁인 보어전쟁(1899~1902, 일명 남아전쟁) 뒤에 남아프리카의 베레니깅에서 체결된 강화조약을 뜻함.

7) 암스트롱상사(Armstrong Co.) : 영국의 무기 제조업자인 암스트롱 경(Sir William G. Armstrong : 1810~1900)이 만든 무기 제조회사.

지면 크루프 회사[8]나 암스트롱 회사나 빅커스 회사나 크뢰조상사가 유럽에서 이룩한 바와 같은 것이 아세아에서도 이룩되리라고 기대된다.

군대의 사기를 높이기 위한 조처도 또한 취해지고 있다. 전쟁이 끝난 직후에 좀 더 호화로운 제복이 지급되었으며, 오늘날 일본군은 빨갛고 금박을 입힌 군복을 입고 있어 지난날에 유럽의 피상적인 관찰자들의 비웃음을 샀던 볼품없고 움츠린 시골뜨기의 티를 벗었다. 이와 같은 사실에는 별로 특이할 것이 없다. 일본의 역사상 위대한 수많은 정복자의 길을 답습하고 있을 뿐이다.

일본이 취하고 있는 행동의 저변에 깔린 이유를 알고자 하는 사람은 나폴레옹의 역사를 공부할 필요가 있을 뿐이다. 일본은 육·해군은 일본의 국력인 동시에 그에게 위험을 더해 주고 있다. 강력하고 전과가 다대하고 단호한 일본의 군인들은 자신들을 견제하고 있는 조용하고도 다소 온건한 정치인들을 경멸의 눈초리로 바라보고 있다. 그들은, 상황은 다르지만, 일본의 힘이요 또한 잠재적으로는 가장 위험한 계급인 사무라이들을 항상 배출했던 것과 똑같은 결과를 가져오고 있다.

일본의 군벌들이 강력한 것은 사실이지만 아직 전능하지 못하다는 점은 전 세계를 위해서 다행한 일이다. 일본이 장차 평화적으로 팽창하기를 진심으로 바라는 일군의 정치가들이 있기는 하지만 그들의 세력은 더 이상 커지지 않고 있는 것 같다. 30년 전, 막부의 장군 정치를 타도한 오쿠보 토시미치[9]는 자신의 이념에 투철하다는 이유로 한 자객의 손에 피살되었다.

12년 전 청일전쟁의 전후 처리 과정에서 일본인들이 러시아에 모욕을 당하고 이에 보복하려고 격노했을 때 이토 히로부미는 이들을 저지했다. 오쿠

8) 크루프상사(Crupps) : 독일의 병기제강업자인 크루프(F. A. Crupp : 1812~1887)가 창설한 중포화공장.

9) 오쿠보 토시미치(大久保利通 : 1830~1878) : 일본의 메이지유신의 공신. 각료(1870~1878)로 재직하면서 사쓰마 반란을 진압하는 공을 세웠으나 곧 암살되었다.

보와 이토의 일당은 아직 몰락하지 않았다. 이토가 많은 젊은이들로부터 냉소를 받고 있음은 사실이다. 그들의 주장에 따르면 이토의 방법은 그의 선대에서는 훌륭한 것이었지만 그들은 이제 더 큰 역사의 유업을 계승해야 할 처지에 돌입했으며, 자신들은 그러한 사실을 스스로 입증하리라고 한다.

일본의 장래, 동양의 장래, 그리고 어느 정도의 세계의 장래는 장차 일본에서 군벌이 득세할 것인가, 아니면 평화적인 팽창주의자들이 득세할 것인가 하는 의문에 대한 대답에 따라 결정된다. 만약 군벌이 득세하게 되면, 한국을 조잡하게 통치하게 될 것이고, 필연적으로 만주에까지 침략을 하게 될 것이고, 중국에까지 간섭이 확대될 것이고 끝내는 커다란 분쟁을 야기하게 되어 그 결과는 누구도 예측할 수가 없다.

그러나 평화적 팽창주의자들이 득세하게 되면 일본은 이제 더 큰 역사의 유업을 계승해야 할 입장에 돌입하게 된 것이며 이 유업은 과거 몇 세기 동안 어느 아시아 열강도 이룩하지 못한, 영광스럽고도 확실한 것이 될 것이다. 주어진 평화와 훌륭한 거래로서 일본의 상권은 일거에 팽창될 수 있다.

평화적 팽창주의자들이 일단 자신들의 전통적인 사술을 스스로 씻어 버리는 방법을 배우고 가짜 상표와 초라한 모조품과 얄팍한 지혜로써는 영원한 우방이 생기지 않는다는 것을 스스로 깨닫게 되면, 그들의 장래는 밝다. 이제까지 영원히 복속되어 본 적이 없는 일본은 아직도 동양의 정부로서가 아니라, 동양의 평화유지자로서, 그리고 동양의 스승으로서 손에는 칼을 들고 그들의 예속 민족들에게 군림하려는 뜻을 품고 있다. 일본은 과연 좀 더 고결한 목표를 지향할 것인가?

부 록

1. 미루라 고로(三浦梧樓) 외 47인 예심 종결 결정서[1)]

和歌山縣 海部郡 雜賀村 大字宇須 거주, 士族,
조선국 軍部 겸 宮內府 고문관
오카모토 류노스케(岡本柳之助)
嘉永 5년(1852) 8월 생

福島縣 北會津郡 若松町 大字中 六日町 거주, 평민
東京府 東京市 麴町區 有樂町 3丁目 寄留, 저술업, 正7位
시바 시로(柴四朗)
嘉永 5년(1852) 12월 생

熊本縣 山本郡 菱形村 大字邊田野 거주, 士族, 무직
구니토모 시게아키(國友重章)
文久 元年(1861) 11월 생

福岡縣 福岡市 大名町 거주, 평민, 무직업
쓰키나리 히카루(月成光)
文久 2년(1862) 正月 생

熊本縣 飽託郡 城山村 大字上代 거주, 士族, 농업
히로다 시젠(廣田止善)

1) 매켄지의 원서(原書)에는 피고(被告)의 명단이 없으나 여기에서는 범인 중의 하나였던 스기무라 후카시(杉村濬)의 『재한고심록』(在韓苦心錄)에 실린 예심결정서의 원문(原文)을 옮겨 싣는다.

文久 元年(1861) 3월 생

福岡縣 福岡市 瓦町 거주, 士族, 무직업
후지 가쓰아키(藤勝顯)
安政 6년(1859) 12월 생

岩手縣 紫波郡 見前村 大字東見前 거주, 평민, 吉田長治郎의 4男
東京府 東京市 麴町區下 2番町 寄留, 신문 기자
요시다 도모키치(吉田友吉)
明治 5년(1872) 正月 생

熊本縣 飽託郡 黑髮村 大字坪井 거주, 士族, 무직업
히라야마 이와히코(平山岩彦)
慶應 3년(1867) 8월 생

宮城縣 挑生郡 深谷村 大字大窪 거주, 평민, 무직업
오사키 시요마치(大崎正吉)
慶應 3년(1867) 正月 생

熊本縣 飽託郡 出水村 大字今 거주, 士族, 매약상
삿사 마사유키(佐々正之)
文久 2년(1862) 正月 생

熊本縣 熊本市 上林町 거주, 士族, 무직업
사와무라 마사오(澤村雅夫)
明治 6년(1873) 3월 생

熊本縣 飽託郡 大江村 大字大江 거주, 士族, 片野易喜의 차남, 무직업
가타노 다케오(片野猛雄)
明治 6년(1873) 11월 생

熊本縣 玉名郡 大原村 大字小原 거주, 평민, 常部莊作의 차남, 농업
구마베 요네키치(常部米吉)
明治 元年(1868) 3월 생

千葉縣 上埴生郡 東村 大字豊原 거주, 평민
東京府 東京市 下谷區 上根岸 寄留, 신문 기자
야마다 레세이(山田烈盛)

熊本縣 八代郡 鏡町 大字鏡村 거주, 평민
東京府 麴町區 3番町 寄留, 신문 기자
기쿠치 겐조(菊池謙讓)
明治 3년(1870) 10월 생

熊本縣 宇土郡 宇土町 大字宇土 거주, 士族, 신문 기자
사사키 다다스(佐佐木正)
明治 6년(1873) 2월 생

福岡縣 山本郡 草野町 大字草野 거주, 평민, 무직업
다케다 한지(武田範治), 一名 武田範之
文久 3년(1864) 11월 생

熊本縣 下益城郡 海東村 大字南海東 거주, 평민, 농업
마에다 순조(前田俊藏)
明治 7년(1874) 12월 생

熊本縣 阿蘇郡 宮地村 거주, 士族, 무직업
에이이리 가이키치(家入嘉吉)
明治 10년(1877) 4월 생

熊本縣 熊本市 長安寺町 거주, 士族, 신문사원
우시지마 히데오(牛島英雄)
明治 6년(1873) 10월 생

熊本縣 阿蘇郡 內牧村 大字內牧 거주, 士族, 조선국 桂洞小學校 교원
마쓰무라 다쓰키(松村辰喜)
明治 9년(1876) 12월 생

京都府 京都市 下京區 東枳殼馬場七條上ル 3丁目 若松町 거주,
평민, 무직업
스즈키 준켄(鈴木順見)
明治 元年(1868) 9월 생

熊本縣 熊本市 北坪井町 거주, 士族, 신문 기자
고바야카와 히데오(小早川秀雄)
明治 3년(1870) 3월 생

熊本縣 飽託郡 廣畑村 大字保田窪 거주, 士族, 잡화상
나카무라 다테오(中村楯雄)
文久 3년(1863) 4월 생

神奈川縣 愛甲郡 荻野村 大字下荻野 居住, 難波惣平弟,
평민, 약품 잡화 행상
난바 하루키치(難波春吉)

元治 5년(1858) 12월 생

熊本縣 山鹿郡 中富村 大字下分田 거주, 士族, 농업
사토 게이타(佐藤敬太)
安政 5년(1858) 12월 생

熊本縣 球摩郡 岡原村 大字岡本 거주, 평민, 농업
다나카 겐도(田中賢道)
安政 3년(1856) 10월 생

同縣 山本郡 田底村 大字米塚 거주, 士族, 신문 기자
히라야마 가쓰쿠마(平山勝熊)
慶應 3년(1867) 4월 생

東京府 東京市 小石川區 中富坂町 거주, 華族,
예비 육군 중장 正3位 勳1等 子爵
미우라 고로(三浦梧樓)
弘化 3년(1846) 11월 생

東京府 同市 四谷區 四谷須賀町 거주, 평민, 공사관 1등 서기관 正6位
스기무라 후카시(杉村濬)
嘉永 원년(1848) 正月 생

新瀉縣 古志郡 長岡本町 大字東神田町 거주, 士族, 領事館補 從7位
호리구치 구마이치(堀口九萬一)
慶應 元年(1865) 正月 생

長野縣 北佐久郡 小諸町 거주, 평민, 외무성 警部
오가와라 히데지로(荻原秀次郎)
慶應 2년(1866) 4월 생

東京府 東京市 淺草區 聖天町 거주, 평민, 외무성 巡査
와타나베 다카지로(渡邊鷹次郎)
嘉永 4년(1851) 11월 생

鹿兒島縣 日置郡 日置府 거주, 士族, 외무성 巡査
나리아이 기시로(成相喜四郎)
元治 元年(1864) 7월 생

長崎縣 長崎市 今籠町 거주, 士族, 외무성 순사
요코 유타로(橫尾勇太郎)
慶應 2년(1866) 5월 생

鹿兒島縣 鹿兒島市 鹽屋村 거주, 외무성 순사
오다 도시마루(小田俊丸)
文久 元年(1861) 11월 생

同縣 同市 西田町 거주, 士族, 외무성 순사
기와키 스케노리(木脇祐則)
明治 5년(1872) 3월 생

長崎縣 南高來郡 神代村 거주, 士族, 境勘作의 長男, 외무성 순사
사카이 마쓰타로(竟益太郎)
明治 元年(1868) 9월 생

鹿兒島縣 鹿兒島市 冷水通町 거주, 士族, 외무성 순사
시로이시 유타로(白石由太郎)
明治 4년(1871) 11월 생

神奈川縣 橫濱市 相生町 6丁目 거주, 士族, 매약상
데라자키 다이기치(寺崎泰吉), 一名 다카하시 겐지(高橋源次)
文久 2년(1862) 2월 생

長崎縣 下縣郡 久田道町 거주, 士族, 조선국 보좌관 勳7等
아사야마 겐조(淺山顯藏)
嘉永 2년(1849) 4월 생

熊本縣 飽託郡 力合村 大字島新 거주, 士族, 신문 기자
아다치 겐조(安達謙藏)
元治 元年(1864) 10월 생

福岡縣 河沼郡 金上村 天字福原 거주, 士族, 佐瀨緣藏의 養嗣子, 醫業
사세 구마데쓰(佐瀨熊藏)
慶應 元年(1865) 12월 생

熊本縣 飽託郡 奧古閑村 거주, 평민,
非職營林 주사, 조선국 내부 고문관
시부야 가도치(澁谷加藤次)
安政 2년(1855) 3월 생

長崎縣 下縣郡 宮谷町 거주, 士族, 조선국 통역관
오우라 시게히코(大浦茂彦), 一名 大浦滋彦
萬延 元年(1860) 6월 생

滋賀縣 東淺井郡 大鄕村 大字難波 거주, 평민
하스모토 야스마루(蓮本泰丸), 一名 蓮本安丸, 蓮元康丸
慶應 2년(1866) 7월 생

新潟縣 中頸城郡 高城村 大字木築 거주, 士族, 晒業, 勳7等
스즈키 쥰켄(鈴木重元)
嘉永 6년(1853) 2월 생

熊本縣 熊本市 小幡町 거주, 士族, 宮佳守男의 次男, 신문사원
미야 스미유기(宮住勇喜), 一名 宮住勇記
明治 6년(1873) 2월 생

위 岡本柳之助 外 47명에 대한 謀殺 및 兇徒 聚衆 사건과 平山岩彦에 대한 고의 살인 사건 등을 검사의 청구에 따라 다음과 같이 예심을 마침.

피고 三浦梧樓는 조선국 주차 특명 전권 공사가 되어 명치 28년(1895) 9월 1일, 京城에 취임한 무렵 당시 조선의 형세가 점차 불운으로 기울어 궁중의 전횡은 날로 심히 멋대로 국정에 간섭하고, 우리 정부의 啓誘로 인해 조금씩 개량의 실마리가 풀리기 시작한 憲政을 문란케 하고 결국 우리의 육군 士官이 진력하여 이룩한 훈련대를 해산하고 그 사관을 黜罰하려고 하는 등 대단히 우리 나라를 疏外하는 形迹이 있을 뿐만 아니라 국정의 진보를 도모하고 독립의 實을 擧하는 데 銳意가 있는 내각원 등을 免黜 또는 살육함으로써 정권을 궁중에 收하려고 하는 등의 계획이 있다는 말을 듣고 분개하지 않을 수 없었다. 이는 多年 우리 나라의 노력과 資料를 쓰고 조선을 위해 경영한 호의를 저버리고 내정의 개량을 방해하고 국가 독립의 기초를 위태롭게 하는 것으로서 오로지 조선에도 불리할 뿐만 아니라 우리 제국도 또한 해를 입음이 적지 않았다.

따라서 속히 그 폐해를 제거하고 그들의 독립을 扶植하고 아울러 조선에 있어서 우리 나라의 위신을 保持하지 않을 수 없다고 생각하던 차에 우연히 대원군이 時

弊를 분개하고 스스로 起하여 궁중을 혁신하고 補翼의 책임을 다하려고 생각하기에 이르러 은밀히 도움을 청하여 왔다. 동년 10월 3일에 피고 杉村濬 및 岡本柳之助와 공사관에 모여 3명이 모의한 결과 항상 궁중을 위해 꺼림칙하다고 스스로 여겨지던 훈련대와 時勢를 慷慨하는 소시(壯士)를 이용하여 은밀히 京城의 우리 측 수비대도 이에 성원케 하고 그럼으로써 대원군의 입각을 도와주고 그 기회를 타서 궁중에서 가장 권세를 擅專하는 왕후 폐하를 죽이기로 결의하였다. 그럼에도 불구하고 대원군은 他日 만약 정치에 容喙한다면 그 폐해가 오히려 지난날보다 더 심하리라는 것을 고려하여 미리 이것을 막지 않을 수 없다 하여 피고 衫村濬은 "要項 4"라고 題한 約款을 기초하고 피고 岡本柳之助는 대원군과 친선한 까닭으로 그 "4項"을 휴대하고 5일 孔德里의 別邸로 가서 방금 형세가 다시 國太公을 번거롭게 하고 있으니 三浦梧樓 공사가 필요한 바 이러저러한 각서를 相示하니 대원군은 자손과 더불어 흔연히 이를 승낙하고 스스로 서약서에 裁하였다.

이에 따라 피고 三浦梧樓 등은 그 시기를 同月 중순으로 예정하고 岡本柳之助가 공덕리에 오고가는 것은 남의 의심을 일으킬 뿐만 아니라 사건이 노출될 우려가 있은즉 필경 귀국의 告別에 이르리라는 사실을 표명하기 위해 인천으로 내려가게 해서 피고 岡本柳之助는 다음날 6일에 경성을 출발하였다. 그러나 동월 7일 군부대신 安駒壽가 궁중의 사명을 띠고 와서 훈련대를 해산시키는 문제를 고하고 공사의 의견을 청하기에 시기가 이미 절박하고 하루도 猶豫하기 어려운 까닭으로 피고 三浦梧樓와 피고 衫村濬은 즉시 협의한 끝에 그날 밤에 거사하기로 결정하였다. 그들은 그 즉시 전신으로써 岡本柳之助의 歸京을 촉구하는 한편 피고 堀口九萬一에게 대원군의 입궐에 관한 方略書를 주고 岡本柳之助를 龍山에 대기시키고 아울러 입궐할 것을 명하였다. 또한 피고 三浦梧樓는 경성 수비대의 대대장인 馬屋原務本과 훈련대를 조종하고 또 수비대로 하여금 이를 성원케 하여 대원군의 입궐이 용이하도록 제반의 지휘를 내렸다. 피고 安達謙藏은 國友重章을 공사관에 招致하여 그의 知人들을 규합하여 용산에서 岡本柳之助와 회합하는 한편 대원군 입궐의 호위를 해야 한다는 사실을 위촉하고 또 當國 20년 이래의 화근을 끊는 것은 실로 이번의 일거에 있다는 결의를 표명하고 입궐에 즈음해서는 왕비 폐하를 살해할 뜻을 교사하였다.

한편 피고 荻原秀次郎에게는 부하의 순사를 인솔하고 용산에 이르러 岡本柳之助와 협의하여 대원군의 입궐에 관해 진력할 뜻을 명하였다. 한편 피고 杉村濬도 또한 피고 鈴本重元과 淺山顯藏을 불러 대원군이 입궐한다는 사실을 고하고 鈴本重元에게는 통역을 위해 피고 鈴木順見을 용산에 파견할 것과 淺山顯藏에게는 미리 대원군의 입궐을 열망하는 조선인 李周會에게 報知할 것을 부탁하고 또한 대원군 입궐의 趣意書를 起草하고 피고 堀口九萬一에게 건네주기 위해 피고 荻原秀次郎에게 교부하였다. 이에 피고 堀口九萬一은 곧 말을 몰아 용산으로 가서 피고 荻原秀次郎은 非番의 순사에게 대원군의 입궐에 수행해서 사복을 입고 刀劍을 미리 준비하고 용산에 이르도록 명하고 자신은 또한 명에 따라 따로 용산으로 갔으며 피고 橫尾勇太郎도 同所에 가담하였다. 피고 安達謙藏은 이주회와 면회하고 오늘 밤 대원군의 입궐이 있을 것이라고 고하고 그가 수명의 조선인을 규합하여 공덕리에 오리라고 생각하고 즉시 용산으로 갔으며 피고 鈴木重元도 또한 피고 鈴木順見과 함께 용산으로 갔으며, 피고 安達謙藏과 鈴木重元의 兩人도 피고 三浦梧樓의 교사에 따라 왕후 폐하의 살해를 결의하고 동지의 소집에 진력하였다.

피고 平山岩彦, 佐佐正之, 松村辰喜, 佐佐木正, 牛島英雄, 小早川秀雄, 宮佳勇喜, 佐藤敬太, 藤村雅夫, 片野猛雄, 藤勝顯, 廣田止善, 菊池謙讓, 吉田友吉, 中村楯雄, 難波春吉, 寺崎泰吉, 家入嘉吉, 田中賢道, 常部米吉, 月成光, 山田烈盛, 佐瀨熊鐵, 澁谷加藤次 등은 대원군의 입궐에 수행하여 三浦梧樓 공사의 명에 따라 피고 安達謙藏과 國友重章이 그 호위자를 모집하는 이유를 듣고 이에 동의했다. 그중 피고 平山岩彦 외 수십 명은 피고 安達謙藏과 國友重章 등으로부터 왕후 폐하를 살해하라는 피고 三浦梧樓의 교사를 전해 받고 각기 殺意를 결심하였다. 그 밖의 사람들은 위의 사실을 모르고 한때의 호기심에 끌려 附和하기에 이르러 각기 흉기를 휴대하고 피고 國友重章과 함께, 피고 月成光 이하 3명 외에는 피고 安達謙藏과 더불어 용산으로 갔다. 또 岡本柳之助는 인천에서 시기가 절박하는 전보를 받고 즉시 출발, 귀경하던 도중에 同日 半夜경 마포에서 피고 堀口九萬一이 용산에서 기다린다는 통지를 받고 즉시 그곳에 들러 前記한 사람들과 함께 만나 피고 堀口九萬一로부터 三浦梧樓의 서면 입궐통지서의 초안 등을 受取하고 2~3명과 入城의 방법 등을 협의하였다.

그 후 一同은 岡本柳之助를 총지휘자로 하고 孔德里에 이르러 李周會의 일행과 함께 다음 날 8日 오전 3시경 대원군의 가마를 擁衛하고 출발하였다. 그리하여 피고 岡本柳之助는 그때 바깥 門前에 일행을 집합시킨 다음 입성한 즉시 "여우"를 臨機 처분하라고 호령함으로써 왕후 폐하 살해의 사실을 교사하고 아직 그 사실을 모르고 있던 피고 竟益太郎 외 수명으로 하여금 살의를 결심케 하였다. 그때로부터 경성으로 향하여 천천히 전진하여 서대문 밖에서 훈련대와 마주치자 잠시 수비대가 올 것을 기다렸다. 同所에서 훈련대를 前衛로 하여 王城으로 急進하던 도중 피고 國友重章, 月成光, 山田烈盛, 佐瀨熊鐵, 澁谷加藤次 등이 서로 가담하였다.

피고 蓮本泰丸와 大浦茂彦 등은 馬屋原務本으로부터 통역을 위해 훈련대를 감시하는 육군 士官에게 수행할 것을 위촉받아 역시 이 일행에 가담하였다. 同日 새벽녘에 광화문으로부터 일동이 왕성 안으로 들어가는 즉시 후궁에 이르는 등의 사실이 있었다. 그러나 前記의 피고 중 그 범죄를 실행하였다고 인정할 만한 증빙이 충분치 않고 또 피고 平山岩彦 등은 입성할 무렵에 乾淸宮에서 궁내부대신 李耕植을 살해했다는 사실도 그 증거가 충분치 않고 피고 柴四郎, 大崎正吉, 武田範治, 前田俊藏, 平山勝熊, 白石由太郎 등은 本案 피고 사건에 관계했다고 인정할 만한 증빙이 충분치 않다.

이상의 이유로써 형사소송법 제165조에 따라 피고인 모두를 免訴하고 또 피고 三浦梧樓, 杉村濬, 岡本柳之助, 安達謙藏, 國友重藏, 寺崎泰吉, 平山岩彦, 中村楯雄, 藤勝顯, 家入喜吉, 木脇祐則, 竟益太郎은 각각 放免한다.

단 압수한 서류와 물건은 각기 소유자에게 還付한다.

明治 29年(1896) 1月 20日

廣島地方裁判所

豫審判事 吉田義秀 印

裁判所書記 田村義春 印

2. 한국 관계 조약집[1)]

1) 한일 간의 제조약

(1) 한일수호조규(1876년 2월 26일 조인)

대조선국과 대일본국은 예로부터 우의가 두터운 역사를 가지고 있다. 그러나 양국의 정의(情誼)가 미흡하게 된 지금 구호를 새롭게 하고 친목을 굳게 하기 위해 일본국 정부는 특명전권 변리대신 육군 중장 겸 참의개척장관인 구로다 기요다카(黑田淸隆)와 특명부전권 변리대신 의관 이노우에 가오루(井上馨)를 간(簡)하여 조선국 강화부에 파견하고, 조선국 정부는 판중추부사 신헌(申櫶)과 도총부부총관 윤자승(尹滋承)을 간하여 각기 봉승(奉承)한 논지(論旨)에 준거하여 다음과 같이 합의 조관(條款)한다.

제1관 조선국은 자주국이며 일본국과 평등한 권리를 보유한다. 앞으로 양국이 화친의 성의를 표하고자 할진대 모름지기 서로가 동등한 예의로써 상대할 것이며 추호도 침월(侵越)하거나 시혐(猜嫌)함이 있어서는 안 된다. 우선 이제까지 우의를 나눔에 있어서 화근이 되었던 제반 법규를 혁제하고 극력 관유홍통(寬裕弘通)의 법규를 개확함으로써 쌍방의 영원한 안녕을 기한다.

제2관 일본국 정부는 이제로부터 15개월이 지난 후 언제든지 조선국 경성에 사신을 파견하여 예조판서와 친접(親接)하여 교제 사무를 상의하도록 할 수 있다. 해당 사신이 체류하든지 아니면 즉시 귀국하든지 그것은 그때그때의 편의에 따를 것이다. 조선국 정부도 언제든지 사신을 일본국 동경에 파견하여 외무경과 친접하여 교제 사무를 상의토록 할 수 있다. 해당 사신이 체류하든지 즉시 귀국하든지

---

1) 본 조약집의 해석 및 용어에 관해서는 국회도서관 입법조사국, 舊韓末條約彙纂(1867~1945) 上 · 中 · 下(국회도서관 입법조사국, 서울, 1964~1965)를 참고했다. 원서에는 연대순으로 배열되어 있으나, 여기에서는 국가별로 다시 배열하였다.

그것은 그때그때의 편의에 따를 것이다.

제3관 앞으로 양국간에 왕래하는 공용문으로 일본은 그 국문을 사용하되 차후 10년 간은 역한문(譯漢文) 1통을 첨부하며, 조선국은 한문을 사용한다.

제4관 조선국 부산의 초량항에는 일본의 공관이 있고 오랫동안 양국민의 통상지로 되어 있다. 앞으로는 종전의 관례와 세견선(歲遣船)을 파견하는 등의 문제를 개혁하고 이번에 새로 의결되는 조관에 의거하여 무역 사무를 처리할 것이다. 그리고 이 이외에 조선국 정부는 제5관에 기재하는 2개의 항구를 개항하고 일본인이 왕래 · 통상할 수 있도록 허가한다. 그 장소에서 토지를 임차하여 가옥을 짓거나 또는 당지의 조선인의 가옥을 차임함은 각기 수의(隨意)에 맡긴다.

제5관 경기 · 충청 · 전라 · 경상 · 함경 5도의 연안에 통상이 편리한 2개 항구를 지정하며, 그 시기는 일본력(曆) 메이지 9년 2월, 조선력(曆) 병자(1876) 2월부터 기산하여 20개월 후로 한다.

제6관 앞으로 일본국 선척이 조선국 연안에서 태풍을 만나거나 신량(薪糧)이 떨어져 위에 지정된 항구에 도달할 수 없을 때에는 어느 항만에서든지 선척을 기박(寄泊)하여 풍랑을 피하고 소요품을 구입하며, 선구를 수선하고 시탄(柴炭) 등을 구득할 수 있다. 그 공급 비용은 선주가 변상함은 물론이지만, 이러한 사항에 관해 지방 관민들은 그 곤란을 살피며 진실로 연휼(憐恤)을 가하여 구원에 부족함이 없고 보급에 인색함이 없어야 한다. 그리고 또, 양국의 선척이 대양에서 파괴되어 승선원이 어느 지방에든 표착할 때에는 그 지방민은 즉시 구휼(救恤)의 수속을 취하여 각 사람의 생명을 보전시키고 지방 관청에 제출하여 해당 관원이 각기 본국에 호송하거나 또는 그 근방에 재류하는 본국 관원에게 인도한다.

제7관 조선국 연안의 도서와 암초는 이제까지 탐사한 바 없어 지극히 위험하므로 일본국 항해자가 자유로이 해안을 측량토록 하여 그 위치와 심천(深淺)을 명세히 하고 도지(圖誌)를 만들어 양국 선원들로 하여금 위험을 피하고 안전하게 항해할 수 있도록 한다.

제8관 앞으로 일본국 정부는 때에 따라 조선국의 지정항에 일본 상인을 관리하는 관원을 둘 것이다. 만약 양국이 교섭할 안건이 있을 때 해당 관원은 소재지 지방 장관과 서로 상의하여 처리한다.

제9관 양국은 이제 통호를 하였으므로 양국민은 각자 자유로이 무역할 수 있다. 양국 관리는 조금도 이에 간여하지 않을 것이며, 이들의 행동을 제한하거나 금저(禁沮)하지 못한다. 만약 양국의 상민이 기망현매(欺罔衒賣)나 대차불상(貸借不償)을 하게 되는 경우 양국 관원은 자기측 국민을 엄중히 취조하여 채결(債缺)을 추변(追辨)시킨다. 단 양국 정부는 이를 대상(代償)할 이유가 없다.

제10관 일본 국민이 조선의 지정항에 재류하는 동안 조선 국민의 이해에 관계되는 죄과를 범하였을 경우, 그 사건은 일본국 관원이 심의할 것이다. 만약 조선 국민이 일본 국민의 이해에 관계되는 죄과를 범하였을 경우, 그 사건은 모두 조선국 관원이 사변(査辯)할 것이다. 단 쌍방이 모두 각기 국법에 의거하여 재판하되 조금도 비호함이 없이 공평 무사하게 재판할 것이다.

제11관 양국은 이미 통호를 하였으므로 통상 장정을 정하여 양국 상민에게 편의를 제공한다. 이와 아울러 이제 합의된 각 조항 중 다시 세목을 보첨(補添)하여 준조(遵照)하기에 편리하도록 한다. 이는 앞으로 6개월 이내에 양국이 따로 요원을 임명하여 조선국 경성이나 강화부에서 회견하고 상의 · 결정케 한다.

제12관 위에 의정된 11관의 조약은 오늘부터 양국이 준수한다. 양국 정부는 이를 다시 변혁할 수 없으며 영원히 신준하여 양국의 화친을 두텁게 한다. 이를 위해 본약서 2통을 작성하여 양국이 위임한 대신이 각각 조인하고 상호 교부함으로써 증거를 명확히 한다.

대조선국 개국 485년 2월 초 2일
대조선국 대관 판중추부사 신헌 ㊞
대조선국 부관 도총부부총관 윤자승 ㊞
대일본국 기원 2536년 메이지 9년 2월 26일
대일본국 특명전권변리대신 육군 중장 겸 참의개척장관 구로다
기요다카(黑田淸隆) ㊞
대일본국 특명부전권변리대신 의관(議官) 이노우에 가오루(井上馨) ㊞

(2) 한일수호조약 부록(1876년 8월 24일 조인)

일본국 정부는 전에 특명전권 변리대신 육군 중장 겸 참의개척장관 구로다 기요다카(黑田淸隆)와 특명부전권 변리대신 의관 이노우에 가오루(井上馨)를 조선국 강화부에 파견하고, 조선국 정부는 대관 판중추부사 신헌(申櫶)과 부관 도총부부총관 윤자승(尹滋承)에게 위임하여 일본력(曆) 메이지 9년 2월 26일, 조선력(曆) 병자년 2월 초 2일 쌍방이 서로 조인한 수호조규 제11관의 취지에 따라, 일본국 정부는 이사관 외무대승 미야모토 고이치(宮本小一)에게 위임하여 조선국 경성에 파견하고 조선국 정부는 강수관 의정부당상 조인희(趙寅熙)에게 위임하여 상호 회동하여 의정한 조관을 아래와 같이 개열한다.

제1관 앞으로 각 항구에 주재하는 일본국인 관리관은 조선국 연안 지방에서 일본국 선척이 조난하여 긴급을 요한 때에는 지방 관원에게 고하고 해당 지방으로 가는 도로를 통과할 수 있다.

제2관 앞으로 사신이나 관리관이 방송하는 공문 서신을 우송하게 되면 그 비용은 사후 변상하거나, 조선 국민을 고용하여 전차(專差)할 수도 있으니 각기 편리한 방법에 따를 것이다.

제3관 조선국의 각 개항지에 있는 일본 국민이 토지를 조임(租賃)하여 주거함은 각기 지주와 상의하여 그 가격을 정한다. 조선국 정부에 속한 토지는 조선 국민이 관에 납부하는 것과 동일한 조액(租額)을 납부하고 거주한다. 부산 초량항 공사관에는 얼마 전부터 동국 정부로부터 수문(守門) · 설문(設門)을 설정하였으나 앞으로는 이를 철폐하고 새로이 정한 정한(程限)에 의해 경계상에 표지를 세우되 다른 2항도 역시 이 예에 준한다.

제4관 앞으로 부산항에서 일본 국민이 통행할 수 있는 범위는 방파제로부터 기산하여 동서남북으로 직경 10리(조선 이법에 의함)로 한다. 동래부 내에서는 이정(里程) 밖이라고 할지라도 특별히 왕래할 수 있다. 이 범위 내에서 일본 국민은 자유로이 통행하고 기타의 산물과 일본국의 산물을 매매할 수 있다.

제5관 위에서 의정한 조선국의 각 항에 거주하는 일본 국민은 조선 국민을 고용할 수 있으며, 조선 국민은 그 정부의 허가만이 있으면 일본국에 왕래할 수 있다.

제6관 위에서 의정한 조선국의 각 항에서 일본 국민이 사망할 때에는 적당한 장소를 골라 매장할 수 있다. 단 다른 2항의 매장지는 원근의 예에 따른다.

제7관 일본 국민은 일본국의 화폐로써 조선 국민의 소유물을 살 수 있으며, 조선 국민은 그처럼 교환된 일본국의 화폐로써 일본국 산물을 살 수 있으며, 이로써 조선국 내에서 지정된 각 항에 있어서는 국민 상호간에 통용할 수 있다. 일본 국민은 조선국의 동화(銅貨)를 사용하거나 소지할 수 있다. 양국민으로서 감히 위폐를 사주(私鑄)하는 자가 있다면 각기 국법에 따라 처단한다.

제8관 조선 국민은 일본 국민으로부터 매입한 물건이나 증여물을 자유로이 사용할 수 있다.

제9관 한일수호조규 제7관에 기재된 취지에 따라 일본국의 측량선이 소선(小船)을 내어 조선국 연안을 측량하다가 풍우를 만나거나 혹은 간조(干潮)로 인해 본선에 돌아갈 수 없을 때에는 그 곳으로부터 가까운 인가에 착륙할 수 있으며, 만약 필요한 물품이 있으면 관청으로부터 빌려쓰고 훗날에 그 비용을 청산한다.

제10관 조선국은 아직 외국과 아무런 관계를 맺고 있지 않지만 일본국은 그들과 수호한 지 몇 년이 지나 이제 체약국과 우의를 맺고 있다. 따라서 앞으로 외국의 선박이 풍랑으로 곤경에 빠져 연변 지방에 표착하게 되면 조선 국민은 이를 애휼(愛恤)할 이유가 없는지라 표류객들이 그 본국에 송환되기를 바랄 때에는 조선국 정부로부터 각 항구에 주재하는 일본 관리관에게로 인도되어 본국으로 송환한다. 이러한 경우 일본국 관리관은 이를 응낙하여야 한다.

제11관 위의 제10관과 이에 첨부된 통상 규칙은 모두 수호조규와 동일한 효과를 가진다. 양국 정부는 이를 준수함에 위반함이 없을 것이다. 그러나 이 조규의 각 관 중에 만약 양국민이 교역함에 있어 장해가 됨으로써 불가불 수정할 필요가 있을 경우에는 양국 정부가 그 의안을 속히 작성하여 1개년 전에 통지하여 협의 결정하여야 한다.

대조선국 개국 485년 병자 7월 초 6일
수관 의정부당상 조인희(趙寅熙) ㊞
대일본국 기원 2536년 명치 9년 8월 24일
이사관 외무대승 미야모토 고이치(宮本小一) ㊞

(3) 한일의정서(1904년 2월 23일 조인)[2)]

대한제국 황제 폐하의 외무대신 임시 서리 육군참장 이지용(李址鎔)과 대일본제국 황제 폐하의 특명전권공사 하야시 곤스케(林權助)는 각기 상당하는 권한을 위임받아 아래와 같은 조관에 협정한다.

제1관 한일 양 제국은 항구 불역(恒久不易)의 친교를 유지하고 동양의 평화를 확립하기 위해, 대한제국 정부는 대일본제국 정부를 확신하는 시정 개선에 관해 그의 충고를 들을 것.

제2관 대일본제국 정부는 대한제국의 황실을 확실한 친의(親誼)로써 안전 · 강녕케 할 것.

제3관 대일본제국 정부는 대한제국의 독립과 영토 보전을 확실히 확증할 것.

제4관 제3국의 침해 혹은 내란으로 인해 대한제국 황실의 안녕과 영토의 보전에 위험이 있을 경우에 대일본제국 정부는 곧 임기 필요한 조치를 취할 것이며 대한제국 정부는 위 대일본제국 정부의 행동이 용이하도록 십분 편의를 공여할 것. 대일본제국 정부는 전항의 목적을 위해 군략상 필요한 지점을 수시로 사용할 수 있을 것.

제5관 대한제국 정부와 대일본제국 정부는 호상의 승인 없이는 본 협정의 취지에 반(反)하는 협약을 제3국과의 사이에 체결하지 않을 것.

제6관 본 협약에 관련된 미비한 세목은 대일본제국 대표자와 대한제국 외무대신 간에 임기 협정할 것.

광무 8년 2월 23일

외무대신 임시 서리 육군참장 이지용(李址鎔) ㊞

메이지 37년 2월 23일

특명전권공사 하야시 곤스케(林權助) ㊞

---

2) (필자 주) 양국의 관계는 러일전쟁의 강화와 을사보호조약(乙巳保護條約) 이후 더욱 밀접해졌다.

(4) 한일협약(1904년 8월 조인)[3]

1. 한국의 탁지부는 제정 개혁을 위해 일본인 1인을 탁지부의 고문으로 고용한다.
2. 일본은 한국으로 하여금 제정 개혁을 효과적으로 수행할 수 있도록 필요한 기금을 대여하되 그 1차 분으로 300만 원을 제공한다.
3. 현재의 주조국을 폐지하고 현재 통용되고 있는 동전의 유통을 금함으로써 건전한 통화 제도를 이룩한다.
4. 한일 간에 통화 조합을 만족시키고 한국은 일본 화폐를 법화(法貨)로 받아들인다.
5. 세금 징수를 원활히 하고 통화 문제를 처리하기 위해 한국에 중앙은행을 설립한다.
6. 경기도를 모범도로 정하고 여기에서 성공하면 다른 도에도 이러한 제도를 채택한다.
7. 외교 문제를 개선하기 위해 스티븐스(W. H. Stevens)를 한국 외부의 고문으로 초빙한다.
8. 한국이 외교 문제와 해외 교민의 보호를 일본에 위임하게 되면 해외에 주재하는 공사와 영사를 소환한다.
9. 한국의 공사와 영사가 외국으로부터 소환되면 한국 주차 외국 공사들을 철수하고 영사만 잔류한다.
10. 현재 2천 명인 한국 군대는 1천 명으로 감축하고 서울을 제외한 지방의 모든 수비대는 해산한다.
11. 한국의 현재의 군사 제도를 재조정하기 위해 한일간에 연합군을 구성한다.
12. 주권의 존엄성을 높이기 위해 점쟁이, 무당, 그리고 미신을 믿는 관리들을 조정으로부터 추방한다.
13. 낭비가 심한 관청이나 관리는 소추(訴追)한다.

---

3) 1904년 8월에 한일 간에 조인된 것으로서는 韓日外國人顧問傭聘에 관한 協定書(韓日協約)가 있는데 이는 전문(全文) 3조이다. 여기에 실린 것은 Japan-Korean Treaty, August, 1904라는 표제로 전문 21조로 되어 있으나 이런 조약은 체결된 적이 없다. 아마 당시 한일 간 합의된 모든 것을 조문화한 것으로 보인다.

14. 문벌을 따지지 않고 관직은 모든 계급의 국민들에게 개방된다.
15. 매관매직을 금하며 능력 있는 인물을 등용한다.
16. 각료와 기타 관리들로 하여금 책임감을 느낄 수 있도록 봉급을 인상한다.
17. 뚜렷한 교육 정책을 세우고 일본의 현행 제도를 본받아 대학, 중학교, 소학교를 설립한다.
18. 황실과 정부 간의 구분을 명확하게 한다.
19. 정부의 각 부서를 폐합함으로써 현재의 외국인 고문들을 숫적으로 줄인다.
20. 한국 정부의 최고 고문직은 당분간 공석으로 둔다.
21. 황무지를 개간하고 천연 자원을 개발함으로써 농업을 발전시킨다.

(5) 을사 5조약(1905년 11월 17일 조인)

일본국 정부와 한국 정부는 양 제국을 결합하는 이해 공동의 주의를 공고히 하고자 한국의 부강의 실(實)을 인정할 수 있는 때에 이르기까지 이 목적을 위해 다음의 조관을 약정함.

제1관 일본국 정부는 재(在)도쿄 외무성을 경유하여 금후에 한국이 외국에 대하는 관계 및 사무를 감리 · 지휘할 것이요, 일본국의 외교 대표자 및 영사는 외국에서의 한국의 신민 및 이익을 보호할 것임.

제2관 일본국 정부는 한국과 타국 간에 현존하는 조약의 실행을 완수하는 임무에 맡고 한국 정부는 금후에 일본국 정부의 중개를 경유치 않고서 국제적 성질을 가진 하등의 조약이나 또는 약속을 하지 않기로 상약함.

제3관 일본국 정부는 그 대표자로 하여금 한국 황제 폐하의 궐하에 1명의 통감을 두되 통감은 전혀 외교에 관한 사항을 관리하기 위해 경성에 주재하고 친히 한국 황제 폐하에게 내알(內謁)하는 권리를 가짐. 일본국 정부는 또한 한국의 각 개항장 및 기타 일본국 정부가 필요하다고 인정하는 지역에 이사관을 두는 권리를 갖되 이사관은 통감의 지휘하에 종래 재한국 일본 영사에게 속하던 일체의 직권을 집행하고 아울러 본 협약의 조관을 완전히 실행하기 위해 필요로 하는 일체의 사무를 장리(掌理)할 것임.

제4관 일본국과 한국과의 간에 현존하는 조약 및 약속은 본 협약에 저촉하지 않는 한 모두 다 그 효력을 계속할 것임.

제5관 일본국 정부는 한국 황실의 안녕과 존엄을 유지하기를 보증함.

위 증거로 하여 하명은 각 본국 정부에서 상당한 위임을 수하여 본 협약에 기명 조인함.

광무 9년 11월 17일

외무대신 박제순(朴齊純) 인

명치 38년 11월 17일

일특명전권공사 하야시 곤스케(林權助) 인

(6) 한일신협약[정미 7조약](1907년 7월 24일 조인)

일본국 정부와 한국 정부는 속히 한국의 부강을 도모하고 한국민의 행복을 증진할 목적으로 다음의 조관을 약정한다.

제1관 한국 정부는 시정 개선에 관해 통감의 지도를 받을 것

제2관 한국 정부의 법령 제정 및 중요한 행정상의 처분은 예히 통감의 승인을 거칠 것

제3관 한국의 사법 사무는 보통 행정 사무와 이를 구분할 것

제4관 한국 고등 관리의 임면은 통감의 동의로써 이를 행할 것

제5관 한국 정부는 통감이 추천한 일본인을 한국 관리에 임명할 것

제6관 한국 정부는 통감의 동의가 없는 외국인을 한국 관리로 용빙하지 아니할 것

제7관 메이지 37년(1904) 8월 22일 조인된 한일 외국인 고문 용빙에 관한 협정서 제1항을 폐지할 것

위의 증거로서 하명은 각 본국 정부로부터 상당한 위임을 받아 본 협약에 기명 조인한다.

광무 11년 7월 24일

내각총리대신 훈2등 이완용(李完用) 인

명치 40년 7월 24일

통감 후작 이토 히로부미(伊藤博文) 인

2) 한미 간의 조약

(1) 한미수호통상조약(Treaty of Amity and Commerce between the United States of America and Corea : 1882년 5월 22일 인천에서 조인 : 1883년 5월 19일 서울에서 비준서 교환)

대한선왕국과 대미합중국은 쌍방 국민 간의 영원한 친선과 우호 관계가 수립되기를 충심으로 원하고, 이 목적을 위해 미합중국 대통령은 미국 해군 사령관인 슈펠트(R. W. Schufeldt)를 그 전권위원으로 임명하고, 대조선 국왕 폐하는 특파전권대신 경리통리기무아문사 신헌(申櫶)과 전권부관 경리통리기무아문사 김굉집(金宏集)을 전권위원으로 임명하였으며, 이 전권위원들은 각기의 전권위임장을 상호 교열하여 그 양식이 타당함을 인정하고 다음의 수개조를 협정한다.[4)]

제1조 미합중국 대통령과 대조선국 국왕은 그들의 신민과 더불어 영원한 평화와 우호가 계속될 것을 기약한다. 만약 제3국이 한미의 한쪽 정부에 대해 부당하게 또는 억압적으로 행동할 때 다른 한 정부는 사전의 통지를 받은 즉시 이의 원만한 타결을 가져오도록 주선을 다함으로써 그 우의를 보여야 한다.

제2조 본 수호통상조약을 체결한 양 체약국은 각각 외교 대표를 임명하여 상대방 수도에 주차시킬 수 있고 또 대외 통상을 위해 개방되어 있는 상대국의 항구에 영사를 임명할 수 있되 이는 각기 자기 편의에 따른다. 이 관리들은 상호 대등한 기초 위에서 같은 등급의 해당 현지 당국과 관계를 가진다. 양국 정부의 외교 대표와 영사는 동등한 계급의 최혜국(最惠國) 대표에게 부여되는 일체의 특권과 면제를 상호 차별 없이 향수(享受)할 것이다. 영사는 그가 파견된 상대방 정부로부터 인가장을 받은 후에야 비로소 그 임무를 수행할 수 있다. 영사관의 직원들은 신의성실한 관리이어야 하며, 상인이 영사관원의 직무를 수행하거나 영사관원이 상업에 종사할 수 없다. 영사가 임명되어 있지 않은 항구에서는 제3국의 영사가 청탁을 받아 대행할 수 있으나 상인이 영사의 기능을 수행할 수 없다. 또 이런 경우 지방의 관원은 본 조약의 제규정을 시행할 수 있다. 만약 조선국 주차 미합중

4) 원서(原書)에는 이 서문(序文)이 없으나 여기에는 이를 싣는다.

국 영사가 그 업무를 부당하게 처리한다면 그 인가장을 회수할 수 있지만 사전에 미합중국 외교 대표의 동의를 얻어야 한다.

제3조 미합중국 선박들이 조선국 근해에서 폭풍우를 만났거나 신량(薪糧)이 떨어졌으나 개항지가 멀어서 이에 도착할 수 없을 때에는 아무 항구에라도 피난하여 신량이나 그 밖의 필수품을 구매하고 선박을 수리할 수 있으며 이에 따르는 경비는 해당 선주가 지불한다. 이러한 경우 그 지방의 관민은 충분한 원조를 제공함으로써 그들에게 동정을 표하고 그들이 요구하는 필수품을 급여함으로써 아량을 보여야 한다. 그러나 만약 미합중국 선박이 대외 통상에 개방되어 있지 않은 항구에서 밀무역을 하는 경우 그 선박은 선적물과 함께 포획 · 몰수된다. 만일 미합중국 선박이 조선 해안에서 난파되면 지방 당국은 사건을 통지 받는 대로 즉시 선원들을 구호하고 양식 등 응급한 필수품을 급여하는 한편 선박의 구호와 선적들의 보전에 필요한 방법을 강구해야 한다. 그들은 또한 가장 가까운 미합중국 영사에게 그 사건을 알림으로써 선원을 본국에 송환하여 선박과 선적들을 구출하기 위한 조치를 취하여야 한다. 이때 필요한 경비는 선주나 미합중국이 지불한다.

제4조 조선에 거주하는 미합중국 공인으로서 평화롭게 자기 일에 종사하는 자는 모두 그들 자신과 그들에게 속하는 모든 것에 대해 조선의 정부로부터 보호를 받을 것이며, 해당국은 종류 여하를 막론하고 일체의 능욕과 훼손으로부터 그들을 보호한다. 만일 그들의 주택이나 재산이 폭도나 방화자 또는 기타 난폭 무법한 자들에 의한 위협이나 습격을 당할 때에는 지방 관리가 영사의 요구에 의해 즉시 군대를 파견하여 난동한 무리를 해산시키고 범죄자를 체포하여 이를 법률로써 엄히 처벌한다.

조선 국민으로서 미합중국 공민에게 어떤 범행을 한 자는 조선 당국이 조선의 법률에 의거하여 처벌하고, 미합중국 공민으로서 그가 해안 또는 상선에서 조선 국민의 인신(人身)을 능욕하거나 괴롭히거나 가해하거나 혹은 재산을 훼손한 자는 미합중국의 영사 또는 해당 권한을 가진 기타의 관리가 미합중국의 법률에 의거하여 체포하고 처벌한다. 조선왕국 내에서 미합중국 공민과 조선국 국민 사이에 분쟁이 발생하고 그것이 양국의 관리에 의해 심문 판결될 필요가 있을 경우 이러한 사건은 피고 국적의 해당 관리가 해당 법률에 의해 심리할 것을 미합중국 및 조선국 정부 간에 약정한다.

해당 권능을 가진 원고 국적의 관리는 그 사건의 심리에 자유롭게 참석할 수 있으며 상응한 예우를 해야 한다. 공정을 기하기 위해 소송 절차를 감시함에 적당한 모든 편의가 그에게 허여되어야 하며 만일 그가 원한다면 그는 증인을 소환하여 심문하거나 반대 심문할 권리를 가진다. 만일 그가 소송에 불만이 있을 때에는 이에 반대해 상세히 항변할 수 있는 권리가 허락되어야 한다. 그러나 조선 국왕이 그 왕국의 법령과 재판 절차를 수정하거나 개혁하여 그것이 미합중국의 법령 및 재판 절차와 일치된다고 미합중국이 판단했을 때에는 언제든지 조선에 있는 미국 공민에 대한 치외법권을 철폐할 것이다. 그 후에 미합중국 공민이 조선국 안에 있을 때에는 현지 당국의 국법에 복종할 것을 양국은 상호 합의 · 약정한다.

제5조 무역을 목적으로 미합중국에로 가는 조선국의 상인이나 상선은 미합중국의 세관 규칙에 의거하여 관세, 톤세 및 일체의 수수료를 지불해야 하며, 미합중국 공민이나 최혜국 공민에게 부과되는 것보다 높거나 또는 세율이 다른 관세나 톤세를 강요할 수 없다. 무역을 목적으로 조선에 오는 미국 상인이나 상선은 모든 수출입 상품에 대해 관세를 지불해야 한다. 관세의 부과권은 당연히 조선국 정부에 속한다. 수출입 품목에 대한 관세율은 밀수 및 기타의 비행을 방지하기 위한 세관 규칙과 함께 조선국 당국이 정하고 미합중국의 해당 관리들에게 이를 통지하여 그들로 하여금 그들의 공민에게 알림으로써 이를 준수시키도록 한다.

그러나 일용품의 수입에 대한 관세율은 종가세의 10%를 넘지 않으며, 외국인의 술, 담배, 시계 등의 수입품에 대한 관세율은 종가세의 30%를 넘지 않을 것이며, 토산물의 수출은 종가세의 5%를 넘지 않는 관세를 지불할 것을 우선적으로 대강 약정한다. 그리고 외국산 수입품의 관세는 단 1회만 통관 항구에서 지불할 것이고, 이 이외에 요금, 관세, 수수료, 세금 또는 어떠한 종류의 부과금을 조선국 내에서나 항구에서도 동일 수입품에 대해 재차 부과하지 않을 것을 약정한다. 조선국의 항구에 들어오는 미합중국의 상선은 매톤당 은 5전의 톤세를 지불하되 청국력(曆)에 의해 3개월에 한 번씩 매선박에 대해 부과한다.

제6조 조선국 신민으로서 미합중국을 가는 자에게는 그 국가의 어느 곳에서나 대지를 임대할 수 있으며 토지를 매수하여 주택이나 창고를 건축할 수 있다. 그들

은 각종 본업이나 부업에 종사하고 법률에 의해 금지되지 않은 모든 미가공 및 가공 상품을 자유로이 교역할 수 있다.

미합중국 공민으로서 문호가 개방된 조선국의 항구에 왕래하는 자는 동 개항지의 조계지 내에 거주하거나 동지에서 건물 또는 토지를 임차하거나 주택 또는 창고를 건축할 수 있다. 그들은 항구의 경내에서 각종 본업 및 부업에 종사하고 법률에 의해 금지되지 않은 모든 미가공 및 가공품을 교역할 수 있다. 토지나 건물을 취득함에 있어서 강제나 협박은 금지되며, 조선의 당국이 정하는 지대(地代)를 지불해야 한다. 조선국의 개항지에서 이와 같이 취득된 토지는 여전히 조선국의 불가분한 일부이며, 해당 지역 내의 인신과 재산에 대한 일체의 재판권은 여전히 조선국에 속한다는 것을 명백히 규정하되, 본 조약에 의해 명시적으로 포기된 것은 예외로 한다.

미합중국 공민들은 외국산 수입품을 판매하기 위해 조선국의 내지로 이를 수송하거나 토산물을 구매하기 위해 내지로 들어갈 수 없으며, 또 토산물을 한 개항지로부터 다른 개항지로 수송할 수도 없다. 본 규칙을 위반할 경우 해당 상품은 몰수될 것이며 범칙 상인은 영사 당국에 인도되어 처벌을 받는다.

제7조 미합중국 및 조선국 정부는 조선국 신민이 아편을 미합중국의 어느 항구로부터 수입함을 금하며, 미합중국 공민이 조선국의 어느 항구에 수입하거나, 이를 한 항구로부터 또는 이를 조선국 내에서 교역하지 못하도록 할 것을 상호 합의·약정한다. 이 금지 규정은 어느 일방국의 공민 또는 신민이 소유한 선박, 그들이 고용한 외국 선박, 그리고 아편을 수송하기 위해 제3국이 고용한 인방국 국적의 선박에도 적용되는 것이고, 이는 미합중국과 조선국의 해당 법률에 의해 실시될 것이며, 이를 어기는 자는 처벌을 받는다.

제8조 조선국 정부는 국내에 식량난을 우려할 만한 이유가 있을 경우 언제든지 칙령으로써 임시적으로 모든 양곡의 수출을 금할 수 있으나, 이러한 칙령은 조선 당국이 해당 관리를 통하여 조선에 주재하는 미합중국 공민에게 정식으로 통고한 후에야 이들 전체에 효력을 가진다. 그리고 인천(仁川)에서만은 각종의 미곡과 양곡의 수출이 금지된다.

조선국은 홍삼의 수출을 오래 전부터 금지하여 왔으므로 만일 미합중국의 공민이 이를 수출하기 위해 밀매 행위를 할 때에는 이를 몰수하며 위반자를 처벌한다.

제9조 대포, 단총, 도검, 화약, 탄환 및 일체의 군수품은 오직 조선국 관리에게만 그 구입이 허가되며, 미합중국 공민은 조선국 정부로부터 서면상의 허가를 받았을 경우에 한하여 이를 수입할 수 있다. 만일 이러한 물품들을 밀수입할 때에는 이를 몰수하며 범법자도 처벌을 받는다.

제10조 일방국 국민으로서 타방국 내에 거주하는 자는 모든 합법적 사업에 토착인을 고용할 권리를 갖는다. 그러나 만일 조선국 신민으로서 조선의 국법을 범한 자 또는 피소된 자가 미합중국 공민의 주택, 창고 또는 상선 내에 숨을 경우 미합중국 영사 당국은 당해 지방 당국으로부터 그러한 사실을 통지받는 대로 지방 당국이 경관을 파견하여 그들을 체포함을 허락하거나 또는 영사 당국이 그 자를 체포하여 지방 경관에게 인도하여야 한다. 미합중국의 관민은 이러한 자를 은닉해서는 안 된다.

제11조 일방국의 학생으로서 언어, 문예, 법률 또는 기술을 연구하기 위해 상대국으로 가는 자에 대해는 돈독한 호의로서 가능한 모든 보호와 원조를 하여야 한다.

제12조 본 조약은 조선국이 최초로 체결한 조약으로서 그 조관들이 개괄적이고 불완전한 것이지만, 우선 이에 규정된 모든 사항은 시행될 것이며, 이에 포함되지 않은 규정들에 관해는 앞으로 5년 후에 양국 관민이 각기 타방의 언어가 익숙하게 되었을 때 국제법에 합치되고 어느 측에도 불평등한 차별이 없도록 상세한 통상 조관 및 규칙을 다시 교섭한다.

제13조 본 조약이 체결된 후 양국 정부 간의 왕복 공문은 조선국은 한문으로 작성될 것이고 미합중국도 한문을 사용하되 혹 영어를 사용할 경우에는 한문을 이에 첨부하여 오해가 없도록 한다.

제14조 양 체약국은 어느 때, 어느 나라 상인 또는 공민에 대해 항해, 통상, 정치 및 기타 어떠한 교통에 관한 것임을 막론하고 본 조약에 의해 부여되지 않은 특권이나 특혜를 허가할 때에는 이와 같은 특권과 특혜를 미합중국의 관민, 상인 및 공민에게도 무조건 균점(均霑)한다. 그러나 이러한 특권이나 특혜가 이에 관계된 제3국에 의해 용인된 어떤 조약이나 이에 대등한 보수를 수반할 때에는, 언제나 미합중국과 그 관민은 그와 같은 조건과 보수를 응낙할 경우에 한하여 이와 같은

권리와 특혜의 편익을 향수할 수 있다.

위의 증거로서 각 전권위원들은 상기한 바를 인천항에서 서명 · 날인하고 동일한 내용과 일자를 기재한 영문 · 한문을 각 3통씩 작성한다. 이의 비준서는 조인일로부터 1년 이내에 교환될 것이며 그 즉시 양국 정부는 본 조약의 전조관을 각기 국내에 공포하여 알리고 그 공민 및 신민들은 각기 이를 준수할 것이다.

대조선국 개국 471년 즉 중국 광서(光緖) 8년 4월 초 6일
전권대신 경리통리기무아문사 신헌(申櫶) ㊞
전권부관 경리통리기무아문사 김굉집(金宏集) ㊞
대미국 1882년 5월 22일
조선특파사절 전권대신 수사총병 설비이(薛斐爾) ㊞
(Sig.) R. W. Shufeldt

3) 한영 간의 제조약

(1) 한영수호통상조약(Treaty of Friendship and Commerce Between Great Britain and Corea, 1883년 11월 26일 서울에서 조인 : 1886년 4월 28일 서울에서 비준서 교환)

대영국, 아일랜드국 및 인디아연합왕국의 여왕 폐하와 조선의 국왕 폐하는 영원한 우호 통상의 관계를 간절히 희망하여 이에 조약의 체결을 결정하였다. 이에 대영국, 아일랜드국 및 인디아연합왕국의 여왕 폐하는 성 미가엘 · 성 조지훈위(The Order of St. Michael and St. George) 겸 바드 훈위(G. C. B), 특명전권공사 겸 주청전권공사 파크스(H. S. Parkes)경을, 조선 국왕 폐하는 독판교섭통상사무 일품숭록대부 행의정부좌참찬 겸 규장각제학세자좌부빈객 민영목(閔泳穆)을 각기 전권 위원으로 임명하였다. 이들 전권 위원은 각자의 위임장을 교환하여 그 형식이 양호 · 타당함을 인정하고 다음의 조항을 체결한다.

제1조 (1) 앞으로 대영국, 아일랜드국 및 인디아연합왕국의 여왕 폐하 및 그 후

사와 조선 국왕 폐하 및 그 후사, 그리고 양국 영토 및 신민 사이에 영원한 평화와 우호가 있을 것이며, 이들 영토 및 신민은 상대방 체약국의 영토 내에서 생명 · 재산의 안정과 보호를 향유한다.

(2) 체약국의 일방국과 제3국 간에 분쟁이 발생되는 경우에 청을 받은 타방은 이의 원만한 타결을 보기 위해 조정에 노력한다.

제2조 (1) 양 체약국은 양국의 수도에 영구적, 또는 일시적 외교 대표를 임명 · 주차시키며, 외국 무역을 하는 타방의 항구, 또는 장소의 일부 또는 전체에 총영사, 영사, 혹은 부영사를 임명 · 주차시킬 수 있다. 양국의 외교 대표 및 영사관들은 타국의 외교관, 영사관들이 향유하는 모든 특권 및 면제와 함께 그들이 주차하는 타방 당국과 개인적으로 또한 서면으로 연락하면서 동등한 편익을 자유롭게 향유한다.

(2) 양 체약국의 외교 대표, 영사관 및 그 모든 수원들은 각기 타방의 전영토를 자유롭게 여행할 권리를 갖는다. 그리고 조선국 당국은 조선국을 여행하는 영국의 관리들에게 여행권을 급여할 것이며 이를 보호하기 위해 수행원을 대동한다.

(3) 양국 영사관들은 그들이 각기 주차하는 국가의 군주 및 정부로부터 정식 인가장을 받은 때로부터 그 직권을 집행한다. 그리고 해당 관원들은 무역에 종사할 수 없다.

제3조 (1) 조선에 주재하는 영국 신민의 생명 및 재산에 미치는 재판관할권은 정히 공인된 영국의 재판 당국에 귀속된다. 해당 관원은 조선 당국의 간섭 없이 영국인, 또는 제3국의 공민이 영국민을 상대로 제기한 모든 소송을 심문하여 재판한다.

(2) 만약 조선은 당국이나 조선국 신민이 조선에 주재하는 영국 신민에 대해 고소나 청원을 할 때에는 영국 재판 당국이 이를 심문하여 판결한다.

(3) 만약 영국 당국이나 영국 신민이 조선 신민을 상대로 고소나 청원을 할 때에는 조선 당국이 이를 심문하여 결정한다.

(4) 영국 신민이 조선에서 어떤 죄과를 범할 경우에는 영국 재판 당국이 영국 법률에 준거하여 이를 재판하며 처벌한다.

(5) 조선국 신민이 조선국 내에 주재하는 영국 신민에 대해 죄과를 범하였을 경

우에는 조선국 재판 당국이 이를 재판하여 처벌한다.

(6) 본 조약이나 이에 추가된 어떤 규칙 또는 앞으로 본 조약에 의해 작성될 규칙을 영국 신민이 위반함으로써 형벌이나 몰수를 포함하는 소송이 제기되었을 경우에는 영국 재판 당국이 이를 심판한다. 이러한 경우에 부과한 형벌이나 몰수된 모든 재산은 조선 정부에 귀속된다.

(7) 조선국의 항구에서 조선국 당국이 영국 신민의 상품을 압수한 때에는 조선국 및 영국 상사 당국의 보호하에 이를 둘 것이며, 조선국 당국은 영국의 재판 당국이 이를 판결할 때까지 이를 억류하여야 한다. 만약 동 판결이 상품 소유자에게 유리한 것이 될 때에는 동 상품을 즉시 영사의 수의(隨意)에 맡긴다. 그러나 그 소유자가 영국의 재판 당국으로부터 판결을 받기 전에 조선국 당국에 동 상품의 가격을 공탁하면 즉시 이를 영수할 수 있다.

(8) 조선국 및 조선 주재 영국 재판소에서 개정되는 모든 민·형사 재판에는 어떤 경우를 막론하고 피소자 혹은 기소자의 국가에서 정히 공인한 관리가 이에 청심(聽審)·출정할 수 있으며, 이들은 직위에 상응하는 예우를 받는다. 해당 관원이 필요하다고 생각할 때에는 언제든지 증인을 대면 심문을 할 수 있으며, 또한 해당 소송 수속 및 판결에 대해 항변할 수 있다.

(9) 만약 조선국 신민이 본국의 법률을 위반하고 영국 신민의 주택이나 상선 내에 도피한 경우에 영국 영사 당국은 조선국 당국으로부터 청원을 받는 즉시 당사자를 체포하는 절차를 취하며, 재판에 회부하기 위해 이를 해당국에 인도하여야 한다. 그러나 조선국 관리는 특정한 영국 영사 당국이나 영국 신민의 승인이 없이 어떠한 해당 신민의 주택에 들어갈 수 없다.

(10) 조선국 당국은 영국 영사 당국의 요구에 따라 형사상의 죄과를 범한 어떠한 영국 신민이나, 또한 영국 군함 혹은 상선으로부터의 어떠한 도망자라도 이를 체포하여 해당국에 인도하여야 한다.

제4조 (1) 제물포(인천)와 원산 혹은 부산(만약 부산 부근의 다른 항구)과 한양부의 양화진이나 혹은 그 부근의 편리한 장소를 선정하여 영국의 무역을 위해서 본 조약의 시행일로부터 이를 개방한다.

(2) 위의 지정 장소에서 영국 신민은 토지나 가옥을 임차하고 구매하여 주택,

창고, 공장을 건립할 수 있다. 그들은 종교의 자유를 향유한다. 외국 무역을 하는 여러 개항지나 장소에 경계를 선택 · 결정하거나 외국 조계(租界)의 기지를 경영하거나 또는 토지를 매각하는 문제는 조선 당국이 해당 외국 당국과 협력하여 이루어져야 한다.

(3) 조선 정부는 이러한 기지를 소유주로부터 구매하여 이의 점유를 준비하여야 하며, 그 경영 비용은 토지 매각 소득에서 우선 부담한다. 외국 당국은 조선 당국과 협정한 연리세(年利稅)를 조선 당국에 지불한다. 조선국 당국은 토지 매각의 수입에서 낳은 모든 잔액과 함께 지세 및 잔액에 대한 공정한 등가로서의 일정한 금액을 보유하여 이를 조계 관리 기금으로 한다. 해당 조계 공사(公司)의 조직은 앞으로 조선 당국이 해외국 당국과 협력하여 결정한다.

(4) 영국 신민은 외국 조계 구역 이외에서 토지 및 가옥을 임차하거나 구매할 수 있지만 동 구역으로부터 조선 리수 10리를 벗어날 수 없다. 그러나 이와 같이하여 점유한 모든 토지는 조선국 지방 및 조선국 당국이 적당하다고 인정한 지세의 지불에 관한 조항을 준수해야 한다.

(5) 조선국 당국은 각 통상 구역에 외국인은 위한 무상 묘지를 설정하되 묘지는 지대, 지세 및 기타의 수수료를 면제한다. 그리고 위의 조계 공사가 위임받아 경영한다.

(6) 영국 신민은 개항지의 100리 이내와 양국 정부의 관할 당국의 동의할 수 있는 구역 내에서는 여권 없이 자유로이 왕래할 수 있다. 영국 신민은 조선국 정부가 금하는 서적이나 기타 출판물을 소지하지 않은 한 여행권을 가지고 유람이나 무역을 목적으로 조선국 내를 여행할 수 있으며 각종 상품을 수송 · 구매하거나 토산품을 구매할 수 있다. 동 여행권은 영국 영사가 발행하고 조선국 지방 당국이 이에 부서(副署)하거나 날인한 것이어야 하며 통과하는 지방에서 지방관이 요구할 때에는 이를 제시해야 한다. 만약 그의 여행권이 합법적일 경우 그의 소지인은 자유로이 통행할 수 있으며 필요한 교통 수단을 자유롭게 이용할 수 있다. 위의 각 구역 이외의 장소를 여행권 없이 다니거나 혹은 조선국 내지에서 어떤 죄과를 범한 영국 신민은 이를 체포하여 가장 가까운 영국 영사에게 인도하여 처벌케 한다. 이를 어긴 여행자는 멕시코화 100불 이내의 벌금에 처하고 1개월 이내의 금고형

을 병과할 수 있다.

(7) 조선에 주재하는 영국 신민은 영국 관할 당국이 치안 유지를 위해 협정한 시령(市令), 경찰 및 기타의 규칙을 준수해야 한다.

제5조 (1) 영국 신민은 외국 무역을 하는 항구나 장소에서 정당하게 통과한 물건을 외국인에게 매매하기 위해 외국의 항구나 조선국 개항지에서 이를 자유롭게 수입하며, 또 조선국의 어느 개항지에서 상품을 구매하여 이를 다시 다른 개항지나 혹은 외국에 수출할 수 있다. 영국 신민은 조선국 관리나 기타 국민들로부터 간섭 받지 않고 조선국 신민이나 기타 국민들과 자유롭게 자기의 상품을 거래할 수 있으며 어떠한 산업상의 업무에도 자유롭게 종사할 수 있다.

(2) 개항지로부터 수입하여 관세를 납부한 모든 상품의 화주나 위탁자는 수입일로부터 13개월(조선력) 이내에 동일 상품을 원포장을 개봉하지 않은 채 다른 외국항에 재수출할 때는 그 수입관세액에 대한 반환지불관세증명서를 받을 권리가 있다. 이 증명서에 의한 환금을 청구 받은 조선국 세관은 이를 환금하거나 또는 조선국 개항지에서 다른 품목의 관세로 대응하여 이를 쓸 수 있다.

(3) 조선국 상품을 조선국의 어느 개항지로부터 다른 개항지로 수송할 경우에 부과한 관세는 동 상품이 목적지 항구에 도달하였다는 것을 명시하는 세관증명서에 의해 혹은 중도의 파선으로 그 상품이 손실되었다는 확증에 의해 선적 항구에서 이를 반환한다.

(4) 영국 신민이 수입한 모든 상품이 본 조약에 의거한 관세를 납부할 경우 그 상품은 비과세로 다른 조선국 개항지로 운송할 수 있으며, 그 상품을 조선국 내지로 운송하는 때에는 어느 지방에서든지 부가세, 소비세, 또는 통과세를 지불하지 않으며, 동시에 수출을 위한 상품도 모든 개항지에서 자유롭게 수출함을 허용한다. 그리고 이러한 상품이 본산지나 혹은 조선국의 어느 항구로부터 어느 개항지에 운송될 때에는 소비세나 통과세의 지불이 면제된다.

(5) 조선국 정부는 조선국 내의 미개항지에 물품이나 승객을 수송하기 위해 영국 상선을 고용할 수 있다. 이러한 고용을 원하는 조선국의 개인은 본국 당국의 승인을 얻어야 한다.

(6) 조선국 정부는 국내의 식량 결핍이 우려될 때에는 언제든지 칙령으로써 조

선의 일부 또는 전체 개항지로부터 외국에 곡물 수출을 잠시 금지할 수 있다. 이러한 금지는 조선국 당국이 관계항구에 주재하는 영국 영사에게 공식으로 통지한 날로부터 만 1개월 후에 효력을 발생한다. 그러나 이는 절대적으로 필요한 이상의 기간 동안 지속되어서는 안 된다.

(7) 영국의 모든 선박은 등록된 매 1톤에 대해 멕시코화 30센트율로 톤세를 지불한다. 톤세 납부의 유효 기간은 4개월로 하며, 이 기간 중 조선국 항구의 어느 곳이나를 통행할 수 있다. 이렇게 징수된 톤세는 등대 · 항해 표지의 설치, 조선국 연안, 특히 개항지 부근의 부표 설치와 정박지의 준설 · 개선을 위해 소용된다. 개항지에서 화물을 양륙하거나 선적하기 위해 고용된 선박은 톤세를 지불하지 아니한다.

(8) 본 조약의 각 조항을 명실공히 준수하기 위해 본 조약과 동시에 실시할 통상장정을 협정한다. 양국의 해당국은 필요에 따라 상호 협의하에 위 장정을 수시로 수정 · 첨가할 수 있다.

제6조 영국 신민이 개항지가 아닌 조선의 항구나 장소에서 상품을 밀수입하거나 또는 이를 기도할 경우에는 조선국 당국에 체포되어 동상품 원가의 2배에 해당하는 벌금형에 처하며 그 상품은 몰수된다. 지방 당국은 체포한 당사자를 영국 재판 당국의 특별 재판에 회부하기 위해 즉시 인도해야 하며, 상품은 판결이 확정될 때까지 유치하여야 한다.

제7조 (1) 만약 영국 선박이 조선의 해안에서 파선 또는 좌초되었을 경우, 해당 지방관은 약탈이나 냉대로부터 그 선박과 화물을 보호하고 그 밖에 필요한 모든 원조를 제공하는 절차를 취해야 하며, 해당국은 그 사건을 가장 가까운 영국 영사에게 즉시 통지한다. 그리고 필요하다면 난파 선원들로 하여금 가장 가까운 개항지로 갈 수 있도록 운송 수단을 공여한다.

(2) 난파한 영국 신민의 구호, 의복, 급양, 수송, 익사체의 수사, 치료, 매장을 위해 조선 정부가 지출한 비용은 영국 정부가 이를 상환한다.

(3) 영국 정부는 난파선이나 그 선박에 속한 재산의 복구나 보존에 사용된 경비의 변상에는 책임이 없다. 이러한 모든 비용은 구원 또는 보호를 받은 선주나 화주가 부담한다.

(4) 난파선을 구원하기 위해 현지로 가는 조선 정부의 관리 및 경관의 비용과 난파 선원을 호송하는 조선 관리의 여비 및 공식 통신비에 대해 조선 정부는 상환청구권이 없다. 이러한 비용은 조선 정부가 부담한다.

(5) 영국 상선이 폭풍우를 만났거나 신량(薪糧)이 모자라 조선국의 미개항지에 정박하면 지방 당국은 이의 수선과 생활필수품을 허용할 것이며, 이러한 모든 비용은 선주가 지불한다.

제8조 (1) 양 체약국의 군함은 상대국의 모든 항구에 자유롭게 입항한다. 동 선원들은 각종의 보급과 함구 수선에 대한 편리를 향유할 수 있으며, 무역 장정, 항구 규칙, 관세 지불 등 각종의 항세를 면제한다.

(2) 영국 군함이 조선국의 미개항지에 입항할 경우 그 관원들은 상륙할 수 있으나 여행권이 없이는 내지에 들어가지 못한다.

(3) 영국 해군이 사용하는 모든 필수품은 조선국 개항지에 양륙할 수 있으며 그들의 공급품은 아무런 세금도 지불하지 않고 영국 관리가 이를 보관한다. 그러나 만약 이러한 필수품이 매매될 경우 구매자는 조선국 당국에 적당한 세금을 지불해야 한다.

(4) 조선국 정부는 조선국 영해의 측량에 종사하는 영국 정부 소속의 선박에게 최대의 편리를 허여한다.

제9조 (1) 조선에 주재하는 영국 당국 및 신민은 교사, 통역, 용인(傭人)으로 혹은 기타 법률상 조선 당국으로부터 하등의 제한을 받지 않고 이들을 고용할 수 있다. 그리고 이와 동일하게 조선 당국 및 조선 신민도 영국 신민을 고용하면서 법적으로 하등 제한을 받지 아니한다.

(2) 양국의 신민이 언어, 문학, 법률, 기술 및 공업을 연구하기 위해 상대국으로 가게 되면 가능한 모든 편리를 허여한다.

제10조 영국 여왕 폐하의 정부 관리와 신민들은 본 조약의 시행일로부터 조선국왕 폐하로부터 특권, 면제 그리고 특히 상품과 제조품이 수출입 관세에 관계되는 이권 및 앞으로 제3국의 정부 관리나 신민에게 부여되는 모든 권리를 향유할 것을 약정한다.

제11조 본 조약은 시행일로부터 10년 간 유효하며, 양 체약국의 일방이 상대방

에게 1년 전에 통고하고 상호 협의에 따라 때때로 수정을 첨가할 목적으로 본 조약 혹은 부가한 세칙의 개정을 요구할 수 있다.

제12조 (1) 본 조약은 동일한 내용을 갖는 영어와 한문으로 작성하며 해석상의 이의는 영문을 참조하여 결정할 것을 이에 협정한다.

(2) 영국 당국이 조선 당국에 발송하는 모든 공문에는 당분간 한역문을 첨부한다.

제13조 본 조약은 대영국, 아일랜드국, 인디아연합왕국의 여왕 폐하와 조선 국왕 폐하가 각기 서명 조인해 비준한다. 비준서는 가능한 한 조속히, 또는 조인일로부터 적어도 1년 이내에 한양(서울)에서 교환한다. 그리고 본 조약은 양국 정부에서 공포하되 비준서의 교환일로부터 실시한다.

위의 증거로서 위의 각 전권 위원은 본 조약에 서명하고 이에 조인한다.

대조선국 492년 즉 중국 광서 9년 10월 27일
특간전권대신 민영목 ㊞
서력 1883년 11월 26일
특간전권대신 파하예(巴夏禮) ㊞
(Sig.) Harry S. Parkes

(2) 한영수호통상조약 부속통상장정(Regulation under which British Trade is to be Conducted in Corea, 1883年 11月 26日 調印)

제1관 선박의 입출항(入出港) 수속

(1) 영국의 선박이 조선의 항구에 도착한 지 24시간(일요일과 휴일은 제외) 이내에 선장은 영국 영사관에 선박증명서를 제출하였다는 것을 입증하는 영국 영사의 영수증을 조선의 세관 당국에 제출해야 한다. 그리고 선장은 선박 이름, 그 배가 출발한 항구 이름, 선장 이름, 승객 수, 그리고 만약에 요구가 있다면 승객의 성명, 톤수(噸數) 및 승선 인원수를 명기한 서류를 제출하는 입항 수속을 해야 한다. 그리고 선장은 그 서류가 정확하다는 것을 증명하고 이에 서명하여야 한다. 이와 동시에 선장은 포장의 기호, 인원수 및 선하증권(船荷證券)에 기록한 것과

같은 내용임을 증명하는 적하명세서(積荷明細書)를 수하인의 성명과 함께 제출해야 한다. 선장은 이 명세서가 정확하다는 것을 증명하고 이에 서명해야 한다. 선박이 정식으로 등록된 다음 세관 당국은 화물실을 열도록 허락하는 허가증을 발행하며, 선상에서 이 허가증을 세관 관리에게 보여야 한다. 이러한 허가를 받지 않고 화물실을 열었을 경우 선장은 멕시코화 100불 이하의 벌금에 처한다.

(2) 만약 적하명세서 중에서 오류가 발견된 경우 이를 제출한 지 24시간(일요일과 휴일은 제외) 이내에는 아무런 수수료도 지불하지 않고 정정(訂正)할 수 있다. 그러나 24시간이 지난 다음 적하명세서의 내용을 변경하거나 추가로 기입한 경우에는 멕시코화 5불의 수수료를 납부해야 한다.

(3) 본 규칙은 규정된 시간 이내에 조선 세관에 입항 수속을 태만히 한 선장은 24시간마다 멕시코화 50불 이하의 벌금을 납부해야 한다.

(4) 영국 선박으로서 항구에 정박한 지 48시간(일요일과 공휴일은 제외) 이내에 화물실을 열지 않았거나, 또는 풍랑을 만났거나 혹은 단순히 양식의 결핍으로 부득이 입항한 모든 선박은 무역에 종사하지 않는 한 입항 수속이나 톤세를 납부하지 않는다.

(5) 선장이 출항 수속을 필요로 하는 경우에 그는 수입적하증명서에 기재한 것과 같은 내용을 갖춘 수출적하증명서를 세관 당국에 제출해야 한다. 이때 세관 당국은 출항인가증(出港認可證)을 교부하고 선박명세서에 대한 영사의 영수증을 반환해야 한다. 이 서류들은 선박증명서가 선장에게 반환되기 전에 영사관에 제출되어야 한다.

(6) 만약 어떤 선박이 위에 규정한 출항 수속이 없이 출항하는 경우 선장은 멕시코화 200불 이하의 벌금에 처한다.

(7) 영국의 기선들은 입항 당일에 입항·출항 수속을 할 수 있으나 통관 항구에서 양륙하거나 다른 선박에 적하할 화물 이외에는 적하증명서를 제출할 필요가 없다.

제2관 화물의 양륙(揚陸) · 적재(積載) · 납세

(1) 상품 수입자로서 상품을 양륙하려고 원하는 자는 세관에서 자기의 성명, 상품을 수입한 선박 이름, 기호, 수량, 포장의 내용 및 가격을 명기해야 하며, 이 명세서가 정확하다는 것을 표시하는 취지의 신청서를 작성하고 이에 서명해야 한

다. 세관 당국은 매상품마다 위탁명세서를 제출하도록 요구할 수 있다. 만약 송장이 제출되지 않았거나, 또는 제출되지 않은 데에 대한 이유가 충분히 설명되지 않을 경우에는 선주에게 관세의 2배를 부과하고 상품의 양륙을 불허한다. 그러나 이와 같이 부과한 잉여 관세는 송장(送狀)을 제출하면 반환한다.

(2) 등록된 모든 상품은 지정된 장소에서 세관리에 의해 검사를 받는다. 검사는 지체 없이, 그리고 상품을 훼손함이 없이 즉시 회복되어야 한다.

(3) 만약 수출입업자가 표시한 종가세(從價稅)가 부당하다고 판정될 경우 세관 당국은 화주에게 명하여 세관감정관(稅關鑑定官)에게 감정을 받도록 하고 여기에서 결정된 관세를 납부케 한다. 그러나 만약 수출입업자가 이에 불복하는 경우 그는 24시간(일요일과 휴일은 제외) 이내에 세관장에게 불복의 이유를 진술하고 자기의 감정인을 지정하여 재감정시킬 수가 있다. 그는 재감정에 의해 결정된 상품의 가격을 세관장에게 신고해야 한다. 재감정에 의해 결정된 가격에 따라 관세를 부과하든가 혹은 이 가격의 5%를 부과하여 수출입업자로부터 상품을 구매하든가 하는 것은 세관장의 자유이다. 후자의 경우에는 재감정 가격이 신고된 날로부터 5일 이내에 대금을 지불해야 한다.

(4) 수입을 위한 항해 도중에 파손된 모든 상품에는 그 감손에 비례하는 공정한 감세를 허용한다. 만약 이러한 감세액에 관해 어떠한 분쟁이 야기되는 경우에는 (3)항의 재감정 방법에 의해 해결한다.

(5) 수출을 위한 모든 상품은 선적 전에 조선 세관에서 통관 수속을 하여야 한다. 선적 신청은 서면으로 하되 선박 이름, 포장의 기호, 번호, 수량, 종목 및 실가(實價)를 기재하여야 한다. 수출자는 신청서에 기입한 모든 기사가 정확하다는 것을 서면으로 증명하기 위해 이에 서명하여야 한다.

(6) 세관 당국의 특별한 허가가 없이는 세관 당국이 지정한 장소 이외의 곳에서 일몰에서 일출까지, 또는 일요일이나 휴일에 상품을 양륙하거나 적재하지 못한다. 만약 야간이나 지정된 이외의 장소에서 상품을 양륙하거나 적재하였을 경우에는 수수료를 징수한다.

(7) 수출입업자가 초과로 납부한 관세의 반환을 요구하거나, 또는 세관 당국이 미납된 관세를 독촉하는 것은 원금의 지불일로부터 30일 이내에 한해서만 수리된다.

(8) 영국 선박의 용품, 승객 · 승무원의 식료품 및 승객의 하물에 관해서는 통고나 수속이 필요치 않다. 승객의 화물은 세관리에 의해 검사를 받은 이후에는 언제든지 양륙 · 적재할 수 있다.

(9) 선박의 수리가 필요한 경우, 그의 선적물은 관세 없이 양륙할 수 있다. 이때 양륙된 모든 하물은 조선 당국에 위탁될 것이며, 선장은 보관, 노역 및 관리에 대한 비용을 지불해야 한다. 그러나 이 경우 물품의 일부가 매각될 경우 그 부분에 대해는 관세를 지불하지 않는다.

(10) 물품을 다른 선박으로 옮기고자 할 때에는 사전에 세관 당국의 허가를 받아야 한다.

제3관 세관원의 보호

(1) 세관 당국은 정박 중인 영국의 상선에 세관리(稅關吏)를 상선(上船)시킬 권리를 갖는다. 세관리는 화물이 적재된 곳곳을 살필 수 있다. 그들은 직위에 상응하는 예우를 받으며, 그들에게는 선박 내에 적절한 선실이 제공되어야 한다.

(2) 조선의 세관리는 일몰부터 일출까지, 그리고 일요일과 휴일에는 선박의 화물실과 기타 출입 장소를 봉인 · 폐쇄 · 체봉할 수 있다. 만약 누구든지 정식 허가 없이 이렇게 밀폐되어 있는 것을 고의로 개방하거나 봉인, 못 또는 체봉(締封)을 파괴하는 경우, 당사자는 물론 선장에게도 멕시코화 100불 이내의 벌금에 처한다.

(3) 영국 상인으로서 자기의 선박이 위의 규정에 따라 정식으로 세관에 등록되지 않은 화물이나 수출입허가신청서에 기재된 것과 다른 화물을 넣은 포장이나 혹은 금지품을 양륙 · 적재하였거나 하려고 기도하였을 경우, 그는 화물 가격의 2배에 해당하는 벌금에 처하며 그 화물은 몰수된다.

(4) 조선의 관세 수입을 사기할 목적으로 허위신청서나 허위허가증에 서명한 자는 멕시코화 200불 이하의 벌금에 처한다.

(5) 벌칙이 특별히 규정되어 있지 않은 본 장정(章程)의 어느 조항을 위반하였을 경우에는 멕시코화 100불 이하의 벌금에 처한다.

〈추기〉 본 장정에 필요한 모든 서류와 조선 세관 당국에 발송할 기타의 통신은 모두 영어를 사용한다.

대조선 개국 492년 10월 27일
특간전권대신(特簡全權大臣) 민영목(閔泳穆) 印
서력(西曆) 1883년 11월 26일
특간전권대신(特簡全權大臣) 파하례(巴夏禮) 印
(Sig.) Harry S. Parkes

(3) 한영수호통상조약 세칙
(Import and Export Tariff, 1883년 11월 26일 조인)[5]

수입 관세

수입 관세는 5~20%로 한다. 그러나 서적 · 농기구 · 활자 · 식수류(植樹類) 등은 면세되며, 최음약(催婬藥) · 무기 화약 · 위폐(僞幣) · 아편은 금한다.

수출 관세

1급(면세 화물) : 금괴 · 은괴, 각종 금 · 은화, 식수류(植樹類), 여행용품
2급 : 1급에 포함되지 않은 모든 토산물은 5%의 종가세(從價稅)를 부과한다. 단 홍삼의 수출은 금지한다.

민영목(閔泳穆) 印
(Sig.) Harry S. Parkes

(4) 한영수호통상조약 세칙장정(Rules, 1883년 11월 26일 조인)

제1관 수입 화물에 대한 관세의 종가세는 그 생산지 혹은 제조지에서 그 상품의 실질적 가격에 운임, 보험료 및 기타의 경비를 가하여 계산한다.

제2관 관세는 멕시코화 또는 일본 은화로 지불된다.

제3관 위의 수출입 관세는 가능한 한 조속히 변경되어야 하며, 바람직하다고 인정되는 한 양국의 당국간의 협의에 따라 종양세로 변경되어야 한다.

5) 본 세칙은 발취된 것으로 전문이 아님.

대조선국 개국 492년 10월 27일
특간전권대신(特簡全權大臣) 민영목(閔泳穆) 印
서력(西曆) 1883년 11월 26일
특간전권대신(特簡全權大臣) 파하례(巴夏禮) 印
(Sig.) Harry S. Parkes

(5) 한영수호통상조약 선후(先後)속약
(Protocol, 1883년 11월 26일 조인)

위의 전권 사절들은 본 조약에 다음의 2조관을 부가 기록한다.

제1관 본 조약의 제3관과 관련하여 다음과 같이 선언한다. 즉, 조선의 법률과 소송 절차가 영국 신민을 조선의 재판권하에 두어도 이의가 없으리만큼 수정·개정되고 또 조선국 재판관의 법적 지위가 영국 재판관의 지위와 동등한 법적 자격과 독립적 지위를 획득하였다고 영국 정부가 판단하게 되었을 때 조선에 있는 영국 신민의 치외법권이 폐기될 것을 승인한다.

제2관 본 조약의 제4조와 관련하여 다음과 같이 선언한다. 만약 작년에 한양(漢陽)에 있는 중국 신민에게 허락된 상업 개설에 관한 권리를 중국 정부가 양보하고, 또 조선 정부가 앞으로 어떤 제3국에게도 이와 같은 권리를 승인하시 않는다면 영국 정부도 이와 같은 권리를 요구하지 않을 것이다.

제3관 본 조약의 각 조관은, 영국 정부가 조선 정부에게 어떤 예외를 통고하지 않는 한, 비준서가 교환된 날로부터 1년 이내에 전 영국의 식민지에도 적용된다. 그리하여 이 의정서는 양 체약국(兩締約國)이 본 조약과 동시에 시행할 것이며, 또 조약의 비준서에는 위의 두 선언의 확인을 포함한다. 그러므로 이 선언은 비준된 본 조약과 분리되지 않음을 약정한다.

이 전권 사절들은 증거로서 금일 본 의정서에 서명하고 이에 날인한다.

대조선국 개국 492년 즉 중국 광서(光緖) 9년 10월 27일
특간전권대신(特簡全權大臣) 민영목(閔泳穆) 印
서력(西曆) 1883년 11월 26일

특간전권대신(特簡全權大臣) 파하례(巴夏禮) 印

(Sig.) Harry S. Parkes

4) 청일 간의 제조약

(1) 청일천진조약 및 부속 공문(1885년 4월 18일 조인)

대일본국 특파전권대사 참의(參議) 겸(兼) 궁내경(宮內卿) 훈(勳) 1등 백작 이토(伊藤)와 대청국(大淸國) 특파전권대사 태자대부(太子大傅) 문화전(文華殿) 대학사(大學士) 북양통상대신(北洋通商大臣) 병부상서(兵部尙書) 직예총독(直隸總督) 일등숙의(一等肅毅) 백작 이(李鴻章)는 각기 봉(奉)한 바의 유지(諭旨)에 따라 함께 회의하여 전조(專條)를 정립(訂立)함으로써 화의를 두텁게 할 것을 다음과 같이 조관(條款)한다.

제1관 중국은 조선에 주찰(駐札)하는 병력을 철수하며, 일본국은 공사관의 호위를 위해 조선에 주재하고 있는 병력을 철수한다. 이 조약을 조인한 날로부터 4개월 이내에 각기 전병력을 철수함으로써 양국 간의 염려스러운 사건을 피한다. 중국병은 마산포(馬山浦)로부터 철수하고 일본국병은 인천항(仁川港)으로부터 철수한다.

제2관 양국은 조선 국왕을 권(勸)하여 병사를 교련함으로써 치안을 스스로 유지토록 하고, 또 그에 의해 제3국의 무관 1인 내지 수인(數人)을 뽑아 군사 교련을 맡기되 앞으로 중일 양국은 군사 요원을 조선에 파견하여 주재시켜 교련하는 일이 없도록 할 것을 승낙한다.

제3관 장차 조선국에 변란이나 중대한 사건이 일어나 중일 양국이나 그 중의 1국이 파병할 필요가 있을 때에는 당연히 그에 앞서 쌍방이 문서로써 통지해야 한다. 사건이 종식되면 즉시 철군하여 유방(留防)하지 못한다.

대청국(大淸國) 광서(光緖) 11년 3월 초 4일

特派全權大臣 李鴻章 印

대일본국(大日本國) 메이지(明治) 18년 4월 18일
특파전권대신 이토 히로부미(伊藤博文) 印

◇**부속공문**◇[6)]

대청국(大淸國) 흠차대신(欽差大臣) 백작(伯爵) 이(李)는 조회(照會)한 바를 확인하건대, 상년(上年) 10월 조선 한성(漢城)의 중국병이 왕궁에서 무력을 행사한 것은[7)] 양국의 의외의 일로서 완석(惋惜)한 일이다. 생각컨대 중일 양국의 화호(和好)는 연구(年久)하다. 중국병이 한때 정감을 이기지 못하여 투쟁한 일이지만 소심하게 행해서는 안 될 일로서 마땅히 본 대신이 글로써 계식(戒飭)할 일이다. 귀 대신의 감독하에 송환된 일본인 혼다 메노쓰케(本多奴之輔)의 처(妻) 등이 제출한 공장(供狀)에 의하면 중국병이 가옥을 침입 · 약탈하고 인명을 장폐(戕斃)한 일이 있다지만 아직 중국은 이에 대한 확증이 없으므로 본 대신은 사람을 보내어 조사하여 중국병이 일본인을 살략(殺掠)한 것이 사실이라면 중국 군법에 따라 엄벌에 처할 것이다. 이를 위해 상세히 귀 대사에게 조회(照會)하니 바쁘겠지만 이에 회답해 주기를 바란다.

대일본특파전권대신 백작 이토(伊藤) 귀하
광서(光緖) 11년 3월 초 4일

(2) 청일(下關)조약
(1895년 4월 17일 조인, 1895년 5월 8일 비준서 교환)

양국간의 평화 조건을 협상하기 위해 시모노세키(下關)에서 만난 청일 전권대신(全權大臣)은 조선의 독립에 관한 문제를 다루었는데 4월 1일에 일본측이 다음과 같이 제안하였다.

"청국은 조선국이 완전무결한 자주 독립국임을 확인하고 따라서 앞으로는 조선

6) 원서에는 본 부속 공문이 없지만 여기에서는 이를 등재한다. 舊韓末條約彙纂(中), pp.146~147.

7) 갑신정변 직후 청국병의 보복 반격을 의미함.

국이 자신의 자주 독립을 손해하면서 청국에게 공헌(貢獻) · 전례(典禮)하는 것을 폐지한다."

이에 대한 응답으로 이홍장(李鴻章)은 다음과 같이 기록하였다.

"청국은 이미 약 3개월 전에 조선의 완전무결한 독립을 시인하고 조선의 완전 독립을 보장할 의사가 있음을 시사한 바가 있다. 그러나 이러한 청국의 태도는 쌍무적(雙務的)인 것이어서 일본국도 이에 동의해야 한다. 그러므로 이 조항은 이러한 점에서 수정되어야 한다."

4월 6일 청국 전권대신(全權大臣)은 자기의 의사를 문서화해 달라는 요구를 받고 4월 9일 다음과 같은 초안을 작성하였다.

"청국과 일본은 조선의 완전무결한 자주 독립을 확인하고 조선의 완전 중립을 보장한다. 따라서 앞으로는 조선의 자주성을 저해할 만큼 청일 양국이 조선의 내정에 간섭하거나 조선의 독립을 손상시키는 공헌(貢獻) · 전례(典禮)를 전적으로 폐지한다."

이에 대해 일본은 4월 10일 다음과 같이 회답하였다.

"이 조항은 근본적으로 청국 전권대신에게만 적용될 필요가 있음을 일본국 전권대신은 알고 있다."

이 조항은 결국 일본이 애당초에 작성한 초안대로 본 조약에 채택되었다.

제1관 청국은 조선국이 완전무결한 자주독립국임을 확인한다. 따라서 앞으로는 조선국이 자신의 자주 독립을 손해하면서 청국에게 공헌 · 전례하는 것을 완전히 폐지한다.(이하 중략)

위의 증거로서 양제국 전권대신은 이에 기명 조인한다.

메이지(明治) 28년 4월 17일 즉 광서 21년 3월 23일 시모노세키(下關)에서 2통을 작성한다.

대일본제국 전권변리대신(全權辨理大臣) 이토 히로부미(伊藤博文) 印

대일본제국 전권변리대신(全權辨理大臣) 무츠 무네미쓰(陸奧宗光) 印

대청제국(大淸帝國) 흠차두특전권대신(欽差頭特全權大臣) 이홍장(李鴻章) 印

대청(大淸) 흠차대신(欽差大臣) 이경방(李經芳) 印

5) 러일 간의 제조약

(1) 고무라(小村)-웨베르 각서(Komura-Waeber Memorandum, 1896년 5월 14일 경성에서 조인)

서울에서 주차하는 러일 양국 대표자는 각기의 정부로부터 같은 내용의 훈령을 받고 협의한 후 다음과 같이 협정한다.

(1) 조선국 국왕 폐하가 환궁하는 문제는 전적으로 폐하의 임의에 따를 것이지만, 러일 양국 대표는 폐하가 환궁하더라도 그의 안전이 염려 없다고 생각될 때 환궁을 우호적으로 충고할 것이며, 이럴 경우 일본국 대표는 일본인 소시(壯士)의 단속을 위해 엄중한 조처를 취할 것을 보증한다.

(2) 현재 조선의 각료들은 국왕 폐하의 자유로운 의사에 따라 임명된 사람들로서 과거 3년 동안 각료나 기타 고관직을 역임한 자유주의적이면서도 온화한 사람들이었다. 러일 양국 대표는 폐하께서 이와 같은 인물들을 각료로 임명하는 동시에 그의 신민들에게 어진 태도를 보여 주도록 항상 권고한다.

(3) 조선국의 현재 상태로 보아 경부간의 일본 전신선을 보호하기 위해 곳곳에 일본 위병을 배치할 필요가 있으나, 현재의 3개 중대로 구성된 위병을 조속한 시일 안에 철수시키고 그 대신 헌병을 대구에 50명, 가흥(可興)에 50명, 그리고 경부간의 10개 지소에 각각 10명을 배치할 것에 대해 러시아 대표와 일본 대표는 합의한다. 이들의 배치는 다소 변경할 수 있으나 헌병의 총수는 결코 200명을 초과할 수 없다. 단 이들 헌병도 장차 조선 정부가 안녕과 질서를 회복한 곳으로부터 점차적으로 철수한다.

(4) 경성이나 그 밖의 개항장에 있는 일본 거주지를 조선인의 습격으로부터 보호하기 위해 경성에 2개 중대, 부산에 1개 중대 그리고 원산에 1개 중대의 일본군을 주둔시킬 수 있으나 각 중대의 병력은 200명을 초과할 수 없다. 각 중대는 일본인 거주지 근처에 주둔해야 하며, 습격의 우려가 없어지면 점차로 이를 철수한다. 러시아 공사관과 영사관을 보호하기 위해 러시아 정부도 또한 위의 각지에 일본 병력을 초과하지 않는 범위 내에서 위병을 주둔시킬 수 있다. 이 병력들은 조선의 국내가 완전히 평온을 회복하는 즉시로 철수한다.

1896년 5월 14일

명치 29년 5월 14일

경성에서

일본국 대표 고무라 주타로(小村壽太郎)

러시아 대표 웨베르(Waeber)

(2) 로바노프-야마카다(山縣) 의정서(Lobanow-Yamagata Protocol, 1896년 5월 28일-6월 9일 모스크바에서 조인)

I. 공개 조관

러시아 외무대신 로바노프 로스토프스키Lobanow Rostovsky) 공작과 일본국 황제 폐하의 특명전권대사 육군 대장 야마가타(山縣) 후작은 조선국의 형세에 관해 의견을 나눈 결과 다음 각 조항에 합의하였다.

제1조 러일 양국 정부는 조선국의 재정 곤란을 구제하기 위해 조선국 정부로 하여금 모든 불필요한 경비를 절약하는 동시에 그 세입 · 세출의 균형을 이룩하도록 할 것을 권고한다. 만약 개혁이 불가피하여 외채를 모집할 필요가 있을 경우, 러일 양국 정부는 상호 의논하여 조선국을 지원한다.

제2조 러일 양국 정부는 조선국의 재정적 · 경제적 상황이 허락하는 한 외국의 힘을 빌리지 않고 스스로 국내의 질서를 유지하기에 충분한 군대와 경찰을 창설 · 유지하는 문제를 조선국에 일임한다.

제3조 조선국과의 통신을 용이하게 하기 위해 일본국 정부는 현재 점유하고 있는 전신선의 관리를 계속하며 러시아는 경성(京城)으로부터 그 국경에 이르는 전신선을 가설하는 권한을 갖는다. 조선국은 이를 매입할 수 있는 형편이 되면 이들 전신선을 매입할 수 있다.

제4조 위의 합의 사항 중에서 더 정확 · 상세한 정의가 필요하거나 또는 상의가 필요한 사항이 발생할 경우에는 양국 대표가 이를 우의적으로 타협할 수 있는 권한을 갖는다.

1896년 6월 9일 모스크바에서

로바노프(Lobanow)

야마가타 아리토모(山縣有朋)

II. 비밀 조관[8)]

제1조 국내적 · 국외적 원인을 막론하고 조선국의 안녕과 질서가 문란하게 되거나 또는 장차 그러한 두려움이 발생하여 러일 양국 정부가 각기 양국 신민의 안전을 보호하고 나아가 전신선의 보호 임무를 띤 군대 이외에 각기 합의를 얻어 군대를 다시 파견하여 국내 관헌을 원조할 필요가 있다고 인정될 경우, 양국 정부는 군대 상호간의 충돌을 예방하기 위해 양국 정부가 전연 점령하고 있지 않은 공지를 설정하도록 각 군대의 용병 지역을 확정한다.

제2조 본 의정서의 공개 조항 제2조에 따라 조선국 자체의 군대를 조직하게 될 때까지 러일 양국은 동일한 수의 군대를 주둔시키는 문제에 관한 고무라(小村)-웨베르 각서는 그 효력을 가지며, 조선국 군주의 호신상의 문제에 관해 이를 맡을 조선의 군대를 창설한다는 조항에 관해서도 그때의 상태가 지금까지 계속되고 있다.

1896년 5월 28일-6월 9일

모스크바에서 이를 작성한다.

로마노프

야마가타 아리토모

(3) 니시(西德)-로젠 의정서

(Nissi-Rosen Protocol, 1898년 4월 25일 도쿄에서 조인)

일본국 황제 폐하의 외무대신 니시 도쿠지로(西德二郞) 남작과 전러시아 황제 폐하의 시종 특명전권공사 로젠(Rosen) 남작은 1896년 6월 9일(5월 28일) 모스크바에서 육군 대장 야마가타 아리토모 남작과 로바노프 공작 사이에 조인된 의정서의 제4조에 의거하여 각기 권한을 위임받아 다음의 조관을 합의한다.

---

8) 원서에는 본 비밀 조관(條款)은 수록되어 있지 않으나 여기에서는 참고로 이를 싣는다. 앞의 舊韓末條約彙纂(中), p. 181 참조.

제1조 러일 양국 정부는 한국의 주권과 완전한 독립을 확인하는 동시에 그 내정에 직접 간섭하는 일이 전혀 없을 것을 약정한다.

제2조 한국이 일본국이나 러시아에게 조언이나 협력을 요구할 경우, 러일 양국은 서로간의 오해를 피하기 위해, 군사 교관이나 재정 고문을 파견하면서 상호 협의하지 않고서는 아무런 조처도 취하지 않을 것을 약정한다.

제3조 러시아 정부는 한국에서 일본의 상업과 공업적 기업이 크게 발달하였다는 사실과 한국에 거류하는 일본국 신민이 다수임을 인정하는 동시에 한국과 일본 양국간에 상업상 및 공업상의 관계 증진을 방해하지 않을 것을 약정한다.

1898년 4월 25일
동경에서 본서 2통을 작성한다.
니시 도쿠지로
로젠(Rosen)

(4) 러일강화조약(Treaty of Peace Between Japan and Russia, 1905년 9월 5일 포츠머스에서 조인)

포츠머스(Portsmouth) 회담에서 한국 문제에 관해 일본이 요구한 최초의 조항을 보면 다음과 같다.

"러시아는 한국에서 일본이 정치적 · 군사적 · 경제적으로 이해 관계가 있음을 알고 있으므로, 앞으로 일본과 외교 관계를 유지하면서 필요하다고 생각되어 한국을 지도 · 보호 · 감독하는 조치를 취할 경우 러시아는 이에 방해하거나 간섭하지 않는다."

이에 대해 러시아 대표는 다음과 같은 의견을 제시하였다.

"제1항은 반론이 없다. 일본이 한국에서 정치적 · 군사적 · 경제적으로 우월권이 있다는 것을 인정한 제국 정부는 한국에서의 상기 이권을 빼앗기 위해 간섭하거나 방해하지 않을 용의가 있다. 그리고 일본은 한국에서 필요하다고 인정하는 보호와 통제 조치를 취할 수 있으며, 러시아의 신민은 다른 외국이나 또는 그 국민이 향유하고 있는 모든 권리를 가질 수 있음도 물론이다. 일본이 위의 조치를 실행하면서 한국 황제의 주권을 침해하지 않아야 한다는 것도 또한 합의를 본 바이다. 특히 군사 조치에 관해서 일본은 모든 오해의 요인을 제거하기 위해 한국과 인접한 러시아 영토의 안전에 위협이 될는지도 모르는 제반 조치를 삼가야 한다."

결국 본 조약문에는 다음과 같이 합의되었다.

"러시아제국 정부는 한국에서 일본이 정치적 · 군사적 · 경제적으로 이해 관계가 있음을 알고 있으므로, 앞으로 일본이 한국과 외교 관계를 유지하면서 필요하다고 생각되어 지도 · 보호 · 감독하는 조치를 취할 경우 러시아제국 정부는 이에 방해하거나 간섭하지 않는다. 한국에 있는 러시아제국의 신민은 다른 외국의 신민이나 공민과 동등한 대우를 받게 될 것이며, 최혜국의 신민이나 공민과 동등한 지위를 누릴 것이다. 또한 러일 양국은 오해를 일으키지 않도록 하기 위해서, 한국과 러시아의 국경에서 러시아제국이나 한국의 영토 보전을 위협할는지도 모르는 군사상 조치를 취하지 않을 것에 합의한다."[9]

6) 영일 간의 제조약

(1) 제1차 영일동맹협약(Agreement of the Angro-Japanese Alliance(I), 1902년 1월 30일 런던에서 조인)

대영제국 정부와 일본국 정부는 오로지 극동에서의 현상과 전국의 평화 유지를 희망하고, 청제국 및 대한제국의 독립과 영토 보전을 유지하고, 또 한청 양국에서 각국이 상공업상 균등한 기회를 갖는 문제에 관해 이해 관계를 가짐으로써 다음과 같이 약정한다.[10]

제1조 영일 양국은 청제국과 대한제국의 독립을 승인하였으므로 한청 양국은 앞으로 침략적인 풍세(風勢)에 제약 당하는 일이 없으리라는 점을 영일 양국은 이에 선언한다. 그러나 영국은 주로 청국에서, 그리고 일본은 청국에서 뿐만 아니라 한국에서 정치상 · 상업상 · 공업상 특별한 이익을 가지고 있다는 사실에 비추어,

9) 이 조항은 동 조약 제2조에 명시된 것이다.
10) 원서에는 본 서문이 실려 있지 않으나 여기에서는 이를 싣는다. 앞의 舊韓末條約彙纂(中), p. 196 참조.

만약 위와 같은 양 체약국의 이익이 제3국의 침략적인 행동으로 인해 청국 또는 한국에서 소요가 발생하여 영일 양국 중의 어느 한 국가의 신민을 보호하기 위해서 간섭할 필요가 있을 경우 양 체약국은 공동으로 상대방 국가의 이익을 보호하는 데에 필요한 모든 조치를 취할 것에 상호 승인한다.(이하 생략)

1902년 1월 30일 런던에서 본서 2통을 작성한다.

대영제국 황제 폐하의 외무대신 랜스다운(Lansdowne)

대영제국주차 일본국 황제 폐하의 특명전권대사 하야시 다다스(林董) ㉑

(2) 제2차 영일동맹협약(Agreement of the Angro-Japanese Alliance(II), 1905년 8월 12일 조인)

전문 : 일본국 정부와 대영제국 정부는 1902년 1월 30일에 양국 정부가 체결한 협약을 새로운 조관으로 바꾸기로 희망하여

(1) 동아시아와 인디아의 지역에서 전반적인 평화가 유지되고,

(2) 청제국의 독립과 영토를 보장하고 청국에서의 열강의 상공업에 대한 기회 균등을 확실히 함으로써 청국에 있어서의 열강의 공동 이익을 유지하고,

(3) 동아시아와 인디아의 지역에서 영일 양국의 영토권을 보장하고, 이 지역에 있어서의 양국의 특수 이익을 보호할 것을 목적으로 하여 다음의 조항을 약정한다.(중략)

제3조 일본국은 한국에서 정치적 · 군사적 · 경제적으로 이해 관계를 가지고 있으므로 이를 옹호 · 증진하기 위해 정당하고도 필요하다고 인정되는 지도 · 감독 · 보호의 조처를 취하는 것을 영국은 승인한다. 단 이러한 조처는 항상 열국의 상공업에 대한 기회 균등의 원칙에 배치되어서는 안 된다.

(생략)

1905년 8월 12일 London에서 본서 2통을 작성한다.

대영제국 황제 폐하의 외무대신 랜스다운(Lansdowne)

대영제국주차 일본국 황제 폐하의 특명전권공사 하야시 다다스(林董) ㉑

3. 루스벨트 대통령에게 보내는 하와이 교민의 청원서 (호놀룰루, 하와이, 1905년 7월 12일)

미국 대통령 각하

다음에 서명 날인한 저희들은 현재 하와이에 살고 있는 8천 명의 한국인들이 1905년 7월 12일에 하와이 시에서 개최한 특별 회의에서 그 권한을 위임받아 다음과 같이 청원하는 바입니다.

우리 하와이에 살고 있는 한국인들은 1,200만 동포들의 느낌을 알려 드리면서 삼가 다음의 사실들을 각하께 아뢥니다. 러일전쟁이 일어난 직후 한국 정부는 일본과 공수동맹조약을 체결한 바 있아온데 이 조약에 따라 한국의 전국토는 일본에 개방되었고, 우리 정부와 국민들은 한국의 안팎에서 일본의 군사 활동을 도와오고 있습니다. 각하께서도 이 조약의 내용을 알고 있으리라 믿어 의심치 않기 때문에 이 청원서에서는 이를 구체적으로 말씀드릴 필요가 없읍니다만은, 대충 살펴보건대 이 조약의 목적은 한국과 일본의 독립을 보존하고, 러시아의 침략으로부터 동아세아를 보호하기 위한 것이었습니다. 한국은 일본으로부터 우의 있는 대접을 받고 또 러시아의 침략으로부터 보호를 받는 댓가로 우리의 영토를 그들의 군사 활동 기지로 사용토록 허락하여 주었습니다.

이 조약이 체결되었을 당시만 해도 한국인들은 일본인들이 우리의 내정을 서구적인 근대 문명의 방향으로 개혁할 것이고, 또 우호적인 태도로써 우리 국민에게 조언하고 상의할 것이라고 전적으로 기대하고 있었습니다. 그러나 일본 정부는 한국민의 생활 조건을 개선하기 위해 아무런 일도 하지 않음으로써 한국을 실망과 후회에 빠지게 만들었습니다. 그와 반대로 일본은 수천 명의 거친 무뢰한 무리들을 한국에 이주시켰으며, 이들은 아무런 공격 의사도 없는 한국인들을 가장 불법적인 태도로 상대하고 있습니다. 한국인들은 그 천품이 싸울 줄도 모르고 남을 공격할 줄도 모르지만 자신에 대한 일본인들의 무도한 행동을 심히 저주하는 바입니다. 일본 정부가 그러한 불법한 행동을 허락하였다고 믿을 수는 없지만, 그렇다고 해서 일본 정부는 이러한 사태를 저지하기 위해 아무런 조처도 취하지 않았습니다. 그들은 과거 1년 반 동안에 우리 정부로부터 모든 특권과 이권을 강제로 빼앗았으며, 그 덕분에 그들은 사실상 지금 한국에서 가치 있는 것이라면 모두 소유하고 있습니다.

우리 한국의 일반 국민들은 동맹 조약이 체결될 당시 일본이 내세웠던 약속을 믿지 않고 있으며, 그들이 우리에게 고백한 그 호의라는 것도 심히 의심하고 있습니다. 지리적으로 보나, 인종적으로 보나, 상업적으로 보나 우리는 일본의 우방이 되기를 바라며 우리의 내정 개혁과 교육 문제에서도 그들의 지도를 받고 또 수범을 보고 싶었습니다. 그러나 한국인을 희생시키는 그들의 이기적 정책이 계속됨에 따라서 우리는 그들에게 걸었던 신뢰감이 흔들리고 있으며, 한 국가로서의 우리의 독립을 보장하고 내정 개혁에 조력하겠다던 그들의 약속이 헛된 것이 되지 않을까 하여 두려워하고 있습니다. 바꾸어 말해서 일본의 대한 정책은 러일 전쟁 이전에 러시아가 취했던 정책과 흡사한 바가 있습니다.

미국은 우리 나라와는 많은 이해 관계가 있는 나라입니다. 미국인들이 관리하는 공업, 상업 그리고 종교 사업이 크게 번창하고 있는 지금, 미국 정부와 미국 국민은 한국의 진정한 현실과 일본이 한국에서 저토록 승세한다면 그 결과가 어찌 되리라는 것을 똑똑히 알아야 한다고 믿는 바입니다. 미국인들은 정정당당한 행동을 사랑하며 모든 인류에게 정의를 외치고 있음을 우리는 알고 있습니다. 우리는 또한 각하께서 특히 개인 간이나 국가 간의 정당한 거래를 주창하는 분이라는 것을 알고 있습니다. 따라서 우리는 각하께서 국난에 처한 우리 민족을 도와주시리라는 희망을 가지고 이토록 청원하기에 이른 것입니다.

러일 간에 강화 회담이 진행되는 동안 각하께서는 그들의 타결 조건에 관해서 그 어떤 쪽에도 아무런 암시를 제시하지 않으리라는 것을 잘 알고 있습니다만은, 한국이 그들의 자주 정부를 지키고 다른 열강들이 우리 민족을 억압하거나 학대하는 일이 없도록 각하께서 어떤 방도를 강구해 주실 것을 간절히 바랍니다. 한

미수호통상조약에 규정된 바에 의하면, 한국은 미국에게 도움을 청할 수 있도록 되어 있습니다. 지금이야말로 우리에게 미국의 도움이 가장 필요한 때입니다.

각하의 충실한 신복

윤병구(尹炳求)[1)]

이승만(李承晩) 근서

1) 윤병구(尹炳求) : 감리교 목사. 1900년에 도미하여 주로 호놀룰루에 정착하여 독립 운동에 진력했다. 신민회를 창립하고, 『시사신보』(時事新報)를 발행하였으며, 호놀룰루 한인교회를 창립했다. 그 후 샌프란시스코로 이주하여 『시사신문』을 창간하여 교포들에게 보급했고 독립운동 자금을 모금하여 임시 정부의 재정을 지원하였다.

역주자 참고문헌

『구한말조약휘찬』(상 · 중 · 하)(서울 : 국회도서관 입법조사국, 1964~65)

『기독교대백과사전』(서울 : 기독교문사, 1983)

김두종, 『한국의학사』(서울 : 탐구당, 1975)

金源模, 『근대 한미관계사 : 한미전쟁론』(서울 : 철학과 현실사, 1992)

『대한매일신보』

『대한제국고등재판선고서』(개국 504년 11월 13일자 朴銑 외 3인 건) : 국사편찬위원회 소장 影印本

독립운동사편찬위원회, 『독립운동사(2) : 3 · 1 운동사(상)』(서울 : 독립운동사편찬위원회, 1971)

르네, A.(원저) · 안응열(譯), 『조선순교복자전』(서울 : 을유문화사, 1964)

文一平, 『史外異聞秘史』(호암전집 제3권)(서울 : 조광사, 1964.)

민두기, 『일본의 역사』(서울 : 지식산업사, 1977)

朴大憲, 『서양인이 본 조선』(서울 : 壼山房, 1996)

『세계대백과사전』(서울 : 학원사, 1971)

『세계인명대사전』(서울 : 문공사, 1973)

스키무라 후카시, 『서울에 남겨둔 꿈』(서울 : 건국대학교출판부, 1993)

신복룡(역주), 『대한제국멸망사』(서울 : 집문당, 1999)(H. B. Hulbert, *The Passing of Korea*, William Heinemann Co, London, 1906)

신복룡(역주), 『조선견문기』(서울 : 집문당, 1999)(H. N. Allen, *Things Korean*, Fleming H. Revel Co, New York, 1908).

申福龍, 『한국정치사』(서울 : 박영사, 1991)

유홍렬, 『고종치하 서학 수난의 연구』(서울 : 을유문화사, 1962)

윤병석, 「일본의 황무지 개척권 요구에 대하여 : 1904년 長森 名義의 위임 계약 기도를 중심으로」, 『역사학보』(제22집)(서울 : 역사학회, 1964)
이광린(譯), 『한국의 독립 운동』(서울 : 일조각, 1969)(F. A. McKenzie, *Korea's Fight for Freedom*, Fleming H. Revell Co., London, 1920)
이광린, 『개화당연구』(서울 : 일조각, 1973.)
이광린, 『한국 개화사 연구』(서울 : 일조각, 1970)
이구열(李龜烈), 『한국문화재 비화』(서울 : 한국미술출판사, 1973)
이선근, 『한국사 : 最近世篇 · 現代篇』(서울 : 을유문화사, 1961)
이중국, 「Oppert 도굴 사건의 진입로 연구」, 『논문집』(17)(서울 : 건국대학교 대학원, 1983)
이홍직, 『국사대사전』(서울 : 지문각, 1965.)
장지연, 『韋菴文稿』(서울 : 탐구당, 1961)
정교, 『大韓季年史』(상 · 하)(서울 : 탐구당, 1961)
최준, 『한국신문사』(서울 : 일조각, 1970)
『한국가톨릭대사전』(서울 : 한국교회사연구소, 1985)
『한국인명대사전』(서울 : 신구문화사, 1967)
『한국학대백과사전』(서울 : 을유문화사, 1972)

『大人名辭典』(東京 : 平凡社, 1955)
杉村濬, 『在韓苦心錄』(東京 : 勇喜社, 1932)
『世界大百科事典』(東京 : 小學館, 1957)
『世界大百科事典』(東京 : 平凡社, 1957)
日本外務省(編), 『日本外交史辭典』(東京 : 大藏省印刷局, 1979)
黑龍會, 『東先覺亞志士記傳』(하)(東京 : 原書房, 1966)
李盛平, 『中國近現代人名辭典』(北京 : 新華書店, 1989)
臧勵龢, 『中國人名辭典』(臺北 : 商務印書局, 1985)

Barhart, Clarence L.(ed), The *New Century Cyclopedia of Names*, Appleton–Century–Crofts, Inc, New York, 1954.

Encyclopedia Britannica, The University of Chicago, Chicago, 1963.

Funk & Wagnalls, *New Standard Dictionary of the English Language*, Funk & Wagnalls Co., New York and London, 1914.

McCune, Geroge M. and Harrison, John A.(ed), *Korean–American Relations*. Vol. I, The University of California Press, Berkeley and Los Angeles, 1951.

Palmer, Spencer J.(ed.), *Korean–American Relations*, Vol. 2, The University of California Press, Berkeley and Los Angeles, 1963.

Webster's Biographical Dictionary, G. & C. Merriam Co., Springfield, 1959.

Webster's International Dictionary of the English Language, G. and C Merriam Co., Springfield, 1948.

Who Was Who : 1929–1940, Adam and Charles Black, London,

Who was Who among English and European Authers(1931–1949), Vol. 1, Gale Research Co. Book Tower, Detroit, 1978.

찾아보기

ㅈ

한국의 독립운동

Korea's Fight for Freedom

F. A. 매켄지 지음/신복룡 역주

집문당

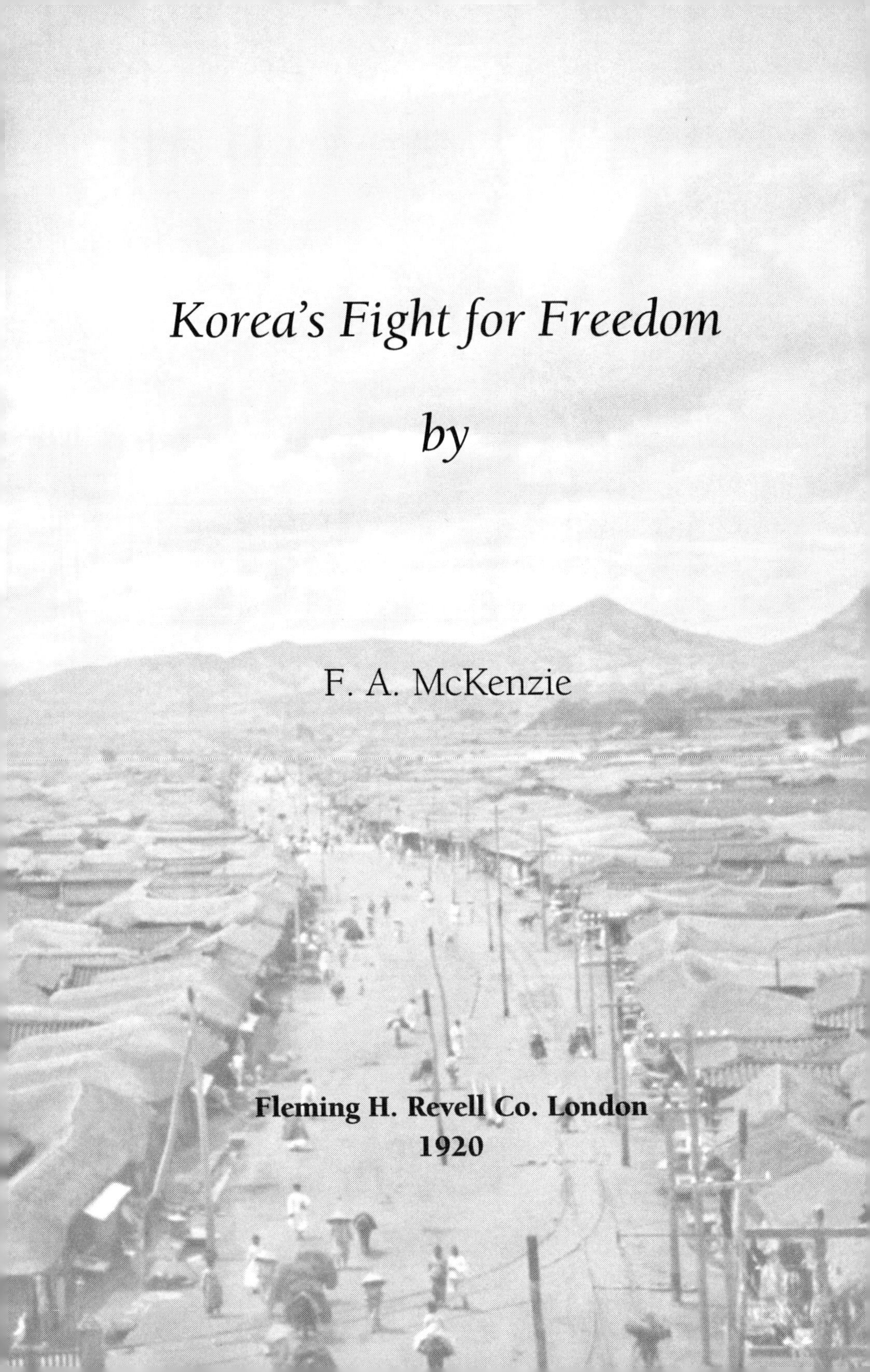

Korea's Fight for Freedom

by

F. A. McKenzie

Fleming H. Revell Co. London
1920

역주자 재판 서문

젊었을 적, 내 손으로 한말 선교사의 한국 관계 자료들을 주석하겠다고 다짐한 지 벌써 30년의 세월이 흘렀으니 세월의 무상함과 더불어 만감이 교차한다. 그 동안 활판에서 컴퓨터로 바뀌는 인쇄 혁명과 출판계의 불황 등으로 중도에서 포기했던 『한말 외국인 기록』을 이제 집문당 임경환(林京煥) 사장님의 호의로 번역과 주석 작업을 재개하게 된 것이 한없이 기쁘고 감사하다.

전집 21권을 출판하겠다는 임경환 사장님의 제의를 들었을 때 기쁘기도 했지만 너무도 엄청난 일이라 엄두를 낼 수 없었다. 그러던 차에 이러한 고충을 들은 1998학년도 건국대학교 정치외교학 과목의 나의 수강생들 300명이 한 장씩 컴퓨터에 입력해 주겠다고 나섰을 때 나는 한없이 고마웠고 크게 용기를 얻었다. 나는 그 300명의 이름을 여기에 일일이 적을 수 없는 것이 미안하고 유감스럽다. 모두가 고생했고 고맙지만, 특히 이형구(李衡求) 군과 김한길 군이 많은 몫을 타이핑했으며, 변영욱(邊泳旭) 군은 교정 작업을 하느라고 많은 고생을 했다. 사내답지 않게 수줍음이 많은 조교 박성진(朴城進) 군은 마음이 넉넉지 못한 나의 방에서 마음 고생이 많았으리라고 생각되며, 주석을 찾기 위해 각국의 대사관과 문화원을 찾아다니면서 싫은 내색 한번 하지 않았다. 박사 과정의 고경민(高敬旼) 군은 컴퓨터 작업을 하느라고 많은 고생을 했다. 그들의 고생이 단순한 고생으로 그치지 않고 앞날의 그들의 학문 생활에 좋은 경험이 될 수 있다면 나로서는 미안함을 덜 수 있을 것이다.

영어로 쓰여진 동양사를 번역하는 과정에서 가장 어려운 작업은 영문으로 표기된 인명이나 지명을 어떻게 한자로 복원하느냐의 문제이다. 특히 원칙이 없이 쓰여지는 일본의 인명 표기는 참으로 어려웠다. 그런 중에도 일본의 데츠카야마 대학(帝塚山學院大學)의 가미가이토 겐이치(上垣外憲一) 교수가 많은 어려움을 풀어 주었고, 시도 때도 없는 부탁에 늘 마음써준 오랜 친구 다키자와 마코도(瀧澤盛) 선생의 도움을 많이 받았으며, 고베대학(神戶大學)에서 박사 논문을 준비하는 장희순(張喜淳) 군도 고생을 많이 했다. 구미 인물의 행적에 대해서는 건국대학교 독어독문학과의 김건환(金建煥) 교수님께서 많이 도와 주셨다.

끝으로 편집 교정과 출판 과정에서 고생하신 집문당의 우진주(禹軫柱) 상무님과 편집부 직원 여러분, 그리고 신세진 모든 분들에게 깊이 감사한다.

1998년 9월 10일

역주자 신복룡 씀

역주자 초판 서문

"우리의 선각자 누구에게나 잠 못 이루는 망명(亡命)의 밤이 있었다."

이것은 워싱턴의 내 자취방 책상머리에 붙어 있는 글귀이다. 미국의 밤은 참으로 잠을 이룰 수가 없다. 외로움, 동기간과 친한 벗들에 대한 그리움, 마치 내가 길가에 버려진 듯한 쓸쓸함, 그리고 무어라고 꼬집어 말할 수 없는 우수(憂愁)가 잠시도 머리를 떠나지 않는다. 앉지도 못하고 서지도 못하고 손에 잡히는 일없이 서성거리며 나는 무엇인가 몰두하지 않고서는 이 외로운 불면(不眠)의 밤을 이길 수가 없었다. 그리하여 미국에 도착한 후 3일째부터 이 책의 번역에 착수한 지 30일 만에 밤과 휴일을 이용하여 번역을 마쳤다. 나에게 이러한 일거리라도 없었더라면 어찌 되었을까 생각하니 참으로 지난 50일 동안이 꿈만 같다. 유길준(兪吉濬)도 서재필(徐載弼)도, 그리고 이승만(李承晩)에게도 이와 같이 잠 못 이루는 밤이 있었으리라.

◆ ◆ ◆ ◆ ◆

이 책의 필자 매켄지(Frederick Arthur McKenzie)는 1869년 3월 캐나다의 퀘벡에서 태어났다. 그는 본시 스코틀랜드계의 영국인으로서, 장성해서는 영국으로 건너가 언론계에 종사하면서 문명(文名)을 날렸다. 그는 특히 1904년에 런던의 『데일리 메일』(*Daily mail*)의 극동 특파원으로 러일전쟁에 종군(從軍)한 것을 인연으로 하여 한국사에 대한 애정을 갖기 시작했고 그 후 일시 귀국했다가 한국에 관한 자료를 수집하기 위해 1906~1907년 동안 격동기의 한국에 머물면서 멸망해 가는 한국사를 목격했다. 이때의 자료를 토대로 하여 쓴 것이 본 『한말 외국인 기록』 제2집으로 출간된 『대한제국의 비극』(*The Tragedy of Korea*, E. P. Dutton Co., New York, 1908)

이었다. 이 책은 의외로 서구인들의 찬사를 얻어 재판의 요청을 받게 되자, 필자는 아예 새로운 글을 쓰기로 마음먹고 1919년 3·1운동사를 중심으로 또 다른 한국사를 썼는데 그것이 바로 이 책이다.

◈◈◈◈◈

이 책을 번역하면 나는 독자 여러분들과 관계자 몇 분에게 양해를 구할 수밖에 없다. 왜냐하면 이 책은 『대한제국의 비극』의 속편이라고 하지만 제5장부터 제9장까지는 내용이 대체로 중복된다는 점이다. 또한 이 책은 미국에서 번역된 것이기 때문에 내용의 번역에는 최선을 다했지만 아무래도 주석이 불충분하지나 않을까 하여 독자들에게 죄송스럽다. 뿐만 아니라 이 책은 이미 이광린(李光麟) 교수에 의해 번역된 적이 있어서 이를 내가 다시 번역하는 것은 평소 존경하던 그분께 예가 아닌 듯하여 송구스럽기 짝이 없다. 그러나 그것이 이미 15년 전에 번역되었고, 또 본서를 누락시키고서는 『한말 외국인 기록』이 구색을 갖출 수가 없었기에 이 책을 번역할 수밖에 없었던 점을 여러분들이 양해해 주기 바란다. 본서가 이광린 교수의 그 훌륭한 번역에는 감히 따를 수 없으나 주석과 좋은 제책으로써 독자들에게 용서를 빈다. 아울러, 이광린 교수께서 매켄지의 사진을 전재하도록 허락해 주신 데 대해서도 깊은 감사를 드린다.

나는 이 책을 읽으면서 어쩌면 한국인보다도 더 한국을 사랑했던 그의 인류애와 일본의 방자함이 끝내는 30년 이내에 태평양전쟁을 일으키리라고 예언한 그의 안목에 대해 놀라움을 금할 수가 없었다. 그는 끝없이 자유를 사랑했고, 인간이 떠난 후에도 역사와 역사서는 남는다는 사실을 확신했고, 후대를 위해 글을 남기고자 노력했다. 그는 1931년에 세상을 떠나는 날까지 위의 두 가지 저술 이외에도 『미국의 침략자들』(*The American Invaders*, R. Richards Co., London, 1902)을 필두로 하여 『아일랜드 반란사』(*The*

Irish Rebellion, C. A. Pearson Co., London, 1916), 『암흑기의 러시아사』 (*Russia before Dawn*, T. F. Unwin Ltd., London, 1923) 등 주로 제국주의의 침략이나 그 밑에서 억압받는 민족들을 위해 항변하는 글들을 남겼으며, 그가 일생에 쓴 책은 20편 정도가 전해지고 있다.

탈고(脫稿)를 할 때면 늘 느끼는 것이지만 이름은 내가 내고 남들에게 너무 많은 폐를 끼친 것을 미안하게 생각한다. 『한말 외국인 기록』 전집의 출판을 기꺼이 응낙해 준 평민사 이갑섭(李甲燮) 사장은 나의 지친 육신에 늘 활력을 불어넣어 주었고, 평민사 편집부의 안희옥 부장이나 최해옥·강금희 양은 이제 필자와 편집자 이상의 정이 들었다. 미국에서 부족한 주석을 보충하기 위해 수고한 이동현(李東炫) 학제(學弟)에게도 감사하며, 언제인가는 그도 자신의 책을 출판할 날이 오기를 바란다. 나의 책에 대해 늘 애정을 가지고 교정과 질정을 해 준 신채호(申采鎬) 학제와, 내가 출국해 있는 동안 온갖 정성으로 도와 준 김택호(金澤鎬) 학제에게 마음 가득히 감사의 뜻을 전한다.

1985년 10월 17일
미국 조지타운 대학교
알반 타워(Alban Tower)에서
역주자 신복룡 씀

원저자 서문

1919년의 봄에 일어난 한국인의 평화적인 대일 항쟁은 세계를 놀라게 하는 사건으로 나타났다. 세계 정치가들이 무기력하고 비겁하다는 꼬리표를 달아 주었던 한 민족이 이제 고도의 영웅적인 모습을 보여 주고 있다. 공개리에 적을 만난 군인은 전의에 불타고 있으며 적어도 지금이야말로 적과 싸울 기회를 가지게 되었음을 알고 있다. 한국인들은 무기나 자신을 지킬 수 있는 수단도 갖지 못한 채 아내와 자식들을 옆에 끼고 항거했다. 그들은 지난날 폭력을 쓰지 않겠노라고 맹세했었다. 일찍이 토르케마다(Torquemada)[2]와 그의 일행이 저질렀던 것과 같이 교활하고도 다양한 고문을 당한 바 있지만 한국인들은 자신들이야말로 그들의 선조들과 똑같은 운명을 겪게 될는지도 모른다고 지레 짐작한 데에는 그럴 만한 이유가 충분히 있었다.

그들은 절망하지 않았다. 그들은 온갖 방법으로 억눌리며 도망다니리라고 예상했던 모든 것들을 견디기 위해 부름받았다. 그들이 감옥으로 끌려가면 다른 사람들이 그들의 자리를 채우고 들어갔다. 그들이 잡혀가면 다른 사람들이 그들의 뒤를 이를 준비를 하고 있었다. 만약 문명 세계의 요구가 일본으로 하여금 더 이상 만행을 저지르지 못하도록 설득하지 못한다면 더 많은 사람들이 그 무서운 행렬에 참여하려고 기다리고 있을 정도이다. 세계가 애당초에서부터 한국인의 성품을 평가하면서 실수를 했거나 아니면 이 국민들이 새로운 탄생을 체험하고 있다는 사실이 명백해지고 있다. 어느 쪽이 맞는 설명일까? 아마도 양쪽이 모두 맞을는지도 모른다.

---

2) 토르케마다(Torquemada : ?~1498) : 스페인 도미니크 교단의 신부. 전 스페인령을 관장하던 최초의 재판소장으로서 젊은이들을 도처에 파견하여 준엄한 종교 재판을 실시하였던 것으로 유명함.

지금 내가 기록하고 있는 바와 같이, 지난날에 어떤 일이 있었고 지금은 어떤 일이 일어나고 있는가를 이해하기 위해서 우리는 몇 년 전의 일로 거슬러 올라가지 않을 수 없다. 일본은 누누이 되풀이했던 그들의 공약을 목전에 놓고서도 한국을 병합했을 때 일본의 정치가들은 공공연하게 동화(同化) 정책을 채택했다. 일본인들은 한국인들을 일본인으로, 그리고 일본인 중에서도 열등하다는 낙인이 찍힌 노예 민족으로 바꾸어 일본어를 사용하게 하고, 지배자의 풍습을 따르게 하고, 자신들을 위해서 봉사하게 만들었다. 이러한 일들을 좀 더 훌륭하게 수행하기 위해서 일본인들은 한국인들을 격리시켰다. 그들은 한국인들이 바깥 세계와 자유로이 어울리는 것을 금했으며, 언론과 신체와 출판의 자유를 박탈했다. 일본인들은 몇 가지의 물질적인 개혁을 단행했다. 그러나 그들은 한 가지를 잊고 있었다. 그것은 한국인들에게 정의를 제공하는 것이었다.

진보적인 생각을 가진 사람들이 무수히 체포·감금되자 일련의 새로운 감옥들이 건축되었다. 6년 동안에 유죄 판결을 받았거나 재판을 기다리고 있는 사람의 총수가 두 배로 증가했다. "태형령"(笞刑令)[3]이 개정되자 일본 순사들에게는 그들이 원한다면 재판을 거치지 않고서도 한국인을 구타할 수 있는 권한이 부여되었다. 해마다 수만 명에게 태형을 가했으며 그것이 얼마나 가혹했던지 남는 것이라고는 줄을 이은 불구자와 시체뿐이었다.

지난날 양반들의 학정(虐政)이 그보다 더 몸서리쳐지는 압제로 바뀌었다. 왜냐하면 걷잡을 수 없는 경찰의 학정은 옛날의 양반들보다도 더 과학적으로 잔혹했기 때문이었다. 일본인들은 한국인의 성격이 예상하지 못했을 정도로 끈질기다는 사실에 충격을 받았다. 한국인들의 겉으로 보이는 무표정한 얼굴 밑바닥에는 그들만이 가지고 있는 어떤 단호한 정신력이 깔려 있다는 사실을 일본인들은 발견했다. 일본인들은 한국인들을 동화하는 데 성공

3) 1908년에 제정된 「朝鮮笞刑令」을 개정하여 1912년에 일본은 「신태형령」을 실시했음.

한 것이 아니라 한국인의 민족성을 되살리는 데 성공했다.

일본이 한국을 병탄하기 전에는 많은 한국인들이 기독교를 신봉했었다. 미국으로부터 건너간 선교사들의 영향을 받은 한국인들은 몸소 깨끗이 했고, 그들의 여성들을 밀폐된 "안방"으로부터 밝은 사회로 끌어내어 서구의 이상과 사상을 흡수하게 만들었다. 선교사가 경영하는 학교에서는 잔 다크(Jeanne d'Arc)나 햄던(J. Hampden)[4] 또는 워싱턴(G. Washington)과 같은 영웅·영걸들의 얘기와 함께 현대사를 가르쳤다. 그리고 선교사들은 이 지구상에서 가장 역동적이며 충격적인 성서를 보급하고 가르쳤다. 성서에 빠져든 민족이 학정을 만나게 되면 그 민족이 사멸(死滅)하거나 아니면 학정이 중단되든가 그 둘 중의 하나가 일어난다. 일본은 그러한 위험을 감지(感知)했다. 일본은 교회를 장악하려고 노력했지만 헛수고였다. 그들은 선교사들의 교재를 압수하거나 금서화(禁書化)하고 자기들의 교재로 대신했다. 기독교도들의 지지를 얻는 데 실패한 일본은 북부 지방에 살고 있는 기독교 지도자들을 대대적으로 박해하기 시작했다.

많은 사람들이 체포되고, 일본인 자신도 거짓이라는 것을 잘 알고 있는 죄목으로 고문을 받았다. 한국인들은 더 이상 참을 수 없을 때까지 참았다. 기독교인들뿐만 아니라 모든 신앙인과 모든 계층의 사람들이 하나처럼 행동했다. 그들의 항변이 얼마나 위대했던가 하는 점과 그렇게 되기까지의 이야기와 그들이 겪었던 이야기들을 이 책에서 기술해 보고자 한다.

일본의 한국 통치에 대해서 외부의 사람들이 가장 불쾌하게 생각한 것 중의 하나는 재판도 받지 않은 죄수들, 그 중에서도 특히 정치범들에게 전면적인 고문을 가했다고 하는 사실이었다. 오직 이러한 고문만이 있었다고 하면 나는 그에 관해 언급하고 싶지 않다. 그러한 일이 있다 보면 거기에는 권

---

4) 햄던(John Hampden : 1594~1643) : 영국의 정치가 · 국회의원(1621). 국왕의 토지 수용에 반대하다가 투옥된 바 있고(1627), 왕의 독재에 항거하다가 기소되었으나(1642) 망명. 전쟁 부상으로 사망함.

력과 결탁하여 적법한 제재를 받지 않으면서 그들의 지위를 남용하는 기회주의자들이 항상 있게 마련이다. 그러나 한국에서는 그런 정도가 아니라 도처에서 수천 명씩 겪고 있다. 조선총독부는 고문을 금지하는 형식적인 조문만을 가지고 있을 뿐 실제로는 고문이 자행되고 있다. 기독교를 믿는 한국의 죄수들에 대한 비인도적인 처사가 공개 법정에서 낱낱이 밝혀졌고 그 희생자들이 결백하다는 사실이 밝혀졌을 때에도 고위 당국자들을 그 고문자들을 재판에 회부하기 위한 어떠한 절차도 밟지 않았다. 고문에는 여러 가지가 있지만 거리낌없이 자행되는 것으로서는 다음과 같은 것이 있다.

(1) 여학생이나 젊은 여인들의 옷을 찢고, 때리고, 발길질하고, 채찍질하고, 범간(犯奸)한다.
(2) 어린 학생들을 매질해 죽인다.
(3) 단근질 : 불붙은 담배를 젊은 여인들의 여린 부분에 짓누르거나 인두로써 남녀노소를 지진다.
(4) 엄지손가락에 끈을 매달아 대나무와 쇠몽둥이로써 의식을 잃을 때까지 때리고 다시 의식을 되찾게 해 때리는 과정을 하루에도 몇 번씩 하는데 이러한 고문으로 죽는 경우도 있다.
(5) 죔 : 고통이 극심하도록 사람들을 잡아맨다.
(6) 고통스러운 상태에서 오랫동안 감금하는데, 이를테면 한방에 남녀를 꽉 차게 집어넣어 여러 날 동안 한순간도 앉거나 누울 수 없게 만든다.

이 책의 뒷부분에서 나는 그러한 고문 방법의 여러 가지 사례를 상세히 기록하고 있다. 그것이 당사자에게 피해를 주지 않을 수만 있다면 나는 그들의 성명과 장소를 기록했다. 그러나 대부분의 경우 그것은 불가능하다. 왜냐하면 그럴 경우 그 희생자가 노출되어 더 이상의 아픈 고문을 겪게 되기 때문이다. 많은 사람들이 미국 영사관의 당국자들 앞에 출두하여 3·1운동 이후의 최악의 사태들을 맹세하듯이 수없이 진술했다. 나는 그러한 자료들이 워싱턴의 국무성에 지금도 보관되어 있는 것으로 알고 있다. 그러한 것들이 언제인가는 적절한 절차를 밟아 모두 출판되는 것이 바람직하다.

나의 저서 『대한제국의 비극』(*The Tragedy of Korea*)[5]이 1908년에 출판되었을 때 이 고통스럽고 버림받은 민족을 위해 변호한다는 일이 공 없는 짓이요, 희망 없는 일인 것처럼 보였다. 그러나 그 책은 광범위한 관심을 불러일으켰으며 그 관심은 날이 갈수록 높아졌다. 1919년에 3·1운동이 일어나자 그 책은 다른 어느 이전의 해보다도 더 광범하게 인용되고 거론되었다. 법률가들은 공개 법정에서 이에 대한 논쟁을 폈으며, 정치가들은 상원과 하원의 비밀 회의에서 그 부분을 토론했다. 어떤 정치 재판에서는 피고에게 "당신은 『대한제국의 비극』을 읽은 적이 있습니까?"라는 질문이 제기된 적도 있다. 이 책은 중국어로 번역되었다.

애당초 그 책이 출판되었을 때 나는 사실을 과장했고 사실을 나쁜 방향으로 기술했다는 비난을 받았다. 그러나 그 후에 일어난 사건들은 나의 진술과 경고를 충분히 지지해 주었다. 이 책은 오랫동안 절판되어 심지어는 헌책을 얻어 보기도 어려웠다. 독자들은 현대사를 포함한 개정판을 출판하라고 나에게 강력하게 요구했으나 나는 가장 논란이 되었던 부분과 그 중의 몇 장을 포함하여 새로 쓰는 것이 좋겠다는 점을 발견했다. 그렇게 해 완성된 것이 바로 이 책이다.

몇몇 비평가들은 나를 "반일적"(反日的)인 인물로 비난할 수 있는 길을 모색했다. 그러나 그 어느 누구도 일본인의 성격과 그들의 소행에 관해서 나보다 더 통찰력 있게 기록한 사람은 없다. 일본인들, 그 중에서도 특히 일본의 군인들에 대한 나의 개인적인 관계는 사사로운 유감보다는 아름답고도 우정 어린 추억을 내게 남겨 주었다. 나의 일본인 친구들은 적어도 옛날에

---

5) 이 책은 역자에 의해서 『대한제국의 비극』(집문당, 서울, 1999)이라는 이름으로 번역·출간되었다.

는 이 추억들이 서로 납득할 수 있는 것이라고 말할 정도로 좋은 사람들이었다. 그러나 일본이 취한 제국주의적 팽창 정책과 그것을 추진하는 과정에서 이용한 방법들은 일본 자신의 영원한 번영과 미래 세계의 평화에 치명적인 위협이 되고 있다는 점을 나는 오랫동안 확신하고 있다.

나는 또한 오늘날 일본에서는 사실상 군국주의파가 일본의 정책을 장악하고 있으며, 최근에 표명된 일시적인 수정은 일본의 국가적 계획이나 야심을 근본적으로 바꾼 것으로 볼 수 없다고 확신한다. 이렇게 믿고 이렇게 주장하는 것을 가리켜 "반일적"이라고 한다면 나는 기꺼이 반일의 피고가 되고자 한다. 뿐만 아니라 나는 일본의 수많은 충성스럽고도 애국적인 신민들과 함께 피고석에 앉고자 한다. 내가 예견하고 있는 바와 같이 그들은 위험이 다가오고 있는 것을 보고 있다.

이 책에서 나는 자유를 위해 투쟁하는 한 고대 민족의 모습을 기록하고 있다. 비극적인 공포 속에서 살다가 오랜 잠에서 어렴풋이 깨어난 한 몽고계 민족에 관해서 기록하고 있는 것이다. 그들은 우리가 알고 있는 바와 같이 문명에 있어서는 빼놓을 수 없는 요소들, 이를테면 자유, 자유로운 신앙, 그들의 여성의 명예, 그리고 그들 자신의 영혼의 계발(啓發)과 같은 것들을 누린 적이 있으며 지금도 그것을 놓치지 않으려고 안간힘을 쓰고 있다. 나는 지금 "자유"와 "정의"를 외치고 있다. 세계는 나의 말에 귀를 기울이는가?

F. A. 매켄지

차 례

제 1 장 개 항

1870년대 중엽까지만 해도 한국은 외국과의 어떠한 수교도 모두 거절했다. 지도에도 나타나 있지도 않고 불빛도 비치치 않는 해변에 접근했던 비무장 선박들은 포격을 받았다. 북부 지방으로부터 들어갈 수 있는 유일한 육로마저도 거의 접근할 수 없는 산악과 숲지대, 그리고 마적과 해적들이 출몰하는 무인지경으로 막혀 있었다.

외국 정부가 호의적으로 접근하여 경이로운 현대 문명을 보여 줄 때면 한국은 자신들이 4천 년 동안이나 누려온 문명에 만족하며 살아가고 있다는 매우 오만한 대답만을 했다. 그렇다고 해서 그러한 한국에 대하여 바깥 세계가 깜깜하게 있을 수만은 없었다.

중국의 자료에는 한국의 역사가 몇 가지 언급되어 있었다. 한국 민족은 기자의 후손이다. 그는 기원전 1200년경에 중국에서 살았던 성자였으며 정치가였는데 그는 중국에서 권력을 찬탈한 새로운 왕조를 인정하고 그에 복종할 수가 없었기 때문에 자기의 부족을 이끌고 압록강을 건넜다. 그를 따라온 사람들이 한국의 원주민에게 영향을 받아 동화되었음은 의심할 나위가 없다. 그 결과 한국 민족은 중국인이나 일본인과는 구별되는 민족성을 갖게 되었다.[1)]

---

1) 기자(箕子)가 중국인이라는 소위 기자동래설(箕子東來說)은 오늘날 한국에서 대체로 부인되고 있다.

한국은 일찍이 중국으로부터 많은 지식을 얻었던 바와 같이 그 뒤에는 그보다 역사가 짧은 일본에게 지식을 전수했다는 사실을 우리는 알고 있다. 한국 민족은 고도의 문명의 경지에 이르렀다. 모든 기록에 따르면 이미 영국이 대청(woad)으로 문신을 하고 로마가 전성기를 이루고 있었을 적에 한국은 강력하게 체계 잡힌 문명 왕국이었다고 한다. 불행하게도 한국은 자신을 집어삼킬 준비를 하고 있는 중국과, 중국에게 승전하려고 우선적으로 한국 민족을 정복하려고 예리하게 노려보고 있는 일본이라고 하는 두 나라의 틈바구니에서 하나의 완충지처럼 끼여 있었다.

여러 세기가 흐르는 동안 일본인은 한국을 병탄해야 한다는 것이 하나의 타고난 전통이 되고 말았다. 저 유명한 일본의 섭정 도요토미 히데요시는 1592년에 어마어마한 일을 꾸몄다. 30만 명의 왜군이 한국의 모든 도시를 장악하고 군사들을 북쪽으로 몰아내면서 한국을 휩쓸었다. 한국은 중국에게 도움을 청했으며 끔찍스러운 전투를 거친 뒤에 왜군은 퇴각했다. 그들은 가능한 한 모든 것을 노략질했고 가져갈 수 없는 것은 모두 파괴함으로써 한국을 황폐하게 만들었다. 일본인들은 한국인들 가운데 특히 기능공들을 납치하여 돌아가 일본에 머물러 살게 하면서 그곳에서 그들의 산업을 일으키게 만들었다.

임진왜란은 역사적 사건 이상의 의미를 가지고 있다. 한국은 그 당시에 입은 상처를 결코 회복하지 못했다. 한국에 대한 일본의 욕망이 잠시 좌절되기도 했지만 그것은 다시 한 번 불길을 일으킬 날을 기다리면서 마음속으로 쌓이고 있었다. 일본인들에게 겪은 그 끔찍스러운 아픔의 기억은 한국인들의 가슴에 그들의 이웃에 대한 증오심만 남겨 주었으며, 그것은 지워지지 않고 대를 이어 오늘날에 이르고 있다. 만약 한국이 또 다른, 그리고 더 쓰라린 장애를 겪지만 않았더라도 그들을 임진왜란의 상처로부터 회복할 수 있었을 것이다.

500년 전에 고려를 이어 새로이 개국했던 조선은 모든 방면에 걸쳐 치명적인 하나의 법률을 제정했다. 왕이 모든 것을 지배했으며 모든 백성은 오로지 왕만을 위해서 살았다. 백성 가운데 어느 누구도 잘살 수 없고 권력을 가질 수 없었다. 그러므로 한국의 양반들은, 노르만의 귀족들이 영국의 국왕과 싸워 견제했던 것처럼 자기들끼리 힘을 합쳐 왕에 대항할 수가 없었다.

왕을 제외하고서는 어느 누구도 일정한 규모 이상의 집을 지을 수가 없었다. 부귀나 권세를 누릴 수 있는 유일한 길은 왕에게 봉사할 수가 있는 자리에 발탁되는 것이었다. 왕의 방백들은 그들이 원하는 것이라면 무엇이든지 거침없이 수탈할 수 있었고 심지어 왕권을 대신하는 지방의 수령들까지도 자기들 밑에 있는 백성들에게 대해서 자기의 뜻대로 할 수 있었다.

왕의 눈길은 어느 곳에나 있었다. 그의 밀정들은 전국 각처에 널려 있었다. 아무리 높은 양반들이라 할지라도 불측한 야심을 보인다거나 왕이 모르게 무엇을 숨기려 했다가는 당장 조정에 불려 올라가 한 시간 안에 박살이 나기 때문에 목숨을 부지하여 도망할 수만 있다면 그것만으로도 천행으로 생각해야 할 것이다.

한국 민족은 눈에 띌 만큼 착한 사람들이다. 어느 정도까지는 어려운 일도 불평 없이 참는다. 만약 그들이 잘못된 것으로부터 오는 고통을 참는 데 그토록 훌륭하게 길들여지지 않았더라면 그것이 오히려 더 좋았을는지도 모른다. 조선조의 통치 방법은 왕에게 봉사하는 외에 모든 야심을 죽였으며, 생산 의욕을 죽였으며, 진보를 봉쇄했다. 상공인이나 농부들은 남의 눈을 벗어나 조용히 사는 것이 꿈이었다.

외국인들은 끊임없이 이 나라와 수교하고자 노력했다. 이미 18세기 말 이전에 프랑스외방전교회 소속의 신부들이 숨어들어 왔으며, 심지어는 고문과 사형에도 불구하고 밀입국을 계속하다가 끝내는 1866년에 커다란 박해(병인사옥)를 만나 신부들뿐만 아니라 신도들까지도 모두 죽음을 당했다.

러시아의 군함 한 척이 영흥만(Broughton's Bay) 앞바다에 나타나 러시아를 위하여 통상을 요구했다. 그 당시의 왕은 선왕의 양자로서, 나이가 어렸으므로 그의 아버지이자 섭정인 대원군이 그 대신에 권력을 장악하고 있었다. 그는 대단한 강골의 사나이로서 매사에 주저함이 없었다. 그는 자기에게 감히 항거하는 사람들을 대대적으로 학살했다. 천주교인들이 외국인의 입국을 좋아한다고 생각한 대원군은 자신의 분노를 그들에게로 돌렸다.

온갖 잔인한 방법으로 한국의 천주교도들이 처단되었으며 수많은 프랑스 신부들이 그들과 함께 사라졌다. 그러나 실제 상황에서 끊임없이 나타나고 있는 것과는 정반대의 상황이 일어났다. 그 해에 황해도 연안에 미국의 기선 서프라이즈호가 표착했을 때 한국인들은 가능한 온갖 예우와 배려로써 그들을 대하여 주었다. 그들이 만주를 거쳐 돌아갈 때 관리들은 그들을 뒷바라지해 주었고 한국의 백성들은 육로로 돌아가는 그들을 배웅해 주었다.

북경 주차 프랑스 공사 벨로네[2)]는 선교사들의 살해에 보복하기로 결심했다. 강력한 원정대를 한강으로 파견하여 강화도 포대를 공격했다. 한국 군대는 그들을 맞아 용감하게 싸웠다. 프랑스 군대는 신식 병기의 힘을 입어 처음에는 일시적인 승리를 했지만 결국 퇴각하고 말았다.(병인양요)

1866년에 미국의 상선 제너럴 셔먼호가 천진을 떠나 한국으로 항진했는데 소문에 따르면 이 배의 항해 목적은 평양에 있는 왕릉을 도굴하기 위한 것이라고 한다. 이 배는 대동강을 거슬러 올라가다가 정선 명령을 받았다. 제너럴 셔먼호와 한국군 사이에 전투가 벌어졌다. 구름 속에 용이 꿈틀거리는 갑옷을 입고서 탄환도 이 갑옷을 뚫지 못하리라고 생각했던 한국군은 침략자들에게 화전을 날려 보냈다.

대동강의 수심도 모르는 선장은 배를 앞으로 항진하다가 좌초시키고 말았다. 이때 한국군은 강물을 따라 제너럴 셔먼호 쪽으로 여러 척의 화선을 떠내려 보냈다. 그 가운데 하나가 제너럴 셔먼호를 불길 속에 몰아넣었다. 그 순간에 불타 죽지 않은 선원들은 의기양양한 한국군들에 의해 즉시 살육

2) 벨로네(Claude H. de Bellonet : ?~1881) : 1865~1866년 사이에 북경 주차 프랑스 공사를 역임했음.

되었다.

그 이듬해에는 이보다 더 질이 나쁜 원정대가 상해를 출항했다. 이 배는 독일계 유대인인 오페르트[3]와 젠킨스(Jenkins)라 불리는 미국인이 지휘했다. 이 배에는 매우 강력한 전투병인 중국인과 말레이인들이 동승했고 프랑스 신부인 페롱[4]이 길을 안내했다. 이들은 한국에 상륙하여 서울 부근의 왕릉에 도착하는 데에 사실상 성공했다.

그러나 그들의 삽은 왕릉을 덮고 있는 거대한 돌을 움직이는 데 아무런 도움이 되지 못했다. 안개가 짙었던 덕분에 그들은 얼마 동안 방해를 받지 않고 작업을 수행할 수 있었지만 분노한 주민들이 모여들자 그들은 모선인 차이나호로 돌아가지 않을 수 없었다. 그들은 운이 좋아 한국 군대가 당도하기 전에 그곳을 탈출했다. 상해에 있는 미국 영사관은 젠킨스를 재판에 회부했지만 그의 유죄를 입증할 만한 증거가 불충분했다.[5]

제너럴 셔먼호의 승무원들을 살해한 사건은 미국 정부로 하여금 어떤 조치를 취하게 만들었다. 미국 정부는 와추세트의 선장 슈펠트[6]를 한국에 파

---

3) 오페르트(Ernest J. Oppert : 1832~?) : 프러시아의 상인. 1866년에 로나호(Rona)를 타고 충남 해미에 도착하여 개항을 요구했으나 당시 쇄국정책을 쓰던 우리 나라와 통상이 거절되자 1868년에 대원군의 아버지인 남연군(南延君)의 묘를 발굴하려다가 실패한 사람임. 저서로는 『금단의 나라 조선 기행』(*The Forbidden Land, Voyage to the Korea*, 1880)이 있음.

4) 페롱(S. Feron : 1827~1903) : 프랑스 파리외방전교회 소속 신부. 세즈(Seez) 출신. 1850년에 서품을 받은 뒤 1857년에 조선에 입국하여 경상도 서북지방에서 포교하다가 1970년에 인도로 전임됨.

5) 이상의 기록은 1867년에 있었던 오페르트(E. Oppert)의 남연군묘굴총사건을 뜻함. 이에 관한 자세한 내용은 다음의 글을 참고할 것. 이중국(李重局), 「오페르트 굴총사건(堀塚事件)의 진입로 연구」, 『논문집』(17)(서울 : 건국대학교 대학원, 1983), pp. 121~144.

6) 슈펠트(R. W. Shufeldt : 1822~1895) : 한국명 설비이(薛斐爾). 미국의 해군 제독. 뉴욕 출신. 1839년에 해군에 입대하여 브라질 · 아프리카 · 지중해에서 활약하다가 퇴역. 남북전쟁 당시에는 쿠바총영사(1861~1863)를 지냈으며 그 뒤 다시 해군에 복귀하여 국무장관 브레인(J. G. Brain)을 설득하여 조선 개국의 임무를 맡고 출항(1878), 일본에 도착(1880), 한국의 연안을 왕래하면서 끝내 한미수호통상조약을 체결함(1872). 그 뒤 해군자문국의장(1882~1884)을 지냈으며, 묘소는 알링턴 국립묘지에 있음.

견하여 피해를 복구하도록 훈령했다. 그는 한강 입구에 이르러 한국의 왕에게 글을 보내어 사건의 진상을 설명해 줄 것을 요구했다. 그러나 그는 기후조건이 좋지 않아 대답도 듣지 못한 채 돌아갈 수밖에 없었다. 그 뒤를 이어 한국 측으로부터 답변이 전달되었지만 그것은 자기들의 처사를 정당화하는 것이었다.

일이 이렇게 되자 미국인들은 한국을 응징하기로 결정하고 한강 포대를 파괴하고자 함대를 파견했다. 미국의 군함 모노카시호와 팔로스호는 포대에 포격을 가했다. 1.5인치 구경의 놋쇠로 된 한국의 대포로써 30파운드짜리 포탄을 쏘았지만 8~10인치 대포를 쏘는 미국의 곡사포에 대해서는 아무런 반응이 없었다. 미국의 해병과 수병들이 상륙하여 포대를 장악하는 동안에 방어군과의 사이에 짧으나마 격렬한 육박전을 전개했다.

한국의 군대는 더 이상 싸울 무기가 없게 되자 흙을 집어 미군의 눈에 던지는 등 절망적일 때까지 싸웠다. 항복을 거부한 그들은 모두 살해되었다. 포대를 파괴하고 수많은 사람들을 죽인 미군들은 이제 물러나는 일밖에는 더 이상 할 일이 없었다. 미국의 "수병"들은 한국 군대의 진정한 용기를 처음으로 시인했다.(신미양요).

내정에서 상당한 고초를 몸소 겪은 일본은 외국인의 입국이 불가피하다는 사실을 인정하고 몇 번에 걸쳐 한국과의 관계를 개선하고자 노력했다. 처음에는 일본의 요구가 거부되었다. 1876년에 한국의 연안에 접근했던 한 척의 일본 선박은 포격을 받았는데 이는 30년 전에 자기들의 연안에 접근해오는 외국 선박에 대하여 그들이 포격을 가했던 것과 꼭 같은 현상이었다.[7]

일본에서는 이에 대하여 보복하라는 요구가 격렬하게 들끓었다. 냉정한 두뇌를 가지고 있던 이토 히로부미[8]와 몇몇 지도자들은 그러한 요구를 억

---

7) 이상과 이하의 기록들은 운요호사건을 뜻하는 것인데, 실제로 운요호가 인천 앞바다에 나타난 것은 1875년이었다.

8) 이토 히로부미(伊藤博文 : 1841~1909) : 일본 메이지시대의 정치가. 공작. 대륙론자 요

누르면서 한국이 일본에게 몇몇 항구를 개항하고 도성인 서울에 영사를 파견할 수 있는 권리를 일본에게 부여하는 조약을 체결하지 않을 수 없는 조치를 취했다.

"조선은 자주지방(自主之邦)으로서 일본과 동등한 주권을 향유한다"는 내용의 한일수호통상조약(韓日修好通商條約) 제1장 제1조는 그 자체가 장차 일어날는지도 모르는 분쟁을 경고하고 있다. 바꿔 말하면 한국은 과거 몇 백 년 동안 맺어졌던 그 하찮은 청한 종속관계(淸韓宗屬關係)를 사실상 부인하도록 되어 있었다.

북경에 있는 정치가들은 이와 같은 사실을 동요 없이 주시했다. 그들은 일본인들을 너무도 경시했기 때문에 그들에 대하여 두려움을 가지지 않았으며 이 작은 섬 민족이 30년도 채 못 되어 수모를 벗어나 그들의 콧대를 꺾게 되리라고는 꿈에도 생각하지 못했다.

이 당시에 중국이 진정으로 두려워 한 것은 일본이 아니라 러시아였다. 러시아는 아시아 전역에도 세력을 팽창하고 있었으며 마치 한국도 병합하려는 듯이 보였다. 그리하여 이홍장은 한국의 지배자들에게 러시아를 경계하라고 충고해 주었다. "한국은 러시아로부터 벗어나려고 다른 나라에 문호를 개방해야만 한다"고 이홍장은 한국의 지도자들에게 말했다. 동시에 그는 북경에 있는 각국 공사들, 그 가운데 특히 미국 공사 로우[9]에게, 만약 당신이 한국인에게 접근하고자 한다면 한국인들은 기꺼이 당신의 말에 귀를 기울일 것이라고 넌지시 말해 주었다.

슈펠트가 미국의 사절이 되어 1882년 5월 22일 인천에서 한미수호통상조

시다 쇼인의 쇼카의숙에서 공부함. 메이지 유신과 더불어 효고현 지사로 정계에 진출한 뒤 구미 시찰을 거쳐 초대~4대 내각 총리대신(1885~1901)을 지냄. 귀국 뒤 추밀원 의장이 되어 만주 시찰 중 한국인 안중근에게 피격 · 절명함.

9) 로우(Frederick F. Low : 1828~1894) : 미국의 은행가이며 외교관. 파나마광산에서 거부(巨富)가 되어 캘리포니아 주지사(1863~1867)를 역임한 뒤 북경 주차 미국 공사(1869~1874)를 지냈다.

약이 체결되었다. 솔직히 말해서 이 조약은 다소 비전문적인 산물이었기 때문에 그것이 최종적으로 비준되기 전에 수정되지 않을 수가 없었다. 이 조약은 외교관과 영사관 직원의 임명 및 한국의 개항을 규정하고 있다. 그 이듬해(1883)에는 한영수호통상조약이 체결되었으며 다른 나라와의 조약도 뒤를 이어 체결되었다.

한국의 왕은 한미수호통상조약의 다음과 같은 한 조항(제1조)이 자신의 안전을 보장하는 것이라고 생각했지만 막상 폭풍이 불어왔을 때 그 비상용 닻은 작동하지 않았다.

> 미합중국 대통령과 대조선국 국왕은 그들의 신민(臣民)과 더불어 영원한 우호가 계속될 것을 기약한다. 만약 제3국이 한국과 미국의 한쪽 정부에 대하여 부당하게 또는 억압적으로 행동할 때 다른 한 정부는 사건의 통지를 받은 즉시 이의 원만한 타결을 가져오도록 주선을 다함으로써 그 우의(友誼)를 보여야 한다.

모든 조약은 치외법권을 규정했다. 바꿔 말해서 한국에서 관리에 의해 기소된 외국인은 한국의 법정이 아닌 그 자신의 영사 법정에서 재판을 받아 처벌하도록 되어 있었다. 조약의 체결과 더불어 곧 모험심이 강한 외국인들이 이 나라에 들어왔다. 외국의 공사와 그 직원들이 먼저 도착했고 선교사와 조차를 노리는 사람들, 무역상 그리고 상업을 목적으로 하는 여행자들이 그 뒤를 따라서 들어왔다.

외국인들은 수도 서울이 언덕으로 둘러싸인 계곡에 아름답게 자리 잡고 있으며, 왕궁이 있고, 토담으로 둘러친 1층짜리 초가지붕을 보았으며, 도성은 거대한 성으로 둘러싸여 있음을 알았다. 관리와 양반과 무인들은 찬란한 복장을 입고 종들을 거느린 채 행렬을 지어 좁은 거리를 천천히 걷고 있었다. 억센 가마꾼들이 메고 가는 문 닫힌 가마는 또 다른 양반을 메고 가는 것이었다.

서울의 생활은 4천 명에 이르는 가신, 내시, 무당, 판수, 정상배 그리고 엽관운동자들을 거느리고 있는 대궐을 둘러싸고 운행되고 있었다. 정치적인 것을 제외한다면 이 나라에서 가장 우수한 산업은 유기 제품이며 특히 장롱에 유기를 장식하는 일은 탁월하다. 평상시에 백성들은 길게 늘어뜨린 흰 도포를 입고, 챙이 높고 넓으며 검은 천으로 만든 갓을 쓴다. 수많은 아낙네들은 이 흰 도포를 강둑에서 빠느라고 항상 바빴다.

양가의 아낙네라면 남자들이 모두 집으로 들어가고 여자들이 출타하는 저녁의 한 시간을 제외하고서는 밖에 나오지 않고 늘 집안에 있다. 일하는 여인들은 머리로부터 내려뜨린 긴 장옷으로 얼굴을 가린 채 이리저리로 다닌다. 그들의 평상복은 다리가 보이는 흰 치마와 매우 짧은 저고리이다. 젖가슴과 젖가슴 아래의 살이 거침없이 보일 때가 많다.

어업과 농업은 인구의 90%를 먹여 살리고 있으며 농부는 하나의 전문가이다. 해가 지면 서울의 대문이 닫힌다. 그리하여 늦은 사람들은 아침까지 성안에 들어가는 것이 금지되어 있다. 그러나 도성의 문을 넘는 데에는 별로 어려움이 없다. 성을 넘는다는 것은 귀가가 늦은 사람들이 하는 전형적인 방법이다. 저녁에 언덕에서 봉화가 오르면 그것은 그 날 하루가 무사했음을 알려 주는 것이다.

한국인들은 유순하고 착하면서도 이중적인 성격으로 가득 차 있다. 그들은 일상생활에서는 착하면서도 매우 격정적일 때가 있는데 특히 공공 문제에서는 더욱 그러한다. 그들의 흰옷은 더러움을 잘 타기 때문에 그들이 더러워 보이는 때가 흔히 있다. 그러나 아마도 그들은 어느 다른 아시아 민족보다도 외관상의 청결함을 위하여 시간과 돈을 소모하는 민족일 것이다.

첫눈에 보면 한국인들은 게으르다는 인상을 준다. 이곳의 방문객들은 대낮에 도심지의 거리에서 그들이 자고 있는 모습을 눈여겨볼 수도 있다. 그러나 잘만 다루면 한국의 노동자들이 큰일을 할 수 있는 사람이라는 사실을 유럽인들은 곧 발견하게 된다. 그리고 외국인 교사들은 상류 사회의 젊은이들이 서구 학문을 빨리 이해하고 받아들인다는 데 대하여 놀라고 있다.

외국인들이 들어올 무렵, 한국은 왕족인 이 씨 가문과 왕비의 가문인 민 씨라고 하는 두 개의 커다란 가문의 적대 행위로 갈가리 찢겨져 있었다. 대원군은 이 씨 가문의 지도자였다. 그는 왕이 어렸을 적에 여러 해 동안 절대적인 권력을 휘둘렀으며, 섭정에서 물러난 뒤에도 그 권력을 지속하려 시도했다.

그러나 대원군은 민비를 미처 생각하지 못했다. 민비도 대원군만큼이나 야심적인 여자였다. 왕자가 탄생하자 그의 권위는 대단히 강력해졌으며 대원군의 측근들을 고위직으로부터 점차 몰아내었다. 그의 오라버니인 민승호는 영의정이 되었으며[10] 그의 조카인 민영익은 견미사절이 되었다. 대원군은 쇄국주의자였다.

그런가 하면 민비는 외국인의 입국을 주장했다. 대원군은 민비와 그의 근친들을 죽이기로 작정함으로써 암살이라고 하는 대담한 정책에 의해 자신의 정권을 강화하려 노력했다. 하나의 작은 꼬투리만 있어도 왕비를 날려 보내려 했다. 그러나 그럴 때마다 왕비측이 승리를 거두었다. 마음이 여리고 귀가 가벼우며 진실로 왕비를 사랑했던 고종은 왕비의 품에서 벗어나는 일을 거절했으며 왕비의 강인한 기질에 압도되었다.

1881년 여름에 한국에는 기근이 들었다. 대원군의 비밀 요원들은 이 나라가 외국인을 받아들인 데 대하여 신령님이 분노하고 있으며 민비가 그 신령님의 노여움을 이 땅에 불러들였다고 유언비어를 퍼뜨리며 바삐 전국을 돌아다녔다. 탁지부의 재원이 고갈되고, 수많은 궁정수비대와 벼슬아치들은 일을 저지를 준비를 하고 있었다. 거리에는 수많은 폭도들이 모여들었다.

폭도들은 우선 왕의 신하들을 죽이고 가옥을 파괴했다. 그런 다음 그들은

---

10) 민승호는 병조판서에 이르렀으나 영의정을 지내지는 않았다.

공격 목표를 대궐로 돌렸다. 지금 폭도들은 대문을 부수고 있으며 곧 그에게 밀어닥치리라는 전갈이 민비에게 전달되었다. 궁정수비대는 마음이 약해졌으며 심지어 그들 가운데 일부는 민중 편에 가담했다. 그러나 왕비는 냉정하고 침착한 여자였다. 그는 자신과 외모가 다소 닮은 한 궁녀와 옷을 바꿔 입었다. 왕비의 옷을 바꿔 입은 궁녀는 극약을 한 모금 마시고 죽었다. (임오군란)

왕비는 즉시 농부의 아내 차림으로 곁길로 빠져나가 물장수 이용익의 호위를 받았다. 이용익은 이때의 은공으로 끝내는 영의정까지 올랐다.[11] 폭도들이 민비의 내전을 부수고 들어갔을 때 거기에 있던 사람들은 폭도들에게 시체를 보여주면서 그것이 곧 민비인데, 군중들의 얼굴을 대하기보다는 차라리 죽음의 길을 택했다고 말했다. 군중들은 거리를 휩쓸고 다녔으며 일본 영사관을 습격했다.

일본 공사 하나부사 요시타다[12]와 호위병들은 그곳에 도착할 수 있었던 모든 일본 민간인들과 더불어 용감히 싸우면서 대사관의 불이 붙을 때까지 폭도들을 막아냈다. 그곳에 도착하지 못한 나머지 사람들은 살해되었다. 그 뒤 그들은 싸우면서 도시를 빠져나가 해안에 이르렀다. 40명 중 26명의 생존자는 거룻배를 타고 바다로 나아갔다. 그들은 해상에서 영국의 측량선인 플라잉 피시호에 구조되어 나가사키로 호송되었다.

이 사건을 둘러싸고 일본에서 격렬한 분노가 일어난 것은 당연했다. 어떤 사람들은 전쟁을 해야 한다고 목청을 높였다. 3주가 갓 지나자 하나부사는 강력한 군대의 호위를 받으며 서울로 돌아왔다. 그는 살인자들을 처벌하고 일본인 피살자들을 정중하게 장례하고, 40만 엔의 배상금을 물며, 일본을

11) 이용익(李容翊 : 1854~1907)은 그 뒤 군부대신 · 탁지부대신 · 내장원경에까지 이르렀으나 영의정에까지 이르지는 못했다.

12) 하나부사 요시타다(花房義質 : 1842~1917) : 일본 메이지시대의 외교관. 프랑스 · 영국 · 미국(1867~1868)을 견문하고 외교계에 투신하여 한국(1871~1881), 러시아(1883~1887)에서 근무한 뒤 말년에는 자작(子爵)의 칭호를 받았으며 적십자사 사장이 되었다.

위해서 더 많은 무역상의 특혜를 달라고 요구했고 또 그 요구를 실현했다. (임오군란)

그러는 동안 보통 때 같으면 무관심했던 한국의 종주국인 중국이 행동을 취했다. 이홍장은 질서를 유지하고자 4천 명의 군대를 서울에 파견했다. 이제는 초라하고 타협할 수밖에 없게 된 대원군은 사건의 책임을 다른 사람에게 돌리려고 시도했다. 그러나 그러한 처사가 그를 구원해 주지는 못했다.

중국인들은 깍듯이 예의를 갖추어 그를 연회에 초대하여 그들이 타고 온 배를 시찰하도록 했다. 그 배들 가운데는 특히 대원군의 정중한 주목을 받은 배가 한 척 있었다. 그들은 대원군에게 그 배에 올라가 배의 밑바닥에 있는 놀라운 선실을 구경하도록 간청했다. 대원군은 배로 올라갔다.

일단 배 밑에 내려가니 문이 닫히고 로프를 던지며 배가 급히 출항하는 소리를 그는 들을 수가 있었다. 그는 해안에서 자기를 기다리고 있는 그의 하인들과 호위병들을 불렀지만 부질없는 짓이었다. 중국인들은 대원군을 중국으로 데려갔다. 이홍장은 그를 유폐시켰다. 그가 돌아가도 좋다고 그들이 생각하기 전까지는 3년의 세월이 흘렀다.

제 2 장 일본의 실수 : 갑신정변

일본으로서는 한국의 종주국인 중국을 몰아내고 자신이 그 자리에 들어앉는 것이 몇 백 년 이래의 염원이었다. 따라서 하나부사 요시타다의 사건이 중국의 지위를 강화시켜 주었다는 것은 더욱 분개할 일이었다. 그 사건은 몇 백 년 이래 처음으로 북경 정부로 하여금 서울에 대규모적인 군대를 파견·주둔시킬 수 있는 구실을 주었다.

일본인들은 이제 더 많은 이권을 요구함으로써 임오군란을 자기들에게 유리한 방향으로 이끌어 가려고 노력했다. 한국의 지배자들은 이 작고도 당돌한 일본인의 요구를 거절한다는 것이 어렵다는 점을 알았다. 그리하여 그들은 끊임없이 따짐으로써 그들의 요구를 지연시키는 정책을 썼다. 이제 일본은 다급해졌으며 더 이상 기다릴 수가 없었다.

이 무렵 서울 주차 일본 공사는 다케조에 진이치로[1]로 바뀌었다. 그는 체질적으로 겁이 많고 꾸물거리는 사람이었지만, 그렇게 겁 많은 사람들이 대개가 그렇듯이 그도 때로는 무모하리만큼 저돌적이었다. 그의 수하에는 영

---

1) 다케조에 진이치로(竹添進一郎 : 1842~1917) : 일본의 외교가이며 한학자. 구마모도현 출신. 이토 히로부미의 신임을 받아 천진 영사, 북경공사관 서기관을 거쳐 조선 주차 일본 공사(1882~1884)로 있으면서 갑신정변을 주도했다. 1913년에 정계에서 은퇴한 뒤 동경제국대학에서 한학을 강의하고 일본학사원상을 수상했다.

사관의 서기관이라는 이름으로 강인하고 거친 시마무라 히사시라는 인물이 있었다. 시마무라는 한국인으로서 일찍이 일본에 다녀온 뒤 일본을 그들의 모델로 생각하고 있는 대신들과 유대를 맺고 있었다. 그들은 중국의 세력이 날로 강해지는 것을 함께 개탄하면서 그것이야말로 자기 나라의 독립을 위협하고 있다는 데에 동의했다.

개화파들은 왕이 사실상 어떤 한 비밀 조약을 조인했는데 이 조약은 과거 어느 때보다도 중국의 종주권이 강화되는 것을 인정하는 내용을 담고 있다는 소문을 계속해서 퍼뜨렸다. 그리고 그들은 민비가 자기들에게 반대하고 있다고 느꼈다. 민비의 조카인 민영익은 본디 미국에서 돌아왔을 때만 해도 자기들의 편이었으나 이제는 민비의 영향을 받아 반대편으로 돌아섰다.

불평분자들을 이끌고 있는 김옥균은 야심만만하고 지칠 줄 모르는 정치가로서, 자금줄을 잡으려고 애를 쓰고 있었다. 그를 지원하는 사람 가운데 하나였던 박영효는 왕의 척신으로서, 23세의 열렬한 개혁론자였다. 외국의 문물에 밝은 홍영식은 개화파의 제3의 실력자였다. 그는 권력에 굶주려 있었다. 그는 우정국의 총판이었다. 이제 서울에 새로운 우정국의 건물이 막 준공된다는 것은 한국이 세계의 우편 업무에 들어선다는 것을 보여 주는 것이었다.

또 다른 대신인 서광범도 그들과 함께 손을 잡고 있었다.[2] 김옥균과 시마무라는 오랫동안 회합을 가졌다. 개화파들이 조정의 보수적인 반동들을 쓰러뜨리는 데에는 오직 한 가지의 길밖에 없었는데, 그것은 그들을 죽이는 것이었다. 그 당시 그들은 왕명으로 일본인들에게 더 많은 상업적 이권을 주려 했고, 그 댓가로 일본은 필요한 거사 자금으로 상당한 양의 차관을 주도록 되어 있었다.

다케조에가 도쿄에 귀국해 있는 동안 그의 공사 서리와 한국인들 사이에

2) 당시 서광범이 대신의 서열에 있었다고 볼 수는 없다.

이해가 이루어졌다. 그들은 다케조에가 귀임하기 전에 모든 일을 끝장내려고 조바심을 하고 있었다. 왜냐하면 모든 사람들이 다 알고 있듯이 그들도 다케조에가 이와 같은 위기를 처리할 만한 최선의 인물은 아니라는 것은 잘 알고 있었기 때문이었다.

그러나 도쿄에서 돌아온 다케조에는 어느 누구보다도 대담한 사람으로 변해 있었다. 그는 일본이 드디어 중국과 개전할 것이며 모든 중국인들은 곧 한국에서 축출될 것이라고 그의 친구들에게 자랑스럽게 말했다. 그는 김옥균을 만나 그의 계획을 듣고 만족스럽게 생각했다. 이제 돈은 문제될 것이 없는 것처럼 보였다. 서울에 있는 몇몇 일본인들이 거사에 필요한 모든 것을 마련해 줄 것이니 빨리 치르라는 것이었다.

일본 공사관으로서는 오직 대낮에만 군대를 훈련하며 그들이 공사관 건물 밖으로 나오려면 그 이전에 한국 정부에 통고하는 것이 관례로 되어 있었다. 그러나 어느 날 밤 다케조에는 일본군의 발길을 돌려 서울을 한눈에 내려다볼 수 있는 남산으로 올라가 그곳에서 훈련을 시켰다. 왜 그런 짓을 하느냐는 질문을 받은 그는, 자신은 지금 중국인들과 한국인들을 얼마만큼이나 놀라게 만들 수 있는가를 알아보려고 시험하고 있는 중이라고 즐겁게 대답했다. 그리고 그는 그 결과에 대해서 매우 만족하게 여겼다.

다케조에는 왕을 알현하고자 했다. 그는 이미 하나부사 사건(임오군란)에 대한 배상금으로서 일본이 요구했던 40만 엔을 돌려주었었다. 일본은 한국의 우정을 바랐던 것이지 돈을 요구한 것은 아니라고 그는 선언했다. 그는 또한 총 한 자루를 가져왔다. 그것은 일본 천황이 고종에게 주는 선물로서 그 이면에는 깊은 뜻이 담겨져 있었다.

일본 공사는 오늘날 중국으로부터 아무런 도움도 받을 수 없는 실정이어서 중국에게 기대를 건다는 것은 부질없는 일임을 강조하면서, 고종이 결연한 자세를 취하여 한국의 독립을 선언하고 중국이 분노하더라도 그것을 감수하라고 요구했다. 고종은 듣기만 할 뿐 아무런 약속도 하지 않았다.

김옥균과 시마무라는 그들의 거사를 논의하려고 동지들을 불러 모았다. 거기에서 제안된 방법으로는 그들이 희생물로 생각하고 있는 대신들 가운데 두 명을 죽이려고 중국인으로 변장한 두 사람을 보내야 한다는 것이었다. 그런 다음 그들은 다른 대신들에게 그 죄를 뒤집어씌움으로써 그들도 또한 죽일 수 있으며 그렇게 하면 일격에 그들의 적을 모두 죽일 수 있으리라고 그들은 생각했다.

두 번째의 방법은 김옥균이 대신들을 자기가 새로 지은 집에 초대하여 대접한 다음 죽인다는 것이었다. 그러나 불운하게도 김옥균을 본 대신들은 그의 집에 기꺼이 오려 하지 않았다. 그는 이런 일이 있기 직전에 큰 잔치를 열고 모든 대신들을 초대한 적이 있었지만 소수의 대신들만이 초대에 응낙했었다.

"서두르시오. 일본은 모든 준비를 마쳤습니다."

시마무라가 강력히 주장했다. 드디어 어떤 사람이 그럴싸한 계획을 짜내는 데 성공했다. 신식 군사 훈련을 받으려고 22명의 한국인들이 일본에 파견되어 도쿄에 있는 토야마 육군학교에서 공부했다. 그들이 귀국하여 어전에서 제식 훈련과 총검술을 보여 주자 왕은 새로운 상난감을 얻은 아이처럼 기뻐하면서 앞으로는 모든 군대를 이런 식으로 훈련시키겠노라고 선언했다.

생도의 지휘자는 서재필이었다. 그는 왕이 총애하는 어느 무관[3]의 조카로서 당시 17세에 불과했음에도 불구하고 근위대의 대장이 되었다. 왕이 그렇게 생각하고 있음에도 불구하고 군대의 열성이란 백성들에게 깊은 인상을 남기려고 병사들에 둘러싸여 이리 저리로 돌아다님으로써 남들의 눈에 띄는 것이라는 생각을 가지고 있던 구식 군대들은 개혁안을 두려워한 나머지 어떻게 해서든지 이를 저지하려 책동했다.

---

3) 무관이 아니라 그 뒤 탁지부대신에 올랐고, 합병 뒤에는 자작의 칭호를 받았던 김성근(金聲根 : 1835~1918)이 그의 외삼촌이었다. 서재필은 서광범의 집안 조카였다.

생도들은 대궐 주변에서 하릴없이 발길질이나 하고 있었다. 정변을 해낼 수 있는 사람들은 바로 이 젊은이들이었다. 이들에게 애국심을 불어넣어 그들로 하여금 대신들을 살해하게 하고 어른들이 그 영광을 차지하자…… 일은 이런 방향으로 결정되었다.

일본인들은 너무도 자랑스럽게 떠들어 댔기 때문에 만약 중국인들이 아무것도 몰랐다면 그것이 오히려 이상한 일일 수도 있다. 중국 군대의 책임자는 원세개였다. 그는 그 뒤 중국에서 가장 강력한 지배자가 되어 청조를 무너뜨릴 만한 인물임을 보여 주었다. 그는 아무 말도 하지 않았지만 그렇다고 해서 그가 아무런 일도 하지 않았음을 뜻하는 것은 아니다.

외국 사절들에게 베풀어진 한 만찬회에서 일본 영사의 통역관은 한국어로 중국인들이 파렴치하리만큼 무도하며 비겁하다고 말했다. 심지어 그는 원세개가 말하고 있는 동안 그에게 악의에 찬 눈초리를 보내면서 중국인들을 "해삼"(海蔘)이라고 부르기까지 했다. 원세개는 한국어를 몰랐다고는 하지만 그 연설이 무슨 의미로 진행되고 있는지를 충분히 이해할 수 있었다.

이제 계획은 완성되었다. 모든 저격 대상자들에게는 각기 2명의 자객이 배당되었다. 거사는 새로 세운 우정국의 낙성식에서 수행하기로 되어 있었다. 그 자리에서 홍영식은 모든 사람들이 참석해야 하는 공식적인 연회를 베풀고자 했다. 만찬이 진행되는 동안 근처에 있는 궁궐에 불을 지르고 왕이 위험하다는 소리가 나게 되어 있고 반동적인 대신들이 왕을 구출하고자 뛰어나갈 때 살해하기로 되어 있었다.

2명의 생도가 보초로 임명되었으며, 2명의 생도는 불을 지르기로 되어 있고, 다른 무리들은 도망치려는 대신들을 금문에서 기다리기로 되어 있었다. 공사관 직원 1명을 포함하여 4명의 젊은 일본인들은 예비 보초로 남아 있다가 한국인들이 실패할 경우에는 암살을 완결 짓기로 되었다. 개혁에 열렬히 동정적이었던 궁정 수비 대장은 자객들이 자유롭게 손을 쓸 수 있도록 병력을 배치했다. 일본 공사는 자기의 군대가 즉각적으로 협조할 수 있도록 준비시켜 놓겠노라고 약속했다.

12월 4일 오후가 되자 공사관 직원들은 막사에서 탄약과 비품을 가져오느라고 부산했다. 오후에 1개 지대의 군대가 건너왔다. 그들은 오늘밤에 거사가 수행되리라는 것을 알고 있었다. 계획에 따라 만찬이 베풀어졌다. 얼마 동안의 시간이 흐르기까지 만찬은 다른 일없이 부드럽게 진행되는 모임이었다. 많은 농담이 오고갔으며 재담 쪽으로 대화가 모였다. 영감들의 즐거워하는 모습에 홍이 난 기생들은 손님들을 즐겁게 해 주려고 홍을 돋우었다. 술이 끊이지 않고 나왔다.

그때 "불이야!" 하는 소리가 들려 왔다. 소방 도구를 관리하는 것은 우영사 민영익의 책임이었다. 이런 때에 책임을 지고 부름을 받은 자신의 불운을 불평하면서 그는 방을 나섰다. 이때 오후 내내 그를 기다리고 있던 그의 호위병들과 하인들이 그를 둘러싸면서, 그의 영문으로 가는 길을 열었다. 그가 우정국 가까이에 이르렀을 때 5명의 젊은이들이 예리한 칼을 빼들고 갑자기 시종들을 뚫고 들어오더니 그의 호위병 1명을 죽인 다음 민영익을 공격했다.

"그는 일곱 번이나 칼을 맞았는데 그 모두가 심한 상처를 남겼으며 그 가운데 두 번은 그의 머리를 날려 버릴 정도였다."고 최근의 어느 기자는 기록했다. 그는 피를 뒤집어쓰고 비틀거리며 연회장으로 다시 들어갔다. 연회장은 즉시 수라장이 되었다. 개혁의 음모에 가담하지 않은 대신들은 자기에게 어떤 피해가 겨냥되고 있다는 두려움 때문에 관모를 벗어버리고 관복을 뒤집어쓴 다음 하인들의 가운데 로 몸을 숨겼다.

상처의 출혈을 막으려고 어의가 민영익의 상처에 끓는 밀랍을 막 부으려는 순간에 다행히도 현대 의술을 배운 외과의사가 급히 달려왔다. 그는 미국 장로교회의 선교사로서 한국에 최초로 상륙한 알렌[4] 박사였다. 그는 당

4) 알렌(H. N. Allen : 1858~1932) : 미국의 의사이며 선교사. 웨슬리언대학 신학과와 마이애미 의과대학을 졸업하고 상해(上海)를 거쳐 한국에 입국(1882)하여 을사조약이 체결될

시에 민영익을 너무도 훌륭하게 치료해 줌으로써 왕과 왕실의 오랜 친구가 되었다.

연회장을 떠난 박영효와 그의 일행은 곧 대궐로 들어가 왕에게 "커다란 변란"이 일어났음을 알리고 왕과 왕비는 자기들과 함께 몸을 피해야 한다고 말했다. 그들은 그곳에서 가장 가까운 대전으로 왕을 모시고 갔다. 이곳에서 그들은 일본 군대와 생도대, 그리고 궁정 수비대 4개 지대를 지휘하고 있는 한규직 휘하의 800명가량의 한국 군대에 즉시 포위되었다. 왕과 왕비에게 시종들이 따랐음은 물론이다. 그들 중 내시부의 책임자인 한 환관[5]은 한규직 끌고 모퉁이로 가서 이렇게 말했다.

"이는 대단히 심각한 일입니다. 원세개와 중국인에게 사람을 보내어 구원을 청합시다."

한규직은 분명히 마음이 약한 사람인지라 이에 동의했다. 생도들의 측에서는 마음이 약해지는 일이 없었다. 내시부의 책임자와 한규직의 무리들은 "한 사람씩 어전을 물러 나왔으며" 밖으로 나오는 즉시 살해되었다. 그런 다음 왕이 수구파의 대신들을 소집하는 조서를 그들에게 쓰도록 했다. 그들이 도착했을 때 "순서에 따라 하나씩 생도들에 의해 살해되었으며, 생도들은 시체를 옆으로 치웠다."

왕은 일본 공사를 불렀다. 그는 처음에는 오고 싶지 않았으나 끝내 나타났다. 그는 외교적인 말썽을 피하고자 이번 거사의 대부분은 자기가 없는 동안에 이루어지도록 조종하고 있었다. 수많은 조칙이 마련되었고 왕은 이를 재가하지 않을 수가 없었다. 온갖 개혁이 시달되자 한국은 단 한 시간 안에 문서상으로는 군대 국가로 바뀌었다. 개화파들은 자기들의 이권을 잊지 않았다. 우정국 총판인 홍영식은 영의정이 되었으며[6] 김옥균은 호조 참판

때(1905)까지 공사로 있다가 귀국함.

5) 유재현(柳在賢 : ?~1884)을 뜻하는 것으로 보임.

6) 홍영식(洪英植)은 영의정이 아니라 좌의정이 되었다.

이 되었으며, 젊은 서재필은 사관 생도와 한국 군대의 총지휘권을 맡은 정령관이 되었다.

왕의 간절한 소망을 들어 개화파는 그 다음날 아침에 환궁하게 했는데 이때 일본인과 개화파가 동행했다. 개화파들은 곧 자기들이 너무 질주했다는 사실을 분명히 알게 되었다. 정변의 소식이 밖으로 알려지자 예상했던 대로 백성들의 감정은 폭발했다. 몇몇 일본인들은 거리에서 살해되었으며 다른 사람들은 공사관으로 들어가 몸을 피했고, 일본 공사와 개화파들은 격노한 폭도들에 의해서 대궐 안에 갇히게 되었다.

그들은 탄약이 부족했다. 일본인들은 1인당 25발의 탄약을 가지고 있었고, 사관생도들은 각기 15발을 가지고 있었으며, 800명의 한국 군대는 총알이 없거나 아니면 가지고 있다고 해도 쏠 수가 없는 것들이었다. 새로이 장군에 해당하는 칭호를 받은 서재필은 밤낮으로 이 초소에서 저 초소로 쫓아다니면서 마음이 약해진 병사들을 위협하거나 격려하고, 그들의 위치를 정돈해 주면서 사기를 북돋아 주었다.

정변은 12월 4일에 시작했으며 개화파들은 12월 7일 오후까지 대궐에 남아 있었다. 그 무렵 중국 군대의 지휘자인 원세개는 대궐문에 접근하여 입궐의 허락을 요구하는 쪽지를 들여보냈다. 이미 민비가 그에게 도움을 청하는 글을 몰래 보냈던 것이다. 초소를 지키고 있던 일본 군사들은 그의 입궐을 거절했다. 그는 대궐을 공격하겠다고 경고했다. 그는 2천 명의 중국 군대를 거느리고 있었고 그의 뒤에는 3천 명은 충분히 될 한국 군대와 백성들이 버티고 있었다.

다케조에는 마음이 약해졌다. 중국 군대와 맞붙는 위험을 원치 않았던 그는 자신의 군대를 철수하여 공사관으로 돌아가겠다고 선언했다. 젊은 서재필은 위협적으로 칼을 빼 들고서 일본 군대들이 이곳에 머물러 일의 끝장을 보아야 한다고 말했다. 일본 군대의 지휘관도 서재필과 마찬가지로 싸워야 한다고 열렬히 주장했기 때문에 다케조에는 잠시 압도되었다.

결국 커다란 전투가 뒤따라 일어났다. 청국의 군사들은 개화파들을 포위하고 담을 넘어 들어가는 길을 찾았다. 그러는 가운데 왕의 근신 하나가 갑자기 홍영식을 공격하여 죽였다. 실전이 벌어지자마자 한국의 군대는 시야에서 사라지는 것처럼 보였으나 사관 생도들과 일본 군인들은 용감하게 싸웠다. 그들은 자기들이 300명은 충분히 될 만한 청국 병사를 살해했다고 주장했다. 그러한 공격에도 불구하고 대궐문은 여전히 닫혀 있었다. 그러나 수비대의 화약이 드디어 바닥나고 말았다.

"이제 칼로써 청국 군대를 대적하자."

서재필이 소리쳤다. 일본 지휘관도 기꺼이 이에 동의했다. 그러나 이번에는 다케조에가 자기의 권위를 내세웠다. 그는 한국에 있는 일본 군대의 지휘권을 부여하는 천황의 증서를 꺼내어 일본 지휘관에게 읽어 주면서 선언했다.

"천황은 당신을 나의 통솔 하에 두었소. 내 명령에 따르지 않는 것은 당신의 천황을 거역하는 것이요. 당신에게 명령하건대 모든 병사를 불러 모아 공사관으로 돌아갑시다."

이렇게 되자 병사들은 그의 말에 복종하는 길밖에는 없었다. 청국 군사들이 아직도 대궐 문을 부수고 있는 동안 일본군과 개화파들은 조용히 뒷담을 넘어 공사관으로 향했다. 사람들이 무리를 지어 접근하는 소리를 들은 공사관 안의 사람들은 어두운 밤길에 다가오는 그들이 적이라고 생각하고 그들에 향하여 발포했다. 일본군 상사 1명과 통역관이 총을 맞고 서재필의 양쪽에서 쓰러졌다.

일본군의 나팔 소리를 듣고서야 공사관 안의 직원들은 그들이 자기들의 동지임을 알았다. 비척거리며 방책 뒤로 들어간 무리들은 만신창이가 되어 있었다. 그리하여 4일 동안 눈을 붙여 보지 못했던 서재필은 실신하듯이 바닥에 쓰러져 잠들었다. 그는 다음날 오후까지도 깨어나지 않았다. 그는 자기를 부르는 소리를 듣고 깜짝 놀라 일어나 보니 일본군들이 이미 떠나고 있었다. 그들은 바다를 향하여 길을 뚫고 나가기로 결심했다. 그 뒤 서재필은 이렇게 회고했다.

"누가 나를 깨웠는지 모르겠다. 그가 공사관 사람이 아닌 것은 확실하다. 나는 그 소리가 다른 세상에서 들려 온 목소리임에 틀림없다고 가끔 믿는다."

만약 그가 5분만 더 늦게 깨어났더라도 그는 폭도들에게 잡혀 사지가 찢겼을는지도 모른다. 일본인들은 지뢰를 터뜨리고 아녀자를 가운데로 모아 악을 쓰는 폭도들 사이로 자기들의 몸을 내던졌다. 서울 군중들은 그들에게 대비하고 있었다. 그들은 이미 개화파 정치가들인 김옥균·박영효·서재필·홍영식의 집을 불태웠다. 그들은 여러 차례에 걸쳐 둥그런 대형을 이루고 달아나는 일본인들을 공격하려 시도했다. 도망자들은 행군하면서도 싸우며 밤새도록 걸었다.

어느 지점에 이르러 개화파들은 청국 병영을 가까이 지나지 않을 수 없었다. 그들을 향하여 대포가 한 발 발사되었다. 서울로부터 27마일을 떨어져 있는 연안의 항구인 제물포에서 그들은 일본의 작은 우편선인 치도세마루를 발견했다. 일본인들과 함께 도주에 성공한 한국인들은 그 배에 숨어들었다.

치도세마루가 출항하기에 앞서 왕명을 받은 신하가 그곳에 도착하여, 일본에 대한 적의는 없으니 한국인들은 넘겨줄 것을 요구했다. 다케조에가 머뭇거리는 눈치를 보이자 개화파들은 그가 자기들을 인도하지나 않을까 하여 잠시 겁에 질려 있었다. 그러나 얼굴에 마마 자국이 있는 치도세마루의 선장 쓰지 가츠산로는 어느 모로 보나 호의적이라고는 볼 수 없는 방법으로 왕의 신하들을 뱃전에서 몰아내고 출항했다.

개화파들은 자기들이 영웅처럼 환영을 받을 것이며 중국인들과 싸울 수 있는 막강한 군대를 이끌고 귀국하리라고 기대하면서 일본에 상륙했다. 실패한 혁명가는 동정이나 도움을 기대하지 말아야 한다는 것을 그들은 인식하지 못했다. 심지어 일본 외무대신 이노우에 가오루[7]는 처음에는 그들을 만나는 일조차 거절했다. 결국 그들이 겨우 외무대신을 만났을 때 일본은 이번 문제를 가지고 중국과 개전할 뜻이 없다고 무뚝뚝하게 말했다.

"우리는 아직 준비가 되어 있지 않소."

그런 다음 그는 개화파가 장차 무엇을 할 것인가를 물었다. 서재필로서는 감당하기 어려운 물음이었다. 그의 선배들이 그를 만류하고자 노력했지만 아무런 소용이 없었다.

"무사가 무사를 대하는데 이런 법이 어디 있소?"

그가 매섭게 물었다. 그리고 그는 이렇게 말했다.

"우리는 당신들을 믿었지만 당신들은 우리를 배신하고 버렸소. 나도 이제 당신들에 대해서는 알 만큼 알았소. 나는 이제 사람들이 약속을 지키고 서로가 정당하게 거래하는 새로운 세계로 갈 작정이오. 나는 미국으로 가겠소."

몇 주일이 지난 뒤 서재필은 동전 한 닢도 없이 샌프란시스코에 상륙했다. 그는 영어를 거의 알지 못했다. 그는 일자리를 찾아 나섰다. 그의 첫 일자리는 집집마다 안내장을 돌리는 것이었는데 이로써 그는 하루에 3달러를 벌었다. 그는 영어 발음을 배우려고 교회와 모임에 참석했다. 그는 대학에 들어갈 만 한 돈을 벌었으며 우등생으로 졸업했다.

서재필은 미국 시민권을 얻어 제이슨(Philip Jaishon)이라는 새로운 이름을 가졌다. 그는 미국의 문관이 된 뒤 적법한 절차를 거쳐 존스 홉킨스대학에서 의학박사 학위를 받았다. 그는 워싱턴에서 개업을 하는 동안 두 의과대학에서 강의를 맡았다. 얼마의 세월이 흐른 다음 그는 자기의 조국으로부터 부름을 받았다.

세월이 지나자 개화파들은 자기들이 기도했던 바가 얼마나 어리석었던가를 알았다. 그들은 이렇게 회상했다.

"우리가 너무 젊은 탓이었어."

---

7) 이노우에 가오루(井上馨 : 1835~1915) : 일본 메이지시대 정치가. 백작. 이토 히로부미와 함께 영국에 유학한 뒤 외무성에 들어가 활약하다가 한일수호조약을 체결하고 그 뒤 외무대신, 대장대신에 올랐다.

그들은 일본 공사의 도구에 지나지 않았다. 그들은 정변이야말로 정적을 타도하는 가장 자연스러운 무기라는 그들의 정치적 전통을 답습했던 것이다. 그들은 망명지에서 경륜을 쌓아 그들 가운데 몇몇 사람은 그 뒤 그들의 나라에 돌아가 높은 공직에 올랐다.

이 이야기에는 이어지는 뒷얘기가 있다. 왕과 조정에서는 김옥균을 용서할 수 없는 죄인으로 간주했다. 무엇보다도 계획된 정변이 새삼스러운 것이 아니었으므로 다른 사람들은 용서받을 수 있었다. 그러나 김옥균만은 용서할 수가 없었다. 그의 머리에는 현상금이 붙었다. 자객들이 그를 따라 일본에 갔지만 그를 죽일 수 있는 기회를 찾을 수가 없었다.

그러자 하나의 계교를 써서 김옥균이 상해를 방문하도록 유혹했다. 그는 자기의 방문을 감추려고 온갖 고초를 겪었지만 이미 그의 앞에는 매사가 예정되어 있었다. 그는 상해에 도착하자마자 피살되었으며 그의 시체는 청국 군함에 실려 제물포로 운송되었다. 그의 시체는 능지처참이 되어 대역 죄인의 몸으로서 전국 각지에 효수되었다. 일본은 굴욕을 느꼈지만 그 당시로서는 어쩔 도리가 없었다.

세월이 흘러 이제 일본은 한국을 지배하고 있다. 일본이 그들을 위해서 마지막으로 한 일은, 1910년에 그들이 조선을 망각의 구렁텅이로 밀어 넣기 직전 칙령을 내려, 비록 죽은 지 오래되었다고는 하지만 그들의 관직은 명예를 되찾아 주고 그들은 추도했다는 사실이었다.[8)]

---

8) (원저자 주) 이 장에 기록된 여러 가지 특이한 사건들을 읽으면서 독자들은 나의 권위에 대하여 의혹을 느낄 수도 있다. 그 당시 서울에 살고 있던 외국인들의 기록은 그 당시의 인상을 제공하는 데 도움이 되지만 그 소상함이라는 면에서는 전면적으로 믿을 만한 것이 못 된다. 그 당시 왕이 제공한 자료를 기초로 해서 꾸며진 매우 흥미 있는 공식 기록이 서울 주차 해군 무관이었던 후크 중위(Lieut. George C. Foulk)의 미간 문서에서 볼 수 있다. 그 문서들은 지금도 뉴욕 시립 도서관에 보관되어 있다. 일본의 입장에서 본 가치 있는 기록으로서는 한때 망명객들의 숙소를 제공한 적이 있던 후쿠자와 유키치의 사후 간행 문서에서 볼 수 있다. 그의 문서들은 1910년에 일본의 출판사에서 일부 간행되었다. 음모자들 측의 얘기는 이 드라마에서 주역을 맡았던 어느 사람으로부터 내가 직접들은 것이다.

제 3 장 을미사변

일본의 외무대신 이노우에 가오루는 한국의 과격파 청년들에게 이렇게 말했다.

"우리는 아직 중국과 개전할 준비가 되어 있지 않소."

그들이 준비를 마치기에는 10년의 세월이 필요했다. 그 10년 동안 그들은 꾸준히 준비했다. 이 동안 극동이라는 연극 무대의 진정한 초점은 도쿄도 아니고 북경도 아닌 바로 서울이었다. 이곳에서 중국과 일본의 전초지가 접촉하고 있었다. 개전 준비가 끝나자 일본은 이곳에서 전쟁의 구실을 만들었다.

중국은 여전히 일본을 깔보고 있었으며 일본을 대적하고자 준비할 만한 것이 필요하다고 생각하지도 않았다. 대부분의 구라파의 전문가들과 극동에 주차하고 있는 구라파와 미국의 국민들도 양국이 막상 개전할 경우 일본에게는 승산이 없다고 확신했다. 일본은 초전에서 겨우 이길는지 모르지만 결국에 가면 괴물과 같은 그 적대국의 중압과 인력 그리고 지구력에 압도당할 것이 틀림없다고 생각했다.

한국은 천천히 발전해 갔다. 효과적인 개혁의 수행을 지지했던 좀 더 개명된 한국인들의 배후에는 마치 어떤 강력한 힘이라도 존재하고 있는 것처럼 보였다. 한국에 거주하는 외국인 가운데 일본인이 숫적으로 가장 많은 것은 당연한 일이었다 하더라도 그들의 행위는 그들에게 좋은 인상을 얻게 하지는 못했다. 다케조에 신이치로의 비극적인 모험은 당분간 일본의 명예에 심각한 타격을 주었다. 갑신정변 당시에 죽은 일본인들의 시체는 거리에 버려져 개들이 뜯어 먹었다. 중국은 잠시나마 우위를 확보했다. 미국의 외교 사절은 본국 정부에 보내는 한 사신에서 이렇게 말했다.

"한국인들은 모두가 그 감정이 격렬하리만큼 친중국적이며 반일적이기 때문에 일본에 관해서 질문을 던졌을 때 저주와 욕설을 무더기로 듣는 것 이외에는 다른 어느 것도 기대할 수가 없다."

갑신정변 당시에 한국 국왕의 요청을 받고 그를 보호하고자 일본 공사와 일본 군대가 대궐로 들어갔다는 일본의 반공식적인 기록은 사태를 더욱 어렵게 만들었다.

만약 한국 국민에 대한 일본 거류민의 오만한 태도와 한국 정부에 대한 일본 공사들의 오만한 태도만 없었더라도 갑신정변은 좀 더 빨리 잊혔을지도 모른다. 일본 사람들은 너무나 부당한 요구를 공식적으로 제시했기 때문에 그들은 다른 외국인들의 항의를 유발했다. 그 당시 일본 거류민들의 태도가 어떠했는가 하는 점은 영국의 유명한 정치가이며 1890년대 초에 한국을 방문한 적이 있는 커즌 경(당시에는 Hon. G. M. 이었음)[1]의 다음과 같은 기록에 잘 나타나 있다. 그는 이렇게 말하고 있다.

"한국인과 일본인 사이에 존재하고 있는 인종적인 증오심은 한국 현대사에서 가장 주목할 만한 현상이다. 자기 나라에 있을 때는 공민 의식도 있고 자제할 줄도 아는 일본인들이 한국에 와서는 남을 못살게 달달 볶거나 거세게 몰아치는 사람들이 되었는데 그 이유는 부분적으로는 민족적인 허세에도 있고 달리는 과거의 역사에 대한 추억에서도 찾아볼 수 있다. 신분이 낮은 사람일수록 기회가 있을 때마다 한국인들을 학대하며 그럴수록 그 반대

---

1) 커즌 경(Lord Curzon : 1895~1925) : 영국의 보수주의 정치인으로서 인도 총독(1899~1905), 외상(1919~1924)을 지냈으며, 제1차 세계 대전 무렵에는 폴란드-러시아 국경선의 획정에 참여했다.

로 한국인들로부터 진정 미움을 산다."[2)]

1885년에 귀국한 대원군은 적어도 조정에 관련된 문제에서는 대부분의 권력이 사라졌다는 사실을 발견했다. 그러나 그는 아직도 전국에 걸쳐 동지와 추종자를 가지고 있었다. 청국인들이 자기를 구금·유괴했던 사실에 치를 떤 그는 일본인들의 품에 자기의 몸을 던졌다. 일본인들은 그가 매우 쓸모 있는 인물이라는 사실을 발견했다.

한국은 몇 백 년에 걸쳐서 비밀 결사가 만연하던 나라였다. 이제는 동학이라는 집단이 나타나서 놀라운 속도로 퍼져나갔다. 이 집단은 반외세·반기독교적이다. 애당초 구라파인들은 그 훗날 중국에서 살던 구라파인들이 의화단을 인식했던 것과 꼭 같은 시각에서 동학을 보려고 했다. 그러나 오늘날에 와서 그들을 되돌아볼 때 동학 운동에는 진정한 애국심이 포함되어 있었다는 점을 부인할 수가 없다.

구라파인들이나 구라파 문명의 도입과 같은 새로운 현상의 시작이 다소의 동요를 불러일으킬 수밖에 없었다는 것은 이상한 일이 아니다. 어떤 의미에서 본다면 그러한 운동이 일어나지 않았더라면 오히려 그것이 건전하지 않은 현상이었을는지도 모른다. 결정적인 시련을 겪지 않고서도 그들의 생활 양식에서 획기적인 혁명을 용납하는 사람들은 별로 가치가 없는 민족일 수도 있다.

동학 운동이 일본의 영향을 받아 조직되었다는 생각을 가진 동학교도는 거의 없었다. 한국이 독자적으로, 그리고 너무 빠른 속도로 발전한다는 것은 일본의 뜻에 부합되지 않는 것이었다. 소란이 일어나면 한국을 퇴행시키는 데 도움이 될는지도 모른다. 기회가 무르익자 일본은 자신의 꼭두각시들을 작동하기 시작했다. 동학도들은 갑자기 무기를 가지게 되었다는 사실이 드러났다.

---

2) (원저자 주) *Problems of the Far East*, London, 1894.

동학도들 가운데 어떤 사람들은 군사 훈련을 받았을 뿐만 아니라 상당한 전투 능력을 보여 주었다. 그들이 공개적으로 언명한 목표는, 일본인을 포함한 모든 외국인을 그들의 나라로부터 몰아내는 것이었다. 그러나 이것은 단순히 표면적인 모습에 불과한 것이었다. 그들의 진정한 목적은 청국으로 하여금 한국에 군대를 파견토록 요청함으로써 일본에게 개전의 구실을 주려는 것이었다.

일본은 1885년에 "양국은 한국으로부터 군대를 철수할 것이며 양국이 서로 알리지 않고서는 더 이상 군대를 주둔시키지 않는다."[3]는 동의를 얻어냈다. 숫적으로 3만 명에 이르는 동학도들이 서울 100마일 지점까지 접근하고 청국인의 지휘를 받고 있던 소규모의 한국군을 사실상 패퇴시키자 원세개는 뭔가 조치를 취해야만 된다는 것을 알았다. 만약 반도들이 서울에 이르러 이를 장악한다면 일본이 개입할 수 있는 구실을 줄는지도 모른다. 그는 고종에게 청국 군대를 요청하여 동학란을 진압하라고 설득했다. 그리고 앞서 말한 대로 조약 규정에 따라 청국 군대가 온다는 사실을 일본 측에게 적법하게 통고했다.

일본은 일이 이렇게 되기를 바라고 있었다. 일본은 이를 제재로 삼아 서울에 1만 명이 될 때까지 계속해서 군대를 투입했다. 그리고 나서야 일본은 그들의 손을 내밀었다. 일본 공사 오토리 게이스케[4]는 고종에게 이제는 청국의 종주권을 폐기하라고 퉁명스럽게 요구했다. 한국인들은 이를 회피하려고 노력했다. 일본은 그들의 입장에 더욱 압력을 가했다.

일본은 더 나아가서 한국에서의 전면적인 조차와 철도부설권 그리고 금광채굴권의 독점을 요구했다. 며칠이 지나 구라파가 이 문제에 개입하지 않

---

3) 1885년 4월 18일에 체결된 천진조약 제3조.
4) 오토리 게이스케(大鳥圭介 : 1833~1911) : 일본의 군인. 효고현 출신. 본래의 직업은 의사였으나 군대에 투신했다가 주청 특명 전권공사(1893)를 거쳐 주한 전권 공사로 부임(1893)하여 동학란과 청일전쟁 당시에 일본의 국익에 기여함. 뒤에 추밀원 고문이 됨.

으리라는 확신이 서자 그들은 고종에게 자기들의 요구를 조건 없이 응낙할 것과 청국군에게는 3일 이내에 한국에서 떠날 수 있는 말미를 주라고 명령했다. 일본군이 도성을 위협하는 동안에도 왕은 어떠한 조처도 거절했다.

드디어 청일전쟁의 선전 포고가 뒤따랐다. 첫 번째 사건으로서는 한국으로 1,200명을 실어 나르던 청국의 수송선이 일본군에 의해 폭파된 사건이었다. 가장 중요한 전투는 한국과 만주 사이에 있는 압록강에서 벌어졌으며 북쪽으로 향하는 한국의 주요 도시인 평양에서 벌어진 주요 육전에서 청국군대는 패퇴했다. 1894년 7월 25일에 전투는 시작되었으며 극동에서 일본의 우위를 인정하는 강화 조약이 1895년 4월 17일 시모노세키에서 체결되었다.

전투가 실제로 시작되기 전에 일본은 서울을 장악했으며, 한국 군대가 그들에게 발포했고, 따라서 그들은 대궐에 진입하여 이를 지킬 의무가 있다는 잠꼬대 같은 구실을 내세우면서 대궐을 점령했다. 왕이 아직 어렸기 때문에 일본인들은 그들의 오랜 친구이자 동맹자인 대원군을 사실상의 지배자로 만들고자 했으나 대원군은 그런 책임을 지려 하지 않았다. 일본군은 왕을 가장 좋은 방에서 몰아내고 자기들이 그곳을 차지했다. 왕을 위해서는 구멍과 같은 방이라도 충분했다. 드디어 그들은 왕에게 자기들의 지시대로 따르도록 강요했다. 새로운 조약이 초안 · 조인되었는데 그 내용은 다음과 같다.

한일공수동맹(韓日攻守同盟)[5]

조선 개국 503년 7월 26일 경성(京城)에서 조인

대조선 · 대일본 양국 정부는 조선력(曆) 개국 503년 6월 23일, 일본력(曆) 메이지(明治) 27년 7월 25일에 조선국 정부로부터 청국병 철퇴(撤退)의 일을 조선국 경성 주재 일본 특명 전권 공사에게 위탁하여 출력대변(出力代

---

5) 원서에는 조약 3조만 번역되어 있으나, 여기에서는 전문을 수록한다. 『구한말조약휘찬』(上)(서울 : 국회도서관 입법조사국, 1964. pp. 62~64 참조.

辨)시킨 이래 양국 정부는 청국 정부에 대하여 이미 공수 상조(攻守相助)의 지위에 서게 된 것이다. 이에 그 사실을 명확히 하며 아울러 양국이 공동 제사(濟事)하는 목적을 달성하고자 아래에 기명하는 양국 대신은 각각 전권위임을 받아 체약한 조항을 아래와 같이 개열(開列)한다.

제1조 : 이 맹약(盟約)은 청국병을 조선국의 국경 밖에 철퇴시켜 조선국의 자주 독립을 공고히 하고 조 · 일 양국의 이익을 증진함을 목적으로 한다.

제2조 : 일본국은 청국에 대하여 공수의 전쟁을 담당하고 조선국은 일본군의 진퇴와 그 식량 준비 등의 사항을 위하여 반드시 협조하며 편의를 제공할 것이다.

제3조 : 이 맹약은 청국과 더불어 화약이 성립되는 날을 기다려 파약할 것이다.

이를 위하여 양국 전권대신은 기명 · 조인으로써 빙신(憑信)을 명백히 한다.

대조선국 개국 503년 7월 26일
외부대신 김윤식(金允植) ㉮
대일본국 메이지 27년 8월 26일
특명전권공사 오토리 게이스케(大鳥圭介) ㉮

일본은 조선의 국내에서 발생하는 모든 크고 작은 일을 논의하려고, 왕명으로 한 회의체[6]를 즉시 구성했다. 이 회의체는 처음에는 매일 소집되었으나 그 뒤에는 휴회 기간이 길었다.

이와 때를 같이하여 서울에는 50명 정도의 일본인이 고문으로 활동하게 되었다. 그들은 경험도 없고, 맡은 바 임무에 대하여 책임도 없는 사람으로서, 한국의 내정을 일조일석에 개혁하려고 생각하고 있음이 명백했다. 끝없이 법령이 공포되었으며, 새로운 율령이 발표되지 않는 날이 하루도 없었

6) 군국기무처를 뜻하는데, 총리대신이 그 총재를 겸임했으며, 갑오경장의 업무를 처리했다.

다. 그 가운데 어느 것은 조선에서 예로부터 전해 내려오던 소중한 제도에 대하여 파격적인 것도 있었고 시시한 것도 있었다. 절대 왕정이 개혁되고, 왕은 각료들의 조언에 따라 통치하게 되었다.

지방 감사(관찰사) 이하의 신분에 속하는 사람들은 왕에게 직접 상소하는 권한이 없게 되었다. 정부의 조직에 관한 법령이 공포되었으며, 비빈과 궁녀의 직위에 관한 법령도 발표되었다. 한 시간 만에 단발령이 작성되어 발표되었으며, 이 작업을 마치고 피곤한 몸으로 귀가하던 관리들은 관용어를 바꾼다는 새로운 칙령을 전달하고자 숨 돌릴 틈도 없이 소집되었다. 어느 것이 중요한 것인지, 어느 것이 중요하지 않은 것인지 갈피를 잡을 수가 없었으며, 이 법령제조업자들이 만들지 못하는 것이라고는 없었다. 이곳에 있는 외국인들이 보기에는 그들이 하는 처사가 어이없고 놀랍기만 했다.

위계를 좋아하는 일본인들의 본을 받아 관리들의 부인들에게는 경칭이 주어졌는데, 그 서열은 정경부인(貞敬夫人), 정부인(貞夫人), 숙부인(淑夫人), 숙인(淑人), 영인(令人), 공인(恭人), 의인(宜人), 안인(安人), 단인(端人)의 9가지이다. 동시에 왕의 비빈들도 위계가 나뉘어졌는데, 그것은 빈(嬪), 귀인(貴人), 소의(昭儀), 숙의(淑儀), 소용(昭容), 숙용(淑容), 소원(昭媛), 숙원(淑媛)의 8가지로 충분했다.[7] 일본인 고문들은 장죽의 길이, 복식, 머리 모양에 관계되는 허례 금법을 수없이 제정함으로써 전국을 들끓게 했다. 조선 사람들이 좋아하는 장죽은 짧아지고, 소맷자락도 오므렸으며 모든 남자들이 애용하던 상투도 잘렸다. 4대문의 포졸들은 이 단발령을 엄격하게 시행했다.

일본인은 조선 사람들의 의식 구조를 바꾸려고 정말로 필요하다고 생각

---

7) 이 부인의 경칭은 마치 일본의 제도를 본받은 듯이 되어 있으나 실은 조선에도 고래의 경칭이 있었으며 종류도 9가지가 아니고 유인(孺人)을 추가한 10가지였다. 그 뒤 개국 503년에 유인은 삭제되었다.(개국 503년 8월 9일자 관보 참조). 원서에 실린 것은 여기에 번역된 것과는 약간 다르다. 여기에서는 "조선왕조품계표"(朝鮮王朝品階表). (『한국학대백과사전』(3)(서울 : 을유문화사, 1972), p. 57)에 의거하여 원문을 싣는다.

되는 것은 아무것도 할 수가 없었다. 조선 사람들이 상투를 튼다는 것은 소년 시절을 지나 이제 어른이 된다는 것을 뜻하기 때문에 소년들에게 있어서의 상투란 매우 자랑스러운 것이다. 어른의 상징이 되고 있는 이 상투를 틀 수 있는 사람은 예나 지금이나 그 수효가 그리 많지는 않았으며, 상투를 틀 나이가 되었음에도 불구하고 상투를 틀지 못한 사람은 그 사회에서 버림받은 사람처럼 대우를 받았다. 단발령에 따라 상투가 잘리는 사람들은 슬피 울었으며, 이 법령을 강행하는 사람들은 민중들로부터 큰 원망을 들었다. 만약 일본인들이 조선에서 이러한 개혁을 천천히 진행하는 것으로 만족했더라면 그들은 한국의 토착적 풍습을 개혁하는 데 만족할 만한 결과를 얻었을는지도 모른다.

상투를 잘라야만 한다는 일본인들의 생각은 옳은 것이었지만 민중들이 개화 사조를 통하여 천천히 처리해야 할 문제들을 법으로 다스리려 했다는 점에 과오가 있었다. 예를 들면 한국인들이 많이 살고 있는 노령 만주에서는 그들의 습속을 고치는 데에 아무런 압력도 가하지 않았지만 머리를 자르고 도포 자락을 오므리는 것이 편리하다는 것을 알게 된 그들은 단 몇 년 동안에 그들의 폐습을 버렸음을 볼 수가 있다.

내가 데리고 있는 한인 비서는 유럽 사람들과 접촉하는 동안에 상투나 도포나 갓이 비실용적이고 무익하다는 것을 알게 되자 끝내는 스스로 그러한 구습을 버렸다. 이것이야말로 자연스럽고도 옳은 진보이다. 일본인들의 조급한 처사는 오히려 상투의 수명을 연장시켜 주었다. 왜냐하면 한국인들에게는 상투가 그들의 전통과 충성의 상징으로 되어 있기 때문이었다.

일본군은 1개월 동안이나 대궐에 머물렀으며, 그 동안 왕은 갖은 핍박을 받았다. 그 당시의 여건으로 볼 때, 조선의 오랜 통치 형태를 파괴시킨 것은 일본 정부의 본래의 목적에 부합되지 않는 것이었다. 유럽의 열강들이 일본으로 하여금 자신의 영토를 확장시키고 조선을 단순히 이름만의 독립국으로 만들도록 방관하리라는 것은 전혀 생각할 수도 없는 것이었다.

왕과 대신들은 일본군이 어전으로부터 물러가도록 오토리에게 간청했다. 그는 한 가지 요구를 수락하는 조건으로 이에 동의했는데, 그 요구란 한국의 모든 산업의 독점권을 일본에게 양도하는 수많은 특권들을 왕이 동의하라는 것이었다. 8월 25일이 되어 일본군 수비대는 대궐을 물러났으며 방망이를 든 조선군이 그 자리에 들어섰다. 그 뒤 한국군에게는 황송하게도 소총이 지급되었지만 화약을 휴대하지 못하게 되었다. 일본군은 아직도 대궐문과 그 인접의 건물들을 장악하고 있었다.

이 무렵 일본군이 전권을 휘두른 결과로 또 다른 움직임이 나타났다. 왕비의 친정인 민씨 일파가 권좌에서 물러난 것이다. 민씨 일파는 몇 개월 전까지만 해도 궐내의 모든 요직을 장악하고 있었지만 이제 모두 거세되고 새로이 개편된 정부에는 단 한 사람의 민 씨도 없었다.

일본은 전쟁에 승리했다고 해서 한국에 대한 태도를 개선하지는 않았다. 전쟁이 계속되는 동안 어떤 특수한 경우를 제외한다면 일본군은 매우 엄정한 군기를 보여 주었다. 일본 정부는 한국의 왕에게 더 많은 요구를 제시했는데 이는 한국의 모든 교역이 일본인에 의해 독점되는 것을 의미할 수도 있었다. 이러한 요구들은 정도를 지나치는 것이었기 때문에 외국 사절들이 이에 대하여 이의를 제기했다.

신임 일본 공사 이노우에 가오루 백작은 한국에 쏟아져 들어오는 새로운 일본 이민들의 폭력적인 생활 방법과 악행을 공개적으로 사석에서 나무랐다. 그는 일본인들이 협조심이 부족하고 오만하고 방종한 것을 비난했다. 그는 이렇게 말했다.

"만약 일본인들이 오만하고 난폭한 짓을 계속한다면 그들에 대한 존경심과 애정은 모두 사라질 것이며 자신들에 대한 증오심과 적개심만이 남을 것입니다."

갑신정변에 참여했던 사람들 가운데 몇몇은 일본인들의 도움으로 본국으로 돌아왔으며 박영효는 내부대신이 되었다. 그는 11년 전에 암살의 방법으로 개혁을 추진하려고 노력했던 무분별한 젊은이들과는 다른 점이 있었다. 그는 온건하고도 분별 있는 개혁가로서 내정을 혁신하고 군대를 근대화하고 군주의 권한을 제한하고 서구의 방법에 따라서 교육 제도를 향상시켰다. "우리 민족에게 필요한 것은 교육과 기독교화이다."라고 그는 선언할 정도였다. 그러나 그는 어떤 의혹을 받아 실각했다. 왕의 권한을 제한하려던 그의 시도는 왕위에 대한 음모라고 민비는 생각했다. 그는 체포령이 내렸다는 경고를 받고 다시 일본으로 망명했다.

이노우에 백작은 이토 히로부미 공작과 더불어 한국에 파견된 일본 관료 가운데 가장 훌륭한 두 사람의 서열에 올라 있다. 그는 1895년 9월에 이임했는데, 그의 후임으로 온 미우라 고로[8] 자작은 별을 단 늙은 군인으로서 선종의 불교 신자이며 극단적인 금욕주의자였다.

민비는 여전히 부왕에 대하여 엄청난 영향력을 행사했고 왕은 매사에 왕비의 충고를 따랐다. 민비는 한국의 사실상의 지배자였다. 한때 그의 친정 식구들이 불명예스러운 짓을 했다고 해서 그것이 어쨌다는 거냐?라는 식으로 그는 신속하게 친정 식구들을 복직시켰다. 시간이 흐르면 흐를수록 왕비는 미우라와 대원군을 제압했다.

민비의 그와 같은 처사에 대해서 오래 전부터 참을 수 없었던 일본 공사관 서기관 스기무라 후카시[9]는 민비를 제거하는 것만이 최선의 길이라고 미우라에게 주장했다. 왜 한 여인이 그들과 그들의 목적 사이에 끼어들어

---

8) 미우라 고로(三浦梧樓 : 1846~1926) : 일본의 군인. 야마구치현 출신. 18세에 기병대에 투신하여 사쓰마반란(1877)의 진압에 큰 공을 세우고 1878년에 중장, 1882년에 육사 교장을 지냄. 구미를 시찰한 다음(1884), 귀족원의원(1890)이 되었고, 온건파 이노우에가 한국에서 물러간 뒤에 강경파의 지지를 얻어 조선 주차 일본 공사(1895)로 부임하여 을미사변을 일으킴. 추밀원 고문(1911)을 지냄.

9) 스기무라 후카시(杉村濬 : 1851~1906) : 1874년 사이고 쓰구미츠의 대만 정벌에 참전. 요코하마 『마이니치신문』 기자로 활약하다가 외무성에 들어가 서울 주재 일본공사관에서 근무. 임오군란 때 잠시 귀국했다가 다시 내한하여 청일전쟁 당시에는 중요한 정보원으로 활약함. 을미사변의 주모자였으나 무죄 판결을 받고 외무성 통상국장(1899)을 거쳐 프러시아 공사(1904)로 부임하여 현지에서 풍토병으로 사망함.

훼방할 수 있도록 놓아두어야 한단 말인가? 매일같이 그는 국사에 더욱더 간섭했다. 그는 오래전에 창설되어 일본 교관의 지휘를 받고 있는 훈련대를 해산시키자고 제안하고 있었다.

민비는 또한 몇몇 대신들을 몰아내고 친일적인 대신들을 살해함으로써 모든 권력을 장악하려는 계획을 꾸미고 있다는 보고도 들어왔다. 이렇게 되자 미우라는 스기무라의 계획에 동의했다. 민비는 참으로 못마땅한 여자였다. 그가 살아 있는 한 한국을 다스리고 있는 일본의 새로운 조직에 무질서와 혼란이 야기될는지도 모른다. 그러므로 민비를 제거하지 않을 수 없다.

미우라가 이렇게 생각하고 있을 때 대원군이 그를 만나려고 찾아왔다. 그는 대궐을 부수고 쳐들어가 왕을 장악하고 실질적인 권력을 행사하고 싶다고 제안했다. 그들의 대화의 결과로 미우라 공사와 그의 두 지도급 관리인 스기무라 및 오카모도 류노스케[10] 사이에 회담이 이루어졌다. 일본의 예심결정서는 이 부분을 다음과 같이 기록하고 있다.

> "그 자리에서 결정된 사항은, 대궐의 미움을 사 신변에 위험을 느끼고 있는 훈련대와 세사(世事)를 깊이 개탄하고 있는 젊은이들을 이용할 뿐만 아니라 서울에 주둔하고 있는 일본 군사들을 이번의 거사에 참여케 함으로써 대원군이 대궐로 들어가는 데 도움을 주어야 한다는 것이었다. 더 나아가서 이번의 기회는 조정에서 막강한 영향력을 행사하고 있는 민비를 제거하도록 이용되어야 한다는 점도 결정되었다."[11]

---

10) 오카모도 류노스케(岡本柳之助 : 1853~1912) : 에도 출신. 막부 포술 연습소에서 수련함. 1877년의 사쓰마반란 당시에는 진압군으로 참전하여 공을 세우고 소좌로 승진함. 한일수호조약 담판 당시에는 대표단을 수행하여 내한한 뒤 조선 문제에 깊이 관여함. 일본에 유학 중인 개화파 청년들과 제휴했고, 을미사변(1895)의 주모자였으나 무죄 판결을 받았으며, 그 뒤 대륙 진출에 일생을 마침.

11) (원저자 주) 「미우라 외 47인 예심종결결정서」. 이 문서는 스기무라 후카시의 『재한고심록』(東京 : 勇喜社, 1932)에 원문이, F. A. McKenzie의 *The Tragedy of Korea*(E. P. Dutton & Co., New York, 1908)의 부록에 영문이, 그리고 그의 번역본인 신복룡(역주),

모든 일은 체계적으로 수행되도록 되어 있었다. 대원군은 이제 일본인들에게 자신을 얽매지 않을 수 없었다. 스기무라는 일련의 약정서를 작성하여 대원군에게 넘겨주었는데 거기에는 미우라가 그에게 기대하고 있는 내용이 담겨 있었다. 대원군과 그의 아들 이재면과 그의 손자 이준용도 그 조건에 "기꺼이 동의했으며", 대원군은 자신의 호의를 보장하는 서찰을 써 주었다.

그제야 미우라 공사는 그 달 중순까지는 대궐을 공격하여 민비를 살해하는 등의 계획을 수행하리고 결심했다. 훈련대의 해산이 가까워지고 있다는 군부대신[12]의 설명은 그들로 하여금 일을 서두르게 만들었다. "이제 기회가 왔으며 더 이상 일을 지체할 수 없다는 것이 분명해졌다. 따라서 미우라와 스기무라는 바로 그 날 밤에 그들의 음모를 수행하기로 결정했다."[13]

일본 공사관은 장차 벌어질 사태에 대한 구체적인 계획을 성안하는 동시에 여러 사람에게 지시를 내렸다. 서울에 주둔하고 있는 일본군 지대의 지휘관에게도 공식적인 지시를 내렸다. 미우라는 몇 명의 일본인을 불러 모은 다음 그들의 동료들을 모집하여 대원군이 입궐할 때에 호위병으로 행동할 것을 부탁했다.

"미우라는 지난 20년 동안 한국에서 그토록 많은 실정을 저지른 악을 제거하느냐 못하느냐에 이번 거사의 성패가 달려 있다고 말하고 대궐에 들어가면 민비를 처단하도록 교사했다."[14] 일본 경찰 병력의 책임자에게도 이번 일에 협조하라는 지시가 내려갔으며 비번인 경찰은 민간 복장을 입고 무기를 갖춘 다음 합세하도록 되어 있었다. 몇몇 사람들은 미우라의 교사를 받고 민비를 죽이기로 결심하고 함께 일할 동지들을 모으는 조치를 취했다.[15]

『대한민국의 비극』(집문당, 서울, 2019)의 부록에는 한글 번역문이 실려 있다.

12) 안경수(安駉壽 : ?~1900)를 뜻함. 그는 3차 김홍집 내각의 군부대신을 거쳐 경무사를 지냈으며, 그 뒤 대역죄로 처형됨.

13) (원저자 주) 앞의 「미우라 외 47인 예심종결결정서」.

14) 위와 같음.

일본인의 무리들은 약속 장소에서 만나 대원군의 가마를 호위했다. 출발할 무렵에 미우라의 두 오른팔 가운데 한 사람인 오카모도는 "대원군이 살고 있는 집의 대문 밖에 모든 사람들을 모아 놓고 대궐에 들어가는 대로 기회를 보아 '여우'를 처단하라고 말함으로써 그의 부하들에게 왕후 폐하의 살해를 분명히 교사했다."[16]

서울로 향하던 무리들은 서대문 밖에서 훈련대를 만나 더욱 빨리 대궐로 진격했다. 민비를 살해한 뒤 미우라와 그의 동조자들을 기소한 일본의 히로시마 예심 법정은 이 정도로까지 아주 솔직하게 모든 사태를 보도했다.

나는 이상의 사건을 기술하면서 오로지 위의 예심종결결정서를 자료로 사용했다. 그 정도로까지 사실을 솔직히 시인했던 예심 법정은 그 끄트머리에 가서 아마도 책임 있는 법정이 이제까지 제시했던 판결문 가운데 가장 특이한 경지에 이르는 다음과 같은 구절을 추가하고 있다.

"그럼에도 불구하고 피고 가운데 어느 누구도 애당초 그들에 의해 구상된 범행을 저질렀다고 인정하기에 충분한 증거가 없다. …… 이와 같은 이유로 말미암아 이에 모든 피고들을 석방한다."[17]

대원군과 일본인들이 대궐로 들어간 뒤 어떠한 일이 일어났는가? 그들은 훈련대를 앞세우고 진격했다. 그들의 뒤에는 경찰과 이 일을 맡은 관리들, 그리고 26명의 일본인들이 뒤따랐다. 이들 가운데 핵심 분자는 전체의 절반가량을 이루고 있었는데 이들은 민비를 발견하는 대로 죽이라는 특별 명령을 받고 있었다.

대궐문은 일본 군인들의 수중에 있었으므로 음모자들은 자유롭게 들어갔다. 대부분의 정규군들은 명령에 따라 밖에서 행진하고 있었다. 몇몇 사람들은 폭도들을 데리고 정원 안으로 들어갔으며 다른 사람들은 대궐 안으로

15) 위와 같음.
16) 위와 같음.
17) 위와 같음.

들어가 이를 포위함으로써 어느 누구도 빠져나갈 수 없게 만들었다. 일단의 사람들이 짓쳐 들어가면서 내전 가까운 담을 허물었다.

어떤 음모가 진행되고 있다는 소문이 대궐 안에까지 들어갔지만 특별한 경계를 해야 할 만큼 문제 삼았던 사람은 없었던 것 같다. 어떤 무리들이 대궐의 담을 부수고 대궐문으로 들어온다는 기미가 처음으로 보이자 모두들 커다란 혼란에 빠졌다. 몇몇 한국의 근위병들이 항거해 보려 했지만 몇 사람이 사살되자 다른 사람들은 모두 물러났다.

왕이 사는 내전은 흔히 몇 개의 돌층계를 쌓은 위에 1층의 양식으로 건축되어 있으며 조각된 나무문과 기름먹인 들창이 있었다. 일본 사람들은 내전으로 직행하여 자그마한 앞뜰에 이르렀을 때 일본 군대들이 그 앞에서 시위를 벌였으며 그러는 동안에 소시[18]들은 문을 부수고 안으로 들어갔다. 그 가운데 어떤 사람이 왕을 붙잡고 그가 이혼할 것이며 왕비를 폐서인하리라는 문서를 내어 놓았다. 온갖 협박에도 불구하고 왕은 그 문서에 서명하지 않았다.

다른 사람들은 왕비의 처소로 밀고 들어갔다. 궁내부대신 이경직이 그들을 저지하려다가 그 자리에서 살해되었다. 소시들은 겁에 질려 도망하는 궁녀들을 잡아 머리채를 쥐고 이리저리 끌고 때리면서 왕비가 어디에 있는지 말하라고 요구했다. 그들은 울면서 자기들은 알지 못하노라고 맹세하듯 말했다.

그러자 그들은 내전 문을 밀치고 들어갔으며, 그들 가운데 어떤 사람은 궁녀들의 머리채를 잡아끌었다. 길을 안내하던 오카모도는 모서리에 숨어 있는 작은 여인을 발견하자 머리채를 잡아채면서 왕비가 아니냐고 물었다. 그는 아니라고 대답하면서 갑자기 몸을 날려 도망쳤다. 그는 뒷마루를 달리면서 소리를 질렀다.

---

18) 소시(壯士) : 일본의 막부 시대에 청부(請負)에 따라 악행을 하던 무리들.

그 곳에 있던 왕자는 모후가 자기를 부르는 소리를 세 번이나 들었다. 그러나 왕비가 더 이상 소리치기 전에 일본인들이 그에게 다가와 칼로 쳐 쓰러뜨렸다. 일본인들은 궁녀들을 끌고 와 시체를 보이면서 확인토록 했다. 그리고 세 명의 궁녀가 그 자리에서 칼을 맞았다.

음모자들은 석유를 가지고 왔다. 그리고는 아마도 아직 죽지 않았을지도 모르는 왕비를 이불보를 씌워 그 곳에서 그리 멀지 않은 녹원(鹿園)의 숲속으로 운반했다. 거기에서 그들은 그의 몸에 석유를 붓고 나무 단을 쌓은 다음 불을 댕겼다. 그들은 계속해서 불길에 석유를 부었다.

시체가 거의 타갈 무렵 대원군은 승리에 취한 일본 군사의 호위를 받으며 의기양양하게 입궐했다. 그는 즉시 모든 권한을 장악했다. 고종은 대궐에 수인의 몸이 되었다. 내각을 구성하고자 대원군파가 소집되었고 민비와 친밀했던 것으로 알려진 모든 관리들을 체포하라는 명령이 내려졌다.

일본인들은 이것으로써 만족하지 않았다. 피살된 왕비의 기억을 지우려고 대원군이 그들을 도와줌으로써 그들은 할 수 있는 모든 짓을 했다. 왕이 내린 것으로 보이는 거짓된 칙령이 발표되었다. 그 칙령은 왕비를 비난하면서 그를 폐서인하고, 그는 죽은 것이 아니라 도망쳤으므로 앞으로라도 다시 나타날는지도 모른다고 말했다. 칙령의 내용은 다음과 같다.

> "우리는 왕비의 사악함이 극도에 이르렀음을 안다. 그러나 우리는 무기력했고 그의 도당을 두려워했으므로 그를 몰아낼 수도 없었고 응징할 수도 없었다. 그는 왕비가 되기에 부적격했고 무가치한 여자였을 뿐만 아니라 그의 죄는 지나치리만큼 심했다고 우리는 확신한다. 우리는 그와 더불어 종묘사직의 영광을 지속할 수 없기에 이에 그를 왕비의 직분으로부터 몰아내어 폐서인하는 바이다."

벌벌 떨며, 마음은 만신창이가 된 채 자신이 독살 당하지나 않을까 하는 두려움에 사로잡혀 있던 불쌍한 고종은 대궐에 꽉 갇혀 버리고 말았다. 외국 공사들과 선교사와 같은 외국인 단체들은 그를 위해 음식을 날라다 주고 그를 방문함으로써 그를 위해 최선을 다했다. 만약 일본인들이 자기들의 죄상이 소리 없이 사라질 수 있을 것이라고 생각했다면 그들은 커다란 실수다. 미국 선교사들의 아내 가운데 몇몇 사람들은 민비의 친구였다.

미국의 저명한 신문 기자로서 뉴욕의 『헤럴드』에서 근무하고 있는 코커릴(Colonel Cockerill)이 한국을 방문하여 그가 보고 들은 바를 아주 솔직하게 기록했다. 이를 통하여 너무도 심하게 분노가 일어나자 일본 정부는 사건의 진상을 조사하여 재판에 회부하겠노라고 약속했다. 그 당시의 내각총리대신이었던 이토 히로부미는 이번 사건에 관련된 일본의 씨잘 데 없는 자식들은 모두 재판에 회부하겠노라고 선언하면서 이렇게 말했다.

> "만약 그들을 재판에 회부하지 않는다면 그것은 세계 모든 사람의 눈에 일본을 욕먹이는 일이 될 수도 있다. 만약에 일본이 이번에 대원군을 옹립하고자 저질러진 역모를 정당한 것으로 시인한다면 일본은 지구상의 모든 문명 국가들로부터 존경을 잃을 것임에 틀림이 없다."

미우라와 그의 연루자들은 적법한 절차를 거쳐 예심 법정에 회부되었다. 그러나 그 절차는 하나의 웃음거리였다. 그들은 모두가 방면되었고 미우라는 대중적인 영웅이 되었으며, 그의 동지들과 변호인들은 공개적으로 살인을 정당화하고자 노력했다. 한때는 몹시 거칠다가도 곧 이어 부드러운 말씨를 쓰는 그들의 상투적인 계획에 따라 일본은 이노우에 백작을 전권 대사로 임명함으로써 사태를 무마하려 했다.

이노우에는 죽은 민비의 모든 직위를 복직시켰다.[19] 그에게는 명성황

---

19) 이 점에 대해서는 필자가 다소 오해하고 있다. 그를 복위시키는 것은 일국의 사신이 할 수 있는 일이 아니었으며 고종의 명의로 발표되었다.

후[20]라는 시호가 내려지고 그를 추모하고자 덕성사[21]라는 절을 지어 주었다. 그의 행록을 쓰려고 22명의 고위 관리가 필자로 임명되었으나 왕은 여전히 대궐에 갇힌 몸이 되었다.

그러던 차에 푸른 하늘에서 날벼락이 떨어졌다. 이 무렵 서울 주차 러시아 공사 웨베르[22]는 매우 훌륭한 인물이었으며 그의 아내 또한 남편에 못지않게 천부적인 재질과 애정을 가진 사람으로서, 남편을 훌륭하게 내조했다. 그는 고종과 접촉을 유지하면서 그를 돕는 데 최선을 다했다. 이제 그는 한 발자국 더 내디뎠다. 러시아 공관의 수비대가 160명으로 증가되었으며 그런 일이 있음과 거의 동시에 국왕이 그의 감옥과 같은 대궐을 탈출하여 러시아인들에게 몸을 피했다는 사실이 발표되었다.

새벽 7시가 조금 못 되어 왕과 세자는 여인들처럼 가마를 닫은 채 은밀히 대궐을 빠져나갔다. 그들의 파천은 용의주도하게 계획된 것이었다. 1주일 전부터 궁녀들은 자기들이 빈번하게 왕래한다는 것을 궁정수비대에게 보여주려고 대궐의 여러 문을 통하여 가마를 타고 수없이 드나들었다. 그리하여 두 대의 가마가 나가던 그 날 아침에도 수비대들은 별다른 주의를 기울이지 않았다.

왕과 세자는 매우 불안하고 떨리는 마음으로 러시아 공사관에 도착했다. 러시아인들은 그들이 오는 것을 기다리고 있었으므로 즉시 문을 열고 영접했다. 한국에서는 왕이 밤에 일하고 낮에 잠자는 것이 관례였기 때문에 대신들도 몇 시간 동안은 왕의 파천을 모르고 있다가 왕이 그의 새로운 동지들의 보호 아래 안전하다는 소식을 밖에서 들었다. (아관파천)

그 즉시 서울은 발칵 뒤집혔다. 몽둥이를 든 사람, 돌멩이를 든 사람, 그

---

20) 본문에는 "Guileless, Revered"라고 되어 있다.
21) 본문에는 "Temple of Virtuous Accomplishment"라고 되어 있다.
22) 웨베르(Karl I. Waeber) : 제정러시아의 외교관. 북경과 천진에서 외교관으로 있다가, 멕시코 공사로 전임될 때까지의 14년 동안(1884~1897) 주한 공사 · 총영사로 활약하면서 러시아의 남진정책에 기여했다.

리고 어떤 사람들은 자기들이 잡을 수 있는 것이라면 어떤 무기라도 들고서 어마어마한 군중들이 모여들었다. 수많은 옛날의 조정 대신들이 러시아 공사관으로 달려가더니 한두 시간 안에 새로운 내각이 조직되고 구내각은 해체되었다.

각국 공사관과 영사관의 책임자들은 왕을 방문하여 그들의 경의를 표시했는데 일본 공사는 끝내 나타나지 않았다. 그로서는 이러한 움직임이 쓰라린 패배를 뜻하는 것이었다. 그날 늦게야 왕을 보호할 수 있는 군대를 소집하고 지난날의 대역의 우두머리를 참수해서 가지고 오라는 윤음이 각지로 퍼져나갔다. 이것은 폭도들의 감정을 끝내 터뜨리고 말았다. 두 대신인 내각총리대신 김홍집과 농상공부대신 정병하는 거리에 끌려나와 피살되었으며 다른 한 대신인 탁지부대신 어윤중은 그의 집에서 피살되었다.

어떤 의미에서 본다면 이 폭동은 평화를 가져왔다. 지방의 백성들은 이제라도 곧 일본인들에게 봉기할 기세였다. 한국인들에게는 일본인들이 압제자로서 전반적인 증오의 대상이 된 것으로 보도되었다. 그러나 그들의 왕이 다시 권력을 잡게 되자 그들은 평화롭게 가라앉았다.

제 4 장 독립협회

일본의 계획에 대한 제재가 하필이면 러시아에 의해서 가결되었다는 것은 일본에게 이중적인 타격을 주는 것이었다. 왜냐하면 이제 일본은 러시아야말로 그들이 타도해야 할 두 번째의 적으로 간주하게 되었고, 따라서 이미 러시아에 대한 개전을 은밀하게 준비하고 있었기 때문이었다.

러시아는 청일전쟁 뒤 시모노세키조약에 의해서 중국으로부터 할양된 요동반도를 일본이 반환해야 한다고 주장하면서 프랑스와 독일을 한편으로 끌어들임으로써 일본을 모독하는 데에 성공한 적이 있었다. 마지못해 이에 굴복했던 일본은 이 북방의 거인과 교전할 수 있도록 하려고 또다시 9년 동안의 준비로 들어갔다.

1890년대가 되자 러시아는 세계 평화에 대한 최대의 위협으로 여겨졌다. 시베리아 남부 지방에 대한 러시아의 팽창은 인도에서의 영국 세력에 위협을 주었으며, 태평양으로 향하는 철도 건설은 일본을 위협했다. 러시아는 청국에 관한 회의가 있을 적마다 우위를 차지하려 대들었으며 한국에 대해서도 야심을 품고 있다고 열강은 믿었다.

독일은 프랑스와 러시아가 마치 집게 속의 호두처럼 자기를 양쪽으로 쥐어짜리라는 전망에서 두려움을 가지고 사태를 바라보고 있었다. 러시아의 정치가들은 다다넬즈 해협[1]을 통하여 남쪽 바다로 나갈 수 있는 출구를 얻으려 몰두하고 있었다. 몇 해 전만 해도 "러시아가 콘스탄티노플[2]에 들어가서는 안 된다."는 것이 영국의 학생들 사이에서 유행하는 신조의 한 부분이 되어 있었다.

영국이 극동에서 현상을 유지하고자 1902년에 일본과 동맹 조약을 체결함으로써 세상을 놀라게 한 것은 러시아가 무엇을 할는지 모른다는 두려움 때문이었다. 일본은 지난날의 비통함을 지울 수만 있다면 어떠한 조건도 감수할 뜻이 있었기에 애당초에는 그러한 목적을 위해서 이토 히로부미 공작을 당시 제정 러시아의 수도인 상 페테르부르크에 보내어 러시아와의 동맹을 모색한 적이 있었다.

그러나 러시아는 너무도 오만했고 자신에 가득 차 있었기 때문에 그러한 절차를 비웃고 말았다. 그리하여 일본은 영국으로 향하여 돌아섰고 예정된 대답을 들을 수 있었다. 이 동맹조약에서 영국과 일본은 청국과 한국에 대한 어떠한 침략적인 성향도 부인하면서 한국에서 일본이 특수한 이해 관계를 가지고 있다는 점을 인정했다.

영일동맹은 세계 질서 속의 일본의 위치를 위하여 청일전쟁에서의 승리보다 더 주요한 전진의 의미를 담고 있었으며 더 중요한 진보를 위한 전조가 되었다. 그러나 우리가 이를 좀 더 잘 알려면 우리의 이야기를 좀 더 거슬러 올라가게 된다.

한국의 왕은 아관파천 이후 얼마 동안 그곳에 머물면서 정사를 처리했다. 1896년이 되자 러시아와 일본과 한국 사이에 왕이 환궁하며 일본은 재한거류민을 엄중히 통제한다는 데에 동의가 이루어졌다. 한국에는 일본인의 전선을 보호하고자 잠시 동안 소수의 일본 군대를 주둔시키기로 되어 있었으며 한국 정부에 의해서 평화와 질서가 회복되면 그 군대는 일본 헌병으로

1) 다다넬즈(Dardanelles) 해협 : 북위 40°, 서경 25°에 위치한 아시아 터키와 대안인 구라파 터키 사이에 있는 만으로서 흑해로 들어가는 입구인 요충임.
2) 콘스탄티노플(Constantinople) : 터키의 옛 수도, 지금의 이스탄불.

교체하기로 되어 있었다.

이 협정은 한국의 왕[지금은 황제의 칭호를 쓰고 있음]에게 자신과 그의 나라를 구할 수 있는 마지막 기회를 제공했다. 일본인들의 침략 시도는 제지를 당했다. 이 무렵 러시아는 매우 신중하게 행동하고 있었다. 많은 외국인 고문들을 초빙하였으며 여러 가지 개혁을 창안했다. 진보적인 정치인들이 대신의 자리에 올랐으며 젊은 개혁주의자인 서재필은 미국으로부터 귀국하여 중추원 고문으로 발탁되었다.

그러나 전반적으로 볼 때 그 결과는 우리를 실망시키고 있었다는 점을 시인하지 않을 수 없다. 모종의 중대한 개혁이 이루어졌다. 이 나라의 1880년대의 초엽의 상황을 알고 있는 사람들에게는 1894~1904년의 시기에 있었던 발전이 놀랍게 보였을 수도 있다. 서울과 제물포 사이에는 현대식으로 운영이 잘 되는 철도가 부설되었고 그 밖의 철로도 계획·측량되는 등 공사가 시공 중에 있다.

서울에는 전기가 들어오고 전차가 다니며 영화가 상영되었다. 서울 주위에는 훌륭한 도로가 개통되었다. 중세기적인 낡은 습속들이 많이 없어졌다. 주로 선교사들의 활동에 힘입어 학교와 병원이 전국적으로 확대되어 갔다. 국민 가운데 많은 사람들이 기독교로 개종했는데 특히 북부 지방에 신도들이 많았다.

위생 시설이 개선되었으며 해안에는 측량과 해도의 작성 그리고 등대의 건설이 시작되었다. 상류 사회의 많은 한국인들이 해외로 건너갔고 젊은이들은 미국의 대학에서 공부를 마치고 돌아오고 있었다. 경찰은 현대식 복장을 입고 현대식으로 훈련을 받았다. 그리고 적은 수효의 신식 군대가 창설되었다.

이와 같은 개혁에도 불구하고 여러 가지 일들이 만족스럽지 못한 상태였다. 왕비가 살해되던 날 밤과 그 다음에 일어난 사태로 말미암아 정신 건강이 나빠진 국왕은 심약해졌고, 마음이 굳건하지 못했으며, 매사를 의심했다. 그는 자신의 대권 하나 이외에는 어느 곳에도 마음을 의지할 수가 없었다. 그리하여 그는 그 대권을 놓치지 않으려고 몹시 노력했다.

그러던 가운데 그의 총신들과 외교 고문들이 왕권을 제한하는 입헌군주제를 수립하려고 노력한다는 확신이 서게 되자 그는 끝내 반진보적인 집단에다 자신의 운명을 내던지고 말았다. 그리고 사법 제도에도 실질적인 개혁은 일어나지 않았다. 감옥은 중세기적 공포를 자아내고 있었으며 모든 사람들은 왕과 그의 측근들의 의사에 자신의 생명과 재산을 맡기고 있었다.

외국인 고문 가운데 몇몇 사람은 높은 자질을 가지고 있었지만, 그 밖의 사람들은 그의 직책에 적합하지 않았으며 자신의 개인적인 목적과 치부를 위해 자기의 직책을 이용했다. 외국인 고문이나 공사들과 외국 상사원들은 한국 정부를 희생하면서까지 노골적으로 치부를 하는 데 담합하는 경우가 종종 있었다. 체결된 계약이나 납품된 물자 가운데 어떤 것은 합리적인 방법으로는 설명할 수 없는 것들도 있었다.

구미 열강과 미국의 사절들은 하나의 거대하고도 행복한 가족과 같았으며, 서울에서의 그들 집단의 생활은 오랫동안 방탕한 생활을 했기 때문에 임지에 도착한 뒤에도 얼마 동안 그는 자신을 만나려고 찾아온 한국의 대신들을 만날 수가 없었다. 그의 공사관 직원들은 본국에 사실을 보고할 때까지 그를 가까이서 감시했다. 그러다가 그는 곧 소환되었다.

국왕이 일본의 제약으로부터 벗어난 이후 대신과 고문 등의 권좌에 오른 젊은 한국인들은 개혁을 추진하고 교육을 진작시키고 백성들을 위한 정치 제도를 도입하려고 애썼다. 그들은 영국의 관리인 브라운(지금은 Sir John이 되었음)[3] 씨로부터 도움을 받았다.

---

3) 브라운(John McLeavy Brown : 1842~1926) : 영국의 외교관이며, 법률학자, 법학박사. 중국에 진출하여 북경 주차 영국공사관의 문부사(1864~1872), 참찬관(1871~1872), 해관(1872), 세무사(1877) 등을 지냄. 영국의 대한 진출의 일환으로 1893년 탁지부의 고문으로 부임했다가 러시아의 압력으로 1897년에 퇴진했다. 그 뒤 북경 주차 영국 공사관 참찬관(1906)으로 봉직함.

청국의 세관에서 경험을 쌓은 브라운 씨는 영국 정부의 천거로 한국의 탁지부와 해관의 책임을 맡았다. 이와 같은 임명은 영국 정부가 한국 문제에 관하여 좀 더 적극적인 관심을 갖는 것으로 풀이되기를 바랐지만 불행하게도 한국은 너무 멀리 있었고, 해외에서 더 이상의 부담을 지지 말아야 한다는 것이 그 당시의 지배적인 이상이었다.

국고를 치부의 수단으로 삼고 있는 모든 사람들에게 브라운 씨는 공포의 대상이었다. 심지어는 국왕도 자신의 사치가 제지당하고 있음을 알았다. 왕실의 사업 계획은 지연되었으며 쓸데없는 낭비는 다른 좋은 목적을 위하여 전용되었다. 이를테면 국왕이 죽은 민비를 위해 크고도 새로운 기념궁을 짓겠다고 발표했다.

그러자 브라운 씨는 그보다 먼저 해야 할 일은 그곳에 좋은 도로를 건설하는 것이라고 지적했다. 그럼으로써 나라의 영원한 이득을 위하여 도로가 건설되었고 기념궁의 건립은 연기되었다. 묵은 빚을 청산함으로써 국고를 저축할 수가 있었다. 자신의 수입이 제한되고 자신의 친척을 위한 한직들이 떨어져 나간 사실을 발견한 관리들은 국고를 지키고 있는 이 영국인을 몰아내려고 손을 잡았다.

바로 이 무렵에 러시아의 책임자가 경질되었다. 웨베르(Karl I. Waeber) 씨가 서울을 떠남으로써 그를 알고 있는 모든 사람을 서글프게 했으며 스페이어[4] 씨가 그 후임으로 부임했는데, 그는 러시아의 팽창 정책의 가장 공격적인 측면을 보여 주었다.

한 러시아의 관리[5]가 브라운 씨의 후임으로 임명되었다. 그는 취임 초에

---

4) 스페이어(A. de Speyer) : 제정러시아의 외교관. 일본 주차 러시아 공사관의 서기관으로 부임했다가 1885년에 묄렌도르프의 요청으로 내한하여 1896년 이래 러시아 공사를 역임했다.

5) 알레시에프(Kerr Alexieff)를 뜻함. 그는 주임러시아 공사관의 서기관으로 있다가 묄렌도르프(G. von Moellendorff)의 요청으로 연군 교관으로 방한하여 (1884) 1896년에는 웨베르의 후임으로 공사가 됨. 아관파천의 주역으로서 그 뒤 주한 대리 공사가 됨(1897).

서부터 한국 관리의 봉급을 두 배로 올려 주었다. 이렇게 함으로써 그는 많은 사람들을 브라운 씨에 반대하게 만들었다. 러시아의 관리가 임명되었음에도 불구하고 브라운 씨는 자기의 직책을 지켰다.

브라운 씨를 그의 직책으로부터 몰아내려고 적극적인 시도가 마련될 무렵 영국의 함대가 제물포에 나타났다. 브라운 씨는 영국의 세력에 크게 힘입어 그 자리에 복직되었다. 러시아인들이 굴복하고 브라운 씨는 해관의 책임자로 눌러앉았지만 지난날처럼 탁지부를 전관할 수는 없었다.

만약 이 무렵에 영국과 미국이 한국 문제의 처리에 손을 썼더라면 미래에 닥쳐올 많은 분쟁들을 피할 수 있었을지도 모른다. 그들은 "약한 민족의 짐을 져 주는" 제국적인 역할로써 그러한 일을 할 수 있었을지도 모른다.

많은 한국인들이 미국의 개입을 원했고 또 그렇게 하고자 노력했지만 미국인들은 자기 자신의 국가만을 위해서가 아니라 그를 필요로 하고 있는 전 세계를 위해서라도 미래에 그가 당면하게 되는 문제, 곧 강대국은 무서운 책임을 지고 있다는 사실을 그 당시로서는 인식하지 못하고 있었다.

아관파천 이후의 적극적인 개혁 기간 동안에 개혁파들은 한국의 단결을 지속시키려고 하나의 단체를 만들었다. 그 책임자는 갑신정변 당시에 소년의 몸으로서 장군이 되었던 서재필 박사였다. 이 운동은 괄목할 만한 의미를 지니고 있는 것 가운데 하나였다. 서재필 박사는 나의 요청을 받고 그 당시에 있었던 일을 다음과 같이 기록해 주었다.

독립협회에 관한 서재필의 회고록

1896년 초에 나는 당시 정부의 고위층에 있는 몇몇 한국인들의 간곡한 초청을 받고 고국을 떠난 지 12년 만에 한국에 돌아왔다. 그러나 내가 한국에 도착했을 때 나는 나를 초대했던 한국인들이 자의나 타의로 공직을 떠나 그들을 만날 수 없다는 것을 알았다. 그들 가운데 몇 사람은 목숨을 건지려고 조국을 떠나지 않을 수 없었던 것처럼 보였다. 그 무렵 한국의 정부는 거의 매달 바뀔 정도였다.

애당초 나는 중추원 고문의 직함으로써 한국 정부를 돕고자 했고, 그들도 그러한 방향에서 내가 그들에게 봉사할 수 있도록 5년간의 고용 계약을 제시했다. 나는 그들의 제안을 수락했고 몇 가지 조언을 제공했다. 처음 한두 달 동안 국왕과 그의 대신들은 나의 몇 가지 충고를 받아들였으나 그들은 자신들이 나의 충고를 따를 경우 자기들의 개인적인 계획이나 특권이 방해받을 수도 있다는 사실을 발견했다.

그리하여 그들은 내가 국왕의 친구가 아니라 한국 "백성"의 친구라고 왕에게 말했는데 그 무렵에는 백성의 친구라는 것은 곧 반역과 같은 것으로 여겨졌다. 조정에서의 나의 영향력은 날이 갈수록 약화되었고 나의 조언은 무시되었다. 나는 한국 정부를 공식적으로 도우리라던 꿈을 포기하고, 한국의 백성들을 위하여 개인의 자격으로 봉사할 수 있는 계획을 세웠다.

나는 먼저 『독립신문』이라는 한글판 신문과 *The Independent*라고 하는 영자 신문의 발행을 시작했다. 애당초 이 신문은 반(半) 주간지로 발행되다가 시간이 흐르자 격일간지로 발행되었다. 국민들은 국자지(國字紙)를 열심히 읽어 발행 부수는 급속히 증가했다. 나는 매우 고무적이었으며 그것이 뭔가 좋은 일을 위해서 상당한 영향력을 행사하고 있다고 믿었다.

신문은 관리들의 극악무도한 부패 행위를 중단시켰으며 백성들은 이 신문이야말로 그들의 지배자에게 의견을 전달할 수 있는 언로(言路)라고 생각했다. 이 작은 종이쪽지는 서울과 그 근교뿐만 아니라 전국의 벽지에까지 퍼져 나갔다. 한 구독자가 그것을 받아 보고 다 읽은 다음에는 이웃에게 넘겨주었다.

이런 식으로 해서 한 신문을 적어도 200명 이상이 읽었다는 것은 서글픈 일이면서도 흥미 있는 일이다. 그렇게 된 이유는 우선 대부분의 백성들이 신문을 사 보기에는 너무도 가난했다는 점과 그 당시로서는 적절한 발송 수단이 없어서 신문을 독자에게 전달하기가 어려웠다는 점 때문이었다.

신문이 고무적으로 전파되자 나는 독립협회라는 한 토론회를 창설하여 서대문 밖에 하나의 커다란 건물을 빌렸는데, 이 건물은 본시 옛날 한국을 방문하는 외국 사절들을 정부가 접대하고자 지은 것[영은문]이었다. 실내 공간도 넓고, 널찍한 뜰에 둘러싸여 있어 한국에서 군중 집회를 갖기에는 가장 적합한 장소였다.

당초에 이 모임이 조직되었을 때는 5~6명의 회원만이 있었지만 3개월이 지나자 회원은 거의 1만 명으로 증가했다. 거기에 가입하는 데에는 어떤 제척(除斥) 사유나 형식이 없었고 회비나 입회 절차도 없었다. 그런 결과 수많은 사람들이 이에 가담하게 되었는데, 그들 가운데 는 호기심 때문에 찾아온 사람도 있었고 또 어떤 사람은 의회의 군중 집회를 이끌어 가는 방법을 배우려고 온 사람도 있었다.

토의된 주제는 대체로 정치와 경제의 문제였으나 종교와 교육의 문제도 짚고 넘어갔다. 처음에는 한국인들이 청중 앞에 서서 공개 연설을 하는데 수줍어했으나 몇 번 지도해 주고 격려해 준 다음에는 그 가운데 몇 백 명이 매우 효과적인 연설을 할 수 있다는 점을 나는 발견했다. 나는 한국인들이 공개 연설에 천부적인 재질을 타고났다고 믿는다.

물론 거기에서 발언된 모든 것들이 논리적이거나 계몽적이었던 것은 아니다. 그럼에도 불구하고 새로운 생각들이 숱하게 쏟아져 나왔고 그러한 것들은 매우 유익했다. 그밖에도 평등한 입장에서 여러 가지 주제를 토의하는 조용하고도 질서 있는 태도는 그곳에 참석한 청중들과 한국의 젊은이들에게 놀라운 자극을 주었다.

창립 1년 만에 독립협회의 영향력이 매우 강대해지자 회원들은 독립협회야말로 이제까지 한국에서 생성했던 조직 가운데 가장 찬란한 것이라고 생각했다. 내가 목격한 것 가운데 가장 주목할 만한 것은 한국의 젊은이들이 그토록 복잡한 의회 제도의 규율을 이해하고 터득하는 데 매우 빠르고도 이지적인 태도를 보였다는 사실이다. 몇몇 젊은이들이 절차상의 문제를 지적하는 것을 나는 흔히 목격했는데 이는 매우 주요한 일로서 서구라파의 노련한 의회 지도자들에게도 가치 있는 일이었다.

독립협회의 영향력이 점차 증대하여 가자 한국의 관리들뿐만 아니라 러시아나 일본과 같은 나라의 사절들도 이에 대하여 두려움을 느끼기 시작했다. 일본이나 러시아는 한국의 국민들 사이에 여론을 조성한다는 발상을 달갑게 생각하지 않았다. 독립협회의 회원들은 공적인 신분을 가지고 있지는 않았지만 그들은 협회의 회의 동안에는 자유로운 발언의 특권을 누렸으며 한국에서 사사로운 욕심을 차리려고 어떤 계획을 꾸미고자 하는 외국인들은 물론 한국의 관리를 비판하는 데도 주저함이 없었다. 1년 반쯤 지나자 독립협회의 반대 세력이 주목할 만큼 나타났는데 그것은 국민들 사이에서가 아니라 몇몇 관리들과 외국공사관의 직원들 사이에서 나타났다.

한국의 역사상 정부가 민주주의의 힘을 최초로 체감한 것은 러시아가 한국에 많은 군인들을 투입하여 한국 군대를 훈련시켰을 때였다. 이 문제가 독립협회의 토론 주제가 되어 논쟁에 참여한 사람들 사이에 이 계획이 찬반으로 심각하게 논의되었을 때, 이들의 공통된 의견은 군부(Military Department)를 외세에 넘겨주는 것은 곧 자살이나 다름이 없다는 것이었고, 따라서 그들은 정부에게 이와 같은 정책을 중단하도록 설득하기로 결의했다.

그 다음날 1만 명이 넘는 회원들은 대궐문 앞에 모여 자기들은 러시아 군사 교관의 초빙은 위험한 것이라고 생각하기 때문에 그 계획을 철회하라고 황제에게 청원했다. 황제는 여러 차례 사람을 보내어 그들이 해산할 것을 설득하는 한편 러시아 군사 교관을 초빙하는 데에는 위험이 없다고 설명했다. 그러나 군중은 해산도 하지 않았을 뿐만 아니라 황제의 설명을 납득하지도 않았다. 그들은 러시아와의 계약이 철회될 때까지 조용히 그리고 단호하게 왕궁으로부터의 철수를 거부했다.

교관 초빙 계약에 반대하는 시위가 일어났다는 소식을 들은 러시아 공사는 한국 정부에 매우 협박적인 편지를 보내어, 한국 정부는 필요하다면 무력을 써서라도 군중을 해산해야 하며 러시아 정부에게 이기적인 동기가 있다는 세론(世論)을 중지하도록 압력을 넣었다. 만약 이 시위가 중지되지 않는다면 러시아 정부는 한국에 있는 모든 군대를 즉시 철수할 것이며 한국은 그 결과에 대해서 책임을 져야 한다는 것이었다.

만약 한국인들이 이번 계약을 취소하도록 요구한다면 한국에 매우 불행한 결과가 초래될는지도 모른다는 설명과 함께 위의 공한이 전달되었다. 그러나 국민들은 그 결과가 어떤 것이든 간에 자신들이 그 결과에 대해서 책임을 질 것이며 러시아 교관이 자기들의 군대를 관장하도록 해서는 안 된다고 정부에 말했다. 드디어 한국 정부는 러시아 공사에게 그들의 장교들을 철수시킬 것을 요구했고 계약의 취소로 말미암은 손해를 변상해 주었다. 이렇게 되어 국민의 의지는 승리를 거두었다.

그러나 이 사건은 독립협회에 대한 반대 세력을 과거 어느 때보다도 강력하게 만들었다. 정부는 한국에서 영향력을 행사하고 있는 독립협회의 영향력에 대항하고자 전국의 보부상들로 구성된 하나의 반대 집단[6]을 조직했다. 1898년 5월, 나는 미국을 향하여 다시 조국을 떠났다.

서재필 박사는 미국 시민권을 가지고 있었기 때문에 한국 정부로부터 체포를 면할 수 있었고 그에게 일어날 수 있는 최악의 사태는 추방이었다. 이제 독립협회 운동에 앞장섰던 젊은이들은 그러한 면책을 요구할 수 없었다.

명문가의 후손으로서 과거에 급제하여 벼슬에 오르려고 유교적인 교육을 받았던 이승만은 외국인 교사에게서 교육받은 친구들의 얘기나 서구라파 종교에 대해서 얘기를 들을 때면 멸시와 싫증을 느끼던 사람이었다. 그의 부모들은 경건한 불교도이면 유학자였기에 그도 부모의 가르침을 따랐다.

그러나 만약 공적 생활에 성공하려면 영어를 알아야 한다는 것을 발견한 이승만은 서울에서 아펜젤러[7]가 경영하는 배재학당에 입학했다. 그는 독립

---

6) 황국협회(皇國協會)를 뜻함. 1898년에 법부협판 이기동이 창설하여 회장이 된 다음 독립협회의 대항 세력으로 활약하다가, 독립협회의 해산과 더불어 지리멸렬해짐.

7) 아펜젤러(H. G. Appenzeller : 1858~1902) : 미국 펜실베이니아 손더븐 출신. 드류대학 신학과를 졸업한 뒤에 일본에 도착(1884). 한국어를 공부한 뒤 1885년에 입국. 감리교회와 배재학당을 창설. 성서 번역. 목포 성서 번역자 회의에 참석차 내려가다가 해상 참사로 순교함.

협회의 회원이 되어 자신의 주장을 펴려고 한일 간 신문을 발행했다.[8] 젊고 과격하며 정열적이었던 그는 곧 독립협회의 요직을 차지했다.

독립협회의 회원들은 순수한 개혁에 대한 확신을 가지고 있었지만 민중은 아직도 뒤떨어져 있었다. 그들에게 반대하던 수구파들은 이제 실질적으로 모든 공직을 장악했다. 독립협회는 대중적 선동을 시작했으며 몇 달 동안 서울은 소란에 빠졌다. 거대한 민중 집회가 매일 계속되자 모든 사람들이 이에 참가하고자 상가도 철시했다.

심지어는 이제까지 뒷전에 물러나 있던 아녀자들까지도 동요되어 개혁을 주장하고자 그들 자신의 모임을 가졌다. 이러한 움직임에 대항하고자 수구파에서는 지난날의 비밀 결사인 보부상을 소집하여 도움을 청했다. 이 조직은 지난날에는 매우 유용한 반동 단체였다. 조정에서는 공정한 정사를 약속했으며 여러 가지 형식적인 개혁의 개요를 제시했다. 독립협회가 요구하는 것은 주로,

(1) 외국의 통제를 배격할 것,
(2) 외국에게 이권을 주면서 신중할 것,
(3) 중요한 범죄자는 공개 재판에 회부할 것,
(4) 국고를 정직하게 처리할 것,
(5) 그리고 모든 사람에게 정의로울 것

등이었다. 결국에 가서는 여기에 다른 하나의 요구가 추가되었는데 그것은 다름이 아니라 인민 대표를 선출해야만 한다는 것이었다.

보부상들이 그 세력을 조직화하자 국왕은 독립협회의 해산을 명령했다. 회원들은 모두 경무청으로 달려가 자진 피포를 요구하는 것으로 응수했다.

---

8) 이승만(李承晚)이 어떤 신문을 발행했다는 것은 확인되지 않는다.

1898년 초, 17명의 협회 지도자들이 투옥되었는데 만약 그 당시에 군중이 항의하지 않았더라면 그들은 죽음을 당했을는지도 모른다. 민중이 일어나 매우 격렬한 시위를 벌이자 결국 투옥된 지 5일 만에 지도자들은 석방되었다.

이제 정부는 민중을 무마하고자 진정한 개혁을 추진하겠노라고 약속했다. 그러다가도 격노한 군중들이 진정하면 개혁은 또다시 연기되었다. 어떤 경우에는 서울의 시민들이 그들의 요구를 되풀이하고자 중심가로 몰려들었을 때 경찰은 무기로써 공격하여 그들을 해산시키라는 명령을 받았다.

경찰은 그에 대한 복종을 거부하고 그들의 휘장을 떼어 던지며 민중의 요구가 곧 우리의 요구라고 말했다. 그러나 외국인의 지휘를 받고 있던 군인들은 왕명을 수행하면서 주저함이 없었다. 그 다음 단계로 몇 만 명의 군중이 옛날의 그들 민족의 습속대로 대궐 앞에 나아가 14일 동안 밤낮으로 조용히 앉아 있었다. 한국에서는 민중의 분노를 시위하는 방법으로서 이것이 가장 효과적이다. 조정은 크게 당황했다.

보부상들은 대항 시위를 하고자 서울의 다른 모퉁이에서 집회를 가졌다. 독립협회의 회원들이 숫적으로 가장 열세였던 어느 날 이른 아침에 보부상들은 독립협회를 공격하여 몰아내었다. 독립협회원들이 다시 몰려오려고 했을 때 그들은 경찰이 가로막는다는 것을 알았다. 그 뒤 며칠 동안 민중파와 수구파 사이에 싸움이 벌어지자 왕은 이를 진정시키려고 대궐 앞에서 모든 민중을 접견하겠다고 약속했다.

장엄한 분위기 속에서 왕의 알현이 이루어졌으며 그 자리에는 외국 사절과 조정의 대신들도 참석했다. 황제는 특별히 만든 보좌에 앉아 독립협회의 대표들을 만나 그들의 입장에 대한 설명을 들었다. 그들은 왕이 국가의 존엄을 유지하고 정의를 구현하려면 지난날의 약속을 지켜야 한다고 요구했다. 그에 대한 답변으로 황제는 그들의 중요한 요구를 응낙한다는 공식적인 문빙을 주었다.

군중들은 승리한 기분으로 해산했다. 독립협회의 회원들은 자기들이 승리했다고 생각했으므로 마음이 해이해졌다. 그런 순간에 수구파에서 일격을 가했다. 개화파들은 공화국을 세우려 한다는 비난을 받았다. 박영효를 불러들이려는 계획이 점차 진척됨에 따라서 그들의 조직 안에 불화가 일어나기 시작했다. 협회원 가운데 서도 더 과격한 몇몇 사람들은 말을 거칠게 함으로써 공식적인 탄압을 가능케 하는 구실을 주었다.

여러 가지 구실로 협회 지도자의 대다수가 체포되었다. 총칼 앞에서 모임들은 해산되고 개혁 운동은 무너졌다. 황제는 자기가 개화파를 분쇄하도록 했는데, 그 시간이 바로 황실의 어두운 운명을 선언했고 자기의 국토를 외국인에게 넘겨 줄 순간이라는 점을 모르고 있었다. 독립협회가 분쇄된 데에는 외세의 책임이 크다고 서재필 박사는 아직도 주장하고 있다. 어떠한 열강도 한국이 강성해지는 것을 원치 않았다는 것이다. 그는 다음과 같이 덧붙이고 있다.

> "독립협회가 역사의 장에서 사라진 것은 한국 역사상 가장 불행한 일 가운데 하나이지만 그런 가운데 도 한 가지 위로받을 점이 있는데 그것은 다름이 아니라 독립협회의 운동을 통하여 한국에 민주주의의 씨가 뿌려졌다는 점이다. 오늘날 한국에서 독립 운동을 전개하고 있는 지도자들은 거의가 지난날의 협회원으로서 독립협회가 붕괴하면서 전개된 전면적인 박해를 피하여 어떻게든 살아남은 사람들이라는 점이다. 금년(1919)에 백성들에 의해 선출된 8명의 임시 정부 각료 가운데 6명이 지난날 독립협회에서 적극적으로 활동한 인물들이었다."

체포된 독립협회 회원 가운데는 이승만이 있었다. 회원 가운데에서도 남보다 온건한 사람들에게 어떤 의미에서 후원을 제공하고 있던 외국인 단체는 협회원들이 참고 견디는 데 영향력을 미치고 있었다. 그들은 며칠 안에 협회 지도자들이 석방될는지도 모른다는 사실을 알고 있었다.

실제로 그 가운데 몇 사람은 석방되었다. 그러나 이승만과 그 무리들은 정부에 대한 폭동을 선동하고자 석방 직전에 탈옥했다. 그들의 친구들은 오해로 말미암아 그 순간에 그들을 도와주지 못하여 즉시 다시 체포되었다.

이제 이승만은 황제로부터 대단한 분노를 샀다. 그는 가장 후미진 감방에 수감되어 7개월 동안 땅바닥에 고착된 죄수들과 함께 지냈다. 그들의 머리에는 칼이 씌워지고, 그들의 발에는 족쇄가 채워지고, 그들의 손에는 사슬이 감기어 팔목이 머리에 와 닿아 있었다. 때에 따라서 이승만은 밖으로 끌려나와 옛날식의 고문을 당했다.

이승만은 자신이 죽으리라고 생각하고 있었기 때문에 어느 날 밤 그가 처형되리라는 말을 들었을 때 차라리 마음이 가벼웠다. 그의 사형은 이미 신문에 보도되었다. 그러나 간수들은 이승만이 아니라 그 다음으로 묶여 있는 사람을 데리고 나갔다. 이승만은 그에게 자신이 죽은 뒤 그의 아버지에게 전해줄 작별 인사를 몰래 전달했다. 그는 사형에서 종신형으로 감형되었다.

감옥에 드러누워 있는 이 젊은 개화파의 마음은 그가 선교사 학교에 다닐 때 들은 설교 말씀을 생각했다. 그는 기독교의 하나님에게로 머리를 돌리게 되었으며 그의 첫 번째 기도는 누구나가 다 그렇듯이 "하느님, 내 조국과 내 영혼을 구하소서."라는 것이었다.

어머니의 태반과 같이 어두운 그의 감방은 그에게 하나님의 궁전이 되었다. 왜냐하면 이곳에서 하나님이 그의 영혼에게 응답했고 그는 평화를 찾았기 때문이었다. 그는 간수들과 사귀었다. 그들 가운데 하나가 그에게 작은 성경책 하나를 몰래 집어넣어 주었다. 자그마한 창문으로 흘러 들어오는 희미한 불빛으로 그는 성경 구절들을 한 줄씩 한 줄씩 읽어 내려갔다.

이승만이 성경을 읽을 때면 다른 죄수 하나가 그를 위해 성경책을 들어주었다. 왜냐하면 그는 손이 묶여 있어 그것을 잡을 수 없었기 때문이었다. 그리고 다른 죄수는 간수가 오는 것을 알려 주려고 문간에서 기다리고 있었다. 그 작은 감방에서 한 사람씩 한 사람씩 하나님을 만나게 되었고, 그 간

수도 결국 개종했다.

지옥과 같은 감방 생활을 한 지 7개월이 지나자 이승만은 좀 더 방다운 감방으로 옮겨 다소 자유로워졌지만 그러나 아직도 그의 목과 몸에는 사슬이 감겨 있었다. 그는 감옥의 죄수들을 개종시킴으로써 하나의 교회를 만들었다. 그리고는 교재를 얻어 수업을 시작했다. 그는 조금도 그의 원칙을 누그러뜨리지 않았다.

이승만은 수감 중에 『독립 정신』이라는 책을 썼다. 지난날의 선교사 친구들이 그를 찾아내어 그를 위해 할 수 있는 일을 해 주었다. 수구파들이 권력을 휘두르면서 기회가 있을 때마다 개화파를 체포하여 투옥시켰기 때문에 이승만은 감옥 안에서 많은 친구를 만났다.

새로운 수감자 가운데 에는 유명한 노정객 이상재가 있었다. 그는 지난날 워싱턴 주차 한국 대사관의 일등 서기관이었다. 이상재는 왕의 노여움을 사서 투옥되었다. 그가 수감되었을 때 그는 철저한 반기독교인이었다. 그러나 그는 2년이 못 되어 기독교계의 지도자가 되었다. 법적 절차가 끝나 석방된 이상재는 의정부의 총무국장[9]이 되었다.

기독교인이 되어 출감한 이상재는 그 뒤 공직을 떠나게 되었을 때 황성기독교청년회(Seoul YMCA)의 종교 사업 책임자가 되었다. 이상재는 한국에서 가장 존경과 사랑을 받는 인물이었다. 그를 아는 사람이면 누구나가 신념과 칭송으로 그를 말했다.

1904년에 이승만은 출옥했다. 그 뒤 그는 미국으로 건너가 조지 워싱턴 대학을 졸업하고, 하버드 대학에서 석사 학위를, 그리고 프린스턴 대학에서 박사 학위를 받았다. 그는 황성기독교청년회 직원의 자격으로 서울로 돌아왔지만 일본의 지배 아래에서는 정착할 수 없음을 알고 호놀룰루로 다시 건너가 그곳에서 한국인 학교의 교장이 되었다. 그 뒤 몇 년이 지나 그는 상해

---

9) 이상재는 내각과 관련하여 내각 총서(1895), 중추원 일등 의관(1896), 의정부 총무국장(1896)이 되었는데 여기에서 Secretary of Cabinet이란 후자를 뜻하는 것으로 보임.

임시정부의 대통령으로 선출되었다.

러시아가 청일전쟁 이후 삼국 간섭을 통하여 요동반도를 조차했을 때 그들은 한국을 일본에게 선물로 던져 주었다. 러시아와 일본은 한국의 독립을 인정하는 니시-로젠 의정서(1898. 4. 25.)를 체결했지만 러시아는 한국에서의 일본의 산업과 이해 관계가 우선한다는 사실을 분명히 인정하는 동시에 한국에 대한 일본의 상업적·산업적 정책을 방해하지 않으리라고 약속했다. 러시아의 군사 교관과 재정 고문도 철수했다.

황제는 아직도 반동파의 수중에 잡혀 있었다. 한때 물장수를 하다가 왕비를 구해 준 적이 있는 이용익은 의정대신이라는 총신이 되어 이제는 왕이 오른팔이 되었다.[10] 얼마 뒤 러시아는 자신의 관대함을 후회했다. 그리하여 그들은 서울에서 다시 지배권을 잡을 수 있는 길을 찾았다. 러시아는 기민하고 매력적인 파블로프(Pavloff)를 서울 주차 공사로 보냄으로써 일련의 음모가 시작되었다. 이용익은 러시아의 편을 들었다. 종말은 전쟁으로 치닫고 있었다.

러일전쟁이 일어나기 직전에 내가 겪은 개인적인 기억이 머리를 떠나지 않는다. 나는 서울에 있는 동안 이용익과의 면담에 초대받았다. 그의 방바닥에 웅크리고 앉아 우리는 몇 가지를 토론했다. 그 자리에서 나는 한국이 멸망하지 않으려면 개혁이 필요하다고 강조했다. 그 말을 들은 이용익은 한국이 미국과 구라파로부터 독립을 보장받았기 때문에 안전하다고 즉각 응답했다. 그와 나 사이에는 다음과 같은 대화가 오고 갔다.

M : 열강으로부터 보장받지 못한 조약이란 쓸모없는 것이라는 점을 귀하는 모르십니까? 만약 조약이 준수되기를 바란다면 당신이 먼저 조약을 지켜야 합니다. 지금 한국은 개혁을 단행해야 합니다. 그렇

---

10) 이용익(李容翊 : 1854~1907)은 심상훈 내각에서 군부대신, 탁지부대신과 내장원경 등을 역임한 바 있으나 총리대신에는 이르지 못했다.

지 않으면 멸망할 수밖에 없습니다.

이 : 다른 나라가 어찌하든 그것은 상관이 없습니다. 우리는 오늘 우리가 중립적이라는 사실과 우리의 중립이 존중되기를 바란다는 내용을 발송했습니다.

M : 만약 귀국이 스스로를 지키지 않는다면 그들이 왜 당신들을 지켜 주겠습니까?

이 : 우리는 미국과 약속을 했지요, 무슨 일이 있어도 미국은 우리의 우방이 되어 줄 겁니다.

이용익은 그러한 입장으로부터 자기의 결심을 조금도 움직이려 하지 않았다. 그로부터 3일이 지나자 러시아 선박 와리아크호와 코리에츠호는 제물포항에서 일본 함대의 포격을 받고 격침되었으며 일본 군대는 한국의 궁궐을 점령했다.

일본 공사 하야시 곤스케[11]는 자신이 받아 내야만 할 조건들을 불러 주고 있었다. 한국의 독립은 명목상으로는 아니라 할지라도 실질적으로는 무너졌으며, 이리하여 일본은 드디어 한국을 지배하려던 몇 백 년 동안의 염원을 이제 막 실현하려는 순간에 이르게 되었다.

11) 하야시 곤스케(林權助 : 1860~1930) : 일본의 외교관. 도쿄제대를 졸업하고 1899년에 조선에 입국하여 7년 동안 근무하면서 한일합방의 기초를 닦았다. 그 뒤 주이탈리아 · 주청국 · 주영국 대사와 각료를 역임했다.

제 5 장 새로운 시대의 개막 : 을사조약

이제 일본은 복종을 강요하는 입장이 되었다. 러시아는 더 이상 간섭할 수 없고 영국도 간섭하려 하지 않는다. 앞으로 자세히 기술하는 바와 같이 한일 간에는 새로운 조약이 체결되었다. 황제는 주저나 선택의 여지도 없이 동의를 강요받았으며 일본은 한국에 대한 공공연한 보호국으로서의 활동을 시작했다.

한국 정부는 일본을 전적으로 신뢰해야 하며 그의 지도를 따라야 한다. 그런 반면에 일본은 대한제국 황실의 "안정과 평화를 보장하고자 굳건한 우의(友誼)"를 약속했으며, 한국의 독립과 영토 보전을 분명히 보장했다. 일본은 러일전쟁 기간 동안에 군사 작전을 위한 모든 편의를 제공받도록 되어 있었다.

일본인들도 처음에는 매우 점잖게 처신했다. 그들에게 적대적인 태도를 취하던 한국의 관리들에게도 너그러웠으며 몇몇 사람들이 쉽사리 일본인 기업체에 취직되었다. 북진하는 군인들의 군기는 엄정했으며 한인들을 잘 대해 주었다. 자신이 먹은 음식에 대하여 는 후하게 식대를 지불했으며 군수품 수송에 투입된 노동자들에게는 넉넉한 보수를 지체 없이 지불함으로써 그들을 놀래게 만들었다.

노동자들의 노임은 높은 것이어서 노동 시장에 심각한 영향을 미쳤다. 하야시 곤스케는 황제를 안심시키려고 온갖 노력을 기울였으며, 일본은 한국의 번영과 한민족의 부강 이외에는 아무것도 바라지 않는다는 것을 거듭 약속했다. 미카도는 이토 히로부미를 특사의 자격으로 한국에 파견했으며, 그는 한일 간의 우의와 협력을 되풀이하여 강조했다.

이러한 일들은 결국 한인들의 마음을 움직이게 만들었다. 러시아인들은 군기가 문란하고 자제력이 부족했기 때문에 한국의 북방 사람들은 그들을 싫어하게 되었다. 특히 러시아 군들이 한국의 부녀자들을 겁탈하는 일이 자주 발생하게 되자 그 사이는 더욱 악화되었다.

나는 전쟁 초기에 한국의 북부 지방을 거의 전부 여행했는데 처음 몇 주 동안에는 가는 곳마다 일본인과의 우의를 귀가 아프게 들었다. 노동자와 농부들은, 일본인이 관리들의 압제를 막아 주리라고 기대했기 때문에, 일본인에 대하여 우호적이었다. 외국에서 교육을 받은 대부분의 상류 사회의 사람들은 일본의 약속을 믿었으며, 외국의 도움 없이는 이 땅에 원대한 개혁이 이룩되지 못한다는 것을 이제까지의 경험으로 절감하고 있었기 때문에 일본에게 동조적이었다.

그러나 일본인들은 승전이 계속됨에 따라 그와 같은 친절을 버리기 시작했다. 많은 소상인들이 일본군을 뒤따라 다녔지만 그들에게는 군대와 같은 기율이 보이지 않았다. 소상인들은 무기를 휴대하고 여행하면서 그들이 갖고 싶은 것을 취하고 하고 싶은 일을 마음대로 했다. 그렇게 되자 일본군은 노동자의 임금률을 낮추었으며, 임금을 넉넉히 지불하던 이제까지의 태도를 바꾸어 한국의 노무자들에게 당초 노임의 반액만을 지불하고 혹사시켰다. 일본군들은 또한 점차로 지배자인 듯한 분위기를 조성하기 시작했다.

그 동안 서울에서는 어떤 숨은 정책이 추진되고 있었다. 한국 정부는 많은 외국인 고문들을 고용했었다. 그러나 이들은 철저하게 제거되었다. 이들은 중도에서 해고되었지만 계약된 봉급의 전액을 받고 타의로 귀국했으며, 계약이 갱신되지 않으리라는 말을 들었다. 많은 일본인들이 고문으로 고용되었으며 정치 제도는 점차로 일본화되었다.

이와 같은 진행은 8월에 체결된 제1차 한일협약(한일외국인 고문 용빙에 관한 협정서)에 따라 서둘러 진전되었는데, 이 속약에 따라 한국의 황제는 행정권을 사실상 일본인에게 넘겨주었다. 황제는 탁지부에 일본인 고문을 고용하고, 통화 제도를 개혁하고, 군대를 감축하고, 일본의 군사·교육 제도를 채택하고, 사실상 외교 관계를 일본에게 양도한다는 데 합의했다.

이 새 협약의 첫 결과로 메가다 다네타로(지금은 남작)[1)]가 한국의 탁지부를 맡았다. 그는 곧 한국의 통화 제도를 철저히 그리고 모든 사람으로부터 칭찬을 받을 만큼 개혁했다. 한국의 화폐는 옛날 방법 그대로를 답습하고 있어 이 세상에서 가장 타락된 것 가운데 하나였다. 한국의 동전은 양화, 우량 위폐, 그리고 나쁜 위폐로 나눌 수가 있으며, 이 위폐들은 오직 야간에만 통용될 수 있을 만큼 조악하다는 영국 영사의 그 유명한 공문의 냉소는 어느 모로 보나 깊이 생각해 보지 않아도 얻을 수 있는 결론이다.

전쟁이 일어나기 전에는 돈을 거래할 때면 전문가를 고용하여 돈을 세고 또 위폐를 가려낼 필요가 있었다. 옛날 엽전은 매우 거추장스러워서 영국 화폐의 몇 파운드에 해당하는 엽전이면 노새 한 마리의 짐이 될 만큼 무거웠다. 메가다는 이러한 제도를 모두 개혁함으로써 통화 제도를 굳은 기반 위에 올려놓았다. 이러한 처사가 어느 정도 일시적인 부작용을 일으킨 것은 어쩔 수 없는 일이었지만, 한국을 위해서는 영원히 이익을 주는 것이었음이 확실했다.

일본이 그들의 세력을 확대하고자 그 다음 단계로 취한 것은 한국의 우편·전신 제도를 장악하기 위한 것이었다. 일본은 한국인들의 격렬한 항의에도 불구하고 이와 같은 조처를 취했다. 날이 갈수록 더 많은 일본 헌병들

1) 메가다 다네타로(目賀田種太郎 : 1853~1926) : 일본의 외교관. 남작. 하버드 대학을 졸업하고 법조계, 교육계, 재계에서 활약하다가 탁지부의 고문(1904~1907)이 되어 조선 병탄에 기여한 공로로 남작이 됨.

이 상륙했으며, 곳곳에 그들의 병영이 세워졌다. 그들은 모든 정치 활동을 규제하기 시작했다. 일본의 처사에 항의하는 사람들은 구금되거나 아니면 해외로 추방되었다.

악명 높은 친일 단체인 일진회는 온갖 방법으로 일본의 지원을 받았으며, 들리는 말에 따르면 그 회원들은 얼마 동안 일본으로부터 직접 봉급을 받았다고 한다. 그들은 일당 50전을 받았다. 서울에서는 누구도 일본군 사령부의 동의 없이는 정치 단체를 조직할 수 없으며, 일본 경찰의 허가와 입회가 없이는 정치 문제를 토의하고자 집회를 가질 수 없다는 포고문의 발표되었다. 정치 단체가 발송하는 모든 편지와 통지문은 우선 일본군 사령부의 검열을 거치는 거치도록 되어 있었다. 범인은 군법 회의에 회부되었다.

날이 갈수록 일본의 손길은 거칠어지기만 했다. 한국인들을 화나게 만드는 개혁이 몇 가지 이루어졌다. 일본군 당국은 모든 공직 활동에 일본 시간을 사용한다는 포고문을 발표했으며, 한국어로 된 도시 이름을 일본어로 바꾸었다. 이제 군법은 매우 엄격하게 집행되었다.

몇 만 명의 일본인 노무자들이 물밀 듯이 한국으로 밀려들었다가 다시 해외로 진출했는데 이들의 소행은 가장 악질적이었다. 이들은 일본에서는 엄하게 통제를 받았지만 한국에서는 마치 약자들의 주인인 양 행세했다. 한국의 관리들도 감히 그들을 처벌하지 못했으며 각 지방에 산재하여 있는 몇몇 일본인 거류민들도 이들을 억제하려고 하지 않았다.

노무자들은 가난하여 공부도 못 한, 그러나 육신만은 튼튼한 무리들이었다. 폭력을 가장 정당한 것으로 신봉하던 그들의 여러 대의 선조들로부터 받은 야수적인 전통을 핏속에 간직하고 있었다. 그들은 악질처럼 전국에 퍼져 나갔으며, 하고 싶은 일을 거리낌 없이 저질렀다. 주택이 마음에 들면 그 안에 사는 사람을 몰아내고 자기가 들어가 살았다.

일본의 노무자들은 한국인들을 구타하고, 범법하고, 살인했는데, 우리 서구인들로서는 그들의 소행의 전모를 한 마디로 적절히 표현할 수가 없다.

한국인들은 6펜스의 벌금에 처할 죄를 지어도 물속에 잡아넣어 죽였으며, 단순히 거추장스럽다는 이유로 사살했다. 많은 사람들이 기만과 협잡으로 집을 빼앗겼다.

한국인들과 이곳에 살고 있는 서구인들로부터 지금 이 시간에도 그와 같은 사건이 전국의 도처에서 자행되고 있다는 것을 듣는 것이 나의 의무로 되어 있다. 범법자들이 처벌을 받지 않고 풀려 나와도 누구 하나 말하는 사람이 없다. 한국인들이 무엇인가 항의를 하려고 일본 공사관을 찾아갔다가는 말단 직원들에게 내동댕이쳐지는 것이 일쑤이다.

일본인들을 가장 잘 아는 대부분의 사람들도 일본인의 처사에 놀라움을 금치 못한다. 일본에서는 아편 끽연을 중죄로 다스리고 있으며 이들의 밀수입을 막으려 상당한 주의를 기울이고 있다. 한국에서도 옛날에는 아편금지법이 엄히 시행되고 있었으나 오늘날 일본인들은 한국 내에서 토착민에게 모르핀을 판매하는 것을 허락하고 있다. 특히 서북 지방에서는 이로 말미암아 아편 중독의 물결이 일고 있다.

일본인들은 가능한 한 한국의 토지를 최대한도로 얻으려고 애쓰고 있음이 분명하다. 군 당국에서는 지방의 광대한 요지와 서울 부근이 강안 지대와 평양 주위의 토지와 북쪽으로 향하는 방대한 토지와 철도 연변의 대부분을 점유했다. 이와 같이 하여 일본은 몇 십만 에이커의 토지를 차지했다. 명목상 한국 정부에 상환금이 지불되었지만 그 액수는 실제 가격의 1/20을 초과하지 않았다.

대부분의 경우에는 한 푼도 보상을 받지 못했지만 어떤 사람들은 실제 가격의 1/10 또는 1/20을 받았다. 토지는 명목상 전쟁을 위하여 군대가 몰수했다. 몇 개월 안에 그 토지의 대부분은 일본인 건축업자와 상점 주인에게 되 팔렸으며, 일본인 거주자의 수는 점차로 증가했다. 이와 같은 토지 수탈은 약소민족에게 자행할 수 있는 가장 범죄적인 포학이었다. 이로 말미암아 지난날에는 호강스럽게 살아왔던 많은 사람들이 거지가 되었다.

전쟁 초기에 일본 공사는 한 토지 수용 계획을 추진했는데, 이 계획이 뜻대로만 된다면 한국 토지의 3분의 2가 일본인 양수자 나가모리 도키치로에게 넘어가도록 되어 있었다.[2] 이 계획에 따르면 휴광지를 포함하여 한국의 모든 유휴지가 형식상으로는 50년 동안 나가모리에게 넘어가도록 되어 있었는데 실상은 영구 조차하는 것으로서 아무런 상환도 없이 당분간은 세금조차도 면제되는 것이었다.

이번 일에서 나가모리는 단순히 일본 정부의 꼭두각시에 지나지 않았다. 이와 같은 일본의 욕심은 서울에 있는 외교관마저도 술렁거리게 만들었다. 당분간 일본인들은 그 계획을 포기하지 않을 수 없었다. 그 뒤 일본이 한국을 완전히 지배하게 되었을 때 이 토지 수용은 다른 명목으로 수행되었다.

그렇다면 한국인들은 왜 일본인들의 토지 수용에 아무런 항의도 하지 않았는가 하고 물을 수도 있다. 한국인들은 "오강 사건"의 경우에서 볼 수 있는 바와 같이 그들이 할 수 있는 모든 것을 했다. 일본인들은 한국 정부에 바라지도 않는 차관을 주려고 계획하고 있었다.

한때 일본은 한국에게 2백만 엔을 빌려 주어야 한다고 제안한 적이 있었다. 이때 서울 근교에 있는 부촌인 오강에 살고 있는 주민들은, 만약 황제가 돈이 필요하다면 자기들이 돈을 마련하여 외국인으로부터 돈을 꾸어 쓰는 일이 없도록 하겠노라는 뜻을 전했다. 즉시 이들은 돈을 갹출하는 문제에서 모두 손을 떼라는 경고를 받았다. 곧 일본군 당국이 그들의 토지를 요구했던 것이다. 이 지역에는 1만 5천 세대가 살고 있었다고 한다.

주민들은 일본의 처사에 즉시 항의했다. 그들은 결국 다수의 대표를 서울로 파견하여 내부대신을 만나고자 했다. 그들은 도중에 한 일본인 경찰을 만났으며 곧이어 20명 정도의 증원 부대가 왔다. 이들이 대표들의 앞길을 막자 삽시간에 두 파 사이에 격투가 벌어졌다. 많은 한국인들이 다쳤으며

---

2) 이 점에 관해서는 윤병석, 「일본의 황무지 개척권 요구에 대해 : 1904년 나가모리 명의의 위임 계약 기도를 중심으로」, 『역사학보』(22)(서울 : 역사학회, 1964), pp. 25~ 92 참조.

그들 가운데 몇 사람은 중상을 입었다. 아무리 억세게 항거해 보았지만 그들은 결국 물러났다. 그 뒤 일본 경찰과 군인의 혼성군이 그들의 마을로 따라가 공포를 쏘면서 그들을 마을로부터 몰아내었다.

일본인들은 많은 고문 중에서도 미국인 스티븐스[3]를 자기편으로 끌어들였는데, 그는 일본 외무성에서 얼마 동안 근무한 적이 있는 사람이었다. 스티븐스는 명목상 한국 정부에 고용되었지만 사실상 그는 일본인보다도 더 철저한 일본의 노예였으며, 지금도 그렇다.

지위가 확고한 두 외국인이 새로운 지배자들에게 큰 장애물이 되고 있었다. 그 가운데 하나는 서울 주차 미국 공사인 알렌(H. N. Allen) 박사였다. 알렌 박사는 한국에서 독자적이고도 불편부당한 외교관이었다. 그는 일본의 의도에 대하여 매우 우호적이었지만, 일본의 비정에 대하여 눈을 감을 필요는 없다고 생각했다.

이와 같은 알렌의 생각은 자신의 몰락을 자초했다. 그는 본국 정부에 대하여 다소 불쾌한 사실들을 직언할 기회가 있었다. 일본인들도 그것을 알게 되었다. 일본인들은 그가 자기들에게 "마음에 드는 인물"[4]이 아니라는 사실을 간접적으로 암시했다. 그는 간단히 그리고 다소는 정중하지 못하게 소환되었으며 모건(E. V. Morgan)이 그의 후임으로 서울에 부임했다.

그 다음 희생자는 해관총세무사인 브라운[5]이었다. 애당초 브라운은 일본인과 더불어 할 수 있는 모든 일을 해왔지만 시간이 좀 지나자 그와 메가다 사이에 권한 문제로 분쟁이 일어났다. 영국 당사자들 사이에 여러 차례 숙

---

3) 스티븐스(D. W. Stevens : ?~1908) : 미국의 외교관. 일본 외무성에 고용되었다가 (1904~1908) 일본의 추천으로 조선의 외교 고문으로 부임했으나 지나친 친일 노선으로 말미암아 전명운 · 장인환에 의해 피격 · 절명했다.

4) "마음에 드는 사람"(*persona grata*) : 외교 용어로서 "기피 인물"(*persona non grata*)의 반대말. 대사를 파견하기 전에 아그레망(agrément)을 얻으려고 수수국에 의견을 타진했을 때, 가부를 대답하는 데 쓰는 용어임.

5) 브라운(McLeavy Brown) : 영국의 외교관이며 법률학자. 법학박사. 영국의 대한 진출의 일환으로 1896년 탁지부의 고문으로 부임했다가 러시아의 압력으로 1897년에 퇴진했다.

의를 거쳐, 끝내 그는 작별 인사를 받았다.

러시아인들이 브라운을 해고하려 노력하다가 제물포항에 집결한 영국 함대의 저지를 받았다. 일본인들이 그를 해고하려 노력했을 때 영국과 친근한 사람들 이외에는 거의 아무도 일본의 처사를 논평하지 않았다. 브라운은 너무도 충직하고 또 자기희생적인 인물이었기 때문에 일본인들이 비난하지 않을 수가 없었으며, 결국 그는 침묵하게 되었다.

1905년의 여름이 저물어갈 무렵 일본 정부는, 숱한 대한 공약을 제시했음에도 불구하고, 오히려 한국의 독립을 완전히 파기할 의사가 있었음이 날이 갈수록 명백해졌다. 드디어 조정 대신들까지도 사태의 추이에 대하여 적이 놀라게 되었으며 자신의 안신을 위한 길을 모색하기 시작했다. 황제는 한국의 독립이 열강과의 조약에 보장되어 있기 때문에 자신은 안전하다고 이제까지 생각해 왔다. 그러나 조약에 명시된 권리가 국력에 의해 보장되지 않는 한 그것은 한낱 종이쪽지에 불과하다는 것을 황제는 지금쯤은 알았어야만 했다.

황제는 "만약 제3국이 한국이나 미국의 한쪽 정부에 대하여 부당하거나 억압적으로 행동할 경우 다른 한 정부는 사건의 통지를 받은 즉시 이의 원만한 타결을 가져오도록 주선함으로써 그 우의를 보여야 한다."는 1882년의 한미수호통상조약(제1조)의 구절을 철석같이 믿고 있었다. 전 미국 공사로서 고종의 오랜 친구이며, 해직이 되었음에도 불구하고 아직 한국에 머물러 있던 알렌 박사가 그를 미몽으로부터 깨어나게 하려 노력했지만 부질없는 짓이었다.

11월 초에 이토 히로부미는 일본 천황의 특사 자격으로 친서를 휴대하고 서울에 도착했다. 그의 친서에 따르면 천황은 한국의 황제가 이토의 지시를 받고 제반 사항에 그의 동의를 받을 것을 바라고 있으며 그렇게 하는 것이 극동의 평화를 유지하는 데에 필요하다고 지적하고 있다.

11월 15일, 이토는 황제를 공식적으로 알현한 자리에서 조약의 형식으로 된 일련의 요구 사항을 제시했다. 그 중요한 내용을 보면 한국의 외교권은 이제 전적으로 일본인에게 이양하고 그 대신 한국의 외교 업무는 종결되며, 외국에 주차하는 공사들을 철수시키는 것으로 되어 있다. 그렇게 되면 한국 주차 일본 공사는 황제 직속의 최고 관리가 되며 각지의 일본 영사는 최고 지방 장관의 권한을 갖는 변리 공사가 되는 것이었다. 바꾸어 말해서 한국은 국가로서의 독립권을 전적으로 포기하고 일본에게 내정권을 이양하는 것이었다. 황제는 이 요구를 전면적으로 거부했다. 그 당시에 기록된 두 사람 사이의 대화는 다음과 같다.

황제 : 나는 지상을 통하여 일본이 한국을 보호국으로 만들려 한다는 갖가지 소문을 들었지만 그들을 믿지 않았습니다. 왜냐하면 러일전쟁 초기에 일본의 천황이 약속하고 한일수호통상조약에서 구체적으로 명시된 한국의 독립을 보장하고자 일본이 노력하고 있다는 사실을 나는 신뢰하기 때문입니다. 당신이 한국에 온다는 소식을 들었을 때, 나는 당신의 임무가 양국의 우의를 증진시키기 위한 것이라고 믿었기 때문에 기뻤습니다. 그러나 이제 당신의 요구를 듣고 보니 오로지 놀라울 뿐입니다.

이토 : 이 요구들은 나의 뜻이 아닙니다. 나는 다만 본국 정부의 훈령에 따라 행동하고 있을 뿐입니다. 만약 폐하께서 나의 제안에 동의하신다면 양국이 모두 유익할 것이며, 동양 평화는 영원히 보장될 것입니다. 그러니 나의 의견에 조속히 동의하시기 바랍니다.

황제 : 우리 나라에서는 예로부터 이번과 같이 중요한 문제에 당면하게 되면 현직이나 전직의 대소 문무백관들과 상의하고 또 전국의 유생들과 백성들로부터 의견을 들어 보지 않고서는 어떤 결정도 내리지 않는 것이 군왕의 도리입니다. 따라서 나는 이 문제를 단독으로 처리할 수가 없습니다.

이토 : 백성들의 의사란 쉽게 무시할 수도 있습니다. 양국의 우의를 위해서 폐하는 즉시 결단을 내리셔야 합니다.

황제 : 당신의 제안에 동의한다는 것은 곧 우리 나라의 멸망을 뜻하는 것입니다. 따라서 나로서는 당신의 요구에 응하느니보다는 차라리 죽음을 택할 것입니다.

두 사람의 회담은 5시간 가까이 계속되었지만 이토는 아무런 소득이 없이 물러나야만 했다. 그는 즉시 대신들을 개별적으로 또는 여럿을 함께 만나 일을 추진했다.

그 다음날 모든 대신들이 일본 공사관에 소집되어 격론이 벌어졌다. 이 논쟁은 오후 3시에 시작되어 밤늦게까지 계속되었다. 대신은 미리부터 굴복하지 않겠다는 맹세가 되어 있었다. 협박, 감언이설 그리고 뇌물에도 불구하고 그들은 꿋꿋하게 버티었다. 이토가 하야시 곤스케의 주장은 개인적인 견해를 떠난 것으로서 양면적인 것이었다. 첫째로, 한일 단합이 극동의 평화를 위해서 꼭 필요하다는 것과, 둘째로 유색 인종의 야심에 호소하는 것이었다.

일본인들은 한국인들에게 동양이 통일된 지도를 그려 보였다. 그리고 동양인들이 굳게 뭉쳐 능력만 허락하면 언제든지 자기들을 정복하려 했던 백인들에게 대항하는 몽골 민족들의 모습도 보여 주었다.[6] 일본인들은 한국의 대신들이 힘을 합칠 수 있는 시간적인 여유를 갖지 못하도록 하기로 결심했다.

---

6) (원저자 주) 일본인들이 그와 같은 주장을 했는지는 의심스럽다. 따라서 그들의 회담에서 오고간 이야기의 내용은 그 자리에 참석했던 한국인 대신 가운데 한 사람에게 들은 것이며, 그는 그곳에서 제안된 친아시아 정책을 과장했다고 나는 말할 수 있다. 나는 그에게 왜 일본의 주장에 따르지 않았느냐고 물었더니 그는 그와 같은 일본의 주장의 참 뜻이 무엇인지를 잘 알고 있었기 때문이라고 대답했다. 곧 일본인들이 말하는 아시아의 통합이라는 것은 곧 일본민족의 독재를 의미한다는 것이었다.

11월 17일 오후 2시에 일본 공사관에서 다시 모임을 가졌지만 역시 아무런 결말을 얻지 못했다. 그렇게 되자 하야시는 대신들에게 궁궐로 돌아가 어전 회의를 열도록 권했다. 일본의 뜻대로 어전 회의가 열렸고 일본인들도 이에 합석했다.

회의가 진행되는 동안 일본군은 대궐을 둘러싸는 시위를 보였다. 지방에 있는 일본군들도 며칠 동안 모두가 영사관 앞 거리의 공터에서 시위를 벌였다. 야포를 밖으로 내어 걸고 모든 사람이 완전 무장을 했다. 그들은 앞뒤로 행진하면서 소리도 지르고, 가상 공격도 하고, 대궐문을 점령하고, 총을 내걸고 실제로 폭행을 가하기라도 하려는 듯이 날뛰었다. 그렇게 함으로써 그들은 그들의 요구를 강제로라도 관철시킬 수 있음을 한국인들에게 과시할 수가 있었다. 그와 같은 모든 행동들은 대신들과 황제에게 불길하고도 무시무시한 의미를 주는 것이었다.

그들은 1895년 어느 날 밤, 일본군들이 대궐을 에워싸고, 선발된 소시(壯士)들이 대궐로 몰려 들어가 왕비를 살해한 일을 잊을 수가 없었다. 그때도 일본군들은 거사하기에 앞서 지금과 같이 행동했다. 이번에도 그때와 같이 흉측한 일이 벌어지지 말라는 법이 어디 있겠는가? 이제 대일본의 뜻을 거역할 만한 사람은 아무도 없었으며 보이는 것은 총칼뿐이다. 하루 종일 일본군 총검의 덜거덕거리는 소리만이 귀에 쟁쟁했다.

그날 저녁 일본군들은 무기를 휴대하고 대궐 뜰로 들어가 대전 가까이에 둘러섰다. 그제야 이토는 조선 주둔 일본군 사령관인 하세가와 요시미치[7]를 대동하고 이곳에 도착하여 새로이 대신들을 공격하기 시작했다. 후작은 황제의 알현을 요구했다. 그러나 황제는 심한 목감기로 불편하다는 이유로

---

7) 하세가와 요시미치(長谷川好道 : 1850～1894) : 일본의 군인. 쓰오토 출신. 오사카병학료 졸업. 청일전쟁 당시에 공을 세워 남작이 되고, 러일전쟁의 전공으로 육군대장 겸 자작이 됨. 조선주둔군사령관(1905), 참모총장(1912), 원수(1914), 백작(1915)이 되었고, 1915년 조선 총독으로 부임했으나 무단 정치로 3 · 1운동이 일어나자 퇴임함.

이를 거절했다. 그러나 그는 황제의 처소로 들어가 개인의 자격으로 알현할 것을 요구했다. 그러나 이번에도 황제는 거절했다. 황제는 이렇게 말했다.

"나가주시오, 그리고 그 문제는 대신들과 상의하시오."

그러나 이토는 대신들이 있는 밖으로 나와 이렇게 말했다.

"황제께서는 이번 문제를 나와 상의하여 결정지으라고 당신들에게 명령했소."

주위를 둘러싸고 있는 군인들, 밖에서 번쩍거리는 총칼, 대궐 창문을 통하여 들리는 거친 목소리의 명령에 그들은 마음이 흔들리지 않을 수 없었다. 대신들은 며칠 동안 외로운 처지에서 싸웠다. 그들을 도와주거나 조언을 해 주는 외국 사절들이라고는 단 한 사람도 없었다. 그들은 이제 굴복하거나 아니면 스스로 종말을 취할 때가 되었음을 알았다. 어느 사람이 입을 열었다.

"우리가 이렇게까지 저항해서 무슨 소용이 있겠소? 일본인들은 마음먹은 바를 끝내 이룩하고 맙니다."

드디어 굴복하려는 듯한 징조가 나타나기 시작한 것이었다. 참정대신 한규설은 이 말을 듣자 자리를 박차고 일어나, 폐하를 뵙고 지금 역신들이 한 말을 아뢰겠노라고 말했다. 그는 방을 나가는 것이 허락되었다. 그러나 밖으로 나오자 일본 공사관의 한 서기관에게 잡혀 옆방으로 끌려들어가 죽인다는 위협을 받았다. 심지어는 이토까지 따라 나와서 그를 설득했다. 그는 물었다.

"폐하께서 당신에게 명령했는데도 당신은 불복할 참이오?"

한규설이 대답했다.

"안합니다. 절대로 안합니다."

이것으로 대답은 충분했다. 후작은 즉시 황제에게로 돌아와 말했다.

"한규설은 역적입니다. 그는 폐하의 뜻을 거역했으며, 폐하의 명령에 따르지 않겠다고 선언했습니다."

그러는 동안 남아 있던 대신들은 참정대신이 들어오기만을 기다리고 있었다. 죽기를 무릅쓰고 버티자던 그는 도대체 어디로 간 것일까? 초조한 몇 분이 지나도 그는 돌아오지 않았다. 그러나 일본인들이 그를 죽였다고 수군거리는 소리가 들렸다. 일본인들의 거친 목소리는 더욱 소란스럽게 들려왔다. 이제 대신으로서의 체통에서 자제력 같은 것은 볼 수가 없었다.

"우리에게 동조하면 부귀가 따를 것이며 우리에게 반대하면 몰락할 뿐이오."

한국의 정치인 가운데에서 가장 훌륭하고 능력 있는 사람인 외부대신 박제순은 절대로 굴복할 사람이 아니었으나 그도 끝내는 꺾이고 말았다. 그날 아침 일찍 국새를 외부대신의 사무실로부터 가져와 조약을 체결하라는 명령이 내려졌다.

그러나 여기에는 또 다른 어려움이 일어났다. 곧 그 국새를 맡고 있는 승지는, 설사 윗사람으로부터 명령을 받았을지라도 그러한 목적을 위해서 그것을 내어 주어서는 안 된다는 명령을 사전에 받았던 것이다. 그에게 전화로 명령했을 때 그가 국새의 반출을 거부하게 되자 특별히 사람을 보내어 그것을 강제로 빼앗아 오게 했다. 황제는 오늘날까지도 자기는 국새를 사용하는 데에 동의하지 않았다고 주장한다.

조약이 체결되었다는 소식을 들은 국민들은 치를 떨며 격분했다. 감금에서 도망쳐 나온 한규설은 미친 사람처럼 동료대신들이 있는 곳으로 돌아와 그들을 몹시 꾸짖었다. 그는 울부짖었다.

"왜 당신들은 약속을 어겼소? 왜 당신들은 약속을 어겼소?"

대신들은 자신이 저주스러운 죄인임을 알았다. 이제는 민중이 그들을 습격하여 찢어 죽일는지도 모르는 위협이 남아 있었다. 박제순은 자기에게 쏟아지는 국민들의 빗발치는 원망을 듣고 움츠러들었다.

12월 6일, 박제순이 대궐로 들어가고 있을 때 한 군인이 총을 들어 그를 쏘려 했다. 이에 박제순은 일본 공사관으로 급히 몸을 피했다. 그는 가까스로 하야시가 있는 곳으로 가서 칼을 빼어들고 이렇게 소리쳤다.

"나를 이 지경으로 만든 사람은 바로 당신이요, 당신은 나를 역적으로 만들었소."

그리고는 칼을 들어 스스로 목을 찌르려 했으나 하야시가 이를 제지하고 그를 병원으로 보내어 치료토록 했다. 그가 회복되었을 때 일본인들은 그를 신임 참정대신으로 발탁했으며 한규설을 삭탈관직했다. 그러나 박제순은 오랫동안 재임하지 않았다. 그는 지나치게 독자적으로 행동함으로써 그의 새로운 상전들을 불쾌하게 만들었다.

그 동안에 일어난 여러 가지 소식들이 전국에 퍼지자 각지의 국민들은 회합을 가졌으며, 특히 북쪽에서는 회합한 군중이 대궐 앞에서 항의 자살을 하고자 남쪽으로 떠났다. 그들 가운데 대부분은 선교사들의 감화를 받아 그 일을 멈추었다. 선교사들은 이렇게 말했다.

"그런 식으로 죽는다고 해도 아무런 소용이 없습니다. 차라리 살아서 당신의 조국이 독립국이 될 수 있도록 하는 것이 더 훌륭합니다."

생존해 있는 모든 전 참정대신들을 포함한 수많은 고위 관리들과 폐하를 모시고 지난날에 고관을 지낸 100명의 사람들은 대궐로 몰려가서, 폐하가 이번에 체결된 제약을 무효로 선언하고 조약을 묵인한 대신들을 처단하라고 요구했다. 황제는 자신이 일본인에 대하여 지나치게 적대적인 태도를 취한다면 일본인들이 자기를 핍박하리라는 것을 두려워한 나머지 시위대들을 무마하느라고 애를 썼다.

시위대는 대궐 앞에 앉아 물러나지 않고 황제의 대답을 요구했다. 지도자 몇 사람이 일인 헌병에게 체포되었지만 오히려 더 많은 사람들이 그들의 자리를 지켰다. 시장의 상점들은 문을 닫고 국운을 슬퍼했다. 드디어 칙어가 내렸다.

"지금의 사태가 비록 국민들에게는 위험스럽게 보이지만 머지않아 국가에 유익한 결과를 가져올는지도 모른다."

헌병들은 시위대를 습격하고, 더 이상 대궐 앞에서 시위를 계속하면 모조리 체포하겠다고 위협했다. 그들은 한 상점으로 자리를 옮겨 모임을 갖고자 했으나 경찰에 의해 해산되었다. 그들의 지도자로서 전 군부대신이며 빅토리아 여왕 즉위 60년제에 한국 특사로 파견된 적이 있는 민영환은 집으로 돌아왔다.

민영환은 국운을 슬퍼하는 글을 동포들에게 남기고 자결했다. 많은 정치인들이 그의 뒤를 따랐으며, 그러는 동안 많은 사람들은 관직을 물러났다. 국내 신문인 『황성신문』은 감연히 당시에 일어난 사태를 정확하게 보도했다. 그 신문사 사장[8]은 즉시 체포되어 투옥되었으며, 그 신문은 탄압을 받았다. 그는 민족의 슬픈 심정을 다음과 같이 대변했다.

이 날을 목 놓아 통곡한다(是日也放聲大哭)[9]

지난날 이토 후작이 한국에 오매 어리석은 우리 인민은 독실한 마음으로 서로 바라보며 말하기를, 그는 평소에 동양 3국의 정족(鼎足)과 같은 안녕을 스스로 맡아 주선하던 사람이라. 오늘에 내한함이 반드시 우리 나라의 독립을 공고히 부식(扶植)할 방략(方略)을 권고하리라 하여 여염에서 서울에 이르기까지(自巷至京)에 관민(官民) 상하가 환영함을 이기지 못했더니 천하의 일이란 예측하기 어려운 일이 많도다.

천만 뜻밖에도 5조건이 어디에서 나왔는고. 이 조건은 다만 우리 나라와 동양 3국의 분열하는 조점(兆漸)을 낳은즉 이토 후작의 원초의 주의(主意)가 어디에 있는고. 더구나 우리 대황제 폐하께서 강경하신 성의(聖意)로 이를 거절하셨으니 이 조약의 불성(不成)함은 상상컨대 이토 후작이 스스로

8) 위암(韋庵) 장지연(張志淵 : 1864~1921)을 뜻함. 그는 그 뒤 1년 만에 출옥하여 대한자강회를 조직했으나 이것마저 해산당하자 만주 · 시베리아로 망명. 1910년에 귀국. 실의의 생활 끝에 타계함.

9) 이 글은 저 유명한 장지연의 "시일야방성대곡"의 원문이다. 영문은 원서에 수록된 내용과 약간 다르지만 여기에서는 원문을 현대 말로 번역하여 싣는다. 광무 9년(1905년) 11월 20일자의 『황성신문』과 장지연의 『위암문고』(서울 : 국사편찬위원회, 1971), p. 212 참조.

> 알아 파기할 바이어늘, 슬프다(噫), 저 개돼지만도 못한 소위 우리 정부의 대신이라는 자가 영리를 바라 거짓된 위협(假嚇)에 겁을 먹고 멈칫거리며 두려워하더니(逡巡然 觳觫然) 매국의 도적질을 마음대로 저질러 4천 년 강토와 5백 년 종사를 남에게 봉헌(奉獻)하고 2천만 생령(生靈)을 남의 노예로 몰아갔다.
>
> 저 개돼지만도 못한 외무대신 박제순(朴齊純)과 각 대신은 족히 나무랄 것이 없거니와 명색이 참정대신이라는 자는 정부의 으뜸 되는 자(首揆)인데도 안 된다는 한 마디 말로써 책임을 면하여 명예를 지키려 했단 말인가! 김청음(金淸陰)[10]처럼 항복 문서를 찢으며 통곡하지도 못하고 정동계(鄭桐溪)[11]처럼 배를 가르지도 못한 채 지조 없이 살아남아 세상에 서 있으니 무슨 면목으로 강경하신 황제 폐하를 다시 대하며 무슨 면목으로 2천만 동포를 다시 대하리오.
>
> 슬프고 애닯도다. 노예가 된 우리 2천만 동포여, 그대는 살아 있는가, 살아 있는가! 단군과 기자 이래 4천 년 국민 정신이 하룻밤 사이에 돌연 멸망했단 말인가! 슬프고 슬프도다. 동포여. 동포여.

자살을 해도, 관직을 물러나도, 아무리 슬퍼해도 소용이 없었다. 일본 헌병대는 거리의 행인들을 호령했으며 그들의 뒤를 따르는 일본인들은 대답할 여지도 없는 방법 곧 폭력으로써 그들의 뜻을 뒷받침할 준비를 하고 있었다. 일본인의 성격을 다소 알고 있는 사람이면 누구나가 예측할 수 있었던 바와 같이 조약에 명시된 약속은 파기되지 않았다는 것을 보여 주려고 모든 노력을 기울였음은 당연했다.

한국은 그때까지도 하나의 독립국이었으며, 황제의 존엄성은 손상되지

---

10) 병자호란 때 화의에 반대했다가 전후 3년 동안 심양에서 옥고를 치른 김상헌(金尙憲 : 1570~1652)을 뜻함.

11) 병자호란 때 화의에 반대했으나 결국 항복하게 되자 할복자결을 기도했던 정온(鄭蘊 : 1569~1642)을 뜻함.

않았다. 일본은 다만 개화의 길을 걷고 있는 약한 형제를 도우려고 우정 어린 압력을 가했을 뿐이었다. 이와 같은 설명은 일본인들을 기쁘게 했으며 그들의 성스러운 약속과 그들의 행동 사이에서 나타나는 이율배반을 조화하는 데 도움이 되었다. 일본은 아무도 기만하지 않았다. 그러나 오늘날 일본의 신문들은 한국의 독립을 거의, 아니 전혀 거론치 않고 있다. 그들은 이렇게 말하고 있다.

"한국의 독립은 우스꽝스러운 것이다."

그리고 당분간은 그들의 말이 옳았다. 황제는 열강을 설득하고자 온갖 노력을 기울였으며, 특히 미국이 개입해 줄 것을 바랐지만 부질없는 일이었다. 이 당시 황제가 노력한 이야기는 외교사에서 하나의 흥미 있는 일화로 전해지고 있다. 미국 공사 알렌 박사는 최근에 일어난 사건에 대한 황제의 지극한 관심을 설명하는 가운데 1904년 4월 14일에 미국의 국무장관에게 다음과 같은 서한을 보냈다.

> "황제는 지난날 미국과 맺었던 우의를 몹시 믿고 있습니다. …… 이번의 전쟁이 끝나면 미국은 황제를 위하여 무엇인가를 할 것이며, 기회가 오면 가능한 한 자신을 위하여 미국이 한국의 독립을 유지해 주리라고 굳게 기대하고 있습니다. 그는 한미수호통상조약 제1조[12]에 대하여 매우 임의적이고도 자기에게 유리한 방향으로 해석하여 제시하기를 좋아합니다."

1905년 4월에 알렌 박사는 일본이 한국을 지배한 처사에 반대하는 미국 사절과 몇몇 한국인들이 작성한 항의문을 복사하여 워싱턴에 발송했다. 그런 일이 있은 직후 알렌 박사는 모건과 교체되었다.

1905년 10월, 황제는 미국에 직접 호소하기로 결심하고 1886년 이래 서

12) (원저자 주) 한미수호통상조약 제1조는 본서 p. 24~25 참조.

울에서 줄곧 교육 사업에 봉사하고 있으며, 『코리아 리뷰』의 편집자인 헐버트[13]의 도움을 받았다. 황제는 미국 대통령에게 보내는 국서를 헐버트 씨에게 휴대시켜 워싱턴으로 파견했다. 그의 출국을 알고 있던 일본인들은 그 국서가 전달되기 전에 어떤 결정이 나도록 온갖 노력을 기울였다. (일본인들이 그의 출국을 미리 알았던 것은 미국 공사 모건이 일본인들에게 정보를 준 때문이었다고 헐버트 씨는 암시했다.)

헐버트 씨가 워싱턴에 도착한 바로 그날 한국 정부는 일본의 피보호국이 되는 한 문서에 조인하도록 강요를 받았다. 그러나 보호 조약에 대한 정식 문서가 아직 워싱턴에 도착하지 않았기 때문에 그 문서가 도착하기 전까지는 헐버트 씨를 접견하지 못하도록 하기로 결정했다. 그 뒤 헐버트 씨는 상원에 출두하여 다음과 같이 진술했다.

> 나는 미국 대통령이 그 국서를 기꺼이 그리고 진지하게 받아 보리라고 예상했었습니다. 그러나 나는 그가 그러기는커녕 그 국서를 접수하지 않으리라는 놀라운 대답을 들었습니다. 나는 그 이유가 무엇일까 골똘히 생각해 보았지만 아무것도 머리에 떠오르지 않았습니다. 나는 국서를 들고 국무성으로 갔으나 그들은 너무 바빠서 나를 만날 수 없다는 대답을 들었습니다.
>
> 바로 그 순간에 한국은 죽음의 고통을 겪고 있었습니다. 한국은 우리 미국과 전면적인 수교를 맺은 국가로서, 워싱턴에 한국 공사관이 있고 서울에는 미국 공사관이 있다는 사실을 기억해야 합니다. 여기에는 단순한 부주의 이상의 그 무엇이 있었다고 나는 단정했습니다. 이미 그 국서를 받지 않으리라는 어떤 사전 계획이 있었던 것입니다. 그밖에는 다른 대답이 있을 수

---

13) 헐버트(H. B. Hulbert : 1863~1949) : 미국의 유니언 신학교를 졸업하고 1886년에 입국하여 , 을사조약 당시 고종의 밀사로 도미, 헤이그 만국평화회의에 다시 밀사로 파견되었다가(1906) 추방. 1949년에 방한하여 서울에서 사망함. 헐버트의 활동과 생애에 관해서는, 신복룡(역주), 『대한제국멸망사』(서울 : 집문당, 2019) 중 "역주자 서문" 참조.

가 없었습니다.

그들은 나에게 다음날 오는 것이 좋겠다고 말했습니다. 그래서 나는 다음날 갔더니 이번에도 아직 바쁘니 그 다음날 다시 오는 것이 좋겠다고 그들은 말했습니다. 나는 백악관으로 급히 달려가 국서를 접수해 달라고 부탁했습니다. 비서 한 사람이 나오더니 느닷없이 복도에서 자기들은 그 국서의 내용을 알고 있으며, 국무성만이 그것을 접수할 수 있는 곳이라고 말했습니다. 나는 그 다음날까지 기다리지 않을 수 없었습니다.

그러나 내가 국서를 접수시키기로 한 바로 전날인 그 날, 미국 정부는 한국의 황제와 미국 주차 한국 공사관에게는 한 마디의 말도 없이, 그리고 그 전달되지 않는 국서의 내용이 무엇인지를 잘 알면서도 을사조약이 한국 정부와 한국 국민에게 매우 만족스럽다는 일본의 국서를 접수한 다음 한국 주차 미국 공사에게 한국으로부터 철수할 것을 타전하고 한국 정부와 모든 관계를 끊었습니다. 그리고서야 그들은 국서를 휴대한 나를 접견했습니다.

11월 25일에 헐버트 씨는 국무장관 루트[14] 씨로부터 다음과 같은 공한을 받았다.

귀하가 본인에게 준 한국 황제의 국서는 대통령에게 전달되어 그 분께서 읽었습니다. 한국의 황제는 그 국서가 비밀리에 전달되기를 바랐고 그 국서를 귀하에게 맡긴 뒤 그 문제와 관련된 모든 문제를 처리하면서 이미 일본과 새로운 합의에 이르렀다는 사실에 비추어 볼 때 그 국서에 따라 어떤 조처를 취한다는 것은 매우 실현성이 없는 것으로 보입니다.

---

14) 루트(E. Root : 1845~1937) : 미국의 정치가. 뉴욕 출신. 뉴욕 대학을 졸업하고 정계에 투신하여 국방장관(1899~1904), 국무장관(1905~1909), 상원의원(1909~1915)을 지냈고, 1912년에는 노벨평화상을 받았으며, 미소군축회담의 대표(1921~1922)를 역임했다.

그 다음날 헐버트 씨는 황제로부터 다음과 같은 전문을 받았다. 이 전문은 일본인들의 전신 시설을 이용하지 않으려고 지부에서 타전된 것이었다.

> 최근 한국과 일본 사이에 체결되었다는 소위 보호 조약은 총칼의 위협을 받으며 강제로 이루어진 것이기 때문에 그것은 무효임을 짐은 선언하는 바이다. 짐은 그 조약을 결코 동의하지 않았으며 앞으로 동의하지 않을 것이다. 귀하는 이 사실을 미국 정부에 전달하라.
>
> 대한제국 황제

불쌍한 황제여! 한 장의 종이쪽지에 지나지 않는 한미수호통상조약의 의무에 그토록 의존하려 했다니 얼마나 순진하고 단순한 일인가! 루트 씨는 이미 서울 주차 미국 공사에게 서울로부터 철수하여 미국으로 돌아오라고 타전했다. 워싱턴 당국자들이 일본의 당국자들에게 속았다거나, 또는 그 조약이 폭력이 아닌 어떤 다른 방법에 따라 체결되었다고 워싱턴 당국자들이 잠시라도 믿었으리라고 생각하는 사람은 아무도 없다. 그렇게 생각하는 것은 미국의 지능을 모독하는 것일는지도 모른다.

이 무렵 일본의 국가적 위신은 그 극치에 이르고 있었다는 사실을 우리는 기억해야 한다. 루즈벨트 대통령은 그의 오랜 친구인 케난[15]의 영향을 받아 한국은 자치가 부적절하다고 확신하고 있었다. 루즈벨트는 일본의 환심을 사려고 안달이 나 있었고 그리하여 한국 문제에 개입하는 것을 교묘히 거부했다. 그 뒤 몇 년이 지나서 그는 자신의 심정을 다음과 같이 술회했다.

---

15) 케난(G. Kennan : 1845~1924) : 미국의 저널리스트. 러시아(1885~1886), 쿠바(1898), 마르티니크의 펠레이 활화산, 러일전쟁(1905)에 종군한 바 있음. 한국의 해방 정국에서 중요한 역할을 담당했던 동명이인 케난(G. Kennan : 1904~1997)은 그의 종손임.

"한국의 독립이 유지되어야 한다는 사실이 조약상으로 엄숙하게 명문화 되었던 것은 틀림없다. 그러나 자신을 위태롭게 하면서까지 아무런 이해 관계도 없이 자신을 위해 아무것도 할 수 없는 한국민을 위해서 뭔가를 하려는 국가가 있다고 생각하는 것은 문제의 핵심을 벗어나는 일이다."

여기에서 우리는 국제 정치의 윤리가 안고 있는 진수를 보게 된다. 이제 바로 그 문제가 되었던 미국 대통령에게 보내는 한국 황제의 국서를 읽어 보는 것은 흥미 있는 일이다.

1883년 이래 미국과 한국은 우호적 수교를 맺어 왔습니다. 한국은 미국 정부와 국민으로부터 호의와 동정의 징표를 많이 받아왔습니다. 미국 사절들은 항상 한국의 복지와 진보에 대하여 몸소 동정을 보여 주었습니다. 미국으로부터 많은 교사들이 파견되어 우리 민족의 발전을 위해서 많은 일을 했습니다.

그러나 우리는 우리가 이루어야 할 진보를 아직 이룩하지 못했습니다. 이러한 사실은 부분적으로는 외국 세력의 정치적 음모 때문이며 또 다른 한편으로는 우리 자신의 실수 때문입니다. 러일전쟁 초기에 일본은 그들에게 우리의 국토와 항구, 그리고 기타 자원을 이용하고, 그들의 육 · 해군 작전을 원활케 하는 동맹 관계의 수립을 요구했습니다. 그 댓가로 일본은 한국의 독립과 왕실의 복리와 존엄성을 보장했습니다.

우리는 일본의 요구를 따랐고, 우리의 의무에 충실했으며, 우리가 약속한 바를 모두 지켰습니다. 그렇게 함으로써 만약 러시아가 승리했더라면 우리가 일본의 동맹국이었다는 이유 때문에 러시아가 한국을 점령 · 합병했을는지도 모르는 지경에 이르렀습니다.

이제 일본은 그 조약에 명시된 자기들의 입장을 포기할 것을 제안하면서 한국의 보호 통치를 선언했는데 이는 1904년에 체결된 한일의정서에 담긴 그들의 약속을 전면적으로 파기하려는 것이 명백해졌습니다. 이런 일이 일어나서는 안 되는 데에는 다음과 같은 몇 가지의 이유가 있습니다.

첫째로, 일본은 그와 같이 신의를 직접적으로 저버림으로써 자신을 어리석은 나라로 만들 것입니다. 그러한 처사는 문명화된 법에 따라 활동하리라던 강대국으로서의 위신에 손상을 줄 것입니다.

둘째로, 과거 2년 동안 일본이 한국에서 보여 준 처사로 볼 때 앞으로 우리 국민이 문명화된 방법으로 취급받으리라고 보장할 수 없습니다. 우리 국민에게 저질러진 과오들을 광정(匡正)할 수 있는 적절한 수단이 마련된 적이 없습니다. 우리 나라의 재정은 일본에 의해 몹시 잘못 처리되어 왔습니다. 일본은 우리의 교육과 정의를 진작시키려고 아무런 조치도 취하지 않았습니다. 일본이 취한 모든 조치는 분명히 이기적인 것이었습니다.

한국의 독립이 깨어지면 일본은 심한 상처를 입을 것입니다. 왜냐하면 그것은 이제까지 일본인이 한국인을 대할 때 보여 주었던 그 경멸감을 강화시킬 뿐만 아니라 그들이 모든 행동을 더욱 공격적인 것으로 만들 것이기 때문입니다. 한국에 많은 개혁이 필요하다는 것을 우리는 알고 있습니다. 우리는 일본인 고문들의 도움을 기꺼이 받아들이고 있으며 그들의 제안을 충실히 이행할 준비가 되어 있습니다.

우리는 과거의 실수를 인정합니다. 우리가 간청하는 것은 우리 자신을 위해서가 아니라 한국 국민을 위해서입니다. 러일전쟁이 시작될 무렵 우리 국민들은 일본인들을 기꺼이 환영했습니다. 왜냐하면 일본인들이 필요한 개혁을 우리에게 전해 주고, 전반적으로 생활 조건을 향상시켜 줄 것처럼 보였기 때문이었습니다. 그러나 곧 이어 순수한 의미의 개혁이 시도되지 않았으며 우리 국민들이 속고만 있었다는 것이 드러났습니다.

일본의 보호 통치가 초래할 가장 치명적인 폐해는 한국인들이 생활 개선을 위한 모든 의욕을 잃게 되리라는 점입니다. 그들이 다시 독립을 찾게 되리라는 희망도 없습니다. 그들이 진보에 대한 확고한 신념을 갖게 하고 그 과정을 견디게 만들 수 있는 민족 감정의 박차가 필요합니다. 그러나 민족이 사라지게 되면 절망만이 남을 것이며, 일본과 손을 잡고 충심으로 그리고 기꺼이 일하는 대신에 지난날의 증오만이 강화될 것이며, 의심과 원한만이 초래될 것입니다.

대통령 각하!

그러한 문제에는 감정이 개입될 여지가 없다고 말하지만, 그러한 감정은 인간의 문제에서 추진력이며, 개인 사이에서와 마찬가지로 민족 사이서도 친절 · 동정 · 관용은 아직도 살아 있다고 우리는 믿습니다. 우리는 이제까지 각하의 생애의 특징이 되었던 그 넓은 아량과 냉철한 판단으로 이 문제를 유념하시고, 일의 무거움을 따지시어 이토록 어려운 시대에 살아가고 있는 우리 민족에게 각하께서 조리 있게 도와주실 것을 바라는 바입니다.

대한민국 황제 사인(私印)

제 6 장 이토 히로부미의 통치

이토 히로부미가 초대 조선 통감으로 부임했다. 한국인들은 그에 대하여 아무런 선택의 여지가 없었으며, 싫어도 싫은 내색을 보일 수가 없었다. 비록 그가 미카도(천황)를 대신하여 한국의 독립을 빼앗은 장본인이기는 하지만 그와 친근한 일본의 고위층들은 아무도 그를 충동질하지 않았다고 아직까지 생각하고 있다는 점은 주목할 만한 사실이다.

이토 히로부미와 접촉해 보면 그가 일본의 정책을 위해 택하지 않을 수 없었던 방법이 본질적으로 어떤 것이든지 간에 그는 아직 한국인에 대하여 진정으로 호의를 품고 있다고 느껴진다. 그에게 잘못이 있다면 일본 제국의 팽창에 동조하지 않을 수 없었던 그의 처지에 있지만, 그에게도 덕이 있었음은 사실이다. 이제 영광스러운 생애의 황혼 길에서 평안과 존엄을 눈앞에 바라보면서 누구인가 일본 외교가가 수행하지 않을 수 없었던 그 막중한 임무를 스스로 맡았다 하는 것은 가상한 일이다.

이토는 매우 유능한 고위 관리 몇 사람을 대동하고 부임했으며, 그들의 직책을 확정해주는 법령을 공포함으로써 그의 새로운 통치를 시작했다. 이와 같은 상황에서 통감은 원하는 바를 모두 할 수 있는 권한을 갖는, 사실상 한국의 최고 지배자가 되었다. 그는 공익을 해친다고 여겨지는 법령을 철폐할 수 있는 권한을 가졌으며 1년 이하의 징역과 200엔 이하의 벌금에 해당하는 형벌권도 가지고 있었다. 이와 같은 형벌권의 상한선은 순전히 명목적인 것이었다. 왜냐하면 한국은 군법에 지배되고 있었으며 군 법정은 사형권도 가지고 있었다.

일본인 영사와 부영사가 전국에 배치되어 사실상 지방 장관으로 행세하고 있었다. 일본인이 경찰관으로 배치되지 않은 곳의 한국인 경찰들도 일본의 사찰을 받았다. 농상공부는 일본인 감독관과 고문의 지배를 받았으며, 고위 관리를 제외한 모든 관리의 임명권은 종국적으로 통감의 손에 들어갔다.

여기에서도 고위 관리라는 상한선은 또한 무의미한 것이다. 통감은 사실상 한국의 지배자가 되었다. 그러나 그 지배자는 아직도 한국인 관리들을 통하여 지방 사무의 여러 가지를 처리했으며, 아직까지 제거되지 않은 근왕파의 음모를 주시해야만 했다.

일본의 입장에서 본다면 한국은 아세아 대륙에서의 군사 활동을 위한 전략 기지로서, 그리고 식민지로서 매우 중요한 지역이었다. 통감부가 해야 할 첫 사업은 군대를 신속·편리하게 이동시킬 수 있도록 전국의 교통 통신망을 완벽하게 갖추는 것이었다. 경부선을 이미 착공하고 경의선이 준공 단계에 들어감으로써 수많은 일본군을 일본 본토로부터 만주 국경까지 36시간 이내에 수송할 수 있는 간선 철도가 이루어지게 되었다.

한국 해관의 보증으로 1천만 엔의 차관이 제공되고 그 가운데 150만 엔은 대도시와 주요 항구 및 철도 중심지를 연결하는 4대 군사 철도를 부설하고자 사용되었다. 이 철도 부설 비용의 일부는 차관에서 유용된 것이며 일부는 지방세에서 충당되었다. 이 철도는 산업상의 목적을 위한 것이라기보다는 오히려 군사적인 것이라고 지적할 수도 있다.

국내 여행과 물자 수송은 말이나 노새를 이용하고 있다. 이러한 일들을 위해서 옛날에 만들어진 좁은 길로도 충분하다고 일반적으로 말하고 있다. 새로 생긴 도로들은 단계적으로 개조할 수 있도록 되어 있어 필요할 경우에는 쉽사리 그 위에 철로를 부설하여 대포와 화약차를 신속하게 운행할 수 있었다. 동해안 쪽에서는 경원선의 부설 작업이 급속히 진보되어 완공 단계에 들어갔다.

런던 경시청의 형사과에 해당하는 포도청이 폐지되고 지방 경찰서와 경찰 행정은 일본에서 건너온 특수 경관의 손으로 점차로 넘어갔다. 일본군 헌병대는 점차로 돌아가고 경찰로 대치되었다. 이와 같은 변화는 모두 먼 앞을 내다본 조치였다. 헌병대는 거칠고도 독단적인 행위로 말미암아 지방에서 악명이 높았다. 경찰들은 헌병보다는 사람이 좋았고 더 융화적이며 올바른 바가 있음이 증명되었다.

이와 같은 변화에 대하여 아직 멀었다고 불평할 수도 있다. 그러나 나는 새로운 경찰 제도를 논의하면서 서울에서 일어나고 있는 정치범의 처리에 관한 문제는 제외하고자 한다. 1907년 말까지도 정치범의 처리에 관한 놀랍고도 믿을 수 없는 이야기를 들었다. 나는 이 문제를 긍정하거나 부정할 수 있는 구체적 증거를 갖지 못하고 있기 때문에 결국 서울은 나의 논지에서 제외되어야 한다고 말할 수 있을 따름이다.

통감이 취임한 뒤 이룩한 뚜렷한 업적 가운데 하나는 일본인 이민을 엄격히 규제했다는 사실이다. 수많은 악질 범법자들이 발목을 잡혀 본국으로 송환되었다. 통감부의 관리들은 숫적으로 증가했으며 적어도 어느 면에서는 일본인들에게 불평 있는 한국인들은 그에 대한 답변을 얻기가 수월하게 되었다. 통감은 항상 화의와 우의의 정책을 강조했으며, 얼마간의 시간이 흐른 다음 그는 외국인들의 협조를 얻는 데 성공했다.

그러나 일본인의 목적은 한국을 통째로 병탄하고 한민족의 흔적을 말살하려는 것이었음이 점차 명백하게 드러났다. 한국에서 일하고 있는 가장 유력한 일본인 가운데 한 사람은 나에게 이렇게 말했다.

> 나의 발언은 전적으로 사견임을 미리 이해하십시오. 그러나 만약 당신이 일본 정책의 결과가 어찌될 것인가를 나에게 개인적으로 묻는다면 나는 당

신에게 한 가지 목적을 알려드릴 수는 있습니다. 그 목적을 이루는 데에는 몇 세대가 걸리겠지만 꼭 이루어질 것입니다. 한국인들은 일본인에게 병탄될 것입니다. 그들은 일본어를 사용할 것이고 일본의 생활 습속대로 생활할 것이고 우리의 일부분을 이룰 것입니다.

식민지 통치에는 오직 두 가지의 길이 있을 뿐입니다. 하나는 상대 민족을 외국인으로 그대로 인정한 채 통치하는 것입니다. 당신의 조국인 영국은 인도에서 이와 같은 방법으로 통치했으며 결국 이와 같은 제국은 오래 견딜 수가 없습니다. 인도는 당신들의 지배를 벗어날 것임에 틀림이 없습니다. 두 번째 방법은 상대 민족을 동화하는 것입니다. 우리는 이 방법을 취할 작정입니다. 우리는 한민족에게 일본어를 가르치고 우리의 제도를 이곳에 이식함으로써 그들을 우리와 일체가 되도록 만들 것입니다.

외국인들에 대한 통감부의 정책은 그들을 점진적으로 추방하려는 것이었음이 점차 분명했다. 무역에 대한 통감부의 정책이 어떠했는가에 관하여 제20장에서 다루기로 한다. 백인들이 아직까지 가지고 있는 명예를 박탈하고자 가능한 모든 방법이 동원되었다.

한국에서 가장 영향력을 미치는 백인들은 선교사들이다. 그들은 수가 많으며, 정열적이고도 혈기왕성한 신도들을 거느리고 있다. 일본인들은 영국과 미국의 교육자의 지도를 받고 있는 그 신도들을 전향시켜 일본인들과 손잡고 일할 수 있도록 유혹하고자 조심스럽고도 치밀한 계획을 추진해 왔다. 일본인들이 편집을 맡고 있는 한국 내의 신문[1]은 조직적으로 반서구적인 논조를 전개했다.

한국인들과 자유롭게 어울리는 사람들이 수없이 들어온 바에 따르면, 일본인들은 한국인들이 요청하지도 않은 것들을 가르쳐 준다고 한다. 나는 전 대신들과 젊은 학생들과 심지어는 집안에 있는 한국인 하인들에게서도 그

1) 쓰모토 모토사다(頭本元貞)가 주관한 『서울프레스』를 뜻함. 본서 제19장 참조.

와 같은 이야기를 들었다.

어느 날 우리 집에 있는 한 일본 하인 소년은 나에게 그와 같은 사실을 간결하게 들려주었다. 그는 아시아의 장래에 관하여 문제를 제기한 다음 일본의 새로운 이념을 매우 간결하게 요약했다. 그는 더듬더듬 이렇게 말했다.

> 주인님, 일본인들은 모든 아시아가 하나로 되기를 바라고 있습니다. 일본인들이 그 우두머리가 되고 말입니다. 일본인들은 모두가 그걸 원합니다. 한국인들 가운데 몇몇 사람도 그렇게 되기를 바라고 있지만 대부분의 사람들은 그걸 원치 않습니다. 중국인들도 모두가 그걸 원치 않습니다.

일본은 1895년의 경험인 갑오경장을 통하여 한국인의 복식이나 개인적인 습관에 간섭하지 말아야 한다는 것을 배웠다고 생각할 수도 있다. 초기에 그들이 저질렀던 어처구니없는 실수 가운데 상투를 강제로 자르도록 규제했던 것보다 더 불행한 것은 없었다. 단발령은 민비를 살해한 것보다도 더 민중의 마음을 할퀴어 놓았다.

일본인은 어느 정도 자리가 잡히자 즉시 사치 단속령들을 다시 공포했다. 우선 겨울철에 흰 옷을 입지 못하도록 명령했다. 모든 사람들은 검은 도포 이외에는 입지 못하게 되었으며 이를 어기는 사람들은 온갖 강제를 받았다. 일본인들은 모든 사람들이 한꺼번에 상투를 자르도록 주장하지는 않았지만 그들의 권한이 미치는 한 모진 압력을 가했다. 대궐에 출입하는 관리나 공직자나 방백 수령 등은 모두가 머리를 자르도록 명령했다. 공직자들은 모두 자기 관할 아래에 있는 사람들이 상투를 자르도록 하라고 분명히 지시했다.

친일 단체인 일진회는 그 명령을 추종했다. 궁중에 드나드는 관리들은 서양 복장을 입도록 강요를 당했다. 모국어와 마찬가지로 전통 의상을 가능한 한 말살하려 했다. 궁중의 여인들은 서양 복장을 입으라는 명령을 받았다. 가난한 여인들은 남의 웃음거리가 되지나 않을까 하여 결과적으로 공식 석상에 나갈 수 없게 되었다.

한국에 있는 백인들의 지위가 하락되었다는 사실은 그들에 대한 많은 일본인들의 태도에서 명백히 찾아볼 수가 있다. 나는 한국에 살고 있는 조용하고도 순박한 친구로부터 이야기를 듣고 피가 끓어오름을 느낀 적이 있었다. 예를 들면 한 선교사 여인이 길을 가는데 일본 군인이 갑자기 닥치더니 고의적으로 젖가슴을 쳤다는 이야기를 듣고 분노를 참을 수가 없는 것이다. 어느 가톨릭 신부는 성당 안에서 일본군들에게 모욕을 겪고 매를 맞았지만 그 군인들은 아무 일도 없었다.

웨이걸 부부(Weigall)의 경우를 들어 보면 다른 일들도 가히 짐작할 수가 있다. 웨이걸은 오스트레일리아의 광산 기술자인데 1905년 12월 부인과 그의 조수인 테일러(Tayior), 그리고 몇 사람의 한국인 용인들과 함께 북부 지방을 여행하고 있었다. 그는 완전한 자격을 갖추었을 뿐만 아니라 여권도 가지고 합당한 절차에 따라 사업을 벌이고 있었다. 어느 곳을 지나던 그들은 일본군의 정지 명령을 받고 글로써는 표현할 수 없을 만큼 심한 모욕을 겪었다. 일본군들은 그들에게 모욕을 주었을 뿐만 아니라 총칼로 쿡쿡 찌르고 결국 체포했다.

어느 한 군인은 웨이걸 부인에게 가깝게 총을 겨누고 그가 움직이면 주먹으로 젖가슴을 쥐어박았다. 그 군인은 일행을 가장 모독적인 언사로 대했으며 부인에게는 기분 나쁜 말만 골라 썼다. 용인들은 발길로 채였다. 드디어 그들은 온갖 모욕을 당하고 추위에 오랫동안 고생하다가 겨우 풀려났다. 영국 당국자들은 이를 문제화했다. 이러한 사건에 대하여 증거는 충분했지만 얼버무리고 말았다. 그러나 웨이걸 일행은 형식적인 사과를 받은 것으로 만족할 수밖에 없었다.

북부 지방에 살던 캐나다 선교사 매크래이 목사[2]의 경우를 들어 보자. 그

2) 매크래이(D. M. McRae : 1868~1949) : 캐나다 장로교 한국 초대 선교사. 노바스코티아 케이프브레텐에서 출생(1868). 달하우지 대학을 졸업한 뒤 장로교신학대학에 입학. 신학대

는 선교 사업을 위해 얼마간의 토지를 구입했는데 일본군 당국이 그것을 탐냈다. 일본군은 그 토지에 말뚝을 박았다. 이에 그 목사는 일본 관리에게 이 사실을 알리고 말뚝을 철거할 것을 두 번이나 요청한 다음에도 아무 반응이 없자 이들은 모두 뽑아 버렸다.

매크래이 목사와 함께 살고 있는 동료 선교사들이 다른 지방으로 포교를 나간 사이에 6명의 일본인들은 기다렸다는 듯이 그의 숙소를 몰려가 그를 습격했다. 매크래이 목사는 어느 한 일본인이 휘두르는 총대에 맞아 중상을 입었지만 결국 그들을 잘 막아내었다. 매크래이 목사는 해당 일본 관서의 책임자에게 항의했으며, 일본인들은 이번 경우에도 관계자를 처벌하겠다고 약속했다.

그러나 불평을 말하고자 일본 영사관을 찾아가는 사람들을 상대하는 영사관 직원의 태도를 보면 그 지위를 막론하고 서구인들을 백안시하는 예가 허다했다. 심지어 죄상이 명백하여 일본 측에서도 처벌을 약속한 경우라고 할지라도 그 피의자는 버젓이 밖에 나와 우쭐거리며 다니는 꼴을 보게 된다. 오늘날 일본인들이 한국에서 서구인들을 상대하는 정책은 대만에서와 마찬가지로 수단과 방법을 가리지 않고 그들에게 모욕을 주려는 것이다.

한국인의 이해 관계를 보호하고자 일본인이 분명하게 제정한 두 개의 법령이 있는데 이는 오히려 한국인의 권익에 치명적인 타격을 주고 있는 것이라고 많은 사람들이 해석하고 있다. 새로운 토지법이 성안되었는데, 이 법에 따르면 옛날에 사용하던 복잡한 문서 대신에 새로운 명의서가 교부된다. 그러나 한국인들이 지적하고 있는 바와 같이, 대부분의 지주들은 자기의 토지 소유권을 문서상으로 입증할 수 없다. 새로운 제도에 따르면 그러한 지

학 재학 중에 매켄지(W. J. McKenzie) 목사 후임으로 내한(1898). 함경남도에서 선교 개시. 영생남학교 창설(1907). 함흥YMCA 창설(1918). 3 · 1운동 때 일제의 만행을 규탄하고 한국인의 인권을 옹호함. 이외 행적에 관해서는 독립 운동사 편찬위원회, 『독립 운동사(2) : 3 · 1운동사편』(상)(서울 : 1971), pp. 694~695 참조.

주들은 소유권을 상실하게 될 위험성이 있다.

1905년 말까지 수많은 한국인들이 호놀룰루나 그 밖의 지역으로 품팔이를 떠났다. 그렇게 되자 통감은 명목상으로 한국인을 보호하고자 새로운 이민법을 제정했는데 이로 말미암아 옛날과 같은 질서 있는 이민이 불가능한 결과가 빚어졌다. 어쩔 수 없이 일본을 탈출하여 다른 땅에서 정착하고 싶어 하는 사람들에게는 온갖 장애가 그 앞을 가로막았다.

연이어 나오는 법령들은 일본인이 일본인을 어떻게 생각하고 있는가 하는 것이 낱낱이 드러났으며 한국 내의 모든 것들은 일본인에게 귀속되었다. 그들이 하고 싶어 하는 일은 그대로 두어야 한다. 감히 그들의 행동을 저지하려다가는 슬픈 일만 당하게 된다. 이와 같은 소행은 일본의 황제가 한국의 황제에게 특사로 파견한 다나카 미쓰아키 자작[3]의 야만적인 행동에서 잘 나타났다.

1906년 말에 다나카가 서울에 있을 때 한 일본인 골동품 상인이 찾아와서, 송도에서 멀지 않은 풍덕[4] 지방에 매우 훌륭한 고탑이 있다고 알려주었다. 이 탑은 1천 년 전에 중국의 왕실이 한국에 선물한 것으로서, 거기에 사용된 석재는 병을 치료하는 데에 큰 효과가 있다고 한국인들은 믿었다. 따라서 그 이름도 약왕탑이라고 불렀으며 그 이름은 전국에 잘 알려져 있었다. 런던교의 탑이 영국인에게는 국가적인 기념물인 것과 마찬가지로 그 탑도 한국인에게는 국가적인 기념물이었다.

다나카는 유명한 골동품 수집가였기 때문에 이 탑에 관한 이야기를 듣자 욕심이 생겼다. 그는 한국의 궁내부대신을 찾아가 자기의 뜻을 말했더니 그

---

3) 다나카 미쓰아키(田中光顯 : 1843~1939) : 본문에는 그의 이름이 다나카로만 되어 있으나 전후의 사정으로 미루어 볼 때 그는 다나카 미쓰아키이다. 젊어서부터 근왕파에 가담하여 메이지유신 뒤에 효고현 판사를 시작으로 벼슬길에 올라 육군성 회계국장, 육군소장, 은급 국장, 회계검사 원장, 경시총감(1889), 학습원장, 궁내대신(1898)을 지냈다.

4) 풍덕(豊德) : 지금의 개풍군의 일부. 순조 32년(1823)까지 부로 존속하다가 이후 개성과 합쳐 개풍군이 되었다.

대신은 선뜻 응낙해 주었다. 며칠이 지나 다나카가 황제에게 작별 인사를 드릴 때 탑을 선물한 데에 대하여 감사한 뜻을 표시했다. 한국의 황제는 영문을 모르고 있던 터라 다나카 자작이 무슨 소리를 하는지 모르겠다고 말했다. 그는 그 탑에 관하여 전혀 들은 바가 없었던 것이다.

그러나 오래 전에 헌병을 포함한 80명의 일본인들이 주민의 항거에 대비하여 완전 무장하고 송도를 급습했다. 그들은 그 탑을 해체하여 여러 차에 실었다. 그러자 주민들이 그들을 둘러싸고 위협하면서 공격하려 했다. 그러나 그러기에는 일본인이 너무 강했다. 그 탑은 예정된 대로 도쿄로 운송되었다. 그와 같은 불법적인 처사는 그대로 보아 넘길 수가 없는 일이었다.

이와 같은 문화재의 손실에 관한 소식이 전국에 퍼졌으며 외국의 신문사에도 이 소문이 들어갔다. 일본을 두둔하는 사람들은 처음에는 터무니없는 거짓말이라고 선언했다. 특히 『제팬 메일』지는 분통을 터뜨렸으며, 서울에서 발행되는 영문 일간지로서 이 문제를 다루었던 『코리아 데일리 뉴스』지의 편집자 배설(Ernest T. Bethell)에게 욕을 퍼부었다. 일본인들은 이렇게 말했다.

"그의 주장은 전혀 터무니없는 거짓말이며, 어느 정도 공부를 해서 상식을 갖춘 사람이라면 편견에 전혀 눈이 멀지 않고서야 그와 같이 명백한 거짓말을 믿을 만큼 어리석은 사람이 있다고는 상상할 수도 없다."

『재팬 메일』지는 『코리아 데일리 뉴스』 같이 심히 괘씸하고 고약한 이간쟁이를 탄압하기 위한 구실을 마련하고자 또 다른 명분을 발견한 것이었다.

> 일본인들은 이러한 사건을 흐지부지할 것인가를 심각하게 생각해야 한다. 『코리아 데일리 뉴스』지는 미카도[帝]의 특명 사절인 궁내대신을 면전에서 그렇게 비난을 함으로써 고의적으로 일본의 황실을 모독했다. 이처럼 방자한 논조를 그대로 간과할 수 없다는 것이 솔직한 의견이다. 왜냐하면, 그렇게 함으로써 필요한 경우라면 서울의 신문이 일본인을 중상하고자 조

직한 거짓말들이 얼마나 어처구니없는 것인가를 보여줄 수 있기 때문이다.

『재팬 메일』지는 영국인이 편집하는 것이기는 하지만 대체로 일본 정부의 반관 기관지로 간주되고 있다. 일본으로서는 그와 같이 사악한 중상자의 논조를 즉시 부인하고, 이에 대한 반론을 제기하고 또 어떠한 조처를 취할 필요가 있었다. 그러다가 신문 기사가 사실임이 밝혀지자 일본의 관리들은 결국 이를 시인하지 않을 수가 없었다.

그러나 그에 대한 변명을 하려고, 통감은 그러한 절도 행위에 대하여 동의한 바 없으며, 다나카도 그것을 갖고 싶어서가 아니라 황실에 선사하기 위한 것이었다고 말했다. 통감부의 기관지인 『서울 프레스』는 이에 대하여 가장 납득할 만한 변명을 하고 있다.

> 다나카는 양심적인 관리이며, 외국인이든 일본인이든 그를 아는 사람은 모두가 그를 좋아하고 존경한다. 그러나 그는 열성적인 미술품 감정가인 동시에 골동품 수집가이다. 이러한 점에서 볼 때 골동품 수집가로서의 그의 열의가 진지한 판단력과 자제력을 압도한 것처럼 보인다.

그러나 아무리 변명하고 구실을 내세우고, 후회를 해도 그 탑은 돌아오지 않았다. 그 탑은 지금까지도 일본에 보존되어 있다.[5)]

그렇다면 한국에 살고 있는 백인들은 왜 좀 더 일찍이 한국에 관한 모든 사실을 알리지 않았느냐고 물을 수도 있다. 몇몇 사람들이 그러한 일을 시도해 보았지만 러일전쟁 동안에 일본인들이 보여 준 탁월한 처신에 힘입어 외국에서는 일본에 대한 호의적인 감정이 너무도 팽배하여 불평을 해도 들

---

5) 이 탑은 풍덕 부소산 경천사 10층 석탑으로 알려져 있다. 다나카가 이 탑을 가져간 뒤 이를 안 하세가와 요시미치의 엄명으로 1915년에 되돌려 보내어 현재는 국보 86호로 지정되어 경복궁 안에 있다가 다시 국립중앙박물관으로 이전되었다.

어주는 사람이 없었다. 많은 선교사들은 그들의 한국인 이웃들이 입고 있는 피해에 대하여 분노를 느끼면서도 일본인들의 그와 같은 행패는 일시적인 것이어서 곧 종식되리라고 믿었기 때문에 한국인들에게 참으라고만 상담을 해 주었다.

러일전쟁 초기만 해도 소수의 친러시아인만을 제외하고는 일본에 대하여 동정적이었다. 러시아의 대극동정책이 어리석고 실수투성이어서 우리 백인들은 유색인종들로부터 늘 외면당했었다. 우리는 일본이 최선을 다하는 것을 보았기에 그들 민족도 이 약한 한국 민족에 대하여 훌륭하게 처신하리라고 믿었다. 우리는 일본의 군인들이 처음에 보여 준 태도에서 너무도 호의적인 인상을 강하게 받았다.

그래서 일본인에 대한 좋지 못한 소문이 떠돌고 탄압이 나타나는 기색을 보였을 때만 해도 우리 모두는 그것이 전쟁 때문에 빚어진 일시적인 혼란이려니 생각했다. 우리는 일본인에 대하여 좋은 것 이외에는 믿으려 하지 않았기 때문에 우리의 호의적인 선입견이 깨지기까지에는 다소의 시간이 걸렸다. 나는 나 자신을 위해서 이렇게 말하는 것이 아니라 그 당시 한국에 있던 다른 백인들을 위해서 이렇게 말하고 있다.

나는 이와 같은 주장을 뒷받침하려고 많은 예를 들 수도 있다. 나는 『코리아 리뷰』의 편집자이며 오늘날에는 일본의 정책에 대하여 가장 끈질기고도 적극적인 비판가인 헐버트 교수(H. B. Hullbert)를 한 예로 들고자 한다. 러일전쟁이 일어날 무렵 헐버트 교수는 일본에 호의적인 방향으로 모든 영향력을 행사했다. 그는 다음과 같이 기록하고 있다.

> "한국에서 필요한 것은 교육이기 때문에 그러한 방향으로 조치가 취해지지 않고서는 한국의 진정한 독립을 기대한다는 것은 부질없는 일이다. 오늘날 대부분의 한국 최고의 지식인들은 일본과 일본의 영향력이 이 나라의 교육과 개화를 담당하고 있으며 어떤 한 외세가 전면적으로 영향력을 행사한

다는 것이 어떤 의미에서는 굴욕적이지만 일본의 전면적인 영향력이 러시아의 전면적인 영향력보다는 훨씬 덜 굴욕감을 느끼게 한다는 사실을 인식하고 있다고 우리는 믿는다. 러시아는 한국의 공직 제도가 안고 있는 악습에 영합함으로써 한국에 대한 우월권을 확보했다.

일본은 무력에 의해 지배권을 확보했지만 그들은 뭔가 좀 더 나아진다는 약속을 주는 방법으로써 그것을 지탱했다. 러시아 사람들은 개혁이란 단어를 입 밖에도 내지 않았다. 일본은 개혁을 끈질기게 외치고 있다. 러시아의 수평선에는 한국인의 복지라는 것이 결코 나타난 적이 없지만 일본의 모든 미래상은 그것으로 가득 차 있다. 그것은 일본이 오로지 애타적이기 때문이 아니라 한국과 일본의 번영은 공존하는 것이기 때문이다."[6]

세월이 흘러 말썽의 소리가 안으로부터 흘러나올 때면 『코리아 리뷰』는 일본인들을 위하여 가능한 한 최선의 해명을 해서 대중들을 안심시키려고 노력했다. 헐버트 교수가 그의 입장을 바꾼 것은 끊임없이 지속되는 일본의 실정에 더 이상 견딜 수 없게 된 이후부터였다.

영향력 있는 외국의 방문객들이 한국인보다 일본인 쪽으로 마음이 기울었다는 것은 당연한 일이었다. 그들은 통감부의 관리들 가운데 는 구라파의 정부에 대한 지식도 가지고 있고 세계 사정에 밝은 유능하고도 멋있는 사람들이 있다는 것을 알았다. 그런가 하면 한국을 대변하는 사람들은 구라파인들의 동정을 끌 정도로 그들을 문제화시킬 만한 힘이나 기술을 가지고 있지 못했다.

어느 유명한 외국인은 자기 나라에 귀국하여 일본을 칭찬하는 얘기와 한국을 경멸적으로 매도하는 얘기를 주로 담은 책[7]을 썼는데, 그는 자신이 한

---

6) (원저자 주) *Korea Review*, February, 1904.

7) George T. Ladd, *In Korea with Marquis Ito*(New York : Charles Scribner's Sons, 1908)을 뜻하는 것으로 보임.

국을 여행하는 동안 일본인 안내원이 자기에게 데려온 한국인 이외에는 다른 한국인과 접촉해 본 적이 전혀 없다는 점을 인정했다. 몇몇 외국 언론인들도 애당초부터 그러한 식으로 눈이 가려 있었다. 그런 식의 상황은 분명히 지속될 수 없었다. 날이 갈수록 외국인 사회에서 불평의 소리가 높아지게 되었으며, 이곳을 방문하는 정치평론가들도 그들에 대하여 좀 더 주의를 기울이기 시작했다.

이 무렵에 한국인의 명분을 옹호하면서 가장 신뢰할 만한 사람은 『코리아 데일리 뉴스』의 편집인인 젊은 영국 언론인이라고 말할 수밖에 없다. 베델(Ernest T. Bethell)은 모리나가 도키치로의 토지 점탈 음모에 대하여 매우 적대적인 태도를 취했으며 그 결과로 일본인 관리들에 대해서도 매우 날카로운 적의를 보였다. 이러한 연유로 말미암아 자연히 그는 한국의 조정과 밀접한 관계를 맺게 되었다.

『코리아 데일리 뉴스』는 공공연히 친한적인 논조를 폈다. 이 일간지는 두 가지로 나뉘어 하나는 한국어판인 『대한매일신보』와 다른 하나는 종전의 이름 그대로 영문판을 발행하고 있었다. 우리들 가운데 몇몇 사람은 베델 씨가 극단적으로 한국인을 옹호하는 한편 불필요하리만큼 적대적인 논조를 폄으로써 애당초에서부터 자기의 입장을 약화시켰다고 생각했다. 그러나 사회 정의라는 측면에서 볼 때 그는 매우 어려운 일을 하고 있었다는 점을 우리는 기억해야 할 것이다.

일본인들은 가능한 한 그의 생활을 불편하게 만들었고 그의 사업을 사사건건 방해하고 있었다. 그의 우편물은 늘 방해를 받았고, 그의 종업원들은 온갖 구실로 협박당하거나 체포되었으며, 그의 가택은 밀정들에 의해서 감시당했다. 그는 놀라운 끈기를 보여 몇 달이 지나도록 굽히는 기미를 보이지 않았다.

1907년 봄 이후부터는 그와 같은 식으로는 그의 신문에 대해서 지독하리만큼 가혹한 불평을 견뎌낼 수가 없었다. 그제야 그는 좀 더 조용하고 확신에 찬 논조로 글을 썼다. 그는 여러 번에 걸쳐 자기의 판단으로 어리석다고 생각되는 한국의 몇몇 극단주의자의 전략을 저지하려고 시도했다. 그는 일본에 대하여 무장 투쟁을 전개하려는 자세에 반대하는 여론에 영향을 미치려고 최선을 다했다.

일본인들은 베델을 회유하는 데 실패하자 그를 파멸시킬 수 있는 길을 모색했다. 베델의 근거를 뿌리째 뽑아 버리려고 영어로 발행되는 한 대항 신문을 발행했다. 이 신문의 편집장은 쓰모도 모토사다로서 그는 일본의 유능한 언론인이며 이토 공작의 으뜸가는 대변인이었다. 이 문제에서 쓰모도만큼 잘 해낼 수 있는 사람이 없었지만 그가 발행하던 신문 『서울 프레스』는 『코리아 데일리 뉴스』를 쓰러뜨리는 데 실패했다.

이번에는 외교적인 방법을 동원했다. 1906년 여름에 일본인들은 『코리아 데일리 뉴스』의 한국어판인 『대한매일신보』에 게재된 몇 편의 기사를 번역하여 영국 정부에 제시하여 베델의 신문을 폐간할 수 있도록 요구했다.

10월 12일 토요일에 베델 씨는 치안 방해를 유발할는지도 모르는 행위를 한 데 대하여 답변하고자 다음 월요일에 특설 영사재판소에 출두하라는 소환장을 받았다. 재판은 영사관 건물에서 열렸으며 매우 유능한 영국의 총영사인 코크번[8] 씨가 판사를 맡았다. 상해나 고베보다 가까운 곳에는 변호사가 없었기 때문에 베델 씨로서는 그 짧은 기간에 법률적인 지원을 얻는다는 것이 불가능했다.

8편의 기사가 법정에 제출되었는데 그 가운데 6편은 그 당시 한국의 국내에서 벌어지고 있던 의병의 활동을 논평했거나 기사화된 것이었다. 그 기사가 강경했다 하더라도 이 책에서 서술된 많은 내용보다 더 강경하지는 않았다. 총영사의 결정은 이미 예상했던 바와 같은 것이었다. 그는 베델 씨에게

---

8) 코크번(Henry Cockburn : 1859~1927) : 에딘버러대학을 졸업하고 1880년에 중국으로 건너가 영사관에서 근무함. 청국 주차 서기(1896~1906)와 조선 주차 총영사(1906~1909)를 지내고 1909년에 은퇴함.

유죄 판결을 내렸다. 그리고 앞으로 6개월 동안 근신할 것과 그에 대한 보증금으로 3백 파운드를 지불하도록 명령했다. 『코리아 데일리 뉴스』는 이 문제에 대하여 다음과 같은 논평 기사를 실었다.

"이 재판의 효과는 6개월 동안 우리의 신문에 재갈을 물린 다음 일본의 이면을 더 이상 우리의 신문에서 다룰 수 없게 하는 것이다."

1908년 6월에 서울에서 열린 특별 법정에 또다시 기소되었다. 재판장은 상해의 본(Bourne) 판사가 맡았으며, 통감부의 서기이며 서울 주재 영상인 미우라 야사부로가 제기한 공소장은 베델 씨가 무질서를 야기하고 한국 정부와 그 국민들 사이에 적의를 유발시키리라고 여겨지는 여러 편의 기사를 게재했다는 것이었다.

베델 씨는 변호사를 통하여 이 문제를 배심원들에게 회부해 달라고 신청했으나 기각되었다. 그는 3주의 금고와 6개월간 근신한다고 보장하라는 유죄 판결을 받았다. 그는 수형 이후에 더 오래 살지 못했다. 한국의 국민들은 그의 이름을 가슴에 담고 있으며 그들이 부르는 대로 배설(裵說)이란 이름은 이미 하나의 전설이 되고 있다. 그들은 이렇게 말한다.

> "언제인가 우리는 그의 동상을 커다랗게 세울 것입니다. 우리의 친구였고 우리를 위해 감옥을 갔던 그 사람을 우리는 결코 잊지 않을 것입니다."

제 7 장 고종의 퇴위[1)]

근왕파는 애당초에서부터 일본에 대하여 강력히 반대했다. 그들은 충의와 전통과 이기적인 관계로 얽혀 강력하게 저항할 수 있었다. 어떤 사람들은 자신의 이권이 위협을 겪게 되었음을 알고, 어떤 사람은 급여가 경감된 것을 애석하게 여기고 있었을 뿐만 아니라 어떤 사람은 일본인들에게 밀려 직장을 빼앗겨 함께 뭉치기는 했지만 그들 모두가 자기의 황제와 국가에 대하여 다른 민족이 범접하려는 것을 보고 당연히 분노를 느끼고 있었다. 황제는 이 반일파들을 영도했다. 지난날 수없이 많은 환난을 겪는 동안 그는 교활한 방법도 배우게 되었다. 그는 자신이 앞에 나서지 않고서도 불만에 찬 무리들을 이끄는 방법을 많이 알고 있었다.

그러나 불행하게도 고종이 성품이 매우 나약하다는 결점을 안고 있었다. 그는 과감한 작업을 뒤에서 지지하여 주고 싶어 했으며 그의 신하들이 그의 말대로 행동하려 하면 왕은 일본인들의 농간에 빠져 일을 중지시켰다. 그러나 그는 어느 시점에 이르면 결코 망설이는 법이 없다. 일본은 그로 하여금 1905년 11월의 을사조약을 사후 승인토록 애써 보았지만 허사였다. 그는 이렇게 외쳤다.

---

1) 원서에는 "Yi Hyeung의 퇴위"라고 되어 있다. 본시 고종은 외국에 보내는 공한에는 자신의 이름을 Ye Hyeng이라고 표기하고 있다. 고종의 이름은 이희이다.

"차라리 내가 먼저 죽는 것이 낫다. 차라리 독약이라도 먹으면 매사는 그만이다."

1906년 7월 이토 히로부미는 황제의 사생활을 엄격히 규제하기 시작했다. 어느 날 저녁, 많은 일본군이 대궐로 파견되었다. 늙은 궁정 수비대는 밀려나고 황제는 사실상 수인의 신세가 되었다. 경찰 간부들이 각 대궐문에 배치되고 일본인이 임명한 관리의 허가 없이는 아무도 출입할 수 없었다. 그와 동시에 대궐의 늙은 관리들도 깨끗이 제거되었다. 만약 황제의 동지들을 격리시키고 주위에서 열성적으로 일본을 두둔하게 되면 그도 결국은 항복하지 않을 수 없으리라고 통감은 생각했다.

그러나 통감은 상상할 수도 없었던 그의 고집과 결심에 봉착하여 장애를 받게 되었다. 황제는 기회가 있을 때마다 해외에 글을 보내어 을사조약이 무효임을 주장했다. 그는 쉬지 않고 지금까지도 그의 동지들과 의견 교환을 계속하고 있지만 일본인들은 역도들을 그에게 접근시켜 거짓된 충성을 큰 소리로 맹세하도록 만드는 데에 세심한 주의를 기울였다.

고종이 하는 일은 아무리 작은 일일지라도 그 주위의 밀정들에게 즉시 전달되었다. 1907년 초여름 황제는 헤이그 만국 평화 회의를 통하면 한국민의 자유를 위해서 일본에 일격을 가할 수 있다고 생각했다. 만약 한국으로부터 독립을 빼앗아 간 을사조약에 자신은 동의한 사실이 없다는 것을 열강에게 통지할 수만 있다면 그들은 다시 서울에 공사를 파견하게 될 것이고 일본도 잡은 손을 놓을 것이라고 그는 확신하고 있었다.

그러한 판단이 서자 극비리에 자금을 마련하여 3명의 고위 관리[2)]들이 헐버트 씨의 보살핌을 받으면서 헤이그에 파견되었다. 그들은 어느 모로 보나 외교 전문가가 아니었으며 그들을 안내해 주는 사람도 없었다. 그들이 유럽 정부의 흉계를 모두 터득했다손 치더라도 아무 소용이 없었을 것이다. 사정

---

2) 이준(李儁), 이상설(李商卨), 이위종(李瑋鍾)을 뜻함.

이 그 지경이 되었으니 그들은 헤이그에 도착했으면서도 방청조차도 거절당했다. 평화 회의는 그들에게 아무것도 말해 줄 것이 없었다.

황제의 이와 같은 조치는 일본인들에게 오랫동안 모색해 온 하나의 구실을 만들어 주었다. 그러한 사태를 예상해서 이미 몇 달 전에 한국의 내각이 개편되어 대신은 황제에 의해서가 아니라 통감에 의해 지명되었다. 이제 황제는 행정권마저도 박탈되었다. 이토는 모든 각료들이 완전히 자신의 도구가 되었음을 알았다. 그 도구들을 제거할 때가 왔다. 일본 정부는 천벌을 받을 짓을 꾸몄다. 일본을 지지하던 사람들도 그러한 범죄적 행위는 천벌을 받지 않을 수 없으리라고 말했지만 무슨 벌을 받으리라고는 말하지 않았다.

이번 일의 진행은 1905년 11월의 을사조약 체결을 꾸밀 때보다 더 영리하게 연출되었다. 겉으로 볼 때 황제를 퇴위시키면서 일본은 아무 일도 하지 않았다. 사실상 대신들은 그들의 정책을 결정하고자 통감부에 집합하여 지시받은 대로 일을 처리했다. 그들은 황제를 찾아가 이 국가를 일본의 병탄으로부터 구출하려고 양위할 것을 요구했다. 외국에서 그를 동정하거나 도와주겠다는 소식은 하나도 없었다.

위험이 닥친 것을 안 황제는 간단한 수를 써서 그들을 속이리라고 생각했다. 그는 자신의 모든 권한을 양도한다는 뜻과 거의 구별하기 어려운 새로운 명칭의 한자어를 사용하여 황태자를 임시 황제로 삼기를 원했다. 그러나 그는 이미 선의를 저버렸기 때문에 자신의 꾀에 스스로 넘어가고 말았다. 7월 19일, 지난밤부터 계속된 회의를 마치고, 새벽 6시에 황제는 퇴위를 권고 받았다.

새로이 등극한 황제는 지적으로 모자란 분으로서 그의 측근 신하들의 손에 이용만 당하는 도구에 불과했다. 그러나 그의 부왕은 그의 측근에 남아서 그를 통하여 계속 왕권을 행사하고 싶어 했다. 1주일도 못 되어 일본인들은 한국의 모든 정사를 전적으로 일본인들이 처리할 수 있도록 하는 새로운 조약[3]을 마련했다. 전문 6조의 매우 간략한 이 조약은 그럴 수 없이 엉뚱한 것이었다.

이 조약에 따르면 통감의 사전 동의가 없이는 한국 정부가 법률을 집행할 수도 없으며 중요한 문제를 처리할 수도 없도록 되어 있다. 모든 관리들은 통감의 마음에 들어야 그 자리를 지킬 수 있으며, 한국 정부는 통감이 천거한 일본인의 임용을 이의 없이 동의했다. 드디어 한국 정부는 일본 고위층의 동의가 없이는 외국인과 거래를 할 수 없도록 되었다.

며칠이 지난 뒤 새로운 황제의 이름으로 군대의 해산을 명하는 칙령이 내렸다. 이 칙령은 한국인을 매우 모욕하는 투로 작성되었다. "우리의 군대는 용병으로 구성된 것으로서 국가 방위를 위해 부적합하다."는 것이었다. 이러한 칙령의 저의는 "유력한 군대를 점차적으로 조직하기 위한" 구실을 만들려는 것이었다. 이와 같은 모욕에 그치지 않고 일본은 군대가 해산된 다음 소요가 발생되면 이를 제지하고자 통감에게 일본군의 지원을 서면으로 요청하라고 총리대신 이완용에게 명령했다.

이와 같은 처사는 적의 목을 발뒤꿈치로 밟고 있는 것과 같은 일본인이 상대방을 모욕 주려고 자시의 뺨을 살짝 갈기는 것과 마찬가지인 소행이었다. 8월 1일 아침, 한국 군대의 몇몇 고위 장교들은 일본인 사령관인 하세가와 요시미치의 숙소에 소집되어 군대 해산령을 받았다. 명령에 따르면 그러는 동안에 그들의 무기를 압수하도록 하라는 것이었다.

한국 군대의 가장 탁월한 지휘관이었던 시위 제1대 대장인 참령 박성환(1869~1907) 소령은 실의에 빠져 숙소로 돌아와 자결했다. 대궐에서 무슨 일이 일어났는지를 알게 된 그의 부하들이 폭동을 일으켰다. 그들은 일본군 교관을 습격하여 거의 죽을 정도로 구타했다. 그런 다음 그들은 무기고를 강제로 열어 총과 실탄을 손에 넣자 숙소의 창문 옆에 숨어 일본인들을

---

3) 한일신협약 곧 정미7조약을 뜻하는데 "전문 6조"라고 한 것은 7조의 착오이다.

눈에 띄는 대로 발사했다.

이 소식은 즉시 통감부에 전달되고 일본군 보병 수개 대대가 급거 출동하여 병사를 포위했다. 일본군은 2개조로 나누어 한편으로는 기관총으로 전면 공격하고 다른 한편으로는 후면을 공격했다. 전투는 아침 8시 반에 시작하여 끝내는 진압되었다. 그들의 용전은 심지어 적군에게서도 높은 찬사를 받았다. 적어도 며칠 동안은 일본인들은 과거 어느 때보다도 더 한국과 한국인을 칭송했다는 것은 주목할 만한 사실이다.

일련의 사건들이 그날을 욕되게 만들었다. 일본군은 훌륭하게 처신했으며 부상병들을 정성껏 치료해 주었으나 그날 밤 일본인 하층 계급의 노동자들이 그들의 숙소를 나와 희생자들을 수색했다. 그들은 항병이라고 의심이 가는 사람이면 눈에 띄는 대로 구타하고 칼로 찌르고 살해했다. 몇 십 명이 떼를 지어 다니면서 무기도 없는 부상병들을 공격하고 살해했다. 통감부는 이 사실을 알자 이를 즉시 중지시키고 많은 범법자들을 체포했다.

8월 말, 분노한 민중의 통명스러운 침묵 속에 새로운 황제가 등극했다.[4] 민중에서는 감격의 빛을 찾아볼 수가 없었으며 경관의 압력에 못 이겨 몇 군데 국기가 게양되었다. 예전 같으면 몇 주 동안 큰 잔치가 계속되었겠지만 그날 민중의 표정은 침울하고 무관심하고 냉담할 뿐이었다. 지방에서는 민중 봉기와 살인이 일어나고 있다는 소식이 시간마다 들어왔다. 자칭 개혁파들이지만 민족반역자로 낙인이 찍힌 일진회는 큰 잔치를 차릴 심산이었으나 민중은 이를 외면했다. 민중은 이렇게 수군거렸다.

"오늘은 잔칫날이 아니라 몽상을 입을 날이다."

대관식을 주관했던 일본 당국은 의식을 간소화하고 한국의 독립이 대외에 공표되지 않도록 막으려고 애를 썼다. 황제가 식장으로 들어갈 때 양편

---

4) 순종의 등극을 뜻한다. 대개의 한국 문헌에는 고종의 양위식이 7월에 있었다고 기록되어 있는데 이는 음력과 양력의 차에서 오는 것이다. 양위식의 정확한 일자는 1907년(정미) 8월 28일(음력 7월 20일)이었다.

에 부축을 받으면서 몸을 떨고 있던 모습이라든가, 입을 벌린 채 턱은 밑으로 처지고, 눈은 초점을 잃었으며, 얼굴에는 지식인에게서 볼 수 있는 총명이 사라진 것을 본 사람들은 이번의 대관식을 경사스러운 일로 생각할 사람이 거의 없으리라는 것을 의심치 않았다. 옛날과 같은 우아한 모습이 사라진 대관식은 단조롭고 그림 같기만 했다.

이날 있었던 일 가운데에서 황제의 상투를 자르는 것은 대관식 못지않게 중요한 일이었다. 고종이 양위하자 단발을 적극 찬성하던 내각은 기회를 만난 셈이었다. 새로운 황제는 상투를 자르도록 권고를 받았지만 그는 단발을 좋아하지 않았다. 그는 단발을 매우 고통스럽게 생각했기 때문에 상투를 그대로 두고 싶었다.

그러자 내각에서는 금술이 달린 찬란한 복장을 황제에게 보여 주었다. 황제는 대관식에서 한국식의 곤룡포를 입는 것이 아니라 이 새로운 복장을 입도록 되어 있었다. 상투를 자르지 않고서야 서구에서 원수들이 쓰는 금술이 달린 모자를 쓸 수 있겠는가? 내각은 황제의 단발을 결의했다. 몇 시간 뒤에는 황제가 상투를 자르기로 했으니 모든 사람은 그를 따르라는 포고문이 전국의 충순한 국민들에게 발표되었다.

황실 이발사가 새로이 임명되었다. 그는 제복을 으리으리하게 차려 입고 대궐 부근의 거리를 활보했다. 그는 희고 짧은 바지에 큼직한 흰색 연미복을 입고, 흰 구두에 검은 실크 해트를 쓰고 남의 시선을 끌면서 의기양양하게 거리를 활보했다. 그날 아침 대궐에서는 장관이 벌어졌다. 황실 이발사가 참석하고 원로 고관들이 황제의 주위에 시립하고 있었다. 그들은 창백한 얼굴에 떨리는 목소리로 선대의 유풍을 버리지 말라고 아뢰었다. 황제는 겁에 질려 망설이기만 했다. 무슨 수로 단발을 면할 수가 있겠는가? 그러나 이제는 더 이상 주저할 수도 없는, 자기들의 임무가 무엇인지를 잘 알고 있는 사람들이 그의 뒤에 버티고 서 있으니 말이다. 몇 분이 지나 황제의 상투는 날아갔다.[5)]

통감부에서는 대관식을 준비하면서 많은 일본인들이 참석할 수 있도록 하고 가능한 한 외국인들은 이에 참석할 수 없도록 식을 준비했다. 식장에는 일본 교민회장과 불교 승려들을 포함하여 근 100명의 하객이 참석했다. 서구인으로는 6명의 총영사와 한국에 주재하던 영국 국교회의 터너 주교[6]만이 참석했다.

일본인들은 으리으리한 복장을 차려 입고 참석했다. 일본인들은 말직에 있는 사람일지라도 금술을 달고 많은 훈장을 패용한 궁중복을 입도록 한다는 것이 새로운 정책으로 되어 있다. 이렇게 함으로써 일본인들은 공식 석상에서 장관을 보일 수가 있는데, 동양의 조정에서는 이러한 방법이 전혀 소용없는 일만은 아니다.

10시가 조금 못 되어 하객들은 식장에 모여들었다. 식장은 현대식으로 꾸며져 있는 방으로서 한 모퉁이에 단이 마련되어 있었다. 황제의 왼편에는 한국인이, 오른편에는 일본인이 시립했고, 각료들과 통감부 관리들은 좌우의 전열에 각기 자리 잡았으며, 외국인들은 단의 전면에 자리 잡았다.

새로운 황제는 시종무관장과 궁내부대신의 안내를 받으면서 단 위에 나타났다. 그는 자기 나라의 옛날 복식인 푸른 곤룡포를 발목까지 치렁치렁하게 입고 그 밑에는 엷은 크림색의 관복을 입고 있었다. 그의 머리에는 말총

---

5) 이상의 글을 보면 필자는 순종이 그의 대관식 날 단발이 시행되었다고 기록하고 있으나 국내 기록은 이와 다르다. 순종은 이미 태자 시절 곧 을미사변(1895) 직후에 고종과 함께 머리를 깎았다.(이선근, 『한국사 : 현대편』(서울 : 을유문화사, 1970), pp. 717~720 및 이홍직, 『국사대사전』(서울 : 지문각, 1962), p. 370 : 「단발령조」) 이에 관한 F. A. MeKenzie의 기록은 실제 목격담이기 때문에 무시할 수가 없다. 역자의 추측으로는, 고종은 단발령 당시(1895)에 삭발한 것이 사실이나 순종은 상중이라는 당시의 주장이 관철되어 단발을 미루어 오다가 즉위식 날에 단발한 것으로 보인다.

6) 터너 주교(Bishop Arthur B. Turner : 1862~1910) : 성공회 주교. 옥스퍼드(1885)와 커데스돈 대학(1886)을 졸업하고, 성공회의 부제(1886)와 사제(1887)를 거쳐 내한(1896), 주교(1905)가 되어 포교 활동을 하다가 과로로 죽어 양화진 외국인 성당에 묻혔다. YMCA 헌장 기초 위원이자 동회의 2대 회장으로서 교회에 대한 국가의 책임과 선교 원칙을 강조했고, 한국에 축구를 처음으로 소개했다.

으로 만든 고풍의 둥그런 모자를 우아하게 쓰고 가슴에는 작은 장식을 달고 있었다. 키는 크고 엉거주춤하니 거북스럽게 서서 시선은 초점을 잃고 있는 모습, 그것이 황제의 모습이었다.

옛날 같으면 모든 사람들은 머리가 땅에 닿을 정도로 머리를 조아리게 마련이지만, 한 내시가 무릎을 꿇고 있는 것 이외에는 어느 누구도 허리 이상은 굽히지 않았다. 북과 구성진 관악기가 합주하는 괴상한 국악이 은은하게 들려오고 있었다. 의장단이 영창을 시작하자 신기한 창이 계속되었다. 침묵이 흐르는 가운데 총리대신 이완용이 말쑥한 옷차림으로 앞으로 나와 환영사를 낭독했다. 황제는 남의 일처럼 아무런 관심을 보이지 않은 채 조용히 서 있었다. 그는 싫증을 느끼는 것처럼 보이지도 않았으며, 오히려 무기력하게 서 있었다.

그런 뒤에 의식은 잠시 중단되었다. 황제는 물러가고 하객들은 곁방으로 들어갔다. 곧 모든 사람들이 호출되고 황제도 다시 나타났다. 잠시 동안에 그의 모습은 싹 변했다. 그는 한국 군대의 대장이 입는 것과 같은 새로운 신식 제복을 입고 나왔다. 그의 가슴에는 두 개의 훈장이 걸려 있었는데, 내가 잘못 본 것이 아니라면, 그 가운데 하나는 일본 천황이 보내 준 것이었다.

새 옷을 입은 그의 모습은 조금 전보다는 더 의젓해 보였다. 그의 앞에는 훌륭한 깃이 꼿꼿하게 달린 새 모자가 놓여 있었다. 이제는 그 구성진 국악도 그치고 그 대신에 궁중에 소속되어 있는 훌륭한 서구 악대가 현대 음악을 연주했다. 옛날 복장을 입고 옛날식으로 연주하던 국악대는 구석방으로 밀려났다.

일본의 통감 대리이며 한국 주둔 일본군 사령관인 하세가와는 위풍당당하게 앞으로 걸어 나와 천황의 환영사를 낭독했다. 그 뒤를 이어 한국 주차 외교 사절 단장인 뱅카르(M. Vincart)가 각국 대표를 대신하여 인사했다. 그의 인사말은 매우 조심스럽게 재편집되어 있었다. 그 내용을 들어보면 각 사절의 본국 정부가 이번 절차를 승인했다는 인상을 느낄 수가 없었다. 그런 다음 대관식은 모두 끝났다.

이 대관식에는 두 사람의 모습이 보이지 않아 특히 주목을 끌었다. 상황이 이 자리에 불참했던 것이다. 공식적인 설명에 따르면, "그의 제복이 시간 내에 마련되지 않아" 참석할 수 없다는 것이다. 사실상 모든 사람들이 알고 있는 바와 같이, 그는 대관 식장에서 20야드 떨어진 곳에서 치를 떨며 항변하고 있었다.

그곳에 나타나지 않은 또 다른 인물은 러시아 총영사인 드 플랑송(M. de Plançon)이었다. 그는 지각하여 참석할 수가 없다고 발표되었다. 그는 대궐에서 걸어서 10분이면 도착할 수 있는 곳에 살고 있었으며, 또 대관식은 예정보다 늦어져서 하객들은 거의 1시간이나 기다렸음을 생각할 때 그는 하필이면 그 중요한 날 아침에 늦잠을 잔 것이 틀림없다. 그러나 이상한 일이지만, 그는 새벽잠이 없는 사람이었다.

제 8 장 의병을 찾아서

1906년 가을이었다. 황제는 폐위되었고 군대는 해산되었다. 퉁명스럽고도 분노에 찬, 그러나 무기력한 서울의 민중들은 이제 폐하의 무관심과 자신의 나태와 무지에 희생된 채, 자신의 민족적 존립을 도적맞고도 감히 말 한 마디조차 할 수 없었다. 의기양양한 일본군들은 대궐문과 궁내에 버티고 있었다. 왕자들은 상투를 잘리고 일본 옷을 입는 등, 저들의 욕된 욕구에 복종하지 않을 수 없었다. 하세가와 요시미치 휘하의 군졸들은 거리를 누비며 호령했으며 백의민족들은 발걸음조차도 조심스러워야 했다.

그러나 수도 서울은 그토록 억압을 당했지만 몇몇 지방은 그렇지 않다는 것이 곧 명백해졌다. 먼 지방에서 쫓겨 온 패군들은 해가 진 뒤 성벽을 기어 넘어 들어와 각지에서 일어나고 있다는 놀라운 사실들을 서울 사람에게 전했다. 이곳저곳에서 일본에 대한 봉기가 일어났다.

"의병"이 편성되고 놀라운 일들을 감행했다. 일본 분견대는 전멸되고 그 밖의 무리들도 패주했다. 일부의 일본군이 승리한 것은 사실이지만, 그들은 온 마을을 유린하고 주민들을 대량 학살함으로써 가혹한 보복을 감행했다. 피난민들의 말이 그렇지만 어디까지가 사실이란 말인가?

나는 그들의 이야기를 크게 의심했다고 말할 수밖에 없다. 한국에서 일본인들의 불법적인 행위를 저지르는 것을 여러 번 보아 온 나이지만, 일본군이 상관의 지휘를 받아 조직적으로 그러한 범행을 저질렀다고 보기는 어려웠다. 나도 러일전쟁 기간 동안 일본군과 함께 있었던 탓으로 일본군이 고하를 막론하고 군기가 엄정했음을 보았으며, 또 그러한 태도를 칭찬했다.

그때 일본군들은 약탈이나 범법 행위를 저지르지 않았다. 최근에 서울에서 폭동[1]이 일어났을 때에도 나는 일본군의 행동을 목격한 적이 있다. 어찌되었든 피난민들의 이야기가 사실이든 거짓이든, 다소 흥미 있는 전투가 계속되고 있었음은 부인할 수가 없었다.

9월 첫 주까지만 해도 부산 부근에서부터 서울의 북쪽에 이르기까지 분란이 일어나고 있음이 명백해졌다. 의병들은 대체로 해산된 구식 군대와 산간의 사냥꾼들로 구성되어 있음이 확실했다. 우리가 서울에서 들은 바에 따르면 구식 군대에서 훈련을 받은 장교들이 그들을 훈련·조직시켜 지원 부대를 구성하고 있다는 것이었다.

일본군은 의병의 본거지로 신식 군대를 집결시키고 있었지만 의병들은 봉화를 교묘하게 이용함으로써 정규전을 피하면서 적의 헛점을 찔렀다. 기록에 따르면 그들은 무기도 형편없었을 뿐만 아니라 화약도 부족했으며, 그들에게 외부에서 무기를 공급해 주는 유력한 조직도 없었던 것처럼 보인다.

불만에 찬 한국인들이 처음으로 집결한 곳은 서울에서 동쪽으로 80~90마일 떨어진 산간 지방이었다. 이곳에는 한국의 유명한 호랑이 사냥꾼들이 살고 있었다. 이들은 "의병"이라는 이름으로 함께 뭉쳤다. 그들은 일본군 소수 부대와 접전하여 작으나마 승리를 거두었다. 상당한 병력의 일본군이 도착하자 그들은 산 속 깊숙이 피신했다.

이 호랑이 사냥꾼들은 산악의 자손이라고 말할 만큼 산에 능숙했고 신체가 건강한데다가 자기들이 익숙한 고장을 무대로 활약했기 때문에 아무리 정예한 정규군이라고 할지라도 그들을 상대하기는 어려웠다. 그들은 아마

---

1) 을사조약이 체결되고 단발령이 실시된 이후 각지에서 일어난 저항을 뜻함.

이 세상에서 가장 씩씩한 운동선수일는지도 모른다. 그들은 의병 가운데 서도 가장 아름답고 낭만적인 부분을 이루었다.

의병들의 무기는 구형의 격발총으로 총신은 길고 방아쇠는 길이가 8인치 되는 놋쇠로 되어 있었다. 그들 가운데 대부분은 어깨에 총을 걸고 쏘는 것이 아니라 옆구리에 늘어뜨리고 쏘았지만 빗나가는 법이 없었다. 그들은 장탄을 하는 데 시간이 많이 걸리기 때문에 1회 공격에 1발밖에는 총을 쏠 수가 없다. 그들은 호랑이에 바짝 다가가서 쏘아 죽이는 법을 배우고 있다. 요즈음의 호랑이 사냥꾼들은 첫 발에 실수하면 그는 죽는다. 호랑이는 그것을 노리고 있는 것이다.

서울에서 들을 수 있는 얘기 가운데 한국인들이 승전했다는 소문은 아무래도 믿기가 어려운 것도 있었다. 그러나 내가 서울에서 들은 한 전투담은 너무나 여러 곳에서, 그리고 믿을 만한 곳에서 들었기 때문에 그 사실의 진부를 의심할 수가 없었다. 그 얘기를 듣노라면 나폴레옹에게 항쟁했던 티롤[2] 민족의 옛 일이 생각난다.

48명의 일본군이 다량의 군수 물자를 호송하고 있었다. 한국인들은 양편이 깎아지른 듯한 절벽이 겹쳐 있는 산골짜기에서 매복하고 있었다. 일본군들이 골짜기의 중앙에 이르렀을 때 그들은 절벽 위에서 굴러 떨어지는 큰 바위 덩어리로 압사했으며, 생존자들이 전열을 정비하기도 전에 한국군들의 무리가 그들에게 쇄도하여 몰살시켰다.

한국인들이 흔히 호언장담하는 문체의 격문들이 서울로 은밀히 전달되었다. 서울의 일본군 사령부인 진고개에 주둔하고 있던 일본군들은 계속하여 지방으로 파송되었다. 하세가와는 다음과 같은 성명을 발표하고 지방에서 일어나고 있는 사태에 대해 심심한 유감의 뜻을 표명했다.

---

2) 티롤(Tyrol) : 동 알프스 지방 산악 지대로서 지금은 오스트리아와 이탈리아로 분할되어 있다. 나폴레옹 전쟁 시에 이들은 산악을 이용하여 침략군에 항전했다.

조선 주둔사령관 하세가와 요시미치는 전국 각지의 한국인 각자에게 다음과 같이 포고한다. 천하 대세의 필연적인 추세와 정치적 재활을 위한 민족적 요망에 따라 한국 정부는 폐하의 뜻을 받들어 이제 국가의 각 기관을 재편하는 과업에 착수하고 있다. 그러나 세계의 대세를 모르는 몰지각한 무리들은 충성과 반역을 구분하지 못하고 무례하고도 허무맹랑한 소문을 퍼뜨림으로써 백성들의 마음을 흔들어 놓고 여러 곳의 불량배들을 교사하여 폭동을 일으키도록 했다.

이 폭도들은 내 · 외의 양민을 살해하고, 그들의 재산을 약탈하고, 관청과 민가를 불태우고, 통신 수단을 태우는 등, 가공할 죄를 범하고 있다. 그들의 범죄 행위는 천인공노할 소행임에도 그들은 충성스럽고도 애국적인 체하며 스스로를 의병이라 일컫고 있다. 그러나 그들은 범법자임에 틀림없으며, 정치 제도를 부활시키려는 폐하의 뜻을 반대하고 자신의 국가와 민족에게 가장 해로운 일을 저지르고 있다.

저들을 조속히 소탕하지 않는다면 참으로 처참한 사태가 일어날는지도 모른다. 나는 저들의 폭동을 뿌리 뽑음으로써 백성들을 환난으로부터 구출하라는 명령을 대한제국의 황제 폐하로부터 받았다. 나는 법을 준수하는 한국의 전국민에게 명령하건대, 그대들은 각기 생업에 종사할 것이며 두려워하지 말라.

한때 실수로 폭도들에게 가담한 사람들일지라도 잘못을 뉘우치고 속히 항복하면 지난 과오를 용서할 것이다. 또한 그들을 체포하거나 그들에 관한 정보를 제공하는 사람에게는 상당한 상금을 줄 것이지만, 고의적으로 그들에 가담하거나 그들을 숨겨 주든가 무기를 은닉한 사람들은 중벌을 받을 것이다. 더 나아가서 폭동이 발생한 마을은 이에 집단 책임을 지고 가혹한 벌을 받을 것이다. 한국의 전국민들은 여기에 발표한 나의 말을 십분 이해하고 범법 행위를 하지 않도록 할 것을 엄중 경고하는 바이다.

미국에 살고 있는 한국인들은 『폭뢰』라는 인상적인 표제의 성명서를 돌려 일본과 손을 잡고 일하는 한국인들을 공격함으로써 동포들의 분노와 복수심을 불러일으켰다. 그들은 다음과 같이 선언했다.

> 우리 2천만 동포들은 분노에 치를 떨고 있다. 그들의 충의는 하늘을 찌를 듯하며, 충성심에 북받쳐 피는 분노한 파도처럼 드높이 들끓는다. 우리는 그대들의 집을 불태우고 그대들의 머리를 자를 것이다. 우리는 그대들의 몸을 2천만 가닥으로 찢어 우리 2천만 동포가 씹도록 할 것이며, 그대들의 피를 2천만 잔으로 나누어 우리 2천만 동포가 마시도록 할 것이다. 우리는 그대들의 살을 씹고 피를 마셔도 시원치 않을 것이다. 그대들은 범죄자이며 천한 비겁자이며 외국인의 집에 숨어 살며 출입할 때는 미국 군대의 보호를 받고 있다. 삼척동자들도 그대들의 매국적 외침을 듣고 있다.

지방에 살고 있는 한국인들은 다음과 같은 격문을 발표했는데 아름답지는 못하지만 상당히 격정적이었다.

> 우리 민족의 인구는 2천만 명이며 늙고 병든 무리나 어린아이를 제외하고도 1천만이 넘는다. 오늘날 한국에 주둔하고 있는 일본군은 8천 명을 넘지 못하고 각지에 있는 일본 상인도 몇 천 명을 넘지 못한다. 그들의 무기가 아무리 고성능이라 할지라도 1명의 일본인이 어찌 1천 명의 한국인을 죽일 수 있을 것인가? 우리는 우리의 형제들이 어리석은 행동을 하지 말며, 죄 없는 사람을 죽이지 말기 바란다.
>
> 우리들은 날짜를 정해 그대들을 공격할 것이다. 우리들 가운데 몇몇 사람은 거지나 상인으로 가장하여 서울로 들어갈 것이다. 우리는 철도를 폭파하고 항구를 불태울 것이며, 진고개를 쳐부수고 이토 히로부미와 모든 일본인들을 죽이고 이완용과 그 주구들을 몰살할 것이며, 폐하를 배신한 역도들을 단 1명도 살려 두지 않을 것이다. 일본은 우리를 무찌르려고 모든 군대를

진격시킬 것이다. 우리는 무기를 갖고 있지 않지만 우리의 충성심을 끝까지 버리지 않을 것이다.

우리는 일본군의 신식 무기에 대항할 수 없을 것이지만, 우리는 외국 영사들에게 파병을 요청할 것이며, 그들은 의로운 사람들을 도와 악한 무리들을 쳐부술 것이다. 그렇지 못할 바에야 차라리 함께 죽자. 일본을 쳐부수자. 그리고 어쩔 수 없다면 우리는 국가와 황제와 함께 죽자. 우리에게는 그 길밖에는 아무 것도 없다.

황제와 우리 형제들이 이토와 이완용과 그의 주구(走狗)들의 그 지긋지긋한 정책에 따라 차례로 죽을 것이 확실한 바에야 슬픈 운명을 조금이라도 더 연장하기보다는 이제라도 죽는 것이 낫다. 망국의 유민으로 살기보다도 차라리 애국자로 죽는 것이 낫다.

이준(李儁) 선생은 우리 국가를 옹호하고자 외국으로 나갔으나 그 뜻을 이루지 못함에 칼로 할복하고 외국인들에게 피를 뿌려 그 충의를 만방에 알렸다. 우리 2천만 동포가 뭉치지 않는다면 이는 선생의 뜻을 저버리는 것이다.

우리는 자멸하든가 아니면 이 민족을 지키든가 양자택일을 해야 한다. 우리가 죽고 사는 것은 작은 일이지만, 우리가 우리 민족을 위해 일할 것인가 아니면 배신할 것인가를 당장에 결심한다는 것은 중요한 문제이다.

남부 지방에 살고 있는 한국인들은 다음과 같이 솔직하게 통감 이토에게 호소했다.

당신은 한일 간의 우의를 강조했지만, 일본인의 손길이 닿는 곳이라면 남는 것이 없을 만큼 당신이 전국적으로 이익을 빼앗은 것이 사실이다. 한국은 이제 멸망의 구렁텅이에 빠졌지만 한국이 그 지경이 되면 일본도 쇠망할 것이다. 우리는 그대를 동정하노니, 이 민족이 멸망한다고 해서 당신에게 이로울 것이 없을 것이다. 일본과 한국이 함께 멸망한다면 이는 참으로 일본에게 불행한 일이 될 것이다.

만약 당신 스스로 안녕을 바란다면, 폐하에게 건의하여 역신을 탄핵토록 하고 그들에게 마땅한 벌을 받도록 하라. 그리하면 모든 한국인들은 호감을 가지고 당신을 바라볼 것이며 서구인들은 소리 높여 당신을 칭송할 것이다. 한국 정부로 하여금 각 분야에 걸쳐 개혁을 이룩하도록 충고해 주고, 학교를 증설하도록 도와주고, 유능한 인재를 뽑아 등용시킬 수 있도록 도와주라. 그러면 한 · 청 · 일 3국은 같은 반열에 서서 굳게 뭉치게 될 것이고 외국도 감히 능멸하지 못할 것이다. 만약 당신이 이렇게 하지 않고 우리의 국권을 계속 유린한다면 우리는 함께 멸망할 것이다. 이 점을 기억해 주기 바란다.

당신들은 한국에 인물이 없다고 생각하지만, 보라! 우리 한국인들은 당신들의 철로를 폭파하고, 당신들의 숙소와 관청을 파괴할 것을 결심했다. 우리는 날짜를 정하여 팔도(八道)의 충신들에게 글을 보내어 모두 함께 일어나 각 개항지의 일본인들을 몰아내도록 할 것이다.

일본군이 아무리 총검술에 능숙하다 할지라도 우리 2천만 민족을 대항하기는 참으로 어려울 것이다. 우리는 먼저 한국에 있는 일본인들을 쳐부술 것이지만, 이 과업이 끝나면 열강에 호소하여 한국의 독립과 자유를 승인토록 할 것이다. 우리가 8도의 동포들에게 글을 보내기에 앞서 미리 그대에게 충고하는 바이다.

나는 그들을 직접 찾아보기로 결심했다. 그러나 이런 일이란 말이 쉽지 참으로 어렵다는 것을 나는 곧 알았다. 제일 먼저 겪게 된 고충은 일본 당국의 방해 공작이었다. 곧 그들은 나에게 여권을 발급하여 주지 않았다. 이유는 곧 현지에는 분란이 일어나 나의 신변을 보장할 수 없다는 것이었다. 내가 만약 여권이 없이 여행을 한다면 국제 조약에 의거하여 "여행 중에 체포되어 처벌을 받을 것"이라고 통감은 나에게 정식으로 경고했다.

이 정도로 내 결심은 흔들리지 않았다. 내가 정말로 두려워한 것은 그들이 나의 여행을 동의해 놓고 신변 보호라는 명목으로 호위병을 딸려 보내겠다고 주장하지나 않을까 하는 점이었다. 지금과 같은 현실에서 일본이 외국인의 한국 내 여행을 저지할 권리가 있는가 하는 것이 더욱 의심스러웠다. 왜냐 하면 여권 규정은 이미 오래전부터 사실상 효력이 없었기 때문이었다. 내가 체포되어 영사관 감방에 구금될 경우에 항변할 수 있도록 마련된 구실이 바로 이 점이었다. 그리하여 나는 출발을 위해 준비를 서둘렀다.

한국에서 여행할 경우 기차를 이용하지 않는다면 음식물 이외의 모든 필수품을 말로 운반해야 한다. 따라서 적어도 세 마리의 말이나 노새가 필요하다. 하나는 여행자가 타야 하고, 하나는 짐을 실어야 하고 다른 하나는 침구와 사동을 태워야 한다. 노새에게는 각기 마부가 따라 다니면서 먹이를 주어야 하고 보살펴 줄 필요가 있다. 그러므로 나는 가벼운 여장이긴 하지만 기동성 있게 차리려고 두 마리의 말과 한 마리의 노새, 그리고 4명의 수행원과 함께 떠나지 않을 수 없었다.

서울에 살고 있는 서구인 및 한국인 친구들은 내가 여행을 떠나면 살아서 돌아오지 못할 것이라고 생각했다. 지방에서 분란이 일어난 이후 현지를 가본 백인은 아직 아무도 없다. 한국의 호랑이 사냥꾼들과 강제 해산된 구식 군대들은 산간에 흩어져 있으면서 그곳을 통과하는 일본인들을 저격하고자 기다리고 있었다.

일본군이나 그 지휘관들은 모두가 양복을 입고 있기 때문에 어느 정도 먼 거리에서라면 그들은 나를 일본인으로 착각할 것이 틀림없으며, 그들은 자신의 실수를 알기 전에 이미 나를 사격할는지도 모른다. 어떻게 하면 이런 위험을 면할 수 있을까를 백방으로 궁리해 보았다.

우리 집의 한 늙은 하인은 나에게 한국의 양반들처럼 가마를 타고 가라고 권했다. 가마는 작은 상자처럼 되어 있으며 두 사람 또는 네 사람이 메도록 되어 있으며 여행자는 그 안에서 사뭇 웅크리고 앉아 있어야 한다. 가마는 평균 한 시간에 2마일도 못 간다. 나는 가마를 타느니 차라리 총알을 맞는 것을 선택했다. 한국의 관리들은 내가 도착하는 마을에 하루 전에 사람을 보내어 "영국대인"이 통과할 것이니 사격하지 말도록 미리 알리라고 나에게 권했다. 나는 그렇게 하기로 하고 길을 떠났다.

이번 여행을 참으로 모험적이라는 과장된 생각이 불행하게도 외부에 알려졌다. 마상들은 말을 빌리는 값을 더욱 올려 요구했다. 왜냐하면 그들은 다시 말을 찾지 못할는지도 모른다고 생각하고 있었기 때문이었다. 나는 사동이 하나 필요했다. 서울에는 사동들이 많았지만 구하기가 어려웠다.

나는 잘생긴 한 한국인 청년을 하인으로 고용했다. 그의 성은 우(禹)씨였는데 사냥과 금광을 찾으려고 많이 돌아다녀 본 사람이었다. 그는 몹시 불안하게 생각하고 있는 듯이 보였다. 출발 3일 전에 그가 눈길을 떨어뜨리고 나를 찾아 왔을 때 나는 예상했던 일이기 때문에 놀라지 않았다.

"선생님, 저는 매우 무서워서 가슴이 마구 떨리고 있습니다."

"무어 놀랄 일이라도 있나요?"

"의병들은 선생님을 쏘아 죽일 것이고 그 다음에는 저를 쏘아 죽일 겁니다. 저는 상투를 잘랐기 때문이지요."

의병들은 상투가 없는 사람을 모조리 죽인다는 소문이 떠돌고 있었던 것이다. 우 씨를 해고하고 어떤 사람으로부터 한(韓) 씨를 소개받았다. 그는 사냥 경험이 많은 사람이었지만 행선지를 듣고는 기겁을 해서 달아났다. 신 씨라고 하는 훌륭한 청년이 실직해 있다는 말을 듣고 사람을 보냈지만 여러 가지 구실로 오지 않았다.

오직 한 사람만이 나를 따라가고 싶어 했다. 그는 내가 오래 전 전시에 하인으로 데리고 있던 사람으로서 이름은 김민근이었다. 그러나 그는 그 무렵 다른 주인에게 고용되어 있었기 때문에 나를 따라나설 수가 없었다. 그는 내가 번번이 거절당했다는 말을 듣자 그가 모욕적으로 말했다.

"선생님, 그놈들은 모두가 겁보들입니다"

드디어 그의 주인은 매우 친절하게도 나를 따라가도 좋다고 허락함으로써 구인난은 해결되었다.

이제 준비는 거의 끝났다. 여행에 필요한 물품도 사고 말도 빌리고 안장의 검사도 끝났다. 일본 당국에서는 허락하지 않았지만, 결과가 어떻게 되리라는 것을 알고 있었다. 그들은 내가 출발할 때 제지하려는 듯이 보였다. 그러는 동안 절호의 기회가 왔다. 런던[3]으로부터 나에게 전보가 온 것이었다. 글은 짤막했지만 내용은 매우 강경한 것이었다.

"시베리아로 출발하라."

나는 종군을 취소했다. 말도 돌려보냈고 짐도 치워 버렸다. 나는 곧 귀국하겠노라고 본국에 타전했다. 나는 이 전보로 계획이 모두 틀어졌다고 호텔이 떠나갈 만큼 큰소리로 공사석에서 불평을 털어놓았다. 나는 블라디보스토크로 가는 기선을 알아보려고 선박 회사도 찾아보았다. 나는 남쪽으로 떠나기 몇 시간 전에 우연히 한 친구를 만났는데 그는 나에게 이렇게 말했다.

"당신이 떠나는 것은 사실이라고 생각합니다마는 이번 일은 어디까지나 당신 쪽에서 꾸며낸 속임수지요?"

그의 말은 나에게 부여된 천재일우의 기회를 너무도 아프게 폭로했기 때문에 나는 무거운 마음으로 그와 헤어졌다.

다음날 아침 일찍이 해도 뜨기 전에 노새를 불러들이고 사동들을 모으고 서둘러 안장을 꾸리고 짐을 챙기고 곧 산에라도 오를 수 있도록 단단하게 짐을 실었다. 많은 사람들이 아직도 내가 그때 전보로 지시 받은 업무는 내가 미리 술수를 쓴 것이라고 믿고 있는 점과 내가 아무리 변명을 해도 그들의 마음을 돌이킬 수 없었다는 점이 지금도 못내 아쉽다.

나는 내 의무를 지키려고 한국 주차 영국 총영사 대리에게 글을 보내어 나의 출발을 알렸다. 내가 출발하기 전까지 그 편지는 그에게 전달되지 않았다. 내가 종군을 마치고 돌아왔을 때 나는 나의 숙소에서 그의 편지가 기다리고 있음을 알았다. 그의 편지 내용은 다음과 같았다.

---

3) 당시 필자가 소속해 있던 런던의 *Daily Mail*지의 본사를 뜻함.

나는 귀하에게 다음의 사실을 알리는 것이 나의 직책이라고 생각합니다. 나는 이번 달 7일에 통감으로부터 공한을 받았습니다. 그 공한에서 통감은 지금 내륙 지방의 사태가 험악한 점에 비추어 볼 때 외국인이 그곳을 여행하도록 허락해 준 것은 바람직한 일이 되지 못함을 지적했습니다. 나는 또한 여권이 없이 한국의 내륙 지방을 여행하는 영국 신민들은 체포되어 벌을 받게 된다고 규정된 한영수호통상조약 제5조를 귀하에게 환기하고자 합니다.

서울에서는 어디를 가서 어떻게 해야 의병을 만날 수 있는지를 아는 사람은 아무도 없었다. 일본 당국이 제공한 정보는 단편적인 것이었고 또 지방의 의병 활동을 과소평가했고 대수롭지 않게 취급했음이 분명했고 또 그럴 수밖에 없었다. 의병들은 하루 이틀 전에 경부선의 어느 한 역을 폭파했음이 확인되었다. 소수 부대의 의병이 서울에서 20마일도 안 되는 곳에 있는 일본군 무기고의 수비병을 습격하고 그들을 몰아낸 다음 총과 화약을 탈취해 갔음을 알았다.

대부분의 전투는 서울에서 4일 정도면 걸어서 도착할 수 있는 충주 부근에서 일어나고 있음을 알 수가 있었다. 나는 그곳을 목표로 정하고 될 수 있으면 일본군을 피하려고 말이나 다닐 수 있는 샛길을 따라 길을 떠났다. 충주는 내가 아직 한국의 어느 곳에서도 보지 못했던 부유한 마을이었음을 곧 알게 되었다.

우리는 다소 황폐한 산맥과 넓은 모래벌판 가운데 있는 살기 좋은 촌락에 이르렀다. 산꼭대기의 조그마한 땅까지도 조심스레 경작되어 있었다. 목화송이는 곧 딸 수 있을 만큼 탐스럽게 피어 있고 넓은 밭에는 흰 메밀꽃이 만발해 있었다. 가장 흔한 곡식은 벼와 보리인데 들판은 추수할 곡식으로 그득했다.

마을 가까이에는 고추와 콩과 깨가 줄지어 서 있고 키가 12~13피트나 되는 수수가 여기저기에 망울져 있음을 볼 수가 있었다. 들판 가운데 는 짚으로 덮인 2층의 원두막이 서 있고, 높다란 장대를 세워 그것을 중심으로 누더기가 달린 긴 줄이 사방으로 뻗쳐 있었다. 이 원두막의 윗칸에는 두 소년이 앉아 줄을 잡아당겨 누더기를 너풀거리게 만듦으로써 거친 소리를 내어 곡식을 쪼아 먹는 새들을 쫓고 있었다.

동네는 그림처럼 아름답고 평화로웠다. 대부분의 집은 높은 울타리와 거적으로 둘러싸여 있었다. 요즈음에 와서 대부분이 철거되기는 했지만 아직도 동구에는 장승을 가끔 볼 수가 있었다. 이 장승은 키가 6~8피트인 투박한 나무로 만들었는데 머리 부분에는 몹시 흉측하게 생긴 얼굴이 거칠게 새겨져 있었으며 적청색으로 칠해져 있었다. 이는 아마 마을의 악신을 몰아내려고 만들어진 듯이 보인다.

벽은 나지막하고, 진흙으로 발라 있고, 이엉으로 지붕을 입힌 농가는 이 계절에 가장 아름답게 보였다. 주위에는 아름답게 꽃이 피어 있고, 참외와 호박 넝쿨이 기어오르고 있었다. 이제 방금 고추를 추수하여 지붕에 널어놓고 말리고 있기 때문에 지붕은 진홍색으로 물들어 있다. 집 앞에는 널빤지가 있고 그 위에는 겨울에 먹을 호박고지와 오이가 널려 있었다. 마당에는 장독이 줄지어 있는데 그 안에는 여러 가지 필수품, 그리고 다가오는 겨울을 위해 채소가 저장되어 있다.

나는 충청도가 한국의 이탈리아와 같은 곳이라는 말을 여러 번 들었지만 그 아름다움과 넉넉함을 보지 않고서는 믿을 수가 없었다. 서울이 지저분하고 주민들의 표정이 냉랭한 것과는 놀라울 정도로 대조적이었다. 이곳 주민들은 모두가 부지런했다. 들판에서는 젊은 아낙네들이 밭을 매고 곡식을 거두고 아버지는 새로 곡식을 뿌리려고 밭을 갈고 어린아이들까지도 새를 쫓고 있었다.

집에 있는 부인들은 아이들과 함께 약초를 마련하고 겨울을 지내려고 곡식을 간수하는 등 바쁘게 일하고 있었다. 심지어는 노인들까지도 자리를 짜는 것과 같은 가벼운 일을 하고 있었다. 모든 사람들이 유족하고 부지런하고 행복해 보였다. 가난한 티는 보이지 않았다. 이 지방에는 매우 우발적인 경우를 제외하고는 민중 봉기가 일어나지 않았다. 나는 어디를 가면 전투를 볼 수 있느냐고 물을 때마다 그들은 이렇게 대답했다.

"일본군들은 이천을 다녀왔는데 그곳에서 많은 부락을 태웠습니다."

그리하여 우리는 부지런히 이천을 향하여 말을 몰았다. 한국에서 철도를 이용하지 않고 모험을 하는 여행가들이 겪는 가장 큰 애로는 어떻게 하면 빨리 갈 수 있는가 하는 문제이다. "당신은 당신의 일행보다 더 빨리 갈 수는 없다"는 말이 있는데, 참을성이 없이 헛되게 짜증만 내는 사람들에 대하여 는 이 말이 자명한 진리이다. 짐을 실은 노새는 마부가 몰고 가는데 매사는 그의 손에 달려 있다.

만약 마부가 기분이라도 언짢아 늑장을 부린다면 일은 거기에서 끝장나고 만다. 만약 그가 서두르기라도 하는 날이면, 일행은 잽싸게 움직여야만 한다. 한국의 마부들은 70리를 하룻길로 잡는데 이는 약 21마일[4]가량 된다. 그는 하루 평균 60리를 가지만 만약 재촉하게 되면 80리도 갈 수 있다. 나는 그에게 하루 100리 또는 120리를 가야만 한다고 명령했다.

나는 때로는 꾸짖고 때로는 칭찬도 하면서 행하도 넉넉히 주었다. 나는 새벽 3시에 일어나 사동들에게 여물을 쑤도록 하고 어두워질 때까지 걸었다. 그러고서도 나는 만족할 수가 없었다. 한국에서는 말의 여물을 쑤고 또 이것을 먹이려고 하루에 적어도 6시간이 필요하다. 여행자라면 이 시간을 단축시키려고 하지 않는 것이 현명하다.

우리는 말을 먹이는 시간을 포함해서 하루에 16~18시간 동안 법석을 떨었다. 그렇게 하고서도 우리는 기껏 하루에 110리 밖에는 갈 수가 없었다. 그 뒤로도 사소한 장애물에 계속 봉착했다. 짐이 너무 무거웠던지 노새가

---

4) 이 계산은 필자의 착오이다. 70리는 17.5마일에 해당한다.

여물을 먹지 않았다.

"짐을 나르려면 사동을 하나 더 고용해야 되겠군."

나는 혼자 중얼거렸다. 그 밖에도 막히는 일이 한두 가지가 아니었으며, 길은 더욱 더디기만 했다. 나는 달리 어떻게 방법을 강구할 수밖에 없었다. 나는 마부를 한쪽으로 불러냈다. 그는 얼굴도 잘생겼고 체격도 좋고, 전투가 일어나고 있는 지역을 여러 번 다녀본 적이 있는 사람이었다. 나는 그에게 이렇게 말했다.

"우리 둘은 서로를 잘 이해하고 있는 처지지요. 다른 사람들은 어린애들처럼 엄살만 피우고 있습니다. 그러니 우리 서로 약속을 합시다. 내일부터 당신은 계속 말을 급히 모십시오. 그러면 여행이 끝나는 대로 나는 당신에게 돈을 더 주겠소. (나는 여기에서 그의 귀에다가 돈 액수를 속삭여 주었더니 그의 얼굴에는 미소가 감돌았다.) 다른 사람에게는 말하지 마시오. 우리 둘만이 아는 일이니까요."

그는 그러마고 고개를 끄덕거렸다. 그 뒤로는 막히는 일이 없었다. 마부가 발병 나는 일도 없었고 말이 발을 절룩거리는 일도 없었고 주막집 주인이 투덜거리는 일도 없었다. 그의 태도가 갑작스럽게 변한 데에 대하여 영문도 모르는 다른 사람들이 소리쳤다.

"빨리 불을 피웁시다."

"빨리 말을 끌어내라."

그들은 마지못해 그의 뒤를 따라 부지런을 피웠다. 기록적으로 먼 길을 달려온 날이면 그는 어둠 속에 노새를 몰아넣으며, 자기는 지금 약속을 이행하고자 최선을 다하고 있다는 듯이 의미심장하게 웃음을 지었다.

내가 서울을 떠나기에 바로 앞서, 이토 히로부미의 한 측근인 일본인은 나에게 이렇게 말했다.

"우리는 지금 그들[의병]에게 일본의 힘이 얼마나 막강한가를 보여줄 필요가 있습니다. 동부의 산악 지방에 살고 있는 사람들은 일본군을 거의 본

적이 없거나 전혀 본 적이 없기 때문에 우리의 힘을 잘 모르고 있습니다. 우리는 우리가 얼마나 강한가를 그들에게 확신시킬 필요가 있습니다."

나는 산마루에 서서 이천으로 향하는 골짜기를 내려다보고 있는 동안 그 친구의 말이 생각났다. 분명히 이곳에서는 일본이 "얼마나 막강한 것인가"를 분명히 볼 수가 있었다. 나는 앞에 펼쳐진 폐허의 마을을 볼 수가 있었다.

나는 폐허가 된 마을 가까이로 말을 몰아 내려갔다. 그곳은 대략 70~80호가 모여 사는 꽤 큰 마을이었다. 그 마을은 기둥 하나도 성한 것이 없을 만큼 황폐하게 되어 있었다. 성한 집이라고는 한 채도 없었으며, 벽은 흔적조차도 없었다. 장독마저도 모두 박살났다. 아궁이는 모두 망가져 있었다.

그러나 마을 사람들은 폐허가 된 그 옛집으로 다시 돌아와 새로 집을 지을 준비를 하고 있었다. 그들은 짚으로 이어 임시로나마 거처를 마련하고 있었다. 청년들은 산으로 가 나무를 베고, 남은 사람들은 집을 짓기에 바빴다. 곡식을 거두어들일 때가 되었지만 그럴 겨를이 없었다. 무엇보다도 그들은 추위를 피하고자 거처를 마련해야 했다.

그 뒤 며칠 동안 나는 그러한 끔찍스런 참상을 너무도 많이 보아 이제는 둔감해질 지경이었다. 그러나 나는 그 때마다 의지할 곳 없는 그들에게 깊은 동정을 금할 수가 없었다. 내가 본 바대로 표현한다면, 한국의 노인들이 대부분 그렇듯이, 의젓하고 기품이 있어 보이는 노인들, 가슴에 아기를 품고 있는 아낙네들, 씩씩하게 생긴 남자들, 이들 모두가 깔끔하고도 아늑한 집단을 이루고 살고 있었다.

나는 쉴 만한 집도 없어 나무 밑에 앉아 있었다. 김민근이 식사를 준비하고 있는 동안 마을의 노인들이 몰려와 여러 가지 이야기를 들려주었다. 그 가운데 한 이야기는 나의 폐부를 찌르는 것이었다.

대체로 한국의 아낙네들은 수줍음이 많아 뒤로 물러서 있기를 잘하며 낯선 사람이 있는 곳에서는 입을 열지 않는다. 그런데 나를 찾아온 한 아낙은 남자처럼 당당하게 하고 싶은 이야기를 모두 털어놓았다. 그들은 입을 다물고 있기에는 너무도 끔찍스러운 참변을 겪었던 것이었다. 그들은 이렇게 말했다.

"우리는 한 서양인이 우리의 참상을 보려고 이곳에 온 것을 기쁘게 생각합니다. 우리는 당신이 당신의 국민에게 이러한 참상을 전달하여 그들이 모두 한국의 현실을 알 수 있게 되기를 바랍니다."

그들은 1~2마일 떨어진 언덕을 가리키면서 이렇게 계속 말을 했다.

"의병들은 저쪽에 있었지요. 그들은 거기서 전신주를 뽑아 버렸습니다. 그들은 동쪽 언덕에서 내려왔습니다. 그들은 우리 마을 사람도 아니었으며, 우리와는 아무런 관련도 없었지요. 그 뒤를 따라 일본군이 들어오고 얼마간의 전투가 있은 다음 의병들은 물러갔습니다. 그런 뒤 일본군은 우리 마을을 지나서 일곱 개 부락을 거쳐 지나갔습니다. 저쪽을 보십시오. 모두 폐허가 되었습니다. 그들은 우리에게 온갖 욕설을 퍼부었습니다. 그들은 이렇게 말했습니다.

'의병들이 전신주를 뽑아 버리는 것을 보고도 너희들은 그들을 말리지 않았다. 그러니 너희들은 의병과 똑같은 놈들이다. 눈은 두었다가 무엇에 쓸려고 전신주도 감시하지 않았는가? 힘은 두었다가 무엇에 쓸려고 그들의 못된 짓을 막지 않았는가? 의병들이 너희 집에 오면 쫓아내기는커녕 밥을 해 먹였다. 의병들은 이제 물러갔지만 너희들은 그대로 내버려 둘 수가 없다.'

그리고서는 이 집 저 집을 돌아다니며 욕심나는 것을 모두 빼앗은 다음 불을 질러 버렸지요. 젖먹이 적부터 그 집에 살고 있던 한 노인은 일본군이 자기 집에 불을 지르는 것을 보자 무릎을 꿇고 그 일본군의 발에 매달렸습니다. 그는 울면서 애원했지요.

'잘못했습니다. 용서해 주십시오. 제 집을 태우지 마십시오. 그 곳에서 죽는 날까지 제가 살도록 해 주십시오. 저는 이제 늙어 죽을 날도 얼마 남지 않았습니다.'

일본군은 그 노인의 말을 귀담아 듣지도 않았습니다. 그 노인은 그럴수록 더욱 애절했습니다.

'잘못했습니다. 용서해 주십시오.'

그는 울면서 애원했습니다. 그러자 일본군은 총을 뽑아 노인을 쏘아 죽였습니다. 우리는 그를 묻어 주었지요.

어느 한 여인은 해산이 가까워 집에 누워 있다가 끔찍한 변을 당했습니다. 어느 한 젊은이는 들에서 풀을 베고 있었습니다. 그는 일에 바빠서 일본군들이 오는 것을 보지 못했습니다. 일본군은 칼을 빼어 햇빛에 번쩍거리면서 소리쳤습니다.

'여기에 의병이 있다.'

그리고서는 그 청년을 쏘아 죽였습니다. 어느 사람은 불길이 타오르는 것을 보고 자기 집의 모든 족보가 불타는 것을 알았습니다. 그는 불을 끄려고 집으로 달려 내려갔지요. 그러나 그가 달려 내려가자 일본군은 그에게 총을 쏘아 대었고 그 사람은 꼬꾸라졌습니다."

마을 사람들 가운데 남달리 지체가 높아 보이는 한 남자는 비통한 어조로 이렇게 말했다.

"우리는 다시 집을 짓고 있습니다. 그러나 그게 무슨 소용이 있겠소? 나는 명문의 후손이라오. 우리 선조들은 대대로 족보를 가지고 있었는데 이번 난리에 모두 타버렸다오. 이제 나는 이름도 성도 없는 상놈이 되었다오."

나는 지방으로 내려갈수록 이러한 관념이 더욱 보편화되어 있음을 알았다. 한국인들은 자기의 가통을 더욱 존중한다. 족보는 그들에게 더없이 중요한 존재이다. 족보가 없어지면 그 가문은 멸망하게 된다. 가족이 아무리 많이 살아남는다고 해도 그 가문은 더 이상 존재하지 않게 된다. 특히 충청도 사람들은 자기 가문의 명예를 중요하게 생각하고 있기 때문에 그들에게 타격을 주는 방법으로서는 족보를 없애는 것보다 더 효과적인 방법이 없다.

나는 무거운 마음으로 마을을 떠났다. 의병들을 처단하면서 내가 가장 가슴 아프게 생각했던 것은 마을 사람이 겪는 고통이 아니라 일본인들이 생각하고 있는 무모한 수습책이었다. 한 마을을 평정하고 나면 순진한 몇백 가구가 의병에 투신했다. 그 뒤 단 며칠 동안에 적어도 한 도시와 몇십 개의 부락이 그렇게 되면 어떻게 끝장이 날 것인가?

마을 사람들은 일본인에게 항전하고 있는 것이 아님이 분명했다. 그들이 바라고 있는 것은 자신의 생업을 조용히 누리는 것뿐이었다. 일본은 한국과 화해하고 한국민의 동정과 지지를 받으라고 고백하고 싶다. 적어도 어느 한 지방은 초토 작전으로 말미암아 그토록 유복하던 곳이 폐허가 되었고 의병의 숫자는 날이 갈수록 증가했는데, 이때 뿌려진 증오의 씨앗을 뿌리 뽑으려면 몇 세대가 지나야 할 것이다.

우리는 잿더미가 된 마을과 고을을 지났다. 이곳에서도 일본군은 온갖 만행을 저질렀음을 주민들의 태도에서 엿볼 수가 있었다. 우리는 나무 지게를 지고 오는 한 초동을 만났다. 우리는 그와 이야기를 나누고 싶었지만 그는 아무 것도 아는 것이 없다는 듯이 길가로 서둘러 피하려 했다.

우리가 어느 한 마을을 지나는데 집이라고는 몇 채 밖에 남지 않았다. 우리가 가까이 가면 아낙네들은 피난처로 도망했다. 그 뒤 몇 가지 이야기를 듣고서야 나는 그 이유를 알았다. 그들이 나를 일본인으로 생각하고 있었음은 물론이다.

가는 곳마다 일본인의 약탈 행위에 관한 이야기를 들었는데, 그런 곳은 가옥이 파괴되지 않았다. 그 곳의 마을 원로들은 약탈당하지 않으려고 저항하다가 심한 매를 맞은 한 노인에게로 나를 데리고 가고자 했다. 거기에서 나는 참으로 참담한 얘기를 이야기를 들었다. 서울에 있는 동안 한국인들이 일본인에게 희생을 당하고 있다는 이야기를 들을 때마다 나는 그들을 비웃었지만 막상 희생자들을 눈앞에 대하고 보니 더 이상 그들을 비웃을 수가 없었다.

그날 오후 우리는 이천에 도착했다. 이곳은 꽤 큰 도시였으며, 완전히 폐허가 되어 있었다. 대부분의 주민들은 일본군을 피해 산으로 도망쳤다. 나는 그날 밤 폐허가 되어 사용하지 않고 있는 학교 건물 속에서 잤다. 교실 안에는 초벌 그림과 동물 그림, 그리고 경구가 걸려 있었지만 아이들은 멀리 떠나고 없었다.

나는 장터를 돌아보았다. 평상시 같으면 사람이 붐비는 곳이지만 인적을 찾아볼 수가 없었다. 나는 한국인들을 찾아서 처자식은 모두 어디를 갔냐고 물어보았더니 그들은 나무도 없이 먼 하늘로 높이 솟은 산마루를 가리키면서 대답했다.

"그들은 저리로 갔습니다. 이곳에서 일본인에게 욕을 당하느니보다는 황량한 들판에서 눕는 것이 낫지요."

제 9 장 의병 종군기

며칠 동안 우리는 불타 버린 마을, 황폐한 도시, 그리고 버려진 지방을 통과했다. 들판에는 약탈자도 어쩔 수 없었던지 오곡이 무르익어 추수를 기다리고 있었다. 그러나 대부분의 농부들은 산 속으로 숨어 들어가 감히 밖으로 나올 생각도 못하고 있었다. 더러는 용기를 내어 마을로 내려온 사람들은 겨울이 다가오기 전에 임시로나마 추위를 피할 수 있는 집을 마련하기에 바빴으며, 추수한 곡식을 저장해야만 했다.

충주[1]에 이르기까지 길가의 마을은 거의 반수가 일본인에 의해서 파괴되었다. 충주에서 나는 하룻길이 되는 제천을 향해 산길을 곧 바로 접어들었다. 충주와 제천 사이에 있는 부락의 4/5는 불타서 쓰러져 있었다. 폐허가 된 마을로 돌아온 몇몇 주민들은 의병들과 관련이 없노라고 한결같이 주장했다. 그들은 자기들이 대일 항전에 가담한 바가 없다고 말했다.

의병들은 산에서 내려와 일본군을 공격했으며 그런 다음에는 일본인들이 주민들에게 보복을 가했다. 주민들은 무기를 가지고 있지 않았으며 자기의 집에서 조용히 일하고 있었다는 그들의 말이 사실임을 보여 주는 것이었다.

---

1) 본문에는 Chong-ju로 되어 있다. 그가 본시 충주로 향했다는 점과 이천에서 제천으로 향하는 중간 지점이었다는 점, 그리고 제천까지 "하룻길"이었다는 점으로 보아 이를 청주로 볼 수는 없다.

나는 의병들을 만나 본 이후에도 그들의 설명이 확실한 것임을 알았다. 의병들은 대부분 서울에서 내려간 도시민이지 그 지방의 주민들이 아니었다. 이곳은 작은 지방이었지만 가옥이 파괴되고 일본군의 폭행이 두려워 산으로 피난한 사람이 1~2만 명에 이르렀다.

이천을 떠난 직후 나는 적십자기가 지붕 위에서 휘날리는 한 마을에 이르렀다. 그곳은 한국인들이 다니는 성공회였다. 나는 그 뒤로도 지붕 위에서 적십자기가 나부끼고 있는 것을 많이 보았는데, 한국인들은 그리스도에게 가호를 빎으로써 기독교 국가들의 동정을 받으려는 생각에서 그렇게 하는 있었다.

저녁이 되어 시골의 주막집 뜰에 여장을 풀었을 때, 말씨도 점잖고 인품도 의젓해 보이는 두 명의 중년 신도가 찾아왔다. 그들은 풀이 죽어 있었으며, 일본군이 지나가면서 약탈과 폭행을 일삼았던 탓으로 상당히 고통을 받았노라고 말했다. 한 일본군은 채마전을 하는 어느 남자의 아내를 강간했으며, 그러는 동안 다른 한 일본군은 밖에서 총칼을 빼 들고 망을 보고 있었다고 한다. 그 여자의 비명을 들은 한 소년은 급히 달려가 남편을 불러왔다. 그는 칼을 들고 달려왔다. 그 중년의 신도는 이렇게 말을 계속 했다.

"그러나 어쩌겠소? 문 밖에는 총칼을 빼어 든 일본군이 망을 보고 있었으니 말이요."

그 뒤 나는 이와 매우 비슷한 또 다른 이야기를 듣게 되었다. 이 이야기를 통하여 나는 한 가지 사실을 확신하게 되었다. 곧 그와 같은 불법 행위가 흔히 있었던 것은 아니고 일본군의 특수 부분에 국한되었다고 생각한다. 그러나 그들은 자신들이 저지른 비행 이상의 나쁜 영향을 미쳤다.

한국인들은 부녀자들의 순결을 매우 중요시하기 때문에, 비교적 작은 침해 행위를 당할 위험만 보여도 수많은 사람들이 떼를 지어 산으로 도망했다. 어떤 마을에서는 방화로 말미암아 부녀자들과 아이들이 얼마간 죽었으리라는 것은 의심할 나위도 없다.

일본군들이 의병들에게 포위를 당했을 경우, 그들은 방화를 하기 전에 부락으로 달려가 필요도 없이 함부로 총을 쏘아 대는 일이 한두 번이 아니었던 것처럼 보인다. 어느 마을에서는 전체 가옥 가운데 오직 두 채의 집이 불타지 않은 것을 보았다. 부락민의 말에 따르면 일본군은 그 집주인의 10살 된 딸을 쏘아 죽였기 때문에 집은 불태우지 않았다는 것이다.

"일본군들이 그 소녀를 쏘아 죽였을 때 우리는 그에게로 가서 이렇게 말했지요.

'잘못했습니다. 그러나 딸을 쏘아 죽였으니 집일랑은 태우지 마십시오.'

그러자 그 군인들은 우리의 청을 들어 주었답니다."

충주나 원주와 같은 도시에서는 사실상 모든 부인과 아이들과 상류 계급의 가족들이 피난했다. 상점의 주인들은 피난을 가기에 앞서 점포의 문을 닫고 못을 박아 두었지만 일본군들은 이를 강제로 열고 물건을 약탈했다. 제천이 폐허화된 것에 견주면 다른 도시의 피해는 비교도 되지 않을 정도였다. 제천은 멀쩡한 곳이 하나도 없을 만큼 완전하게 파괴되었다.

금년(1907) 늦은 여름까지만 해도 제천은 중요한 지방 도시로서 인구가 2~3천 명에 이르렀으며, 높은 산으로 둘러싸인 아득한 평야에 그림처럼 자리 잡고 있었다. 이곳은 고관대작들이 즐겨 찾는 휴양지로서 배스[2]나 첼트넘[3]과 같은 곳이었다. 대부분의 가옥은 으리으리했으며 그 가운데 몇 채는 기와집이었는데 이는 이 고장이 부유한 고장임을 나타내는 것이었다.

의병이 작전을 시작했을 때 그들 가운데 일부는 제천의 건너편 산을 점령했다. 일본군은 마을로 소규모의 군대를 파견했다. 이들은 어느 날 밤, 3면으로 공격을 받아 몇 명은 죽고 나머지는 도망쳤다. 일본군들은 증원군을 보냈으며 몇 차례의 전투를 겪은 뒤에 잃어버린 땅을 되찾았다.

---

3) 배스(Bath) : 영국의 서머셋에 있는 온천 도시.
4) 첼트넘(Cheltenham) : 영국의 글로스터셔에 있는 도시로 관광과 스포츠의 중심지이며, 휴양지로 유명하다.

일본군들은 제천을 보복의 표본으로 삼기로 했다. 온 마을을 불태우기로 한 것이었다. 일본군들은 불길을 돋워 가면서 모든 것을 태워 버렸다. 절과 관아 이외에는 아무도 남은 것이 없었다. 부락민들이 피난 갈 때 남자 5명, 부인 1명, 그리고 어린아이 1명은 몸을 다쳐 따라가지 못했는데 이들은 불길 속에 사라졌다.

내가 제천에 이르렀을 때는 햇살이 뜨거운 초여름이었다. 마을이 내려다보이는 언덕 위에 일장기가 햇빛에 눈부시게 펄럭이고 있었으며 일본 위병의 총칼이 번쩍거리고 있었다. 나는 언덕에서 내려와 마을로 들어가 잿더미 위를 걸었다. 나는 이제까지 그토록 심한 참사를 본적이 결코 없었다. 한 달 전만 해도 사람들이 붐볐고 풍요했던 마을이 이제는 검은 잿더미밖에는 아무 것도 없었다.

벽, 기둥, 장독, 그 어느 것도 멀쩡한 것이 하나도 없었다. 여기저기에는 값나가는 물건을 찾으려고 잿더미를 뒤적이는 사람들이 있었지만 부질없는 일이었다. 이제 제천은 지도상에서 없는 마을이 되었다. 잿더미를 뒤적거리는 사람들에게 부락민들은 어디에 있느냐고 물어보았더니 그들은 이렇게 대답했다.

"그들은 지금 언덕 위에 누워 있습니다."

나는 이제까지 한 명의 의병도 만나 보지를 못했으며 일본군도 전혀 보지 못했다. 내가 일본군을 처음 만난 것은 제천으로 오기 하루 전날 충주에서였다. 내가 충주에 이르렀을 때 나는 고성이 무너져 있음을 보았다. 석조의 잔해만이 남아 있을 뿐 성문과 문루는 없었다. 일본군 위병과 헌병이 문에서 있었으며, 내가 들어가자 그들은 나를 양옆에서 가로막았다. 이곳에는 소수의 일본군이 주둔하고 있었으며, 이 일대의 작전은 이곳으로부터 지시를 받고 있음이 명백했다.

나는 곧바로 관할 일본군 대좌를 방문했다. 당시 관청의 큼직한 방을 차지하고 있는 그의 사무실은 일본군이 현재 수행하고 있는 작전이 얼마나 용의주도한 것인가를 여러모로 잘 입증해 주고 있었다. 커다란 지도 위에는 빨간 표지가 되어 현재 점령된 전략적 기지를 보여 주고 있었으며, 지도가 첨부된 작은 유인물이 탁자 위에 놓여 있었는데 이는 장교들을 위해 마련된 것이 틀림없었다.

일본군 대좌는 나를 정중하게 맞아들였지만 내가 이런 곳에 온 데에 대하여 유감을 표시했다. 그가 상대하여 싸우고 있는 사람들은 단순히 도적들이기 때문에 나로서는 볼 것이 없다고 그는 말했다. 그는 나에게 앞으로 다가올 위험에 대하여 여러 모로 경고했다. 일본군은 현재 의병들을 포위할 예정인데, 그러려고 2개 분대가 작전 중이며 자기들이 그들의 소굴을 둘러싸고 있다고 그는 내게 매우 친절히 설명해 주었다.

이와 같은 작전은 의병들을 단합시켜 한곳으로 몰아넣을 수도 있었다. 대좌가 보여준 지도를 보고 나는 방향을 결정했다. 언뜻 보아도 일본군은 아직 제천과 원주 사이의 마을을 점령하지 못한 것이 분명했다. 내가 만약 의병들을 만나고자 한다면 이곳이야말로 내가 꼭 가야 할 곳이었다. 그리하여 나는 폐허가 된 제천을 돌아본 다음 이튿날 원주로 말머리를 돌렸다.

나는 한국 군대에 매우 가깝게 이르렀음이 곧 밝혀졌다. 제천에서 멀지 않은 곳에 내가 통과하기 이틀 전에 한 무리의 의병이 도착하여 무기를 요구했다는 것이다. 내가 도착하기 겨우 몇 시간 앞서 의병과 일본군이 그 마을의 거리에서 아슬아슬하게 접전을 모면했다. 내가 마을에 접근하면 주민들은 키가 큰 옥수수 밭으로 도망했기 때문에 한 사람도 찾아볼 수가 없었다. 사살과 방화에 놀란 그들은 나를 일본인으로 오해하고 있었다.

이제는 짐꾼을 얻기가 더욱 어렵게 되었다. 우리는 산골을 강행군했기 때문에 노새들도 피로한 기색을 보였다. 일본군이 모두 징발해 갔기 때문에 새 노새를 얻을 수도 없었다. 원주에 이르기까지 나는 짐꾼들에게 일상 노임의 2배를 지불해야만 했다. 원주에서부터는 아무리 노임을 많이 준다고 해도 짐꾼들은 더 이상 가지 않겠노라고 완강하게 거절했다. 그들은 내게 이렇게 말했다.

"이곳을 지나면 앞으로는 나쁜 사람들을 만날 것입니다. 그들은 지나는 사람들을 마구 쏘아 죽이지요. 우리는 죽으러 그곳에 가지는 않겠어요."

사동들도 다소 난처한 표정을 지었다. 다행히도 내가 데리고 간 사동인 김민근과 노새 몰이꾼은 내가 이제까지 만난 한국인 가운데 가장 충실한 사람들이었다. 원주를 지난 다음부터의 마을은, 그곳 사람들이 내게 미리 말한 것처럼, 매복하기에 매우 좋은 곳이었다.

길은 바위투성이어서 울퉁불퉁하고 대체로 좁았으며, 이리 저리로 구부러지는 골짜기의 양 옆은 깎아지른 듯한 절벽이었다. 이제 우리는 화산의 분지가 분명한 어느 협곡에 이르게 되었다. 이곳은 한국에서도 금이 많이 나는 곳으로 유명한 곳이었기 때문에 우리는 여기에서부터는 금이 섞인 석영 조각을 줍는 시늉을 하기로 했다. 주위 어느 곳에선가 의병이 은밀히 숨어 있을지도 모르기 때문이었다.

석양이 깃들 무렵 우리 일행은 밤을 지낼 작은 마을에 이르렀다. 주민들은 무뚝뚝하고 불친절하여 다른 곳에서 받은 인상과는 매우 대조적이었다. 다른 곳에서는 모두가 우리를 찾아와 환영해 주었으며 때로는 그들이 제공하는 필수품에 대한 값마저도 받지 않으려 하면서 말했다.

"백인을 만나게 되어 반갑습니다."

그러나 이 마을 주민들은 말먹이나 쌀이 한 톨도 없다고 퉁명스럽게 말했다. 그들은 우리에게 15리나 더 떨어진 다른 마을로 가보라고 권했다. 우리는 할 수 없이 다시 길을 떠났다.

그 마을을 떠나 조금 갔을 때 나는 우연히 옥수수 밭 주위에 서 있는 소나무를 돌아보았다. 그곳에서 어느 한 남자가 나무 뒤에 반쯤 숨어서 손에 무엇인가 만지작거리고 있다가 내가 돌아다보니 얼른 감추었다. 나는 그가 작은 낫을 다루고 있으려니 생각했지만 날씨가 어두워 자세히 볼 수가 없었다. 그러나 잠시 뒤에 "핑" 하는 소리가 날카롭게 내 귓전을 스쳐 가더니 탄환이 금속에 박히는 소리가 들렸다.

나는 뒤를 돌아다보았지만, 그 사람은 이미 사라지고 없었다. 나로서는 100야드나 떨어진 곳을 향하여 38형 콜트식 권총으로 응사하는 것은 어리석은 일밖에는 안 되었으며, 또 그곳으로 달려가 볼 만한 시간도 없었으므로 우리는 다시 발걸음을 재촉했다. 원주에 도착하기에 앞서 주민들은 우리가 의병을 만났음이 틀림없으리라고 말했다. 원주 주민들은 15~20마일을 더 가야 의병을 만날 수 있을 것이라고 말했다. 우리는 그 거리를 지나 다시 양근[4]으로 가보라는 말을 들었다.

어느 날 오후 우리는 드디어 양근에 도착했지만 이곳에서도 다시 우리는 실망했다. 우리가 여기에서 들은 바에 따르면, 그 날 아침 서울에서 15마일 떨어진 한 부락에서 전투가 있었으며, 한국 군인들이 패퇴했다는 것이었다.

양근은 매우 괄목할 만한 곳이었다. 10여 개의 적십자기가 여기저기의 지붕 위에서 휘날리고 있었다. 중심가의 모든 상점들은 꽉 닫혀 있었으며 거의 모든 집 대문 위에는 십자기가 걸려 있었다. 이 적십자기들은 종이 위에 붉은 잉크로 서툴게 그려 넣은 것으로서 그곳 천주교의 회장에게서 얻은 것이었다.

1주일 앞서 소수의 일본군이 이곳에 도착하여 가옥 몇 채를 불태웠지만 적십자기가 휘날리고 있는 어느 집은 건드리지 않았다. 일본군이 떠나자마자 거의 모든 사람들이 그들 대문 위에 적십자가를 그려 붙였다. 처음 보기에도 양근은 황량한 곳이었다. 주민들은 문 뒤에 숨어 우리를 지켜보고 있었다. 그러나 남자들과 아이들은 살금살금 기어 나와 차츰차츰 접근해 왔다.

그 날 오후 나는 으리으리하게 생긴 한 한옥의 뜰에 숙소를 정했다. 사동은 마당에서 저녁을 짓다가 갑자기 집기를 떨어뜨리고는 내게 달려왔다. 그는 몹시 흥분하여 나에게 소리쳤다.

---

4) 지금의 경기도 양평군의 일부이다. 본서 양평군은 양근군과 지평군으로 나뉘어져 있었으나 1914년에 양 군이 합쳤다.

"선생님, 의병이 나타났습니다. 여기 군인들이 왔어요."

그 순간 5~6명의 의병들이 뜰에 들어서더니 내 앞에 열을 지어 서서 인사를 했다. 그들은 모두가 18세에서 26세 사이의 청년들이었다. 그 가운데 한 사람은 얼굴이 준수하고 훤칠한 청년이었는데 그 때까지도 구식 군대의 제복을 입고 있었으며, 다른 두 사람은 군복 바지를 입고 있었다.

두 사람은 초라한 누더기 한복을 입고 있었으며, 가죽 장화를 신은 사람은 아무도 없었다. 그들의 허리에는 집에서 만든 무명의 탄대가 매달려 있었고 탄환이 반쯤 채워져 있었다. 한 사람만이 챙 없는 모자를 쓰고 있었고 그 밖에는 누더기를 꼬아 만든 머리띠를 매고 있었다.

나는 그들이 휴대하고 있는 총을 살펴보았다. 여섯 명이 가지고 있는 총 가운데 다섯 가지가 제각기 다른 종류였으며, 그 가운데 어느 하나도 멀쩡한 것이 없었다. 한 사람은 총구로 장탄하는 구형인 사냥총을 자랑스럽게 가지고 있었다. 그는 화약 대신으로 쓰는 가늘고 긴 끈을 팔에 감고 있었으며, 앞자락에 화약통과 탄창을 매달고 있었다.

그 뒤에 안 일이지만, 이 사냥총은 흔히 볼 수 있는 것이었다. 탄약을 밀어 넣는 꽂을대는 나무를 꺾어서 만든 수제품이었다. 총신은 녹슬어 있었고 무명 끈이 매어 있었다. 두 번째 사람은 구한국군의 낡은 총을 가지고 있었는데 그것은 그 당시로서도 매우 조악한 것이었다. 세 번째 사람도 그와 같은 총을 가지고 있었다.

또 한 사람은 작은 엽총을 가지고 있었다. 그것도 총은 총이었지만 총알이 나가지 않는 것으로서 아버지가 이제 열 살 된 사랑하는 아들에게 선물하는 그런 것이었다. 다른 한 사람은 탄창이 달린 권총을 가지고 있었다. 그들이 가지고 있는 총 가운데 3자루는 중국의 표지가 박혀 있었고 모두가 심하게 녹슬어 있었다.

이들이 몇 주일 동안 일본군에 항거해 온 바로 그 사람들임을 생각해 보라. 심지어는 지금 이 시간까지도 일본의 정규군은 이들과 그 동지들을 무찌르려 책동하고 있다. 내가 만난 무리 가운데 세 명은 노동자였다. 바른쪽에 서 있는 젊고 영리하게 생긴 군인은 군의처럼 천연스럽게 행동했으며, 그의 동지들로 하여금 군인다운 처신을 할 수 있도록 훈련시키려고 최선을 다했다.

일곱 번째 사람은 무장을 하고 있지 않았는데 그는 양반 계급 출신이었다. 그는 양반이 입는 긴 도포를 입고 있었지만 다른 사람들과 마찬가지로 몸은 쇠약해졌고 얼굴은 그을었으며 피로의 빛이 보였다. 그들은 매우 측은하게만 보였다. 그들은 전혀 희망 없는 전쟁에서 이미 죽음이 확실해진 사람들이었다.

그러나 바른쪽에 서 있는 군인의 영롱한 눈초리와 얼굴에 감도는 자신만만한 미소를 보았을 때 나는 확연히 깨달은 바가 있었다. 가엾게만 생각했던 나의 생각은 아마 잘못된 생각이었는지도 모른다. 그들이 보여 주고 있는 표현 방법이 잘못된 것이었다고 하더라도 적어도 그들은 자기의 동포들에게 애국심이 무엇인가를 보여 주고 있었다.

그들은 아침에 싸우다가도 일본군이 나타나면 물러난 데에 대하여 그들 나름의 할 말이 있었다. 일본군은 여러 모로 유리한 입장에 놓여 있었으며 40명의 군인으로서 200명의 의병을 공격하여 물리친 적도 있었다. 그러나 의병들은 4명의 일본 군인을 사살했지만 일본 군인은 2명의 의병을 사살했고 3명 이상에게 부상을 입혔다. 의병들은 그렇게 설명하고 있었다.

나는 그들이 두 배의 전과를 올리고서도 아직 왜 쫓기고만 있는가를 묻지 않았다. 그 뒤에 나는 의병의 전투에 관한 실감나는 이야기를 들을 수 있었다. 그들과 이야기를 나누고 있는 동안 다른 사람들이 찾아와 이들에게 합세했다. 그들은 두 명의 노인이었는데 그 가운데 하나는 만 80세가 된 호랑이 사냥꾼으로서 등은 굽고 얼굴은 검었으며 흰 수염을 길게 늘이고 있었다.

두 의병은 구식 엽총을 가지고 있었다. 퇴각해 온 다른 의병들은 밖에 있었다. 거리에서는 소란이 점점 더 일고 있었다. 승리의 여세를 몰아 의기양양하게 이 마을을 쳐들어오는 일본군들에게 얼마나 오래 버틸 수가 있을까?

그날 밤 나는 마음 편히 잠을 잘 수가 없었다. 바깥 거리에서는 의병들과 주민들 사이에 소란이 벌어지고 있었다. 의병들은 잠자리를 요청했지만 일본군의 보복이 두려운 주민들은 그들을 재워 주려 하지 않았다. 의병들은 내가 묵은 방 옆의 빈 집으로 몰려 들어와서 서로 따지며 잘못을 뒤집어씌우느라고 떠들썩했다.

시간이 조금 지나자 그 날의 전투를 이끌었던 장교가 나를 찾아왔다. 그는 비교적 젊은 편이었으며 양반들의 긴 도포를 입고 있었다. 만약 일본군이 우리 일행의 도착을 알게 되면 그들은 분명히 이리로 오리라고 생각했기 때문에, 나는 그에게 야간 습격에 어떤 대비를 하고 있느냐고 물어 보았다. 주변에 초병을 세우는 것이 어떨까? 강변은 지키고 있는가? 그러나 그는 이렇게 대답했다.

"초병을 세울 필요는 없습니다. 주민들 모두가 우리를 감시하고 있으니까요."

나는 의병들의 조직을 물어 보았다. 그들은 어쩐 조직을 가지고 있을까? 그의 말에 따르면 사실상 아무런 조직을 갖추고 있지 않음이 분명하다. 의병의 각 부대들은 서로 매우 허술한 유대 관계를 맺고 있었다. 각지에 살고 있는 부호들은 돈을 마련하여 한두 의병대에게 은밀히 제공했으며, 이렇게 하여 자금이 마련되면 그들은 그 돈으로써 모병할 수가 있었다. 그는 자기들이 어떤 보람 있는 일을 하고 있음을 시인하면서 이렇게 말했다.

"우리는 어차피 죽게 되겠지요. 그러나 좋습니다. 일본의 노예가 되어 사느니보다는 자유민으로 죽는 것이 훨씬 낫습니다."

어느 한 중년의 한국인 신사가 나를 찾아오자 그는 자리를 떴다. 그 신사는 한 관리를 대동하고 왔는데 지위가 매우 높은 사람이었다. 나는 그가 이 지방의 의병 대장임을 곧 알 수가 있었다. 나는 입장이 다소 난처해졌다. 나는 먹을 것이 다 떨어졌기 때문에 그를 대접할 만한 담배나 술 한 잔도 없었다. 어둠에 싸인 주막집 마당의 관솔불이 그의 수척해진 얼굴을 비춰 주었다. 나는 우선 손님 접대를 소홀히 해서 미안하다고 사과했지만 그는 곧 나의 사과를 막아 버렸다.

그는 오히려 그 날 아침 자기가 시키지도 않았는데 그의 부하들이 외국인에 대한 약속을 어길 뻔했던 일을 심히 불평했다. 그는 집안 일로 하루 동안 자기 집에 가 있다가 사고가 일어났다는 소식을 듣고 즉시 달려온 것처럼 보였다. 그가 나에게 온 것은 한 가지 목적이 있었기 때문이었다. 그는 나에게 이렇게 말했다.

"우리 의병들은 무기가 없습니다. 그들은 말할 수 없이 용감하지만 당신이 알다시피 그들의 총은 쓸모가 없으며 화약도 이제는 거의 떨어졌습니다. 우리는 무기를 살 수가 없습니다만, 당신은 원하는 곳이라면 아무 곳이나 자유롭게 다닐 수가 있습니다. 그러니 당신은 우리의 요원으로 활약하여 주기를 바랍니다. 우리에게 무기를 좀 사다 주십시오. 돈은 필요한 대로 요구하십시오. 그것은 문제가 없습니다. 무기를 구할 수만 있다면 5천 달러든 1만 달러든 필요한 대로 드리겠습니다. 다만 무기만 구해 주십시오."

나는 그러한 일을 할 수 없노라고 대답했음은 더 말할 나위도 없다. 그가 나에게 일본군의 상황을 다그쳐 물었을 때 나는 대답을 회피할 수밖에 없었다. 내가 생각하기에, 나의 경우처럼 자료를 얻으려고 전지를 찾아온 언론인은 도의상 그가 아는 바를 상대방에게 알리지 않을 의무가 있다. 나는 내가 목격한 일본군 초소를 의병 대장에게 가르쳐 줌으로써 그의 군대를 파견하여 승리하게끔 할 수 없는 바와 마찬가지로 일본군에게 의병들의 전력을 알려줄 수가 없었다.

그 날, 그들은 밤이 새도록 수선을 떨었다. 전날 밤의 전투에서 도망해 온 부상병들은 동료들의 간호를 받았다. 그 다음 날 새벽이 되자 몇 명의 군인이 내게 찾아와서 그들을 치료해 줄 수 있는가를 물었다. 나는 밖으로 나와서 그들을 살펴보았다. 어느 한 사람은 다섯 군데 이상의 총상을 입었지만 아직도 매우 유쾌한 듯이 보였다. 다른 두 사람은 단 한 발의 총알을 맞았지만 오히려 더 중태였다.

나는 외과 의사도 아닌 주제에 당시로서는 탄알을 끄집어내려고 내 사냥칼로 그들의 상처를 찔러 댈 수도 없었다. 그러나 나는 내 약 가방 속에서 승홍제[5]를 찾아냈다. 나는 그것을 녹여서 상처가 곪지 않도록 닦아 주었다. 나는 가지고 있던 방부제로 그들의 누더기 옷을 빨았다. 나는 깨끗해진 누더기로 상처를 매어 주었다. 나는 그들을 뉘어 안정토록 하고 음식을 조금 먹인 다음 자리에서 일어났다.

해가 뜨자마자 의병들은 거리로 열을 지어 나갔다. 그들은 지난밤에 나를 찾아왔을 때 몇몇 사람들이 보여 준 그 특징, 곧 보잘것없는 무기와 부족한 화약을 휴대한 초라한 모습들을 여실히 재현했다. 그 날 아침 내가 출발하기에 앞서 그들은 미리 사람을 각 초소에 보내어 나는 영국인이니 다쳐서도 안 된다고 경고했다.

나는 서로의 앞날을 축복해 주면서 그들과 헤어졌지만 출발에 앞서 우리의 무기 중에 없어진 것이 있지나 않은가를 자세히 살펴보았다. 내가 데리고 다니던 사동들은 그 의병들에게 우리의 총을 주어 그들로 하여금 일본인을 죽일 수 있도록 해 달라고 내게 간청하는 것이 아닌가!

우리는 멀리 가지 않아 바위와 모래가 깔린 강변에 이르렀다. 그 때 갑자기 사동 하나가 목이 찢어질 듯이 나를 부르면서 자기가 들고 있던 무기를 내던졌다. 우리는 발걸음을 멈추었다. 다른 사람들은 그 비명의 뜻을 알았다.

"그게 무슨 뜻이요?"

내가 그들에게 물었더니 김민근은 이렇게 대답했다.

"의병들이 우리를 포위하고 있습니다. 그들은 우리를 쏠 작정입니다. 그들은 당신이 일본인인 줄로 생각하고 있습니다."

---

5) 승홍제(昇汞劑) : 소독용으로 쓰이는 염화제이수은의 주제 약품.

나는 지평선을 향해 서서, 그들이 잘못 알고 있음을 보여 주려고 용감하게 나를 가리켰다.

"영국 대인이요."

나는 사동들과 함께 소리쳤다. 이러한 일이란 점잖지 못한 방법이었지만 매우 필요한 조처였다. 그제야 우리는 바위 사이를 달리면서 누더기를 입고 우리에게 점차로 접근해 오는 무리들을 볼 수 있었다. 몇 사람이 우리에게 접근해 오고 있는 동안, 그들의 총은 우리를 겨누고 있었다.

그러자 20여 명의 군인들이 손이 닿을 듯이 가까운 곳에서 벌떡 일어섰다. 신식 군대의 제복을 입은 한 청년이 그들을 이끌고 있었다. 우리가 서서 기다리고 있는 동안 그들은 우리에게 뛰어왔다. 드디어 그들은 내가 누구인지를 알게 되자, 나에게 가까이 와 자기들의 실수를 정중하게 사과했다.

"당신이 소리친 것은 매우 다행한 일이었습니다. 나는 당신을 정조준해서 막 발사하려는 참이었지요."

얼굴이 아주 못생긴 한 청년이 탄창을 빼어 주머니에 넣으면서 말했다. 이 의병대의 몇 사람은 14~16세를 넘지 않았다. 나는 그들을 세워 놓고 사진을 찍었는데, 앞 페이지에서 볼 수 있는 사진이 그들의 모습인데, 백문이 불여일견이다.

정오가 되어 우리는 하루 전에 의병들이 퇴각한 어느 지방에 도착했다. 의병들은 이곳 주민들이 일본군과 결탁되어 있다고 생각하고 있었기 때문에 그들을 매우 불친절하게 대했다. 주민들의 말에 따르면 그 지방에서 전투가 있었음이 틀림없었다. 그 전날 아침 약 20명의 일본군이 이곳을 급습하여 200명의 의병을 공격했다는 것이다.

일본군 측에서는 한 명이 팔에 상처를 입었으며, 의병 측에서는 다섯 명이 부상을 당했다. 의병의 부상병 중 세 명은 도주했는데 그날 아침 내가 치료해 준 사람이 바로 그들이었다. 나머지 두 사람은 들판에 버려졌는데 한 사람은 왼쪽 볼에 심한 총상을 입었으며, 다른 한 사람은 오른쪽 어깨에 총상을 입었다. 그곳 주민들의 설명을 들어보면 당시의 상황은 이러했다.

"일본 군인들이 그 부상병들에게 접근해 왔을 때 그들은 상처의 고통이 심하여 말도 못하고 다만 짐승들처럼 "만세, 만세, 만세!" 하고 신음하듯 소리를 질렀답니다. 그들은 무기도 없었으며 피는 땅 위에 낭자하게 흐르고 있었습니다. 일본군들은 그들의 비명을 듣고 달려와서 그들이 죽을 때까지 찌르고, 찌르고, 또 찔렀답니다. 그들은 일본군의 칼 아래 갈기갈기 찢겼습니다. 우리는 그들의 시신을 거두어 묻어 주었습니다."

일본군의 만행이 얼마나 지긋지긋했던가를 설명하던 주민들의 진지한 표정은 어느 명문보다도 더 웅변적이었다. 이것이 단 한 번의 사례에 그쳤다면 여기에서 이토록 언급할 필요도 없었을 것이다. 그러나 내가 도처에서 들은 바에 따르면 일본군들은 지방의 수많은 전투에서 모든 부상병들과 그들을 포위한 의병들을 조직적으로 몰살했음을 알 수가 있었다.

모두가 그랬던 것은 아니지만 상당수를 그런 식으로 참살했음이 분명했다. 많은 전투를 겪는 동안 의병들의 전사자들은 많은데 부상병이나 포로에 관해서는 아무런 언급이 없는 일본 측의 통계가 이를 잘 증명해 주고 있다.

일본군은 가옥을 불태운 이외에도 의병을 도왔다는 혐의가 있는 사람을 곳곳에서 많이 죽였다. 전쟁은 전쟁이다. 따라서 사람을 쏘아 죽이는 것에 대해서 불평이란 있을 수 없다. 불행하게도 많은 살인들이 무분별하게 자행됨으로써 사람들로 하여금 공포에 떨게 하고 있을 뿐이다.

나는 서울로 돌아왔다. 일본 당국은 내가 통행증도 없이 한국의 국내를 여행한 이유로 나를 체포할 수는 없다고 결정한 것이 분명했다. 의병의 활동에 대해서는 가능한 한 공개되지 않고, 의병이란 단순히 백성을 뜯어먹고 사는 무질서한 비적의 성격으로 묘사하는 것이 그들의 목표였다. 그들은 이러한 식으로 전 세계에 여론을 조성하는 데에 성공했다.

그러나 사실상 의병 활동은 날이 갈수록 확대되었다. 한국인들은 무기를 구할 수가 없었다. 그들은 무기도 없이 싸웠다. 그때로부터 약 2년 후인 6월,

서울에서 특별히 열린 영국의 영사 재판에서 베델(E. E. Bethell) 씨에 대한 재판에서 증언하던 한 일본인 고위 관리는 그 당시 약 2만 명이 의병을 진압하는 데 동원되었고 전국의 약 절반이 무장 봉기의 상태에 놓여 있었다고 말했다.

일본의 공식적인 발표에 따르면 한국인들은 1915년까지 싸우다가 끝내 진압되었다. 이 산악인들과 평야의 젊은이들, 호랑이 사냥꾼들, 그리고 구 한국군 출신의 의병들이 겪은 고초를 다른 사람들은 아마 어렴풋이나마 상상할 수 있을 것이다. 한국인에게 "비겁하다"거나 자기의 운명에 대해서 "무심하다"는 식의 조롱은 이제 그 설득력을 잃어 가고 있다.

제 10 장 대한제국의 멸망

고종이 퇴위한 이후 공작이 된 이토 히로부미가 1906~1908년 동안 통감으로 있다가 소네 아라스케[1] 자작이 그 후임이 되어 1910년까지 통치했다. 이토 히로부미는 아직도 일본의 정치가 가운데 가장 탁월한 인물로 기억되고 있다. 그는 매우 어려운 짐을 지고 있었다. 그는 한국의 구제도를 뿌리째 뽑아 버리고 새로운 것으로 바꾸어야만 했다. 이 일은 고통을 겪지 않을 수 없는 과정이었다.

이토 히로부미는 자신을 향해 도전해 오는 한 민족의 가장 훌륭하고도 가장 그릇된 두 가지의 본능을 감당해야 했는데 충성심과 애국심이 하나였으며 완고함과 무관심함이 다른 하나였다. 그는 자신의 명령을 수행해야 할 많은 하급 관리들의 자질이 낮아 장애를 받았으며, 더욱 괴로운 것은 일본 거류민들의 성격 때문이었다. 일본제국의 정책적 필요성은 한국인들에게 많은 불의를 저질렀다. 가급적이면 많은 일본인들을 한국에 식민해야 한다

1) 소네 아라스케(曾禰荒助 : 1849～1910) : 일본의 정치가. 야마구치현 출신. 프랑스에 유학한 뒤 군에 투신하여 육군성과 육사에서 활약. 중의원에 진출하여 부의장(1890)을 지냈고, 프랑스 및 포르투갈의 전권 공사, 이토 내각의 사법대신, 야마가타 아리토모 내각의 농상대신, 가쓰라 타로 내각의 대장대신을 역임. 영일동맹을 체결한 공으로 남작의 칭호를 받고, 러일전쟁의 전공으로 자작이 되어 추밀원 고문관, 초대 조선 부통감, 2대 통감(1909)을 지냄.

는 결정은 한국인의 이익을 손상시켰을 뿐만 아니라 수많은 한국의 소지주와 소작농을 거칠게 다루었다.

날이 갈수록 심화되는 강한 일본의 이해 관계는 한국을 수탈하고, 일본을 위해 착취당하도록 되어 있는 토지와 이권을 위해 온갖 압력을 행사하고 있었다. 애당초 한국인들은 이토에 대하여 선의를 가지고 있었다. 그는 한국인을 부당하게 다룬다면 그것은 일본인이 한국인에게 상처를 입힌다기보다는 오히려 일본이 상처를 입는다는 것을 알 만큼 안목도 있는 사람이었다. 제국주의적 합병 정책에 그가 끼어들었다는 사실 자체가 그로서는 불행한 일이었다. 그는 악폐를 최소화하면서 개혁을 추진하려고 무던히도 노력했다.

불행하게도 이토 히로부미의 모든 부하들은 그에게 동조해 주지 않았다. 그의 군부 책임자인 하세가와 요시미치는 강경 정책을 쓸 수밖에 없다고 확신하고 있었으며 실제로도 그렇게 처신했다. 일본 이민의 거의 대부분은 선의의 정책을 창조하는 데 치명적으로 방해되는 방법으로 행동했다. 통상적으로 일본인들은 한국인을 마치 야만족인 아이누족[2]과 같이 보는 한편 자신들은 선택된 종족으로서, 기회가 있으면 그보다 열등한 한국인들을 착취하고 거칠게 대할 수 있는 권리를 가지고 있다고 믿었다.

몇몇 한국인들은 동양 사람들이 즐겨 쓰는 암살이라는 방법에로 퇴보했다. 1907년에는 한국 정부의 외부 고문인 스티븐스(W. D. Stevens)가 샌프란시스코를 지나다가 한국인 전명운에 의해 피살되었다. 이토 공작은 북부 지방을 여행하다가 하얼빈에서 한국인 안중근에게 피살되었다. 두 자객 모두가 예수를 믿는 사람들이었는데 전명운은 개신교인이었고 안중근은 천주교인이었다. 이런 식으로 국가에 봉사하려 했던 이들로 말미암아 한국의 명분은 치명적인 가격을 받았다.

아마도 이 책은 자기 민족의 고통에 대하여 끓어오르는 감정을 가진 한국

---

2) 일본의 홋카이도 일대에 살고 있는 원주민.

의 젊은 남녀들에게 읽힐 것이다. 나는 그들의 마음속에 가득 찰 수밖에 없는 그 응어리를 잘 이해한다. 아마 내 동포가 그들처럼 취급을 받았더라면 나도 그들과 꼭 같은 감정을 가졌을 것이다. 고문하고 능욕하고 살인한 죄인들은 모두가 결국에는 법정으로 끌려가 법이 지시하는 대로 처벌받게 되기를 나는 바라고 있다.

그러나 어느 개인이나 집단이 그러한 죄악을 자기의 손으로 징벌한다는 것은 자신의 힘으로 그들이 공격하는 그 상대에 상처를 주는 것이 아니라 그들이 헌신하고자 하는 그 명분에 상처를 주게 된다. 왜 그런가? 거기에는 다음과 같은 세 가지의 이유가 있다.

첫째로, 그들은 명분에서 동정을 잃는다. 세계의 양심은 자기 뜻대로 남의 죽음을 초래하는 권리를 가진 개인의 이상이나 무책임한 집단을 배격한다.

둘째로 그들이 공격하는 상대편의 명분을 강화시켜 준다. 그들은 자기들이 응징하고자 하는 사람들의 수준으로 또는 그 이하로 자신을 떨어뜨린다.

셋째로, 자객들은 대부분의 경우 잘못된 목표의 인물을 겨눈다. 그들은 진정한 암살 대상자가 누구인지도 모르며 또 알 수도 없다. 왜냐하면 그들은 그들에게 어떤 제3자가 말해 주었어야만 하는 그 어떤 내용들을 알 수 있는 충분한 기회를 가지지 못했기 때문이다. 그들이 적을 처단하려다가 그 일과는 아무런 관련도 없는 사람을 다치게 하는 경우란 너무도 흔히 있는 일이다.

피살자에게 자신을 옹호할 수 있는 기회도 주지 않은 채 곧 바로 공격한다는 것은 본질적으로 비겁한 짓이다. 암살, 아니 좀 더 간단히 표현해서 사람을 죽이는 일은 그 구실이 무엇이든 그릇된 일이다. 그것은 근본적으로 잘못된 일이며 그러한 방법을 취한 사람에게 오는 결과도 치명적이라는 점에서 원칙적으로 잘못된 일이다.

결국 암살로서는 아무 일도 할 수가 없다. 이토 히로부미를 저격한 자객은 한국에 잔인한 타격을 주었다. 그 일이 있은 뒤 한국을 일본에 넘겨 준 총리대신에 대한 암살 미수가 있었다.[3] 당분간 일본의 군부는 한반도를 더 가혹히 다스려야 한다고 외쳐 댄 적이 있었다. 이제 그 길이 열린 것이다. 백작 데라우치 마사타케[4] 장군이 통감으로 임명되었다.

데라우치 백작은 한국에 있는 군부의 지도자였으며 "끝장을 내는 정책"[5]을 수행하겠다고 공언하고 나선 사람이었다. 그는 젊은 날에 군문에 들어가 참모총장의 자리에까지 올랐고 러일전쟁 당시에는 군부대신으로서 혁혁한 무공을 세워 자작의 지위에 올랐다. 강인하고 냉혹하며 유능한 그가 추구하는 유일한 목표는 일본과 일본의 영광이라는 것뿐이었다. 그는 한국인이야말로 집어삼켜 씨를 말려 버려야 할 민족이라고 생각했다. 그는 대체로 기독교에 대해서 냉혹한 사람으로 알려져 있었다. 그런데 오늘날 한국의 많은 사람들은 기독교인이었다.

1910년 여름에 서울에 부임한 데라우치는 그의 선임자들의 정책을 온통 뒤바꿔 놓았다. 그는 한국 민족의 마지막 발자취마저도 지워 버리리라고 작정했다. 이토는 부드러운 데라도 있었지만 그는 차가운 강철처럼 강했다. 이토는 채찍으로 사람을 쳤지만 그는 쇠사슬로 사람을 칠 인물이었다. 모든 사람들은 장차 일이 어찌 되어 갈지를 잘 알고 있었다.

일반적인 계획이 잇달아 전개되었다. 우선은 공식적이고도 반공식적인 계획이 뒤따랐다. 이제 이 거한의 아첨꾼이 된 『서울 프레스』는 그가 받은 하사금의 값을 톡톡히 해냈다. 더 이상 잔혹하고 위선적일 수 없는 논설문이 튀어나왔다. 그 글은 다음과 같다.

---

3) 1909년 이재명(李在明 : 1890~1910)이 이완용을 저격한 사건을 뜻함.

4) 데라우치 마사타케(寺內正毅 : 1852~1919) : 일본의 군인이며 정치가. 야마구치현 출신. 육사 교장, 육군대학 교장, 육군대신(1902)을 거쳐 조선 통감(1910)이 되어 조선 합병을 이룩함으로써 초대 조선 통감(1910)이 되었으며 그 뒤 총리대신(1916)이 됨.

5) "끝장을 내는 정책"(Policy of Thorough) : 굳이 번역을 한다면 "전천(專擅) 정책"인데 영국의 찰스 1세 당시에 스트래퍼드 백작과 로드 대주교가 이런 식의 통치를 했음.

"오늘날 이 나라에서 질서와 평화를 영구히 지속하려고 부드러운 손길보다는 철권(鐵拳)을 휘두를 필요가 있다. 현재로 보건대 한국인들 가운데 에는 사태의 새로운 상황에 대한 강렬한 불만이 부글거리고 있다는 증거가 없지 않다. 만약 이것을 제어하지 않고 그대로 둔다면 어떤 충격적인 범죄로 끝날 가능성이 있다. 이제 제기된 그 불만의 원인과 본질을 주의 깊게 살펴보면 그것은 어리석고 불합리한 것임을 알게 된다. ……

일본은 이 나라에서 대중의 행복을 증진시킨다는 목적을 가지고 있다. 일본은 몇 백 명의 어리석은 젊은이를 즐겁게 해 주거나, 한 자리 했다고 해서 빈둥거리는 몇 백 명을 먹여 살리려고 온 것이 아니다. 이러한 사람들이 만족스럽지 못하게 됐다고 불평한다고 해도 그것은 일본의 잘못이 아니다. ……

일본은 자신의 과업에 방해가 되는 사람이라면 누구라도 희생시킬 준비를 해야 한다. 이제까지 일본은 한국의 불평객들을 관대하게 취급해 왔다. 지난 5년 동안에 일본은 그러한 부드러운 방법으로는 바꿀 수 없는 사람들이 다소 있다는 사실을 경험을 통해 알게 되었다. 이러한 사람들을 다루는 길은 하나밖에 없다. 그것은 가혹하고 무자비하게 다루는 방법이다."

『재팬 매일』은 여느 때 하던 식으로 요코하마에서 같은 감정으로 반주를 넣었다. 그들은 이렇게 말했다.

"유화 정책은 고 이토 히로부미 공작과 같은 정치가의 손에 매우 잘 맞는다. 그러나 이토 공작의 후계를 잇는 데 실패한 현재와 같은 상황에서는 지난날 하던 식으로 하는 것이 더 효과적일 뿐만 아니라 더 안전하다는 것을 알게 될 것이다."

데라우치 자작이 서울에 들어오던 날, 그것은 마치 찬바람이 도시를 스쳐간 것처럼 싸늘했다. 그는 공개 석상에서 거의 말을 하지 않았다. 높은 사람이든 낮은 사람이든 그를 찾아온 사람들은 그가 엄격하며 거리감을 주는 사람임을 알았다. 표정이 굳은 비서들은 말을 되풀이했다.

"그분은 생각하는 일이 많아서 농담할 겨를이 없어요."

모든 일이 갑자기 생기곤 했다. 네 가지의 일본인 신문이 하룻밤 사이에 정간되었다. 그들의 기사 가운데 한 가지가 괘씸했기 때문이었다. 다른 신문들은 조심했다. 경찰 제도도 바뀌었다. 헌병들이 대폭 강화되었고, 매일같이 검거의 얘기가 들려 왔다. 오늘 아침에는 학생 15명이 체포되었으며, 늙은 철도국장이 급히 투옥되었으며, 평양의 어느 신문사가 수색을 당했다는 등의 얘기였다. 그것은 마치 신임 통감이 공포 분위기를 자아내려고 치밀하게 꾸며낸 것 같았다.

이제 한국인들은 곁눈질도 해서는 안 된다. 경찰과 헌병이 곳곳에 깔려 있으며 밀정들은 사람의 마음까지 뚫어 보는 것 같았다. 군대가 계속 증원되고 꼭 무슨 일이 일어날 것만 같았다. 그러나 아직도 웃고 있는 사람들이 있었다. 그들은 좋은 소식을 들으려고 통감에게 불려갔다. 이 사람은 작위를 받게 되고, 저 사람은 일본을 위해 훌륭한 일을 했다든가, 만약 당사자와 가족들이 괜찮은 사람들이면 상을 받게 될 것이다. 불평분자는 뇌물로 매수하고, 그러고도 고집을 피우면 감옥으로 보낸다.

사람들은 뭔가 다가오고 있다고 생각했다. 어디선가 불평의 소리가 들려 왔으며, 특히 학생들 사이에는 불평이 심했다. 그러나 설령 문 뒤에 숨어서라도 용감하게 할 말을 했다가는 그날 저녁으로 투옥되었다. 벽에도 귀가 있는 것 같았다. 이 무렵 얼마 동안 대신들이 눈에 띄지 않는다는 것이 확인되었다. 그들은 모든 방문객들의 면담을 거절하면서 두문불출하고 있었다.

그들은 나라를 팔아먹은 매국노들이기 때문에 암살이 두려웠다. 누군가가 쥐를 쫓아내는 것처럼 그들을 밖으로 끌어내려고 불을 지르는 일이 없도록 경찰과 헌병이 집에서 부를 만 한 거리에 대기하고 있었다. 그리고 그 무렵에야 소식이 들려 왔다. 이제 한국은 명목적으로 독립되었거나 별개의 국가로서의 존재를 상실했다는 것이었다. 일본이 한국을 집어삼킨 것이다.

그 가엾고 바보스러운 황제는 제위에서 물러나게 되었다. 4천 년 역사를 가진 이 한국에 왕위마저 사라지게 되었다. 통감은 이제 총독이 될는지도 모른다. 국가의 이름도 사라지고 이제부터 한국은 일본의 한 지방으로서 조선이 된다.

한국의 백성들은 일본의 하층 계급으로 재편되기에 이르렀으며 이러한 변화에 잘 적응하면 적응할수록 고통은 적어질 수 있다. 그들은 어떤 이익을 갖게 된다. 이러한 경사스러운 날을 빛내려고 특사가 있을 예정이지만 총리대신을 저격했던 사람은 거기에 포함되지 않을는지도 모른다. 5%의 조세와 지불되지 않은 모든 채무는 감면될 것이다. 그러니 한국인들이여, 기뻐하라.

일본인들은 폭동을 예상하고 만반의 준비를 갖추었다. 일본인들은 놀리듯이 한국인에게 말했다.

"모든 사람들은 자기 민족의 독립을 위해서 싸우다가 죽을 준비를 해야 한다."

그러나 한국의 지도자들은 자신을 억제했다. 의병들은 아직도 산간에서 싸우고 있었다. 백성들은 더 큰 쓰라림이 올 때까지 기다릴 수밖에 없었다. 어떤 사람은 매국노들을 죽이겠다는 협박장을 서대문에 써 붙였다. 이 사람 저 사람, 선비, 구한국 군인, 그리고 한국을 사랑했던 사람들이 자신의 비통함을 말하면서 자살했다. 그들은 이렇게 물었다.

"우리의 나라가 죽었는데 우리가 살아야만 하는가?"

백성들이 아무 일도 일으키지 않자 일본 사람들은 비웃었다. 어느 반관 단체에서는 다음과 같이 선언했다.

> "진실로 말하건대, 국민적 봉기가 일어나리라는 두려움은 이제 모두 사라졌다고 생각해도 좋다. 이 나라에는 독립을 위해 십자군을 조직하고 지휘

할 만한 능력을 가진 지도자가 없음이 분명하다. 그러한 모자람이 일본인의 입장에서 유능하게 처리한 탓인지 아니면 한국인의 입장에서 비애국적인 무관심 때문인지를 우리는 아는 체할 수가 없다."

한국의 합병을 알리는 일본의 칙령은 그 자체로서 일본의 통치가 실패했음을 인정하는 것이었다. 여기에 그 전문을 소개한다.

> 1905년의 [을사보호]조약을 체결한 뒤 4년이 넘도록 일본 정부와 한국이 관여해 온 한국의 행정에 진실하고도 노고에 찬 개혁 작업이 있었음에도 불구하고 현존하는 한국의 통치 체제는 공공질서와 안녕을 유지하는 과업을 맡기에는 전적으로 부적당하다는 것이 입증되었으며, 의혹된 마음과 걱정만이 온 반도에 풍미하고 있다. 한국인의 평화와 번영, 그리고 복지를 유지하는 동시에 외국 교민의 안전과 평안을 유지하고자 현 정부의 근본적인 개혁이 실질적으로 긴요하다는 사실이 이제까지 누누이 천명된 바 있다.

칙령은 여러 가지 변화를 발표했다. 그것은 한국의 모든 조약을 폐기시켰으며 한국에 살고 있는 모든 외국인들은 일본 국법을 적용하게 되었다. 바꿔 말해서 치외법권이 없어진 것이다. 일본으로 들어오거나 일본으로부터 나가는 물품에 대해서는 앞으로 10년 동안 옛날 한국의 관세법을 적용한다는 데에 일본 정부는 동의했는데 이는 행여나 곤경을 겪게 될는지도 모르는 외국 수입상들에 대한 하나의 양보였다. 이 칙령은 또한 외국 국적의 선박들이 향후 10년 이상 한국의 연안에서 무역에 종사할 수 있도록 허락했다.

합병은 국가를 넘겨주는 것이 마치 한국인 자신들이나 그들의 군주인 행동인 것처럼 조약의 형태를 취했는데 그 전문은 다음과 같다.

한일합방조약

한국 황제 폐하와 일본국 황제 폐하는 양국 간의 특수하고 친밀한 관계를 회고하여 상호 행복을 증진하며 동양의 평화를 영구히 확보코자 하는바 이 목적을 달성하려면 한국을 일본제국에 병합함만 같지 못한 것을 확신하여 이에 양국 간에 합병 조약을 체결하기로 결정하고 일본국 황제 폐하는 통감 자작 데라우치를, 한국 황제 폐하는 내각총리대신 이완용을 각기 전권 위원으로 임명함. 이 전권 위원은 회동 협의한 뒤 아래의 제조(諸條)를 협정함.

제1조 : 한국 황제 폐하는 한국 전부에 관한 일체의 통치권을 완전하고도 영구히 일본국 황제 폐하에게 양여함.

제2조 : 일본국 황제 폐하는 전조에 게재한 양여를 수락하고 또 전연 한국을 일본국에 합병함을 승낙함.

제3조 : 일본국 황제 폐하는 한국 황제 폐하 · 태황제 폐하 · 황태자 폐하와 그 후비 및 후예로 하여금 각기 지위에 응하여 상당한 존칭 · 위엄 그리고 명예를 향유케 하며 또 이를 보지(保持)하기에 충분한 세비를 공급할 것을 약속함.

제4조 : 일본국 황제 폐하는 전조(前條) 이하의 한국 황족과 그 후예들이 각기 상당한 명예와 대우를 향유하도록 하며 또 이를 유지하기에 필요한 자금을 공여할 것을 약속함.

제5조 : 일본국 황제 폐하는 훈공 있는 한인으로서 특히 표창을 행함이 적당하다고 인정되는 자에 대하여 영작(榮爵)과 은금(恩金)을 수여할 것.

제6조 : 일본국 정부는 병합의 결과로 한국의 모든 시정을 담임하고 한국에 시행하는 법규를 준수하는 한인의 신체와 재산에 대하여 충분한 보호를 하며 또 그 복리의 증진을 도모할 것.

제7조 : 일본국 정부는 성의와 충실로 신제도를 준중(遵重)하는 한인으로서 상당한 자격이 있는 자를 사정이 허락하는 한에서 한국에 있는 제국 관리로 등용할 것.

제8조 : 본 조약은 일본국 황제 폐하와 한국 황제 폐하의 재가를 거친 것으로 공포일로부터 시행함.

위 증거로 양 전권 위원은 본 조약에 기명 조인하는 것이다.

융희 4년 8월 22일
내각총리대신 이완용 ㊞
메이지 43년 8월 22일
통감 자작 데라우치 마사타케 ㊞

일본의 입장을 옹호하는 사람들은 일본이 한국과 한국의 왕실을 보전하겠다고 누누이 공언했지만 대한제국을 멸망시키면서 그들의 언약을 위배하지는 않았다는 것을 보여 주려고 많은 수고를 했다. 그러나 그것은 헛된 일이었다. 이러한 상황 아래에서 그런 식의 주장을 한다는 것은 메스꺼운 짓밖에는 안 된다. 일본은 한국을 차지하고자 원했다. 그리고 그것이 가능한 순간에 일본은 한국을 합병했다. 그들의 유일한 정당화는 다음과 같은 것이었다.

지난날의 훌륭한 법 ……
간단한 계획,
힘 있는 자가 가질 것이요
지킬 수 있는 자가 지킬 것이다.[6)]

---

6) 워드워즈(William Wordsworth)의 시, "스코틀랜드 여행의 추억, 1803년"(Memorials of a Tourism in Scotland, 1803)에 나오는 한 구절임. 원문은 다음과 같다.
For why? because the good old rule
Sufficeth them, the simple plan,
That they should take, who have the power,
And they should keep who can.

제 11 장 철권 정치

한일합방이 이루어진 1910년부터 3·1운동이 일어난 1919년까지의 기간 동안에 일본의 한국 통치는 일본의 제국주의적 통치의 가장 거칠고도 가장 무자비한 모습을 보여 주었다. 1910년에 공식적인 합방이 이루어지자 일본식의 통치 방법을 가로막는 모든 장애들은 말끔히 사라졌다. 총독은 자기가 원하는 것이라면 어떠한 법령이라도 통과시킬 수 있고 소급법을 제정할 수 있는 절대적인 권력을 가지고 있었다. 치외법권은 사라졌으며 한국에 거주하는 외국인들은 전적으로 일본의 법률에 적용되었다.

일본의 정치인들은 이미 전시에 보여 준 정도의 능률을 평화 시에도 세계에 보여 주려 할 만큼 야심적이었다. 일본인들은 이 문제에 대하여 오래 전부터 많이 생각했으며 다른 나라의 식민지 제도를 주의 깊게 연구했다. 한국에 근무한다는 것은 특별한 대접의 표시가 되어 최상의 댓가를 받는 것으로 부러움을 샀다. 일본의 국가적 자존심과 이해 관계에 관련된 것이라면 모두 훌륭한 것이라고 공언했다. 돈을 물 쓰듯이 썼으며, 일본에서 가장 유능하다는 정치인과 군인들이 한국 문제의 책임자로 임명되었다. 이토 히로부미 공작은 한국의 통감이 됨으로써 국가가 베풀 수 있는 최선의 것이 무엇인가를 보여 주었다.

합방부터 3·1운동까지의 기간 동안에 많은 물질적 진보가 이룩되었다.

지난날의 비능률적인 행정이 사라지고, 통화가 안정되고, 대대적인 철도 공사가 확장되고, 도로 사정이 개선되고, 광범위한 조림이 이루어지고, 농업이 개발되고, 위생이 개선되었으며, 새로운 산업이 시작되었다. 그런가 하면 이 기간 동안의 일본의 한국 통치는 역사상 최악의 실패를 기록함으로써 핀란드나 폴란드에서 저지른 러시아의 실패나 보스니아에서 오스트리아-헝가리가 저지른 실패를 능가했다.

20세기가 보여 줄 수밖에 없었던 예로서, 미국이 쿠바에서 새로운 신민을 다스리면서 실시한 통치가 최선이었고 한국에서 일본의 통치가 최악이었다. 일본은 그릇된 정신 상태로서 엄청난 일을 저질렀으며, 그들은 애당초부터 잘못된 이상에 따라 장애를 받았음으로써 그들은 아직 그러한 과업을 수행할 만큼 크지 못했다는 사실을 입증했다.

일본인들은 한국인을 경멸하는 마음을 가지고 일을 시작했다. 통치자의 입장에서 동정을 갖지 않는다면 훌륭한 통치를 할 수 없는 법이다. 안목이 없고 바보스러운 경멸심을 가지면 동정이 우러나올 수가 없다. 일본인들은 애당초부터 한국인을 동화시키고, 그들의 민족적 이상을 말살시키고, 그들의 전통적인 관습을 뿌리째 뽑아 버리고, 그들을 일본인으로 만들되 열등한 일본인 곧 지배 계급과는 다른 무능한 사람들로 만들려 했다.

피압박 국가가 작고 빈약하며 전통과 민족적 이상이 결여된 민족이 아닌 한 대등한 관계의 동화는 이루어지기 어려운 법이다. 하물며 피압박 민족보다도 더 열등한 민족이 4천 년의 역사를 가지고 있는 민족을 동화시키려 시도한다는 것은 절대적으로 불가능한 과업이다. 아니면 좀 더 정확히 말해서, 그 민족 안에 있는 소수의 병약자를 동화시키되 강인한 다수는 박해로써 파멸시키고 직접 죽이고 마약이나 악습으로써 적극적으로 타락시킴으로써 동화가 가능할는지도 모른다.

일본인들은 자기들의 능력을 과대평가하는 반면에 한국인의 능력을 과소평가했다. 그들은 구라파와 미국에서, 특히 미국에서 자신들을 위한 박수

부대를 조직했다. 그들은 자기들을 위한 찬양의 노래를 부르고 자기들의 명분을 옹호할 수 있는 요원들을 매수했으며 그들 가운데 어느 사람은 매우 좋은 지위에까지 올랐다. 그들은 아주 천박한 방법과 교묘한 아첨 그리고 사회적 야심을 이용함으로써 다른 사람들을 끌어 모았다.

일본인들은 외교관들과 영사관 직원들, 특히 영국과 미국의 외교관과 영사관 직원들에게 도쿄로부터 기피 인물이 된다는 것이 얼마나 괴로운 것인가를 가르쳐 주었다. 일본인의 성격 가운데 좋은 측면을 보고 진심으로 경도된 많은 사람들이 일본인은 밀어 주었다. 외교나 사교의 음모라는 면에서 일본인들은 세계 여타의 민족들을 어린아이처럼 보이게 만들었다. 그들은 자기 자신을 아름답게 찬미할 뿐만 아니라 한국인이야말로 멸망한, 그리고 아무 쓸모도 없는 종족이라는 확신을 증대시키는 데 힘을 쏟았다.

결국 일본인들은 그들의 아첨꾼들이 말한 것을 믿어버리는 치명적인 실수를 저질렀다. 일본의 문화는 세계에서 가장 훌륭하다느니, 일본은 장차 아시아뿐만 아니라 모든 세계 민족의 지도자가 된다느니, 한국인들은 그들의 지배자를 위한 나무꾼이나 물지게꾼으로밖에는 쓸모가 없다는 등의 말을 했다.

그러나 만약 일본이 쿠바인을 다루던 미국인이나 말라카해협의 식민지를 다루던 영국만큼 현명하고 안목이 있었더라면 두 민족 사이에 동화는 이루지 못했을지라도 진정한 융화는 가능했을 것이다. 한국인들은 지난날의 통치자들이 저지른 낭비와 권력 남용과 어리석음에 지쳐 있었다. 그러나 일본은 한국의 이해 관계를 우선으로 해야 할 입장에 있으면서 일본의 이익을 위해 한국을 다스렸다. 착취자인 일본의 거류민들은 먼저 고려되어야 할 중요 인물들이었다.

그런 다음 일본은 이 나라를 전시장으로 만들 기회를 노렸다. 공공건물을 정교하게 세우고, 철도를 부설하고, 국가의 품위를 지키는 등 그 나라의 경제력을 초과하는 통치를 했다. 낭비적인 개선을 위한 자금을 지불하려고 조세와 개인적인 봉사가 백성들에게 과중하게 부과되었다. 생활 개선의 대부분은 한국인 자신을 위해서 아무런 도움이 될 수 없는 것들이었다. 그러한 것들은 일본인을 위한 것이거나 아니면 외국인들에게 좋은 인상을 주기 위한 것이었다.

그리고 백성들에게도 이상과 정신이 있다는 사실을 일본의 관리들은 잊고 있었다. 어린이들을 몽둥이로 두들겨 패고, 어른을 감옥에 집어넣어 고초를 겪게 함으로써 충성을 얻어내려 했다. 그제야 그들은 자기들이 반발만 조장했다는 사실에 깜짝 놀랐다. 그들은 한국의 문화를 말살하려 했지만 오히려 괴로움만 겪었다. 왜냐하면 한국인들은 일본의 교육을 기꺼이 받으려 하지 않았기 때문이었다. 그들은 공공연한 경멸로 한국인을 상대하면서도 왜 한국인들이 자기들을 사랑하지 않는지 의아하게 생각했다. 이제 일본의 통치 방법을 좀 더 가까이에서 검토해 보기로 하자.

대부분의 사람들의 눈에 확연히 보이는 모습은 헌병과 경찰이다. (이하의 문장에서 나는 동사의 현재형을 쓴다. 그것은 당시의 상황이 지금까지 지속되고 있기 때문이다.) 이들은 전국에 깔려 있으며, 그들은 비록 명목상으로는 아니지만 실제로는 생사여탈의 권한을 가지고 있다. 그들은 영장 없이 누구의 집에나 들어가 수색할 수 있다. 따라서 경찰이 어느 학생의 방을 수색하다가 그가 좋아하지 않는 책을 보게 되면 그는 그 자리에서 그 책을 태울 수 있으며, 실제로 태운다. 어떤 때는 이웃 사람들에게 어떤 인상을 주려고 그 책을 거리로 가지고 나와서 불태운다.

주민들이 가장 두려워하는 경찰 임무 가운데 하나는 집안이 깨끗한지의 여부를 보려고 나오는 정기 검사이다. 만약 경찰이 만족하지 않으면 그들은 주민들을 주재소로 데려가려 실랑이를 하지도 않고 당장 그 자리에서 두들겨 팬다. 기독교 신자를 벌주고 아울러 그 이웃 사람들로 하여금 예수를 믿지 못하도록 하고자 할 때에는 경찰이 바로 그 지방에서 가옥 검사를 실시한다. 기독교 신자의 집을 검사할 때는 그 집에서 아무런 불결함이 발견되지 않음에도 불구하고 두들겨 팬다. 이러한 방법은 특히 평양 지방에서 흔히 볼 수 있다.

경찰은 영장 없이도 누구나 체포·수사·심문할 수 있다. 수사권은 한국인은 물론 외국인에게도 거침없이 행사한다. 경찰에 끌려간 한국인들은 실제로 누구든지 재판도 없이 경찰이 놓아 줄 때까지 감금될 수도 있고 재판을 거치지 않고서도 경찰에 의해서 약식 처벌을 받을 수도 있다. 여기에서 가장 흔한 처벌은 두들겨 패는 것인데, 일본인이나 외국인을 두들겨 팰 수는 없으며 오직 한국인만을 구타한다.

구타는 피의자를 불구로 만들 수도 있고, 몇 주일씩 집에서 기동을 못할 정도로 다칠 수도 있고, 심지어는 죽을 수도 있다. 법률에 따르면 여자나 65세 이상의 남자, 15세 이하의 남자를 구타할 수 없지만 경찰은 무차별하게 구타한다. 몇 년 전에 일본 정부는 구타의 남용을 막으려고 법령을 통과시켰지만 그것은 사문화되었다. 그에 대한 공식적인 설명은 다음과 같다.

> 태형을 존속시키기로 결정했지만 그것은 단지 토착민 범법자에게만 적용한다. 1912년 3월에 "조선태형령 및 동시행령"이 실시되어 이제까지 시행되어 오던 방법이 많이 개선되었다. 여자와 15세 이하의 소년과 60세 이상의 남자에게는 태형이 면제되며 병중인 기결수와 정신이상자에 대한 형의 집행은 6개월 이후로 연기한다. 형의 집행 방법이 개선되어 위대한 인도주의로 태형을 집행함으로써 불필요한 고통은 가급적 피할 수 있게 되었다.[1)]

이 밖에도 공식적인 주장은 많다. 이제 그 실상을 살펴보면 다음과 같다. 내가 보고받을 수 있었던 마지막 해인 1916~1917년 사이에 8만 2,121명의 범법자가 경찰의 약식 재판으로 처리되었다. 그들은 재판도 거치지 않고 그

1) (원저자 주) "조선에서의 개혁과 진보에 관한 연례 보고서," 경성, 1914.

자리에서 경찰의 처벌을 받았다. 실질적인 태형의 통계가 출판된 작년에만도 형집행의 2/3가 태형이었다.

형틀은 두 개의 대나무를 하나로 묶은 것이다. 법정 최고의 태형은 90도로서 하루에 30도씩 연거푸 3일 동안 맞아야 한다. 이러한 사실을 놓고서 "위대한 인도주의"라느니 "불필요한 고통을 피하려고"라느니 하고 말하는 것을 들으면 나는 구토를 느낀다. 그러한 일을 경험할 수밖에 없었던 관리들은 태형이야말로 인간의 육체가 견딜 수 있는 만큼 최대한의 고통을 주며 시간을 최대한으로 길게 잡아야 한다는 나의 주장을 지지할 것이다.

병든 사람, 여자, 어린 소년 그리고 노인들도 아직 매를 맞고 있다. 3·1 운동 당시에 경찰은 의사와 간호사의 항의에도 불구하고 병원에서 치료를 받고 있는 부상자를 데려가 매질했다. 노인들이 매를 맞았다고 보고된 사례는 허다하다. 여자, 특히 젊은 여자의 옷을 찢고 매질한 사실은 그 악명으로 소문이 자자하다.

어린 아이들도 매질을 당하고 있다. 장로교병원이 있는 선천의 한 선교사가 1919년 5월 25일자로 보낸 다음의 편지는 미국 기독교회 연합회의 보고서에 게재되어 있다. 이 보고서를 확인해 볼 필요가 있을까 하여 그 편지를 널리 탐문한 결과 나는 그 소년들이 매 맞는 것을 목격한 사람들의 편지를 읽어 볼 수가 있었다.

> ㅇㅇ에서 강계의 소년 11명이 끌려왔다. 이 11명은 16, 17, 18일에 3일 동안 이어서 하루에 30도씩, 도합 90도의 태형을 받고 18일에 풀려 나왔다. 그 가운데 9명은 5월 22일에 이곳에 도착했고 2명이 5월 24일에 도착했다. 이들 가운데 탁찬국은 5월 23일 정오 무렵에 죽었고 김명하는 오늘 저녁에 죽었다. 김형선은 몹시 아프다. 김충선과 송탁삼은 걸을 수는 있지만 뼈가 심하게 부러졌고 김우식은 매우 걱정되었으나 그 뒤 좋아졌다. 최등원, 김찬국, 김승길, 그리고 고봉서는 자리에서 일어나 앉을 수는 있으나 그 가운데

2명은 살이 찢어졌다.

김성하는 자전거를 타고 ○○로부터 이곳으로 출발하여 그의 형이 죽기 약 1시간 전에 도착했다. 이 병원에 온 앞의 6명은 매를 맞은 뒤 사흘 동안 참으로 끔찍했다. 그들을 위해서 바르는 약이나 그 밖의 어떠한 조치도 없었다. 샤록스[2] 박사는 김명하가 죽은 뒤 나머지 몇 명의 상태도 의심스럽다고 말했다. 그는 괴저이다. 이들 가운데 하나는 천도교인이며 다른 하나는 기독교인이 아니며, 그 밖의 나머지는 모두가 기독교인이다. 램프[3] 씨가 사진을 가지고 있다. 엉덩이에 채찍질을 해서 살이 물에 풀어진 종이처럼 되었다."

"위대한 인도주의"라구! "불필요한 고통을 피한다"구! 경찰이 군림하는 통치 방법은 엄청난 권력 남용의 길을 열어 놓는다는 것이 분명해지고 있다. 사실상 그것은 남을 괴롭히는 전제 군주처럼 행동한다. 뒤에서 인용한 『재팬 크로니클』의 글은 그와 같은 권력 남용의 실례를 잘 보여 주고 있다.

의회의 마지막 회기에서 어떤 의원이 제기한 질문에 대답하는 과정에서 그는 한국에서 근무하는 한 고위 검찰 간부의 강력한 설명에 대하여 언급한 바 있다. 그의 말에 따르면 한국에 있는 헌병들이 범죄를 수사하고자 한국인의 집에 들어갔다가 그 집안에 있는 여자를 능욕하거나 자기의 마음에 드는 물건을 가져가는 것은 흔히 있는 일이라고 한다. 피해자가 그러한 불법

2) 샤록스(Alfred M. Sharrocks : 1869~1919) : 미국 북장로회 의료 선교사. 미주리주 파크대학 졸업. 부인과 함께 내한(1899). 서울선교부에 부임했으며 곧 세브란스 의학전문학교 교수로 취임. 평양선교부로 전임(1900). 선천 지역 의료 선교사로 파견(1901). 맥퀸과 함께 신성학교 교감으로 취임(1909). 105인 사건 음모 격려자로 연루되기도 함.(1912)

3) 램프(Henry W. Lampe) : 미국 북장로교회 목사. 1908년에 부인과 함께 한국에 입국하여 처음에는 서울에서 포교했으나 곧 평북 선천으로 옮겨 제2차 세계대전 중에 강제 송환될 때까지 거기에서 활약했다. 해방 이후 1946년에 재입국하여 청주에서 활약했으며, 대한기독교서회 이사로 활약하다가 1948년에 은퇴하였다.

행위에 대한 증거를 얻으려면 반드시 헌병의 도움에 의존해야 하기 때문에 피해를 입은 한국인은 그와 같은 불법 행위에 대한 보상을 받을 수 있는 길도 없을 뿐만 아니라 수사 당국에서도 그 가해자에 대하여 어떤 절차를 취할 수가 없다.

경찰의 폭정은 태형으로 끝나지 않는다. 어떤 사람이 체포되면 그는 즉시 동료들과의 연락이 두절된다. 그는 자신에 대한 혐의가 무엇인지는 으레 알지도 못하며 그의 동료들도 모른다. 처음에는 그가 누구와 상담하는 것조차도 허락되지 않는다. 그의 동료들이 알 수 있는 것은 그가 경찰에 잡혀간 후로 사라졌다는 사실 뿐이며 재판에 회부되거나 석방될 때까지는 모습도 볼 수 없고 목소리도 들을 수 없다.

구류 기간 동안에 수감자는 우선 사건을 그 사람에게 불리하게 꾸미고 있는 경찰의 손안에 들어 있다. 이때 경찰이 하는 일은 자백을 받아 내는 것이다. 자백을 받아 내려고 경찰은 흔히 가장 교묘한 방법으로 고문한다. 그 수감자가 정치범으로 기소되었을 때는 더욱 그러하다. 나는 이러한 사건의 진상들을 뒷장에서 좀 더 상세하게 다루고 있기 때문에 여기에서는 이에 관하여 증거를 댈 필요가 없다.

경찰이 사건 처리를 끝내면 수감자는 검사에게로 이송되는데 만약 검찰 제도가 정당하게 운용된다면, 그가 하는 일은 경찰권의 남용을 견제하는 일이다. 그러나 대부분의 경우 한국에 있는 경찰은 검찰의 역할까지 한다. 바꿔 말해서 검찰과 경찰은 함께 손을 잡고 일을 한다. 피고가 법정에 나온다고 해도 미국이나 영국의 법정에서와 같은 통상적인 보호를 거의 받지 못한다.

혐의 사실의 무죄를 입증하는 것은 피고 자신의 몫이다. 그의 판사도 총독이 임명한 앞잡이이기 때문에 사실상 총독이 그에게 말한 대로 한다. 가장 냉정하고 경험이 많은 한국인 친구들의 불평을 들어 보면, 당국이 피고에게 정당한 재판을 내리는 것이 편한 일이라고 생각하지 않는 한 피고는 정당한 재판을 받을 수 없다는 것이다.

이러한 사법 제도 아래에서 범죄는 엄청나게 증가하고 있다. 이에 관한 가장 명백한 증거는 공식적인 통계에서 잘 나타나고 있다. 1912년 가을 데라우치 마사타케 백작은 몇 천 명의 한국인 기독교도들이 투옥되어 있다는 보도에 대한 답변에서 자신이 조사를 명령해 본 결과 단 287명의 한국인이 전국의 여러 감옥에 수감되어 있다고 설명했다.[4]

데라우치 백작이 제시한 수치가 거의 확실히 엉터리이거나 아니면 앞뒤를 맞추어 그날 모든 죄수들을 석방하고 몇몇 사람만 남겨 둔 것이다. 최근에 발표된 공식 통계에 따르면 1912년에 한국에 있는 기결수의 총 수효는 1만 2,000명에 가깝다. 만약 이것이 사실이라면 그 뒤의 통계와 비교해 볼 때 더욱 놀라게 된다. 피검자와 기결수가 증가하고 있다는 사실은 다음에 보이는 공식 통계에 잘 나타나 있다.

개인의 자유는 없다. 한국인의 생활은 아주 사소한 것에 이르기까지 법률로 규정되어 있다. 만약 그가 부자라면 그는 경비를 감시할 수 있는 일본인 하인을 두도록 강요를 받는다. 만약 그가 돈을 은행에 저축해 두었다면 용도를 충분히 설명하지 않는 한 조금씩밖에는 인출할 수가 없다.

한국인에게는 집회 · 언론 · 출판의 자유가 없다. 신문이나 책을 출판하려면 사전 검열을 받아야 한다. 이 검열 제도는 터무니없이 실시된다. 검열은 학교 교재에서부터 시작하여 사람이 말할 수 있고 쓸 수 있는 모든 것에까지 확대된다. 검열은 한국인은 물론 외국인에게까지도 적용된다. 바로 학교 졸업식에서도 학생들의 발언이 검열을 받는다. 한국에 있는 일본의 언론인이 총독 정치를 비판하다가는 한국인이 그런 것만큼이나 빨리 투옥된다. 일본의 언론인들은 이 검열이 견딜 수 없음을 알고 그러한 제도 아래에서 일

---

4) (원저자 주) *New York Sun*, October 3, 1912.

한국인 재소자의 수효

연도 \ 구분	기결수	미결수	합계
1912	7,342	9,465	16,807
1913	9,652	9,842	19,494
1914	11,652	10,194	21,846
1915	12,962	11,472	24,434
1916	14,411	12,844	27,255
1917	17,577	15,259	32,836

할 것을 거부하고 귀국해 버렸다.

오늘날 한국에는 한국어로 발행되는 신문이 단 하나 있는데[5] 그나마도 일본인이 발행한다. 한 미국인 선교사가 잡지를 내면서 최근의 문제들을 아주 부드럽게 논평하는 기사를 싣고자 한 적이 있었다. 그는 다시는 그러한 짓을 하지 못하도록 엄중한 주의를 받았다. 합방 이전에 출판된 책들은 마구 폐기되었다. 그리하여 헐버트 교수(H. B. Hulbert)가 만든 수많은 교재들은 전혀 편파적인 데가 없는 데에도 모두 폐기되었다.

한국에 있는 선교사들 가운데에서 가장 원로이며, 가장 학식이 높고 명망이 높았던 게일[6] 박사는 미친 짓과 같은 검열을 받는 가장 우스꽝스러운 경험을 했다. 그는 영국 사람이다. 그는 3 · 1운동 당시 일본이 짐승 같은 짓을 함으로써 그의 소신을 꺾어 버리기 전까지만 해도 오랫동안 일본의 명분을

---

5) 『매일신보』를 뜻함. 배설이 창간한 민족저항지 『대한매일신보』를 강제로 인수하여 개제한 것으로서 해방까지 일본 침략 정책의 대변지가 됨.

6) 게일(James Gale : 1863~1937) : 한국명 기일. 캐나다 토론토 대학 출신. 1888년에 입국. 성서 번역에 기여했으며 연못골교회의 목사(1891~1898) 교사를 지냈고, 황성기독교청년회를 창립했으며(1903), 성경전서를 한역 출간함. 그의 자세한 전기는 신복룡(역주), 『전환기의 조선』(집문당, 서울, 1999)의 역자 서문을 참고할 것.

옹호해 주었다. 그러나 그가 가장 영향력 있는 일본의 친구라는 사실도 일본의 검열을 막아내지는 못했다.

언제인가 게일 박사는 학교에서 쓰려고 자신이 만든 한국어 『독본』이 몰수되었다는 사실을 알았다. 그가 그 이유를 물었더니 그 책은 "위험한 사상"을 담고 있다고 검열관이 대답했다. 더욱 이상하게 생각한 게일 박사는 그 "위험한 사상"이 담긴 대목을 보여 줄 수 있겠느냐고 검열관에게 정중하게 물었다. 그러자 검열관은 그 가운데 저 유명한 키플링[7]의 코끼리 대목을 지적하면서 험악하게 말했다.

"그 얘기 가운데에서 그 코끼리는 그의 두 번째 주인에게 봉사하는 것을 거절했소."

게일 박사는 이토록 교묘한 방법으로 한국의 어린이들에게 "그들의" 두 번째 주인인 일본 천황에게 봉사할 것을 거부하도록 가르치려고 노력하고 있으니 이보다 더 명백하게 위험한 사상이 어디 있단 말인가!

한국인으로서 언론인이 되면 요시찰 인물이 되어 끝없이 체포되는데, 이는 그가 무엇을 했다거나 무엇을 하고 있어서가 아니라 그가 무엇을 할는지도 모르고 무엇을 했을는지도 모른다고 경찰이 추정하기 때문이다. 이러한 현상의 당연한 결과로 한국인들은 정상적인 언론을 떠나 지하 신문을 만드는 쪽으로 가고 있다.

한국인들이 그 다음으로 겪는 아픔으로는 "착취"라는 머리글로 표현된다. 애당초부터 일본인들의 계획은 한국인들로부터 가능한 한 많은 땅을 빼앗아 일본인들에게 넘겨주는 것이다. 이 과업을 수행하려고 온갖 계교가 동원되었다. 합병 초기에는 해군과 육군을 위해 필요하다는 이유로 많은 땅을 점탈하려는 계획을 세웠었다. 이때 농민들에게는 보잘 것 없는 댓가만을 지불한 다음 그 가운데 상당 부분을 일본인들에게 넘겨주었다.

---

7) 키플링(J. R. Kipling : 1865~1936) : 영국의 소설가. 『정글북』(1894)의 저자로서 1907년에 노벨문학상을 받음.

미국의 외교 사절로서 이토 히로부미 공작의 지원자였던 스티븐스(W. D. Stevens)도 이 점을 시인한 바 있다. 그는 이렇게 말하고 있다.

"애당초 한국에 있는 군사 당국자들이 명분이 있어 보이는 것보다 더 많은 그들 자신의 필요를 위해 토지를 점탈할 의도를 보였다는 점에 대해서는 의심할 나위가 있다."

애당초 이른바 나가모리 도키치로의 계획이라는 이름 아래 한국의 공유지를 전면적으로 점탈하려는 시도는 너무도 심각한 민중적 분노를 일으켰기 때문에 철회되었다. 그 뒤 그들은 다른 방법으로 동일한 목적을 수행하려고 일을 착수했다. 한국의 토지의 대부분은 공유지로서 오랜 옛날부터 허술한 소작 제도 아래 소작인들이 경작하고 있었다.

이러한 공유지들이 총독들에게 넘어갔다. 총독은 모든 토지 문권을 조사한 다음 농민들에게는 그들이 토지를 가질 권리를 입증해 보이라고 요구했다. 이렇게 함으로써 일본인들은 애당초와 같은 목적을 달성했다. 일본인들은 한국을 개발하고 일본인들을 정착시킨다는 기본적인 목적을 위하여 동양척식회사를 설립했다. 이를 통해서 일본의 이민들은 자유로운 통행과 토지의 정착, 생활 용품 그리고 기타의 도움을 받았다.

동양척식회사는 정부에 직접 협조하는 엄청난 재정 규모의 반관 기업체로서 연간 5만 파운드의 정부 보조를 받고 있다. 이와 보조를 맞추는 것이 조선은행인데 이 은행은 반관의 은행으로서 한국의 재정에 대하여 지배적이고도 절대적인 위치를 차지하고 있다. 이 회사가 어떤 일을 하는가에 대하여 뉴욕에서 발행되는 『타임즈』의 1919년 1월 29일자 기사에 잘 설명되어 있다.

> 한국인들은 그들의 유산을 떠나는 것을 거부했다. 일본 정부가 권력을 행사하는 방법이 전적으로 아시아적이라는 느낌을 받은 것은 바로 이곳이었다. …… 이 강력한 금융 기관은 그의 지점을 통하여 한국에 있는 모든 정

화(正貨)를 모아들였고 이렇게 함으로써 유통 수단이라는 면에서 토지를 실제로 쓸모없게 만들었다. 한국인들은 세금을 지불하고 생활필수품을 구매하고자 현금이 있어야만 했고, 그 현금을 마련하려고 그들은 자신의 토지를 팔지 않을 수 없었다. 땅값은 급격히 떨어졌으며 조선은행의 대리인들은 애당초 감정가의 1/5을 주고 토지를 사들이는 경우도 있었다.

이때 사용한 토지 점탈의 방법에 대해서는 다소의 논쟁이 있을 수도 있다. 오늘날 한국에서 가장 값진 땅의 1/5이 일본인의 손에 들어가 있다. 이와 같은 토지 점탈 제도와 발맞추어 시골 사람들에게는 도로 공사를 위해 "강제 부역"이 실시되고 있다. 이것이 중용을 지킬 수만 있다면 반대할 수 없다. 그러나 이것이 일본 당국에 의해 강요됨으로써 진절머리 나는 부담이 되어 왔다. 일본인들은 새로운 도로 제도를 실시하기로 결정했다. 그리고 "강제 부역"에 의해서 그 도로를 건설했다.

한국에서의 토지 점탈과 강제 부역의 잔혹함에 대해서 외국인들이 알고자 한다면 일본 측 자료에 가장 확실한 증거가 있다. 도쿄제국대학 교수이며 일본 대장성에서 봉급을 받고 있는 요시노 사쿠조[8] 박사는 한국에 대해서 전문적으로 연구했다. 그는 도쿄에서 발행되는 『중앙공론』에 발표한 논문에서, 한국인들은 새로운 도로 건설을 반대하지 않지만 그 작업을 수행하는 정부의 방법이 폭압적이라고 지적했다. 그는 이렇게 말하고 있다.

그들(일본인)은 깊은 생각도 없이, 무자비하게 토지 점탈을 위해 법을 집행하기 때문에 이와 관련된 한국인들은 그들의 가산을 남김없이 빼앗길 수밖에 없다. 한국인들은 또한 아무런 노임도 받지 못하고 도로 공사에 강제

8) 요시노 사쿠조(吉野作造 : 1878~1933) : 일본의 정치학자. 기독교도. 도쿄제대 법학과를 졸업(1904)하고 청국과 구미에 유학(1913). 도쿄제대 교수(1914)를 역임하면서 『중앙공론』에 영향력 있는 논문을 발표했다. 그 뒤 『아사히신문』으로 직장을 옮겨(1924) 논설을 썼으나 필화 사건이 있어 퇴사하고 모교의 강사로 있으면서 메이지문화연구회를 창립함.

로 동원되는 경우가 허다하다. 사태를 더욱 악화시키는 것은 노역할 날이 이 무보수의 노무자들에게 아무리 불편하다 할지라도 관리자들에게 편리한 날이면 노무자들은 부역을 하느라고 아무 일도 할 수가 없다는 사실이다.

이러한 결과 대체로 일본 군인들이 도로 노무자들을 억압하는 데 편의를 제공하고자 도로가 건설되는 동안에 많은 가족들은 파산하고 굶주렸다. 한국인들은 이렇게 말하고 있다.

> 일본인들은 우리의 생활을 개선시키고 있다. 그러나 그들은 그들 자신에게 이롭게 하려고 그렇게 하는 것이지 한국인을 위한 것은 아니다. 그들은 영농 방법을 개선하고 있다. 그러나 그들은 한국의 농부를 몰아내고 그 자리에 일본인들을 들여앉히고 있다. 그들은 서울의 거리를 포장하고 인도를 만들었지만 지난날 그곳에서 장사를 하던 한국인들은 사라지고 일본 사람들이 그곳에 들어왔다. 그들은 상업을 장려했다. 그러나 그것은 일본의 상업일 뿐이다. 한국의 상인들은 온갖 방법으로 제약을 받고 있으며 묶여 있다.

교육은 전적으로 일본식이다. 바꾸어 말해서 교육의 일차적인 목적은 한국의 어린이를 훌륭한 일본의 신민으로 만들려는 것이다. 교육은 거의가 일본인 교사에 따라 일본어로 이루어지고 있다. 모든 의식과 일상 교육은 일본을 영광스럽게 하는 방향으로 진행되고 있다.

그러나 한국인이 진실로 불평하는 것은 이런 점이 아니라 한국에서 한국인을 위하여 설립된 교육 제도가 한국에 있는 일본을 위한 교육 제도보다 열등하다는 점이다. 일본인 아동과 한국인 아동은 각기 다른 학교에서 교육을 받는다. 한국인을 위한 교육 과정은 4년이지만 일본인의 교육 과정은 6년이다.

일본인을 위한 학교의 수효도 한국인 학교의 그것보다 훨씬 많으며 예산도 훨씬 더 많이 쓴다. 그러나 일본인들은 아직 한국의 교육이 초창기의 개발 단계에 있으며 이를 위해서는 시간이 걸릴 수밖에 없다고 변명함으로써 다소는 자신을 정당화시킬 수도 있다. 한국인들은 공립학교에서 한국의 역사 교육을 무시당하고 있고 심지어는 역사의식을 말살하고자 조직적으로 노력하는 데 대하여 심하게 불평하고 있다. 그러나 일본인의 이러한 노력은 분명히 실패했다. 왜냐하면 3·1운동이 일어나자 공립학교 학생들이 기독교 학교의 학생들보다 더 적극적으로 시위에 참여했기 때문이다.

일본의 한 언론인은 수신 시간에 어느 여자 공립학교의 교장이, "야만족은 건강하다. 한국인은 건강하다. 그러므로 한국인은 야만족이다."라는 삼단논법을 전개함으로써 여학생들로부터 분노를 산 사건을 보도했다. 또 다른 교사는 고종이 죽었을 때 공개 석상에서 흔히 천박한 노동자에게나 쓰는 용어를 그에게 씀으로써 젊은 학생들을 격분하게 한 일도 있다. 경어와 정확한 호칭이 매우 중요한 동양에서는 그보다 더한 모독이란 생각할 수도 없다.

총독의 체제 아래에서 가장 견디기 어려운 것은 정의를 부정하고, 자유를 파괴하고, 국민들로 하여금 정치에 사실상 참여할 수 있는 길을 막고, 일본인들의 오만한 우월감을 턱없이 가정하거나 과시해 보이고, 개인적인 이익을 위하여 악행을 배양함으로써 한국인을 교묘하게 열등한 민족으로 만들었다는 점이다.

옛날에는 사실상 아편이 무엇인지도 몰랐으나 오늘날에는 일본인들이 모르핀을 판매하고 있다. 옛날에는 악행을 저지르면 머리를 쳐들 수가 없었다. 오늘날 수도 서울의 밤거리에서 가장 눈에 띄는 것은 휘황찬란한 요시와라[9]이다. 일본은 이를 공식적으로 만들어 운영하고 있으며, 많은 한국의 여성들이 이리로 끌려 들어가고 있다 전국 각지에 적선 지대가 생기고 일본인 뚜쟁이들은 성병에 걸린 여자들을 데리고 시골 지방을 돌아다닌다.

---

9) 요시와라(吉原) : 도쿄의 유명한 유곽(공창)을 뜻함.

내가 선천에 갔을 때 일본의 관리들이 몇몇 기독교인들에게 일본의 창녀들로 하여금 그들 가정의 시설을 이용하도록 하라고 명령하는 것을 목격했다. 중국에 살고 있는 몇몇 한국인들은 북경 주차 미국 공사에게 청원서를 보낸 적이 있는데 그 안에 한국에 대한 일본 통치의 몇 가지 도덕적인 면들을 다루고 있었다. 그들은 다음과 같이 말하고 있다.

> 일본인들은 한국의 금혼 규정을 철폐하고 형식과 연령에 관계없이 결혼을 허락함으로써 도덕적 타락을 조장했다. 12살의 어린 나이에 결혼한 사람도 있다. 합방 이후 한국에는 8만 건의 이혼이 있었다. 일본인들은 세원을 얻으려고 한국의 매춘부들이 중국의 도시에 가서 장사할 것을 권장했다. 이 창녀들의 대부분은 단지 15~16세에 지나지 않았다. 그것은 일본이 취한 인종 말살 정책의 일종이었다. 이렇게 함으로써 그들은 모든 한국인을 파멸시키고자 한다. 하늘은 이러한 사실들을 굽어 살피소서.
>
> 일본 정부는 아편 판매를 위한 부서를 창설했으며 아편이 의학적 목적으로 쓰인다는 구실 아래 한국인과 대만인들로 하여금 아편을 재배할 수 있는 구실을 주었다. 이 아편은 비밀리에 중국으로 실려 가고 있다. 일본인들은 이 거래를 장려했기 때문에 많은 한국인들도 아편 중독자가 되고 있다.
>
> 일본인들은 한국인들을 위해서 중등 교육 이상의 학교 과정을 금지시키고 있으며 선교사 단체가 설립한 고등학교는 심한 규제를 받는다. 극동의 문화는 중국에서 시작되어 먼저 한국으로 건너간 다음 다시 일본으로 전승되었다. 한국은 일본보다도 더 많은 역사적 문헌들을 가지고 있었으나 합방 이후 일본인들이 그 문헌들을 없애 버리기 시작했기 때문에 이제 한국인들은 그것을 공부할 수가 없다. 이와 같은 분서갱유는 한국인을 타락시키고 한국인들로부터 그들의 고대 문명을 빼앗으려는 데 목적이 있다.
>
> 어떻게 하면 우리는 민족 말살을 면할 수 있을까? 설령 일본 정부가 자비롭다고 하더라도 다른 민족의 고통과 슬픔을 이해할 수 있을까? 그들의 학정이 있는 한 우리로서는 민족 말살밖에는 더 있겠는가?

일본은 한국의 문호를 다시 개방한 때로부터 한국 사람과의 개인적인 접촉에서 그들을 마치 발밑의 때처럼 여기든가 아니면 농부의 몸으로 태어난 여자가 운명의 장난으로 남편이 떼돈을 벌자 자기가 고용한, 지금은 불행하고도 가난하게 된 양반집 마님을 대하듯이 천박하고 심술궂은 성질을 부리는 모습을 상상해 보면 일본이 어떠한지를 알 수 있을 것이다.

일본의 노무자는 어쩌다가 한국인이 자기의 거만스러운 앞길을 가로막으면 주먹질을 한다. 일본 여자는 하잘 것 없는 장사꾼의 아내라 할지라도 배나 기차에서 한국인이 다가올 때면 서툰 한국말로 욕지거리를 내뱉는다. 말단 관리도 이루 말할 수 없는 오만과 경멸의 체취를 풍긴다. 일본의 한 신문 보도에 따르면, 한국에 있는 일본의 헌병들은 한국의 학동들에게 엄청난 경의를 강요하는데 이는 일본의 황족에게나 적합한 정도라고 어느 국회의원이 발언했다고 한다.

가장 하천한 일본의 노동자도 자기가 원하면 지체 높은 한국인을 구타하고 걷어차고 뺨을 갈길 권리가 있지만 한국인은 사실상 그 억울함을 보상받을 길이 없다. 만약 한국인들이 애당초에서부터 주먹에는 주먹으로 그들을 상대했더라면 많은 사람들이 죽었을 것임에는 의심할 나위가 없지만 그러나 일본인들의 그 나쁜 버릇을 고칠 수 있었을는지도 모른다.

정말로 싸움을 할 만한 심각한 이유가 없는 한 싸움을 싫어하는 한국인들의 성격은 일본인들로 하여금 남을 못살게 구는 성격을 고무했을 뿐 그들의 공격을 감소시킬 수 없다. 일본의 관리들도 그들의 지배를 받는 사람들에 대한 경멸을 과시하는 데서 기쁨을 찾는 예를 흔히 볼 수 있다.

이러한 성격은 특히 일본인 교사들 가운데 몇몇 사람에게서 잘 나타나고 있다. 모든 관리가 그렇듯이 이 교사들도 권력의 상징인 칼을 차고 다닌다. 자기 밑에 있는 어린이들에게 겁을 주려고 칼을 뎅그렁거리거나 무기를 보임으로써 어린 여학생들을 놀래게 만들려고 하는 그 소학교 교사의 근엄한 모습을 상상해 보라.

데라우치의 철권 정치는 그의 후임자인 하세가와 요시미치에게로 이어졌다. 산간에서 싸우던 의병들의 항쟁도 사라졌다. 그러나 사람들은 그들이 어떤 조치를 취할 수 있는가를 궁금하게 여기면서 다시 모였다. 기독교인들과 비기독교도들도 공통된 유대를 모색했다. 이제 그들의 생명은 거침없는 폭정 아래에서 사는 것보다는 차라리 죽는 것이 나은 기로에 이르게 되었다. 이리하여 3·1운동이 일어나게 된 것이다.

집마저 빼앗기고 일본인들에게 더 이상 종속할 수 없다고 결심한 한국인들은 만주로 망명했다. 망명은 예외 없이 험준한 산을 넘어야 하기 때문에 어렵고도 위험한 것이었다. 이 여행이 어떤 것인가에 대하여는 봉천의 만주 신학교의 쿡[10] 목사의 보고서를 통해서 가장 잘 이해할 수 있다. 그는 이렇게 기록하고 있다.

> 만주로 들어오는 한국 이민들의 말 못 할 고통은 설령 그것을 현장에서 목격한 사람이라 할지라도 충분히 표현할 수 없는 것이 사실이다. 영하 40°가 되는 죽음의 겨울에 흰옷을 입은 조용한 행렬이 10명씩 20명씩 그리고 50명씩 얼음 덮인 산골짜기를 기어오른다. 그들은 삶의 새로운 세상을 찾지만 만주의 숲과 돌덩이의 언덕에 있는 거친 땅과의 투쟁에는 죽음이 기다리고 있을 뿐이다.
>
> 이곳에서 그들은 중국인의 경작지를 지나 거친 산등성이에서 지칠 줄 모르는 노력으로 곡괭이와 호미로써 삶의 길을 찾아 나무뿌리와 드문드문한 밭뙈기에서 손으로 씨 뿌리고 거두지만 그들의 목숨을 부지하기에는 턱없이 부족하다. 식량이 부족하여 많은 사람들이 죽어 간다. 여자와 아이들뿐

---

10) 쿡(W. T. Cook : 1878~1952) : 미국 장로회 선교사. 미국북장로회 선교부로부터 한국 선교사로 파송을 받아 내한(1908). 처음에는 청주선교부에 배속되었으나 그 뒤 만주 지역 한인 선교 책임을 맡고 목단·장춘 지구에서 활동. 만주 지역에 성경 학교와 그 부속 건물을 지어 교육 활동에도 남다른 심혈을 쏟음. 일제 말기 서양 선교사들의 강제 추방과 함께 본국으로 일단 귀환했으나 해방 뒤 다시 내한하여 한국 선교를 도움.

만 아니라 젊은 남자들도 얼어 죽는다.

새로운 환경에 몸을 내놓다 보니 질병도 극심하다. 강변 건널목의 깨진 얼음 위에 맨발로 서서 2피트나 되는 차가운 얼음물의 넓은 시냇물을 건널 때 자루처럼 생긴 바지를 걷어 올리고 강을 건넌 뒤에 옷과 신발을 챙기며 건너편에 서 있는 한국인의 모습도 보인다. 입을 것이 넉넉잖은 아낙네들은 몸의 일부를 드러낸 채 어린 아이를 등에 업는다. 이들은 이렇게 함으로써 서로가 다소나마 체온을 유지할 수가 있다.

그러나 이렇게 하다 보면 그 작은 발이 포대기 밑으로 삐죽이 나와 얼어서 곪아 발가락이 한 덩어리가 된다. 등이 굽고 얼굴에 주름이 진 늙은 할머니와 할아버지들은 힘없는 육신이 더 이상 말을 듣지 않을 때까지 군말 없이 몇 마일을 걷는다. 어린이들은 길가의 주막에서 태어난다. 작년 한 해 동안에 7만5,000명이 이런 식으로 만주에 들어왔다. 현재 만주의 북부 지방과 서부 지방에 살고 있는 한국인이 거의 50만 명에 이르고 있다."[11]

11) (원저자 주) *Report to the Presbyterian Board of Foreign Mission.*

제 12 장 선교사들

나는 앞의 몇 장에서 한국에 있는 선교사들의 활동에 대해서 몇 차례 언급한 적이 있다. 그들은 한국에서는 중요한 인자이고 일본인들의 입장에서 보면 심각한 문제이기 때문에 이제 이 장에서는 좀 더 소상하게 그들에 관하여 언급할 필요가 있다.

한국이 외부 세계에 문호를 개방하기 오래 전에 개척자적인 선교사들이 한국에 들어가려고 노력했다. 프랑스 파리외방전교회 소속의 신부들이 입국을 강행했던 것은 이미 18세기 말엽까지 거슬러 올라간다. 그들은 많은 신자들을 인도했으나 그 뒤 순교했다. 유명한 개신교 목사인 귀츨라프[1)]가 1832년에 해주만[2)]에 상륙하여 그곳에 1개월 동안 머물면서 한문으로 된 성

1) 귀츨라프(Karl F. A Gützlaff : 1803~1851) : 독일의 선교사. 중국명은 곽실렵. 독일 메리니아의 루터교 가정에서 출생하여 재닉스 미션 스쿨과 할레대학에서 수학. 프로테스탄트 동양 개척자의 1인. 1826년 홀란드 전도 교회 소속으로 동양에 파견되어 자바, 바타비아, 광동, 홍콩 등지에서 30년간 전도 생활에 종사하면서 서양 근대 문명의 이입에 공헌했고, 한국에 입국(1832), 백령도, 군산만의 창선도, 홍주의 고대도 등에 머물면서 감자의 재배를 가르쳐 주고 주기도문을 한자로 번역하여 주었다. 홍콩에서 사망. 그의 『약한복음지전』 3권은 명저로 손꼽히고 있음.

2) 영국의 탐험가 홀(Basil Hall : 1778~1844)은 서구인으로서는 최초로 이곳을 탐사 · 측량한 뒤 Basil's Bay라 명명하고 연평도 · 백령도 일대의 도서를 Hail's Group이라 불렀다. 그는 귀국하여 『유구 · 조선 연안 탐사기』를 썼다. 본 「한말 외국인 기록」(10) : 『조선서해탐사기』 참조.

서를 보급했다. 영국의 선교사인 토마스[3] 목사는 1866년에 저 불운한 제너럴 셔먼호를 타고 이곳에 왔다가 동료 선원들과 함께 피살되었다.

만주의 봉천에서 선교 활동을 하던 스코틀랜드계 장로교 목사인 로스[4] 박사는 한국에 대하여 관심을 갖고 한국어를 공부하면서 그가 만날 수 있는 모든 한국인들과 대화를 한 다음 한국어 문법책을 만들고 1876년에는 『초보 영한사전』을 출판했다. 그의 동료인 매킨타이어[5] 씨는 한국어로 된 복음서를 출판하고 압록강 북쪽의 한국인촌에서 선교 활동을 시작했다.

철도가 부설되고 질서가 잡히기 이전의 시절에 이 지역의 상태를 기억할 수 있는 사람들은 그들의 활동이 얼마나 신경 쓰이고 담대한 것인가를 충분히 이해할 수 있다. 그들은 주민들을 기독교도로 개종시켰으며 신도 가운데 한 사람은 새로이 인쇄된 기독교 서적을 가지고 고향으로 갔다가 서울로 들어가 그의 친구들에게 그 새로운 신앙을 전파했다.

선교사가 최초로 입국한 것은 한국이 서구라파에 문호를 개방한 지 2년 뒤의 일이었다. 1884년에 장로교파 의사이며 뒷날에는 한국 주차 미국 공사가 된 알렌(Horace N. Allen) 박사가 서울에 도착했다. 이 무렵 한국인들은

---

3) 토마스(Robert J. Thomas : 1840~1866) : 한국명은 최난헌. 스코틀랜드 출신. 런던선교회 소속의 선교사. 동방 선교의 목적으로 상해(1863)에 도착한 뒤 지부에서 활약하면서(1865) 한국인 김자평을 만나 한국어를 익힌 다음 조선의 포교를 위하여 백령도 일대를 방문(1865)했으며, 1866년도 제너럴 셔먼호를 타고 왔다가 참살됨. 그의 생애에 관해서는, 고무송, 「토마스 목사의 발자취를 따라」, 『한국기독공보』, 1996년 2월 17일자~6월 15일자에 소상하게 소개되어 있음.

4) 로스(John Ross : 1842~1915) : 스코틀랜드 장로교 목사. 중국 선교사. 스코틀랜드의 닉에서 출생. 글라스고대학교와 에든버러에 있는 연합장로교신학교에서 수학. 그 뒤 중국 선교사로 파송되었고 1872년 이래 만주에서 활동. 이때부터 한국에 대한 관심을 가졌고 고려문(한만 국경의 출입국 관문)을 방문하여 한국 사람들과 접촉. 『tlsdirtjdtj』 일부를 한국어로 번역힘으로써 한국에 개신교를 전래시키는 선구자의 역할을 함.

5) 매킨타이어(John McIntyre) : 스코틀랜드 연합장로교회 만주선교사. 로스(John Ross) 목사와 처남 매부 사이. 1872년에 봉천에 도착하여 한국 선교에 뜻을 두고 거기에서 한국어를 습득한 뒤 『한국어론』(1879)와 『한국풍물지』(1880) 등을 저술. 로스 목사, 이응찬 · 김진기 · 백홍준 등과 함께 1882년에 『누가복음』을 필두로 한글 성서의 번역, 출판에 전념함으로써 한국개신교 역사에 큰 발자취를 남겼다.

선교사들을 어떻게 맞아들였으며, 또 선교사들은 기독교들을 어떻게 대해 주었을까는 자못 의심스러운 일이었다.

기독교도가 된 사람에게는 사형을 집행한다는 법률이 아직 폐기되지도 않았고 그렇다고 효력을 지니고 있는 것도 아니었기 때문이다. 그러나 정부에서는 언제라도 그 법을 부활시킬 수도 있었다. 1887년에 최초의 세례 의식이 거행되었을 때 문을 닫아걸고 의식을 진행하는 것이 바람직하다고 여겨져서 진실하고 몸이 튼튼한 미국의 젊은 교육자 헐버트(H. B. Hulbert)가 망을 보았다.

알렌 박사를 따라 다른 사람들도 곧 입국했다. 유명한 타자기 제조업자의 형제인 아펜젤러(H. G. Appenzeller)는 의사가 아닌 최초의 선교사였다. 미국과 캐나다의 장로교회와 감리교회가 주요한 사업을 벌였으며 영국국교회도 교구를 창설했다. 여성 선교사 의사들도 입국하여 즉시 자신의 위치를 확보했다. 몇몇 선교사의 이름을 열거한다면 아펜젤러, 스크랜턴[6], 벙커[7] 그리고 게일(J. Gale)과 같은 사람들이 한국 교회사에서 불후의 지위를 차지했다.

선교사들은 이 땅에 종교가 거의 없고 몇 개의 절과 소수의 승려나 혹은 보살들이 있다는 것을 알았다. 1592년의 임진왜란 당시에 몇몇 일본의 불교도들이 반역한 사실이 있어[8] 불교는 불신을 당해 왔고, 승려들은 도성 안에 들어갈 수가 없었다. 관직에 있는 젊은이들이 유학을 열심히 공부했지만

6) 스크랜턴(W. B. Scranton : 1856~1922) : 미국의 신학자. 코네티컷 출신. 예일대학 신학과(1878)와 뉴욕의과대학(1885)을 졸업한 뒤 어머니(Mary Scranton), 아펜젤러와 함께 일본에 도착하여 한국어를 배우고, 성서 번역, 의료 활동을 하다가 일본으로 건너가 고베에서 사망함.

7) 벙커(D. A. Bunker : 1853~1932) : 미국감리회 선교사. 교육가. 오하이오주 오벌린대학을 졸업(1883)한 뒤 뉴욕의 유니언신학교 대학원을 졸업. 육영공원의 요청으로 길모어(G. W. Gilmore), 헐버트(H. B. Hulbert) 등과 함께 내한(1886). 육영공원이 폐쇄될 때까지 이곳에서 영어를 가르쳤으며 뒤에 배재학당의 교사로 일함(1895).

8) 임진왜란 당시 일본의 첩자 겐소는 승려였다.

그것은 종교가 아니라 오히려 생활 수범의 이론이요 벼슬에 오르기 위한 방편이었을 뿐이다.

백성들의 중요한 종교는 무속이었는데 그것은 악신에 대한 두려움 때문에 믿는 것이었다. 어리석은 유모의 도깨비 얘기가 민감하고 상상력이 많은 어린이의 마음을 어둡게 한 것과 마찬가지로 무속은 한국인들의 영혼을 어둡게 했다. 무속의 신은 선한 것이 아니라 악한 것이며, 축복이 아니라 저주이며, 희망이 아니라 공포를 가져다주는 것이었다.

기독교는 그들의 선교사를 훌륭하게 뽑아 보냈다는 점에서 매우 운이 좋았다. 나는 만주와 한국에서 많은 선교사들을 만났다. 나는 이들보다 더 훌륭하고 정직한 사람들은 더 이상 만나고 싶지 않다. 그들의 우아한 분위기는 그들을 상류 사회에로 끌어올릴 수 있다. 그들은 창의력과 용기와 상식을 가지고 있다.

내가 아는 인물들은 타고난 영도력을 가지고 있어 사업을 하든 정치를 하든 어떤 곳에서나 성공했을 사람들이다. 애당초 그들은 가옥과 교회를 설계하여 짓고, 학교를 창설하고, 위험한 급류에 배를 젓거나 위험한 군중을 대면하고, 거만한 양반들의 기를 꺾거나 아니면 위험한 말을 길들이는 등 온갖 일에 손을 댈 준비를 하고 있어야만 했다. 그들은 기독교의 개척자임은 물론 문명의 개척자들이었다.

종교란 그 신도들의 용기에 의해서 존경을 받을 수밖에 없다. 위험한 폭동이 일어나 모든 사람들이 도망쳤을 때도 선교사들은 그들의 자리를 지켜야만 했다. 콜레라와 황열병이 한 지방을 휩쓸었을 때에도 선교사들은 의사와 간호사의 역할을 해야만 했다. 헤론[9] 박사가 서울에서 죽고, 매켄지[10]

9) 헤론(John W. Heron : 1856~1890) : 영국 태생의 미국인 선교사. 의사. 테네시 의과대학을 졸업하고(1884), 일본으로 건너가 한국어를 배운 다음 한국에 입국하여(1885) 광혜원에서 의료 봉사를 하면서(1887~1890) 성서를 번역했다. 선교사 공의회 회장(1889), 대한성교서회(1890)에서 활약했으며, 지방 선교 중에 과로로 사망하여 양화진 외국의 묘지에 묻혔다.

가 솔내[11]에서 죽은 것처럼 선교사들이 죽어 가는 때도 있었다. 그들의 죽음은 한국인들의 신임을 얻는 데 삶보다도 더 영향을 미쳤다.

조정의 개화파들과 일본인들이 수구파를 공격하고 왕과 왕비를 장악한 뒤에 외국인에 대한 폭동이 일어났던 갑신정변 당시에 알렌은 서울에서 자기의 위치를 지킴으로써 입국과 동시에 한국에서 발판을 마련했다. 왕비의 조카인 민영익이 중상을 입었을 때 알렌은 그의 곁을 지키며 그의 생명을 건져 주었다. 그 뒤로 왕은 선교사들의 친구가 되었다. 그는 병원을 지어 알렌을 그 책임자로 앉혔다. 여성 선교사 의사들은 왕비의 어의로 임명되었다.

신도들이 적을 때에는 몇 년이고 기다려야만 했다. 그때는 정말로 4천 년의 장벽이 결코 무너질 것 같지 않았다. 그러던 차에 청일전쟁이 일어났다. 작은 일본으로 하여금 중국이라는 거인을 무너뜨리게 만든 이 서구의 문명은 틀림없이 어떤 의미를 가지고 있다는 사실을 한국인들은 깨닫지 않을 수 없었다. 미국 인디애나주의 젊은이인 모펫[12]은 그의 친구인 리[13]와 함께 청일전쟁이 일어나기 얼마 전에 저 악명 높은 평양으로 갔다. 이곳에서 그들은 돌팔매질과 욕설을 받았다.

청국 군대가 평양에 입성하고, 한국이 청국인과 일본인들 사이에 벌어진 거대하고도 치명적인 전쟁으로 황폐화되었을 때 이 두 사람은 가장 암울하

---

10) 매켄지(W. J. McKenzie : 1861～1895) : 캐나다 장로교 한국 선교사. 달하우지대학(1888)과 해리팍스신학교 졸업(1891). 의학을 공부하면서 한국 선교사로 갈 것을 결심. 독립 선교사로 부산에 도착(1894). 황해도 솔내교회 초대 목사. 열사병으로 솔내에서 사망.

11) 솔내 : 황해도 송천을 말함.

12) 모펫(S. A. Moffett : 1864～1939) : 한국명은 마포삼열. 미국 장로교회 선교사. 1890년에 입국하여 서울에서 3년간 전도하다가 평양으로 옮겨 성경 공부를 시작했는데 이것이 평양신학교의 모체가 되었다. 장로교신학교장(1907) 및 조선예수교 독로회장을 지내면서 숭실전문학교 창설의 주역이 됨. 105인 사건으로 고초를 겪었으며, 숭실전문학교 교장(1918)을 지낸 뒤 귀국(1934)함.

13) 리(G. Lee : 1861～1916) : 미국 북장로교 선교사. 한국명 이길성. 시카고의 매코믹신학교 졸업. 한국 선교를 위하여 부인과 함께 내한(1892). 평양을 중심으로 관서 지방 선교에 치중. 서울에 있는 동안 연못골교회 설립의 기초를 쌓음. 모펫 목사와 함께 장로교 신학교 교수 역임. 1907년에 있었던 성령 운동의 주역.

고 가장 위태로운 시간에 한국인들 곁에 있었다. 만약 중국인들이 모펫의 존재를 알았더라면 그들은 거의 틀림없이 두 사람을 끌고 다니다가 죽일 것이 분명함에도 불구하고 어떻게 목사가 한국인의 상복을 입고 자유롭게 돌아다닐 수 있었는지 모르겠다고 아직도 한국인들은 얘기하고 있다.

"기독교에는 틀림없이 뭔가 있다."고 한국인들은 말했다. 가장 죄 많은 사람을 가장 훌륭한 성자로 만들었던 늙고 고집불통인 뉴턴[14]의 신심은 평양의 경우에서 나타났다. 전래된 지 몇 년이 못 되어 한국은 아시아의 선교에서 가장 위대한 승리를 보여 주었다. 추수할 곡식이 영글어가고 있었다. 서울에서는 정치범으로 감옥에 들어간 사람들은 고문이 자행되는 감옥의 어둠과 절망 속에서 기도하다가 하나님을 찬미하며 죽어 갔다. 내각의 총무국장인 한 사람[15]은 동료 각료들에게 해방을 설교했다. 수십 명의 신자들은 수만 명으로 늘어갔다.

애당초부터 한국인들은 자신들이 매우 비범한 유형의 기독교인임을 보여 주었다. 그들은 가정을 개혁하고, 아내에게 자유를 허락하고, 자녀들에게 신식 교육을 시키는 것에서부터 시작했다. 그들은 성서의 약속과 계율을 문자 그대로 받아들였고 교회 신자로서의 행동 규범을 확립했는데, 만약 어느 유서 깊은 기독교 사회에서도 그렇게 강요되었더라면 교회의 충원에 심각한 반발을 초래했을지도 모른다.

최초 신자는 그의 동료들에게 전교하기 시작했으며, 그렇게 해서 새로이 신자가 된 사람은 선례를 따라 또 전교했다. 기독교 운동은 평양에서 선천으로 퍼져 갔고, 선천은 몇 년이 지나지 않아 기독교 중심지로서의 평양과 맞먹게 되었다. 기독교는 선천에서 다시 압록강과 두만강으로 퍼져 갔다.

---

14) 뉴턴(John Newton : 1725~1807) : 영국의 목사. 젊은 날에는 아프리카의 노예 무역상에 종사하다가 그 뒤 목사가 되어 주로 성가 보급에 일생을 바침.

15) 본서 제4장의 이상재와 직함(Secretary to the Cabinet)이 같은 것으로 보아 여기에서의 인물은 이상재를 뜻하는 것으로 보임.

한국인들은 백인들이 들어가지 못한 먼 지방에까지 기독교의 뿌리를 내렸다. 조랑말을 타고 마부와 함께 이곳에서 먼 지방에까지 여행을 하고, 다리가 없는 강을 걸어 건너거나 헤엄을 쳐 건너고, 산골짜기를 기어올라 신도들을 찾아 교리를 문답하고, 가르치고, 신도로 맞아들이고, 좀 더 효과적인 활동을 위해서 그들을 조직하는 등 많은 선교사들이 일 년 가운데 몇 달을 바쁘게 돌아다녔다.

우둔하여 자기 나라에 앉아서, 아니면 주마간산 식으로 세상을 돌아본 비평가들의 값싼 비웃음을 들을 때면 나는 웃음이 나온다. 그러한 비평은 나로 하여금 그들을 평가하게 해 주며, 특히 세계 여행가들은 더욱 그렇다. 영국과 미국의 교회들이 선교사를 보내려고 물색할 때, 영국과 미국인들은 자신들의 퇴폐한 흔적들을 분명히 보게 될 것이다. 왜냐하면 그들의 교회와 국가들은 더 이상 존속할 수 없기 때문이다.

북부 지방을 여행하면서 나는 기독교 신자 몇 명을 고용했다. 나는 그들이 깔끔하고, 진실하고, 착하고, 열심히 일하는 노동자들이며, 말로써가 아니라 그들의 착하고 곧 은 행동으로써 그들의 믿음을 보여 주는 사람들이라는 것을 알았다. 이 "사동"들 가운데 어떤 사람이 기독교 교역자로서의 탁월함 때문에 그 뒤 관청의 박해를 받아 희생되었다는 말을 들었을 때 나는 몹시 비감했다.

선교사들의 활동으로 많은 학교가 문을 열고 병원과 진료소가 보수되었으며 종교적인 도서는 물론 교육적인 도서가 대량 유통되었다. 1904년의 러일전쟁 당시에 일본인들이 상륙했을 때 선교사들은 그들을 환영했다. 그들은 수구파의 정부가 학정과 부패를 저지르고 있다는 것을 알고 있었고, 일본인들이 뭔가를 개선하는 데 도움이 될 수 있으리라고 믿었다.

그러다가 일본 군인과 노무자들이 무기력한 한국인을 부당하게 대접하자 상당한 반감을 유발시켰다. 이토 히로부미 공작이 통감으로 부임하자 일본 지배의 학정과 불의가 사라지리라는 희망 속에서 백성들의 현재의 생활 조건이 훨씬 더 좋아지리라는 느낌들이 만연해 있었다. 그 무렵 한국에 있던 대부분의 구라파인들과 미국인들도 그렇게 생각했다.

나는 1906년과 1907년 2년 동안에 한국의 내륙 지방을 많이 여행했다. 그럴 때면 그 지방의 영향력 있는 인사들이 떼를 지어 찾아와 그들의 비통함을 말하면서 어떻게 해야 할지를 물었다. 어떤 때에는 많은 군중이 모여서 나에게 연설을 부탁했다. 그들은 내가 그들의 친구라고 믿고 있었으며, 나를 기꺼이 신뢰하고자 했다. 그럴 때면 나의 충고는 다음과 같이 한결같은 것이었다.

> 현재의 상황을 감수하십시오. 그리고 여러분 스스로가 더 훌륭한 사람이 되십시오. 당신들이 지금 무기를 들어서는 아무것도 할 수가 없습니다. 당신들의 자녀를 가르치고, 가정을 개선하고 당신들의 삶을 더욱 진보시키시오. 당신들의 행동과 자제력으로써 당신들도 일본인들만큼 훌륭하다는 것을 그들에게 보여 주며 당신들의 국가를 이 지경으로 만든 부패와 무관심에 대항하여 싸우시오.

동시에 내가 영국에 갔을 때 나는 그들의 슬픔에 대하여 영국인들이 주의를 기울여 달라고 내가 할 수 있는 데까지 설득했다는 점을 덧붙여 두고자 한다. 이토 공작은 선교사들과 그들의 의료 및 교육 사업에 대해서 공개적인 동정을 표시했다. 왜 그러한가에 대하여 그는 서울에서 있었던 한 공개 집회에서 다음과 같이 설명한 바가 있었다.

> 일본이 개혁에 착수하던 초창기에 일본의 원로 정치인들은 종교의 자유를 반대했었는데 이는 특히 기독교에 대한 불신 때문이었습니다. 그러나 나는 종교의 자유와 전교의 자유를 위하여 열렬히 싸웠고 끝내는 승리했습니다. 그 이유를 내 나름대로 들자면 문명은 도덕에 의존하는 것이며, 최고의

> 도덕은 종교에 의존하고 있기 때문입니다. 그러므로 종교의 자유는 허락되어야 하며 장려되어야 한다는 것입니다.

이토가 역사의 무대에서 사라지고 한국은 공식적으로 일본에 병합되었으며 데라우치 마사다케 백작이 총독으로 부임했다. 데라우치는 종교를 용납하지 않는 사람이어서 새로운 질서가 시작되었다. 기독교인들이 겪는 고통의 하나는 학생이거나 일반인이거나 간에 축일이 되면 일본 천황의 사진 앞에 절을 해야 한다는 사실이었다. 일본인들은 그것이 단지 천황에 대한 존경의 상징일 뿐이라고 애써 설명했고 기독교인들은 그것이 하나의 숭배 행위라고 선언했다.

일본인들에게 그들의 천황은 신성한 존재이며 신의 자손이었다. 신사 참배를 거절한 기독교인들은 악의를 품은 사람으로 요시찰 대상이 되었다. 저 유명한 105인 사건에서 한 검사보는 그들 가운데 한 명의 유죄를 주장하면서 다음과 같이 말했다.

> 그는 정주에 있는 신안학교의 교유로서 반일 감정으로 악명이 높은 사람이었다. 그는 한 단체의 열렬한 회원으로서 한일합방 이후 첫 번째로 맞는 천황의 생일날에도 그러한 행위는 우상 숭배라 하여 천황의 사진 앞에 절하는 것을 거절했다.

그 검사보가 교유의 유죄를 입증하고자 제시했던 단 하나의 사실이 바로 그것이었다. 그는 7년형의 유죄 판결을 받았다. 일본은 한국의 교회를 일본화하여 일본 교회의 지교회로 만들고 일본의 동화 정책의 도구로 만들려고 온갖 노력을 기울였다. 선교사들은 이와 같은 처사를 극력 반대했다. 그들은 본국 정부로부터 지시받은 대로 정치적인 문제에서는 중립이라고 선언했다.

선교사들을 자기편으로 끌어들이는 데에 실패한 일본 당국은 교회의 파멸을 위한 책동을 시작했는데 특히 북부 지방의 장로교회에 대한 책동은 더욱 심했다. 나는 그들이 이러한 사실을 부인하고 있다는 것을 잘 알고 있다. 그러나 언행이 일치될 수 없는 경우가 바로 이런 것이다.

일본인들은 자기들 마음대로 할 수 있는 교회를 만들려는 계획을 추진했다. 손병희는 청일전쟁 당시에 일본에 호의적이었던 사람으로서[16] 천도교라는 종파를 만들기에 앞서, 일본 사람들은 그를 충동질했다. 일본인들은 천도교가 기독교를 몰아내고 그 위치를 차지함으로써 일본을 위한 유용한 무기가 되기를 바랐다. 그러나 일본은 여기에서 소에게 물리는 격의 실수를 저질렀다. 왜냐하면 그 뒤 손병희는 일본에 저항하는 데 그의 모든 영향력을 발휘했으며, 3·1운동을 일으킬 때 자기 나라의 기독교 지도자들과 손을 잡고 일을 했기 때문이었다.

그러나 이 두 가지 사실보다도 더욱 중요한 것은 일본의 직접적인 박해가 시작되었다는 사실이었다. 북부 지방에 살고 있던 몇 백 명의 기독교도들이 체포되었고 그 가운데 144명은 서울로 압송되고 고문을 당한 뒤 총독 암살을 음모했다는 죄목으로 기소되었다. 많은 선교사들이 같은 죄상으로 연루되었다. 이 음모 얘기는 경찰이 꾸민 완전한 조작이었는데 이에 대해서 나는 다음의 13장에서 자세히 다루고자 한다.

이에 뒤따라 선교사들이 운영하는 학교와 단체를 겨냥한 법령들이 나왔다. 합병 당시 한국의 실제적인 근대 교육의 대부분은 778개의 학교를 경영하고 있는 선교사들에 따라 시작된 것이었다. 1915년 3월에는 일련의 교육령이 공표되어 종교를 가진 사람은 의식을 거행할 수 없도록 지시했다. 일

---

16) 손병희가 청일전쟁 당시에 일본에 호의적이었다는 것은 필자의 오해이다. 그 당시 그는 갑오혁명을 지도하고 있었기 때문에 오히려 일본에 적대적이었다. 그가 일본에게 호의적이었던 것은 러일전쟁 당시였다. 이때 그는 교주의 자격으로 일본에게 군자금 1만 원을 연조한 바 있다.

본 당국은 모든 선교사 학교를 점차적으로 폐쇄하겠다는 의사를 숨김없이 나타냈다.

그 이유로는 설령 종교 교육을 교과 과정에서 삭제한다 하더라도 기독교 교사가 있는 한 학생들은 그들에게서 영향을 받으며, 이와 같은 외국 교사의 영향은 한국인을 황국신민화하는 데 저해가 된다는 것이었다. 총독부의 외사국장 고마쓰 미도리[17]는 공개적인 자리에서 이 사실을 숨김없이 지적했다. 그는 이렇게 말했다.

> 우리들의 교육 목적은 우리 국민의 지식과 도덕을 함양하는 것일 뿐만 아니라 우리 일본제국의 존립과 복지에 기여할 수 있는 국민 정신을 그들의 마음속에 심어 주는 것입니다. …… 나는 여러분들이 이와 같은 시대적인 변화를 숙지하시고, 선교사들은 교육에 관한 모든 문제를 정부에게 맡겨 주심으로써 그들이 이제까지 교육에 쏟았던 금전과 노력을 전교라는 그들 본연의 영역에로 환원시켜 줄 것을 진심으로 바라는 바입니다.
>
> …… 학교 교육의 내용이 어떤 것이든지 간에 학교 학생들이 그 학교의 교장과 교사들의 개인적인 성품과 이상에 따라 영향을 받는다는 것은 필연적인 현상입니다. 교육은 모름지기 민족주의적이어야 하며 보편적 진리로서의 종교와 혼동되어서는 안 될 것입니다."

이러한 발언은 일본에서 실시되고 있는 종교의 규제보다도 더 가혹한 것이다. 적어도 일본에서는 기독교 학교들이 그들의 종교 교육을 실시할 자유를 누리면서 그들의 사업을 지속시킬 수 있도록 허용되고 있다. 총독은 이미 정부의 허가를 받은 기독교계 학교들이 앞으로 10년 동안 위의 법령의

17) 고마쓰 미도리(小松綠 : 1862~1942) : 게이오의숙을 졸업하고 미국공사관의 서기관과 삼 대리 공사를 역임한 뒤에 1906년 이토와 함께 한국에 와서 외사국장과 중추원 서기국장을 역임하는 동안 한국 병합에 중요한 일익을 담당했다.

규제를 받지 않고 교육을 실시할 수 있도록 허가해 준다는 데에 동의했다. 그러한 허가를 신청했으나 해당 관청의 지연술 때문에 허가를 얻지 못한 학교들은 그 법령을 따르거나 어니면 폐교하라는 명령을 받았으며 그들이 학교 문을 닫았는지의 여부를 알아보려고 경찰이 파견되었다.

총독부에서는 기독교 학교들이 그들 고유의 교재를 사용하지 말고 공식적으로 제작된 교재를 사용하라고 명령했다. 이러한 작업은 "불온 사상" 곧 자유의 요구를 진작시키는 어떤 사상을 말살하고자 용의주도하게 마련된 것이었다. 그들은 직접 조상 숭배를 가르쳤으며 선교사들은 그들이 할 수 있는 온갖 방법으로 이에 항쟁했다.

그러나 총독부는 완강했다. 3·1운동이 일어나기에 앞서 기독교계 학교들은 철저한 감시를 받고 있었다. 브라운[18] 박사는 지난 해(1919) 평양전문학교에서 거행한 졸업식 행사와 관련하여 그와 같은 경험의 한 사례를 다음과 같이 들려주고 있다.

> 4명의 학생이 연설을 했다. 그곳에 참석했던 외국인들은 그들이 범법 행위를 했다고 여기지는 않았지만 경찰은 모든 연사들이 공익을 위협하는 말을 했다고 선언했다. 학생들은 체포되어 심문을 받았으나 그들의 지난날의 행실이 온건했기에 석방되었다. 그러나 지방 헌병 주재관은 학생들을 자기 앞에 호출하여 다시 그 사건을 조사했다. 학교장도 그의 사무실로 불려가서 앞으로는 좀 더 주의하라는 엄한 질책을 받았다.
>
> 이 사건은 그 뒤 도지사를 거쳐서 총독에게까지 보고되었다. 총독은 학생들의 방종함이 너무 심각하기 때문에 당국으로서는 그 학교의 폐쇄를 검

---

18) 브라운(Arthur J. Brown : 1856~1945) : 미국 북장로교회 목사. 매사추세츠 홀리스턴 출신으로 레인신학교를 졸업하고 목사 안수를 받음(1883). 북장로교 외국 선교위원회 간사(1895)와 총무(1903~1929)를 지내면서 두 차례(1901, 1909)에 걸쳐 한국을 방문한 다음 보고서를 제출했다. 그에게는 다소 친일적인 요소가 있었던 것은 사실이나 한국의 초대 교회가 안고 있는 문제점에 대한 명석한 이해를 가지고 있었다.

토하는 중이라는 공문을 발송했다. 이와 같은 공문은 도지사에게도 발송되었다. 도지사는 학교장을 불러 그가 어떤 변화를 마련하지 않는다면 학교를 폐쇄할 수밖에 없다고 말했다. 그가 말하는 변화라고 함은 다음과 같은 것들이었다.

(1) 교장을 일본인으로 임명할 것.

(2) 발언한 학생 가운데 3명을 퇴학시키고, 네 번째 학생은 이제까지 학교에서 해 온 교육 분담에서 제외시키며, 앞으로는 그와 같은 연설을 되풀이하지 않겠다고 약속할 것.

(3) 특히 한국어를 이해할 수 있는 일본인으로 교원을 더 확보할 것.

(4) 중국 고전, 한국어 그리고 영어를 제외하고는 모든 수업을 일본어로 진행할 것.

(5) 교육의 주제에 대한 교과요목을 작성하되 특정 분야로 그것을 한정시키고, 교사는 금지된 주제를 말하는 일이 없도록 할 것.

(6) 모든 기독교 교육을 배제하라는 새로운 법규를 준수할 것. 교장인 자기로서는 1~5항을 당국이 요구하는 대로 할 수 있지만 6항에 대해서는 향후 10년간 대학에 맡기겠다던 지난날의 허락에 따라 지금의 상태를 지속시켜 달라고 말했을 때 관리들은 노골적으로 실망을 표시하면서 6항이 그 가운데 에서 제일 중요한 것이라고 넌지시 말했다.[19]

1919년에 3 · 1운동이 일어났을 때 선교사들은 직접으로나 간접으로 거기에 참여하지 않으려 했고 또 한국인들도 일을 추진하면서 그들이 알지 못하도록 주의를 기울였음에도 불구하고 선교사들은 엄청난 고초를 겪었다. 그 무렵에 선교사들이 겪은 고초와 기독교도에 대한 당국의 직접적인 조치는 3 · 1운동을 다룬 다음의 여러 장에서 서술하고자 한다. 아마도 이 무렵 일

19) (원저자 주) Arthur Judson Brown, *The Mastery of the Far East.*

본 당국은 두 가지를 하려 했던 것 같다.

첫째로, 그들은 아직도 기독교 교육이 지속되고 있다는 여러 가지 구실 아래 기독교 학교들의 문을 닫으라고 명령하려 했다. 그들은 한국인들에 대하여 특별히 애정을 가지고 있는 선교사들을 추방하려고 노력할 것이다.

둘째로, 일본인들은 불평분자들을 지원하는 어떤 행위를 함으로써 범법 행위를 한 선교사에 대하여는 박해할 수 있는 광범위한 권한을 가지고 있었으므로 이에 대한 증거를 찾으려고 선교사와 그들의 가택을 끊임없이 주목했다. 경찰에 수배된 몇몇 학생들을 은닉시켜 줌으로써 기소된 모우리[20] 씨의 경우를 제외한다면 일본인들의 노력은 실패했다. 그러나 그 경우에도 일심에서 파기되었다.

선교사들은 실제로 중립을 지켰기 때문에 그러한 증거란 존재하지 않는다. 중립은 일본을 만족시키지 않는다. 그들은 선교사들이 자기들 편에 서 주기를 바라고 있다. 불행하게도 금년에 있었던 일본의 조치는 그때까지만 해도 일본의 친구가 되려고 꽤나 노력했던 많은 사람들로 하여금 일본으로부터 등을 돌리게 만들었다.

---

20) 모우리(Eli M. Mowry : 1880~1971) : 미국 북장로교회 선교사. 미국 오하이오 출신. 웨스턴신학교를 졸업하고(1909) 그해에 내한하여 평양 일대에서 활약함. 숭의여학교와 평양고등성경학교, 숭실학교에서 교편을 잡음. 3 · 1운동 당시 평양 시위 주모자들에게 장소를 제공한 혐의로 옥고를 치렀으며, 그 뒤 숭실학교 교장으로 재직하다가 1940년에 강제 추방되어 미국에서 여생을 마쳤다.

제 13 장 고문 정치 : 105인 사건[1)]

"선생께서 고문을 당할 때 제일 중요한 것은 조용히 있는 것입니다."

그 한국인은 조용히 그리고 담담하게 내게 말했다. 그는 가장 가혹한 형태의 고문을 몸소 경험한 사람이었다. 그는 아마 나도 고문을 당할 기회가 있으리라고 생각하는 것 같았다. 그는 이렇게 말했다.

"덤벼들지 말고 다투지도 말아야 합니다. 이를테면 만약 선생께서 두 손가락에 끈이 매달려 있을 때 덤벼들거나 절망적으로 발길질을 한다면 당신은 그 자리에서 죽을는지도 모릅니다. 절대로 조용히 있으십시오. 그런 식으로 견디는 것이 가장 쉽습니다. 마음을 억누르고 다른 일을 생각하십시오."

고문! 이 대명천지 어디에 고문이 있단 말인가? 나는 이제 공개 법정에서 제기된 증거에 따라 "105인 사건"의 얘기를 여러분들에게 하고자 하며, 그 다음은 여러분들이 판단하시라.

데라우치 마사다케 총독의 고위 간부들은 북부 지방의 기독교도들이 일본의 동화 정책에 반감을 품고 있다는 사실에 대하여 심증을 굳히자 밀정 활동을 시작했다. 오늘날 밀정의 지위나 조직은 세계 모든 지역의 그것과 마찬가지로 매우 많다. 그들은 무지하며 사실을 오판하는 경우도 허다하다.

1) 본장에 등장하는 피해자의 성명 표기는 당시 피해자 중의 한 사람인 선우훈의 민족의 수난 : 105인 사건의 진상(세광출판사, 서울, 1953)을 참고했다.

그들은 자신들이 찾고 있는 증거를 찾지 못하면 그것을 조작할 것이다.

일본의 밀정들은 유난히도 무지했다. 우선 그들은 북부 지방의 기독교도들이 일본에 대하여 어떤 음모를 꾸미고 있다는 심증을 굳히자 증거를 찾기 시작했다. 그들은 교회 일에 끼어들었다. 그들은 여기에서 혐의가 갈 만한 일들을 많이 들었다. 교회에는 "전진하라, 주의 군대여!"라든가 "일어서라, 주의 군대여!"와 같은 전송가적인 노래를 불렀다. 이러한 찬송가야말로 기독교도들이 군대가 되어 일본을 공격하라고 주장하는 것밖에 더 되는가? 교회와 선교사의 학교에서는 위험한 교리를 공개적으로 가르치고 있었다.

밀정들은 선천의 선교사인 매퀸[2]씨가 성서의 다윗과 골리앗의 얘기를 수업의 주제로 삼아 약한 사람이 정의로 무장하면 힘센 적보다 더 강할 수 있다고 가르친다는 것을 알았다. 밀정들이 듣기에 이것이야말로 나약한 한국인들로 하여금 강한 일본에 투쟁하도록 충동질하는 것밖에는 되지 않았다.

매퀸 선교사의 집을 수색했더니 워싱턴이나 나폴레옹과 같이 정부에 반기를 들어 싸운 사람들에 관하여 학생들이 쓴 작문을 포함해서 아주 위험한 자료들이 그곳에서 발견되었다. 어느 한국인 목사는 "하나님의 왕국"에 대하여 설교한 바 있는데 이것은 반역죄에 해당되는 것이었다. 그는 체포되어 "여기에는 일본이라고 하는 오직 하나밖에 없는 왕국만이 있을 뿐"이라는 경고를 받았다.

1911년 가을에 기독교 목사, 교사, 학생 그리고 교회의 저명한 신도들이 대대적으로 체포되었는데 특히 선천과 평양 사람이 많았다. 한국에서 가장 유명한 교육 기관의 하나로서, 불운하게도 그 교장이 훈화를 하다가 다윗과 골리앗을 얘기했던 선천의 신성학교[3]에서는 더욱 많은 학생과 교사들이 경

---

2) 매퀸(George S. McCune : 1872~1941) : 미국 북장로교에서 파견된 선교사. 미주리주에서 출생. 파크대학 졸업. 부인과 함께 미국에서 교육 활동에 종사하다가 미국 북장로교 교육선교사로 파송되어 내한(1905). 처음에는 평양 선교부 소속이었으나 1909년 선천 선교회로 전임하면서 신성중학교 교장으로 부임. 1928년에는 평양 숭실전문학교 교장으로 취임. 신사 참배 거부로 강제 출국 당함.(1936)

찰에 체포되어 학교 문을 닫을 수밖에 없었다. 그들은 갑자기 투옥되어 친지들에게 통지할 수도 없었고 변호사의 도움도 받을 수가 없었다.

그들과 가족 · 친지들은 그들이 무슨 죄목으로 체포되었는지에 대해서 아무 말도 듣지 못했다. 이것은 일본 형법에 따른 것이었다. 드디어 149명이 서울로 압송되어 재판을 받았다. 3명이 고문이나 감옥 생활의 여독으로 죽었다고 보도되었으며, 23명이 재판도 받지 않고 추방당하듯 석방되었으며, 123명은 조선 총독 데라우치 마사타케 백작의 암살을 음모했다는 죄목으로 1912년 6월 28일에 경성지방법원에 기소되었다. 어느 모로 보나 일본에 비우호적이었다는 비난을 받을 수 없는 브라운 박사(Arthur J. Brown)는 이때의 사실을 다음과 같이 기록하고 있다.

> 피고들의 성격에 어떤 의미가 있다. 이들 가운데 에는 죄인의 유형도 없고 다른 국민들에 견주어 더 비열한 사람도 없다. 그들은 지체가 높고, 신앙심과 생활의 방정함으로 선교사들에게 오랫동안 친밀하게 알려진 사람들이었으며, 국민들에게 영향력 있는 인물로 잘 알려진 사람들이었다. 이들 가운데 2명은 회중교회파(Congregationalist) 신도이며, 6명은 감리교회 신도이며, 89명은 장로교회 신도였다.
>
> 장로교 신자 가운데 5명은 교회 목사이며, 8명은 장로이며, 8명은 집사이며, 10명은 구역장이며, 42명은 세례 교인이며, 13명은 학습 교인이었다. …… 그들을 아는 사람들로서는 그렇게 많은 목사, 장로, 교사들이 범죄를 저질렀다고 믿기 어려운데, 이는 마치 뉴저지의 국민들이 그곳에 있는 프린스턴대학의 교수나 학생, 그리고 지방 목사들이 음모를 꾸민 암살자들이라고 믿기 어려운 것과 같다.

---

3) 신성학교(信聖學校) : 평북 선천군 선천읍 대목동에 설립된 기독교 학교. 1906년에 미국 북장로교 선교부와 함께 양전백 · 안준 · 김병농 · 김석창 등에 의해 설립된 중등 과정의 남학교였다.

수감자 가운데 에서 가장 저명한 윤치호 자작은 대한제국의 외부 협판을 지낸 인물로서 그를 알고 있는 모든 사람들은 그가 이 나라에서 가장 진보적이며 건전한 사고를 가진 인물이라고 생각했다. 그는 저명한 기독교인으로서 부유하며 가문도 훌륭하고 명민한 교육자로서 황성기독교청년회(YMCA)의 부회장이며, 세계 여러 나라를 여행하여 영어도 유창할 뿐만 아니라 그와 접촉했던 한국의 모든 구라파인이나 미국인들로부터 신망과 호감을 받고 있는 인물이었다.

양기탁은 지난날 베델(E. T. Bethell)과 함께 『대한매일신보』를 만들던 인물로서 이 때문에 오랫동안 일본 경찰의 요시찰 대상이 되었었다. 그는 전에도 보안법 위반 혐의로 체포되어 2년형을 받고 복역하다가 사면을 받은 적이 있었다. 그는 또한 이토 히로부미 공작 암살에 대한 죄목으로 두 번, 그리고 매국노인 이완용 총리대신의 암살 음모 사건으로 두 번 수사를 받았으나 그때마다 무죄로 풀려 나왔었다. 그는 이렇게 말하고 있다.

"나는 지금 내게 무슨 일이 일어나고 있는지에 관해서는 아무런 관심도 없다. 나는 다만 내가 결백함에도 불구하고 기소되어 수형하는 것에 대해서 항변하고 있는 것이다."

기소된 사건은 피고들 자신의 자백에 근거를 두고 있었다. 이 자백에 따르면 한 한국인의 집단이 윤치호가 이끄는 신민회와 제휴하여 데라우치의 장군을 암살하기로 음모한 다음 그가 북부 지방을 여행할 때 이를 수행하고자 여러 역에 집결했는데 그 가운데에서도 특히 1910년 12월 28일에 선천에서 많은 사람들이 모였다는 것이다. 그들은 장탄한 연발 권총과 단검, 그리고 단도를 가지고 있었으며 헌병대의 경계에 의해 그들의 목적 수행이 저지되었다는 것이었다.

많은 선교사들이 그들과 연루되었거나 아니면 동정했다고 지목되었다. 이들 가운데 우두머리는 매퀸 씨인데, 그의 자백에 따르면 그는 음모자들에게 연발 권총을 나누어 준 다음 데라우치와 악수를 함으로써 바로 그 사람을 지적할 것이라고 선천에서 그들에게 말했다고 한다.

평양의 모펫 박사, 서울의 언더우드[4] 박사, 총독 정치의 옹호자로서 오랫동안 두드러졌으며 일본과 한국감리교회 주교인 해리스[5] 감독, 그리고 그 밖의 기독교계 저명 인사 다수가 연루되었다.

수감자들이 공개 법정에서 자백 내용을 본 그들은 예외 없이 하나씩 일어나서 자기들은 일본인들로부터 혹독한 고문을 못 이겨 그렇게 대답할 수밖에 없었으며, 그렇지 않으면 고문으로 정신을 잃다가 깨어 보니 자기들이 그렇게 자백을 했다는 말을 일본 경찰로부터 들었다고 항변했다. 고문에 못 이겨 범죄 사실을 시인한 사람들은 거의 모두가 일본 경찰이 제시하는 진술에 "예"라고 대답했다. 그러나 사실상 그들은 총독 암살 음모에 대해서는 아무 것도 모르고 있었다. 법정에서 살인 음모를 시인한 사람이 유일하게 한 사람 있었는데 그는 정신착란의 상태였음이 분명했다.

재판은 즉각적이고도 전면적인 분노를 자아내는 방식으로 진행되었다. 그것은 물론 일본어로 진행되었으며 공식 통역관은 법정에서 피고들의 진술을 최소한도로 억누르고 내용을 조작함으로써 비난을 받았다. 판사는 피고를 위협하고, 우롱하고, 윽박지름으로써 법정의 신성함을 깨뜨렸다. 법정에 참석했던 일본의 고위 관리들은 재판부의 말장난을 진심으로 성원해 주었다.

자백에 따르면, 살인 음모자들을 지원했다고 하는 선교사들은 법정에 출

---

4) 언더우드(H. G. Underwood : 1856~1916) : 한국명은 원두우. 뉴욕 대학과 뉴 브룬스위크 신학교를 졸업하고 한국에 입국하여 (1885) 광혜원 교사로 있으면서 새문안교회를 설립(1886), 기독교서회 창립(1889). 성서번역위원장을 역임. 『한영사전』과 『영한사전』을 출판(1890). YMCA 창립(1900). 동회장(1903). 경신학교를 설립하고(1905) 그 뒤 연희전문학교 설립의 기초를 세움. 1916년에 신병으로 귀국하여 곧 사망함.

5) 해리스(Merriman C. Harris : 1846~1921) : 미국의 선교사. 오하이오 출신. 할렘 스프링스와 스키오에서 신학을 공부한 뒤 일본 하코다데에 도착하여 선교사 겸 영사로 활약함(1875~1879). 1879년에 도쿄로 이주하여, 감리교 감독이 되어 1904~1916년에 한국감리교회 감독을 겸임함. 일본 천황의 총애를 받았으며, 그곳에서 사망함.

두하지 않았다고 한다. 피고들은 선교사들과 그 밖의 몇몇 사람들이 증인으로 채택되어야 한다고 주장했고 선교사들과 증언 요청을 받은 사람들도 진심으로 증언해 주고 싶어 했다. 그러나 그러한 요구는 거절되었다. 일본의 법률에 따르면, 판사는 증언을 들어야 할 것인가 말 것인가를 결정할 수 있는 절대적인 권한을 가지고 있다.

검사 측에서는 고문당했다는 비난을 부인했으며 피고 모두에 대하여 신체 검사를 실시했지만 그들 가운데 한 사람도 그러한 부당한 대우를 받은 흔적은 없었다고 선언했다. 그러자 피고인들은 일어나서 아직도 남아 있는 흉터들을 보여 주도록 해 달라고 요구했다. 그들 가운데 한 사람은 이렇게 말했다.

"나는 약 한 달 동안이나 묶여 고문을 당했으므로 내 몸에는 아직도 흔적이 남아 있다."

그러나 그가 법정에 그 흉터를 보여 줄 수 있도록 해 달라고 요구했을 때 "그러한 것은 완강히 거절되었다."고 당시의 신문들은 보도했다.

심리는 8월 30일에 끝나고 9월 21일에 판결이 있었다. 윤치호와 양기탁을 포함한 6명의 피고에게는 징역 10년, 18명에게는 징역 7년, 40명에게는 징역 6년, 그리고 42명에게는 징역 5년이 선고되었으며, 17명은 석방되었다.[6] 재판 사실이 널리 보도되자 분노의 물결이 일기 시작했으며, 특히 미국이 크게 분노했다.

피고들이 대구복심법원에 상고하자 조선총독부는 사건을 맡은 스즈키 판사에게 사건을 회유하도록 명령했다. 복심법원의 분위기는 전혀 달라졌다. 공갈도 없었고 윽박지르지도 않았다. 피고들의 진술을 귀담아 청취했고 자

---

6) 이 기록은 사실과 다소 다르다. 우선 유죄 판결을 받은 총 인원은 106명이 아니라 105명이었는데(그래서 이를 105인 사건이라 부른다), 징역 6년을 받은 사람은 40명이 아니라 39명이었다. 이들의 자세한 수형 사실에 관해서는, 켄달(C. W. Kendall) · 신복룡(역주), 『한국 독립 운동의 진상』(서울, 집문당, 2019)의 부록을 참조할 것.

기 변론을 전개하는 것도 상당히 허용되었다. 그 후의 재판에서는 일본의 저명한 변호사들이 출정하여 법의 최선의 전통에 따라서 그들을 변호했다.

이러한 일은 처음으로 있었던 일이라는 점을 나는 덧붙여 말하고자 한다. 이제 피고들은 복심법원에서 그들이 어떠한 방법으로 고문에 의해서 "자백"을 할 수밖에 없었나에 대하여 소상하게 진술하는 것이 허락되었다. 증언 가운데 전형적인 몇 가지 답변으로는 다음과 같은 것들이 있다.

지상주는 장로교인이며 직업은 사무원이었다. 그는 자기의 유죄를 부인하면서 다음과 같이 말했다.

> 나의 모든 자백은 고문으로 이루어진 것이다. 나는 나의 의사에 따라서 그러한 진술을 하지 않았다. 일본 경찰은 그들이 원하는 정보를 알아야겠다고 말했다. 그들은 나를 발가벗긴 채로 나의 손을 등 뒤로 묶고 문 위에 매단 다음 내가 서 있던 의자를 치워 버렸다. 그들이 나를 흔들자 나는 문틀에 부딪쳐 마치 학이 춤을 추는 것과 같았다.
>
> 내가 의식을 잃자 그들은 나를 끌어내린 다음 물을 끼얹었으며, 내가 깨어나자 다시 고문했다. 한 경찰은 내 손으로 입을 막게 하고서는 코에 물을 부었다. 다시 그들은 나의 두 엄지손가락을 등위로 묶고 한쪽 팔을 위로, 그리고 다른 쪽 팔을 아래로 잡아당겼다. 그들은 나를 끈으로 매달았다. 그들은 불이 붙은 담배로 내 몸을 지졌으며 국부를 걷어찼다. 이러한 식으로 나는 3~4일 동안 고문당했다.
>
> 어느 날 저녁, 식사를 마친 직후 나는 다시 매달렸다. 그들은, 만약 내가 고백을 하면 석방할 수도 있지만 그렇지 않으면 죽을 때까지 고문을 당할는지도 모른다고 말했다. 그들은 내 입을 통해서 자신이 원하는 바를 듣기로 작정한 모양이었다. 경찰은 나를 매달아 둔 채로 잠들었고 나는 그곳에 매달린 채 정신을 잃었다.
>
> 내가 정신을 깨어 보니 나는 마룻바닥 위에 누워 있었고 경찰은 내게 물을 붓고 있었다. 그들은 나에게 종이 한 장을 보여 주면서 그것은 이미 자백

을 한 이근택과 오학수의 석방 명령서라고 말했다. 나도 석방되려면 자백을 해야만 한다는 것이었다. 그러고 나서 그들은 다시 나를 때렸다. 나는 그 종이를 보았으나 읽기가 어려웠다. 그것은 그들이 자백을 했으며 그런 일을 다시는 하지 않겠다는 뜻이었다.

그러고 나서 그들은 자백하고 석방되었다고 말한 이근택에게 나를 데려가더니 그가 한 대로 따르라고 윽박질렀다. 그들은 내게 무엇인가 고백하라고 말했지만 나는 그런 일을 들은 바도 없기 때문에 자백을 거절했다. 그들은 차라리 나를 죽이는 편이 낫겠다고 말했다. 그들은 다시 나를 고문했고 2~3개월이 지나 나는 더 이상 견딜 수가 없어서 그들이 요구하는 대로 모든 것을 자백했다.

백용석은 우유 장수로서 장로교인이며 11명의 가족을 거느리고 있었다. 그의 말에 따르면 그는 기독교인이 된 지 14년째이며, 성경의 가르침대로 따르기로 작정했다고 한다. 그는 암살을 생각해 본 적도 없고 한국의 독립을 고려해 본 적도 없다고 한다. 11명의 식구를 부양해야 하는 그로서는 그러한 일을 할 여유가 없었다. 그는 자백을 했다고 법정에서는 논고되었지만 그것은 강요에 의한 허위 자백이었다. 그는 이렇게 말하고 있다.

나는 여러 날 동안 밤낮으로 두 번씩 고문을 당했다. 나는 눈을 가리고 매달려 매를 맞았다. 숨을 쉴 수가 없었으므로 여러 차례 기절했다. 고문이 너무도 잔학해서 이제는 죽는다고 생각했고, 경찰에게 총으로 쏘아 달라고 부탁했다. 허기와 갈증과 고통을 더 이상 견딜 수 없어 그들이 요구하는 대로 말하고 싶다고 대답했다. 한국인 2천만 명 가운데 나 하나의 목숨이야 아무것도 아니어서 그들이 원한다면 나를 죽일 수도 있고 석방할 수도 있다고 말했다.

…… 그러는 동안 5~6명의 경찰이 내 방에 들러 물었다.

"뉘우쳤소? 당신은 암살 음모에 가담했지?"

그 질문에 대하여 나는 "그렇소."라고 말할 수가 없어 "아니요."라고 대답했다. 그들은 즉시 나의 뺨을 갈기고 옷을 벗긴 다음, 주먹과 몽둥이로 때리는 등의 고문을 했다. 그러한 고통을 참아 내기가 얼마나 어려웠던가를 나는 표현할 수가 없다.

그는 말을 멈춘 다음 판사 뒤에 앉아 있는 와타나베라는 일본인을 가리키면서 이렇게 소리쳤다.

"저 통역관은 그에 대한 모든 것을 알고 있다. 저 사람은 나를 고문한 사람 가운데 하나이다."

그 피고가 지목했던 와타나베라는 사람은 그들을 고문한 것으로 이름이나 있는 사람이었다.

임도명은 이발사로서 장로교인이며, 그도 또한 이 놀이 전문가들의 손에 들어갔다. 그는 이렇게 말했다.

경찰서에 나는 매달려 쇠몽둥이로 맞는 등 하루에 두 번씩 고문을 당했다. 그런 다음 나는 더 높은 사람들과 저 통역관(이때 그는 판사의 뒷자리에 앉아 있는 와타나베를 가리켰다.)이 지켜보는 앞에서 고문을 당했다. 그들은 오른팔을 어깨 너머로, 왼팔을 밑으로 꺾어 뒤로 넘겨 나의 엄지손가락을 묶었다. 그런 다음 손가락을 잡아맨 끈에 매달았다. 나는 고통을 참을 수가 없었다. 기절하여 고꾸라져서도 고문을 당했다. 내가 깨어나자 그들은 다시 고문했다.

판사 : 엄지손가락을 그런 식으로 하여 매달 수는 없을 텐데…

피고 : 나의 엄지발가락이 바닥에 닿을까말까 했다. 검사국에서도 그러한 상황에서 꼭 같은 말을 하라고 요구했다. 나는 그곳에서도 고문이 두려워 모든 질문에 "예"라고 대답했다.

조덕찬[7]은 정주의 장로교 목사로서 그는 다소 다른 방식의 고문을 당했다. 그는 이렇게 말하고 있다.

> 경찰은 선천에서 얼마나 많은 사람들이 암살 음모에 가담했느냐고 신문하면서, 나는 목사이니만큼 그에 대해서 모든 것을 알고 있음이 분명하다고 말했다. 그들은 나를 매달고 몽둥이와 주먹으로 때리면서 내가 암살 음모에 가담했고 신민회의 회원이라고 말했다. 나는 끝내 기절했고 그 뒤 여러 날 동안 음식을 먹을 수가 없었다. 제복을 입은 경찰이 소매에 띠를 두르고 철사 줄로 나의 손가락을 비틀어 오랫동안 부어 있었다. 그런 다음에는 소매에 두 개의 흰 띠를 두른 사람이 내가 선천 사건에 가담했다고 말하면서 나를 고문했다. 나는 크리스마스를 준비하기에도 너무 바빠서 아무 곳에도 갈 수 없었다고 말하자 그 경찰이 쇠몽둥이로 나의 손가락을 잔혹하게 비틀었다.

다시 극적인 침묵이 흐르더니 피고는 판사의 뒷자리에 앉아 있는 다나카라는 일본 관리를 가리키며 말했다.

"그 당시에 통역을 하던 사람이 당신 뒤에 앉아 있소. 그는 그것을 잘 알고 있소."

그들은 그의 자백을 받아 냈다. 그러나 그가 자백에 서명을 하기까지에는 얼마간의 시간이 걸렸다. 그의 손가락이 너무도 심하게 다쳐 있었기 때문이었다. 경찰이 조서를 꾸미고 나면 피고들은 검사 앞에서 그들의 얘기를 반복하거나 확인할 필요가 있다. 이것은 애당초 피고를 보호하기 위한 의도에서이다. 그러나 한국에서는 경찰과 검사가 한 패가 되어 일하고 있어 피고가 일단 검사의 손으로 넘어간 단계에서는 경찰에서 한 말을 번복할 수가

7) 조덕찬(趙德燦 : 1868~?) : 평북 정주 출신 목사. 평양장로회신학교를 졸업하고(1911) 105인 사건으로 옥고를 치름. 1922년에 만주로 파송되어 안동 · 길림에서 포교했고, 1924년 이후에는 평북 용천에서 시무함.

없었다. 조덕찬 목사는 다음과 같이 말을 계속했다.

> 내가 검사국으로 송치되었을 때 나는 그곳이 무엇을 하는 곳인지 몰랐으나, 독방에 갇히게 되자 이곳은 경찰서보다 더 무서운 곳일는지도 모른다는 두려움이 앞섰다. 내가 경찰서에서 신문을 받을 때에는 대체로 손은 자유로웠지만 이곳에서는 마치 닭의 날갯죽지를 묶듯이 손과 팔을 묶고 여러 방면으로 엇갈라 가면서 신문했기 때문에 나는 그곳이 더 무서운 곳이라고 생각했다. 더구나 그들은 나의 손가락이 경찰에서 이미 어떻게 고문당했는가를 알고 있으면서도 한 관리가 나의 손가락을 묶은 쇠줄을 심하게 잡아당겨 몹시 고통스러웠다.

그 다음의 피고인 이명룡[8]은 장로교인으로서 대금업자였는데 그도 또한 거만하게 앉아 있는 다나카를 지적했다. 그는 일본 경찰들이 자기들이 원하는 대답을 들으려고 자신을 어떻게 차고 때렸는가를 설명하고 있었다. 그는 다나카를 지적하면서 판사에게 이렇게 말했다.

"그들 가운데 하나가 당신 뒤에 지금 앉아 있소."

피고들 가운데 어떤 사람은 증거를 제시하다가 정신없이 울었다. 외팔이 사나이들은 경찰이 검사국에서 자기를 어떻게 매달고 때리고 옷을 벗겨 고문했는가를 진술했다. 보고서에 따르면, "피고들은 거기까지 얘기를 마친 뒤 흐느끼더니 끝내는 큰소리로 울면서 자기는 집에 80세의 노모가 있다."고 말했다. 그날의 심리는 이 슬픈 장면으로 끝났다.

이태경[9]은 교사였다. 경찰은 이토 히로부미 공작의 암살자가 기독교인이

---

8) 이명룡(李明龍 : 1873~1956) : 평북 철산 출신의 기독교인. 정주 덕흥교회의 장로(1901)로서 105인 사건에 연루되어 옥고를 치렀으며, 3 · 1운동 때는 33인으로 서명함. 해방 뒤에는 한때 조선민주당에 관여했고, 1947년에 남하하여 애국 정신 현창과 교육에 헌신함.

9) 105인 사건의 관련자 가운데 이태경(Yi Tai-kyong)이라는 사람은 없다. 이 발음에 가장 가까운 사람으로는 이태달이 있었다.

라는 사실을 상기시켰다. 그도 기독교 신자였다. 그리하여 그는 다음과 같은 고문을 당했다.

그들은 내가 그 조작된 암살 음모를 모두 시인할 때까지 매달아 놓고 구타하는 등 온갖 고문을 자행했다. 그 다음날에도 나는 야마나 씨의 방으로 끌려가 그 거짓된 진술을 모두 시인할 때까지 난로의 쇠꼬챙이와 그 밖의 물건으로 고문당했다. 내가 가담한 단체의 암호를 대라고 말했을 때 나는 그에 대하여 아는 바가 없었으므로 아무 말도 하지 않았다. 그러자 다시 고문을 하기에 교회의 종이라고 말했다. 그 당시로서 나의 머리에 떠오르는 것은 그것밖에 없었기 때문이었다."

박주형[10]은 다음과 같이 말했다.

나는 모든 공소 사실을 자백했지만 그것은 모두 고문 때문이었다. 나는 아홉 번 고문을 당했고 두 번 정신을 잃었으며 깨어나면 다시 고문을 당했다. 나는 나와 가족을 죽인다는 위협 때문에 거짓으로 자백했다. 검사국에서도 자백을 되풀이했다. 그곳에서 나는 두 명의 경찰에게 고문을 당했는데 그 가운데 하나는 금이빨을 한 사람이었다. 그는 나의 귀를 어찌나 세게 때렸는지 아직도 고통을 느낀다.

그는 나에게 자백을 번복하지 말라고 말했다. 나는 나의 모든 가족들도 고문을 당하지나 않을까 두려워서 그렇게 하겠다고 대답했다. 그러나 검사국에 도착했을 때 뭐라고 답변하라고 지시를 받았는지 잊어버렸다. 나는 울면서 내가 자백해야 하는 내용을 읽어 달라고 관리에게 부탁했다. 그들은 내 내용을 읽어 주었으며, 나는 그저 "예, 예"라고 대답했다.

---

10) 105인 가운데 박주형(Pack Chou-hyong)이라는 인물은 없다. 박찬형의 오기로 보인다.

최제규는 소규모의 장사를 하는 사람이었는데, 그는 자기의 동지들과 선천에 간 적이 있다는 자신의 자백을 번복했다. 그는 이렇게 말했다.

> 만약에 그와 같이 많은 무리들이 역에 나가고자 했다면 그들은 틀림없이 첫날에 체포되었어야만 했다. 내가 만약 죄를 지었다면 나는 당장 죽어도 좋다. 모든 얘기는 관리들이 꾸며 낸 것이며 나는 혹독한 고문에 못 이겨 이를 시인할 수밖에 없었다. 어느 날 밤 나는 두 명의 경찰에게 남산으로 끌려가 소나무 위에 매달렸다. 그들은 예리한 칼을 내 목에 들이대었다. 나는 이제 죽는구나 생각하면서 내게 제시된 질문에 대해서 "예"라고 시인했다."

이 말을 들은 법정은 "피고가 자발적으로 시인하지 않는 한 어떠한 힘으로써도 피고로 하여금 이와 같은 얘기를 하게 할 수가 없었을 것"이라고 이의를 제기했다. 이 말에 대하여 피고는 단호하게 대답했다.

> 당신으로서는 그렇게 말할 수도 있다. 그러나 막상 칼날이 내 얼굴에 와 닿고 불붙은 담배로 몸을 지질 때 나는 김성봉이 이미 고백했다고 그들이 말한 얘기를 정말로 시인하고 싶었다.

피고가 잠시 말을 멈추자 판사는 갸웃거리며 그를 쳐다보았다. 그러자 갑자기 피고는 흐느끼다가 알아들을 수 없는 말을 크게 외치며 울기 시작했다.

이 재판에 앞서 피고 가운데 한 사람인 김익겸은 왜 예심에서 모든 사실을 시인했느냐는 질문을 받았다. 그는 이렇게 말했다.

> 만약 경찰이 서울에서 가장 번화가인 종로를 지나다가 아무 행인이나 잡아다가 고문하면서 물어 본다면 그들은 자기들이 살인 음모에 가담했다고 즉시 자백할 것이라고 나는 확신한다.

김응봉은 같은 사건이면서도 다른 방법으로 고문을 당했다. 그는 15일 동안 묶이고, 매달리고, 구타당하고, 담뱃불로 지지는 고문을 당하면서 심지어는 죽인다는 협박까지 당했던 당시의 이야기를 길게 진술했다. 그런 다음 그는 경찰서의 "최고 취조실"로 끌려가 옷을 벗은 채 난로의 쇠꼬챙이로 맞았다. 그는 이곳이 한반도에 살고 있는 모든 사람들의 생사여탈권을 쥐고 있는 곳이라는 사실을 알았으므로 그들이 원하는 대로 모든 것을 자백할 수밖에 없었다. 그는 덧붙여 말했다.

"만약 그들이 내게 요구했다면 나는 나의 아버지를 죽였다고 말했을지도 모른다."

다음은 안세환[11]의 얘기이다. 안세환이 복심법원에 불려 나왔을 때 그는 창백하고 기운이 빠져 있었기 때문에 흰 수의를 입은 피고들에게 동정의 빛이 스쳐 갔다. 그는 폐결핵 환자였으며 합병증까지 나타났다. 그는 겨울 내내 평양의 기독교 병원에 입원해 있었는데 그곳에서 거의 사경을 헤매고 있었다. 그는 며칠 동안 겨우 걸을 수 있었는데 바로 그때 4월에 체포되었다. 그는 각혈을 하면서 이렇게 말했다.

> 이러한 상태로 나는 경찰서로 끌려가 고문을 당했다. 경찰은 나의 두 엄지손가락을 한데 묶어 매달아 발가락이 바닥에 닿을 듯 말 듯 했다. 거의 죽을 지경이 되어 내려온 나는 가슴 높이의 궤짝 속에 들어가 몇 시간 서 있어야만 했다. 그 다음날은 다시 선반 밑으로 끌려 들어가 머리칼을 바닥에 동여매고 나의 왼쪽 다리는 무릎에서 꺾여 묶이었다. 목에서 피가 넘어왔지만 경찰이 무서워 그것을 삼켰다. 이제 생각해 보면 차라리 그것을 토하는 것이 나았을는지도 모른다. 그랬더라면 그들은 나를 가엾게 생각했을는지도 모르지만 그 당시에는 그러한 생각을 하지 못했다.

---

11) 안세환(安世桓 : 1888~1926) : 평남 평원 출신. 평양 숭실학교 졸업. 105인 사건에 연루되어 옥고를 치름. 3 · 1운동 당시에는 도쿄에서 활약하다가 옥고를 치름.

그리고 다시 엄지손가락으로 매달렸으며 이번에는 완전히 바닥에서 발이 떨어졌다. 5분이 지나자 나는 거의 죽었다. 나는 그들의 질문을 시인하면 어떻게 되느냐고 물었더니 나를 끌어내려 어느 높은 사람 앞으로 데려갔다. 내가 만족스럽지 못한 대답을 할 때마다 때렸기 때문에 그 방법으로 그들이 원하는 것이 무엇인지를 알았다. 무엇을 부인하거나 시인할 생각도 없이 다만 더 이상의 고통을 피하고 싶었을 뿐이다.

그는 자기를 아는 몇몇 선교사를 불러 자기는 너무도 몸이 아파 어떠한 음모에 가담할 수 없음을 보여 주도록 해 달라고 부탁했었다.

16년 동안 장로교회에 다닌 이창식[12]이라는 노인은 고문을 당하면서도 자백을 거절했으며 자살함으로써 고통을 피하고자 노력했다. 그는 이렇게 말했다.

나는 잔혹한 고문을 당하다가 죽느니보다는 차라리 자살하는 편이 더 낫겠다고 생각했다. 그들은 내가 매퀸 씨의 교사를 받아 암살 음모에 가담했는지의 여부를 물었다. 내가 그것을 시인하지 않자 그들은 더욱 심하게 고문했다. 그들은 나를 거의 맨몸으로 벗겨 놓고 얼음물을 쏟아 부었다. 매도 맞았다. 어떤 때는 새벽까지 고문을 당하는 때도 있었다. 나는 죽음이 나를 구원해 주기를 갈망했다.

어느 날 밤, 나는 고맙게도 내 방에서 칼을 발견했다. 간수는 나에게 그리 신경을 쓰지 않았다. 나는 그것을 몰래 집어 들고 목을 찌르려 했지만 손이 너무 쇠약해 있었다. 그래서 칼을 바닥 위에 고정하여 세워 놓고 목을 베려 노력해 보았다.

아! 그때 간수가 나를 덮쳤다. 40일 동안의 고문을 견디고 난 뒤에 나는

12) 105인 가운데 김창식이라는 정주인이 있었으나 그는 노인이 아니라 당시 28세였다는 점을 생각할 때 당시 52세였던 선천의 이창석(李昌錫 : 1859~1939)을 오기한 것으로 보임. 이창석은 무과에 급제한 선천의 천남교회 장로로서 교육 사업에 헌신했다. 그는 세상을 떠나며 재산을 선천상업학교에 헌납했다.

무죄이든 유죄이든 간에 가능한 한 빨리 결정을 내려 달라고 부탁했다. 내가 검사국으로 끌려갔을 때 귀와 몸과 사지가 괴로웠다. 나는 고문을 더 이상 견딜 수가 없어서 죽고 싶을 뿐이었다.

이 당시의 한 목격자는 이렇게 기록하고 있다.

이에 이르자 그 노인은 꼬꾸라지면서 흐느끼더니 끝내 큰 소리를 내며 울기 시작했다. 그는 흐느끼면서 무슨 말을 했지만 통역관은 그것이 무엇인지를 알아듣지 못했다. 법정은 분명히 그를 동정하여 그에게 내려가라고 말했다. 그는 흐느껴 울면서 퇴장했다.

선천에서 온 장로교인이며 학생인 차희선[13]은 체포된 뒤 4개월 동안 헌병대에 구금되어 있다가 몸이 쇠약해졌다. 그 무렵에 그는 경찰서로 끌려왔다. 그는 이렇게 말했다.

처음에 경찰은 나의 엄지손가락을 묶더니 다음에는 손과 다리를 묶었다. 그들은 나를 가슴만큼 높은 선반 밑에 굽히고 들어가게 했다. 앉을 수도 없어서 몹시 괴로웠다. 무엇인가 입안에 가득하여 토해 보니 피였다. 그런 가운데 에도 매를 맞았다. 나는 걸상 위에 선 채로 묶였다. 그리하여 걸상을 움직일 때면 나도 끌려 다녔다. 이 법정을 자주 나왔던 통역관 와타나베가 나를 구타했다. 나는 팔이 굳어 펼 수가 없었다. 매달린 채로 3~4피트가 되는 대나무와 쇠몽둥이로 맞았으며 한 번은 그것을 휘두르던 관리의 손에서도 피가 흘렀다.

---

13) 차희선(車熙善 : 1890~1972) : 평북 선천 신성학교 출신. 105인 사건에 연루되어 옥고를 치른 뒤 상해를 거쳐 미국으로 망명하여 흥사단에 입단(1915)하여 상해 임시 정부에 독립 운동 자금을 보냄. 1923년에 귀국하여 선천 숭신학교 교장, 가물남교회 장로를 지냄. 월남하여 서울에서 사망.

드디어 차희선은 포기했다. 그는 너무도 쇠약해져서 말을 할 수가 없었다. 경찰은 그를 끌어내려 주물러 주었지만 소용없는 일이었다. 이제 그는 다만 경찰들이 그에게 제시하는 설명에 대해서 고개를 끄덕일 수 있을 뿐이었다. 그 뒤 그들은 그를 검사국으로 송치했다. 여기에서 그는 자기의 고백을 번복하려 했다. 그의 증언은 이렇게 이어지고 있다.

> 검사는 몹시 화가 났다. 그는 책상을 치며 앉았다 일어났다 했다. 그가 나의 손을 묶고 있는 끈을 낚아채니 내 손에 심한 상처가 생겼다.

윤치호 남작의 경우는 특별한 관심을 끌었다. 그는 명문 집안의 귀족이었기 때문에 그의 자백을 받아 내는 데 경찰은 좀 더 조심스러웠다. 그는 열흘 동안 매일 신문을 받았는데 꼭 같은 질문에 꼭 같은 부인이 거듭되었다. 어느 날 그의 신경이 몹시 산란해 있을 때 경찰은 그 앞에서 다른 사람을 고문하는 모습을 보여 준 다음, 취조관은 만약 그가 자백을 거부하면 그도 같은 운명을 겪게 될 것이라고 말했다.

그들은 다른 사람들이 자백하여 형을 받았고 1백 명이나 되는 사람들이 그 사실을 시인했다고 말했다. 그는 그 당시까지도 자기에 대한 혐의가 살인 음모라는 것을 모르고 있었다. 그는 고문을 피하고자 거짓으로 자백을 하리라고 결심했다. 그는 끝없는 신문에 지쳐 있었으며 겁에 질려 있었다.

복심법원에서의 재심은 51일 동안 계속되었다. 재판 마지막 며칠 동안 피고들은 최후 진술이 허락되었다. 피고들은 깊은 인상을 남기었다. 3월 20일에 판결이 있었다. 원심은 모두 파기되고 사건을 다시 신문했다. 피고 가운데 99명이 무죄임이 밝혀졌다. 윤치호 남작과 양기탁 그리고 그 밖의 4명[14]이 유죄 판결을 받았다. 그들 가운데 5명은 6년 징역형을 받았고 다른 1명

14) 안태국(安泰國) · 이승훈(李昇薰) · 임치정(林蚩正) · 옥관빈(玉觀彬)을 뜻함.

은 5년 징역형을 받았다.[15]

두 사람이 다시 고등법원에 상고했으나 그 결과는 단지 6번째 인물의 형이 6년으로 는 것뿐이었다. 끝까지 유죄 판결을 받은 사람들 가운데 3명은 『대한매일신보』의 간부들이었다. 일본인들은 지난날의 행적을 쉽게 잊거나 용서하지 않는 사람들이다. 그들은 『대한매일신보』의 간부들에 대하여 지난날의 댓가를 두 배로 치르게 했던 것이다.

나는 영국인이나 미국인이나 아니면 일본인으로서 그러한 사건을 알거나 또는 알았다면, 그 사건의 내막을 알아보려 했거나 그러한 음모가 있었다고 믿는 사람을 아직까지 한 사람도 만나 보지 못했다. 이 사건은 처음부터 끝까지 전적으로 경찰이 조작한 것이었다. 일본 당국자들은 자신들도 그 사건을 믿지 않는다는 것을 그 뒤에 보여 주었다.

1915년 2월 일본 천황의 즉위일[16]에 "제국의 은사"의 표시로 나머지 6명도 석방되었다. 윤치호 남작은 석방과 함께 황성기독교청년회(YMCA)의 총무가 되었고, 그가 암살하려 했다던 데라우치 백작은 그때 그에게 기독교청년회 기금으로 넉넉한 돈을 주었다.

이 사건에는 다음과 같은 후일담이 있다. 조선기독교청년회의 총무인 질렛[17] 씨는 윤치호 남작과 그의 연루자들이 결백하다고 나름대로 생각하고 있었기 때문에 재판에 계류 중인 동안에 외국의 저명한 인사들에게 편지를 보내어 사실을 알리었다. 그런데 이 편지는 그것을 받은 어느 사람의 무분별한 처사로 말미암아 신문에 보도되고 말았다.

그 결과 일본 당국은 질렛 씨를 한국으로부터 추방하는 데 성공했다. 일본 총독부는 추방에 앞서 그를 회유하려고 노력했다. 외사국장 고마쓰 미도

---

15) 최후까지 유죄 판결을 받은 6명은 모두 4년형을 받았다.

16) 다이쇼 천황 즉위 4주년을 뜻함.

17) 질렛(Philip L. Gillett : 1874~1939) : 미국 일리노이 출신. YMCA 운동가. 1901년에 내한하여 YMCA를 창설(1903), 종로회관을 건립했고, 105인 사건 당시에는 이 음모를 세계에 알리는 데 진력했다. 1913년에 강제 출국한 뒤에도 상해 임정을 지원했다.

리는 질렛 씨와 저르딘[18] 회장에게 자기를 한번 방문해 달라고 부탁했다. 그 자리에서 고마쓰는 다음과 같이 말했다.

> 정부로서는 선교사 단체의 요구를 받아들여 복심법원에서 재판을 받고 있는 105명 가운데 99명을 석방했습니다. 그러니 이번에는 그 보답으로 총독부가 일본 국민 앞에 강렬하고도 호의적인 시선을 끌 수 있도록 뭔가를 좀 해주리라고 기대하고 있습니다.

고마쓰는 재판장 스즈키의 처사야말로 사실상 총독의 처사였다고 덧붙여 말했는데 이는 한국에서의 사법부의 독립을 절묘하게 설명해 주고 있다. 총독부는 고문을 부인하고자 애써 노력하지 않았다. 그들의 주장에 따르면 고문은 법률로 금지되어 있기 때문에 그러한 일은 생길 수가 없었다는 것이다. 그들의 공식적인 해명을 들어 보면 다음과 같다.

> 데라우치의 백작의 암살 음모 사건과 관련해서 많은 기독교 신자들이 기소된 것을 기화로 일본 당국이 "한국에서의 기독교 운동을 말살할 목적으로" 어떤 조치를 취했다든가 대부분의 혐의자들이 참을 수 없는 학대와 고문을 받음으로써 "그들의 의사와는 다른 거짓 자백을 했다"는 등 요즘 해외에서 퍼지고 있는 터무니없는 뜬소문에 대해서 참고적으로 한마디 언급하지 않을 수 없다.
>
> 일본을 다스리고 있는 근대 정치 체제를 생각할 때 그와 같은 비난이 어찌 잠시라도 근거를 가질 수 있는가! … … 고문에 대해서 말하자면 한국 형법의 몇 개 조항이 그것을 간접적으로 인정하고 있었지만 그 형법이 개정되

---

18) 저르딘(J. L. Gerdine : 1870～1950) : 미국 남감리교회 선교사. 조지아대학에서 법학을 전공하고 평신도로 활약하다가 1901년에 목사 안수를 받고 내한(1902). 처음에는 원산에서 전교하다가 개성으로 옮겨(1906) 105인 사건 당시에는 법률 자문으로 활약함. 감리교신학대학 교수(1926～1935)로 봉직하다가 1937년에 귀국함.

었고 지난날의 한국의 형제가 개혁될 당시인 1908년 8월에 일본의 법관을 임명함으로써 그러한 조항도 폐기되었다. ……

새로운 형법에 따르면, 만약 판사 · 검사 · 경찰 등의 관리가 피고에게 폭행이나 고문을 가하면 그들은 3년 이하의 금고나 징역의 형을 받게 되어 있다. 한국에 있는 선교사들이 총독에게 제출한 의견서에 대하여 그는 1912년 1월 일본에서 이렇게 답변했다.

"나는 확언하건대 피의자나 증인에 대한 모든 신문은 형법 항을 철저히 준수하면서 이루어졌으며, 어떠한 상황에서도 형사소송법에서 벗어나는 행위는 추호도 인정되지 않았다."

그렇다면 총독의 지휘를 받는 관리들이 형법 조항에서 벗어나는 어떤 다른 방법으로 처신했다고 어떻게 상상이나 할 수 있겠는가!

그러나 불행하게도 그 고문은 흉터를 남겼고 내가 이 책을 쓰고 있는 이 순간까지도 많은 사람들이 그 흉터를 지닌 채 살아가고 있다는 사실에 대해서 새삼 분노를 느낀다. 서울에 있는 지옥과 같은 일본 형무소를 가까스로 벗어난 사람들도 결국에는 죽었다. 그들은 너무 골병이 들어서 다시는 회복할 수가 없었다.

제 14 장 3 · 1운동(1) : 독립선언

한국인은 한일합방에 결코 동의하지 않았다. 일본인들이 통신 수단을 장악하고 있기 때문에 한국인들은 자신의 주장을 바깥 세계에 충분히 알릴 수가 없었다. 한국의 독립 운동은 해외에 살고 있는 한국인의 책동과 외국 선동자들 때문이라고 말하는 사람도 있다. 일본인들은 선교사들과 외국 언론인들을 비난했다.

나는 예전이나 지금이나 나 자신이 가장 악의적인 인물로 주목받고 있다는 사실을 잘 알고 있다. 그들은 결코 자신의 잘못을 시인할 생각이 없다. 사실상 선교사들이나 그 밖의 우리들은 한국의 독립 운동과 아무런 관련이 없다. 독립 운동의 진정한 뿌리는 한국인들 자신에게 있는 것이며, 밖에 있는 사람들에 의해서가 아니라 일본의 부당한 폭압 정치에 의해서 조장된 것이었다.

뿐만 아니라 자유롭게 살고 있는 한국인들이 고국의 생활상에 대해서 관심을 가지는 것은 당연한 일이었다. 약 200만 명으로 추산되는 만주와 노령의 거대한 한인촌과 미국이나 하와이에서 넉넉하게 살고 있는 이민들, 그리고 멕시코와 중국에 있는 한국인들은 한국에서 벌어지고 있는 상황에 대한 소식을 듣고 분노에 떨었다.

젊은 학생들과 고문을 받은 뒤 석방되어 미국으로 망명한 정객들은 타는 불길에 부채질을 했다. 해외에 살고 있는 한국인들은 이대위 박사[1]를 회장으로 하여 샌프란시스코에 본부를 둔 대한인국민회를 결성했는데 1919년 현재 회원이 150만 명에 이른다고 스스로 주장하고 있다.

한국인의 불만을 억누르고 저지하고자 일본인들이 취한 조치는 오히려 불만을 조성하고 확대시키는 일이 허다했다. 이와 같은 현상은 학교에서 더욱 두드러지게 나타났다. 새로운 교육 제도는 천황에 대한 충성을 끝없이 되풀이함으로써 심지어는 어린 여학생도 격렬한 민족주의자로 만들었다. 어린 아이들의 입을 통하여 나오는 얘기가 마치 일본을 전복시키는 일이나 되는 듯이 학생들도 어린 국사범으로 사찰을 당했다.

국민학교 학생들이 수업 시간에 한 말도 철저히 기록되었으며, 시학관이 불온한 사상이라고 분석할 만한 말을 한 학생은 체포되어 조사를 받은 뒤 처벌을 받았다. 이러한 조치의 효과는 예상했던 바와 같았다. 어느 작은 여학생은 어른스럽게 다음과 같이 말했다.

> 그들은 우리에게 일본말을 공부하라고 강요했습니다. 그것은 문제가 아닙니다. 이제 우리는 그들이 하는 말을 이해할 수 있습니다. 그러나 그들은 우리가 하는 말을 이해할 수 없습니다. 시간이 되면 모든 것은 우리에게 유리해질 것입니다.

독립 운동이 일어난 날 어린 학생들, 특히 공립학교의 학생들은 함께 뭉쳐 일본에게 조직적으로 항쟁했다는 사실이 밝혀졌다. 그들은 자신의 견해를 표현하면서 아무런 두려움 없이 순국의 기회를 찾았다. 그들 가운데 어떤 학생은 실제로 순국했다.

---

1) 이대위(李大偉 : 1878~1928) : 평안남도 강서 출신으로 숭실학교를 졸업한 뒤 1903년에 미국으로 건너가 안창호와 함께 대한인국민회의 조직에 참여함.(1909) 『신한민보』 주필(1913)과 대한인국민회 북미지방총회장을 거쳐 이승만과 함께 구미주차외교위원회의 설립에 참여하여 활동하다가 과로로 사망함.

일본인들은 일본 당국으로부터 격려를 받아 온 강력한 운동 단체인 천도교로부터 많은 것을 기대했다. 왜냐하면 그들은 천도교가 기독교의 맞수가 되기에 충분하리라고 생각했기 때문이었다. 그 지도자는 일본의 오랜 한국인 동지인 손병희였다. 오래전인 1894년에 일본인들이 청일전쟁을 일으킬 수 있는 구실을 얻으려고 한국에서 동학란을 진압할 당시 손병희는 동학의 지도급 인물 가운데 하나였다. 손병희는 서세동점이, 특히 서세가 자기 나라에게 유독한 것이라고 생각했고, 동학으로써 서세를 몰아내고자 기대했다.

그러한 활동의 결과로 손병희는 한국을 떠나야 했으며 1903년까지 귀국하지 못했다. 그는 이 무렵에 천도교의 지도자가 되었는데, 이 단체는 여러 가지 종교의 좋은 점을 취하고 기독교 사상을 제외한 기독교적 조직과 협동을 취하고자 노력했다. 그는 망명지에서 많은 것을 배워 이제는 개화와 교육에 대하여 예리한 안목을 가지고 있었다. 지난날의 동지였던 동학교도들이 그의 주위에 몰려들었으며 천도교의 신도 수는 곧 100만 명을 넘어서게 되었다.

얼마의 시간이 흐르자 손병희는 일본인들이 자기 민족의 동지가 아니라 적이라는 사실을 알았다. 그는 폭력적인 항쟁을 하지는 않았다. 그는 표면적으로는 아직도 일본인들과 우호적인 관계를 지속하고 있었다. 그러나 그의 조직은 활동에 들어가고 있었다. 그의 비밀 요원들이 전국에 파견되었다. 모든 신도들에게는 하루에 세 숟갈씩 성미를 걷도록 했다. 거의 100만 달러에 가까운 돈이 축적되었다. 이 자금의 대부분은 그 뒤 일본인들에게 압수되었다.

천도교와 한국인 기독교 지도자들이 한자리에 모였다. 기독교 목사들은 이제까지 그들의 민족을 자제시켜 왔었다. 그러나 그들의 고통은 참을 수 없게 되어 가고 있었다. 그들은 자기들이 꾸미고 있는 일에 대하여 선교사들에게 아무런 암시도 주지 않았다. 그들은 선교사의 입장이 난처하게 되는 것을 바라지 않았다. 그들의 진정한 아픔은 그들의 행동이 교회를 더욱 어렵게 만들 수도 있다는 점이라는 것을 그들은 잘 알고 있었다.

기독교도들 사이에는 2명의 저명한 인사가 지도적인 위치에 있었는데 한 사람은 길선주 목사이며, 다른 한 사람은 이상재였다. 평양에 살고 있던 길선주 목사는 한국에서 가장 연로하며 가장 유명한 기독교인 가운데 한 사람이었다. 그는 이미 오래 전에 교계의 지도자가 되어 그의 신앙 때문에 죽을 고초를 겪고 있었다.

훌륭한 두뇌와 좋은 성격과 진정한 지도자로서의 자질을 갖추고 있는 길선주는 30년 전에 영국의 비국교도들에 의해 추앙을 받던 스퍼전[2)]처럼 그들의 국민들로부터 추앙을 받았다. 최근에 이르러 길선주 목사는 거의 실명하다시피 되었지만 사업을 계속했다.

나는 앞서 워싱턴 주차 한국 공사관의 서기였던 이상재가 자기의 정치적 견해 때문에 투옥되어 있는 동안에 어떻게 기독교인이 되었는가에 대하여 기술한 바 있다. 그는 지금 기독교청년회의 지도자로 있지만 기독교인이거나 기독교인이 아니거나 간에 모든 사람들로부터 성자처럼, 하나님과 함께 걷고 하나님과 교통하는 사람으로 보편적인 존경을 받고 있었다.

일이 급속하게 무르익어 가고 있을 때 윌슨 대통령은 저 유명한 약소민족의 권리를 선언했다. 그 가운데 한 구절이 한국인에게 전파되자 그 효과는 전기와도 같았다.

> 이 국제연맹(League of Nations)이 하고자 하는 사업은 무엇입니까?
>
> 국제연맹은 약소민족의 자유를 보장하고 강대 국가가 약소민족을 지배하는 일이 없도록 하고자 하는 것입니다.

이것은 한국인을 부르는 전진 나팔과 같은 것이었다. 여기에 희망이 있었

2) 스퍼전(Charles Spurgeon : 1834~1892) : 영국 침례교회 목사. 런던에서 목회 활동을 하며 많은 사람의 추앙을 받음. Metropolitan Tabenacle은 그를 추모하고자 건축된 것임.

다. 이것은 자기들에게 사랑하도록 모든 것을 가르쳐 준 나라의 원수가 자기들에게 제시하는 자유의 약속이었다. 만약 한국 민족의 봉기에 대하여 외국인에게 책임이 있다면 그 외국인은 미합중국 대통령 윌슨이었다. 한국인들은 말했다.

"이제 때가 되었다."

그들은 먼저 파리 강화 회의에 자기들의 입장을 설명하는 대표를 파견하기로 결정했다. 미국에 있는 3명의 지도자가 선정되었지만 여권 발급이 거절되었다. 마침내 또 다른 청년 지도자인 김규식 씨가 프랑스에 입국하는데 성공했다.

지금의 형편으로서는 김규식이 어떻게 해서 프랑스에 입국할 수 있는지를 말하는 것은 현명치 못한 일일 것이다. 그는 자신의 과업이 부질없는 일이라는 것을 곧 발견했다. 파리 강화 회의는 그의 참석을 받아들이려 하지 않았다. 윌슨 대통령의 선언이 전면적으로 적용되도록 되어 있지 않았다.

한국인들은 공개적이고도 질서 있는 시위를 벌임으로써 파리에 있는 그들의 대표를 지원하기로 작정했다. 폭력적인 혁명을 개시하는 것이 좋다고 하는 사람도 몇몇이 있었다. 기독교인들은 그러한 의견을 가지고 있지 않았다. 그들은 말했다.

"폭력을 써서는 안 된다. 일본과 세계의 양심에 호소하자."

그들로서는 자신의 입장을 세계에 알릴만 한 수단이 없었다. 그러나 만약에 평화적이고도 합법적인 변화를 시도한 사실이 있었다면 이번이야말로 그러한 방법이었다. 전국에 지침이 시달되었는데 이제까지 그와 같은 상황 아래 발송된 것 가운데 가장 비상한 것이었다. 그 지침은 다음과 같다.

당신이 무엇을 하든
일본인을 모독하지 말고
돌을 던지지 말고

주먹으로 때리지 마시오.

그러한 것은 야만인들이나 하는 짓이기 때문입니다.

일본인들은 이미 오래 전에 한국인들의 구식 엽총까지 몰수해 갔기 때문에 국민들에게 총을 쏘지 말라고 말할 필요도 없었다. 이때 좋은 기회가 다가오고 있었다. 고종 황제가 서거한 것이다. 소문에 따르면 그는 일본 정부가 파리 강화 회의에 보내려고 작성한 한 문서에 서명하지 않으려고 자살했다고 하는데, 그 서류는 고종 자신이 한국의 현재 총독 정치에 만족하고 있다는 내용이었다.

오늘날 좀 더 보편적으로 믿을 만한 보도에 따르면, 고종은 아들인 황태자 이은이 일본인 나시모토노미야의 황녀(방자)와 결혼하는 것을 막으려고 자살했다고 한다. 황태자는 이미 한국인 규수와 약혼이 되어 있는 터였었는데 일본인들이 한국의 황실을 지배하게 되었을 때 그 약혼은 깨어졌다. 황실의 이야기는 언제나 민중에게 호소력을 갖는다. 국민들의 마음은 다시 고종 황제에게 쏠리게 되었다. 남녀노소가 모두 국상의 표시로 짚신을 신었으며,[3] 인산에 참여하고자 10만 명이 서울로 모여들었다.

국장은 3월 4일에 거행하기로 되어 있었다.[4] 이제 일본인들도 무엇인가 진행되고 있다는 것을 의심하게 되었다. 한국인들이 그토록 오랫동안 만세 모의를 숨길 수 있었다는 것은 놀라운 일이다. 전국적인 조직망이 이루어졌다. 일본인들 인산일에 큰 시위가 일어나지 않도록 준비를 서둘렀다. 지도자들도 이 사실을 알고서 간단한 방법으로 의표를 찔렀다.

그들은 3월 4일 화요일[5]이 아니라 그 앞서 3월 1일 토요일에 시위를 하기

---

3) 이 점에 대해서는 필자가 오해하고 있다. 당시로서 짚신을 신는 것은 국상과 무관한 일이었으며, 국민들은 국상의 표시로 흰 옷을 입고 갓에 흰 한지를 씌웠다.
4) 이 점에 대해서는 필자가 오해하고 있다. 국장은 3월 3일에 거행될 예정이었다.
5) 3월 3일 월요일의 착오임.

로 결정했다. 전국적으로 집회가 준비되었다. 독립선언서를 미리 인쇄하여 각지로 발송했다. 그것은 각지에서 등사되어 남녀 학생들이 조직적으로 배포하도록 되어 있었다. 전국의 주요 도시에서 집회·행진·시위를 거행하기로 계획했다.

대표 33인은 순국의 길을 택했다. 그들은 독립선언서의 원문에 서명한 사람들이었다. 그들은 자신의 행동이 아무리 가벼워도 중벌을 면할 수 없고 최악의 경우에는 사형을 당할는지도 모른다는 사실을 잘 알고 있었다. 그들은 망상에 젖은 것이 아니었다. 길선주 목사의 아들은 일본인들의 고문을 당한 뒤에 죽었다. 서명자인 양전백과 이승훈은 모두가 105인 사건의 희생자였다. 서명자의 순서는 천도교 지도자인 손병희가 첫머리이고 길선주 목사가 그 다음이었다.

3월 1일 아침, 서명자 32명은 서울에 있는 파고다 요정에 모였다. 길선주 목사가 평양으로부터 오는 길이 늦어 참석하지 못했다.[6] 몇몇 저명한 일본인들이 한국인들과 함께 식사하도록 초대를 받았다. 식사를 마친 뒤 손님들 앞에는 독립선언서가 배부·낭독되었다. 독립선언서는 총독에게도 전달되었다. 그런 다음 서명자들은 경무국장에게 전화를 걸어 그들이 한 일을 알림으로써 관리들을 놀라게 했다. 그리고 그들은 경찰 차가 자기들을 체포하고자 올 때까지 요정에서 기다리겠노라고 덧붙였다.[7]

죄수들의 호송 차는 그들을 싣고 "만세! 만세! 만세!"를 외치며 손을 흔드는 밀집한 군중의 사이를 지나 경찰서로 향할 수밖에 없었다. "만세"라 함은 "조국이여! 만년 동안 계속될지어다!"라는 뜻으로서 지난날 전쟁터에서 외

---

6) 이 점에 대해서는 필자가 오해하고 있다. 약속 시간은 3월 1일 오후 1시였으나 그들이 모인 것은 오후 2시였다. 장소는 파고다 요정[파고다 공원과 명월관을 혼동]이 아니라 명월관 분점인 태화관이었다. 이곳은 지난날 이완용의 저택이었다. 참석자는 길선주·유여대·정춘수·김병조 등 4명의 목사를 제외한 29명이었다.

7) 이 점은 사실과 다르다. 이에 대한 자세한 논의는 다음의 책을 참고할 것. 신복룡, "3·1운동사 연구에서 몇 가지 문제점," 『한국정치사』(서울 : 박영사, 2003), pp. 337~354.

치던 소리이다. 군중은 흰 바탕에 붉고 푸른색으로 우주의 원리를 표현한 구한국의 국기를 들고 나와 물결치듯 흔들었다.

"만세!"

서울뿐만 아니라 전국에서 순식간에 공개적인 시위가 벌어졌다. 새로운 저항이 시작된 것이었다. 늦게 도착한 길선주 목사는 급히 경찰서로 달려가 그들의 동지들과 합세했다.

만약 누군가 독립선언서에 대해서 전면적인 의미를 부여하고자 한다면 그것은 요약이 불가능한 기록이다. 그것은 옛 문사들의 고상한 문체로 씌어 있다. 그것은 한국민들의 염원 이상의 무엇을 담고 있다. 그것은 압제와 중세기적인 군국주의로부터 벗어나서 자유와 평화를 약속한 땅으로 나갈 길을 찾으려고 투쟁하는 새로운 아시아의 외침이었다.

THE PROCLAMATION OF KOREAN INDEPENDENCE[8)]

We here with proclaim the independence of Korea and the liberty of the Korean people. We tell it to the world in witness of the equality of all nations and we pass it on to our posterity as their inherent right.

We make this proclamation, hawing back of us 5,000years of history, and 20,000,000 of all united loyal people. We take this step to insure to our children for all time to come, personal liberty in accord with the awakening consciousness of this new era. This is the clear leading of God, the moving principle of the present age, the whole human race's just claim. It is something that cannot be stamped out, or stifled, or gagged, or suppressed by any means.

---

8) 독립선언서의 원문은 우리에게 흔히 읽혀질 뿐만 아니라 혹 영문이 필요한 독자에게 도움이 될까 하여 여기에는 번역하지 않고 F. A. McKenzie의 영문을 싣는다. 원문이 필요한 독자는 켄달(지음), 신복룡(역주), 『한국 독립 운동의 진상』(서울 : 집문당, 2019)을 참고하기 바람.

Victims of an older age, when brute force and the spirit of plunder ruled, we have come after these long thousands of years to experience the agony of ten years of foreign oppression, with every loss to the right to live, every restriction of the freedom of thought, every damage done to the dignity of life, every opportunity lost for a share in the intelligent advance of the age in which we live.

Assuredly, if the defects of the past are to be rectified, if the agony of the present is to be unloosed, if the future oppression is to be avoided, if thought is to be set free, if right of action is to be given a place, if we are to attain to any way of progress, if we are to deliver our children from the painful, shameful heritage, if we are to leave blessing and happiness intact for those who succeed us, the first of all necessary things is the clear cut independence of our people, What cannot our twenty millions do, every man with sword in heart, in this day when human nature and conscience are making a stand for truth and right? What barrier can we not break, what purpose can we not accomplish?

We have no desire to accuse Japan of breaking many solemn treaties since 1876,[9] nor to single out specially the teachers in the schools or government officials who treat the heritage of our ancestors as a colony of their own, and our people and their civilization as a nation of savages, finding delight only in beating us down and bringing us under their heel.

We have no wish to find special fault with Japan's lack of fairness or her contempt of our civilization and the principles on which her state rests; we, who have greater cause to reprimand ourselves, need not

9) 영문에는 1636년으로 되어 병자호란을 뜻하는 것으로 오역되어 있다.

spend precious time in finding fault with others; neither need we, who require so urgently to build for future, spend useless hours over what is past and gone. Our urgent need today is the setting up of this house of ours and not a discussion of who has broken it down, or what has caused its ruin. Our work is to clear the future of defects in accord with bitterness or resentment over past agonies or past occasion for anger.

Our part is to influence the Japanese government, dominated as it is by the old idea of brute force which thinks to run counter to reason and universal law, so that it will change, act honestly and in accord with the principles of right and truth.

The result of annexation, brought about without any conference with the Korean people, is that the Japanese, indifferent to us, use every kind of partiality for their own, and by a false set of figures show a profit and loss account between us two peoples most untrue, digging a trench of everlasting resentment deeper and deeper the farther they go. Ought not the way of enlightened courage to be to correct the evils of the past by ways that are sincere, and by true sympathy and friendly feeling make a new world in which the two peoples will be equally blessed?

To bind by force twenty millions of resentful Koreans will mean not only loss of peace forever for this part of the Far East, but also will increase the overgrowing suspicion of four hundred millions of Chinese-upon whom depends the danger or safety of the Far East-besides strengthening the hatred of Japan, From this all the rest of the East will suffer. Today Korean independence will mean not only daily life and happiness for us, but also it would mean Japan's departure from an evil way and exaltation to the place of true protector of the

East, so that China, too, even in her dreams, would put all fear of Japan aside. This thought comes from no minor resentment, but from a large hope for the future welfare and blessing of mankind.

A new era wakes before our eyes, the old world of force is gone, and the new world of righteousness and truth is here. Out of the experience and travail of the old world arises this light on life's affairs. The insects stifled by the foe and snow of winter awake at this same time with the breezes of spring and the soft light of the sun upon them. It is the day of the restoration of all things on the full tide of which we set forth, without delay or fear. We desire a full measure of satisfaction in the way of liberty and the pursuit of happiness, and an opportunity to develop what is in us for the glory of our people.

We awake now from the old world with its darkened conditions in full determination and one heart and one mind, with right on our side, along with the forces of nature, to a new life. May all the ancestors to the thousands and ten thousand generations aid us from within and all the force of the world aid us from without, and let the day we take hold be the day of our attainment. in this hope we go forward.

THREE ITEMS OF AGREEMENT

(1) This work of ours is in behalf of truth, religion and life, undertaken at the request of our people, in order to make known their desire for liberty. Let no violence be done to any one.

(2) Let those who follow us, every man, all the time, every hour, show forth with gladness this same mind.

(3) Let all things be done decently and in order, so that our behavior to the very end may be honourable and upright.

The 4252nd year of the Kingdom of Korea 3d Month is Day.

Representatives of the people.

The signatures attached to the document are:

Son Pyung-hi, Kil Sun-chu, Yi Pil-chu, Paik Yong-sung, Kim Wan-gyu, Kim Byung-jo, Kim Chang-joon, Kwon Dong-jin, Kwon Byung-duk, Na Yong-whan, Na In-hyup, Yang Chun-baik, Yang Han-mook, Lew Yeo-dai, Yi Kap-sung, Yi Myung-yong, Yi Seung-hoon, Yi Chong-hoon, Yi Jong-il, Lim Yei-whan, Pak Joon-seung, Pak Hi-do, Pak Tong-wan, Shin Hong-sik, Shin Suk-goo, Oh Sei-chang, Oh Wha-young, Chung Choon-soo, Choi Sung-mo, Choi-rin, Han Yong-woon, Hong Byung-gi, Hong Ki-jo.

제 15 장 3 · 1운동(2) : 탄압

3월 1일, 토요일 오후 2시, 전국에 있는 수많은 도시에서 시민 대표들이 대규모의 군중 앞에서 독립선언서를 엄숙히 낭독했다. 어떤 지방에서는 기독교 대표와 비기독교 단체의 대표들이 함께 행동했으며, 또 다른 지역에서는 상호 합의에 따라 기독교 단체와 비기독교 단체가 동시에 각기 다른 곳에서 모였다. 그런 다음 그들은 시가지에서 만나 어떤 때는 악대를 앞세우고 만세를 부르면서 해산될 때까지 거리를 행진했다.

모든 세부 사항들은 이미 예정된 것이었으며 수많은 독립선언서의 인쇄가 준비되었다. 이 선언서는 남녀 학생과 때로는 부녀자들에 의해 그 지역의 각 도시에 배포되었다. 한국 사회의 모든 계층들이 단결되어 있다는 것이 곧 밝혀졌다. 일본인들로부터 훈작을 받은 사람들도 노동자들과 자리를 함께 했다.

상인들은 철시했으며 일본인들 밑에서 일했던 경찰들은 제복을 벗어 던지고 군중과 합세했으며, 짐꾼과 노동자, 학자와 목사, 그리고 남녀 모두가 단결했다. 오랜 옛날부터 오늘에 이르기까지 이번 이외의 한국인들의 모든 시위에는 국민들의 일부만이 참가했었다. 지난날 양반들이 정치적인 반항을 일으켰을 때도 그들은 민의와 같은 것이 존재한다는 것을 인식하지도 못했고, 따라서 그들의 의사를 물어 보려고 애쓰지도 않았다.

한국의 지난 역사를 돌아보면 이씨 가문 대 민씨 가문, 수구파와 개화파가 싸울 때의 당파, 그리고 독립협회와 조정 구신들과의 싸움에서처럼 상류사회의 시위만이 있었다. 그러나 지금은 모두가 하나가 되었다. 그리고 남녀가 함께 단결했고 심지어는 어린아이들까지도 합세했다. 여섯 살짜리 소년들은 그들의 아버지가 감옥으로 끌려갈 때 그들에게 굳세게 살며 굽히지 말라고 말했고, 열두세 살짜리 소녀들도 스스로 감옥에 들어갈 준비를 했다.

독립 운동은 시위였지 폭동은 아니었다. 시위가 시작되고 일본인들이 국민들을 격분케 만들 때까지 폭력 행위도 없었다. 전국에 깔려 있던 일본인들 가운데 다친 사람이 없었다. 일본인 상점들도 말짱했다. 일본 경찰이 공격했을 때 복종하며 항거하지 말라고 어른들은 국민들에게 명령했다. 약자가 단결하여 강자를 놀라게 했다. 애당초 일본 당국은 너무도 철저하게 놀란 나머지 어떻게 해야 할 바를 몰랐다.

그 뒤 독립 운동이 무자비하게 탄압될 것이라는 말이 떠돌았다. 그리하여 일본은 한국인에게 이기고 몇 세기 동안 역설되어 온 원한을 씻어 버릴 수 있는 그의 마지막 기회마저 잃어버렸다. 일본인들의 첫 번째 계획은 모든 군중 집회를 공격하여 해산시키고, 시위에 참여한 사람이나 시위대와 손을 잡았다고 생각되는 모든 사람들을 체포하는 것이었다.

일본의 민간인들도 몽둥이와 칼로써 무장하고 시위대라고 생각되는 사람을 공격해도 좋다는 백지위임장을 받았다. 그들은 이를 아무렇게나 해석했다. 불 끄는 데 사용하는 쇠갈고리를 끝에 단 장대를 든 소방대원들도 파견되었다. 쇠갈고리로 한번만 맞으면 그것은 곧 죽거나 아니면 불구가 되는 것을 의미했다. 경찰은 총칼을 마구 휘둘렀다. 여기에서 "마구"(freely)라는 용어는 다음과 같은 사건에서 가장 잘 나타날 수 있다.

서울의 어느 거리에서 작은 규모의 군중이 만세를 부르기 시작했다. 경찰이 따라오자 그들은 자취를 감추었다. 군중이 도망칠 때 어느 한 사람이 하수구에 빠졌는데 그가 만세를 부르던 사람이었는지 아니면 우연히 그곳을 지나가던 구경꾼이었는지는 확실하지가 않다. 그가 하수구를 빠져나오려 애쓰고 있을 때 경찰이 왔다. 그가 저항을 했는지 하지 않았는지는 물을 것도 없다. 그는 아무런 무기도 갖지 않았으며 혼자뿐이었다.

경찰은 귀를 찍어 볼까지 그어 내리고 손가락을 자르고 몸을 난도질한 다음 죽게 했다. 그는 겁에 질린 구경꾼들에게 떠메어 갔으나 몇 시간도 못 되어 죽었다. 내가 이 글을 쓰고 있는 지금 그 시체의 사진이 내 앞에 놓여 있다. 나는 어느 날 저녁에 뉴욕에 살고 있는 두세 명의 사람에게 그 사진을 보여주었다. 그 다음날 내가 그들을 만났더니 그들은 이렇게 말했다.

"우리는 그 사진 때문에 어젯밤 내내 악몽에 시달렸습니다."

서울에서 33인이 체포되었을 때 공원에서는 시위가 벌어지고 그곳에서 독립선언서가 낭독되었다. 그때 군중들은 거리에서 질서 있게 시위하면서 태극기와 모자를 벗어 흔들고 만세를 부르고 여러 영사관과 공공건물 앞을 지나며 각국 영사들에게 자기들이 한 일을 알리는 서한을 전달했다. 그들은 폭력을 행사하지 않았다. 경찰은 말을 타거나 걸어 다니며 군중을 해산시키려 노력했고 수없이 많은 사람들을 체포했지만 군중이 너무 많아 해산시킬 수가 없었다.

그 다음날은 일요일이었다. 이날 한국의 기독교도들은 주일 예배를 엄격히 지키기 때문에 신자들은 시위를 진정시키는 데에 중요한 역할을 했다. 이와 같은 일은 일본 당국으로 하여금 그들의 힘을 모을 수 있는 시간적 여유를 주었다. 그날 서울뿐만 아니라 전국적으로 수많은 사람들이 체포되었다. 월요일에는 고종 황제의 장례식이 있었다. 그날 민중은 조용했다. 소학교 학생들은 시위에 참여하느라고 모두 등교하지 않았다는 사실이 주목할 만했다. 그들은 동맹 휴학을 했던 것이다.

수요일이 되자 이제 다시 생활은 정상으로 돌아가리라고 예상되었다. 학교가 다시 문을 열었으나 학생들이 아무도 없었다. 가게 문은 여전히 닫혀 있었다. 공공 기관에 고용된 노무자들도 일하러 나오지 않았다. 당국은 경찰을 보내어 가게 문을 열도록 명령했다. 그들은 경찰이 오면 가게 문을 열었다가 그들이 사라지면 즉시 문을 닫았다. 결국 그들이 가게 문을 연 것을 지키려고 가게 밖에 군대가 배치되었다. 그들은 마지못해 가게에 앉아 손님이 찾아오면 찾는 물건이 없다고 말했다. 이러한 일이 몇 주 동안이나 계속되었다.

당국은 어린아이들이 등교를 거부하는 데 제일 당혹했다. 어느 한 커다란 소학교에서는 학생들에게 졸업식 행사에 참가하여 졸업증서를 받아 가라고 애원을 했다. 그 도시에 살고 있던 사람들이 나에게 들려준 바에 따르면, 그 이야기인즉 다음과 같다.

애원을 들은 학생들은 표면적으로는 고집을 꺾은 것처럼 보였다. 그리고 수많은 관리와 다른 저명한 일본인들이 참석한 가운데 졸업식이 시작되었다. 각 학생들에게는 귀중한 졸업증서가 수여되었다. 그런 다음 열 두어 살쯤 된 학생회장이 그의 선생님과 당국에 감사의 뜻을 전하고자 앞으로 걸어 나왔다. 그는 깍듯이 예의를 갖추는 것 같았다. 그는 절을 할 때에도 최대한 경의를 표시했고 마치 자기는 경칭을 좋아하기라도 한다는 듯이 목소리를 길게 뽑았다. 내빈들은 기분이 좋았다.

말이 끝날 때가 되자 그는 이렇게 말했다.

"저는 이제 이 말만은 하지 않을 수가 없습니다."

그의 목소리가 바뀌었다. 그는 몸을 똑바로 세우고 눈에는 결연한 빛을 보였다. 그는 지난 며칠 동안에 지금 자기가 하고자 하는 말로 말미암아 많은 사람들이 죽음을 당했다는 사실을 잘 알고 있었다.

"우리는 여러분께 한 가지를 더 부탁드리고자 합니다."

그는 겉옷 속에 손을 집어넣더니 소지 자체만으로도 죄가 되는 태극기를 끄집어내었다. 그는 태극기를 흔들며 울부짖었다.

"우리의 나라를 돌려 달라! 대한 독립 만세!"

모든 학생들이 자리를 박차고 일어나더니 그들의 품속에서 태극기를 꺼내 흔들며 만세를 드높이 불렀다. 그들은 이제 기절초풍한 내빈들 앞에서 그들의 귀중한 졸업증서를 찢어 땅바닥에 던지고는 떼 지어 밖으로 나갔다.

수요일 아침 9시에 어린 남학생들과 여학교 학생들이 대궐 주변에서 대규모의 시위를 벌였다. 여학생들은 그들이 앞으로 해야 할 역할을 이미 계획해 두었다. 그때 대규모의 경찰이 칼을 빼 들고 달려들어 남녀 학생을 가리지 않고 찌르고, 치고, 체포했다. 여학생들도 남학생들과 꼭 같이 거칠게 구타당했다. 그날 아침 100명의 여학생을 포함하여 400명 이상이 경찰서로 연행되었다. 그곳에서 어떤 일이 있었는지에 대해서는 다음의 제17장에서 언급할 것이다.

극동에서 가장 유명한 선교사 병원 가운데 하나인 세브란스병원에 있는 15명의 실습 간호사들이 부상병을 치료하고자 붕대를 가지고 뛰어나갔다. 경찰은 그들도 구금했다. 혹시나 외국인들이 간호사들로 하여금 시위에 참여하도록 충동질하지 않았나를 알아보려고 경찰은 그들을 엄하게 문초했지만 그들은 그날 오후에 석방되었다.

그날 오후에 이왕(순종)이 고종의 장례를 마치고 돌아오는 길에 20명의 선비들이 그의 행차에 접근하여 청원서를 제출하려 시도했으나 경찰의 제지를 받았다. 선비들은 청원서를 총독에게 제출하고자 그를 찾아갔으나 그들은 경찰서로 가라는 말을 들었다. 그들은 경찰서에서 체포되었다.

한국에서 가장 유명한 김윤식[1] 자작과 이용직[2] 자작은 총독에게 정중한 청원서를 보내어 그가 민중의 말에 귀를 기울일 것을 권하는 동시에 시위를

1) 김윤식(金允植 : 1835~1922) : 호는 운양. 과거에 급제하여(1874), 영선사(1881)로 청국에 건너가 한미수호통상조약(1882)의 체결을 주선함. 공조 · 예조 · 병조 판서, 외무독판 · 외무대신(1895), 중추원 의장을 지냈고 합병 당시에는 자작과 은사금을 받음. 3 · 1운동 때는 독립청원서를 제출했다가 작탈됨. 당대 최고의 문장가로서, 『운양집』은 일본학사원 상을 받음.

2) 이용직(李容稙 : 1852~1932) : 1875년에 과거에 급제한 후, 개성 유수, 강원관찰사와 이완용 내각의 학부대신을 지냄. 합병과 함께 작위와 함께 은사금을 받았으며, 중추원 고문으로 있으면서 3 · 1운동 당시에 독립청원서를 제출했다가 작탈됨.

진압하려고 취한 가혹한 탄압을 개탄했다. 김윤식은 대제학을 지낸 원로 귀족으로 한때는 친일적인 사람이었다. 1866년에 이미 그는 외국에 대하여 문호를 개방할 것과 일본과 수교조약을 체결할 것을 왕에게 주장함으로써 목숨이 위태로운 적이 있었던 인물이었다.

한일합방이 되자 일본은 김윤식에게 새로운 작위를 주었다. 그는 이제 85세의 몸으로 연약하여 몸져누워 있었다. 그 자신과 동료 가운데 신들과 함께 제출한 청원서는 사려 깊고, 문장도 유려했고 민중에게 깊은 감명을 주는 것이었으며, 그 안에 총독이 적대감을 느꼈어야만 할 내용은 담겨 있지 않았다. 일본이 이 두 귀족을 다룬 방법은 그들이 다른 민족을 지배하는 데 무능하다는 것을 웅변적으로 증명해 주었다. 그 두 귀족은 문중의 여러 남자들과 함께 체포되었다.

김윤식은 병이 너무 깊어 즉시 호송할 수가 없었기 때문에 집에 두고 감시를 했다. 7월에 그들은 모두 재판에 회부되었다. 김윤식 자작에게는 손자인 김기수와 김유문이 있었고 이용직 자작에게는 친척인 이건태가 있었다. 그들에 적용된 죄명은 보안법 위반이었다. 김기주는 자신을 변호하려 했던 것이 화근이 되었다.

일본 신문이 보도한 바에 따르면 그는 "자기의 명분을 옹호하고자 이런 저런 이론을 제기함으로써 법정에 매우 적대적인 태도를 보이려 했다."는 것이다. 이러한 설명은 그 재판을 가장 혹독하게 비난하는 내용이 되고 있다. 피고가 자기를 변호하려고 노력한 것이 오히려 죄를 가중시키는 곳에서 정의는 이미 사라진 것이다. 김윤식 자작은 2년 금고, 이용직 자작은 1년 6개월 징역을 받고 모두 집행 유예 3년을 받았다. 김기주 · 김유문 · 이건태는 각기 1년 6개월, 1년, 6개월 가운데 노동의 언도를 받았다.[3] 이 언도는

---

3) 이때 김윤식은 2년형이 아닌 3년형을 받았다. 이들의 행적과 재판에 관한 사항은, 『한국 독립 운동사 자료집(5) : 3 · 1운동 재판기록』(서울 : 원호처 독립 운동사편찬위원회, 1972), pp. 209～217 참조.

총독부가 박해를 가하고 처벌을 명령했다는 오점을 남겼다.

서울에 있는 백인들은 일본인들이 세브란스병원에 입원한 중상자들을 다루는 모습을 보고 경악을 금할 수가 없었다. 대부분이 중상자들이었고 그 가운데 몇몇 사람은 침대에 누워 있었는데 일본 경찰이 오더니 그들을 인도해 줄 것을 요구했다. 의사는 그들을 움직이는 것이 지극히 위험하다는 사실을 지적했다. 그러나 경찰은 고집을 꺾지 않고 그들 가운데 세 사람을 연행해 갔다. 들리는 바에 따르면 그런 식으로 끌려간 사람들 가운데 하나는 고문으로 죽었다고 한다.

그러한 보고는 다른 지역에서도 들려오기 시작했다. 북쪽에서는 만주와 접경되어 있는 의주에까지 시위가 번졌다. 들리는 바에 따르면 선천에서는 30명이 피살되었고, 상당수가 부상을 입었으며, 300명이 체포되었다고 한다. 평양은 가장 인상적인 시위를 거행한 중심지였는데 일본인들은 이를 잔혹하게 진압했다.

동해안을 따라 함흥에 이르기까지 그와 비슷한 시위가 있었다. 일본인들의 말에 따르면 남쪽에서는 수요일까지 평온했다가 그제야 군산에서 기독교 학생들이 주도한 시위가 일어났다고 한다. 경찰은 즉시 기독교 시위대를 체포했고, 신문에서는 미국의 선교사들이 배후에 있었다고 발표했다.

일본 거류민들로 하여금 미국인에 대하여 적대 행위를 하도록 교묘한 책동이 전개되었다. 경찰은 자선 단체에 봉사하는 지도자들과 미국인 선교사들의 가택을 수색했다. 그들 가운데 어떤 사람은 경찰에 연행되어 수사를 받았고, 어떤 사람들은 가두 검문을 받았다. 선교사들에게서 어떤 혐의가 될 만한 증거를 찾을 수 없는 경찰들은 한국인 기독교도들에게로 눈을 돌렸다.

곧 이어 서울에 있는 기독교 목사들 거의 대부분이 체포되었으며, 여러 곳에서 기독교 교회가 불타고 있고, 지도적인 기독교인들이 체포되었고, 그들의 신도들이 고문당했다는 소식이 들어왔다. 미국 영사관 관리들로부터 압력을 받은 일본 당국은 선교사들이 이번 시위와 아무런 관련이 없으나 이번 시위는 기본적으로 기독교 운동이었던 것처럼 행동했다고 발표했다.

이 나라에서는 사람들이 거리를 걸어 다니다가 일본 군인들로부터 불심검문을 당하여 "기독교인이냐?"는 질문을 받는다. 만약 그들이 "그렇다."고 대답을 했다가는 두들겨 맞으며, "아니다."라고 대답하면 보내 준다. 시골 헌병들은 장차 기독교도들을 모조리 쓸어 없앨 것이며 총으로 쏴 죽이겠다고 주민들에게 말했다.

전국 각처에서 "기독교도들이 전면적으로 체포되고 있으며 단순히 그들이 기독교인이라는 이유 때문에 구타당하고 있다."는 보고서가 들어왔다. 곧 이어 서울뿐만 아니라 많은 시골에서도 감옥에서 벌어지고 있는 끔찍스러운 얘기가 들려 왔다. 수사를 받고 무죄가 입증되어 풀려난 사람들은 그들이 경찰서에서 겪은 고문에 대해서 말했으며, 어떤 사람들은 말할 수 없이 처참한 모습으로 석방된 지 며칠 만에 죽었다.

그들의 몸과 머리를 조사해 보면 끔찍스러운 상처가 발견되었다. 그들이 어떻게 고문을 당했는가 하는 점은 암스트롱[4] 목사의 다음과 같은 기록에서 잘 요약되어 있다. 그는 캐나다 장로교 해외선교국에 소속되어 있었는데 그 무렵에 마침 한국을 방문하고 있었다.

> 한국인들이 경찰과 헌병의 손에 의해서 겪는 고문은 저 유명한 105인 사건 당시에 겪은 것과 꼭 같다. 나는 지금 미국과 정부로 발송되고 있는 조사서를 읽었는데 그 내용은 모든 사람의 피를 끓게 하며, 피고들로부터 자백을 받아 내려고 사용한 고문은 너무도 끔찍스럽다. 피고 가운데 많은 사람들은 시위에 참여했던 사람들이 아니라 단순한 구경꾼들이었다.

---

4) 암스트롱(A. E. Armstrong : ?) : 캐나다 장로회 목사. 캐나다 장로회 해외선교부 간사로 1918년 극동 지역에 파견되어 한국을 비롯하여, 일본 · 중국 · 만주 등지의 캐나다 장로회 선교 상황을 시찰했다. 그는 3 · 1운동 당시의 상황을 직접 목격하고 기독교 기관과 접촉을 가진 뒤에 미국으로 건너가 객관적이고 자세한 3 · 1운동 상황을 미국에 소개한 최초의 인물이 되었다.

2주일 동안에 피검자 수는 서울에서만 몇 천 명에 이르렀다. 모든 사람들, 특히 학생들로서 시위에 참여했다고 의심을 받은 사람들은 투옥되었다. 일본 당국이 지도자를 체포하지 못했든가, 아니면 체포된 사람이 생기면 그 자리를 언제든지 채울 수 있도록 지도자들이 체제를 갖추어 놓고 있음이 분명했다. 일본의 공식 대변지인 『서울 프레스』는 이제 선동이 종식되었다고 보도하려 했으나 2~3일이 지나면 거리에서 또 다른 대규모의 시위가 일어났다.

서울의 인산에 참여했던 몇 십만 명은 고향으로 돌아가자 시위를 선동하기 시작했다. 특히 일본 당국은 등사의 형식으로 거리에 나도는 『독립신문』이라는 지하 문서의 편집인과 발행인을 색출하지 못함으로써 커다란 곤욕을 겪었다. 이를 저지하려고 모든 등사 용지와 등사기를 발견하는 대로 압수했다. 그 신문의 편집자가 체포되었다는 사실이 꽤나 여러 번 발표되었다. 그러나 그러한 발표가 나오자마자 이상스럽게도 서울과 지방에서는 새로운 판의 선언서가 나타나곤 했다.

시위 사실에 대한 소식을 최소화하려고 꽤나 노력했지만 그러한 소식은 점차로 빠져나가 외국의 지상에 보도되었다. 정무총감 야마가타 이사부로[5]가 정부와 협의하고자 도쿄로 소환되었다. 미국에 있는 일본의 많은 친구들은 이에 대하여 큰 기대를 걸었다. 일본의 진보적인 수상인 하라 사토시[6] 각하가 이제까지 자행된 학정을 반대하는 내용을 곧 성명하게 될지도 모른다고 다른 사람들은 믿었다.

그러나 불행하게도 이러한 기대는 허물어졌다. 외국 기자들에게는 안심

---

5) 야마가타 이사부로(山縣伊三郎 : 1857~1927) : 일본의 정치가. 야마구치 출신. 독일에 유학(1881~1883)한 뒤 정계에 진출하여 사이온지 긴모치 내각의 체신대신. 귀족원 의원(1908). 조선통감부 부통감(1910)을 지냈고, 데라우치 마사타케와 하세가와 요시미치 밑에서 정무총감을 지냈으며(1910~1919), 귀국해서는 관동장관(1920)과 추밀원 고문(1922)을 지냄.

6) 하라 사토시(原敬 : 1854~1921) : 일본의 정치가. 정우회의 당수. 일본의 역사상 최초로 작위가 없이 수상이 됨.(1918~1921) 과격파 청년에게 피살.

하라는 듯이 말하면서도 하라 씨와 그의 정부는 더욱 가혹한 정책을 취할 것을 공식적으로 결정했다. 야마가타 총감이 귀임하여 발표한 바에 따르면 수상과 회담을 하고, 천황을 알현하고, 내각에서 회의를 거친 뒤 일본은 한반도에 좀 더 많은 군대를 파견하는 것이 좋겠다는 결정에 이르게 되었다고 발표하고 계속해 다음과 같이 말했다.

> 시위의 첫 단계에서 조선 총독은 온건한 방법(!)을 쓰고자 했고 평화적인 방법으로 소요를 진정시키고자 희망했다. 그러나 소요가 점차 전국적으로 퍼지고 소요의 성격이 악화되자, 유감스럽게도 이러한 상황을 진정시키려고 폭력을 쓸 수밖에 없었다. 그럼에도 불구하고 소요가 계속되었을 뿐만 아니라 걷잡을 수 없이 전국적으로 파급되자 이곳에서 활약하고 있는 경찰과 군대로는 불충분하게 되었고 일본으로부터 더 많은 군대와 헌병을 파견할 필요가 있게 되었다. …… 만약 선동자들이 현재의 소요를 계속한다면 그들에게 좀 더 강력한 군대의 힘을 보여 줄 필요가 있다. 군대가 그러한 무력을 사용하기에 앞서 사태가 진정되기를 진정으로 바라는 바이다.

총독인 하세가와 요시미치 백작은 이미 여러 가지 포고문을 발표하여 일본 천황의 자비로움을 말하고, "민족 자결"이란 표어는 일본에게는 합당치 않으며 치안을 방해하는 사람들을 용서 없이 처벌하겠다고 경고했다. 다음에 그의 포고문 하나를 읽게 되는데 이것이야말로 그의 포고문 가운데에서 전형적인 것일 수도 있다.

> 이태왕(李太王) 전하(殿下)의 국장(國葬)이 거행되는 동안 나는 국민들이 조용하고 공경하는 자세로 국장을 치르고 충동적인 행위나 무질서를 피해야 한다는 지시를 내린 바 있다. 아! 그러나 국민들은 몇몇 빗나간 사람들에 선동되어 서울과 각지에서 폭동을 시작했을 때 나는 심히 유감스러웠다.

최근 파리와 그 밖의 도시에서 강화 회의가 개최되었을 때 조선의 독립이 인정되었다는 뜬소문이 나돌고 있으나 그것은 전혀 무근한 낭설이다. 일본 제국의 주권은 반박할 나위도 없이 이미 오래 전에 확립된 것이며 앞으로도 결코 침해됨이 없을 것이다.

한일 합방 이후 10년 동안 일본 제국의 자비로움은 점차로 전국 각지에 이르지 않은 곳이 없으며, 한국인들이 생활 안정과, 재산과 교육과 산업에서 괄목할 만한 진보를 이루었다는 것은 세계에 널리 알려진 사실이다. 위에서 말한 바와 같은 뜬소문을 퍼뜨림으로써 국민을 오도하려 하는 사람들은 자기들의 목적이 무엇인지를 잘 알고 있다. 그러나 자신의 학업과 직업을 버리고 시위에 참여한 사람들에게 후회스러운 날이 오리라는 것은 확실하다. 지금 당장 그러한 미망에서 깨어나는 것이 시급하다.

지금 우리의 모국인 일본과 조선은 하나로 뭉쳐 하나의 국가를 건설하고 있다. 우리의 인구와 국력은 국제연맹에 들어가 세계 평화와 인류 계발에 참여하기에 충분하며, 동시에 이웃 나라들을 어려움으로부터 구출함으로써 동맹국으로서의 의무를 충실히 이행할 작정이다. 지금 이 순간이야말로 일본인과 한국인 사이의 단결심이 더욱 강화되어 제국으로서의 역할을 수행하고 세계에서의 위신을 확립하는 데에 부족함이 없도록 해야 할 것이다. 예로부터 밀접한 관계를 맺어 왔던 두 민족이 최근에 이르러 더욱 가까워진 것은 틀림이 없다. 최근의 사태는 어느 모로 보나 두 민족 사이의 반감에 원인이 있는 것은 아니다.

오랫동안 해외에 있었던 탓으로 한국의 실정을 자세히 모르고 있음에도 불구하고 터무니없이 꾸며 낸 얘기를 퍼뜨리고 제국의 치안을 방해함으로써 동족들로 하여금 열강의 웃음거리가 되게 오도하여 조선에게는 지극히 걸맞지 않는 "민족 자결"이라는 표어에 빠지게 하여 끝내 무분별한 언동을 저지르게 만드는 고집스러운 사람들의 불평을 그대로 믿는다는 것은 지극히 어리석은 짓이다.

당국은 지금 그러한 불법적인 행위를 종식시키려 최선을 다하고 있을 뿐만 아니라 치안을 문란하게 하는 사람들에게는 가혹한 처벌을 가할 것이다. 현재의 흥분은 곧 종식되겠지만 각 국민들은 자신의 이웃을 잘 살핌으로써 그들로 하여금 중벌을 받는 일이 없도록 하고 치안을 회복하면서 맡은 바 위치에서 최선을 다해 줄 것을 기대하는 바이다.[7]

여러 가지 새로운 법률을 집행함으로써 무자비한 탄압의 시대가 시작되었다. 한국에 들어오고 나가는 한국인에 대한 법률도 더욱 강화되었다. “외국인 여행자 및 거주자에 관한 법률”도 이미 3월 중순에 개정되었다. 이 법에 따르면 비록 비상업적인 행위일지라도 자기의 집에 외국인을 머무르게 허락한 사람은 그 사실을 즉시 경찰이나 헌병대에 신고해야 한다.

선동을 금하는 새로운 법령이 『관보』에 발표되었다. 이 법에 따르면 정치적인 변화를 목적으로 치안 유지를 방해했거나 방해할 의도를 가진 사람은 10년 이하의 금고나 징역에 처하도록 되어 있다. 이 법령은 국내외에서 범법한 제국 국민에게도 적용될 수 있으며, 그 새로운 법을 실시할 당시에 이 법은 일본인이나 한국인은 물론 외국인에게도 적용될 수 있다는 것을 특별히 강조했다.

조선 총독은 세계의 어느 법률가들도 부당하고 납득할 수 없다고 생각하는 새로운 법률을 발표했다. 그들은 소급법을 만들었다. 이 법은 소급법이기 때문에 이 법에 따라 범죄 사실이 밝혀진 사람들은 그에 따라서 새로 판결을 받았는데, 그 형량은 구법에 견주어 가벼운 것이 아니었다. 이런 일은 실제로 있었다. 한국인들은 이 군국주의 체제가 무엇을 뜻하는지를 곧 알았다.

이러한 사례는 경부선을 타고 내려가다 보면 수원에서 몇 마일 떨어진 제암리(堤岩里)에서 일어났다. 이 마을이 파괴되었다는 소문이 수없이 서울로 들어오자 미국 영사관의 커티스(Curtice) 씨, 저 유명한 초기 선교사인

7) (원저자 주) *Seoul Press*.

언더우드(H. G. Underwood)의 아들로서 그 또한 선교사인 언더우드[8] 씨 그리고 일본 신문 『애드버타이저』의 특파원을 포함한 미국인들이 진상을 알아보려고 제암리로 내려갔다.

정밀한 조사를 마친 뒤 미국인들은 40호가 살고 있는 작은 마을에 이르렀다. 집이라고는 너덧 채만이 멀쩡하게 남아 있었고 나머지는 쓰러진 채 연기를 품고 있었다. 『애드버타이저』의 특파원은 다음과 같은 기록을 남겼다.

> 우리는 마을 옆에 세로로 나 있는 길을 따라 걷다가 마을 가운데쯤에서 불에 그슬린 채 포플러로 둘러싸인 곳에 다다랐다. 그곳에는 불씨가 있는 재가 가득했다. 불에 탄 채로 끔찍하게 뒤틀려 남녀를 구분할 수 없는 시체를 우리가 본 곳은 바로 이곳이었다. 나중에 알고 보니 그곳은 교회였다.
>
> 그곳에서 다른 방향으로 내려오다가 나는 두 번째 시체를 보았다. 그 시체는 남자였음이 분명했으며 심하게 불탄 채로 교회 밖에 누워 있었다. 교회 주변의 시체 타는 냄새는 병이 날 정도였다. 우리는 마을의 끝을 지나 언덕으로 올라갔다. 그곳에는 짚을 씌운 작은 초막 밑에 몇 사람이 가엾은 가족들을 거느리고 웅크리고 앉아 있었다. 그들은 대개가 여자들이었으며 노인도 약간 있었고 젊은 엄마들은 가슴에 아기를 안고 있었다. 그들은 모두가 그 엄청난 슬픔과 비탄으로 넋을 잃고 있었다.
>
> 동정에 찬 언더우드 씨가 한국어로 얘기를 나누니 그들은 곧 다소의 신뢰의 빛을 보였다. 그는 여러 곳에서 일어난 이야기들을 들었는데 어떠한 경우에나 이야기는 본질적으로 앞뒤가 맞았다. 우리가 도착하기 전날, 정오가 갓 지난 어느 시간에 군인들이 몰려오더니 모든 기독교신자들을 교회로 모이도록 명령했다.

---

8) 언더우드(H. H. Underwoood : 1890~1951) : H. G. Underwood의 아들. 뉴욕 대학을 졸업하고 내한하여 경신학교 교사(1912), 조선신학교 교수 및 교장(1917), 연희전문학교 3대 교장(1933)을 역임한 뒤 귀국. 1945년에 다시 내한하여 군정청에서 활약하다가 한국 전쟁 중에 부산에서 죽음.

우리가 조사한 바에 따르면 교회에 모인 사람의 숫자는 30명 정도였다. 경찰은 그들에게 사격을 했고 그 다음에는 창칼로써 그들의 목숨을 끊었다. 그런 뒤에 교회에 불을 질렀지만 교회는 중앙에 있고 바람이 한쪽으로만 불자 윗동네 마을에는 불길이 닿지를 않았다. 군인들은 이곳 집에도 각기 불을 지르고 얼마 뒤에 떠나갔다.

폐허가 된 마을을 지나 인력거로 돌아가는 길에 우리는 멀쩡한 채 서 있는 그 마을의 집에 들어가 매우 늙은 집 주인과 얘기를 나누었다. 그의 집이 무사했던 것은 마을과 좀 떨어져 있었고 바람의 방향이 다른 때문이었다고 그는 설명했다. 그는 기독교인이 아니어서 교회에 불려 가지 않았기 때문에 살아남았다. 그곳에서 무슨 일이 있었는지에 관해서 그가 말한 사건의 자세한 전말은 다른 사람들의 얘기와 정확히 일치했다.

오늘날 한국에서 무슨 일이 일어나고 있는지 보여 주려면 다음과 같은 한 가지의 예로 충분할 것이다. 다음의 편지는 한국에서 책임 있는 위치에 있는 한 미국의 지식인이 쓴 편지이다.

만약 일본 당국이 이번 문제를 달리 처리했더라면 나는 이런 편지를 쓰지 않았을는지도 모릅니다. 우리는 정치적인 문제에 관여하고자 외국에 나와 있는 것은 아닙니다. 그러한 문제가 순수하게 정치적인 문제로 남아 있는 한 우리는 이러니저러니 말하고 싶은 의욕도 없습니다. 그러나 한국인의 호소가 그런 식으로 처리된다면 그것은 이미 정치의 영역을 벗어나 하나의 인도적인 문제가 되어 버렸습니다.

어떤 문제가 비인도적인 문제에 대한 가엾은 투쟁이 되어 연약하고 도움받을 수 없는 사람들에 대한 문제가 될 때 중립과 같은 처사란 있을 수가 없습니다. 나는 개인적으로 친한 한국인 친구들을 만났습니다. 그들은 교육 수준도 높고 나이도 지긋하며, 그때까지 시위에 참여한 적도 없는 사람들이지만 그들 가운데 어떤 사람은 경찰의 명령에 따라 살이 뭉그러지도록 고문을 당했습니다.

내가 이 편지를 쓰고 있는 곳으로부터 몇 백 야드 떨어진 곳에서는 지금도 매일같이 고문이 진행되고 있습니다. 희생자들은 형틀에 매달려 맨몸으로 인사불성이 되도록 몽둥이로 매를 맞고 있습니다. 경찰은 그들이 깨어날 때까지 찬물을 끼얹은 다음 다시 고문을 계속합니다.

어떤 때는 이런 식의 고문이 여러 차례 반복됩니다. 내가 들은 믿을 만한 정보에 따르면 어떤 경우에는 팔과 다리가 부러졌다고 합니다. 남녀노소가 총이나 칼을 맞고 쓰러지고 있습니다. 교회는 특별히 분노의 표적이 되고 있으며, 기독교들에게는 특별히 잔인하게 상대합니다. ……

내가 머무는 곳에서 몇 마일 떨어진 곳에서는 한 무리의 군대가 마을로 들어와 남자들을 몰아내고 여자들만 남게 했습니다. 그러나 아녀자들이 걱정스러웠던 남자들은 여자들을 먼저 보냈습니다. 이러한 이유로 남자들은 구타를 당했습니다. 이 마을에서 약간 떨어진 곳에서 그 군인들은 인력거를 타고 가는 아낙네들을 만났다고 합니다. 그 여자는 그들에게 강간을 당해 정신을 잃었습니다.

한 남자가 그 사건이 일어난 지역의 군대 책임자에게 그 군인들이 한 일을 보고했더니 그 책임자는 그러한 보고를 했다는 이유로 그를 구타하도록 명령했습니다. 내가 오늘 어느 다른 지방에서 받은 보고에 따르면 일본인들은 한 여인을 잡아다가 엄지손가락을 묶어 6시간 동안이나 매달아 놓고서는 그의 남편이 간 곳을 대라고 고문했다고 합니다. 그 여자는 남편의 행방을 아마 모르고 있었을 겁니다.

과거 4년 동안 우리는 독일 치하에서 벨기에인들이 겪은 비탄을 많이 들었지만 오늘날 한국의 현실이 바로 그렇습니다. 벨기에 정부가 최근에 발표한 바에 따르면 그들이 독일의 지배를 받던 4년여 동안에 6,000명의 민간인이 죽었다고 합니다. 이곳에서는 단 7주 동안에 무기도 없는 무기력한 남녀노소 2,000명이 죽었다고 말할 수가 있습니다. 이에 대한 결론은 귀하가 내리는 것이 더 좋을 것입니다.

한국인에 관해서 말한다면 그들은 우리에게 놀라운 존재들입니다. 여러 해 동안 그들을 알고 있었고, 그들이 위대하다는 것을 이미 알고 있었던 우리로서는 새삼 놀라게 됩니다. 자제력, 강인성, 인내심 그리고 그들의 영웅적인 자세를 능가할 민족은 없습니다. 미국의 한 시민인 나는 어렸을 때부터 "미국의 독립 정신"이라는 말을 듣는 데 익숙해 있지만 나는 외국인으로 이곳에서 그것을 목격했고 황색 인종 속에서 그것을 체험했습니다. 오늘날 "나는 한국인이 자랑스럽다."고 말하는 외국들이 많이 있습니다.

선천에서는 매우 자극적인 사건들이 있었다. 이 도시는 한국에서도 이름난 기독교 중심지이며, 이곳 주민들은 강건하고 독립심이 강한 서북인들이어서 오랫동안 일본인들의 의심을 받아 왔다. 지난 105인 사건 때에는 많은 기독교 지도자들과 선교사 학교의 학생들이 투옥되어 고문을 받았다. 그들은 그 뒤 복심법원에서 무죄 판결을 받았지만 그렇다고 해서 두 나라 국민 사이의 조화로운 관계를 조성해 주지는 못했다.

국민들 사이에는 여러 가지의 고시문과 호소문이 나돌고 있었다. 지도자들이 발행한 그 많은 글들은 한국인들이 일본인들에게 모독적인 행동과 언사를 보이는 일이 없도록 하라고 강력하게 요구하고 있다. "아침, 점심, 저녁으로 기도하시오. 그리고 주일에는 금식하시오."라는 것이 기독교인들에게 주는 주의였다. 호소문 중에는 다음과 같은 것도 있다.

친애하는 한국인 여러분! 생각해 봅시다. 우리와 우리의 자녀들은 지금 어떤 위치에 있습니까. 우리는 어디에서 말할 수 있습니까? 우리의 국운은 어떻게 되었습니까? 동포 여러분, 우리는 한 핏줄로 태어났습니다. 우리가 어떻게 무관심할 수 있습니까? 오늘날 우리가 일본인들에게 어떻게 그러한 악감과 배신을 보여 줄 수 있습니까? 어떻게 우리가 총칼로써 우리를 해칠 수 있습니까? 여러분들의 폭력이 어떻게 그렇게 심할 수가 있습니까?

한국인 여러분,

만약 우리가 지난날 작은 일로써 고통을 입었다면 오늘날 우리는 얼마나 더 많은 고통을 겪어야 합니까? 설령 여러분들의 살점이 조금 씩 조금 씩 찢어져 나간다 해도 여러분들은 그것을 참을 수 있습니다. 과거를 생각해 보십시오. 미래를 생각해 보십시오. 우리는 한국을 위하여 죽어 가고 있는 사람들을 위해서 견디는 것입니다. 우리는 이제까지 속박 속에 살아왔습니다. 우리가 지금 자유를 얻지 못한다면 장차 결코 자유를 얻지 못할 것입니다.

형제 여러분!

우리는 자유를 찾을 수 있습니다. 그것은 가능한 일입니다. 결코 절망하지 맙시다. 잠시 여러분의 일손을 놓으시고 한국을 위하여 외칩시다. 생명과 재산을 잃는 것도 심각한 일이지만 권리와 자유는 더욱 중요한 것입니다. 파리 강화 회의의 소식이 들려 올 때까지 중단하지 맙시다. 우리는 목석이 아니라 살과 피를 가진 인간입니다. 우리는 말할 수 없단 말입니까? 왜 뒤돌아서서 낙심해야 합니까? 죽음을 두려워하지 맙시다. 설령 나의 한 목숨이 죽을지라도 나의 자손들은 자유의 축복을 누릴 것입니다.

"만세! 만세! 만세!"

상해의 남장로교회대학에 소속되어 있는 허드슨(D. V. Hudson) 씨는 미국으로 돌아오는 길에 일본인들의 불법 행위에 대한 많은 기록을 가지고 왔다. 다음의 글은 그 가운데 하나를 뽑은 것이다.

3월 3일에 평안남도 맹산에서는 다음과 같은 사건이 일어났다. 애당초 그곳에서 시위가 일어났을 때 거기에는 일본인 헌병이 없었고 한국인 헌병들만이 있었다. 그들은 대개 천도교인이었으며 기독교도들은 사건에 연루되지 않았다. 이 천도교도들은 독립선언식을 거행하고자 약속한 장소에 모인 다음 남들이 흔히 그랬던 것처럼 연설을 하고 만세를 불렀다. 한국인 헌병들은 시위를 방해할 뜻도 없었고 또 감히 그럴 수도 없었기 때문에 시위대는 그날 자기들이 하고 싶은 대로 하루를 보냈다.

며칠 뒤 시위를 조사하고 진압하고자 일본 군인이 도착했다. 그들은 그곳에서 다른 모임을 목격했는데, 그것은 표면상 그들의 스승을 치하하기 위한 것이었다. 군인들은 즉시 모임에 개입하여 모임의 주모자를 체포한 다음 헌병대로 연행했다. 헌병들은 그 주모자를 매우 거칠게 다룸으로써 민중을 몹시 격분시켰다. 그리하여 그들은 그 지도자를 석방시키는 데 힘이 되기를 바라면서 헌병들을 따라 주재소로 갔다.

군인들은 그들을 몰아내려 했다. 몇 사람은 떠나가고 몇 사람은 그대로 남았다. 경찰서는 돌담으로 둘러싸여 있었으며 밖으로 나갈 수 있는 문이라고는 하나밖에 없었다. 군인들은 들어가겠다는 사람들을 들어오게 한 다음 그들이 모두 들어오자 문을 닫아 버리고 그들을 사살하여 싸늘한 시체로 만들어 버림으로써 그들의 과업을 용의주도하게 수행했다. 56명 가운데 단 3명만이 살아서 도망했다.

나는 여기에서 한 언론인이 쓴 또 다른 기사를 소개하고자 한다. 그들의 잔인함에 대한 얘기는 수없이 계속할 수 있고 한 권의 책을 쓸 정도이다. 질스(W. R. Giles) 씨는 견해가 온건하고 사건의 진술이 신중한 유명한 극동 특파원이었다. 그는 시카고에 있는 『데일리 뉴스』의 북경 지국장이었다. 그는 특히 3 · 1운동의 진상을 알려고 사건 뒤에 한국을 방문했다. 그는 한국에서 여러 주간을 머물렀다. 그의 신중한 결론은 다음과 같다.

6월 14일자 북경발 : 북쪽으로부터 최남단에 이르기까지 거의 3개월 동안 한국을 여행한 뒤, 나는 일본인들의 학정과 고문과 불필요한 살육 행위에 대한 비난이 본질적으로 정확했다는 사실을 발견했다. 시골 지방에서 나는 불필요한 살인과 여성에 대한 범죄 행위에 관한 얘기를 들었다. 부인에 대한 범죄 행위를 나도 여러 차례 확인했다. 희생자 가운데 한 사람은 선교사 병원에 입원한 환자였다.

부산에서 50마일 떨어진 어느 계곡에서는 일본 군인들이 높은 언덕으로 둘러싸여 말의 편자처럼 생긴 계곡을 막은 다음 가파른 등성이를 기어올라

도망치려는 주민들을 쏘아 죽였다. 이 사격으로 100명 이상이 사살되었다는 말을 나는 들었다.

서울과 부산 사이에 있는 대도시인 대구에서는 몇 백 건의 고문이 있었고 고문을 받은 희생자들은 병원에 입원해 있었다. 수도인 서울에서는 이미 만원이 된 감옥에 죄수들의 행렬이 매일같이 이어지는 것을 보았다. 나는 서울에 있을 때 세브란스병원에 며칠 입원했었는데 경찰에게 고문을 당하여 부상한 사람들을 보았으며, 그들 가운데 하나는 고문의 여독으로 죽었다.

이틀 뒤에 병원에는 또다시 경찰이 들어와 환자들을 심문했는데 병원의 책임자들도 그것을 저지할 수가 없었다. 경찰들은 심지어 내가 중태에 빠져 있는 동안 밤중에 나의 방에 몰래 들어오려고 시도했다. 서울에서는 밤이면 거리에 나다닐 수가 없으며 3명 이상이 모일 수도 없다. 모든 죄수들은 참혹하고도 혐오스러운 신문을 받았다. 결백한 사람들도 끝없이 체포되어 만원인 감옥에 한 달이나 그 이상씩 구금되었다가 고문을 당한 다음 재판도 받지 않고 석방되었다.

북부 지방은 일본인들로부터 가장 잔혹한 고통을 받았다. 평양과 선산[9] 지방에서는 모든 마을이 파괴되었고 교회가 불탄 것을 나는 실제로 목격했으며 촬영했다. 평양에서 나는 도지사를 만났는데 그는 아무런 실권도 없었으며 모든 것은 헌병사령관의 손에 있다는 것을 쉽사리 알 수가 있었다. 애당초 나는 감옥의 방문이 허락되지 않았지만 조선 총독이 허가서를 전보로 타전해 주었다.

감옥은 깨끗했고 죄수들은 잘 먹고 있음을 알 수 있었으나 감방이 과밀해서 말할 수 없는 고통을 받고 있었다. 가로 10피트, 세로 6피트의 감방에 30명 이상이 수감되어 있었다. 옥사장(獄事長)은 이 감옥의 법정 수용 인원이 800명이라 인정을 했지만 그 당시의 재감자는 2,100명이었다. 그는 당국에게 감옥을 즉시 확장해 달라고 요청했으며 만약 그렇지 않으면 더위가 시

9) 이제까지의 기록으로 미루어 보아 선산(Sensan)은 선천을 오기한 것으로 보임.

작되는 즉시 전염병이 폭발할 것이라고 말했다.

나는 기독교인들이 집에서 쫓겨났다는 보도의 진위를 알아보려고 어느 내지의 마을을 찾아갔다. 기독교인이 아닌 그 마을 부락장은 비기독교 주민들이 기독교도들을 산간 지방으로 몰아냈다는 사실을 시인하면서, 그 이유는 그 지방 군인들이 몰려와 기독교도들이 다시 나타나기만 하면 마을 사람들을 모두 쏘아 죽이겠다고 경고했기 때문이라고 말했다. 자신은 기독교인들에 대하여 매우 호의적이었지만 자기들이 살려고 그렇게 했노라고 그는 말했다.

내가 방문한 또 다른 마을에서는 건물은 모두 파괴되었고 생활 터전도 모두 폐허가 되었다. 어떤 마을에서 만난 아낙네는 만약 외국인과 말을 하면 고문하겠다는 헌병의 말에 겁을 먹고서는 감히 내게 말도 못하고 겁에 질려 눈물만 흘리는 것을 보았다.

전국적으로 대부분의 학교는 문을 닫았다. 대부분의 경우 선교사들은 예배를 집전하는 것이 금지되었다. 그들은 결백함에도 불구하고 끊임없이 감시를 받았다. 엄한 검열 때문에 선교사 자신이나 그 밖의 사람들도 전보나 우체국을 이용하는 것이 불가능하다. 기독교를 파멸시키고 그들의 입장을 어렵게 만듦으로써 그들로 하여금 과업을 수행할 수 없도록 만들려는 어떤 시도가 꾸며지고 있다는 것은 의심할 나위도 없다.

나는 조사를 해 감에 따라 한국인들의 비참한 생활 조건에 깊은 인상을 받았다. 그들에게는 교육이 제한되어 있으며 그들로 하여금 역사와 언어를 잊게 하고자 일본은 책동을 꾸미고 있다. 언론과 집회의 자유도 없다. 국민들은 재판도 거치지 않고 처벌을 받으며 엄한 법률의 지배를 받고 있다. 그들은 도살장으로 끌려가는 양떼와 같다. 오직 독자적인 조사만이 세계로 하여금 한국의 진정한 모습을 이해하도록 만들 수 있다. 지금으로서는 2천만 민족의 신음과 고통은 분명히 우이독경이다.

이와 같은 얘기들과 그와 유사한 여러 가지 얘기들이 해외로 퍼져 나가자 한국 밖에 있는 일본인들은 그들의 국민들을 위한 변명을 찾으려고 노력했다. 이러한 변명 가운데 가장 비상한 것으로서는 조선주둔군 사령관인 우쓰노미야 타로[10] 장군이 그의 휘하에 있는 장교들과 민간인들에게 전달했다고 알려진 일련의 훈시였다. 이 훈시의 복사판은 고문을 둘러싼 비난이 허위라는 것을 입증하고자 미국에 있는 일본인들이 가까운 사람들 사이에 사사로이 돌려보았다.

그 훈시의 발췌본은 감리교회의 웰치[11] 감독에 의해서 『크리스찬 애드버케이트』에 게재되었는데 그 내용은 다음과 같다.

> 잘못을 저지른 한국인들에게는 따뜻한 온정을 보여야 한다. 그들이 비록 범법 행위를 저질렀음에도 불구하고 그들은 사랑과 지도가 필요한 불행한 형제의 나라로 취급되어야 한다. 무기의 사용은 절대로 필요한 마지막 순간까지 삼가야 한다. 이를테면 시위가 단순히 행진을 하면서 만세를 부르고 폭력을 행사하지 않을 경우에는 평화적인 설득으로 군중을 해산시키려고 노력을 기울여야 한다. 최후의 수단으로 무력을 쓸 경우라도 무기의 행사를 최소화하고자 노력해야 한다.
>
> 그리고 무기 행사의 필요가 끝나는 순간 무기 행사는 즉시 중단되어야 한다. 시위에 참여하지 않은 사람들, 특히 노인과 어린이와 아이들이 다치지 않도록 특별한 주의를 기울여야 한다. 선교사와 외국인들에 대하여는 이를테면 현장에서 체포된 경우가 아니면 모든 인내와 주의를 기울여야 한다.

---

10) 우쓰노미야 타로(宇都宮太郎 : 1861~1922) : 육군 대장. 육군대학을 졸업(1890)하고 참모 본부에 들어감. 영국 공사관 무관, 참모 본부 2부장, 사단장 역임. 조선군 사령관 및 군사참의관 등을 역임함.

11) 웰치(Herbert Welch : 1862~1969) : 미국 감리교 감독, 교육가. 미국 뉴욕에서 출생. 웨슬리언대학 졸업(1887). 드류신학교를 졸업(1890)한 뒤 1년간 영국 옥스퍼드대학에 유학. 오하이오주의 웨슬리언대학교 총장으로 취임.(1905) 1916년 5월 미국 감리회 한국 감독으로 자원하여 내한. 3 · 1운동 때에는 신흥우를 미국으로 파송해서 미국 각계와 상원 의원들에게 3 · 1운동의 진상을 알림. 한국전쟁 당시에는 구제 사업 및 복구 사업을 추진함.

귀관과 귀관의 부하들 특히 소단위 부대에 소속한 사람들은 충성과 용기를 훼손시킴이 없이 깔끔하고 정중한 생활을 보이는 동시에 의젓하고 예절바르게 처신함으로써 위대한 무사도의 고결한 전통을 수행하면서 귀감을 보여야 한다.

일본 통치의 오점에 대한 마지막 손길을 보고자 한다면 위의 문장이 바로 그것이다. 잔혹성, 특히 무장하지 않은 시민과 아녀자에 대한 잔혹성으로써 설명은 충분하다. 그러나 이 잔혹성에다가 메스꺼운 위선까지 덧붙이려 하다니……하나님 맙소사! 이에 비하면 강연을 가지려고 한국으로부터 도쿄에 온 일본인 소좌들 가운데 한 사람은 좀 더 직선적이었다. 그는 이렇게 말했다.

"한국인은 모두 때려 죽여야 한다."

그리고 그는 실제로 그렇게 했다.

얼마의 시간이 흐르자 일본의 신문들은 한국인 피검자들에 대한 처벌을 보도하기 시작했다. 많은 사람들이 신문을 받고 구타를 겪은 뒤 석방되었다. 4월 13일까지 서울에서만 피검자 2,400명이 "엄중한 훈시"를 받고 석방되었다는 말도 들린다. 그들의 일반적인 형량은 6개월에서부터 4년의 징역형이었다.

곧 이어 수감자들이 감옥에서 자살을 기도하고 있다는 보도들이 흘러나왔다. 독립선언서에 서명한 33인 가운데 2명[12]이 옥사했다는 말도 들렸다. 한국인들은 곳곳에서 그들의 죽음을 애도했다. 왜냐하면 그들은 그 서명자가 어떻게 죽어 갔는가를 상상할 수 있었기 때문이었다.

여름이 되자 일본 당국은 3월 1일부터 6월 18일까지 소요죄로 검사국에서 신문을 받은 수감자의 수효에 관한 통계를 발표했다. 이 숫자에는 체포

12) 양전백(梁甸伯)과 양한묵(梁漢默)을 뜻함.

된 뒤에 경찰에서 석방된 사람과 약식 재판을 받고 풀려난 사람은 포함되어 있지 않았다. 1만6,183명이 신문을 받았고 그 가운데 8,351명이 기소되었으며 5,858명이 검사의 조사를 받고 석방되었다. 1,778명이 상급 법원으로 이송되었으며, 178명의 재판이 아직 계류 중이다.

제 16 장 3 · 1운동(3) : 평양에서

한국의 북부 지방에서 선교의 중심지로 유명한 평양에 대해서는 앞에서도 몇 번 언급한 적이 있었다. 기독교인이든 천도교인이든 이곳 사람들은 다 같이 3 · 1운동에 괄목할 만한 역할을 했다. 보도에 따르면 3월 1일에 이곳에서는 고종황제를 추모하고자 기독교계의 남자중학교와 감리교회, 그리고 천도교 본부 등 세 곳에서 모임이 있었다고 한다. 그 가운데에서도 남자중학교에서 열린 모임이 전형적인 것이었다.

감리교총회 회장을 포함하여 그 도시 장로교회의 한국인 목사와 장로들이 참석했고 교정은 3,000명은 충분히 될 만한 군중으로 가득 찼다. 추모회가 끝나자 한 저명한 한국인 목사는 군중에게 다음 순서가 남았으니 자리에 앉아 달라고 부탁했다. 그런 다음 엄숙한 분위기 속에서 총회 회장은『베드로전서』3장 13~15절과『로마서』9장 3절의 두 구절을 읽었다.

> "그리고 너희가 선한 것을 따르면 누가 너희를 해치겠는가? 그러나 너희가 의로운 것을 위하여 고난을 받으면 너희에게 복이 있으리니 사람이 두렵게 하는 것을 두려워 말며 소동치 말고……"
>
> "내 형제를 위하여 내 자신이 그리스도의 저주를 받을지라도 이는 내가 원하는 바이로다."

그들은 정신세계에서 가장 영웅적이었던 모든 사람에게 이와 같은 성구는 위대한 호소력을 가지고 있었다. 어떤 사람들은 총회 회장을 따라 성구를 외고 있었다. "사람이 두렵게 하는 것을 두려워 말며, 소동치 말고……" 이 백의 민족들은 자기들의 앞날에 어떤 일이 닥칠는지를 잘 알고 있었다. 그들에게는 공포나 고문이나 고통과 같은 것이 이제 새삼스러운 것이 아니었다. 과거 25년 동안 정복자와 패잔병들이 여러 차례 그들의 도시를 지나갔다.

한국인들은 전쟁이 무엇인지를 알고 있었으며 전쟁보다 더 무서운 것이 무엇인지도 알고 있었다. 일본인들은 과거 몇 년 동안에 교회를 탄압하고, 조작된 죄목으로 그들의 가장 저명한 인사들을 체포하고, 과학적인 고문으로 그들을 감옥 안에서 파멸시킴으로써 그들의 마음속에 공포감을 심어 주었다. 그 자리에 모인 사람들은 경찰서에서의 구타, 경찰이 담뱃불로 지질 때의 고통, 경찰의 취조를 받으면서 엄지손가락이 천장에 매달릴 때의 말할 수 없는 고통 등을 잘 알고 있었다.

"사람이 두렵게 하는 것을 두려워 말며……" 영예로운 전쟁에서 고성능 폭탄을 던지고 그것이 폭발하는 것이 곧 두려움인 줄 알고 있는 서구인들에게 위와 같은 성구를 말한다는 것은 쉬운 일이다. 그러나 토르케마다(Torquemada)의 고문이 어렴풋이 생각나는 것과 견줄 만한 고문이 기다리고 있는 취조실이란 한국인들에게 전혀 다른 의미를 가지고 있었다. "두려워하지 말라." 자리에서 일어나 앞으로 나온 전문학교 졸업생의 목소리에 두려움 같은 것은 보이지 않았다. 그는 이렇게 말했다.

"오늘은 나의 일생에서 가장 자랑스럽고 가장 행복한 날이다. 설령 내가 오늘 죽을지라도 나는 읽지 않을 수 없다."

그의 손에는 한 장의 종이가 들려 있었다. 많은 관중이 그것을 보면서 우렁찬 환호를 보냈다. 그러자 그는 독립선언서를 읽었다. 그가 독립선언서의 낭독을 마치자 다른 사람이 단 위로 올라오더니 이렇게 말했다.

"어떠한 불법적인 행위도 허락될 수 없습니다. 여러분들은 모두가 질서를 지켜야 하며, 당국에 저항하지도 말며, 일본 관리나 일본인들을 공격하지 말아야 합니다."

그리고는 한국의 독립에 관하여 연설했다. 그러자 어떤 사람들이 건물 안에서 태극기를 한 아름 가지고 나와 군중에게 나누어 주었다. 거대한 태극기가 벽에 걸리자 군중은 일어서서 환호하며, 태극기를 흔들고, 만세를 불렀다. 그들은 가두 시위를 할 예정이었다. 그러나 이미 밀정이 경찰서에 보고를 올렸으므로 군중이 출발하기도 전에 일단의 경찰이 도착하여 "움직이지 말라."고 소리 쳤다. 경찰은 태극기를 압수했다.

저녁이 되자 많은 군중이 만세를 부르며 경찰서 앞에 모여들었다. 경찰은 그들에게 소방수를 뿌리도록 명령했다. 한국인 경찰들은 일본인 상관의 명령에 불복하고 제복을 벗어 던진 다음 시위에 참여했다. 드디어 소방수가 작동했다. 군중은 이에 대응하여 돌을 던져 경찰서의 유리창을 깨뜨렸다. 이것이 유일한 폭력이었다.

일요일인 그 다음날에는 교회의 문이 폐쇄되었다. 심야에 경찰은 모펫 박사(Dr. Moffett)를 경찰서로 소환하여 예배를 허락할 수 없다고 말했다. 이른 아침이 되자 토요일에 있었던 집회의 주동자들이 체포되어 아직도 감옥에 있다. "두려워 말라."

월요일 오전 9시가 되자 일단의 군인들이 교정에서 훈련을 하고 있었다. 전문학교와 강습소에서 온 수많은 학생들이 언덕 위에 앉아서 그들의 훈련하는 모습을 바라보고 있었다. 그때 군인들이 지휘관의 명령에 따라 갑자기 학생들에게 달려들었다. 교정에 앉았던 두세 명의 학생을 제외한 학생들은 자리에서 일어나 도망쳤다.

학생들은 도망치면서 소리를 질렀으며 교정에 앉아 있던 학생들 가운데 하나가 만세를 불렀다. 군인들은 총신과 개머리판으로 그 학생을 구타한 다음 총대로 그의 얼굴을 쳤다. 그는 많은 피를 흘리고 있었다. 군인 두 명이 그를 끌고 가서 가두었다. 다른 사람들은 발길로 채이고 주먹으로 맞은 다음 돌아갔다.

이제 일본의 민간인들이 공격을 시작했다. 평복을 입은 한 일본인이 조용하게 거리를 걷고 있는 한국인을 만나자 뺨을 갈기고 발길로 차서 쓰러뜨렸다. 다른 한 군인이 재미 삼아 끼어들어 총으로 때리고 발길질을 하여 하수구로 굴려 쑤셔 박았다. 그 뒤 그들은 하수구로 내려가 한국인을 끌어내어 몇 번 더 걷어찬 다음 감옥에 집어넣었다. 이제 거리에는 군중으로 가득 찼으며 군인들은 어느 곳에서나 그들을 해산시키려 했다.

군중이 모여 만세를 부르면 헌병들이 쫓아가 잡은 사람들을 구타했다. 소문에 따르면, 한국인 경찰들이 모두 도망쳐 시위대에 가담했으며 일본인들은 그들을 찾아 투옥시키고 있다는데 그들은 아마 처형될 것이라고 사람들은 수군거렸다. 한낮까지 모든 사람들은 크게 소란을 벌이더니 오후가 되자 도시는 조용해졌다. 이제는 밖에 나가는 것도 위험하게 되었다. 군인들은 그들이 찾아낼 수 있는 모든 사람들을 구타했으며 특히 여자들을 많이 구타했다.

화요일이 되자 도시에는 그 동안 군인들이 저지른 얘기로 가득 찼다. 피맛을 본 군인들은 그들의 과업에 혈기를 부리고 있었다. 한 외국인 목격자는 이렇게 말했다.

"군인들은 오늘 마치 들짐승의 사냥꾼들처럼 군중을 추적하고 있었다."

아직 군인들이 있음에도 불구하고 민중은 두세 차례의 애국적인 집회를 거행했다. 이제 나는 모펫 박사의 말을 빌려 화요일과 수요일에 있었던 얘기를 기록하고자 한다. 이 기록은 그 무렵 평양과 서울의 관리들에게 제출된 것이다.

> 3월 4일, 화요일. 나는 시학관인 야마다 씨와 더불어 전문학교에 모인 한국인 군중 가운데를 지나 도심지로 나갔다. 거리에는 수많은 한국인들이 있

었지만 시장은 철시했고 일본 군인들만이 여기 저기 서 있었다. 우리가 발길을 돌려 경찰서로 돌아가는데 군인들이 거리 가운데 있는 열댓 명 남짓한 사람들에게로 달려갔으며 3명의 군인들은 길가 가게의 추녀 밑에 조용히 서 있는 대여섯 명의 사람에게 달려가 총으로 두들겨 팼다. 흰 도포를 깨끗하게 차려 입은 한 젊은이는 군인이 총을 가지고 덤벼들자 뒷걸음을 쳐 추녀 밑으로 총부리를 피했지만 어깨를 찔렸다. 그는 우리에게서 10피트도 떨어져 있지 않았다.

야마다 씨는 몹시 화가 나서 자기가 목격한 바를 고토 에이치 지사에게 소상하게 보고하겠노라고 말했다. 나는 그에게 그 사람은 길가에 조용히 서 있었고 구타해야 할 경우가 아니라는 것을 당신도 잘 알지 않느냐고 물었더니 그도 그렇다고 대답했다. 그런 직후 나는 아녀자 34명이 예닐곱 명의 경찰과 군인들을 따라가는 것을 보았는데 앞에 선 소녀들은 열두서너 살을 넘지 않았다.

바로 서문 밖에서 나는 야마다 씨와 헤어져 집으로 돌아갔다. 내가 사는 곳 가까이 왔을 때 나는 한 무리의 군인들이 신학교 교수가 사는 집의 대문으로 들어가 한 사람을 끌어내더니 때리고 발길로 걷어찬 뒤 끌고 가는 것을 보았다. 다른 사람들은 대문 뒤에 있던 젊은이를 몽둥이로 두들겨 팬 다음 묶은 채로 끌고 가면서 연신 때리며 발길질을 했다. 그 뒤 세 사람이 다시 끌려 나왔다. 그 가운데 두 사람은 젊은이였고 다른 한 사람은 어른이었는데 밧줄로 몸을 묶고 손은 등 뒤로 옭아매어 있었다.

문간채에 살고 있는 나의 비서도 두들겨 맞았으리라고 생각하면서 나는 사실을 알아보려고 큰길까지 나가 보았으나 네 사람 가운데 아무도 누구인지를 알 수 없었다. 그들이 큰길까지 나오자 나에게서 여남은 피트 떨어진 곳에 군인들이 있었다. 그들은 발길을 멈추더니 행인들을 묶었다. 결박을 당하여 움직일 수도 없는 네 사람을 끌고 20여 명의 군인은 장교의 지휘를 받으며 주먹으로 군중의 얼굴과 등을 때리고 각목으로 머리와 얼굴을 때리고, 다리와 등을 걷어차는 짓을 반복했다.

장교는 화가 나서 그의 칼을 머리 위로 치켜들었다. 그가 한 소년의 앞으로 다가왔을 때 나와 그 소년은 그 소년이 두 동강이 나리라고 생각했다. 공포와 고통의 비명이 귀청을 찢는 듯했다. 그 뒤 군인들은 차고 때리면서 군중을 끌고 갔다. 이러한 사실들은 모두 내가 직접 목격한 것이며 내 말이 사실임을 증명할 수 있다. 이 닷새 동안에 내가 한국인들과 접촉하고 도시의 안팎에서 군중을 관찰하면서 나는 한국인들이 폭력을 행사하는 것을 목격한 적이 없다.

신학교는 3월 5일에 개학하도록 되어 있었다. 남쪽 지방에서 온 다섯 명의 학생들이 도착하여 3월 4일 오후에 기숙사로 들어갔다. 그들은 시위에 가담한 적이 없었다. 그날 오후 늦게 경찰서를 탈출한 사람들을 찾아 군인들이 신학교에 들이닥쳤다. 그들은 기숙사의 문을 부수고 들어가 신학생들을 끌어내어 경찰서로 연행했다. 그들은 항의했지만 나무 십자가에 손발이 묶인 채 엉덩이를 벗기고 단단한 몽둥이로 스물아홉번씩 세차게 맞고서야 풀려났다.

그날 밤에는 많은 학생들이 살며 하숙을 치고 있는 동네에 소방서원들을 풀어놓았다. 그들은 젊은 학생들을 끌어내어 구타했다. 신학교의 개강은 연기될 수밖에 없었다. 일본인들은 선교사들이 시위에 참여했다고 혐의를 둘 만한 증거를 찾기에 열중했다. 때리고 담뱃불로 지지면서 “누가 뒤에서 조종했나? 선교사들이 그랬지?” 하는 꼭 같은 질문이 모든 수감자들에게 계속되었다.

모펫 박사는 일본인들의 특별한 증오의 대상이었다. 오사카에서 발행되는 『아사히신문』은 그 3월 17일자에서 그를 신랄하게 공격했다. 왜냐하면 『아사히신문』은 일본 진보주의자들의 노골적인 기관지였기 때문이다. 그 글의 내용은 다음과 같다.

평양 서문 밖의 악질적인 마을 : 영리한 군중

평양의 서문 밖에는 몇 채의 벽돌집과 한옥이 있는데 어느 것은 높고 어느 것은 낮다. 이곳은 외국인들이 사는 집이다. 그들은 모두 합쳐 약 100명 정도이며 기독교 선교사들이다. 향기 짙은 봄날이면 그곳에서 음악을 들을 수 있다.

외형적으로 그들은 사랑과 자비를 주장하지만 그들의 마음속을 들여다보면 음모와 욕심으로 가득 차 있음을 알게 될 것이다. 그들은 복음을 전하고자 이곳에 온 척하지만 그들은 은밀히 정치적인 불안을 조장하고 있고, 어리석게도 한국인들에게 부질없는 얘기를 계속 전함으로써 문제를 야기하려 할 뿐이다. 이곳이야말로 진실로 악의 소굴이다.

이 무리들의 우두머리는 모펫이다. 이곳의 기독교인들은 마치 예수 그리스도를 대하듯이 그에게 복종한다. 메이지 29년(1896)에 모든 사람에게 자기가 원하는 종교를 믿을 수 있는 자유가 허락되었을 때 모펫은 기독교를 포교하고자 이곳에 왔다. 그는 평양에 30년 동안 살았으며 넓은 땅을 차지했다.

모펫은 실제로 외국인 마을의 창설자이다. 이곳에는 그가 노력한 덕분에 소학교로부터 전문학교에 이르기까지 여러 학교와 병원이 설립되었다. 그들은 한편으로는 한국인 어린이들을 가르치고 환자들을 치료하고 다른 한편으로는 교묘하게 은닉된 그림자가 있는데 심지어는 한국인들까지도 그러한 얘기를 하고 있다.

이곳이 3 · 1운동의 중심지이다. 3 · 1운동의 중심지는 서울이 아니라 바로 평양이다. 이러한 설명이 사실인지 아닌지를 확인할 수는 없지만 3 · 1운동이 일어난 곳은 평양으로서 외국인들의 거주 지역에 있는 전문학교와 여학교 등의 교회 학교라는 확실한 심증이 있다. 확실히 이 외국인 마을은 매우 야비한 곳이다.[1)]

---

1) (원저자 주) 북경과 천진에서 발행되는 『타임즈』 1919년 3월 28일자에 인용된 오사카의 『아사히신문』.

적나라한 공포 정치가 시작되었다. 전면적인 검거 선풍이 일어나고 수감자들은 지난 날 105인 사건 당시에 일본인들에 의해 겪었던 고문을 겪고 있다. 작은 구두닦이 소년이 겪은 사건은 특별한 분노를 불러일으켰다. 일본인들은 그가 시위 조직에 관하여 뭔가를 알고 있다고 생각했다. 그들은 왜 그렇게 생각했을까? 그것은 일본인들의 마음을 헤아릴 수 있는 사람들만이 알 것이다. 그리하여 그들은 자백을 받아 내려고 구타하고 지져서 그를 거의 죽게 만들었다.

그 뒤 어느 여성 선교사가 그의 몸을 살펴보았더니 5인치 길이의 흉터가 네 군데였는데 그것은 빨갛게 달군 인두로 생살을 지진 것이었다. 그의 손은 매를 맞아 정상적인 크기보다 두 배로 부어 있었고 매를 맞은 자리의 살갗은 죽어 있었다. 그는 정신을 잃을 때까지 발길로 채이고 매를 맞았다. 그들은 물을 끼얹고 물을 먹여 깨어나면 다시 문초하고 쓰러질 때까지 대나무로 때렸다.

자신의 결백함을 일본인에게 충분히 인식시킨 다음에 석방된 사람들 가운데 어떤 사람은 끔찍스러운 얘기를 했다. 가로 14피트, 세로 8피트인 감방에 60명이 수감되어 종일 서 있어야만 했으며, 앉거나 누울 수가 없었다. 그들은 서로 기댄 채 먹고 잤다. 그들은 선 채로 대소변을 볼 수밖에 없었다. 어느 기독교계 학교의 사무원은 16일간 갇혀 있다가 석방될 때까지 7일 동안을 그곳에 갇혀 있었다.

집안에서 체포된 어느 학생은 경찰서에서 20일 동안 구금되어 있었다. 그러다가 그에 대하여 아무것도 발견할 수 없게 되자 석방되었다. 그는 출감할 때 타박상을 입으며 그의 몸이 겪었던 바를 보여 주었다. 앞가슴의 뼈가 튀어나와 숨을 쉴 수 없게 되도록 그는 결박당하고 어깨와 팔이 끈으로 묶였다. 그는 실신하도록 대나무로 팔과 어깨를 맞았다.

살이 찢어지고 피가 나는 일이 없도록 하려고 대나무에는 종이를 싸 발랐다. 그도 어떤 사람이 매를 맞아 열 번이나 실신했다가 깨어나는 것을 보았으며, 어떤 소년은 실신할 때까지 바닥에 세차게 메어 꽂혀 거듭거듭 짓밟혔다. 살아서 나온 사람들은 거의 없을 정도이니 감옥 안에 있던 사람들에게 어떤 일이 있었는지는 독자들의 상상에 맡길 수밖에 없다.

이와 같은 모든 사태에도 불구하고 민중 시위는 계속되었다. 3월 7일에 평양 북쪽 20마일 지점에 있는 보백리와 간리라는 마을에 사는 사람들은 여전히 무리를 지어 만세를 부르며 뛰어 나왔다.

그 다음날 4명의 군인과 1명의 경찰이 와서 교회의 목사를 찾았다. 목사를 찾을 수 없자 그들은 학교 교사를 잡고 머리와 몸뚱이에 칼로 상처를 내고 다리를 두 번이나 쑤셨다. 교회의 한 장로가 그러한 처사를 항의하러 나왔다가 일본 군인에 의해 옆구리에 칼을 맞았다. 군인들이 떠날 때 몇몇 청년들이 그들에게 돌팔매질을 하자 군인들은 그들에게 응사하여 4명에게 상처를 입혔다. 군인과 경찰들은 숨어 버린 목사와 교회 사무원들을 찾으려고 여러 번 왔다.

4월 4일이 되자 그들은 도망자의 부인들에게 남편이 있는 곳을 말하라고 요구하면서 몽둥이와 총대로 때렸는데 한 노파는 너무 맞아 온몸에 붉은 멍울이 보였다. 경찰은 기독교인들이 이번 시위에 책임이 있다고 단정했음이 분명했다. 그리하여 그들은 기독교도들의 집을 헐어 버리기로 결심했다. 교회의 종탑을 헐어 버리도록 주민들을 설득하려고 술장수의 도움까지 필요했다.

4월 18일에 일본인들이 와서 통역자를 통하여 군중에게 연설했다. 그들의 말에 따르면 기독교인들은 무지하며 비천한 "외국의 악마들"에게 속아왔으므로 그들을 몰아내어 그들을 타락시킨 미국인들에게로 가서 함께 살도록 해야 한다는 것이었다. 성경에는 독립이니 만세니 하는 말이 없다는 것이다. 기병 3,000명과 보병 3,000명이 기독교인들을 말살하러 오고 있는 중인데 만약 한국인들이 선교사들을 몰아내지 않고 계속해서 그들과 함께 산다면 한국인들도 사살될는지도 모른다고 말했다.

반쯤 술에 취한 무리가 기독교도를 몰아내려고 모여들었다. 기독교인을 몰아내는 작업이 수행되었다. 기독교인들이 추방되었다는 보고가 헌병대에 들어왔으며, 그에 따라 추방을 도운 주민들은 칭찬을 들었다. 그 부근에 있는 다른 부락에서 헌병대장은 기독교인들에게 집을 버리고 떠나라고 명령하면서 남자들을 체포하고 아녀자들에게도 살 곳을 찾아 떠나도록 했다.

평양 지방에 있는 다른 마을에서 들려오는 소문에 따르면 4월 27일에 경찰들이 그들을 찾아와 집안 청결을 검사한다는 것이었다. 기독교인들은 고초를 겪어야 할 것이라는 경고를 들었다. 주민들은 청결 검사에 대비하여 매우 조심스럽게 집안을 청소했다. 교회 지도자는 모든 사람들에게 새벽 예배에 참석하여 경찰이 오기 전에 예배를 마치라는 전갈을 보냈다. 그러나 신도들보다 먼저 경찰이 와 있었다. 경찰 책임자는 2명의 한국인 경찰과 2명의 비서와 2명의 개백정을 데리고 왔다. 일본인은 교회의 두 지도자를 불러낸 다음 몸을 수그리고 손가락으로 마룻바닥을 문지르면서 말했다.

"이 먼지를 보라구."

그는 두 사람을 마루에 앉게 한 다음 도리깨로 어깨를 때렸다. 그 노인이 항변했다.

"칠십 노인을 이렇게 때릴 수 있소?"

그러자 경찰이 말했다.

"나이 칠십이 무슨 소용이 있어, 이 예수쟁이 악당아!"

경찰은 교적부에서 기독교인의 이름을 뽑아 마을을 돌아다니면서 남녀노소를 가리지 않고 구타했다. 그들은 개까지 죽였다. 비기독교인들은 그대로 두었다.

4월 4일 오후, 경찰과 헌병의 초병대가 갑자기 평양에 있는 선교사 지역을 뻥 둘러싸더니 관리와 경찰과 형사들이 집안을 샅샅이 뒤졌다. 모펫 박사의 비서의 문서 가운데 에는 독립 운동에 관한 신문의 등사본과, 안주(安州)에서 일어난 희생자의 수효를 적은 작은 쪽지, 그리고 추모 예배 순서의 복사본이 발견되었고 바깥채에서는 한국어로 쓴 등사본 통지서 두 장과 얇은 종이를 돌돌 말아서 내버린 것이 발견되었다.

경찰은 그 비서를 체포·포박하여 구타한 다음 끌고 갔다. 같은 집안에서 발견된 사람들도 꼭 같은 취급을 받았다. 경찰은 어떤 사람을 때려눕힌 다음 발로 머리를 여러 차례 걷어찼다. 모펫 박사와 오하이오주 맨스필드에서 온 또 다른 미국 장로교 선교사인 모우리 목사(E. M. Mowry)는 그날 밤 경찰서로 연행되어 이것저것을 문초받았다.

모펫 박사는 자신은 독립 운동에 대해서는 아무 것도 모르고 거기에 참여한 사실도 없다고 일본 당국에 자신 있게 말했다. (그가 이렇게 말한 것은 자신이 선교사의 신분으로 정치적인 문제에 연루되는 것을 부담스럽게 느끼고 있었기 때문이었다.) 그러나 모우리 씨는 한국인 선동자를 숨겨 주었다는 죄목으로 구금되었다.

모우리 씨는 3월 초에 경찰에 수배 중인 5명의 한국인 학생들을 자기 집에 이틀 동안 묵게 해 준 적이 있었다. 그들 가운데 어떤 학생들은 그의 제자였고 한 사람은 지난날 그의 비서를 지낸 사람이었다. 모우리 씨는 평양에 있는 유니언신학교[2]의 교사였으며, 남녀 두 소학교의 교장이었다. 모우리 씨는 한국인들이 종종 자기 집에서 자고 간 것은 사실이지만 경찰이 그들을 수배하고 있다는 사실을 몰랐다고 말했다.

모우리 씨는 10일 동안 형무소에 구금되었다. 그는 아마 서울로 송치되어 재판을 받을는지도 모른다는 말을 그의 친구들이 들었다. 그러던 터에 어느 날 갑자기 그는 평양 지방 법원에 회부되어 변호사의 변론도 받아 보지 못한 채 6개월 징역형을 선고받았다. 그는 흐느적거리는 바구니처럼 생긴 용수로 머리와 얼굴을 덮어쓴 채 서울로 끌려갔다. 그는 즉시 경성복심법원에 상고한 결과 원심이 파기되고 지방 법원으로 환송되었다.

---

2) 평양에 있는 숭실전문학교를 뜻하는 것으로 보임.

제 17 장 3 · 1운동(4) : 여학생들의 순국

한국에서 독립 운동이 일어났을 때 가장 비상한 사실은 여학생과 부인들이 참여했다는 점이었다. 20년 전까지만 해도 한국에서 여러 해 동안 살아온 외국 남자들은 한국의 양가집 부인과 결코 접촉할 수 없었고, 거리에서도 만날 수 없었으며, 한국인 친구를 방문해도 그 아내를 볼 수가 없었다.

나는 오래 전에 한국의 양반 댁에서 한두 주일 동안 숙식한 적이 있었지만 그의 아내와 딸들을 한 번도 본 적이 없다. 지금도 마찬가지이지만 그 무렵 일본에서는 어떤 사람이 손님으로 초대를 받으면 부인이 나와 마중하고 손님과 주인인 남편에게 절을 한 다음 겸손하게 물러나지, 남자들과 같은 식탁에 앉지는 않았다.

기독교 교육과 현대의 생활 습속은 한국에서 그와 같은 벽을 허물어 버렸다. 한국의 젊은 여성들은 새로운 생활 풍속을 영리하게 받아들였다. 여학생들, 그 가운데에서도 특히 공립학교의 여학생들은 국권 회복을 요구하는 데 앞장을 섰다. 진기하고도 감동적인 사건이 많이 일어났다. 선교사들이 운영하는 학교에서 여학생들이 가장 걱정하는 것은 자신들이 어떻게 하면 미국인 교사들에게 누를 끼치지 않을 수 있을까 하는 점이었다.

이들 기독교계 학교에서 근무하는 여자 교장은 며칠 동안 학생들이 평소와 달리 흥분하고 있다는 사실을 알아차렸다. 그는 어느 날 여학생들 사이에서 "너도 가입했니?" 하는 말을 듣고 새로운 여학생 모임이 결성되는 것이려니 했다. 이 일은 그 위대한 날의 바로 앞서 있었던 일이었다. 어느 날 아침 교장이 교실에 내려가 보니 자리가 모두 비어 있었다. 그리고 위에는 모든 학생이 서명한 자퇴서 한 장이 남아 있었다. 그들은 그렇게 함으로써 그들이 존경하는 교장이 책임을 면하게 되리라고 생각했다.

곧 이어 경찰서장이 교장에게 전화를 걸어 즉시 경찰서로 출두하라고 요구했다. 그 학교에서 나온 모든 여학생들이 시위를 하면서 온 도시를 발칵 뒤집어 놓았다. 교장이 온들 그들을 어떻게 말릴 수 있었겠는가? 교장이 급히 달려 나가 보니 예상했던 대로 여학생들이 경찰서 앞에서 태극의 표지를 달고 국기를 흔들면서 경찰이 와서 잡아가라고 요구하고 있었다. 남자들도 모여들어 함께 만세를 부르고 있었다. 그의 다른 동료들보다는 점잖은 경찰서장은 너무도 당황한 나머지 교장에게 어떻게 좀 해 보라고 간청했다.

"나는 그들을 모두 체포할 수가 없습니다. 우리 경찰서에는 감방이 하나밖에 없어서 몇 사람밖에는 수감할 수가 없어요."

교장은 여학생들과 얘기를 나누려고 밖으로 나갔다. 그들은 교장의 말도 들으려 하지 않았다. 그들은 교장에게 환호를 보냈다. 교장이 그들에게 집으로 돌아가 달라고 부탁하자 다 같이 만세를 불렀다. 교장은 다시 서장실로 돌아와 말했다.

"당신이 할 수 있는 일이 있다면 그것은 나를 체포하는 일입니다."

서장은 그러한 발상에 놀라움을 금할 수가 없었다. 교장이 다시 말했다.

"내가 나가서 그들이 해산하지 않으면 서장이 나를 체포할 작정이라고 말하겠어요. 그들이 어떻게 하는지는 장차 알게 되겠지요. 그러나 그들이 해산하지 않으면 당신은 나를 체포할 수밖에 없다는 것을 잊지 마세요."

교장이 밖으로 나와 학생들에게 말했다.

"학생 여러분, 만약 여러분들이 해산하지 않으면 경찰서장이 나를 체포할 것입니다. 나는 여러분들을 가르치고 있는 사람입니다. 당신들이 내 말에 따르지 않는다면 그것은 여러분들을 가르친 나의 잘못입니다."

그랬더니 여학생들이 소리쳐 대답했다.

"아니에요 선생님, 그렇지 않아요. 이번 일은 선생님의 잘못이 아니에요. 선생님은 이번 일과 아무런 관계가 없어요. 이번 일은 우리가 한 일이에요."

그리고는 그들 가운데 몇몇 학생이 마치 강제로라도 교장을 구출할 듯이 달려 나왔다. 결국 교장은 자기를 구해 주려고 학생들이 집으로 돌아가야 한다는 것을 설득했다. 여학생 대표들은 이렇게 말했다.

"자! 지금으로서는 그렇게 할 수밖에 없습니다. 우리는 우리가 원했던 바를 해냈습니다. 우리는 군중의 마음을 깨우쳤습니다. 그들은 순한 양이며 여성들이 먼저 독립 운동을 시작하기를 원했습니다. 이제부터는 남자들이 독립 운동을 계속할 것입니다."

경찰이나 헌병들은 대체로 이 특별한 경찰서장만큼 그렇게 관대하지 않았다. 대체로 경찰서에서의 취조 방법은 시위에 참여한 여학생이나 부녀자들의 옷을 찢고 때리고, 가능하면 많은 일본인들이 볼 수 있도록 거의 나체로 만드는 것이었다. 한국의 여인들은 자기의 몸을 노출시키는 것에 대하여 백인 여자들만큼이나 민감하며, 이러한 사실을 알고 있는 일본인들은 이와 같은 모독적인 취조 방법을 즐겨 사용했다. 어떤 도시에서는 여학생들이 날짜별로 사람 수를 조정하여 시위를 하러 나갔다.

나중에 나가야 하는 여학생들은 자신들보다 앞서 나갔던 학생들이 어떻게 옷을 벗고 매를 맞았는가를 잘 알고 있었다. 자기들도 그렇게 옷을 벗기리라는 것을 알고 있는 여학생들은 그 전날 밤에 평상복처럼 그렇게 쉽게 벗길 수 없는 옷을 만들어 입음으로써 나체가 되는 것을 피하고자 했다. 여학생들은 서울에서도 누구보다 적극적이었다. 나는 앞 장에서 많은 여학생들이 체포되었다는 사실을 언급한 바 있다. 그들은 정말로 처참하게 문초를 받았다.

예를 들면 3월 5일, 수요일의 아침에 경찰에 연행된 경우를 들어 보자. 그들은 거의 모두가 시골 학교에서 잡혀 온 학생들이었다. 그들은 서울의 도심지인 종로에서 만세를 부르며 시위했다. 그들은 고종황제를 애도하는 뜻에서 짚신을 신고 있었다. 이곳에서도 엉뚱한 사람들이 체포되었는데 이는 경찰이 그들도 시위에 참가하러 가는 중이라고 생각했기 때문이었다. 몇몇 학생들은 감옥에서 한 차례 고초를 겪은 뒤에 석방되었다.

그들이 석방될 때 겪은 바에 관한 진술은 따로 기록되었다. 그들은 우선 종로 경찰서로 끌려가 20여 명의 일본 경찰들에게 무거운 장화를 신은 구둣발로 걷어 채이고, 뺨을 맞거나 머리를 맞았다. 어떤 학생은 이렇게 말했다.

"그들은 나를 힘껏 벽에다 밀어붙여서 나는 정신을 잃었다. 의식을 찾으니 그들은 나를 한 번 더 쑤셔 박았다."

다른 학생은 다음과 같이 말했다.

"그들이 나의 귀뺨을 때려서 나의 얼굴이 부어올랐다. 그들은 무거운 징을 박은 장화를 신은 채 나의 발을 짓밟아 발가락이 으스러지는 듯한 고통을 느꼈다. …… 그곳에는 많은 남녀 학생들이 운집해 있었다. 그들은 여학생의 따귀를 갈기고, 발길로 걷어차고, 모서리에 쑤셔 박았다. 어떤 경찰은 여학생의 머리칼을 휘어잡고 얼굴을 양쪽으로 흔들었다. 그들은 어떤 남학생들을 끈으로 묶어 머리가 다리 사이로 들어갈 때까지 조였다."

한방 안에 75명이 수감되었는데 그 가운데 40명은 남자였고 35명은 여학생이었다. 감방 문이 닫히자 분위기는 곧 무시무시해졌다. 그들은 문을 열어 달라고 호소했지만 부질없는 일이었다. 여학생들은 자정이 되도록 아무것도 먹지도 못했고 마시지도 못했다. 오후 10시가 되어 남자들은 다른 곳으로 옮겨갔다. 그날 수감자들은 신문을 받으려고 하나씩 경찰 앞으로 끌려갔다. 다음의 글은 한 여학생이 진술한 내용이다. 그가 취조관 앞에 끌려갔을 때 그는 고문과 탁한 공기로 말미암아 정신이 몽롱한 채 거의 의식을 잃고 있었다. 그는 이렇게 말했다.

"나는 세 번 신문을 받았다. 내가 신문을 마치고 나오는데 그들은 나의 짚신을 가지고 따지면서 지팡이로 머리를 갈겼다. 나는 의식이 흐려져서 대답을 할 수도 없었다. 그들이 물었다.

'왜 짚신을 신었나?'

'임금님이 돌아가셨기 때문입니다. 한국인들은 조의(弔意)를 표시할 때는 짚신을 신지요.'

'그건 거짓말이야.'

취조관은 그렇게 말하면서 자리에서 일어나 두 손으로 나의 입을 벌렸다. 내 입에서는 피가 흘렀다. 나는 사실을 말했을 뿐 거짓은 없다고 주장했다.

'너희 예수쟁이들은 모두가 거짓말쟁이야.'

그는 이렇게 대꾸하면서 내 팔을 잡아 젖혔다. …… 그런 다음 취조관은 나의 저고리를 찢으면서 비웃는 얼굴로 이렇게 말했다.

'축하한다.'

그 뒤 그는 나의 얼굴을 때리고 의식이 흐릿해질 때까지 몽둥이로 때리면서 다시 물었다.

'누가 네게 그런 짓을 하라고 시켰지? 외국인이 그랬지?'

나는 이렇게 대답했다.

'나는 우리 학교 교장 선생님밖에는 외국인을 모릅니다. 그는 우리들의 계획에 대하여 아무 것도 모릅니다.'

'그건 거짓말이야. 순전히 거짓말이야.'

그 취조관이 말했다. 나뿐만이 아니라 다른 학생들도 똑같이 온갖 고문을 당했다. 고문 중에는 팔뚝만한 길이의 널빤지를 들고 한 시간 동안 서 있는 것도 있었다. 그들은 또한 얼굴에 침을 뱉으면서 다리를 비트는 연습도 했다. 그들이 옷을 벗으라고 명령하자 한 학생이 말대꾸를 했다.

'나는 죄지은 일도 없는데 왜 내가 당신 앞에서 옷을 벗어야만 합니까?'

'네가 진정 죄가 있다면 너에게 옷을 벗으라고 요구하지도 않았어. 네가 무죄라는 것을 아니까 옷을 벗으라는 거야.'

종로 경찰서의 이 취조관은 익살스러운 데가 있었다. 그는 에덴동산에서 있었던 아담과 이브의 이야기를 알고 있음이 분명했다. 그가 처음에 시작하는 방법은 여학생(여기서 독자들은 그 여학생들이 양갓집 딸들이라는 것을 염두에 두기 바란다.)들에게 온갖 음탕한 질문을 하면서 어쩌다가 애를 뱄느냐고 따지는 것이었다. 여학생들이 분노하여 질문에 대한 대답을 거절하면 옷을 벗기라고 명령하곤 했다. 그리고 그는 여학생에게 이렇게 말했다.

"네가 어느 모로 보나 죄가 없다고 주장하니 '만약 네가 결백하다면 너의 옷을 벗고 나체로 모든 사람 앞을 지나가라'는 성경 구절이 생각나는구나. 인간은 원죄를 짓기 전에는 벌거벗고 살았단 말이야!"

그 다음에 있었던 이야기를 그 여학생의 말을 빌려 들어 보자.

"그 뒤 그 관리는 내가 서 있는 곳으로 들어오더니 나의 옷을 벗기려고 했다. 나는 울며, 몸부림치며 이렇게 항변했다.

'여자를 이렇게 다루는 법은 없어요.'

그러자 그는 그 짓을 그만두었다. 그가 우리에게 이토록 비열한 신문을 할 때면 한국인 통역을 통하지 않고 엉터리 한국어로 말했다. 일본인들이 그토록 음탕한 얘기를 할 때면 한국인 통역인은 비통한 빛을 보였다. 일본인들은 통역인에게 나를 구타하도록 명령했다. 그는 자신이 여자를 때릴 수 없으며 그러기 전에 먼저 자기의 손을 깨물고 싶다고 말했다. 그러자 일본 관리는 주먹으로 나의 어깨와 얼굴과 다리를 구타했다."

이와 같은 신문은 며칠 동안 계속되었다. 어떤 때에는 한 여학생이 하루에도 몇 차례씩 신문을 받았다. 두 사람의 취조관이 그 여자에게 달려들어 때리고 걷어차며 신문하는 경우도 있었고 어떤 때는 그 여자에게 의자나 기다랗고 무거운 나무를 들고 있게 했으며 조금이라도 손이 내려오면 구타했다. 그 뒤 여자가 탈진이 되면 그들은 다시 신문을 시작하곤 했다.

모든 질문은 하나의 초점으로 집중되었는데 그것은 다름이 아니라 누가 그들을 교사했으며 특히 어느 외국인이나 선교사들이 그들에게 영향을 미쳤는가를 확인하려는 것이었다. 취조를 받는 동안 여학생들은 최악의 조건 속에 갇혀 있었다. 여학생 가운데 하나는 이렇게 말했다.

"우리가 종로경찰서에 있는 동안 들은 그 저열한 얘기들을 나는 다 말할 수가 없다. 그 말들은 너무 음탕해서 여기에서 말로 옮길 수 없지만 나는 하나님의 자비로 사도 바오로가 감옥에서 어떤 고난을 겪었는가를 생각하면서 크게 마음의 위로를 얻었다. 나는 하나님께서 도움이 필요한 자에게 도움을 주시리라는 것을 알고 있었으며 나는 내 나라를 위해서 그 고난을 견디는 것이기 때문에 그에 대해서 부끄러움이나 슬픔을 느끼지 않았다."

여학생들로부터 경험담을 들은 한 미국인 부인은 나에게 다음과 같은 얘기를 들려주었다.

"그 여학생들이 한 말을 나는 남자인 당신에게 모두 말할 수가 없어요. 나는 다만 이것만은 말하고자 합니다. 여학생 가운데 에는 팔이 잘린 학생이 있다는 얘기가 들려오고 있어요. 만약 그 욕을 당한 여학생들이 나의 딸이었다면 그들이 종로경찰서에서 당한 것보다는 차라리 팔이 잘린 그 여학생이 더 나았을 것입니다."

여학생들이 팔목을 결박당하고 모두 한 줄로 묶여 서대문 밖의 형무소로 가는 차를 타는 날이 되었다. 그들은 쳐다보거나 말하는 것이 금지되었다. 한국인 운전수는 감시원이 다른 곳에 신경을 쓰는 틈을 타서 여학생들에게 다음과 같은 격려를 귓속말로 들려주었다.

"너무 절망하지 말아요. 그렇게 되면 학생들의 몸만 약해질 뿐이에요. 학생들은 아직 기소된 것이 아니에요. 저들이 이렇게 하는 것은 오직 여러분들의 혼을 말살하기 위한 것이지요."

서대문 밖의 형무소는 일본의 감옥을 본뜬 것이었다. 거기에는 여자 옥리도 있었다. 여학생들로서는 남자 앞에서 옷이 벗겨진 채로 그들에게 문초를 받는다는 것이 끔찍스럽게 여겼다. 아마도 그들은 감옥의 의사였던 것 같다. 그러나 그것은 가능한 한 최대한도로 여학생들에게 수치심을 주려고 의

도된 것임이 분명했다. 따라서 한 여학생은 신문을 받은 뒤 다음과 같이 얘기하고 있다.

"그들은 내게 옷을 가지고 다른 방으로 가라고 말했다. 한 백 야드쯤 떨어진 거리에 한 여자가 나를 따라왔다. 나는 방을 나오기 전에 옷을 입으려 했다. 그랬더니 그들이 급히 달려와 나를 밀어 버렸다. 나는 방을 나가기 전에 나의 치마로 몸을 감싸고 나머지는 팔에 안고 나갔다. 그 방을 떠나 다른 방에 도착하기 직전에 5명의 한국인 남자 죄수들이 우리 앞을 지나갔다."

첫 주 동안 빽빽이 들어찬 감방 안의 많은 여학생들은 거의 움직일 수도 없었다. 그 뒤 그들에게는 아침을 먹은 뒤 머리를 가리는 모자인 용수를 쓰고 15분간씩 감방 밖으로 나가는 것이 허락되었다. 그들의 식사는 콩과 기장이었다. 그것을 주면서도 그들은 온갖 소리로 조롱하고 모욕을 주었다. 여자 옥리가 이렇게 말했다.

"너희 한국인들은 개나 고양이처럼 먹는구나."

감옥에서의 일상 생활은 매우 고된 것이었다. 그들은 아침 7시에 기상하여 무릎을 꿇고 웅크린 채 몇 시간씩 앉아 있어야 했다. 여자 옥리는 복도에서 엄하게 감시를 했으며 조금이라도 움직이는 여학생에게는 고통을 주었다. 그 학생은 이렇게 말했다.

"그들은 우리에게 손발도 움직이지 말고 아주 조용히 있으라고 명령했다. 조금이라도 움직이다가는 온갖 화풀이를 면할 수가 없었다. 우리는 발톱조차도 감히 움직일 수가 없었다."

어느 한 여학생은 옥리가 "필요 없어."(いりません)라고 말하는 것을 "어서 자라."는 명령으로 잘못 알아듣고서 다리를 뻗고 누웠다가 욕을 먹고 심한 벌을 받았다. 다른 여학생은 기도를 하느라고 눈을 감았더니 여자 옥리가 잠을 자고 있다고 꾸짖었다. 그 여학생은 기도를 하고 있었다고 대답했지만 소용없는 일이었다. 그 점잖은 일본인은 그가 "거짓말을 했다."고 보고했고, 그 때문에 그는 중벌을 받았다. 서대문 밖 형무소에서 15일이 지난 뒤

그들은 사무실로 불려 갔다. 옥리가 말했다.

"석방이다. 그러나 다시는 범죄를 되풀이하지 않도록 주의하라. 만약에 다시 잡혀 들어오는 날이면 더 무거운 벌을 받을 것이다."

백인들이 거주하면서 다소 일본인들을 견제할 수 있었던 대도시에서는 여인들이 최악의 경우를 겪지 않았지만 새로이 진주한 군인들이 거의 믿을 수 없는 방법으로 시위대를 다룬 시골에서 일본인들은 마음대로 범법 행위를 했다. 대부분의 벽지에서 근무하는 경찰들은 마치 군인들과 경쟁이라도 하듯이 짐승처럼 행동했다.

내가 들은 많은 이야기들 가운데에서도 특히 통천에서 있었던 이야기는 특기할 만하다. 이 이야기는 사건 직후 그곳을 방문하여 몸소 목격한 경험 많은 백인들이 조사한 것이다. 통천에는 300가구가 살고 있었고 교회가 있었다. 이 마을의 젊은이들은 시위를 하고자 했으나 교회의 장로들이 당분간 기다려 보도록 설득했다.

그러나 그곳에 많은 사람들이 모이는 3월 29일 장날에 몇몇 어린이들이 시위를 시작하자 노인들이 그 뒤를 따랐고 곧 이어 4~5백여 명의 군중이 거리를 행진하며 만세를 불렀다. 그날 어떠한 폭력 행위도 없었다. 경찰이 출동하여 여자 5명을 포함해서 17명을 체포했다.

체포된 여자 가운데 한 사람은 31세 된 과부였다. 경찰은 그를 경찰서로 끌고 가 옷을 찢어 버리고 속옷만 남겼다. 그 뒤 경찰은 그의 속옷마저 찢기 시작했다. 그가 반항하자 주먹으로 그의 얼굴을 때려 검푸르게 멍이 들었다. 그러고도 그가 옷을 붙들고 있자 경찰은 그의 가랑이에 막대기를 끼워 옷을 찢어버린 다음 구타했다.

구타는 오랫동안 계속되었다. 구타가 끝나자 경찰은 잠시 쉬면서 차를 마시고 과자를 먹었다. 그들과 방안에 있던 많은 패거리들은 그 여자를 발가벗겨 가운데 앉혀 놓고 놀려대며 즐거워하고 있었다. 그 뒤 그 여자는 석방되었지만 1주일 동안 줄곧 누워 있어야만 했고 걸을 수가 없었다.

또 다른 한 희생자는 교회 교사의 아내였다. 그는 매우 밝고 지적인 여인으로서 네 살[1] 된 아기를 가지고 있었으며 임신 2~3개월이 되는 몸이었다. 그는 시위에 잠시 참여한 뒤에 딸이 체포된 어느 어머니를 위로하고자 그 집에 찾아갔다. 마침 그 자리에 와 있던 경찰은 그가 만세를 불렀는지를 물었다. 그는 그랬노라고 대답했다. 경찰은 그에게 등에 업힌 아기를 내려놓게 한 다음 경찰서로 연행했다.

그 여인이 경찰서에 들어서자 어느 남자가 등 뒤에서 그를 세차게 걷어차 방바닥에 고꾸라뜨렸다. 그가 땅바닥에 눕자 경찰은 발로 목을 밟더니 다시 일으켜 세운 다음 계속해서 구타했다. 경찰은 그에게 옷을 벗도록 명령했다. 그가 주저하자 경찰은 그를 발로 걷어차고 막대기와 무거운 지팡이로 두들겨 패면서 이렇게 말했다.

"너는 어린아이들의 마음속에도 반일 감정을 집어넣었다. 나는 너를 때려 죽이겠다."

그 뒤 경찰은 그의 속옷을 찢어버렸다. 그는 경찰에 매달려 있으면서도 자기의 벗겨진 몸을 가리려고 애썼다. 그는 손에 있던 옷마저도 빼앗겼다. 경찰은 강제로 그를 일으켜 세웠다. 그는 방안에 있는 많은 사람에게 몸을 보이지 않으려고 벽 쪽으로 몸을 돌리려고 애썼다. 경찰은 다시 강제로 그를 돌려 세웠다.

그가 손으로 몸을 가리려 하자 경찰은 그의 손을 비틀어 뒤로 묶어세운 다음 구타와 발길질은 계속했다. 그 여인은 너무도 심하게 상처를 입어 바닥에 넘어졌지만 경찰은 그를 일으켜 세워 놓고 계속해서 때렸다. 그런 다음 그들은 그를 다른 방으로 보냈다. 그 뒤 그 여자와 다른 부인이 다시 사무실로 불려 나왔다. 경찰은 그에게 이렇게 말했다.

"만세를 부른다는 것이 얼마나 잘못된 것인지를 이제 알겠지? 앞으로도

1) 본문에는 "낳은 지 네 달 된 아기를 가지고 있었고"라고 되어 있으나 여기에서는 "네 살"로 고쳤다.

그런 짓을 감히 또 할 텐가?"

그 여자가 어떠한 고문을 당했는가에 대한 이야기가 점차로 퍼져 나갔다. 그 다음날 아침에 500명의 군중이 모여들었다. 군중들 가운데 열혈한 사람들은 경찰서를 습격하여 그 여자가 당한 고문에 대하여 보복하고자 했다. 교회의 어른들이 그들을 만류하고 드디어 2명의 대표가 항의하고자 경찰서 안으로 들어갔다. 그들은 여자의 옷을 벗긴 사실을 지적하면서 그것은 불법이라고 항변했다.

경찰서장은 그들이 오해하고 있다고 대답했다. 옷을 벗기는 것은 일본 법률로 허락되어 있다는 것이었다. 그러자 대표들은 왜 젊은 여자들만 옷을 벗기고 늙은 여자들은 벗기지 않으며, 또 왜 옷을 벗긴 뒤에 때려야 하며, 남자들은 벗기지 않는데 왜 꼭 여자들만 벗기느냐고 물었다. 경찰서장은 대답을 하지 않았다. 그렇게 되자 군중은 매우 격노하여 외쳤다.

"우리도 감옥에 집어넣든가 아니면 시위자들을 석방하라."

결국 서장은 시위자 4명을 제외한 모든 사람들을 석방하는 데 동의했다. 곧 이어 수감자들이 경찰서로부터 나왔다. 전날 체포되어 경찰에게 심하게 걷어 채인 32세 된 과부는 양쪽으로 부축을 받아야 했다. 교회 교사의 아내는 등에 업혀 집으로 가지 않을 수 없었다. 나는 이제 당시 현장에 있었던 사람들의 말을 인용하는 것으로써 이 장을 마치고자 한다.

"부인들이 이 상태가 되어 나오는 것을 보았을 때 모든 군중들에게는 비탄의 표정이 스쳐갔으며 하나같이 눈물을 흘리며 흐느꼈다. 어떤 사람들은 울부짖으며 이렇게 말했다.

'이와 같은 야만족 밑에 사느니 차라리 죽는 것이 낫다.'

많은 사람들은 맨손으로라도 경찰서를 습격하여 경찰서장을 잡아내어 옷을 벗기고 때려죽여야 한다고 주장했다. 그러나 교회의 장로와 다른 지혜로운 지도자들의 의견이 지배적이어서 군중의 폭력 행위를 저지시키고 마침내 그들을 해산시켰다."

제 18 장 3 · 1운동(5) : 세계의 분노

1919년 4월 23일, 일본의 박해가 그 극도에 이르렀을 무렵, 한국의 13도에서 각각 합법적으로 선출된 대표들이 일본 경찰의 감시를 받으면서 서울[1]에 모여 공화국을 수립하는 헌법을 채택하였다. 1894년[2]의 젊은 개혁가이며 독립협회로 말미암아 오랜 옥고를 치른 이승만 박사가 초대 대통령으로 선출되었다.

당시 미국에 있던 이승만 박사는 즉시 워싱턴에 본부를 설치하고 그곳에서 자기 민족의 독립 운동을 전개하였다. 물론 새로운 공화국이 외교적으로 승인을 받을 수는 없었으나 그러한 단체가 할 수 있는 길은 많았다. 초대 내각에는 지난날 개화 운동에 지도적인 역할을 수행했던 몇몇 사람이 포함되어 있었는데 그 명단은 다음과 같다.

국무총리 이동휘(李東輝) 외교부장 박용만(朴容萬)
내무총장 이동녕(李東寧) 군무총장 노백린(盧伯麟)
재무총장 이시영(李始榮) 법무총장 신규식(申圭植)

---

1) 당시 수립된 한성임시정부를 뜻함. 이때 이승만은 대통령이 아닌 집정관총재로 선출되었다. 이들은 9월 6일에 상해 임시 정부로 통합되었다.

2) 이 연도는 잘못된 것임. 이승만이 본격적으로 민중 운동에 투신한 것은 갑오경장이 아니라 만민공동회(1898~1899) 이후로 보아야 함.

학무총장 김규식(金奎植) 교통총장 문창범(文昌範)

노동총장 안창호(安昌浩) 참모총장 유동열(柳東說)

참모차장 이세영(李世永) 참모차장 한남수(韓南洙)

대한민국 임시 헌장은 본질적으로 민주적이며 진보적인 것이었다.

대한민국 헌장[3)]

대한민국 임시 헌장 선포문

신인(神人) 일치로 중외(中外) 협응(協應)하여 한성(漢城)에 기의(起義)한 지 30유일(有日)에 평화적 독립을 300여 주(州)에 광복하고 국민의 신임으로 완전히 다시 조직한 임시 정부는 항구 완전한 자주 독립의 복리로 우리 자손 여민(黎民)에 세전(世傳)키 위해 임시의정원의 결의로 임시 헌장을 선포하노라.

대한민국 임시 헌장

제1조 대한민국은 민주공화제로 함.

제2조 대한민국은 임시정부가 임시헌정원의 결의에 따라 이를 통치함.

제3조 대한민국의 인민은 남녀 귀천 및 빈부의 계급이 없고 일절 평등임.

제4조 대한민국의 인민은 신교 · 언론 · 저작 · 출판 · 결사 · 집회 · 신서 · 주소 · 이전 · 신체 및 소유의 자유를 향유함.

제5조 대한민국의 인민으로 공민 자격이 있는 자는 선거권 및 피선거권이 있음.

제6조 대한민국의 인민은 교육 · 납세 및 병역의 의무가 있음.

제7조 대한민국은 신(神)의 의사에 따라 건국한 정신을 세계에 발휘하며

---

3) 여기에 실린 것은 영문의 번역을 피하고 원전을 그대로 옮겨 쓴 것이다. 다만 영문에는 각료의 명단이 수록되어 있지 않으나 여기서는 원전대로 이들을 함께 수록한다.(『한국독립협회운동사 자료(II) 임정편②』(서울 : 국사편찬위원회, 1971), pp. 1~2.

나아가 인류의 문화 및 평화에 공헌하고자 국제연맹에 가입함.

제8조 대한민국은 구황실을 우대함.

제9조 생명형(刑), 신체형(刑) 및 공창제를 전폐함.

제10조 임시정부는 국토 회복 뒤 만 1개년 내에 국회를 소집함.

대한민국 원년 4월 일
임시의정원 의장 이동영(李東寧)
임시정부국무총리 이승만(李承晩)
내무총장 이동녕(李東寧)
외무총장 김규식(金奎植)
법무총장 이시영(李始榮)
재무총장 최재형(崔在亨)
군무총장 이동휘(李東輝)
교통총장 문창범(文昌範)

정강

1. 인민 평등, 국가 평등 및 인류 평등의 대의를 선전함.
2. 외국인의 생명 · 재산을 보호함.
3. 일체 정치 범인을 특사함.
4. 외국에 대한 권리 · 의무는 민국 정부와 체결하는 조약에 따름.
5. 절대 독립을 서도(誓圖)함.
6. 임시 정부의 법령을 위월(違越)하는 자는 적으로 인정함.

대한민국 원년 4월 일
대한민국 임시정부

대한국민회는 그의 취지와 목적에 대한 성명서를 다음과 같이 발표하였다.

손병희(孫秉熙)를 포함한 33인을 대표로 하는 우리 한국 민족은 정의와 인도에 기초하여 이미 한국의 독립을 선언한 바 있다. 우리는 독립 선언의 권위를 존중 하고, 독립의 기초를 공고히 하고, 인륜의 자연스러운 필요에 부응하면서 크고 작은 단체와 지방 대표를 조화시킴으로써 대한국민회를 조직하여 세계에 이를 선포하는 바이다.

우리 한국 민족은 자주 독립의 국가로서 4천 200년의 역사와 특수하고도 창조적인 문화의 역사를 가지고 있으며 평화를 사랑하는 민족이다. 우리는 세계의 계명(啓明)에 참여하고 인류의 진보에 기여할 수 있는 권리를 요구한다. 특수하고도 세계적으로 영광된 과거와 건전한 민족적 기상을 가지고 있는 우리는 비인도적이며 부자연스러운 억압에 예속될 수도 없을 뿐만 아니라 다른 종족에 의해 동화되지도 않을 것이다. 우리가 우리보다 정신 문명이 2000년이나 뒤떨어진 일본에게 물질적인 복속의 제물이 될 수는 없다.

세계가 아는 바와 같이 일본은 지난날의 맹약(盟約)을 저버리고 우리의 생존권을 빼앗아 가고 있다. 그러나 우리는 지난날 일본이 우리에게 저지른 잘못을 시비하지도 않으며 그 동안에 쌓인 죄과(罪過)를 생각하지도 않는다. 다만 생존권을 보장하고, 자유와 평등을 신장하고 정의와 인도를 지키며, 동양의 평화를 유지하며 전세계의 동등한 복리(福利)를 존중 하고자 한국의 독립을 주창하는 바이다. 이는 신의 뜻이며, 진리의 발동이며, 정당한 주창이며, 합법적인 행동이다. 이로써 세계의 결의를 얻고자 하며 일본의 개전(改悛)을 촉구코자 하는 바이다.

세계 평화를 위협한 군국주의가 멸망하고 있고, 세계는 영원한 평화를 건설하고 있는 이때에 일본은 진정 자기 성찰과 자기 반성을 거절할 것인가? 시운(時運)과 천리를 거역하며 지난날의 과오를 고집스럽게 집착하는 것은 양국 간의 행복을 감소시키고 세계의 평화를 위협할 뿐이다. 이에 본 대한국민회는 진실로 요구하노니 일본은 비인도적인 침략 정책을 포기하고 극동의 삼국 관계를 굳건히 하며 더 나아가 일본 민족에게 정당히 경종을 울려야 할 것이다.

인류 문명의 생존권에 기초를 둔 우리의 행동에 대하여 일본의 야만적 군국주의의 세력이 이토록 잔학 행위를 저지르는 것을 인류의 양심이 조용히 바라보고만 있다는 것은 있을 수 있는 일일까? 우리 2천만 민족의 성충(誠衷)과 피는 그러한 부당한 압제에 대하여 결코 중단하지도 않을 것이며, 또한 마르지도 않을 것이다.

만약 일본이 자신만을 위한 그러한 방법을 개전하고 그치지 않는다면 우리 민족은 한국의 독립을 쟁취하고자 최후의 1인까지 최후의 일각까지 마지막 투쟁을 전개하지 않을 수 없다. 어떠한 적이 정의와 인도에 입각한 우리 민족의 전진을 막을 것인가? 지극한 성충과 최선의 노력으로써 우리는 우리 민족의 독립과 민족적 자치를 세계에 요구하는 바이다.

대한국민회 13도(道) 대표[4)]

이만식(李萬植) 김명선(金明善) 이래수(李來秀) 유근(柳根) 박한영(朴漢永) 강지형(姜芝馨) 박장호(朴章浩) 장사(張梭) 이용준(李容俊) 김현준(金顯峻) 최전구(崔銓九) 김유(金鎏) 이용규(李容珪) 기식(奇寔) 유식(柳植) 이종욱(李鍾郁) 홍성욱(洪性郁) 송지헌(宋之憲) 장정(張檉) 이동욱(李東旭) 정담교(鄭潭敎) 김탁(金鐸) 박택(朴澤) 강훈(康勳)

결의 사항

1. 임시정부를 수립한다.
2. 일본 정부에게 한국으로부터 정치적 · 군사적 조직을 철수할 것을 요구한다.
3. 파리 강화회의에 보낼 대표를 선출한다.

---

4) 여기에 수록된 명단은 이선근, 『한국사』(10)(서울 : 신태양사, 1973), p. 26을 참고함.

4. 일본 관청에 고용되어 있는 한국인들은 자퇴한다.

5. 한국인은 일본 총독부에 조세의 납부를 거부한다.

6. 한국인은 일본 총독부에 대하여 청원이나 소송을 제기하지 않는다.

한국에서는 한국인에 대한 부당한 처사를 시정하고자 미국이 즉각적으로 움직이리라고 기대하고 있었다. 한국인들은 실의에 빠졌다. 미국이 왜 그렇게 침묵하는지에 대한 전반적인 이유가 공개되지 않을 이유가 없었다. 주로 한국에서 활약하고 있는 선교 단체는 일본에 강력하게 의사를 전달하고 있다. 선교 본부에 있는 임원들은 3국 간에 일어난 분쟁에 대하여 정치가다운 태도로서 점잖게 보여야 한다는 압력을 받고 있다. 캐나다 감리교 선교국의 암스트롱 씨(A. E. Armstrong)는 자신이 목격한 바에 격분하여 미국으로 건너갔으나, 미국의 지도자들 사이에는 대단히 신중한 분위기가 감돌고 있다는 사실을 발견했다.

그들은 미국이 일본을 공박하거나, 그렇게 함으로써 일본에 있는 기독교도들이 피해를 입는 것을 원치 않았다. 그들은 진실을 노골적으로 파헤치기보다는 일본의 좋은 측면에서 호소함으로써 사태를 수습하려는 느낌을 가지고 있었는데, 이것이 그들의 진심이었다. 장로교 선교국과 감리교 선교국은 미국의 전체 교회를 대표하는 미국전국교회연합회 동양관계위원회에 사실의 전모를 상신했다.

전국교회연합회 사무국장인 굴릭[5] 목사는 오늘날 유럽이나 미국이 일본에서 누리고 있는 이해 관계를 가장 적극적으로 옹호하는 인물이었다. 그는 일본에 오랫동안 거주한 적이 있었으므로 일본인의 시각에서 사태를 보고 있다는 것은 불가피한 일이다. 그는 마치 사태를 대중의 시야에서 지워 버리려고 결심이라도 한 듯이 즉시 행동했다. 이러한 처사는 뉴욕 주재 일본

5) 굴릭(Sydney L. Gulick : 1860~1945) : 미국인 목사. 일본에 파견되어(1887~1913) 오랫동안 선교 활동을 했으며, 교토제국대학 교수(1907~1913)를 역임한 뒤 귀국했다.

총영사인 야다의 권고를 따른 것이었다. 일본 당국에 개인적인 압력이 가해졌으나 그들은 매우 굼뜨게 보고서를 장만하기 시작했다.

굴릭 씨는 사태의 조기 공표를 저지하고자 자기의 모든 영향력을 행사했다. 한국에서의 잔학 행위가 있은 지 4~5개월이 지나도록 미국전국교회연합회의 보고서는 발표되지 않았다. 장로교 단체인 신시대운동회가 며칠 전에 자기 나름대로의 따끔한 보고서를 발표했다. 전국교회연합회의 보고서는 일본 수상 하라 사토시의 전보를 받고서야 발표되었는데 그 전보에 따르면 하라 사토시 총리는 조선총독부의 요원들이 저지른 비행에 대한 보고서에 매우 진지한 관심을 가지고 있다는 것이었다. 그는 이렇게 말했다.

"나는 진상을 정확히 알아볼 준비가 충분히 되어 있다."

그 보고서는 짤막하고도 강렬하며 친일적인 서론만 제외하고서는 한국에 있는 선교사와 기타 인사들의 진술로 엮어진 것이었으며 누구나가 바라던 만큼 솔직한 것이었다. 한 가지 유감스러운 점은 그것이 즉시 발표되지 않았다는 사실이었다. 세계의 여론이 압력을 가한 상황적인 요인이 바로 여기에 있었다. 나는 확신하건대 굴릭 씨는 가능한 한 이 보고서의 발표를 지연시킴으로써 한국 기독교에 치명적인 상처를 주는 원인을 조장했으며 조속한 피해 보상을 방해하는 데 기여했다.

"만행 앞에서는 중립을 지키지 않는다."

이것이 한국에 있는 많은 선교사들의 표어였다. 그것은 전반적으로 볼 때 교회를 위하여 좋은 일이었다. 다소의 솔직한 분노를 공개적으로 표현하는 것이 그들이 취할 수 있는 모든 "종교적 점잖음"보다 훌륭할 경우도 있다. 일본 국내에서도 당국은 한국에서 발생한 사건이 소상하게 공개되지 않도록 하고자 온갖 노력을 경주했다. 진보적인 총리인 하라 씨는 강력한 지반을 가지고 있지 못하다.

군부와 야마가타 아리토모 공작으로 대표되는 반동 세력들이 너무도 강력하게 하라에게 작용했기 때문에 그는 자신이 원하는 바를 수행할 수가 없었다. 그는 4월에 이르러 더 이상의 가혹한 제도를 실시하는 데 동의하였는데, 이를테면 수원과 같이 특수한 경우에는 어떤 구제책을 마련하겠다고 약속했지만 사태를 전반적으로 처리하리라고 기대할 수는 없었다. 의회에서 추궁을 당하자 그는 무엇인가 잘못되었다는 것을 시인하지 않으려고 답변을 교묘히 회피했다.

애당초 일본 국민들의 태도는 반군부 세력들이 실제 행동에 들어가기를 원하는 사람들에 대하여 공개적인 실망을 보이고 있었다. 일본에서 발간되는 영자 신문인 『애드버타이저』가 한국에 특파원을 파견하였는데 그의 보도는 매우 중요한 가치를 가지는 것이었다.

고베에서 영국인이 발간하는 『재팬 크로니클』도 그와 마찬가지로 솔직했다. 일본 언론들은 전반적으로 침묵하고 있었는데 이는 한국에 대하여 논급하지 말 것을 공식적으로 "요청"받았기 때문이었다. 일본 입헌정우회는 현장 상황을 조사하고자 모리야 히즈케[6]를 파견하였다. 그는 보고서에서 이번 독립 운동의 원인이,

(1) 한국인에 대한 차별 대우
(2) 복잡하고도 비현실적인 행정 조치
(3) 극단적인 언론 탄압
(4) 강제적 동화 정책
(5) 자주 정신의 파급

에 있다고 말했다. 특히 그는 동화 정책에 대해서 그는 이렇게 말했다.

"2천 년의 역사를 가지고 있는 한국인에게 일본인들과 꼭 같은 정신적 · 심리적 훈련을 강제하려고 시도했다는 것은 식민지 정책의 커다란 실수이다."

---

6) 모리야 히즈케(守屋此助 : 1861~1931) : 변호사로서 국민당에 소속하여 중의원의원(1894~1919)을 역임했으며, 은퇴 뒤에는 철도 · 제재업계에서 활약했다.

이 무렵이 되자 일본 교회가 술렁거리기 시작했다. 일본의 교회연합회는 일본감리교회 해외선교국장인 이시자카 가메히로[7] 박사를 파견하여 진상을 조사하도록 했다. 이시자카의 보고서는 『호교』지에 발표되었다. 나는 뉴욕에서 발행되는 『크리스찬 애드버케이트』지에 실린 스펜서(R. S. Spencer) 씨의 논문을 요약하여 여기에 전재하고자 한다.

> 이시자카 박사는 우선 이번의 소요가 결코 선교사들에 의해 야기될 수 없었다는 사실을 일본 관리와 선교사 및 기타의 사람들에게 보여 주었다. 애당초 일본이 한국의 구제도의 많은 병폐들을 개혁했을 때만 해도 많은 한국인들과 선교사들은 희망적인 눈으로 일본의 통치를 바라보았지만 이제 합병 10년 동안에 한국인의 감정은 전혀 다른 방향으로 바뀌었고, 사실상 모든 사람들이 총독부의 정치에 반대하고 있다. 이시자카 박사는 그 이유를 다음과 같은 다섯 가지로 설명하고 있다.
>
> (1) 총독이 과찬하고 있는 교육 제도에 따르면 한국인들은 중등학교(대체로 미국의 고등학교 학제에 해당됨)나 기술학교 이상을 진학한다는 것이 현실적으로 불가능하다. 설령 교육을 받는다고 해도 한국인들은 전반적으로 차별 대우를 받는다. 같은 공직, 같은 직장에서도 한국인들은 일본인들보다 적은 봉급을 받는다.
>
> 혼다 요이쓰[8] 감독의 집에 머물면서 아오야마학원을 졸업한 한 한국인 유학생은 그 뒤 대구 지방 어느 곳의 군수가 되었지만 그것은 합병 이전에 있었던 일이었다. …… 그 관리는 지금 대구에 있지 않으며 어느 시골의 말직에서 근무하고 있다. 한국인과 일본인이 동등한 대우를 받는 곳은 경성

---

7) 이시자카 가메히로(石坂龜治)는 1919년 5월에 한국을 방문하여 3·1운동에 관한 조사 보고서를 제출했다. 그의 활약에 관한 논의는, 민경배, 『한국기독교회사』(서울 : 연세대학교출판부, 1993), p. 363 참조.

8) 혼다 요이쓰(本田庸一 : 1848~1912) : 한학을 수학한 뒤 기독교인이 되어 1872년에 세례를 받음. 1886년에 센다이교회의 목사를 지냄. 도미 유학(1888~1890). 귀국하여 17년간 아오야마학원장을 역임했으며, 일본 그리스도 교회의 초대 감독(1906~1912)을 지냄.

(서울)에 있는 농업은행뿐인데 그것도 피상적인 것에 지나지 않는다.[9]

(2) 일본 정부의 지원 기관인 동양척식회사의 수탈은 몇 백 명의 한국 농민들의 이농 현상을 초래했다. 그들은 만주와 시베리아로 망명하여 비참하게 죽어 가고 있다. 훌륭한 도로에 대하여 말한다면 그것은 한국인들의 강제 노역에 의해서 건설 · 유지되고 있음을 볼 수 있다. 모든 관료적인 통치 방법 가운데에서도 가장 성가시고 약이 오르는 것은, 일본에서도 권력자들에게 나타나고 있는 바와 같이 끝없는 보고서와 요식 행위인데, 이것이 한국인의 불만을 자아내고 있다.

이시자카 박사의 말에 따르면 교육 수준이 높은 어느 한 한국인은 그 까다로운 한자로 기류지변경신고서를 쓰다가 점이 하나 빠졌다고 관리로부터 여섯 번이나 서류를 다시 작성하라는 말을 들었다. 한자는 일본의 발전에도 장애가 되고 있는데 이는 이시자카 박사의 주장이 아니라 나[10]의 의견이다.

(3) 헌병 제도로 말하면, 한국에는 1만 3천 명의 강력한 헌병이 주둔하고 있는데 그 가운데 8천 명은 조국을 배신한 한국인들이다. 어느 모로 보나 수효가 너무 많다고 생각되는 이 헌병들은 영장이 없어도 검문, 가택 수색, 구인, 체포할 수 있다.(이시자카 박사의 보고서로 미루어 짐작하건대 그들은 고문을 할 수도 있다고 말할 수 있다.) 그들 사이에 뇌물이 성행하고 있다는 것은 더 말할 나위도 없다.

(4) 군국주의적인 총독부는 경찰 제도와 밀접한 관련을 가지면서 경찰을 통솔하고, 행정과 기타 모든 업무를 수행하다. 총독은 반드시 군인이다. 이시자카 박사의 말을 빌리면, "군국주의는 전제 정치를 뜻한다. 군국주의는 대명천지에 활동하는 법이 없으며 자신의 의도를 숨기기에 급급하다. 소학교와 심지어는 여학교에서도 남자 교사는 칼을 차고 있다."

(5) 끝으로 이시자카 박사는 학교에서 언어와 역사를 말살하고, 풍속 등

9) (원저자 주) 이상의 인용문은 일본의 『애드버타이저』의 번역물을 인용한 것임.
10) 이 글의 필자인 스펜서(R. S. Spencer)를 뜻함.

을 억압함으로써 한국인을 동화시키려는 방법에 대해서 언급하고 있는데, 그들이 왜 그렇게 해야만 하는지에 대해서는 우리도 쉽게 알 수가 있다.

결론적으로 이시자카 박사가 지적한 바에 따르면, 이러한 과오를 시정해야 할뿐만 아니라 공인이든 개인이든 일본인들로서는 기독교적 우애를 한국인들에게 보일 때 우리는 희망을 가질 수가 있다는 것이다. 그는 한국인의 복지와 한국 교회를 위해서 모금 운동을 벌여야 한다고 말하고 있다.

드디어 일본 정부도 이제는 뭔가 손을 쓰지 않을 수 없다는 사실을 알게 되었다. 조선 총독 하세가와 요시미치 백작과 정무총감 야마가타 이사부로가 소환되고 해군 제독 사이토 마코도[11] 남작과 미즈노 렌타로[12] 씨가 각각 그 후임으로 임명되었다. 그 밖에도 많은 인물이 바뀌었다. 8월 하순이 되자 조선총독부를 개혁하리라는 칙령이 발표되었다.

같은 시각에 하라 총리는 한 성명서에서 헌병을 경찰로 대체하여 도지사의 관할을 받도록 하되 상황으로 보아 헌병의 즉각적인 폐지가 바람직하다고 생각되는 지방은 예외로 하며, "적당한 절차를 밟아 한국도 모든 면에서 일본과 동일한 대우를 받도록 하는 것이 일본 정부의 궁극적인 목표"라고 발표했다. 사이토 제독은 그의 대답에서 한반도에 자유주의적 통치를 도입하겠노라고 약속했다.

그러나 불행하게도 그러한 변화는 사태의 근본적인 요구를 충족시키지 못하고 있다. 권력 남용이 다소 감소되리라는 데에는 의심의 여지가 없으나

---

11) 사이토 마코도(齋藤實 : 1858~1936) : 일본의 군인 · 정치가. 미국에 유학(1877)한 뒤에 해군에 투신하여 해군차관과 해군대신(1906)을 지낸 뒤 3대 조선 총독(1919), 제네바 군축회의 일본 대표(1927), 추밀원 고문관(1929), 5대 조선 총독(1929), 내각총리대신(1932)을 지낸 뒤 암살됨.

12) 미즈노 렌타로(水野練太郎 : 1868~1949) : 아키타현 출생. 도쿄제대 법학과 졸업. 내무성에 들어가 내무대신(1918~1919)을 지낸 뒤 조선총독부 정무총감(1919~ 1922), 귀국 뒤에 다시 내무대신(1922~1927)과 문부대신(1927)을 지냄. 제2차 세계대전 중에는 흥아동맹 총재와 총리를 지냈으며 종전 뒤에는 전범 재판을 받음.

그나마도 일본이 문명화된 열강의 세계에 머물러 있을 경우에 한해서 가능할 것이다. 그러나 하라 씨가 제시한 새로운 계획이 보여 주는 바에 따르면, 동화 정책은 계속될 것이며, 그와 아울러 수탈정책이 병행되지 않을 수가 없다. 이 두 가지 문제는 새로운 실패를 뜻하는 것이다.

제 19 장 우리가 할 수 있는 일은 무엇인가?

나에게 이렇게 반문하는 사람들이 있다.

> 그렇다면 당신은 우리가 무엇을 하기를 바라는가? 당신은 미국이나 영국이 일본과 우호 관계를 깨면서까지, 아니면 전쟁이라도 일으킬 어떤 모험을 해야만 한다는 것을 진지하게 시사(示唆)하는 것인가? 만약 그것이 아니라면 지금 그런 말을 해서 무슨 소용이 있다는 말인가? 당신은 지금 일본인들의 심사를 더욱 경직시키고 있을 뿐이다.

우리가 할 수 있는 일은 무엇인가? 무엇이든지 좋다. 나는 우선 미국, 캐나다 그리고 영국의 교회에 호소하는 바이다. 나는 이 세 나라의 대표들, 특히 미국과 캐나다 교회의 선교사들이 한국에서 이룩해 놓은 업적을 목격한 바 있다. 그들은 지혜롭고 훌륭하게 교회를 건축했으며, 아시아에서 가장 희망적이고도 찬란한 기독교 운동을 시작한 바 있다.

그들이 이끈 신도들은 단체를 만들어 선교 교회가 되어 자신의 교사와 선교사를 중국에 파견하여 지원하고 있다. 아시아에서는 위대한 불빛이 비치고 있다. 어떻게 그 불빛을 꺼지도록 내버려 둘 수 있겠는가? 지금 그 과업이 파멸의 위협에 직면해 있다는 것은 결코 잘못된 표현이 아니다. 많은 교회가 불타 버리고, 많은 토착 지도자들이 고문당하거나 투옥되어 있으며, 남녀노소의 많은 신도들이 채찍질당하고, 구타당하고, 사살되고 있다.

미국과 캐나다의 기독교인 여러분들은 이 민족에 대하여 커다란 책임을 지고 있다. 여러분들이 보내고 지원해 준 교사들은 한국인들에게 믿음을 가르쳐 주었고, 그 믿음은 그들로 하여금 자유를 갈망하게 이끌어 주었다. 선교사들은 그들에게 육신의 존엄함을 가르쳐 주었고 마음을 깨우쳐 주었다. 선교사들은 그들에게 성경을 전해 주었다.

성경은 그들로 하여금 천황에 대한 우상 숭배를 거부하도록 만들었다. 음탕한 사업을 벌이려고 사창가에서 성병에 걸려 쫓겨난 여인들을 위하여 교인들의 집을 내어놓으라는 말을 들었을 때 정당한 분노를 일으키게 만들었고, 그들 사이에 아편 장수나 모르핀 판매원들이 들어왔을 때 분노하게 만들었다.

여러분의 가르침은 그들로 하여금 말할 수 없이 고통스럽게 매 맞고, 고통당하고, 죽게 만들었다. 그들은 대나무를 엮어 만든 몽둥이로 맞고, 뜨거운 인두로 지글거리는 소리가 나도록 지지더라도 그것은 정녕 대단한 것이 아니라는 것을 깨닫게 되었기 때문에 나는 그들을 애처롭게 생각하지 않는다. 그러나 만약 여러분들이 그들에게 아무런 도움도 주지 않고 내버려두고, 그들의 외침에 귀를 막고, 그들에게 진정한 동정을 베풀기를 거부한다면 나는 여러분들을 가엾게 생각할 것이다. 여러분들은 나에게 묻고 있다.

"그렇다면 우리가 할 수 있는 일은 무엇이냐?"

여러분들의 민주주의적인 정부는 여러분들로 하여금 분노를 행동으로 옮기게 하는 힘을 여러분들에게 주었으며, 여러분들은 바로 그 힘을 행사할 수 있다. 여러분들은 공공 집회나 도시 집회나 교회 집회를 열어 이 문제에 관하여 여러분들의 배후에 있는 단체의 압력을 동원하여 공식적으로 성명서를 낼 수도 있다.

여러분은 여러분의 감정을 여러분의 정부나 일본 정부에 알릴 수도 있다.

그런 다음 여러분들은 이 잔혹한 불법 행위의 희생자들에게 실질적인 지원을 확대할 수도 있다. 영어를 사용하는 국가들의 교회가 한국에 있는 그들의 형제에게 다음과 같이 말하는 것보다 더 효과적으로 일본을 비난하는 말은 없을 것이다.

> 우리는 지금 당신들의 옆에 있습니다. 우리는 육신으로써 여러분들과 고통을 나눌 수는 없지만 우리는 다른 방법으로 여러분들의 아픔에 동참하도록 노력할 것입니다. 우리는 이미 불에 탄 여러분의 몇몇 교회를 재건할 것이며, 불행하게 살육당한 기독교도의 아내나 고아를 도와 줄 것이며, 지금도 신앙과 자유를 위하여 영어(囹圄)의 몸이 된 사람의 가족을 도울 것입니다. 기독교의 형제애는 거짓이 아니라 진실이라는 것을 말로써가 아니라 행동으로 보여줄 것입니다."

여러분들은 그렇게 함으로써 아시아가 존재하는 한 잊을 수 없는 선례를 제공하게 될 것이다. 태평양 연안의 대륙을 지배하는 문제와 관련되어 있는 한, 한국은 동북아시아의 요충이라고 말하는 사람이 있는데, 이 말은 참으로 정확한 말이다. 한국은 아직도 서구 문명과 기독교의 이상을 위하여 아시아의 요충이 되고 있다. 기독교가 한국에서 질식하도록 내버려 둔다면 아시아에서 그것을 회복하는 데는 몇 세대가 걸릴 퇴보를 감내하게 될 것이다.

일본의 터무니없는 선전에 오염된 사람들은 "한국인이 열등 민족이어서 자치를 하기에는 적합하지 않다."고 말한다. 한국이 서구 문명과 접촉한 지는 얼마가 되지 않았지만 그러한 비난이 거짓이라는 것은 이미 분명해졌다. 구한국의 정부는 부패했으며, 쓰러질 수밖에 없었다. 그러나 그 국민들은 기회가 있을 때마다 그들의 능력을 보여 주었다. 만주에서는 대부분 일본의 압제를 피하여 망명한 몇 십만 명의 한국인들이 근면하고 풍요로운 농민이 되었다.

하와이에서는 5천 명의 한국인들이 주로 노동자로 일하고 있으며, 그들의 가족들은 사탕 수수밭에서 일하고 있다. 그들은 자녀들을 위하여 28개의 학교를 세웠으며, 그들의 자녀 교육을 위하여 1인당 매년 20달러씩 저축하고 있다. 그들은 16개의 교회에 봉사하고 있으며, 제1차 대전 당시에는 8만 달러어치의 자유 채권을 매입했고, 적십자사에 아낌없이 기부했다.

하와이에 살고 있는 한국인 가운데 전시에 자원 입대한 사람은 210명이었다. 모두 30만 명에 이르는 재만 한국인들의 상당한 숫자는 린(Lin) 장군 휘하에서 러시아군과 더불어 싸웠으며 그 뒤에는 체코슬로바키아의 포로들과 손을 잡고 재무장한 독일 포로 및 공산주의자들과 싸웠다.

미국에서는 다행히도 망명에 성공한 한국인들이 캘리포니아에서 쌀농사를 시작하여 풍요로운 사회를 이루고 있다. 한국의 젊은이들은 미국의 대학과 기업체에서 두각을 나타내고 있다. 어느 한국인은 필라델피아에서 커다란 사업을 일으켜 운영하고 있다. 이 민족에게 기회만 주어진다면 그들은 자신들이 무엇을 할 수 있는가를 보여 줄 것이다.

정치인들에게도 한마디 할 말이 있다. 서구 문명과 관련하여 볼 때 일본은 아직도 어리다. 일본은 열강 가운데에서도 가장 어린 애송이이기 때문에 세계와 우호 관계를 바라고 있으며, 그것을 얻고자 무엇이라도 하려 한다. 일본에게 솔직하게 말해 보라. 그러면 여러분들은 일본과 신실하게 거래할 수 있는 그 무엇을 얻게 될 것이다. 한국을 위해서 전쟁이라도 할 수 있는 모험을 각오해야 하느냐고 나에게 묻는다면 나는 이렇게 대답할 것이다.

"오늘날 결연한 행동은 갈등을 불러일으킬 수도 있지만 그럴 위험은 매우 적다."

그러나 오늘날 나약하게 행동한다면 적어도 30년 이내에 여러분들은 극동에서 거대한 전쟁을 맞이하게 될 것임이 거의 확실하다. 그러한 전쟁이 일어날 경우 서방 세계가 져야 할 대부분의 짐은 미국이 감당하게 될 것이다.

일본에게 하고 싶은 말은 내가 11년 전에 쓴 책의 몇 구절을 반복함으로써 대신하고자 한다. 그 글은 그것을 쓸 당시보다 오히려 지금의 현실에서 더욱 적실하기 때문이다.

> 일본의 장래, 동양의 장래, 그리고 어느 정도의 세계의 장래는 장차 일본에서 군부가 독재할 것인가 아니면 평화적인 팽창주의자들이 득세할 것인가 하는 질문에 대한 대답에 따라 결정된다. 만약 군부가 득세하게 되면 한국을 더욱 가혹하게 통치하게 될 것이고, 필연적으로 만주를 침략하고 중국에까지 확대되어 끝내는 커다란 분쟁을 야기하게 되어 그 결과는 누구도 예측할 수가 없다.
>
> 그러나 평화주의자가 득세하게 되면 일본은 이제 더 큰 역사의 유업을 계승해야 할 입장에 돌입하게 될 것이며, 이 유업은 과거 몇 세기 동안 어느 아시아의 열강도 이룩하지 못한, 영광스럽고도 확실한 것이 될 것이다. …… 일본은 동양의 귀부인으로서가 아니라 평화의 지탱자로서, 그리고 동양의 스승으로서 영원히 이룰 수 없는 꿈을 안은 채 손에는 칼을 들고 그들의 예속 민족에게 군림하려 하고 있다. 일본은 과연 좀 더 고결한 목표를 지향할 것인가?[1)]

---

1) F. A. McKenzie, *The Tragedy of Korea*(New York : E. P. Dutton Co., 1908), p. 262; 신복룡(역주), 『대한제국의 비극』(서울 : 집문당, 2019) 참조.

역주자 참고문헌

『구한말조약휘찬』(상 · 중 · 하)(서울 : 국회도서관 입법조사국, 1964-65)

『國朝榜目』

『기독교대백과사전』(서울 : 기독교문사, 1983)

金源模, 『근대 한미관계사 : 한미전쟁론』(서울 : 철학과 현실사, 1992)

『大韓每日申報』

『대한제국고등재판선고서』(개국 504년 11월 13일자 朴銑 외 3인 건) : 국사편찬위원회 소장

『獨立運動史(2) : 3 · 1운동사』(상)(서울 : 독립운동사편찬위원회, 1971)

민두기, 『일본의 역사』(서울 : 지식산업사, 1977)

閔泰瑗, 『金玉均傳記』(서울 : 을유문화사, 1979)

閔庚培, 『한국기독교회사』(서울 : 연세대학교출판부, 1993)

朴大憲, 『서양인이 본 조선』(서울 : 壼山房, 1996)

鮮于燻, 『민족의 수난 : 105人 사건의 진상』(서울 : 세광출판사, 1953)

『세계인명대사전』(서울 : 문공사, 1973)

신복룡(역), 『대한제국의 비극』(서울 : 집문당, 1999)(F. A. McKenzie, *The Tragedy of Korea*, E. P. Dutton & Co., New York, 1908).

신복룡(역), 『한국 독립운동의 진상』(서울 : 집문당, 1999)(Carlton W. Kendall, *The Truth about Korea*, The Korean National Association, San Francisco, 1919).

신복룡(역), 『대한제국멸망사』(서울 : 집문당, 1999)(H. B. Hulbert, *The Passing of Korea*, William Heinemann Co, London, 1906).

신복룡(역), 『조선견문기』(서울 : 집문당, 1999)(H. N. Allen, *Things Korean*,

Fleming H. Revel Co, New York, 1908).
신복룡, 『한국정치사』(서울 : 박영사, 1991)
沈一燮, 『한국 민족 운동과 基督敎受難史考』(서울 : 아세아문화사, 1982)
유홍렬, 『한국천주교회사』(서울 : 가톨릭출판사. 1962)
尹炳奭, 「일본의 荒蕪地 開拓權 요구에 대해 : 1904년 長森 名義의 위임 계약 기도를 중심으로」, 『歷史學報』(22)(서울 : 역사학회, 1964)
이광린, 『개화당연구』(서울 : 일조각, 1973)
이광린, 『한국 개화사 연구』(서울 : 일조각, 1970)
李光麟, 『한국의 독립운동』(서울 : 일조각, 1969)(F. A. McKenzie, *Korea's Fight for Freedom*, Felming H. Revell Co., New York, 1920).
이구열(李龜烈), 『한국문화재 비화』(서울 : 한국미술출판사, 1973)
이상백, 『한국사 : 근세 전기편』(서울 : 을유문화사, 1962)
李瑄根, 『한국사』(10)(서울 : 신태양사, 1973)
이선근, 『한국사 : 최근세편, 현대편』(서울 : 을유문화사, 1961)
李重局, 「오페르트 掘塚 사건의 진입로 연구」, 『건국대학교 대학원논문집』(17)(서울 : 건국대학교, 1983)
이홍직, 『국사대사전』(서울 : 지문각, 1965.)
張志淵, 『韋庵文庫』(서울 : 국사편찬위원회, 1971)
정기수(역), 『조선교회사서론』(서울 : 탐구당, 1966)(Charles Dallet, *Histoire de L'Eglise de Corée*, Victor Palme, Paris, 1874).
『韓國獨立運動史 : 자료(II) : 임정편』(2)(서울 : 국사편찬위원회, 1971)
『한국인명대사전』(서울 : 신구문화사, 1967)
『韓國學大百科事典』(상 · 중 · 하)(서울 : 을유문화사, 1973)
『한국학대백과사전』(서울 : 을유문화사, 1972)
『韓國現代史(5) : 광복을 찾아서』(서울 : 신구문화사, 1974)
한상일 옮김, 『서울에 남겨둔 꿈』(서울 : 건국대학교 출판부, 1993)

大類伸,『世界人名辭典』(東京：東京堂, 1952)
『大人名辭典』(東京：平凡社, 1955)
『大日本百科辭典』(東京：小學館, 1971)
衫村濬,『在韓苦心錄』(東京：勇喜社, 1957)
日本外務省(編),『日本外交史辭典』(東京：大藏省印刷局, 1979)
『日本キリヌト教歷史大辭典』(東京：教文館, 1988)

李盛平,『中國近現代人名辭典』(北京：新華書店, 1989)
臧勵龢,『中國人名辭典』(臺北：商務印書局, 1985)

Barhart, Clarence L. (ed), *The New Century Cyclopedia of Names*, Appleton-Century-Crofts, Inc, New York, 1954.
Dictionary of American Biography, Charles Scribner's Sons, New York, 1932.
Encyclopedia Britannica, The University of Chicago, Chicago, 1963.
McCune, Geroge M. and Harrison, John A. (ed), *Korean-American Relations*. Vol. I, The University of California Press, Berkeley and Los Angeles, 1951.
McNally, Rand, *Cosmopolitan World Atlas*, Rand McNally Co., Chicago, 1981.
Palmer, Spencer J. (ed.), *Korean-American Relations*, Vol. 2, The University of California Press, Berkeley and Los Angeles, 1963.
Webster's American Dictionary, G. & C. Merriam Co., Springfield, 1974.
Webster's Biographical Dictionary, G. & C. Merriam Co., Springfield, 1969.
Webster's Third New International Dictionary, Merriam-Webster Inc., Springfield, 1981.
Who Was Who : 1929-1940, Adam and Charles Black, London,
Who was Who among English and European Authors(1931-1949), Vol. 1, Gale Research Co. Book Tower, Detroit, 1978.

찾아보기

ㅂ

ㅅ

ㅇ

ㅈ

ㅊ

역주자 **신복룡(申福龍)**

충북 괴산 출생/ 건국대학교 정치외교학과 · 동 대학원 수료(정치학박사)/ 고등고시위원 역임/ 건국대학교 정치외교학과 교수 역임/ 미국 Georgetown 대학교 객원 교수 역임/ 건국대학교 중앙도서관장 · 대학원장 역임/ 한국정치외교사학회 회장 역임/ 건국대학교 정치외교학과 석좌교수 역임

저서

『한말 개화사상연구』(평민사, 1987)/ 『전봉준평전』(지식산업사, 1996)/ 『한국분단사 연구 : 1943-1953』(한울, 2001, 한국정치학회 저술상 수상)/ 『한국사 새로보기』(풀빛, 2001)/ 『이방인이 본 조선 다시 읽기』(풀빛, 2002)/ 『한국정치사』(박영사, 2003)/ 『대동단실기』(선인, 2004)/ 『동학사상과 갑오농민혁명』(선인, 2006)/ 『서재 채워드릴까요?』(철학과 현실사, 2006)/ *The Politics of Separation of the Korean Peninsula 1943-1953*(Edison, NJ : Jimoondang International & Seoul : Jimoondang, 2008)/ 『한국정치사상사』(지식산업사, 2011, 한국정치학회 인재상(仁齋賞) 수상)/ 『해방정국의 풍경』(지식산업사, 2016) 외 다수

역서

『민족자결주의』(A. Cobban, *National Self-Determination*, 1968 : 共)/ 『외교론』(H. Nicolson, *Diplomacy*, 1979)/ 『군주론』(N. Machiavelli, *The Prince*, 1980)/ 『칼 마르크스』(I. Berlin, *Karl Marx*, 1982)/ 『공산주의 간부 제도 연구』(Cho Jaekwan, *A Comparative Analysis of the Communist Cadre System*, 1985)/ 『모택동자전』(E. Snow, *Red Star over China : Genesis of A Communist*, 1985)/ 『데니의 생애와 활동』(R. Swartout, *O. N. Denny and the International Rivalries in Korea*, 1988 : 共)/ 『묵시록의 4기사』(E. Penchef, *Four Horsemen : Pollution, Poverty, Famine, Violence*, 1988)/ 『한국분단보고서』(1992 : 共)/ 『현대정치사상』(L. P. Baradat, *Political Ideologies*, 1995 : 共)/ 『정치권력론』(C. E. Merriam, *Political Power*, 2006)/ 『入唐求法巡禮行記』(2007)/ 『林董秘密回顧錄』(2007 : 共)/ 『한말외국인기록』 전 23권/ 『플루타르코스 영웅전 Ⅰ~Ⅴ』(을유문화사, 2021)/ 『삼국지 1~5』(집문당, 2021) 외 다수